Der Ausgleich nach § 304 AktG

Europäische Hochschulschriften

Publications Universitaires Européennes
European University Studies

Reihe V
Volks- und Betriebswirtschaft

Série V   Series V
Sciences économiques, gestion d'entreprise
Economics and Management

Bd./Vol. 3249

PETER LANG

Frankfurt am Main · Berlin · Bern · Bruxelles · New York · Oxford · Wien

Wolfgang Baums

Der Ausgleich nach § 304 AktG

Eine ökonomische Analyse

PETER LANG
Internationaler Verlag der Wissenschaften

Bibliografische Information der Deutschen Nationalbibliothek
Die Deutsche Nationalbibliothek verzeichnet diese Publikation
in der Deutschen Nationalbibliografie; detaillierte bibliografische
Daten sind im Internet über <http://www.d-nb.de> abrufbar.

Zugl.: Hamburg, Univ., Diss., 2006

Gedruckt auf alterungsbeständigem,
säurefreiem Papier.

D 18
ISSN 0531-7339
ISBN 978-3-631-56464-6

© Peter Lang GmbH
Internationaler Verlag der Wissenschaften
Frankfurt am Main 2007
Alle Rechte vorbehalten.

Printed in Germany 1 2 3 4   6 7

www.peterlang.de

Inhaltsverzeichnis

6

Tabellenverzeichnis

Abbildungsverzeichnis

Abkürzungsverzeichnis

a.a.O.	am angegebenen Ort
Abs.	Absatz
a.F.	alte Fassung
AG	Aktiengesellschaft
AktG	Aktiengesetz (BGBl. 1965, 1089, zuletzt geändert durch Art. 1 G vom 22.9.2005 I 2802)
AnSVG	Gesetz zur Verbesserung des Anlegerschutzes (Anlegerschutz-verbesserungsgesetz)
AKU	Arbeitskreis Unternehmensbewertung (beim IDW)
BayObLG	Bayerisches Oberlandesgericht
BGH	Bundesgerichtshof
BörsG	Börsengesetz
BörsO	Börsenordnung für die Frankfurter Wertpapierbörse
bspw.	beispielsweise
BaFin	Bundesanstalt für Finanzdienstleistungsaufsicht
BV	Beherrschungsvertrag
BVerfG	Bundesverfassungsgericht
CAPM	Capital Asset Pricing Model
c.p.	ceteris paribus
DAFOX	Deutscher Aktienforschungsindex; Performanceindex nach Laspeyres
DCF	Discounted Cash-flow
d.h.	das heißt
ESt	Einkommensteuer
FAZ	Frankfurter Allgemeine Zeitung
FAZ-Index	Performanceindex der Frankfurter Allgemeine Zeitung nach Paasche
FGG	Gesetz über die Angelegenheiten der freiwilligen Gerichtsbar-keit
FMFG	Finanzmarktförderungsgesetz
FS	Festschrift
FWB	Frankfurter Wertpapierbörse
gem.	gemäß
GG	Grundgesetz
ggf.	gegebenenfalls
ggü.	gegenüber
GV	Gewinnabführungsvertrag
GBV	Gewinnabführungs- und Beherrschungsvertrag

HFA	Hauptfachausschuss des Instituts der Wirtschaftsprüfer
HGB	Handelsgesetzbuch
HV	Hauptversammlung
IDW	Institut der Wirtschaftsprüfer
i.H.v.	in Höhe von
i.S.	in Sachen
KapMuG	Gesetz zur Einführung von Kapitalanleger-Musterverfahren (BGBl. Jahrgang 2005 Teil I Nr. 50)
KG a.A.	Kommanditgesellschaft auf Aktien
KKMDB	Karlsruher Kapitalmarktdatenbank
KonTraG	Gesetz zur Kontrolle und Transparenz im Unternehmensbereich
KostO	Gesetz über die Kosten in Angelegenheiten der freiwilligen Gerichtsbarkeit (BGBl. I 1957, 861, 960, zuletzt geändert durch Art. 2 Abs. 4 G vom 18.8.2005 I 2477))
KStG	Körperschaftsteuergesetz (BGBl. 1976, 2597, 2599, zuletzt geändert durch Art. 4 G vom 15.12.2004 I 3416)
KuMaKV	Verordnung zur Konkretisierung des Verbotes der Kurs- und Marktpreismanipulation
LG	Landgericht
m.w.N.	mit weiteren Nachweisen
n.F.	neue Fassung
NYSE	New York Stock Exchange
OLG	Oberlandesgericht
p.a.	per annum
Rn.	Randnummer
s.	siehe
S.	Seite
sog.	so genannte, so genannter, so genannten
SpruchG	Gesetz zur Neuordnung des gesellschaftsrechtlichen Spruchverfahrens (Spruchverfahrensneuordnungsgesetz) (BGBl. 2003, 838, zuletzt geändert durch Art. 5 G vom 22.12.2004 I 3675)
StSenkG	Gesetz zur Senkung der Steuersätze und zur Reform der Unternehmensbesteuerung (Steuersenkungsgesetz)
UMAG	Gesetz zur Unternehmensintegrität und Modernisierung des Anfechtungsrechts
UmwG	Umwandlungsgesetz (BGBl. 1994, 3210, 1995, 428, zuletzt geändert durch Art. 10 G vom 9.12.2004 I 3214)
UmwBerG	Gesetz zur Bereinigung des Umwandlungsrechts (BGBl. 1994 I S.3210)
v.a.	vor allem
vgl.	vergleiche
VorstOG	Gesetz über die Offenlegung von Vorstandsvergütungen

WKN	Wertpapierkennnummer
WpHG	Gesetz über den Wertpapierhandel (BGBl. I 1994, 1749, zuletzt geändert durch Art. 10 a G vom 22.5.2005 I 1373)
WpÜG-AV	Verordnung über den Inhalt der Angebotsunterlage, die Gegenleistung bei Übernahmeangeboten und Pflichtangeboten und die Befreiung von der Verpflichtung zur Veröffentlichung und zur Abgabe eines Angebots (WpÜG-Angebotsverordnung)
ZPO	Zivilprozessordnung (BGBl. 1950, 455, 512, 533, neugefasst durch Bek. v. 5.12.2005 I 3202, 2006 I 432)
zzgl.	zuzüglich

1. Einleitung

1.1 Problemstellung und Zielsetzung der Untersuchung

Eine notwendige Voraussetzung für einen funktionsfähigen Kapitalmarkt ist, dass Interessenkonflikte zwischen Minderheiten und den Inhabern herrschaftsbegründender Aktienpakete „angemessen" gelöst werden.[1] Ein in der Realität häufig vorzufindender Interessenkonflikt zwischen Mehrheits- und Minderheitsaktionären entsteht beim Abschluss von Unternehmensverträgen nach § 291 AktG. Diese Verträge greifen in die gesellschaftsrechtlichen Verhältnisse der Minderheit ein und verpflichten den Mehrheitsaktionär zur jährlichen Zahlung eines Ausgleichs (§ 304 AktG) oder alternativ zur Gewährung einer einmaligen Abfindung (§ 305 AktG).

Während die Minderheit an der Zahlung möglichst hoher, zumindest aber angemessener Entschädigungsleistungen interessiert ist, wird der Mehrheitsaktionär stets darauf bedacht sein, seine von ihm zu leistenden Zahlungen möglichst gering zu halten. Die Rechtsprechung hat eine mögliche Lösung dieses Interessenkonfliktes jahrzehntelang in der Verwendung der Ertragswertmethode zur Ermittlung angemessener Ausgleichs- und Abfindungszahlungen gesehen. Der Börsenkurs der konzernierten Gesellschaft war hingegen bis zum Beschluss des *BVerfG* i.S. DAT / Altana[2] für eine Bewertung des Unternehmens irrelevant.[3] Dies führte dazu, dass Minderheitsaktionäre häufig zu Werten aus ihren Rechten gedrängt wurden, die in keinem Verhältnis zum Wert ihrer Beteiligung standen.[4] Der *BGH* hat am 12.3.2001 festgestellt, dass der dreimonatige Börsenkurs im Vorfeld der Hauptversammlung, die über den Unternehmensvertrag beschließt, sowohl für die Abfindung nach § 305 AktG als auch für den Unternehmenswert der konzernierten Gesellschaft bei der Bestimmung des nach § 304 Abs.2 S. 2, 3 AktG für den variablen Ausgleich zu bestimmenden Umrechnungsverhältnisses die Untergrenze bilden müsse.[5]

Die vorliegende Arbeit befasst sich mit dem Ausgleich nach § 304 AktG, der bei Abschluss eines Unternehmensvertrags nach § 291 AktG außenstehenden Aktionären anzubieten ist. Ziel der Arbeit ist es, dem Leser einen Eindruck von dem regulatorischen Rahmen für Unternehmensverträge zu vermitteln, die Möglichkeiten zur börsenkursgestützten Bemessung angemessener Entschädigungsleistungen nach § 304f. AktG aufzuzeigen, und auf empirischen Daten basierende Aussagen darüber zu treffen, inwieweit der Ausgleich in den Unternehmensverträgen der vergangenen 20 Jahre aus ökonomi-

---

1   Vgl. Hecker / Wenger ZBB 1995, 321, 322f.
2   Vgl. BVerfG ZIP 1999, 1436, 1436ff.
3   Vgl. für einen historischen Überblick der Vorbehalte gegenüber der Verwendung von Börsenkursen Abschnitt 3.3.1.
4   Vgl. etwa Dörfler et al. BB 1994, 156, 162.
5   Vgl. BGH AG 2001c, 417, 417ff.

scher Sicht als angemessen bezeichnet werden kann. Zudem soll der Leser eine Vorstellung davon erhalten, ob die Entscheidungen i.S. DAT / Altana ökonomisch die richtigen Anreize vermitteln. Im Laufe der Untersuchung werden jeweils an geeigneter Stelle rechtspolitische Alternativen vorgestellt und erörtert.

1.2 Aufbau der Arbeit

Zunächst wird der überwiegend im Aktiengesetz (AktG) verankerte regulatorische Rahmen dargestellt. Dieser umfasst u.a. die in den §§ 293a – g AktG verankerten Informationsversorgungsbestandteile, darunter den Unternehmensvertragsbericht nach §293a AktG, den Prüfungsbericht nach § 293e AktG, sowie das in § 293g AktG verankerte Auskunftsrecht der außenstehenden Aktionäre. Daraufhin wird in Abschnitt 2.1.4 gezeigt, welche Folgen das Inkrafttreten eines Unternehmensvertrags für die Verteilung des Gewinns und für die Sicherung der Gläubiger einer Aktiengesellschaft hat. Zudem wird dargelegt, welche Befugnisse und Pflichten die herrschende Gesellschaft mit Inkrafttreten eines Unternehmensvertrags erhält. Bevor in den Abschnitten 2.2.1 bis 2.2.4 auf die Entschädigungsleistungen nach § 304f. AktG eingegangen wird und denkbare Wertdifferenzen zwischen Ausgleich und Abfindung ausführlich diskutiert werden, sind in Abschnitt 2.1.5 die Änderungs-, Aufhebungs- und Kündigungsmöglichkeiten bei Unternehmensverträgen zu beschreiben. Abschnitt 2.2.5 wird sich dann der Frage widmen, inwieweit bereits empfangene Ausgleichszahlungen auf die Abfindung anzurechnen sind, wenn sich ein außenstehender Aktionär nach dem Ende eines Spruchverfahrens dafür entscheidet, die Abfindung anzunehmen.[6]

Weiter wird das seit dem 12.6.2003 geltende Gesetz zur Neuordnung des gesellschaftsrechtlichen Spruchverfahrens (SpruchG) dargestellt (Abschnitt 2.3). Dem Leser sollen Änderungen gegenüber § 306 AktG a.F. vorgestellt und verbliebene unzulängliche Regelungen aufgezeigt werden.

Der dritte Abschnitt wird sich mit der Unternehmensbewertung anhand des Ertragswertverfahrens und anhand von Börsenkursen befassen. Die vom Institut der Wirtschaftsprüfer (IDW) erlassenen Standards HFA 2/1983, IDW S1 und IDW ES 1 n.F. werden vorgestellt, und wesentliche zwischen diesen bestehende Unterschiede erläutert. Ziel dieses Abschnittes ist es darzulegen, ob die Ertragswertmethode zur Bemessung angemessener Entschädigungsleistungen nach § 304f. AktG geeignet ist und mit welchen Unsicherheiten diese nach wie vor häufigste Unternehmensbewertungsmethode behaftet ist. In diesem Zusammenhang soll der Leser insbesondere einen Eindruck von den durch IDW ES 1 n.F. erfolgten Änderungen erhalten.

Abschnitt 3.3 wird sich ausführlich mit der Frage befassen, inwiefern Börsenkurse zur Bemessung von Ausgleich und Abfindung herangezogen werden können und soll-

---

6   Das Spruchverfahren ermöglicht außenstehenden Aktionären, die Höhe der ihnen zuzuwendenden, noch zu beschreibenden Entschädigungsleistungen nach §§ 304f. AktG gerichtlich auf ihre Angemessenheit überprüfen und ggf. korrigieren zu lassen. Siehe dazu Abschnitt 2.3.

ten. Zunächst wird ein historischer Überblick zu der Frage gegeben, warum es die Rechtsprechung jahrelang abgelehnt hat, im Rahmen der Unternehmensbewertung Börsenkurse heranzuziehen. Sodann werden in den Abschnitten 3.3.3, 3.3.4 und 3.3.5 die gängigen gegen die Verwendung von Börsenkursen angeführten Argumente, nämlich mangelnde Informationseffizienz, unzureichende Liquidität und die Frage des für einen Börsenkurs relevanten Zeitraumes oder Stichtages vorgestellt, und es wird überprüft, ob sie stichhaltig sind. Der dritte Abschnitt schließt mit einer Erörterung der Frage, inwiefern bei der Bestimmung des Umrechnungsverhältnisses im Rahmen des variablen Ausgleichs unterschiedliche Bewertungsmethoden angewendet werden könnten.

Der vierte Abschnitt wird sich der Empirie widmen. Zunächst werden in Abschnitt 4.1 bisherige empirische Untersuchungen zu Ausgleich und Abfindung vorgestellt und deren wesentliche Ergebnisse präsentiert. Daran anschließend wird eine eigene empirische Studie zur Angemessenheit des Ausgleichs unternommen. Dabei soll der in Unternehmensverträgen nach § 291 AktG seit 1985 angebotene Ausgleich mit der vertraglich angebotenen Abfindung sowie unterschiedlichen Börsenkursen verglichen werden. Der Vergleich des vertraglichen mit dem im Wege eines Spruchverfahrens erhöhten Ausgleich, sowie des letzteren mit unterschiedlichen Börsenkursen wird einen weiteren bedeutsamen Bestandteil der empirischen Untersuchung darstellen.

Der letzte Abschnitt fasst die wesentlichen Ergebnisse der Arbeit zusammen.

2. Regulatorischer Rahmen

2.1 Gewinnabführungs- und Beherrschungsverträge

2.1.1 Definition

Die Reform des AktG von 1965 hat zur Einführung rechtlich anerkannter Unternehmensverbindungen geführt, die es erlauben, die Interessen rechtlich selbständiger Unternehmen einem herrschenden Unternehmen unterzuordnen. Die seitdem gesetzlich in den §§ 291f. AktG verankerten Konzernverträge lassen sich in Anlehnung an *Jung* in schuld- und organisationsrechtliche Verträge unterteilen.[7] Zu den schuldrechtlichen Verträgen zählen die Verträge des § 292 AktG. Dazu gehören die Gewinngemeinschaft, der Teilgewinnabführungsvertrag sowie Betriebspacht- und Betriebsüberlassungsverträge.[8] Von größerer Bedeutung für die vorliegende Arbeit sind die organisationsrechtlichen Verträge nach § 291 AktG. Diese greifen in die gesellschaftsrechtlichen Verhältnisse der Vertragsparteien untereinander sowie gegenüber außenstehenden Aktionären[9] und Gläubigern ein und begründen damit umfangreiche Rechte und Pflichten.[10]

Nach § 291 Abs. 1 S. 1 AktG kann eine Aktiengesellschaft (AG) oder Kommanditgesellschaft auf Aktien (KG a.A.) die Leitung ihrer Gesellschaft einem anderen Unternehmen unterstellen (*Beherrschungsvertrag*) oder sich verpflichten, ihren gesamten Gewinn an ein anderes Unternehmen abzuführen (*Gewinnabführungsvertrag*). Sie benötigt dazu, soweit in der Satzung keine höheren Anforderungen bestimmt sind, eine ¾-Mehrheit des bei Beschlussfassung auf der Hauptversammlung vertretenen Grundkapitals (§ 293 Abs. 1 S. 2, 3 AktG).[11] Sofern der andere Vertragsteil eine AG oder eine KG a.A. ist, bedarf es auch der Zustimmung ihrer Hauptversammlung (§ 293 Abs. 2 AktG).[12] Eine Zustimmung des Aufsichtsrates ist nur dann erforderlich, wenn dies in der Satzung oder der Geschäftsordnung vorgesehen ist. Verweigert er seine Zustim-

---

7 Vgl. Jung Dissertation 1999, S. 6ff.
8 Auf diese soll in dieser Arbeit nicht weiter eingegangen werden.
9 Ein außenstehender Aktionär ist jemand, dessen Anspruch auf den Bilanzgewinn durch den Vertrag beeinträchtigt wird und der nicht aus rechtlichen Gründen an den Vorteilen des herrschenden Unternehmens aus dem Vertrag Anteil hat, vgl. OLG Nürnberg AG 1996, 228, 228. Vgl. dazu auch Hüffer AktG, § 304 AktG, Rn. 2.
10 Vgl. Kropff Aktiengesetz 1965, S. 376.
11 Es handelt sich um ein relatives, nicht um ein absolutes qualifiziertes Mehrheitserfordernis. Ist daher nur ein „geringer" Anteil der Aktionäre auf der Hauptversammlung anwesend, werden weit weniger als 75 % aller Stimmen benötigt.
12 Dieses Zustimmungserfordernis findet seine Rechtfertigung in den durch den Unternehmensvertrag für die herrschende Gesellschaft begründeten Pflichten (§§ 302ff. AktG).

mung, hat der Vorstand[13] theoretisch die Möglichkeit, am Aufsichtsrat vorbei die Hauptversammlung entscheiden zu lassen (§ 111 Abs. 4 S.2, 3 AktG).

Nach § 294 Abs. 2 AktG wird der Vertrag durch Eintragung in das Handelsregister der abhängigen[14] (konzernierten) Gesellschaft wirksam. Der Anmeldung sind nach § 294 Abs. 1 S. 2 AktG der Beschluss der Hauptversammlung der herrschenden Gesellschaft[15] sowie dessen Anlagen beizufügen. Im Handelsregister des herrschenden Unternehmens ist hingegen keine Eintragung erforderlich.[16] Mit Inkrafttreten eines (Gewinnabführungs- und) Beherrschungsvertrags entsteht aus der konzernierten und der herrschenden Gesellschaft ein Vertragskonzern (§ 18 Abs. 1 S. 1, 2 AktG).[17]

2.1.2 Bedeutung

Über die Häufigkeit von Unternehmensverträgen lassen sich keine verlässlichen Aussagen treffen, da es keine offizielle Statistik gibt. Eine Studie[18] des Statistischen Bundesamtes kam zu dem Ergebnis, dass am 31.12.1973 298 Konzerne 5.689 abhängige Unternehmen hatten. Von diesen waren 2.878 Unternehmen in die Konzernabschlüsse einbezogen, 2.811 Unternehmen hingegen nicht. Bei 1.688 der 2.878 konsolidierten Unternehmen konnte das Statistische Bundesamt keine Aussage über bestehende Unternehmensverträge machen. Die übrigen 1.190 konsolidierten Unternehmen hatten insgesamt 1.376 Verträge abgeschlossen, von denen 1.001 isolierte Gewinnabführungsverträge, und lediglich 4 isolierte Beherrschungsverträge waren. Bei 107 Unternehmen (214 Verträge) bestanden kombinierte Gewinnabführungs- und Beherrschungsverträge. Knapp 89 % der abgeschlossenen Unternehmensverträge bestanden somit aus Gewinnabführungs- und Beherrschungsverträgen. Auch aktuellere Aussagen bestätigen diese Tendenz.[19]

Die Häufigkeit dieser Kombination dürfte vor allem auf steuerliche Erwägungen zurückzuführen sein, da nach § 14 KStG der Konzern als Organschaft steuerlich zu einer Einheit zusammengefasst wird. Dadurch lässt sich die steuerliche Bemessungsgrundlage einer Gesellschaft durch Berücksichtigung der Verluste einer anderen Gesellschaft min-

---

13 In dieser Arbeit wird aus Vereinfachungsgründen nur auf den Vorstand einer AG, und nicht zusätzlich auf persönlich haftende Gesellschafter abgestellt.

14 Zur Definition der Abhängigkeit siehe § 17 Abs. 1, 2 AktG.

15 Zum Begriff des herrschenden Unternehmens siehe § 17 Abs. 1 AktG.

16 Vgl. Emmerich / Habersack, Konzernrecht, 2005, S. 215.

17 Die daraus resultierenden Rechtsfolgen sind jedoch gering. Sie ergeben sich aus der Pflicht zur Aufstellung eines Konzernabschlusses nach § 290 Abs. 2 Nr. 3 HGB, sofern sich keine Befreiung von der Aufstellung nach § 292a HGB oder § 293 HGB ergibt. Weitere Konsequenzen sind im Bereich des Konzernmitbestimmungsrechts zu sehen, vgl. Emmerich / Habersack, Konzernrecht, 2005, S. 74f.

18 Vgl. zu den folgenden Ausführungen Geßler et al. Aktiengesetz 1976, S. 6f.

19 Vgl. Heidel Anwaltkommentar 2003, § 301 AktG, Rn. 2, sowie den Nachweis bei Jung Dissertation 1999, S. 18. Anders die Aussage bei *Heidenhain / Meister*, denen zufolge der Abschluss isolierter Gewinnabführungsverträge nur selten vorkommt, vgl. Heidenhain / Meister, Münchener Vertragshandbuch Gesellschaftsrecht Bd. 1, S. 1188.

dern.[20] Außerdem werden Unternehmensverträge zur Stärkung und Absicherung bereits eingegangener Unternehmensverbindungen abgeschlossen, häufig auch im Rahmen eines Übernahmeprozesses und als Vorstufe zu einem geplanten Squeeze-out (§§ 327a ff. AktG) oder einer Verschmelzung (§§ 1 ff. UmwG).[21] Das *BVerfG* sieht das unternehmerische Interesse an Konzernierungsmaßnahmen in der Hebung von Synergien bei diversifizierten, rechtlich selbständigen Unternehmen.[22]

Nach einer neueren Studie von *Drukarczyk* aus dem Jahr 1993, in der 399 amtlich notierte AGs auf ihre Beteiligungsstruktur untersucht wurden, befanden sich 280 (70 %) der Gesellschaften in Mehrheitsbesitz, während nur 10 Gesellschaften dem Einfluss eines Beherrschungsvertrags unterlagen, obwohl 164 dieser 280 Gesellschaften (58,5%) einen Mehrheitsaktionär hatten, der einen Anteil von 75 % oder mehr hielt.[23] Daran zeigt sich, dass faktische Konzerne in der Realität eine weitaus größere Rolle spielen als Vertragskonzerne.[24]

In Abschnitt 4.2.1 wird gezeigt werden, dass Unternehmensverträge auch in den vergangenen 20 Jahren häufig vorzufinden sind. 67,74 % der 124 relevanten Verträge waren kombinierte Gewinnabführungs- und Beherrschungsverträge, und immerhin noch 24,19 % isolierte Beherrschungsverträge.

Wie im Laufe der Arbeit noch auszuführen sein wird, hat der Abschluss von Unternehmensverträgen nach § 291 AktG insbesondere für die Aktionäre der zu konzernierenden Gesellschaft wichtige Auswirkungen. Sie sind daher rechtzeitig und ausführlich über die aus dem Unternehmensvertrag resultierenden Änderungen zu informieren. Die einzelnen im AktG vorgesehenen Instrumente zur Informationsversorgung bei Unternehmensverträgen werden im folgenden Abschnitt vorgestellt.

---

20 Das Vorliegen eines Beherrschungsvertrages ist jedoch für die Anerkennung einer steuerlichen Organschaft entbehrlich geworden, vgl. Emmerich / Habersack, Konzernrecht, 2005, S. 166.

21 Vgl. Schwenn Dissertation 1998, S. 24.

22 Vgl. BVerfG ZIP 1999, 1436, 1440.

23 Vgl. Drukarczyk, Theorie und Politik der Finanzierung, 1993, S. 437. *Böhmer* stellt in einer weiteren Studie fest, dass sogar 77 % der Stimmrechtsanteile von Mehrheitsaktionären gehalten werden. Er untersucht 436 an deutschen Börsen gelistete Aktiengesellschaften, die nach §§ 41 Abs. 1 S. 1 i.V.m. § 22 Abs. 1 und 2 WpHG zur Anzeige eines Stimmrechtsanteils von 5 % oder mehr verpflichtet waren, vgl. Böhmer, Who controls Germany ? An explanatory analysis, Arbeitspapier Nr. 71, Humboldt Universität Berlin, 1998, S. 1ff.

24 Gleichwohl sei angemerkt, dass die Studie von *Drukarczyk* nur amtlich notierte Aktiengesellschaften berücksichtigt. Da nach Abschluss eines Beherrschungsvertrags häufig ein Wechsel vom amtlichen Handel in den Freiverkehr stattfindet, dürfte die Anzahl der Vertragskonzerne hier unterschätzt worden sein, vgl. die Nachweise bei Hecker Habilitation 2000, S. 84, Fn. 6.

2.1.3 Informationsversorgung der Aktionäre

2.1.3.1 Der Unternehmensvertragsbericht nach § 293a AktG

Das AktG sieht seit dem am 1.1.1995 in Kraft getretenen Gesetz zur Bereinigung des Umwandlungsrechts (UmwBerG) in den §§ 293a–e AktG eine Reihe von Bestimmungen vor, die darauf abzielen, die zur Abstimmung berechtigten Aktionäre im Vorfeld der Hauptversammlung zu informieren und damit rechtzeitig vor eventuell nachteiligen Folgen eines Unternehmensvertrags zu schützen.[25] Die Aktionäre sollen in die Lage versetzt werden, ihr Auskunftsrecht nach §§ 131, 293g Abs. 3 AktG zu nutzen, um bei der Abstimmung über den Unternehmensvertrag in Kenntnis aller relevanten Umstände entscheiden zu können, wobei die Information sich auch auf die Absichten des herrschenden Unternehmens und dessen Fähigkeiten erstreckt, die mit Abschluss des Vertrags übernommenen Verpflichtungen erfüllen zu können.[26] Zudem sollen auf diese Weise Spruchverfahren wegen mangelnder Informationen vermieden werden.[27]

So fordert § 293a AktG einen Unternehmensvertragsbericht. Er ist von dem Vorstand jeder beteiligten AG oder KG a.A. zu erstatten, sofern eine Zustimmung zum Vertrag nach § 293 AktG erforderlich ist.[28] In diesem Bericht sind die Gesellschaften ausführlich vorzustellen, die einzelnen Vertragsbestandteile zu erläutern sowie die Gründe für den Abschluss des Unternehmensvertrags zu nennen. Insbesondere ist auch die Höhe von Ausgleich und Abfindung nach §§ 304f. AktG rechtlich und wirtschaftlich zu begründen.[29] Damit soll die Tragweite des Vertrags in einer für Dritte verständlichen Weise dargelegt werden. Dies erfordert eine Konkretisierung von Ausgleich und Abfindung derart, dass den Aktionären allein durch den Bericht ersichtlich wird, inwiefern die angebotenen Leistungen als angemessen angesehen werden können.[30] Zudem ist gem. § 293a Abs. 1 S. 2 AktG auf Schwierigkeiten bei der Bewertung der vertragsschließenden Unternehmen und auf die Folgen für die Aktionärsbeteiligungen hinzuweisen. Nach § 293a Abs. 2 AktG muss hingegen auf solche Umstände nicht eingegangen werden, deren Bekanntwerden einem vertragsschließenden oder verbundenen Un-

---

25 Der Begriff „Schutz" darf hier nicht überinterpretiert werden. Auf das Abstimmungsverhalten der außenstehenden Aktionäre kommt es im Endeffekt nicht an, da der Mehrheitsaktionär mit seinem Stimmrecht den Vertrag gegen ihren Widerstand abschließen kann.

26 Vgl. schon BayObLG AG 1974, 224, 224.

27 Vgl. Emmerich et al., Konzernrecht, 2001, S. 230.

28 Vgl. § 293a Abs. 1 S. 1 AktG. Die Ausführungen in diesem Abschnitt gelten, soweit nicht anders vermerkt, für beide beteiligten Gesellschaften gleichermaßen.

29 Die §§ 304f. AktG regeln die Kompensation der durch einen Unternehmensvertrag verursachten wirtschaftlichen Schädigung der außenstehenden Aktionäre. Ausführlicher dazu Abschnitt 2.2.

30 Vgl. Heidel Anwaltkommentar 2003, § 293a AktG, Rn. 12, sowie für den Verschmelzungsbericht nach § 8 UmwG: LG Essen AG 1999, 329, 331. Die Berichts- und Prüfungspflicht nach § 293a und b AktG ist in Anlehnung an die Pflichten bei der Verschmelzung nach §§ 8f. UmwG gestaltet worden. Daher kann auf die Rechtsprechung zum Verschmelzungsbericht zurückgegriffen werden, vgl. Heidenhain / Meister, Münchener Vertragshandbuch Gesellschaftsrecht Bd. 1, S.1194f., sowie Bungert DB 1995a, 1384, 1385.

ternehmen zu einem „nicht unerheblichen Nachteil" gereichen kann.[31] Das Auslassen etwaiger Tatsachen ist zu begründen. Ferner braucht der Bericht im Ganzen nicht erstattet zu werden, wenn alle Anteilsinhaber der beteiligten Unternehmen darauf verzichten (§ 293a Abs. 3 AktG). Fehlt der Bericht, ohne dass auf ihn verzichtet wurde, oder ist er unvollständig, so ist der Hauptversammlungsbeschluss gem. § 243 Abs. 1 AktG anfechtbar.[32]

2.1.3.2 Der Prüfungsbericht nach § 293e AktG

Ein weiterer Baustein der Informationsversorgung der Aktionäre besteht in dem Prüfungsbericht nach § 293e AktG. Dieser ist über den Unternehmensvertrag jeder vertragschließenden AG oder KG a.A. zu erstatten, sofern die herrschende Gesellschaft keine 100%ige Beteiligung an der konzernierten Gesellschaft hält (§ 293b Abs. 1 AktG) oder nicht alle Anteilsinhaber auf ihn verzichten (§ 293 Abs. 2 AktG i.V.m. § 293a Abs.3 AktG). Ob die Prüfung sich auch auf den Unternehmensvertragsbericht nach §293a AktG zu erstrecken hat, ist hingegen umstritten. Nach überwiegender Meinung soll er nur insofern Gegenstand der Prüfung sein, als er die Ermittlung der Entschädigungsleistungen (Ausgleich und Abfindung) betrifft.[33] Auch ist der Prüfungsbericht in der Weise vom Unternehmensvertragsbericht abzugrenzen, dass ersterer nicht direkt zur Entscheidungsfindung beitragen, sondern ein Rechtmäßigkeitsurteil über letzteren ermöglichen soll.[34]

Der Zweck des Prüfungsberichts ist darin zu sehen, die Aktionäre gegen eine zu niedrige Festsetzung von Ausgleich und Abfindung zu schützen und das gerichtliche Spruchverfahren von vornherein zu entlasten.[35] Die Bestellung und Auswahl der Vertragsprüfer erfolgt auf Antrag des Vorstands durch das Gericht, in dessen Bezirk die konzernierte Gesellschaft ihren Sitz hat (§ 293c Abs. 1 S.1, 3 AktG).[36] Den Prüfern stehen gegen Konzernunternehmen, abhängige und herrschende Unternehmen umfangreiche Auskunftsrechte zu, die sich im Wesentlichen mit denen für Abschlussprüfer von

---

31 Diesbezügliche Beispiele befinden sich in § 131 Abs. 3 AktG. Nach *Bungert* sind dies bspw. Einzelheiten der Ertragsprognose, Rückstellungen und die Aufdeckung stiller Reserven, vgl. Bungert DB 1995a, 1384, 1389.
32 Vgl. Heidel Anwaltkommentar 2003, § 293a AktG, Rn. 23.
33 Vgl. Heidenhain / Meister, Münchener Vertragshandbuch Gesellschaftsrecht Bd. 1, S. 1198, sowie Bungert DB 1995a, 1384, 1390. Nach Ansicht des LG Berlin hat sich der Prüfungsbericht im Fall der Eingliederung auch ausreichend mit dem Bericht des Vorstandes auseinanderzusetzen. Andernfalls sei der Hauptversammlungsbeschluss anfechtbar, vgl. LG Berlin AG 1996, 230, 232. Bejahend dazu Hüffer AktG, § 293b AktG, Rn. 3, sowie Heidel Anwaltkommentar 2003, § 293b AktG, Rn. 8.
34 Vgl. Hüffer AktG, § 293e AktG, Rn. 6.
35 Vgl. Emmerich / Habersack, Konzernrecht, 2005, S. 227.
36 Die nunmehr verpflichtende Bestellung des Vertragsprüfers durch das zuständige Gericht geht auf einen Vorschlag der Regierungskommission Corporate Governance zurück. Sie soll dem Eindruck einer zu großen Parteinähe entgegenwirken und damit den Prüfungsbericht als Beweiswert im Rahmen von Spruchverfahren gelten lassen. Zur Kritik daran s. Heidenhain / Meister, Münchener Vertragshandbuch Gesellschaftsrecht Bd. 1, S. 1198.

Kapitalgesellschaften decken.[37] Sie unterliegen bei der Ausübung ihrer Tätigkeit dem Gebot der gewissenhaften und unparteiischen Prüfung sowie der Verschwiegenheit. Bei fahrlässiger oder vorsätzlicher Verletzung ihrer Pflichten sind sie den vertragschließenden Unternehmen und ihren Anteilseignern zum Ersatz des daraus entstehenden Schadens verpflichtet (§ 293d Abs.2 AktG i.V.m. § 323 Abs. 1 und 2 HGB).

Inhaltlich ist in dem Prüfungsbericht darauf einzugehen, ob der den Prüfern vorgelegte Unternehmensvertrag richtig und die darin enthaltenen Angaben vollständig sind. Es ist dazu Stellung zu nehmen, ob Ausgleich und Abfindung in ihrer Höhe angemessen sind, nach welchen Methoden sie berechnet wurden, und inwiefern die Verwendung dieser Methoden als sachgerecht anzusehen ist. Zusätzlich ist darzulegen, welche Entschädigungsleistungen sich bei Anwendung unterschiedlicher Methoden[38] ergeben hätten und welche Schwierigkeiten sich bei der Bewertung ergeben haben (§ 293e Abs.1 S. 2 AktG). Auch hier gilt, dass keine Tatsachen zu erwähnen sind, deren Bekanntgabe einen nicht unerheblichen Nachteil verursachen könnte (§ 293e Abs. 1 S. 3 AktG i.V.m. § 293a Abs. 2 S. 1 AktG).

Die beiden Berichte sind zusätzlich zum Unternehmensvertrag sowie den Jahresabschlüssen und Lageberichten der letzten drei Jahre von der Einberufung der Hauptversammlung an in den Geschäftsräumen der Gesellschaft auszulegen und jedem Aktionär auf Verlangen unverzüglich zu übermitteln (§§ 293f Abs. 1 Nr. 3 und 293f Abs. 2 AktG).

2.1.3.3 Erläuterungspflicht und Auskunftsrecht nach § 293g AktG

Schließlich enthält § 293g AktG Vorschriften zur Durchführung der Hauptversammlung. Danach ist der Vorstand verpflichtet, den Unternehmensvertrag ausführlich zu erläutern (§ 293g Abs. 2 AktG). Inhaltlich ist dabei im Wesentlichen auf die gleichen Punkte einzugehen, die auch im Unternehmensvertragsbericht darzustellen und zu erläutern sind. Die Ausführungen des Vorstands werden sich in der Regel auf eine kurze Zusammenfassung sowie auf eine Aktualisierung des Vertragsberichtes beschränken.[39] Während den Ausführungen lediglich eine Plausibilitätsfunktion zukommen kann[40], dient das Auskunftsrecht nach § 293g Abs. 3 i.V.m. § 131 AktG dazu, den Aktionären die Ausübung ihrer Rechte zu gewährleisten. Das Auskunftsrecht ist nicht etwa darauf beschränkt, lediglich nähere Informationen über die Bemessung von Abfindung und Ausgleich zu erfragen. Vielmehr wird den Aktionären ermöglicht, einen „umfassenden" Einblick in die Vermögens-, Finanz- und Ertragslage des anderen Vertragsteils zu erlangen.[41] Nach § 131 Abs. 1 S. 1 AktG ist somit jedem Aktionär „auf Verlangen [...]

---

37 Vgl. § 293d Abs. 1 S. 1 AktG i.V.m. § 320 Abs. 1 S. 2 HGB und Abs. 2 S. 1 und 2 HGB.

38 Der Begriff „Methoden" stellt hier nicht etwa (nur) auf unterschiedliche Unternehmensbewertungsmethoden ab, sondern auch auf einzelne Teilaspekte einer Methode, bspw. die Verwendung von unterschiedlichen Zinssätzen bei der Diskontierung von Zahlungsströmen, vgl. Emmerich / Habersack, Konzernrecht, 2005, S. 233.

39 Vgl. ebenda, S. 243.

40 Vgl. Heidel Anwaltkommentar 2003, § 293g AktG, Rn. 4.

41 Vgl. bereits BayObLG AG 1974, 224, 225.

Auskunft über Angelegenheiten der Gesellschaft zu geben, soweit sie zur sachgemäßen Beurteilung des Gegenstands der Tagesordnung erforderlich ist.‟[42] Damit kommt dem Vorstand bezüglich der Ermittlung, der Höhe oder der Angemessenheit von Ausgleich und Abfindung grundsätzlich kein Auskunftsverweigerungsrecht zu, es sei denn, dass eine der Ausnahmen des § 131 Abs. 3 AktG eingreift.[43] Insbesondere kann nach einem Beschluss des *BGH* der Zustimmungsbeschluss der Hauptversammlung nicht etwa mit der Begründung angefochten werden, dass Informations-, Auskunfts- oder Berichtspflichten verletzt worden seien. Die Rüge von Informationsmängeln könne nur im Spruchverfahren geltend gemacht werden.[44] Dies hat nunmehr auch durch das UMAG zum 1.11.2005 Eingang in das Aktienrecht, nämlich durch eine Änderung von § 243 Abs.4 AktG, gefunden. Zur Aufklärung von Informationspflichtverletzungen im Zusammenhang mit Bewertungsfragen[45] hat der Gesetzgeber jetzt grundsätzlich auf das Spruchverfahren verwiesen (§ 243 Abs. 4 S. 2 AktG n.F.), solange nicht eine Totalverweigerung von Informationen beanstandet wird. In solchen Fällen sei eine Anfechtungsklage nicht ausgeschlossen. Der Anfechtungsausschluss ist damit beschränkt auf Fälle unrichtiger, unvollständiger oder unzureichender Information.[46]

---

42 § 131 Abs. 1 S. 1 AktG. Vgl. dazu auch die Entsprechung in § 293g Abs. 3 AktG.

43 Vgl. dazu auch Hüffer AktG, § 293g AktG, Rn. 4.

44 Vgl. BGH AG 2001a, 301, 302f., bestätigt durch BGH AG 2001b, 263, 263ff. Der Beschluss des BGH bezieht sich auf einen Fall der formwechselnden Umwandlung. Es ist umstritten, ob dies auf alle unternehmenswertbezogenen Informationsmängel anwendbar ist, vgl. Lamb / Schluck-Amend DB 2003, 1259, 1263 m.w.N. Nach Vetter in FS Wiedemann 2002b, 1323, 1337ff. ist dies ausdrücklich auch für den Ausgleich nach § 304 AktG zu bejahen. Einem neueren Aufsatz zufolge ist der BGH-Fall nach der im Vordringen befindlichen Ansicht in der Literatur auf andere Maßnahmen zu übertragen, vgl. Land / Hennings AG 2005, 380, 381, Fn. 9. Vor den Entscheidungen aus dem Jahr 2001 zur Umwandlung war der BGH allerdings anderer Ansicht, vgl. BGH NJW 1993, 1976, 1982f., sowie BGH AG 1995, 462, 463. *Hüffer* zufolge ist eine Anfechtung des Hauptversammlungsbeschlusses gemäß § 243 AktG dann zulässig, wenn wegen des Zurückhaltens bewertungsrelevanter Informationen eine Beurteilung der Angemessenheit von Ausgleich und Abfindung nicht möglich ist, vgl. Hüffer AktG, § 293g, Rn. 4, sowie § 304 AktG, Rn. 21. Hirte ZHR 2003, 8, 27ff. sieht für den Ausgleich keine Möglichkeit der Anfechtungsklage bei Informationsmängeln, plädiert jedoch gleichzeitig für die Schaffung eigenständiger kapitalmarktrechtlicher Sanktionsmechanismen für die Verletzung von Informationspflichten.

45 Unter den Begriff Bewertungsfragen subsumiert der Gesetzgeber solche bezüglich der Angemessenheit von Ausgleich und Abfindung oder bezüglich des zugrunde gelegten Unternehmenswertes, soweit dazu Angaben in den in § 7 Abs. 3 SpruchG genannten Unterlagen enthalten sind. Zusätzliche Bewertungsrügen könnten in dem Antrag nach § 4 Abs. 2 SpruchG angeführt werden. Vgl. zur Antragsstellung ausführlicher Abschnitt 2.3.3.1.

46 Vgl. § 243 Abs. 4 S. 1 AktG n.F.

2.1.4 Das Inkrafttreten und seine Folgen

2.1.4.1 Exkurs: Zur Gewinnverwendung nicht konzernierter Aktiengesellschaften

Bevor auf die durch das Inkrafttreten eines Unternehmensvertrags verursachten Folgen für die Verteilung des Ergebnisses und deren Bedeutung für die Sicherung der Gläubiger einer AG eingegangen wird, sind kurz die aktienrechtlichen Vorgaben für die Verwendung des Jahresüberschusses darzustellen, wenn kein Unternehmensvertrag besteht. Die Tragweite eines Unternehmensvertrags wird dadurch verdeutlicht.

Zunächst gilt nach § 57 AktG das Verbot der Einlagenrückgewähr (Ausschüttungssperre für das gezeichnete Kapital (§ 272 Abs. 1 S. 1 HGB)). Sofern kein Unternehmensvertrag vorliegt, ist ferner gem. § 150 AktG eine der Gläubigersicherung dienende gesetzliche Rücklage zu bilden. Nach § 150 Abs. 2 AktG sind jährlich 5 % des um einen evtl. Verlustvortrag aus dem Vorjahr geminderten Jahresüberschusses in die gesetzliche Rücklage einzustellen, bis diese zusammen mit den Kapitalrücklagen nach §272 Abs. 2 Nr. 1 – 3 HGB 10 % oder den satzungsmäßig bestimmten höheren Anteil des Grundkapitals betragen. Solange dies nicht gewährleistet ist, dürfen die gesetzliche Rücklage und die Kapitalrücklagen nach § 272 Abs. 1 S. 1 HGB nur zum Ausgleich von Jahresfehlbeträgen und Verlustvorträgen verwendet werden, sofern dies nicht durch Auflösung anderer Gewinnrücklagen, durch Deckung des Fehlbetrags mit Hilfe eines Gewinnvortrags oder durch Ausgleich des Verlustvortrags unter Heranziehung des Jahresüberschusses gewährleistet werden kann (§ 150 Abs. 3 AktG). Übersteigen die gesetzliche Rücklage und die Kapitalrücklagen 10 % oder den satzungsmäßig bestimmten höheren Anteil des Grundkapitals, können sie zudem zur Kapitalerhöhung aus Gesellschaftsmitteln dienen (§ 150 Abs. 4 AktG).

Sodann kann ein weiterer Teil des verbleibenden Jahresüberschusses in „andere Gewinnrücklagen" eingestellt werden. Für den Regelfall, dass Vorstand und Aufsichtsrat den Jahresabschluss feststellen, dürfen maximal 50 % des um den evtl. Verlustvortrag und die gesetzliche Rücklage geminderten Jahresüberschusses den anderen Gewinnrücklagen zugeführt werden. Die Satzung kann jedoch die Einstellung eines größeren oder kleineren Betrags vorschreiben, sofern die anderen Gewinnrücklagen dadurch nicht die Hälfte des Grundkapitals übersteigen (§ 58 Abs. 2 AktG). Für den Fall, dass ausnahmsweise die Hauptversammlung den Jahresabschluss feststellt, dürfen maximal 50 % in die anderen Gewinnrücklagen eingestellt werden (§ 58 Abs. 1 AktG). Weitere Beträge können durch Beschluss der Hauptversammlung eingestellt oder als Gewinn vorgetragen werden (§ 58 Abs. 3 AktG).

Der verbleibende Teil des Jahresüberschusses, der Bilanzgewinn (§ 268 Abs. 1 HGB), ist grundsätzlich an die Aktionäre auszuschütten, sofern dies nicht durch Gesetz, Satzung oder Hauptversammlungsbeschluss ausgeschlossen ist (§ 58 Abs. 4 AktG). Der an die Aktionäre letztlich auszuschüttende Betrag wird durch Beschluss der Hauptversammlung auf Vorschlag des Vorstands festgelegt (§ 174 Abs. 1 AktG). Statt der Ausschüttung des verbleibenden Überschusses kann die Hauptversammlung eine weitere Rücklagenbildung bestimmen, den Gewinn ins nächste Geschäftsjahr vortragen oder etwa auf der Grundlage einer entsprechenden Satzungsbestimmung eine andere Verwendung beschließen.[47] Eine geringere Ausschüttung als 4 % des Grundkapitals ist jedoch nur zulässig, wenn die Einstellung in die Gewinnrücklagen oder der Gewinnvortrag nach vernünftiger kaufmännischer Beurteilung für die Überlebensfähigkeit der Gesellschaft als notwendig erachtet werden muss (§ 254 Abs. 1 AktG).

Die Funktion, die das AktG somit dem Jahresüberschuss zuweist, ist primär im Ausgleich eines evtl. entstandenen Verlustes sowie in der hinreichenden Dotierung der gesetzlichen Rücklage zu sehen. Erst dann dürfen die verbleibenden Beträge zur Einstellung in andere Gewinnrücklagen, zur Ausschüttung an die Aktionäre und als Gewinnvortrag verwendet werden.

Der Abschluss eines Unternehmensvertrags hat insbesondere für die Gläubiger und die außenstehenden Aktionäre der konzernierten Gesellschaft weit reichende Folgen. Die herrschende Gesellschaft wird bei Vorliegen eines Beherrschungsvertrags ermächtigt, der konzernierten Gesellschaft nachteilige Weisungen zu erteilen, die deren Jahresüberschuss schmälern können (§ 308 AktG). Liegt (zusätzlich) ein Gewinnabführungsvertrag vor, fällt bei der konzernierten Gesellschaft von vornherein kein Gewinn mehr an. Daher hat das AktG zum Schutz der Gesellschaft, der Aktionäre und der Gläubiger sicherzustellen, dass Verluste auf andere Weise ausgeglichen und die gesetzlichen Rücklagen entsprechend hoch dotiert werden können. Zu diesem Zweck sind in den §§ 300 – 303 AktG Vorschriften zur Sicherung der Gesellschaft und der Gläubiger, sowie in den §§ 304 – 307 AktG solche zum Schutz außenstehender Aktionäre vorgesehen.

2.1.4.2 Die Sicherung der Gesellschaft und der Gläubiger (§§ 300 – 303 AktG)

Wie bereits aus § 291 Abs. 1 AktG hervorgeht, wird die herrschende Gesellschaft durch Abschluss eines isolierten Gewinnabführungs- oder eines kombinierten Gewinnabführungs- und Beherrschungsvertrags berechtigt, den Gewinn der konzernierten Gesellschaft zu vereinnahmen. Zur Sicherung des vor Inkrafttreten des Vertrags bestehenden bilanziellen Eigenkapitals schreibt § 300 Nr. 1 AktG zunächst die Auffüllung der gesetzlichen Rücklage vor. In diese ist an Stelle des in § 150 Abs. 2 AktG bestimmten Betrags jährlich derjenige Anteil des um einen Verlustvortrag aus dem Vorjahr geminderten (fiktiven) Jahresüberschusses einzustellen, der erforderlich ist, um die gesetzliche Rücklage und eine Kapitalrücklage während der ersten 5 Jahre der Vertragslaufzeit gleichmäßig auf 10 % oder den in der Satzung bestimmten höheren Anteil des Grundkapitals aufzufüllen. Der gemäß § 150 Abs. 2 AktG bestimmte Betrag gilt nach § 300 Nr. 1, 2 AktG weiterhin als Mindestbetrag für die gesetzliche Rücklage. Auch für den isolierten Beherrschungsvertrag gilt hier nichts anderes (vgl. § 300 Nr. 3 AktG). Die nach § 150 Abs. 3, 4 AktG geltenden Vorschriften zur Verwendung der gesetzlichen Rücklage bleiben durch den Unternehmensvertrag unberührt.[48]

Gegenüber der Regelung bei Nichtbestehen eines Unternehmensvertrags ergibt sich damit eine Verschärfung der Vorschriften. Während in § 150 AktG keine zeitliche Be-

---

47 Vgl. Siebentes Hauptgutachten Monopolkommission BT-Drucks. 11/2677, S. 283.
48 Vgl. Hüffer AktG, § 300 AktG, Rn. 4.

grenzung vorgesehen ist, innerhalb derer die gesetzliche Rücklage auf 10 % oder den satzungsmäßig bestimmten höheren Anteil des Grundkapitals aufzufüllen ist, gilt nach § 300 Nr. 1 AktG, dass die Rücklage bereits in den ersten 5 Jahren nach Vertragsbeginn entsprechend hoch dotiert sein muss. Damit beträgt die Regelzuführung 20 % der Differenz, die zum Zeitpunkt des Vertragsabschlusses zwischen bereits gebildeter und gesetzlicher Rücklage besteht. Der Sinn dieser Regelung besteht in der Risikovorsorge für die Zeit nach Auslaufen des Unternehmensvertrags.[49] Zudem kann sich durch diese gesetzliche Verschärfung eine Gewinnabführungssperre ergeben, wenn der Jahresüberschuss bei gleichzeitig hohem Grundkapital niedrig ausfällt. Auf der anderen Seite ist auch ein Leerlaufen der gesetzlichen Regelung des § 300 AktG möglich, vor allem in den Fällen, in denen (auch) ein Beherrschungsvertrag vorliegt. Weisungen nach § 308 AktG können theoretisch dazu führen, dass ein Jahresfehlbetrag ausgewiesen werden muss, so dass eine gesetzliche Rücklage gar nicht erst gebildet werden kann. In den darauf folgenden Jahren muss daher entsprechend mehr zugewendet werden.[50]

Zum Zweck der Kapitalerhaltung besteht der Höchstbetrag der Gewinnabführung nach § 301 S. 1 AktG in dem fiktiven, in einer Vorbilanz ermittelten Jahresüberschuss, vermindert um einen Verlustvortrag aus dem Vorjahr sowie um die nach § 300 AktG zu bildende gesetzliche Rücklage. Damit ist es also verboten, gesetzliche Rücklagen zum Zwecke der Gewinnabführung aufzulösen; ein Verlustvortrag aus dem Vorjahr muss stets gedeckt werden.[51] Die Auflösung von anderen während der Vertragsdauer gebildeten Gewinnrücklagen ist jedoch gem. § 301 S. 2 AktG für Zwecke der Gewinnabführung erlaubt. Auch darf von Ansatz- und Bewertungswahlrechten Gebrauch gemacht, und vorvertraglich gebildete stille Reserven, Sonderposten mit Rücklageanteil (§ 247 Abs. 3, §§ 273, 281 Abs. 2 S. 2 HGB) sowie Rückstellungen nach § 249 HGB dürfen aufgelöst und abgeführt werden.[52]

Die Auffüllung der gesetzlichen Rücklage trotz eines durch den Unternehmensvertrag denkbar verringerten Jahresüberschusses wird also durch eine Verschärfung der Vorschriften erreicht (§ 300 AktG tritt an Stelle des § 150 AktG). Der Ausgleich von bei der konzernierten Gesellschaft auftretenden Verlusten wird durch einen weiteren Schutzmechanismus der §§ 300 ff. AktG bewerkstelligt. Die herrschende Gesellschaft unterliegt mit Inkrafttreten des Unternehmensvertrags der Verlustausgleichspflicht nach § 302 AktG gegenüber der konzernierten Gesellschaft. Diese besteht, wenn ein während der Vertragslaufzeit entstehender Jahresfehlbetrag nicht durch Beträge aus den anderen Gewinnrücklagen ausgeglichen werden kann, die während der Vertragslaufzeit in diese eingestellt wurden. Die Forderung auf Verlustausgleich nach § 302 AktG entsteht am

---

49 Vgl. ebenda, § 300 AktG, Rn. 1.

50 Vgl. Heidel Anwaltkommentar 2003, § 300 AktG, Rn. 7, sowie Hüffer AktG, § 300 AktG, Rn. 6.

51 Ein evtl. Verlust aus dem Vorjahr kann wegen der noch zu beschreibenden Verlustübernahmepflicht nach § 302 AktG nur aus der Zeit vor Inkrafttreten des Unternehmensvertrags stammen.

52 Vgl. BGH ZIP 1997, 1193, 1194, Hüffer AktG, § 301 AktG, Rn. 3f., sowie OLG Düsseldorf AG 1990b, 490, 493. Zur Kritik an dem Auflösen vorvertraglich gebildeter stiller Reserven s. Müller in FS Goerdeler 1987, 375, 389ff.

Bilanzstichtag und wird auch an diesem fällig.[53] Seine Höhe wird durch den sich bei objektiv ordnungsgemäßer Bilanzierung zum Bilanzstichtag ergebenden (fiktiven) Jahresfehlbetrag bestimmt.[54] Dadurch ist zwar eine Insolvenz der konzernierten Gesellschaft in der Regel ausgeschlossen.[55] Jedoch dürfte dies der herrschenden Gesellschaft nicht den Anreiz nehmen, die konzernierte Gesellschaft etwa durch das Auflösen stiller Reserven finanziell auszubeuten und die Substanz nach und nach auf sich übertragen zu lassen. Denn nicht nur die übliche Vertragslaufzeit von 5 Jahren[56], sondern auch das noch in Abschnitt 2.1.5.4 zu erläuternde ordentliche Kündigungsrecht der herrschenden Gesellschaft dürfte dieser ermöglichen, die konzernierte Gesellschaft ihren Zwecken dienlich zu machen und gleichzeitig die Verlustausgleichspflicht zu umgehen.

Ersichtlich wird damit, dass der Gesetzgeber offensichtlich in Kauf nimmt, dass die konzernierte Gesellschaft spätestens nach Ablauf des Unternehmensvertrags in finanzielle Schwierigkeiten geraten kann.[57] Zwar ist die herrschende Gesellschaft angehalten, bei Vorliegen eines Beherrschungsvertrags nicht solche Weisungen zu erteilen, die die Überlebensfähigkeit der konzernierten Gesellschaft nachhaltig gefährden könnten.[58] Gleichwohl erlaubt die Auflösung und Abführung stiller Reserven eine erhebliche Schwächung der Gesellschaft, die „die Haftungsgrundlage der Gläubiger vermindert und die Substanz des Eigentums den außenstehenden Aktionären"[59] entzieht. Zudem stellt sich die Frage, warum die herrschende Gesellschaft nur zum Ausgleich des Verlustes, nicht hingegen zur Dotierung der gesetzlichen Rücklage bei der konzernierten Gesellschaft verpflichtet ist.

Fraglich ist damit, ob es ausreicht, wenn der Gesetzgeber mit § 301 AktG sicherstellt, dass nicht mehr an Gewinn abgeführt werden darf, als erzielt wurde, und mit § 302 AktG dafür sorgt, dass ein negatives Ergebnis durch die herrschende Gesellschaft ausgeglichen wird.[60]

Als weiteres Schutzinstrument für die Gläubiger ist die Sicherheitsleistung gem. § 303 AktG zu erwähnen. Das herrschende Unternehmen hat den Gläubigern der konzernierten Gesellschaft, die sich innerhalb von 6 Monaten nach der letzten Bekanntmachung der Eintragung der Vertragsbeendigung im Handelsregister melden, nach §303 Abs. 1, 3 AktG für solche Forderungen Sicherheit zu leisten, die vor der Eintragung der Vertragsbeendigung nach § 10 HGB begründet worden sind. Dies gilt aber nur, sofern die Gläubiger nicht im Fall des Insolvenzverfahrens ein Recht auf vorzugsweise Befriedigung aus einer staatlich überwachten Deckungsmasse haben (§ 303 Abs. 2 AktG). Die Pflicht zur Sicherheitsleistung ist deshalb sinnvoll, weil mit der Beendigung des Unter-

---

53 Vgl. BGH AG 2000, 129, 129f.
54 Vgl. BGH AG 2005, 397, 397f.
55 Nach *Emmerich / Habersack* könnte sich eine Insolvenz bei Illiquidität in der Zeit vor Fälligkeit des Anspruches oder in Folge einer Zahlungsunfähigkeit der herrschenden Gesellschaft ergeben, vgl. Emmerich / Habersack, Konzernrecht, 2005, S. 290f., 295.
56 Diese resultiert aus steuerlichen Erwägungen, vgl. § 14 Abs. 1 Nr. 3 KStG.
57 So auch Heidel Anwaltkommentar 2003, § 301 AktG, Rn. 9.
58 Vgl. OLG Düsseldorf AG 1990b, 490, 492, sowie Hüffer AktG, § 308 AktG, Rn. 19.
59 Heidel Anwaltkommentar 2003, § 301 AktG, Rn. 9.
60 Vgl. ebenda, § 301 AktG, Rn. 1.

nehmensvertrags die Pflicht zur Verlustübernahme nach § 302 AktG seitens des herrschenden Unternehmens entfällt und die Lebensfähigkeit der konzernierten Gesellschaft dadurch beeinträchtigt werden kann.[61]

2.1.4.3 Der Schutz der außenstehenden Aktionäre (§§ 304 – 307 AktG)

Wie aus den bisherigen Ausführungen bereits erkennbar ist, haben Unternehmensverträge auch für die außenstehenden Aktionäre der konzernierten Gesellschaft weit reichende Folgen. Während eine unabhängige Gesellschaft von den Organen gem. § 76 AktG zwingend allein im Eigeninteresse der Gesellschaft, vornehmlich dem Interesse der Aktionäre an einer Unternehmenswertsteigerung zu führen ist, ermöglicht der Beherrschungsvertrag der herrschenden Gesellschaft, Einfluss auf die Unternehmenspolitik der konzernierten Gesellschaft zu nehmen und dieser nachteilige Weisungen nach § 308 AktG zu erteilen. Der Gesetzgeber hat bereits 1965 ausgeführt, dass die konzernierte Gesellschaft bei Vorliegen eines isolierten Beherrschungsvertrags wegen ihrer weisungsgebundenen Tätigkeit häufig keine Gewinne mehr erzielen kann.[62] Zudem verhindert der Gewinnabführungsvertrag die Entstehung von Bilanzgewinn und lässt dadurch das mitgliedschaftliche Dividendenrecht nach § 58 Abs. 4 AktG leer laufen. *Wenger et al.* sind daher der Ansicht, der Großaktionär habe weitgehende Plünderungsmöglichkeiten während der Laufzeit des Unternehmensvertrags.[63] Auch nach *Hecker* kann der herrschende Großaktionär „auf eine systematisch ins Negative verzerrte Darstellung der Ertragslage der abhängigen Gesellschaft hinwirken."[64] *Beyerle* zufolge wird das Mitgliedschaftsrecht des Aktionärs einer konzernierten Gesellschaft „zu einer reinen Finanzbeteiligung ohne wirksames Mitspracherecht denaturiert."[65]

Das AktG sieht daher als volle wirtschaftliche Entschädigung der außenstehenden Aktionäre, namentlich für die Beeinträchtigung ihrer Vermögens- und Mitverwaltungsrechte[66], den Ausgleich nach § 304 sowie die Abfindung nach § 305 AktG vor.[67]

Während die einmalig zu zahlende Abfindung nach § 305 AktG das Ausscheiden aus der konzernierten Gesellschaft bezweckt, soll der jährlich zu zahlende Ausgleich die Aktionäre so stellen, als sei der Unternehmensvertrag nicht zustande gekommen, und ihnen damit ermöglichen, weiterhin die gleichen Renditen zu erhalten, die sie bei Nicht-

---

61 Zur Kritik an der Regelung des § 303 AktG s. Van Venrooy BB 1981, 1003, 1003ff.
62 Vgl. Kropff Aktiengesetz 1965, S. 394.
63 Vgl. Wenger et al. in: Gahlen et al., Schriftenreiche des wirtschaftswissenschaftlichen Seminars Ottobeuren, Bd. 26, Finanzmärkte, Tübingen 1997, S. 113.
64 Hecker Habilitation 2000, S. 361.
65 Beyerle AG 1980, 317, 319.
66 Unter die Mitverwaltungsrechte lassen sich das Stimmrecht (§ 12 Abs. 1 AktG), das Recht auf Teilnahme an der Hauptversammlung (§ 118 Abs. 1 AktG) sowie das Anfechtungs- und Widerspruchsrecht (§ 245 Nr. 1-3 AktG) subsumieren. Zu den Vermögensrechten zählen das Recht auf Beteiligung am Bilanzgewinn (§ 58 Abs. 4 AktG) und am Gesellschaftsvermögen im Liquidationsfall (§ 271 Abs. 1 und 2 AktG), sowie das Bezugsrecht bei Kapitalerhöhungen (§ 186 Abs. 1 AktG).
67 An dieser Stelle soll nicht vertieft auf Ausgleich und Abfindung eingegangen werden. Es sei auf die Ausführungen in Abschnitt 2.2 verwiesen.

Bestehen des Unternehmensvertrags erhalten hätten. Seine Funktion liegt damit im Dividendenersatz.[68]

Die Rechte der Aktionäre werden weiter dadurch gesichert, dass sie die Möglichkeit haben, ein Spruchverfahren einzuleiten. Das ehemals in § 306 AktG kodifizierte und seit dem 12.6.2003 durch das SpruchG geregelte Spruchverfahren ermöglicht es den außenstehenden Aktionären, die Höhe von Abfindung und Ausgleich gerichtlich überprüfen zu lassen. An dieser Stelle sei auf die Ausführungen in Abschnitt 2.3 verwiesen.

Als letztes zu erwähnendes Schutzinstrument für außenstehende Aktionäre bleibt § 307 AktG zu erwähnen. Sofern ein Gewinnabführungs- und Beherrschungsvertrag zwischen einer herrschenden und einer abhängigen Gesellschaft besteht, die im Zeitpunkt der Beschlussfassung keinen außenstehenden Aktionär hat, endet dieser spätestens zum Ende des Geschäftsjahres, in dem ein außenstehender Aktionär beitritt. Der Sinn dieser Vorschrift liegt im Schutz des beitretenden Aktionärs, da nach § 304 Abs. 1 S. 3 AktG von der Bestimmung eines Ausgleichs abgesehen werden kann, sofern im Zeitpunkt der Beschlussfassung kein außenstehender Aktionär beteiligt ist.[69] Der Vertrag endet jedoch auch dann, wenn von dem Wahlrecht des § 304 Abs. 1 S. 3 AktG kein Gebrauch gemacht und daher ein Ausgleich vorgesehen wurde. Grund dafür ist, dass die Angemessenheit mangels eines Antragsberechtigten zuvor nicht überprüft werden konnte.[70]

2.1.4.4 Leitungsmacht bei Beherrschungsvertrag (§§ 308 – 310 AktG)

Der Gesellschaftszweck der konzernierten Gesellschaft wird durch das wirksame Zustandekommen eines Vertragskonzerns unter Leitung der herrschenden Gesellschaft am Konzerninteresse ausgerichtet. In der Folge können dem Vorstand der konzernierten Gesellschaft nach § 308 AktG Weisungen erteilt werden, deren Umfang in der Regel vertraglich geregelt ist. Sofern im Vertrag keine diesbezüglichen Abreden getroffen wurden, hat die herrschende Gesellschaft das Recht, der konzernierten Gesellschaft auch nachteilige, die Interessen des herrschenden Unternehmens oder des Konzerns verfolgende Weisungen zu erteilen (§ 308 Abs. 1 S. 1, 2 AktG).[71] Der Vorstand der kon-

---

68 *Meilicke* hingegen vertritt die Ansicht, der feste Ausgleich überkompensiere die Dividende, da er ohne die Bildung freier Rücklagen zu berechnen ist, vgl. Meilicke DB 1974, 417, 418. Dies soll nach *Hüffer* jedoch eine Entschädigung dafür darstellen, dass Teilbeträge an die herrschende Gesellschaft abgeführt werden, die sonst den Aktionären zukämen, vgl. Hüffer AktG, § 304 AktG, Rn. 11, sowie Kropff Aktiengesetz 1965, S. 395. Inzwischen wird nicht mehr angezweifelt, dass der Ausgleich den Dividendenausfall gerade kompensiert, vgl. etwa Lutter / Drygala AG 1995, 49, 50, Bilda in Kropff / Semler Münchener Komm AktG 2000, § 304 AktG, Rn. 73, Vetter AG 2002a , 383, 386, sowie aus der Rechtsprechung BVerfG ZIP 1999, 1436, 1437, und BGH AG 2003c, 627, 628. Ob dies jedoch zwingend einer angemessenen Entschädigung gleichkommt, wird in Abschnitt 2.2.4.5 überprüft.

69 So geschehen etwa bei Hoesch Werke AG, vgl. Bundesanzeiger Nr. 94 vom 19.5.1984, S. 4724, oder im Fall der Metallgesellschaft AG, vgl. Bundesanzeiger vom 21.3.89, S. 1459.

70 Vgl. Hüffer AktG, § 307 AktG, Rn 1.

71 Die herrschende Gesellschaft ist auch ermächtigt, eine andere Konzerngesellschaft mit den Weisungen zu bevollmächtigen, vgl. Heidenhain / Meister, Münchener Vertragshandbuch

zernierten Gesellschaft hat diese Weisungen mit der gem. § 310 Abs. 1 S. 2 AktG erforderlichen Sorgfalt auf ihre Zulässigkeit und Vereinbarkeit mit den Vorgaben aus Gesetz und Satzung zu überprüfen. Besteht danach kein Anlass, der herrschenden Gesellschaft eine etwaige Unvereinbarkeit mit den Vorschriften von Gesetz und Satzung anzuzeigen, hat er den Weisungen prinzipiell Folge zu leisten, andernfalls sich die Gesellschaft schadensersatzpflichtig macht.[72]

Mit Inkrafttreten des Beherrschungsvertrags erlangt das herrschende Unternehmen alle Befugnisse, die dem Vorstand nach § 76 AktG zustehen.[73] „Grundsätzlich zulässig [sind danach regelmäßig] Weisungen zur […] gesamten Geschäfts-, Finanz-, Investitions- und Absatzpolitik."[74] Auch erstreckt sich das Weisungsrecht auf innergesellschaftliche organisatorische Aufgaben des Vorstands.[75] Dazu zählen etwa die Ausübung von Bewertungswahlrechten bei der Aufstellung des Jahresabschlusses oder die Einberufung der Hauptversammlung.[76] Zusätzlich besitzt der Vorstand der herrschenden Gesellschaft ein Recht auf Auskunft über alle zur Ausübung des Leitungsrechts benötigten relevanten Informationen.[77]

Die Grenzen der Weisungsbefugnis ergeben sich zum einen aus der Satzung, zum anderen aus gesetzlichen Vorschriften (§§ 134, 138 BGB).[78] Grundsätzlich hat der Vorstand des herrschenden Unternehmens bei der Erteilung von Weisungen die Sorgfalt eines ordentlichen und gewissenhaften Geschäftsleiters zu wahren. Verstößt er gegen dieses Gebot oder erteilt er Weisungen, deren Nachteile für die konzernierte Gesellschaft nicht durch Vorteile für eine andere Konzerngesellschaft kompensiert werden könnten, ist er gesamtschuldnerisch zum Ersatz des daraus entstehenden Schadens verpflichtet (§ 309 Abs. 1, 2 AktG).[79] Die Befolgung der Weisungen kann verweigert werden, wenn diese offensichtlich[80] nicht dem herrschenden oder einem sonstigen Konzernunternehmen dienen (§ 308 Abs. 2 S. 2 AktG). Auch sind Weisungen unzulässig, die den Unternehmensvertrag selbst ändern, aufrechterhalten oder beenden (§ 299 AktG). Ferner ist das Weisungsrecht beschränkt, weil das herrschende Unternehmen seine Macht nicht in einer Weise ausnutzen darf, die mutmaßlich zu einer existentiellen Bedrohung für die

---

Gesellschaftsrecht Bd. 1, S.1180, sowie Altmeppen in Kropff / Semler Münchener Komm AktG 2000, § 308 AktG, Rn. 57. Eine echte Übertragung ist hingegen unzulässig, vgl. bereits Emmerich et al., Konzernrecht, 2001, S. 360, sowie Cahn BB 2000, 1477, 1482.

72 Vgl. Altmeppen in Kropff / Semler Münchener Komm AktG 2000, § 308 AktG, Rn. 64.
73 Vgl. Kropff Aktiengesetz 1965, S. 403.
74 Sina AG 1991, 1, 1; Klammerzusatz vom Verfasser.
75 Vgl. Altmeppen in Kropff / Semler Münchener Komm AktG 2000, § 308 AktG, Rn. 88.
76 Vgl. BGH ZIP 1997, 1193, 1193.
77 Vgl. dazu LG München I AG 1999, 138, 138. Ein eindrucksvolles Beispiel zum Umfang des Weisungsrechts in organisatorischer, wirtschaftlicher, finanzieller und personeller Hinsicht kann der Änderungsvereinbarung zum Unternehmensvertrag zwischen Hacker-Pschorr / Bayerische Braustiftung Josef Schörghuber & Co. Holding KG entnommen werden, vgl. Bundesanzeiger vom 20.5.1998, S. 7088.
78 Vgl. ausführlich Emmerich / Habersack, Konzernrecht, 2005, S. 347ff.
79 Nach Emmerich et al. sind bisher jedoch noch keine Gerichtsentscheidungen zu § 309 AktG ergangen, vgl. ebenda, S. 352.
80 Offensichtlich meint hier: für jeden Sachkenner ohne weitere Nachforschungen erkennbar, vgl. Hüffer AktG, § 308 AktG, Rn. 22.

konzernierte Gesellschaft während und in der Zeit nach Beendigung des Unternehmensvertrags führen wird.[81] In die zwingenden Zuständigkeiten von Aufsichtsrat und Hauptversammlung darf der Vorstand der herrschenden Gesellschaft auch nicht eingreifen.[82] Weisungen, die den Gegenstand der konzernierten Gesellschaft berühren, können nur erteilt werden, wenn vorher die Satzung der konzernierten Gesellschaft geändert worden ist. Schließlich bleibt anzumerken, dass Weisungen unzulässig sind, die gegen aktienrechtliche Maßstäbe oder zwingend anzuwendende Bewertungsvorschriften verstoßen.[83]

Wie auch der *BGH* ausführt, ist „das herrschende Unternehmen infolge seiner Weisungsbefugnis [gleichwohl] in der Lage, die abhängige Gesellschaft ihrer Vermögenswerte weitgehend zu entkleiden oder sie vollständig in den Konzern einzubinden und ihr im Rahmen der von dem Konzern verfolgten Ziele eine bestimmte Funktion zuzuweisen, so dass es ihr nicht möglich ist, bei Beendigung des Unternehmensvertrags aus eigener Kraft fortzubestehen."[84] In Folge dieses immensen Einflusses ist kritisch zu sehen, dass keine Pflicht zur genauen Umschreibung und Begrenzung des Weisungsrechts besteht[85], so dass sowohl eine sachgerechte Entscheidung, ob dem Vertrag zugestimmt werden soll, als auch die Entscheidung für den Ausgleich als Alternative zur Abfindung erschwert werden dürfte. Inwiefern Aktionäre, die sich für den Ausgleich entscheiden und daher gegenüber den die Abfindung wählenden und den Folgen des Weisungsrechts entgehenden Aktionären finanziell benachteiligt werden, ist Gegenstand der Ausführungen in Abschnitt 2.2.4.5. Ferner wird noch darauf einzugehen sein, welche besonderen Regelungen bei Vorliegen isolierter Beherrschungsverträge bezüglich der zu leistenden Ausgleichszahlungen zu beachten sind.[86]

2.1.4.5 Leitungsmacht bei fehlendem Beherrschungsvertrag (§§ 311 – 318 AktG)

Für den Fall, dass kein Beherrschungsvertrag besteht, regeln die §§ 311ff. AktG die Verhaltens- und Schadensersatzpflichten der herrschenden und der i.S.d. § 17 Abs. 2 AktG abhängigen Gesellschaft sowie ihrer gesetzlichen Vertreter.

Soweit es an einem Beherrschungsvertrag nach § 291 Abs. 1 S. 1 AktG fehlt, kann die konzernierte Gesellschaft zwar unter die einheitliche Leitung der herrschenden Ge-

---

81 Vgl. OLG Düsseldorf AG 1990b, 490, 492, sowie Emmerich / Habersack, Konzernrecht, 2005, S. 394f. m.w.N. Anders hingegen wohl Heidel Anwaltkommentar 2003, § 293b AktG, Rn. 6. Interessanterweise stellt auch der BGH fest, dass die herrschende Gesellschaft wegen des Weisungsrechts grundsätzlich die Möglichkeit besitze, die konzernierte Gesellschaft nicht aus eigener Kraft fortbestehen zu lassen. Zur diesbezüglichen Zulässigkeit bezieht er jedoch keine Stellung, vgl. BGH ZIP 1997, 1193, 1193.

82 Vgl. dazu auch Erning Dissertation 1993, S. 39. Wie *Erning* anführt, reicht die Weisungsbefugnis daher nicht aus, das Thesaurierungsverhalten zu steuern. Das Gewinnverwendungsrecht kann jedoch durch Gewinnverlagerungen an die herrschende Gesellschaft verletzt werden.

83 Vgl. Sina AG 1991, 1, 4.

84 BGH ZIP 1997, 1193, 1193; Klammerzusatz vom Verfasser.

85 Vgl. Heidenhain / Meister, Münchener Vertragshandbuch Gesellschaftsrecht Bd. 1, S. 1181.

86 Vgl. dazu Abschnitt 2.2.2.1.

sellschaft gestellt werden. Letzterer obliegt jedoch in diesem Fall weder die Pflicht, noch hat sie die Macht zur Konzernleitung. Vielmehr bleibt es nach § 76 Abs. 1 AktG bei der eigenverantwortlichen Leitung der konzernierten Gesellschaft durch ihren Vorstand.[87]

Wegen der mangelnden Leitungsmacht ist der konzernierten Gesellschaft nach § 311 Abs. 2 S. 2 AktG ein Rechtsanspruch auf Nachteilsausgleich zu gewähren, wenn die herrschende eine abhängige Gesellschaft nach § 311 Abs. 1 AktG dazu veranlasst, nachteilige[88] Rechtsgeschäfte abzuschließen oder sonstige Maßnahmen zu ergreifen, die nicht während des Geschäftsjahres ausgeglichen werden. Kommt die herrschende Gesellschaft ihrer Ausgleichspflicht nach § 311 AktG nicht bis zum Ende des Geschäftsjahres nach, sind sie und ihr Vorstand der konzernierten Gesellschaft zum Ersatz des daraus entstehenden Schadens verpflichtet (vgl. § 317 Abs.1, 3 AktG).[89] Eine derartige Benachteiligung ist nach § 317 Abs. 2 AktG jedoch dann nicht zu beanstanden, wenn auch „ein ordentlicher und gewissenhafter Geschäftsleiter einer unabhängigen Gesellschaft das Rechtsgeschäft vorgenommen oder die Maßnahme getroffen oder unterlassen hätte."[90] Hierfür trägt die herrschende Gesellschaft die Beweislast.[91]

Gegenüber der Situation bei Vorliegen eines Beherrschungsvertrages ergibt sich damit der wesentliche Unterschied, dass die herrschende Gesellschaft hier nicht ermächtigt ist, nachteilige Weisungen nach § 308 AktG zu erteilen. Da hier jedenfalls rechtlich nicht die Möglichkeit besteht, das Weisungsrecht zu Plünderungszwecken auszunutzen, dürften außenstehende Aktionäre c.p. weniger schutzbedürftig sein; dies müsste in einem Ausgleichsangebot gegenüber der Situation bei Bestehen eines Beherrschungsvertrages mindernd eingepreist werden.

Weitere gesetzliche Bestimmungen zur Haftung der gesetzlichen Vertreter der herrschenden Gesellschaft nach § 317 Abs. 3 AktG sowie zur Haftung der Mitglieder von Vorstand und Aufsichtsrat der konzernierten Gesellschaft nach § 318 Abs. 1, 2 AktG sowie deren Pflichten aus den §§ 312, 314 AktG zur Erstellung und Prüfung des Abhängigkeitsberichts sollen hier nicht weiter diskutiert werden, da die §§ 312 – 315 AktG gem. § 316 AktG nicht auf isolierte Gewinnabführungsverträge anzuwenden sind. Es sei daher an dieser Stelle auf die Ausführungen bei *Emmerich / Habersack* verwiesen.[92]

87 Vgl. Hüffer AktG, § 311 AktG, Rn. 8.
88 Als nachteilig i.S.d. § 311 AktG gilt jede Geschäftsführungshandlung, die Auswirkungen auf die Vermögens- oder Ertragslage der Gesellschaft haben kann, vgl. Hüffer AktG, § 311 AktG, Rn. 24.
89 Die praktische Bedeutung des § 317 AktG ist jedoch gering, vgl. ebenda, § 317 AktG, Rn. 1. So geschehen im Fall Einbecker Brauhaus / Brau und Brunnen AG, vgl. Bundesanzeiger vom 11.1.2003, S.453.
90 § 317 Abs. 2 AktG.
91 Vgl. Hüffer AktG, § 317 AktG, Rn. 12.
92 Vgl. Emmerich / Habersack, Konzernrecht, 2005, S. 388ff.

2.1.5 Änderung, Aufhebung und Kündigung

2.1.5.1 Änderung nach § 295 AktG

Das Gesetz unterscheidet in den §§ 295 – 297 AktG zwischen Änderung, Aufhebung und Kündigung von Unternehmensverträgen. Nach § 295 Abs. 1 AktG bedarf es zur Änderung eines Vertrags der erneuten Zustimmung der Hauptversammlung der konzernierten Gesellschaft sowie ferner insbesondere einer weiteren Vertragsprüfung nach § 293b Abs. 1 AktG. Auch die Berichtspflichten des Vorstands nach § 293a AktG sowie die Vorschriften über die Vorbereitung und Durchführung der Hauptversammlung nach § 293f und § 293g AktG sind anzuwenden[93], um den Aktionären die Tragweite der geplanten Änderungen zu verdeutlichen und ihnen die Entscheidung zu erleichtern. Zudem soll damit einer Umgehung der Vorschriften über den Abschluss von Verträgen vorgebeugt werden.[94] Das Gesetz bindet das Wirksamwerden einer Änderung der in einem Unternehmensvertrag vorgesehenen Ausgleichs- und Abfindungshöhen zudem an einen Sonderbeschluss der außenstehenden Aktionäre. Zu diesem Zweck kommt diesen ein gegenüber § 131 AktG erweitertes Auskunftsrecht zu (§ 295 Abs. 2 S. 3 AktG). Eines Sonderbeschlusses bedarf es hingegen nicht, wenn in den Grenzen der Vertragsfreiheit Klauseln vereinbart wurden, die eine (nachvollziehbare) Änderung des Ausgleichs zur Sicherstellung von dessen Angemessenheit zulassen (z.B. bei Kapitalveränderungen der beteiligten Gesellschaften).[95] Weitere denkbare Änderungen bestehen insbesondere hinsichtlich der Länge der Vertragsdauer sowie einem Parteiwechsel.[96] Die Änderung muss zur Eintragung ins Handelsregister angemeldet werden (§ 295 Abs. 1 S. 2 i.V.m. §294 AktG).

2.1.5.2 Aufhebung nach § 296 AktG

Ferner sieht das AktG mehrere Formen der Beendigung von Unternehmensverträgen vor.[97] Nach § 296 Abs. 1 AktG kann der Vertrag zum Ende des Geschäftsjahres der konzernierten Gesellschaft oder des sonst vertraglich bestimmten Abrechnungszeitraums einvernehmlich aufgehoben werden. Sind vertraglich Entschädigungsleistungen nach §§ 304f. AktG vereinbart und gewährt worden, bedarf es hierzu (entsprechend § 295 Abs. 2 AktG) eines Sonderbeschlusses der außenstehenden Aktionäre (§ 296 Abs. 2 AktG). Eine Zustimmung der Hauptversammlung ist hingegen nicht erforderlich. Die Aufhebung des Vertrags hat zur Folge, dass die unternehmensvertraglichen Bindungen enden. Die Verlustausgleichspflicht nach § 302 AktG sowie etwaige Leistungen

---

93 Vgl. § 295 Abs. 1 S. 2 AktG. Zur Diskussion über Beispiele von Vertragsänderungen, die erneute Berichts- und Prüfungspflichten verursachen, s. Bungert DB 1995b, 1449, 1449f.
94 Vgl. Emmerich / Habersack, Konzernrecht, 2005, S. 239.
95 Vgl. Bilda in Kropff / Semler Münchener Komm AktG 2000, § 304 AktG, Rn. 123.
96 Vgl. dazu Emmerich / Habersack, Konzernrecht, 2005, S. 240ff.
97 Von weiteren „regulären" Formen der Beendigung, wie etwa dem Ablauf der Vertragszeit bei einem auf bestimmte Zeit geschlossenen Vertrag, der Anfechtung oder dem Rücktritt sei hier zudem abgesehen. Siehe dazu Emmerich / Habersack, Konzernrecht, 2005, S. 259ff.

gem. §§ 304, 305 AktG entfallen mit Eintritt des Aufhebungszeitpunktes. Bereits gezahlte Ausgleichs- und Abfindungsleistungen können nicht zurückgefordert werden.[98] Zudem sind den Gläubigern der konzernierten Gesellschaft gem. § 303 AktG Sicherheiten für ihre Forderungen zu stellen.[99]

2.1.5.3 Außerordentliche Kündigung (§ 297 Abs. 1 AktG)

Unternehmensverträge können zudem aus wichtigem Grund nach § 297 Abs. 1 AktG gekündigt werden. Hierfür bedarf es keines Sonderbeschlusses. Ein wichtiger Grund liegt vor, „wenn der andere Vertragsteil voraussichtlich nicht in der Lage sein wird, seine auf Grund des Vertrags bestehenden Verpflichtungen zu erfüllen."[100] Ein wichtiger Grund ist entsprechend § 626 Abs. 1 BGB anzunehmen, wenn der herrschenden Gesellschaft die Fortsetzung des Vertrags in Folge einer von ihr nicht zu verantwortenden Veränderung der Verhältnisse unter Berücksichtigung der Interessen beider Parteien wirtschaftlich nicht zugemutet werden kann.[101] Die Beurteilung der Fähigkeit, den bestehenden Verpflichtungen nachkommen zu können, bezieht auch die Leistungspflichten gegenüber den Aktionären und Gläubigern der Gesellschaften mit ein.[102] Auch im Fall der fortgesetzten, schweren Vertragsverletzung, insbesondere der Überschreitung der Grenzen des Weisungsrechts nach § 308 AktG oder der Verweigerung der Erfüllung vertraglicher Verpflichtungen aus §§ 302 – 305 AktG, ist für die konzernierte Gesellschaft ein Recht zur außerordentlichen Kündigung gegeben. Für die herrschende Gesellschaft ist ein außerordentliches Kündigungsrecht insbesondere dann gegeben, wenn das weitere Festhalten am Vertrag, vorwiegend wegen der Verlustübernahmepflicht nach § 302 AktG, ihre Existenz bedroht.[103] Dagegen stellt die bloße Verschlechterung der eigenen wirtschaftlichen Verhältnisse i.d.R. keinen außerordentlichen Kündigungsgrund dar.[104]

2.1.5.4 Ordentliche Kündigung (§ 297 Abs. 2 AktG)

Auch die ordentliche Kündigung ist nach § 297 Abs.2 AktG möglich. Diese ist vom Vorstand der Gesellschaft auszusprechen. Allerdings unterscheidet das AktG hier zwei Fälle. Kündigt der Vorstand der konzernierten Gesellschaft, bedarf es eines Sonderbeschlusses der außenstehenden Aktionäre, sofern der Vertrag Ausgleichs- und Abfin-

---

98 Vgl. Hüffer AktG, § 296 AktG, Rn. 9, sowie Heidel Anwaltkommentar 2003, § 296 AktG, Rn. 18ff.

99 Vgl. dazu 2.1.4.2.

100 § 297 Abs. 1 S. 2 AktG.

101 Vgl. OLG Düsseldorf AG 1995b, 137, 138.

102 Vgl. Heidel Anwaltkommentar 2003, § 297 AktG, Rn. 17.

103 So geschehen im Fall der Mannheimer Lebensversicherung AG, die ihre eigene Holding bei Inanspruchnahme des Rechts aus § 302 AktG in die Insolvenz getrieben hätte. Vergleichbar auch der Fall Erste Kulmbacher Actien Brauerei AG / Gebrüder März AG, während deren Vertragslaufzeit die erstgenannte Gesellschaft in Konkurs geriet.

104 Vgl. Emmerich / Habersack, Konzernrecht, 2005, S. 256f.

dungszahlungen vorsieht.[105] Für den Fall hingegen, dass der Vorstand der herrschenden Gesellschaft kündigt, ist keine Zustimmung der Aktionäre erforderlich. Dies ist vor dem Hintergrund des Minderheitenschutzes äußerst kritisch zu sehen. Zwar kommt eine ordentliche Kündigung nach *Emmerich / Habersack* gemäß überwiegender Meinung nur in Betracht, wenn das Kündigungsrecht Bestandteil des Vertrags ist.[106] Gleichwohl wird dadurch die Minderung des vermeintlich bezweckten Schutzes der außenstehenden Aktionäre gesetzlich legitimiert. Ferner lässt sich das Erfordernis eines Sonderbeschlusses der §§ 295, 296 AktG auf dem Umweg über Kündigung und Neuabschluss umgehen und die Höhe von Ausgleich und Abfindung auf diesem Wege neu festsetzen.[107] Der *BGH* begründet dies damit, dass das herrschende Unternehmen wegen des Risikos unvorhergesehener Entwicklungen bei einem auf unbestimmte Zeit abgeschlossenen Unternehmensvertrag die Möglichkeit zur ordentlichen Kündigung haben müsse. Auch könne sich sonst bei faktischer Unkündbarkeit ein ewiger Vertrag ergeben.[108]

2.1.5.5 Kündigung gem. §§ 304 Abs. 4, 305 Abs. 5 S. 4 AktG

Eine weitere Kündigungsmöglichkeit für die herrschende Gesellschaft stellt die Kündigung nach §§ 304 Abs. 4, 305 Abs. 5 S. 4 AktG dar. Sofern Ausgleich und Abfindung gerichtlich festgesetzt werden, besitzt die herrschende Gesellschaft das Recht zur fristlosen Kündigung innerhalb von 2 Monaten nach Rechtskraft der Entscheidung. Eine gerichtlich verfügte Mehrbelastung für die herrschende Gesellschaft soll damit umgangen werden können, unabhängig davon, ob sie voraussichtlich dazu in der Lage sein wird, den erhöhten finanziellen Verpflichtungen nachzukommen. Die Kündigung wirkt ex nunc, d.h. für vergangene Geschäftsjahre bleibt es bei dem gerichtlich verfügten (höheren) Ausgleich.[109] Bereits geleistete Zahlungen können nicht zurückgefordert werden.[110] Vor dem Hintergrund des Minderheitenschutzes muss diese Kündigungsmöglichkeit wohl ebenfalls kritisch gesehen werden. Nicht nur haben die antragstellenden Aktionäre bei einer für sie nachteiligen gerichtlichen Entscheidung – sieht man von einer Annahme der Abfindung ab – keine vergleichbare „Exit-Option".[111] Auch wird es der herrschenden Gesellschaft dadurch ermöglicht, systematisch zu niedrig bemessene Ausgleichs- und Abfindungsangebote zu unterbreiten, in der Hoffnung, dass entweder kein Spruchverfahren eingeleitet oder dieses Angebot gerichtlich akzeptiert wird. Sollte es

---

105 Von der Bestimmung eines angemessenen Ausgleichs kann abgesehen werden, wenn zum Zeitpunkt der Beschlussfassung über den Vertrag kein außenstehender Aktionär vorhanden ist (§ 304 Abs. 1 S. 3 AktG).
106 Vgl. Emmerich / Habersack, Konzernrecht, 2005, S. 252f.
107 Nach Ansicht des OLG Düsseldorf ist die Kündigung seitens der herrschenden Gesellschaft selbst dann zulässig, wenn sie auf den Neuabschluss eines Vertrags zu schlechteren Bedingungen für die außenstehenden Aktionäre abzielt, vgl. OLG Düsseldorf AG 1990b, 490, 491.
108 Vgl. BGH NJW 1993, 1976, 1981.
109 Vgl. Hüffer AktG, § 304 AktG, Rn. 24.
110 Vgl. Bilda in Kropff / Semler Münchener Komm AktG 2000, § 304 AktG, Rn. 233ff.
111 „Nachteilig" meint hier, dass die Aktionäre nicht besser gestellt werden. Eine Schlechterstellung ist durch das Spruchverfahren nicht zulässig (Verbot der reformatio in peius), vgl. BayObLG AG 1996a, 127, 127.

wegen der gerichtlichen Entscheidung zu einer Erhöhung von Ausgleich und Abfindung kommen, bleibt der herrschenden Gesellschaft immer noch die Kündigungsmöglichkeit.[112] Zwar wirkt die Kündigung ex nunc, so dass die gerichtlich festgesetzten Höhen von Abfindung und Ausgleich für vergangene Geschäftsjahre zu zahlen sind. Dennoch kann die herrschende Gesellschaft dadurch die Zahlung eines höheren, zukünftigen Ausgleichs umgehen, und gleichzeitig der konzernierten Gesellschaft während des Spruchverfahrens die Substanz entziehen.

2.1.5.6 Beendigung zur Sicherung außenstehender Aktionäre (§ 307 AktG)

Als letzte Möglichkeit, einen Unternehmensvertrag zu beenden, ist der bereits in Abschnitt 2.1.4.3 erwähnte Hinzutritt eines außenstehenden Aktionärs nach Abschluss eines Gewinnabführungs- und Beherrschungsvertrags mit einer 100 %igen Tochtergesellschaft zu nennen (§ 307 AktG). Die Vertragsbeendigung erfolgt spätestens zum Ende des Geschäftsjahres, in dem sich ein außenstehender Aktionär beteiligt. Der Abschluss eines neuen, die §§ 304, 305 AktG berücksichtigenden Unternehmensvertrags ist im Anschluss daran möglich.[113]

2.1.5.7 Rechtsfolgen der Beendigung

Durch die Kündigung wird der Vertrag entweder zum in der Kündigung erklärten oder vertraglich bestimmten Zeitpunkt beendet. Die Beendigung ist unter Angabe des Grundes und des Zeitpunktes nach § 298 AktG deklaratorisch[114] in das Handelsregister einzutragen und wird nach § 10 HGB der Öffentlichkeit bekannt gemacht. Mit dem Zeitpunkt der Beendigung entfällt die Pflicht zur Leistung des Ausgleichs nach § 304 AktG.[115] Der Abfindungsanspruch der außenstehenden Aktionäre besteht hingegen selbst dann fort, wenn der Vertrag während eines Spruchverfahrens beendet wird.[116] Ein nach dem Beginn eines Spruchverfahrens durch Auflösung, Aufhebung oder Kündigung

---

112 Allerdings müsste die herrschende Gesellschaft hierbei sinnvollerweise abwägen, inwiefern zu niedrig bemessene Entschädigungen vor Gericht Bestand haben könnten. Auch ist hierbei an die verursachten Kosten und sonstige Faktoren wie etwa Reputationsverlust zu denken. Diese Überlegungen dürften mithin nicht allzu viel Gewicht haben.
113 Vgl. Hüffer AktG, § 307 AktG, Rn. 3.
114 Vgl. ebenda, § 298 AktG, Rn. 5, sowie etwa LG Berlin AG 2000, 284, 287.
115 Sofern der Vertrag während eines laufenden Geschäftsjahres endet, ist ein zeitanteiliger Ausgleich zu leisten, vgl. Bilda in Kropff / Semler Münchener Komm AktG 2000, § 304 AktG, Rn. 191.
116 Vgl. BGH ZIP 1997, 1193, 1193. Bemerkenswert ist hier die Begründung des BGH: die Möglichkeit, die konzernierte Gesellschaft finanziell auszubeuten, könne nur durch eine angemessene Abfindung und nicht durch den Ausgleich nach § 304 AktG ausgeglichen werden. Würde man den Aktionären somit den Abfindungsanspruch entziehen, könne die herrschende Gesellschaft den Schutz der §§ 304f. AktG unterlaufen, vgl. BGH ZIP 1997, 1193, 1193f.

beendeter Unternehmensvertrag mit ex nunc-Wirkung führt daher seit der Entscheidung des *BGH* i.S. Guano auch nicht zur Beendigung des Verfahrens selbst.[117]

Ferner ist den Gläubigern der konzernierten Gesellschaft, die sich innerhalb von 6 Monaten melden – wie bereits in Abschnitt 2.1.4.2 erwähnt – nach § 303 Abs. 1, 3 AktG von der herrschenden Gesellschaft für solche Forderungen Sicherheit zu leisten, die vor der Eintragung der Vertragsbeendigung ins Handelsregister nach § 10 HGB begründet worden sind.[118] Mit der Beendigung des Vertrages geht die durch den Beherrschungsvertrag begründete Leitungsmacht gem. § 308 AktG unter.[119]

2.2 Die Entschädigung außenstehender Aktionäre

Wie bereits in Abschnitt 2.1.4.4 erwähnt, können nachteilige Weisungen sowie die Pflicht zur Abführung des gesamten Gewinns der Tochtergesellschaft zur Folge haben, dass die Dividende in ihrer Höhe gemindert wird oder gänzlich entfällt. Die außenstehenden Aktionäre werden folglich durch Unternehmensverträge zunächst schlechter gestellt. Daher sieht das AktG zwecks voller wirtschaftlicher Entschädigung der beeinträchtigten Vermögens- und Mitverwaltungsrechte alternativ den Ausgleich nach §304 und die Abfindung nach § 305 AktG vor. Die Abfindung soll das Ausscheiden aus dem Unternehmen gegen Gewährung des Werts der gehaltenen Anteile ermöglichen, während der Ausgleich die Aktionäre so stellen soll, als sei der Vertrag nicht zustande gekommen.[120]

Anspruchsberechtigt sind alle außenstehenden Aktionäre der konzernierten Gesellschaft mit Ausnahme des anderen Vertragsteils und solcher, die auf irgendeine Weise von dem Unternehmensvertrag profitieren.[121] Dabei spielt grundsätzlich keine Rolle, wann die Aktien erworben wurden. So ist ein außenstehender Aktionär auch dann anspruchsberechtigt, wenn er seine Aktien erst nach Inkrafttreten des Unternehmensvertrags erworben hat.[122] Sein Anspruch auf eine angemessene Entschädigung entsteht grundsätzlich[123] mit der Eintragung des Vertrags ins Handelsregister nach § 294 Abs. 2 AktG und wird mit Ende des Geschäftsjahres der konzernierten Gesellschaft fällig.

---

117 Vgl. BGH ZIP 1997, 1193, 1193f., BVerfG AG 2000, 40, 40, Vetter ZIP 2000, 561, 562, OLG Zweibrücken DB 2004, 642, 643, Hans. OLG Hamburg AG 2001, 479, 479, sowie BGH AG 1999, 217, 217f. Vgl. dazu aus der Praxis auch den Fall DAT/Altana, s. Bundesanzeiger vom 27.4.1990, S. 2319. Anders hingegen vor der einschlägigen BGH-Entscheidung: OLG Zweibrücken AG 1994, 563, 563f.

118 Zu weiteren Einzelheiten dieser Sicherheitsleistung siehe Emmerich / Habersack, Konzernrecht, 2005, S. 283ff.

119 Vgl. Hüffer AktG, § 297 AktG, Rn. 21.

120 Vgl. OLG Düsseldorf AG 1999a, 89, 90, sowie Bilda in Kropff / Semler Münchener Komm AktG 2000, § 304 AktG, Rn. 73.

121 Vgl. Hüffer AktG, § 304 AktG, Rn. 2f, Bilda in Kropff / Semler Münchener Komm AktG 2000, §304 AktG, Rn. 17ff., sowie OLG Nürnberg AG 1996, 228, 228f.

122 Vgl. Bilda in Kropff / Semler Münchener Komm AktG 2000, § 304 AktG, Rn. 28.

123 Bei Vorliegen eines isolierten Beherrschungsvertrags entsteht unter Umständen gar kein Anspruch gegenüber der herrschenden Gesellschaft, s. Abschnitt 2.2.2.1.

Leistet die herrschende Gesellschaft zu diesem Zeitpunkt nicht, schuldet sie zusätzlich Verzugszinsen (§§ 284 Abs. 2, 288 BGB).[124]

Das AktG unterscheidet zwischen dem festen Ausgleich nach § 304 Abs. 1 AktG und dem variablen Ausgleich nach § 304 Abs. 2 S. 2, 3 AktG.[125] Den vertragschließenden Parteien steht zwischen diesen beiden Arten ein Wahlrecht zu.[126] Die außenstehenden Aktionäre besitzen hingegen lediglich ein Wahlrecht zwischen der durch die Vertragsparteien im Vorhinein festgelegten Art des Ausgleichs und der Abfindung nach § 305 AktG.

Ist im Unternehmensvertrag kein Ausgleich vorgesehen, ist er nichtig (§ 304 Abs. 3 S. 1 AktG), es sei denn, dass die zu konzernierende Gesellschaft im Zeitpunkt der Beschlussfassung ihrer Hauptversammlung keinen außenstehenden Aktionär hat (§ 304 Abs. 1 S. 3 AktG).[127] Die Anfechtung des Hauptversammlungsbeschlusses über den Unternehmensvertrag kann jedoch weder auf eine unterstellte Unangemessenheit des Ausgleichs noch auf § 243 Abs. 2 AktG gestützt werden (§ 304 Abs. 3 S. 2 AktG). Zur Überprüfung der Angemessenheit des Ausgleichs ist das Spruchverfahren vorgesehen.[128]

2.2.1 Der Ausgleich bei Gewinnabführungsverträgen

2.2.1.1 Fester Ausgleich gem. § 304 Abs. 1 AktG

Gemäß § 304 Abs. 1 AktG können außenstehende Aktionäre bei Vorliegen eines Gewinnabführungs- (und Beherrschungs-) vertrags bis zu dessen Beendigung eine auf die Anteile am Grundkapital bezogene wiederkehrende Geldleistung erhalten, sofern nicht der variable Ausgleich nach § 304 Abs. 2 S. 2, 3 AktG zugesichert wird oder die Aktionäre sich für die Abfindung entscheiden. Dieser sog. feste Ausgleich ist der praktische Regelfall.[129]

Nach § 304 Abs. 2 S. 1 AktG ist der feste Ausgleich als angemessen anzusehen, wenn er mindestens dem Betrag entspricht, der „nach der bisherigen Ertragslage der

---

124 Vgl. bereits Emmerich et al., Konzernrecht, 2001, S. 313. Bei Vorliegen eines mehrfach vertikal gestuften Konzerns kann auch die Spitzengesellschaft Schuldner von Ausgleich und Abfindung sein, vgl. für die Abfindung Abschnitt 2.2.3.

125 Bei Vorliegen eines isolierten Beherrschungsvertrags wird die Dividendengarantie zuweilen als zusätzliche Ausgleichsform angesehen, aus Vereinfachungsgründen jedoch auch unter den festen Ausgleich subsumiert.

126 Anders jedoch in den Fällen der mehrstufigen Konzerne, s. dazu Schwenn Dissertation 1998, S. 66 m.w.N.

127 Nach § 305 Abs. 5 S. 2 AktG hat für den Fall, dass keine Abfindung im Vertrag vorgesehen ist, das zuständige Gericht die angemessene Abfindung zu bestimmen. Der Unternehmensvertrag ist in diesem Fall nicht nichtig.

128 Vgl. dazu Abschnitt 2.3. Siehe analog dazu für die Abfindung § 305 Abs. 5 S. 1 AktG.

129 Vgl. Kaserer / Knoll BB 2002, 1955, 1955, sowie die Ausführungen in der empirischen Untersuchung in Abschnitt 4.2.1. Anders hingegen Emmerich / Habersack, Konzernrecht, 2005, S. 294f.

Gesellschaft und ihren künftigen Ertragsaussichten unter Berücksichtigung angemessener Abschreibungen und Wertberichtigungen, jedoch ohne Bildung anderer Gewinnrücklagen, voraussichtlich als durchschnittlicher Gewinnanteil auf die einzelne Aktie verteilt werden könnte."[130] Seit 2003 ist eine von der Gesellschaft auf den Bruttogewinnanteil zu entrichtende Körperschaftsteuer in Höhe des im jeweiligen Geschäftsjahr gültigen Steuertarifs abzusetzen.[131]

Maßgeblich für die Berechnung des Ausgleichs ist der in den vergangenen Jahresabschlüssen gem. § 275 Abs. 2 Nr. 20 und Abs. 3 Nr. 19 HGB ausgewiesene, und nicht etwa der ausgeschüttete Gewinn.[132] In der Praxis werden hierbei regelmäßig die Gewinne der vergangenen 3 – 5 Jahre zugrunde gelegt, wobei solche zeitlich näher gelegener Geschäftsjahre stärker gewichtet, und das beste sowie das schlechteste Jahr herausgerechnet werden.[133] Nach Bereinigung der Ergebnisse um außerordentliche Erträge und Verluste sowie um stille Reserven, die zu Lasten des Ergebnisses gebildet wurden, wird der so ermittelte Gewinn als Schätzungsgrundlage für die Zukunftsprognose verwendet, wobei ein nahezu gleich bleibendes Ertragspotential unterstellt wird (Pauschalmethode).[134] Bei der Schätzung zukünftiger Gewinne sind angemessene Abschreibungen, Wertberichtigungen, zukünftig für erforderlich erachtete Rückstellungen und Einstellungen in die gesetzliche Rücklage zu berücksichtigen. Zugunsten der außenstehenden Aktionäre ist zu unterstellen, dass künftige Gewinne ohne Bildung anderer Gewinnrücklagen gänzlich ausgeschüttet werden (§ 304 Abs. 2 S. 1 AktG).[135] Sofern für die Zukunft Verluste erwartet werden, entfällt der feste Ausgleich gänzlich (Null-Ausgleich).[136] In diesem Fall ist streitig, ob eine marktübliche Verzinsung des zum Liquida-

---

130 § 304 Abs. 2 S. 1 AktG.
131 Vgl. i.S. Ytong AG: BGH AG 2003c, 627, 628. Mit dieser Entscheidung hat der BGH der vorherigen Praxis, denkbare künftige Änderungen in der körperschaftsteuerlichen Ausschüttungsbelastung unberücksichtigt zu lassen, eine Absage erteilt. Bereits im Zuge früherer Änderungen in der Steuergesetzgebung war in der Literatur diskutiert worden, ob es einer Anpassung des Ausgleichs nach § 304 AktG bedürfe. Es sei an dieser Stelle auf die Ausführungen bei Hecker Habilitation 2000, S. 369ff. verwiesen. Zur Kritik an der BGH Entscheidung i.S. Ytong AG siehe Baldamus AG 2005, 77, 86.
132 Vgl. Emmerich / Habersack, Konzernrecht, 2005, S. 295f., sowie Schwenn Dissertation 1998, S. 71. Künftige Ertragsaussichten sind nur bei hinreichend sicheren Anhaltspunkten zu berücksichtigen.
133 Vgl. etwa Hüffer AktG, § 304 AktG, Rn. 9, OLG Frankfurt AG 2002, 404, 404, OLG Frankfurt AG 2003, 581, 581, sowie Meilicke DB 1974, 417, 417.
134 Vgl. OLG Celle AG 1981, 234, 234. Die sog. Phasenmethode berechnet hingegen einzelne zukünftige Phasen ohne Berücksichtigung vergangener Ergebnisse. Nach Auffassung des OLG Karlsruhe AG 1998a, 96, 97 wird diese in der Regel nur akzeptiert, wenn trotz entstandener Verluste mit zukünftigen Gewinnen zu rechnen ist. Anders hingegen Hüffer AktG, § 305 AktG, Rn. 19.
135 Vgl. auch Heidenhain / Meister, Münchener Vertragshandbuch Gesellschaftsrecht Bd. 1, S. 1183. Dies entspricht der Vorgabe aus § 301 AktG, nach der andere Gewinnrücklagen als Gewinn abgeführt werden können.
136 Vgl. jüngst in der FAZ vom 14.02.2006, S. 21 das BGH-Urteil i.S. Bochum-Gelsenkirchener Straßenbahn AG, sowie zuvor bereits BayObLG AG 1999, 43, 46, LG Frankfurt AG 1996, 187, 189, und OLG Düsseldorf AG 1999a, 89, 90. Dazu mehr unter Abschnitt 2.2.4.6. Anders hingegen noch die Auffassung von Meilicke DB 1974, 417, 418f.

tionswert berechneten Vermögens der Gesellschaft zu zahlen ist.[137] Auch besteht Uneinigkeit darüber, ob es einer Staffelung des Ausgleichs über die Dauer des Unternehmensvertrags bedarf, wenn zum Zeitpunkt des Vertragsabschlusses bei vernünftiger kaufmännischer Beurteilung absehbar ist, dass sich der Gewinn in der Zukunft erheblich erhöhen oder vermindern wird.[138]

Schließlich ist für den festen Ausgleich hervorzuheben, dass Börsenkurse für seine Berechnung keine Rolle spielen, da es (nach Auffassung der Gerichte) allein auf die Ertragskraft des Unternehmens ankommt.[139] Eine Anwendung des Ertragswertverfahrens für Fälle des festen Ausgleichs ist daher für Prognosezwecke unerlässlich, weshalb in Abschnitt 3.2 eine kritische Beurteilung des Verfahrens unternommen wird. An dieser Stelle sei jedoch bereits darauf hingewiesen, dass die Höhe des zu ermittelnden Ausgleichs wesentlich davon abhängt, ob eine Gewichtung vergangener Gewinne erfolgt, um welche Faktoren diese bereinigt werden oder welche Ertragschancen der Gesellschaft in der Zukunft beigemessen werden. Weitere erhebliche Bewertungsprobleme ergeben sich bei der Festlegung des relevanten Zinssatzes, mit dem die zukünftigen Überschüsse zu diskontieren sind. Zudem sind Bewertungsspielräume im Rahmen des Spruchverfahrens denkbar, da auch in dem meist Jahre später ergehenden Beschluss zwingend die noch zu erläuternde Stichtagsmethodik anzuwenden ist.

2.2.1.2 Variabler Ausgleich gem. § 304 Abs. 2, S. 2, 3 AktG

In den Fällen, in denen die herrschende Gesellschaft eine AG oder eine KG a.A. ist, kann an Stelle des festen Ausgleichs „auch die Zahlung des Betrags zugesichert werden, der unter Herstellung eines angemessenen Umrechnungsverhältnisses auf Aktien der anderen Gesellschaft jeweils als Gewinnanteil entfällt."[140] Nach § 304 Abs. 2 S. 3 AktG ist das Umrechnungsverhältnis unter den gleichen Bedingungen zu ermitteln wie bei einer Verschmelzung von Aktiengesellschaften nach dem UmwG. Dadurch wird neben der Bewertung der zu konzernierenden Gesellschaft auch eine Bewertung der herrschenden Gesellschaft erforderlich.

---

137 Der Liquidationswert ist der Wert, der sich bei einer Veräußerung der einzelnen Vermögensgegenstände des Unternehmens nach Schuldentilgung und nach Liquidationskosten ergeben würde.

138 Befürwortend Lutter / Drygala AG 1995, 49, 54f., sowie Meilicke DB 1974, 417, 421. Grundsätzlich bejahend auch Hans. OLG Hamburg AG 2001, 479, 481. Ablehnend hingegen LG Hamburg AG 1995, 517, 518. *Hüffer* hält dies für möglich, jedoch nicht für rechtlich geboten, vgl. Hüffer AktG, § 304 AktG, Rn. 11. Vgl. aus der Praxis auch den Fall Crédit Lyonnais / BfG Bank AG, Bundesanzeiger vom 20.11.1992, S. 8809, bei dem eine Staffelung des Ausgleichs vorgesehen war.

139 Siehe bereits die Äußerungen des BVerfG zur Maßgeblichkeit von Börsenkursen nur im Falle des variablen Ausgleichs, BVerfG ZIP 1999, 1436, 1442, sowie Hüffer AktG, § 304 AktG, Rn. 8, Bilda in Kropff / Semler Münchener Komm AktG 2000, § 304 AktG, Rn. 72, Wilm NZG 2000a, 234, 239 und OLG Hamburg AG 2003, 583, 585. Anders hingegen noch das OLG Hamburg in einem Beschluss aus dem Jahr 2001, in der es den Börsenkurs (wegen der Insolvenz der herrschenden Gesellschaft) zur Korrektur eines zu niedrigen festen Ausgleichs heranzieht, vgl. OLG Hamburg AG 2002a, 406, 408.

140 § 304 Abs. 2 S. 2 AktG.

Die Bezugsgröße für den variablen Ausgleich ist die tatsächlich von der herrschenden Gesellschaft gezahlte Dividende, nicht hingegen ein Anteil am Jahresüberschuss.[141] Damit kann die herrschende Gesellschaft die Höhe des variablen Ausgleichs mit ihrer Ausschüttungspolitik erheblich beeinflussen. Zudem haben die außenstehenden Aktionäre das Risiko von Kapitalerhöhungsmaßnahmen.[142] Doch auch aus rechtspolitischer Sicht ist wohl erhebliche Kritik angebracht. Es ist nicht nachzuvollziehen, warum ein Aktionär, der durch den Ausgleich so gestellt werden soll, als sei der Vertrag nicht geschlossen worden, nunmehr von den Gewinnen und der Thesaurierungspolitik der herrschenden Gesellschaft abhängig sein soll. Nicht nur wird er dadurch Risiken ausgesetzt, die nicht im Zusammenhang mit der konzernierten Gesellschaft stehen. Auch kann er theoretisch an Synergien partizipieren, auf die er keinen Anspruch hat.[143] In der Folge dürften sich die Konsequenzen für die außenstehenden Aktionäre schwer von denen bei einer Verschmelzung abgrenzen lassen.[144]

Um die Abhängigkeit von der Dividendenpolitik der Obergesellschaft auszuschalten, schlägt *Bilda* vor, als Mindestbetrag immer den festen Ausgleich zu garantieren.[145] Ein anderer Vorschlag geht dahin, unter dem Gewinnanteil nach § 304 Abs. 2 S. 2 AktG nicht die tatsächlich ausgeschüttete Dividende, sondern einen angemessenen Anteil am Jahresüberschuss zu verstehen.[146] Der Gesetzgeber selbst hat die Lösung im Fall niedriger Gewinnausschüttungen in der Gewährleistung eines besseren Umrechnungsverhältnisses gesehen.[147] Das *BVerfG* hebt in seinem Nichtannahmebeschluss i.S. Hartmann und Braun / Mannesmann hervor, dass die Anknüpfung des Gewinnanteils an die von der herrschenden Gesellschaft tatsächlich gezahlte Dividende zwar ein Risiko darstelle, die Regelung aber gleichwohl verfassungsrechtlich nicht zu beanstanden sei. Dennoch müsse in den Fällen einer missbräuchlichen Dividendenpolitik der Ausgleich angepasst werden. Dies sei insbesondere dann notwendig, wenn der variable Ausgleich den im Falle des Nicht-Bestehens des Unternehmensvertrags zu erzielenden Ertragsstrom aus Gründen unterschreite, die auf die Dividendenpolitik der herrschenden Gesellschaft zu-

---

141 Vgl. Bilda in Kropff / Semler Münchener Komm AktG 2000, § 304 AktG, Rn. 66.

142 Während beim festen Ausgleich kein Risiko aus Kapitalerhöhungen vorhanden ist, ist der variable Ausgleich bei Kapitalerhöhungen bei der herrschenden Gesellschaft anzupassen, vgl. Bilda in Kropff / Semler Münchener Komm AktG 2000, § 304 AktG, Rn. 133ff. Anders hingegen OLG Frankfurt ZIP 1990, 588, 592. Auch für die gesetzliche Rücklage nach § 300 AktG ergeben sich damit Änderungen, vgl. Hüffer AktG, § 300 AktG, Rn. 8.

143 Vgl. auch Vetter ZIP 2000, 561, 564.

144 Allerdings werden die Aktionäre hier schlechter als bei einer Verschmelzung gestellt: da sie bei einer Verschmelzung Aktien der übernehmenden Gesellschaft erhalten, können sie dort auch Einfluss auf die Höhe der auszuschüttenden Dividende nehmen, vgl. Koppensteiner Kölner Komm AktG 2004, § 304 AktG, Rn. 70.

145 Vgl. Bilda in Kropff / Semler Münchener Komm AktG 2000, § 304 AktG, Rn. 67. Dies wird bereits seit den 70er Jahren vorgeschlagen, vgl. Vetter ZIP 2000, 561, 564, Fn. 16.

146 Vgl. Emmerich / Habersack, Konzernrecht, 2005, S. 300. Dieser Vorschlag dürfte jedoch dem gesetzlich gemeinten Gewinnanteil nach § 304 AktG widersprechen und durch Gewinnverlagerungen auf andere Konzerngesellschaften umgangen werden können, vgl. auch Ullrich Dissertation 2002/2003, S.128.

147 Vgl. Kropff Aktiengesetz 1965, S. 395.

rückzuführen seien.[148] Neben der generellen Problematik, einen variablen Ausgleich als vergleichsweise zu niedrig beurteilen zu können, könnte hier jedoch regelmäßig der Beweis schwierig werden, dass die Ursache seiner geminderten Höhe in der missbräuchlichen Dividendenpolitik liege.[149]

Wie bereits das 7. Hauptgutachten der Monopolkommission zur Rücklagenbildung im Konzern aus dem Jahre 1988 belegt, machen deutsche Konzerne von der Möglichkeit zur Rücklagenbildung nach § 58 Abs. 2 AktG überwiegend Gebrauch.[150] Auch vor diesem Hintergrund ist es nicht nachzuvollziehen, warum das *BVerfG* nicht eine vertraglich festgelegte Mindestabsicherung fordert, sondern sich darauf beschränkt, einen Korrekturbedarf zugunsten der Aktionäre nur bei einer missbräuchlichen Dividendenpolitik zu fordern.[151]

Seit dem DAT/Altana-Beschluss des *BVerfG* vom 27.4.1999[152] dürfte für den variablen Ausgleich die für die Bestimmung des Umrechnungsverhältnisses erforderliche Unternehmensbewertung anhand des Ertragswertverfahrens eine geringere Rolle spielen. Es ist mit Art. 14 GG unvereinbar, bei der Bestimmung des Umrechnungsverhältnisses die Börsenkurse der Vertragsparteien außer Acht zu lassen.[153] Wie es zu diesem Urteil kam, und inwiefern dadurch dem Gebot, außenstehende Aktionäre wirtschaftlich voll für die Folgen eines Unternehmensvertrags zu entschädigen, entsprochen wird, ist Gegenstand der Ausführungen in Abschnitt 3.3.

---

148 Vgl. BVerfG AG 2000, 40, 40f. Kritisch dazu Bilda in Kropff / Semler Münchener Komm AktG 2000, §304 AktG, Rn. 114ff, der sich dafür ausspricht, außenstehende Aktionäre über eine Klage auf Schadensersatz aus positiver Vertragsverletzung zu schützen. Ausführlich zu Lösungsmöglichkeiten zudem Koppensteiner Kölner Komm AktG 2004, § 304 AktG, Rn. 73ff.

149 Vor dem Hintergrund der Ausführungen in Abschnitt 2.1.4.1 sei hier noch einmal angemerkt, dass der Gewinnverwendungsbeschluss der Hauptversammlung nach § 254 AktG nur angefochten werden darf, wenn nicht einmal eine Dividende auf 4 % des eingezahlten Grundkapitals ausgeschüttet wird. Eine missbräuchliche Dividendenpolitik dürfte damit nur in extremen Ausnahmesituationen vorliegen. Zudem hat der BGH eine Satzungsbestimmung als gesetzeskonform angesehen, bei der Vorstand und Aufsichtsrat zur Thesaurierung des gesamten Jahresüberschusses ermächtigt wurden, vgl. Siebentes Hauptgutachten Monopolkommission BT-Drucks. 11/2677, S. 283.

150 Vgl. ebenda, S. 284ff. Gegenstand der Untersuchung waren 67 Aktiengesellschaften, die 1986 nach der Wertschöpfung zu den 100 größten Unternehmen gehörten. Ähnliche Beobachtungen zitiert *Erning*, vgl. Erning Dissertation 1993, S. 49.

151 Kritisch hierzu auch Vetter ZIP 2000, 561, 563ff.

152 Vgl. BVerfG ZIP 1999, 1436, 1436ff.

153 Seit der Entscheidung des BVerfG i.S. DAT/Altana ist der Börsenkurs sowohl für die Berechnung der angemessenen Abfindung als auch des variablen Ausgleichs maßgeblich. Siehe dazu ausführlich Abschnitt 3.3. In diesem Zusammenhang stellt sich die Frage, ob unterschiedliche Bewertungsmethoden bei der Bestimmung des Umrechnungsverhältnisses zulässig sein können. Siehe dazu die Ausführungen in Abschnitt 3.3.6.

2.2.2 Der Ausgleich bei Beherrschungsverträgen

2.2.2.1 Garantiedividende nach § 304 Abs. 1 S. 2 AktG

Für den Fall des isolierten Beherrschungsvertrags sieht das AktG eine besondere Regelung vor. Wie bereits ausgeführt wurde, kann hier prinzipiell noch eine Dividende ausgeschüttet werden. Die außenstehenden Aktionäre sind somit nicht so schutzbedürftig wie im Falle eines Gewinnabführungsvertrags oder eines Gewinnabführungs- und Beherrschungsvertrags. Dennoch kann es auch hier dazu kommen, dass die auszuschüttende Dividende insbesondere in Folge nachteiliger Weisungen nach § 308 AktG niedriger ausfällt als ohne Bestehen des Beherrschungsvertrags. Daher ist bei isolierten Beherrschungsverträgen der Differenzbetrag zu zahlen, wenn die Ausschüttung niedriger ausfällt als der durch eine Vergleichsrechnung im Fall eines Gewinnabführungsvertrags ermittelte Ausgleich. Zu einer Zahlung seitens des herrschenden Unternehmens kommt es hier somit nur, wenn die Dividende den Betrag unterschreitet, der bei Abschluss eines Gewinnabführungsvertrags geschuldet würde. Dieser Betrag wird im Beherrschungsvertrag garantiert (Garantiedividende nach § 304 Abs. 1 S. 2 AktG).[154] Dadurch dürften außenstehende Aktionäre bei Vorliegen eines isolierten Beherrschungsvertrags im Endeffekt so gestellt werden, als läge (zusätzlich) ein Gewinnabführungsvertrag vor.[155]

2.2.2.2 Variabler Ausgleich gem. § 304 Abs. 2 S. 2, 3 AktG

Auch bei Vorliegen eines isolierten Beherrschungsvertrags können statt der vom Gewinn der herrschenden Gesellschaft unabhängigen Garantiedividende variable Ausgleichszahlungen gem. § 304 Abs. 2, S. 2, 3 AktG vereinbart werden. Dies gilt jedoch auch hier nur, wenn die herrschende Gesellschaft eine AG oder eine KG a.A. ist.[156]

Die im Folgenden darzustellende Abfindung nach § 305 AktG ist nicht nur als Alternative zum Ausgleich von Interesse. Die vertraglich angebotene Abfindung wird auch im Rahmen der empirischen Untersuchung in Abschnitt 4.2.2.1 untersucht werden, so dass hier kurz auf die wesentlichen gesetzlichen Bestimmungen eingegangen werden soll.

2.2.3 Die Abfindung nach § 305 AktG

Ein Gewinnabführungs- und Beherrschungsvertrag hat nach § 305 Abs. 1 AktG neben dem Ausgleich nach § 304 AktG zwingend eine Abfindung vorzusehen. Jeder außenstehende Aktionär kann damit zwischen dem jährlich zu zahlenden Ausgleich und der

---

154 Vgl. Vetter AG 2002a , 383, 387, Bilda in Kropff / Semler Münchener Komm AktG 2000, § 304 AktG, Rn. 41ff., Heidenhain / Meister, Münchener Vertragshandbuch Gesellschaftsrecht Bd. 1, S.1182, sowie OLG Frankfurt AG 2002, 404, 404.
155 Vgl. auch Forst AG 1994, 321, 321.
156 Vgl. Hüffer AktG, § 304 AktG, Rn. 6.

einmaligen Abfindung wählen, mit deren Annahme er aus der Gesellschaft ausscheidet. Ausgleich und Abfindung werden daher häufig als grundsätzlich gleichwertige Alternativen angesehen.[157]

Der Anspruch auf Abfindung nach § 305 AktG entsteht in dem Zeitpunkt, in dem dem anderen Vertragsteil die Willenserklärung über die Annahme der Abfindung zugeht. Er wird jedoch erst mit der Abgabe der Aktien zu Umtauschzwecken fällig.[158] Das AktG sieht drei unterschiedliche Formen der Abfindung vor. Nach § 305 Abs. 2 Nr.1 AktG müssen Aktien der herrschenden Gesellschaft gewährt werden, wenn diese eine nicht abhängige und nicht in Mehrheitsbesitz stehende AG oder KG a.A. mit Sitz im Inland ist. Sofern die herrschende Gesellschaft selbst eine abhängige (§ 17 AktG) oder in Mehrheitsbesitz (§ 16 AktG) stehende AG oder KG a.A., und die sie beherrschende Gesellschaft ebenfalls eine AG oder KG a.A mit Sitz im Inland ist, sind entweder Aktien letzterer oder eine Barabfindung zu gewähren (§ 305 Abs. 2 Nr. 2 AktG).[159] Da die Aktien des herrschenden und gleichzeitig beherrschten Unternehmens ebenso wenig ein volles Mitgliedschaftsrecht verkörpern können wie die der zu konzernierenden Gesellschaft selbst, ist das alternativ zur Barabfindung zu unterbreitende Angebot einer Abfindung in Aktien der die Konzernleitungsmacht ausübenden Obergesellschaft folgerichtig.[160]

In allen anderen Fällen ist eine Barabfindung anzubieten (§ 305 Abs. 2 Nr. 3 AktG). Da in den Fällen, die nicht unter § 305 Abs. 2 Nr. 1, 2 AktG fallen, die herrschende Gesellschaft häufig im Ausland sitzt, kann eine zwingend anzubietende Barabfindung für den außenstehenden Aktionär wegen schwer nachvollziehbarer aktienrechtlicher Gegebenheiten auch als geboten bezeichnet werden. Die gem. § 305 Abs. 2 Nr. 3 AktG auch bei herrschenden Personengesellschaften zwingend anzubietende Barabfindung ist ferner vor dem Hintergrund der bei diesen häufig vorliegenden intransparenten Finanz- und Beteiligungsverhältnisse angebracht.[161]

Nicht ersichtlich ist hingegen, warum gem. § 305 Abs. 2 Nr. 1 AktG zwingend Aktien der herrschenden Gesellschaft zu gewähren sind. Der Wirtschaftsausschuss des Bundestages hat es aus eigentumspolitischen Gründen für notwendig gehalten, die außenstehenden Aktionäre wieder an einer Vermögensmasse zu beteiligen, die der vorherigen wirtschaftlich nahe stehe.[162] Sofern als Alternative jedoch der variable Ausgleich angeboten wird, werden die außenstehenden Aktionäre damit in Folge des Unternehmensvertrags zwangsweise vom Gewinn der herrschenden Gesellschaft abhängig. Dies kann man wohl nur als ordnungspolitisch verfehlt ansehen. Es ist unerfindlich, warum als

---

157 Vgl. etwa LG Nürnberg / Fürth AG 2000, 89, 91, LG Frankfurt AG 1996, 187, 189, Koppensteiner Kölner Komm AktG 2004, §304 AktG, Rn. 52ff. Ob diese Ansicht überzeugt, ist Gegenstand der Ausführungen in Abschnitt 2.2.4.

158 Vgl. bereits Stimpel AG 1998, 259, 260.

159 Nach herrschender Meinung haben die Vertragsparteien zwischen diesen beiden Alternativen zu entscheiden, so dass die außenstehenden Aktionäre die in diesem Fall zu gewährende Abfindungsart nicht selbst bestimmen können, vgl. Koppensteiner Kölner Komm AktG 2004, § 305 AktG, Rn. 15, sowie Beyerle AG 1980, 317, 320f.

160 Vgl. Hüffer AktG, § 305 AktG, Rn. 9.

161 Vgl. Beyerle AG 1980, 317, 320.

162 Vgl. Kropff Aktiengesetz 1965, S. 398.

Regelabfindung nicht die Barabfindung vorgesehen ist, wie dies auch von der Konzern-rechtskommission vorgeschlagen wurde.[163] Dies würde auch die Bewertung nur eines Unternehmens erfordern. Der Begründung zum Regierungsentwurf ist nicht zu entneh-men, warum als Regelabfindung die Abfindung in Aktien der herrschenden Gesellschaft gewählt worden ist.

Unabhängig von der gewährten Abfindungsform muss die Abfindung so bemessen sein, dass die außenstehenden Aktionäre den Gegenwert ihrer Gesellschaftsbeteiligung erhalten.[164] Daher ist der Grenzpreis zu ermitteln, zu dem die außenstehenden Aktionäre ohne wirtschaftliche Nachteile aus der Gesellschaft ausscheiden können.[165] Dieser be-stimmt sich maßgeblich danach, wie die Gesellschaft ohne Abschluss des Unterneh-mensvertrags zu bewerten wäre (stand alone-Prinzip). Nur der nach diesen Grundsätzen ermittelte Wert stellt die angemessene, volle Abfindung dar.[166] Nach § 305 Abs. 3 S. 1 AktG ist eine Abfindung in Aktien als angemessen anzusehen, wenn „die Aktien in dem Verhältnis gewährt werden, in dem bei einer Verschmelzung auf eine Aktie der Gesell-schaft Aktien der anderen Gesellschaft zu gewähren wären, wobei Spitzenbeträge durch bare Zuzahlungen ausgeglichen werden können."[167] Sowohl für die Barabfindung als auch nach herrschender Meinung für die Abfindung in Aktien[168] gilt nach § 305 Abs. 3 S. 2 AktG, dass die Verhältnisse der Gesellschaft am Tag der beschlussfassenden Hauptversammlung zu berücksichtigen sind. Ferner ist wie auch im Fall des variablen Ausgleichs seit dem Beschluss des *BVerfG* i.S. DAT/Altana zwingend der Börsenkurs für die Bestimmung der angemessenen Abfindung heranzuziehen.[169] Seitdem stellt der Börsenkurs regelmäßig die Untergrenze der Abfindung dar. Eine dahinter zurückblei-bende Bewertung hat nach *Hüffer* „eine Art tatsächlicher Vermutung der Unangemes-senheit gegen sich."[170] Die für eine Verwendung von Börsenkursen erforderlichen Vor-aussetzungen und Vorgaben aus der Rechtsprechung werden in Abschnitt 3.3 unter-sucht. Sofern die Bedingungen für die Verwendung von Börsenkursen jedoch nicht ge-geben sind[171], oder außenstehende Aktionäre eine über dem Börsenkurs liegende Ab-findung geltend machen wollen, muss (weiterhin) das Ertragswertverfahren angewendet werden.[172]

---

163 Vgl. ebenda, S. 398.

164 Vgl. BVerfG ZIP 1999, 1436, 1440.

165 Vgl. Hüffer AktG, § 305 AktG, Rn. 18.

166 Vgl. etwa BayObLG AG 1996a, 127, 127.

167 § 305 Abs. 2 S. 1 AktG.

168 Vgl. Hüffer AktG, § 305 AktG, Rn. 23, BayObLG AG 1995, 509, 509f, sowie OLG Celle AG 1981, 234, 234.

169 Vgl. BVerfG ZIP 1999, 1436, 1441f.

170 Hüffer AktG, § 305 AktG, Rn. 24c.

171 Dies dürfte regelmäßig der Fall sein, wenn der Kurs so stark manipuliert wurde oder die Ak-tie so illiquide ist, dass von einer zutreffenden Wertfeststellung nicht ausgegangen werden kann. Zudem ist bei der Barabfindung unabdingbare Voraussetzung, dass die konzernierte Gesellschaft börsennotiert ist.

172 Das Ertragswertverfahren ist zwar nicht rechtlich verbindlich, jedoch wohl das zuverlässigste Verfahren, um den maßgeblichen Grenzpreis zu bestimmen. Dennoch sind andere Verfahren, darunter vorwiegend die DCF-Methoden, nicht grundsätzlich ausgeschlossen, vgl. die Nach-weise bei Emmerich / Habersack, Konzernrecht, 2005, S. 317ff.

Für den Erwerb der Aktien schreibt das AktG eine Mindestfrist von 2 Monaten nach der Eintragung des Bestehens des Vertrags im Handelsregister vor (§ 305 Abs. 4 S. 2 AktG). Obwohl die Verpflichtung zum Erwerb der Aktien durch die Parteien eine genauere Fristbegrenzung vorsehen kann (§ 305 Abs. 4 S. 1 AktG), kann sich durch ein rechtmäßig eingeleitetes Spruchverfahren etwas anderes ergeben.[173] Wie beim Ausgleich kann jeder außenstehende Aktionär vor Gericht im Rahmen eines Spruchverfahrens überprüfen lassen, ob die Höhe der Abfindung angemessen ist (§ 3 Nr. 1 i.V.m. § 1 Nr. 1 SpruchG). Der dafür erforderliche Antrag ist beim zuständigen Landgericht innerhalb von 3 Monaten nach Eintragung des Bestehens oder einer unter §295 Abs. 2 AktG fallenden Änderung des Vertrags im Handelsregister zu stellen (§ 4 Abs. 1 Nr. 1 SpruchG). Dadurch wird erreicht, dass die außenstehenden Aktionäre den Ausgang des Spruchverfahrens abwarten und ihr Wahlrecht bezüglich der Abfindung bis 2 Monate nach der Bekanntmachung des Abschlusses des Spruchverfahrens im Bundesanzeiger in Anspruch nehmen können (§ 305 Abs. 4 Satz 3 AktG).[174] Somit sind die außenstehenden Aktionäre nicht gezwungen, sich sofort nach Wirksamwerden des Vertrags zwischen Ausgleich und Abfindung zu entscheiden. Vielmehr haben sie ein Wahlrecht, das nicht schon durch Annahme der Ausgleichszahlungen erlischt.[175] Sofern ein außenstehender Aktionär während der Dauer des Spruchverfahrens bereits Ausgleichszahlungen empfangen hat, besteht Einigkeit darüber, dass diese prinzipiell bei der Bestimmung der gem. § 305 Abs. 3 S. 3 AktG mit 2 % p.a. über dem Basiszins nach § 247 BGB zu verzinsenden Abfindung zu berücksichtigen sind.[176] Gleichzeitig ist jedoch strittig, wie diese Anrechnung konkret zu erfolgen hat.[177]

Denjenigen Aktionären, die sich sofort haben abfinden lassen, ist ein Abfindungsergänzungsanspruch zu gewähren, sofern die im Spruchverfahren festgesetzte Abfin-

---

173 Wie bereits in Abschnitt 2.1.4.3 angemerkt, ist die Geltendmachung eines angemessenen Abfindungsanspruchs nur über ein Spruchverfahren möglich. Der Hauptversammlungsbeschluss wird durch eine unangemessene oder fehlende Abfindung weder anfechtbar, noch nichtig (§ 305 Abs. 5 AktG).

174 Vgl. Vetter AG 2002a , 383, 385.

175 Vgl. Hüffer AktG, § 305 AktG, Rn. 4.

176 Durch die Verzinsung soll der Aktionär einen Ersatz für den insbesondere durch ein Spruchverfahren hinausgeschobenen Verzögerungsschaden erhalten, vgl. Stimpel AG 1998, 259, 263. Siehe auch LG Nürnberg/ Fürth (1999), S. 91, BayObLG AG 1996a, 127, 131, OLG Hamm AG 2002, 413, 413, Volhard in Kropff / Semler Münchener Komm AktG 2004, § 11 SpruchG, Rn. 3, sowie Hüffer AktG, § 305 AktG, Rn. 26b. Zinseszinsen werden jedoch nicht gezahlt. Siehe dazu kritisch Meilicke / Heidel DB 2003, 2267, 2268, die eine dem Kapitalisierungszins entsprechende Verzinsung fordern.

177 Vgl. dazu Abschnitt 2.2.5.

dung erhöht wurde.[178] Wie auch die Abfindung selbst ist der Abfindungsergänzungsanspruch auch für bereits abgefundene Aktionäre zu verzinsen.[179]

Zuletzt sei hier noch einmal daran erinnert, dass die herrschende Gesellschaft nach §305 Abs.5 S. 4 i.V.m. § 304 Abs. 4 AktG ein Recht zur fristlosen Kündigung des Vertrags innerhalb von 2 Monaten nach Rechtskraft der gerichtlichen Entscheidung besitzt, sofern die auf gerichtlichem Wege bestimmte Abfindung zu erhöhen ist.

2.2.4 Zum Verhältnis von Abfindung und Ausgleich

2.2.4.1 Vorüberlegungen

Wie dargestellt, haben die außenstehenden Aktionäre ein Wahlrecht zwischen der Abfindung nach § 305 AktG und dem Ausgleich nach § 304 AktG. Damit stellt sich die Frage, ob diese Alternativen prinzipiell gleichwertig sind[180] oder ob die Wahl des Ausgleichs an Stelle der Abfindung ökonomisch (ir)rational sein kann.

Einer (weit verbreiteten) Ansicht zufolge sind Abfindung und Ausgleich zumindest tendenziell gleichwertig, was nicht zuletzt in dem dem Aktionär zustehenden Wahlrecht zum Ausdruck komme.[181] Für gewöhnlich wird der Ausgleich auch so berechnet, dass die Barabfindung mit dem (im Ertragswertverfahren verwendeten) Kapitalisierungszins multipliziert wird.[182] Das *BVerfG* betont, dass Ausgleich und Abfindung, je für sich gesehen, zur gesetzlich geforderten vollen Entschädigung führen müssen. Die Aktionäre seien auch im Fall des Ausgleichs voll für das zu entschädigen, was ihnen an Eigentum verloren gehe.[183]

---

178 Vgl. Hüffer AktG, § 305 AktG, Rn. 32 m.w.N. Wie *Hüffer* auch ausführt, ist der Abfindungsergänzungsanspruch vorwiegend deshalb zu gewähren, weil die herrschende Gesellschaft sonst einen Vorteil aus unangemessen niedrigen Abfindungsangeboten ziehen könnte, was zu Fehlanreizen und folglich häufiger zur Einleitung von Spruchverfahren führen würde.

179 Vgl. OLG Düsseldorf AG 1990a, 397, 402, LG Dortmund AG 1996, 278, 281, sowie BayObLG AG 1996b, 176, 180. Im Gegensatz dazu ist einer Verzinsung der Ausgleichsaufbesserung nicht gesetzlich geregelt, vgl. auch Abschnitt 2.2.4.7.

180 Da die Abfindung so bemessen sein muss, dass die Aktionäre den Gegenwert ihrer Gesellschaftsbeteiligung erhalten, könnte man annehmen, sie sei als Barwert der zukünftigen Dividenden bzw. der Ausgleichszahlungen zu interpretieren.

181 Vgl. etwa LG Hamburg AG 1995, 517, 518, LG Nürnberg / Fürth AG 2000, 89, 91, LG Frankfurt AG 1996, 187, 189, Koppensteiner Kölner Komm AktG 2004, § 304 AktG, Rn. 52ff., sowie die Nachweise bei Lutter / Drygala AG 1995, 49, 49, Fn. 2.

182 Vgl. etwa Meilicke AG 1999, 103, 104, Emmerich et al., Konzernrecht, 2001, S. 313, sowie Kaserer / Knoll BB 2002, 1955, 1956.

183 Vgl. BVerfG AG 2000, 40, 41. Befürwortend Vetter ZIP 2000, 561, 563. Angemerkt sei jedoch, dass eine volle Entschädigung durch Ausgleich und Abfindung auch ohne Gleichwertigkeit garantiert sein kann. Dies räumt indes auch Vetter ein, vgl. Vetter AG 2002a , 383, 385. Vgl. auch Gude Dissertation 2004, S. 83.

Zunehmend verbreitet ist jedoch die Ansicht, dass Abfindung und Ausgleich nicht zwingend gleichwertig sind.[184] Interessanterweise stellte der Gesetzgeber bereits 1965 fest, dass der Ausgleich im Gegensatz zur Abfindung die Herrschaftsrechte der Aktionäre gar nicht, und die Vermögensnachteile in manchen Fällen nicht voll decken könne.[185] Auch *Meilicke* bemerkte, dass der Ausgleich niemals eine volle Entschädigung darstellen könne, weil die Überlebensfähigkeit der konzernierten Gesellschaft gefährdet werde. Der Ausgleich sei „dazu gedacht, den Schaden [...] wenigstens möglichst vollständig auszugleichen."[186] Dementsprechend hat auch das *OLG Frankfurt* ausgeführt, dass die Abfindung möglicherweise größere Sicherheit biete als der Ausgleich.[187] Und auch der *BGH* hat eingeräumt, „die Beispiele der Auflösung vorvertraglich gebildeter stiller Reserven und der [...] herbeigeführten Unfähigkeit der Gesellschaft, nach Beendigung des Unternehmensvertrages zu überleben, zeigen, dass die außenstehenden Aktionäre [...] nicht durch Gewährung eines angemessenen Ausgleichs, sondern nur durch eine angemessene Abfindung abgesichert werden können."[188] Nach *Hecker / Wenger* müsste für ein echtes Wahlrecht zwischen Abfindung und Ausgleich gewährleistet sein, dass mögliche Veränderungen des Unternehmenswertes bis zur Vertragsbeendigung nicht auf Vermögensverschiebungen beruhen, die durch den Unternehmensvertrag ermöglicht wurden.[189]

Das OLG Düsseldorf hat i.S. Hoffmann's Stärke Fabriken AG ausgeführt, Ausgleich und Abfindung seien ein sich gegenseitig ergänzendes Schutzsystem für die außenstehenden Aktionäre. Insbesondere stehe es dem außenstehenden Aktionär, der nicht das Risiko der Auflösung stiller Reserven während der Vertragslaufzeit eingehen wolle, frei, anstelle des Ausgleichs die Abfindung zu wählen.[190]

Ullrich hat auch vor dem Hintergrund des Minderheitenschutzes keine Bedenken, dass Abfindung und Ausgleich sich wertmäßig nicht entsprechen, da der Aktionär wegen des Wahlrechts eigenverantwortlich die wirtschaftlichen Konsequenzen seiner Entscheidung zu tragen habe. Die Kopplung des variablen Ausgleichs an die Dividende der herrschenden Gesellschaft könne v.a. in wachstumsstarken Branchen gegenüber der Abfindung auch vorteilhaft für die außenstehenden Aktionäre sein. Mit dieser Ansicht steht er nicht allein da.[191] Übersehen wird hier offensichtlich, dass auch wachstumsstarke Unternehmen einen Großteil ihrer Jahresüberschüsse zunächst thesaurieren und erst nach Ablauf des Unternehmensvertrags ausschütten können.

---

184 Vgl. Lutter / Drygala AG 1995, 49, 50ff., Hecker Habilitation 2000, S. 358ff., LG Frankfurt AG 1996, 187, 189, OLG Düsseldorf AG 1990b, 490, 494, OLG Frankfurt AG 2003, 581, 582, Vetter AG 2002a , 383, 385, sowie Hüffer AktG, § 304 AktG, Rn. 11a.

185 Vgl. Kropff Aktiengesetz 1965, S. 397.

186 Meilicke DB 1974, 417, 417.

187 Vgl. OLG Frankfurt ZIP 1990, 588, 591.

188 BGH ZIP 1997, 1193, 1193f.

189 Vgl. Hecker / Wenger ZBB 1995, 321, 330.

190 Vgl. OLG Düsseldorf AG 2000a, 323, 326.

191 Vgl. Ullrich Dissertation 2002/2003, S. 128f., Gude Dissertation 2004, S. 82ff., OLG Frankfurt ZIP 1990, 588, 591, OLG Düsseldorf AG 1990b, 490, 494, sowie OLG Düsseldorf WM 1984, 732, 738.

Bei der Untersuchung der Frage nach der Gleichwertigkeit von Ausgleich und Abfindung sind 4 Alternativen zu unterscheiden, die sich den außenstehenden Aktionären darbieten können.[192] Zunächst ist das Angebot eines variablen Ausgleichs in Verbindung mit einer Barabfindung denkbar. Als zweite Alternative kann ein fester Ausgleich mit einer Barabfindung kombiniert werden. Ferner könnte der feste Ausgleich statt mit einer Barabfindung mit einer Abfindung in Aktien der herrschenden (Spitzen-)Gesellschaft angeboten werden. Zuletzt könnten der variable Ausgleich sowie die Abfindung in Aktien in einem Unternehmensvertrag vorgesehen sein.

Da die Abweichungen von Ausgleich und Abfindung in solchen Fällen, in denen zwangsweise ein Umrechnungs- und ein Verschmelzungsverhältnis berechnet werden muss, wegen der immer vorhandenen Abhängigkeit von der Gewinnsituation und der Thesaurierungspolitik der herrschenden Gesellschaft allenfalls gering seien müssten, und nach der Rechtsprechung in beiden Fällen grundsätzlich der Börsenkurs heranzuziehen ist[193], sei der letzte Fall vernachlässigt. Auch die Alternative „fester Ausgleich, Barabfindung" soll hier keine weitere Beachtung finden, da hier gegenüber den verbleibenden Alternativen nur *relativ* geringe Abweichungen zu erwarten sind.[194] Von gesteigertem Interesse sind somit die Fälle „variabler Ausgleich, Barabfindung", sowie „fester Ausgleich, Abfindung in Aktien".[195] Die folgende Erörterung beschränkt sich dabei auf den Fall „fester Ausgleich, Abfindung in Aktien." Sie trifft umgekehrt überwiegend auch für den variablen Ausgleich in Kombination mit einer Barabfindung zu.

2.2.4.2 Verwendung unterschiedlicher Bewertungsmethoden

Ein erster, hier nicht weiter zu vertiefender Grund, warum der feste Ausgleich und die angemessene Abfindung in Aktien voneinander wertmäßig abweichen könnten, besteht in der Verwendung unterschiedlicher Bewertungsmethoden bei der Bestimmung der Abfindung. So könnte das Verschmelzungsverhältnis etwa auf Basis des Börsenwertes einer börsennotierten herrschenden Gesellschaft sowie des Ertragswertes der konzernierten, nicht börsennotierten Gesellschaft berechnet werden, während für den Ausgleich nur die Ertragswertmethode herangezogen werden kann. Welche Art der Entschädigungsleistung günstiger ist, lässt sich jedoch nicht generalisierend bestimmen.

---

192 Zu den gesetzlichen Voraussetzungen für die Fallgruppen s. Abschnitte 2.2.1, 2.2.2, und 2.2.3.

193 Vgl. dazu Abschnitt 3.3.1.

194 Die hier noch eher vorhandene Gleichwertigkeit kann darauf zurückgeführt werden, dass die Entschädigung in beiden Fällen im Vorhinein festgelegt wird und eventuelle nachträgliche Anpassungen gleichermaßen berücksichtigt werden müssten. Vgl. dazu noch die Ausführungen im empirischen Teil der Arbeit.

195 Gleichwohl sei hier angemerkt, dass weder der variable eine wertmäßige Alternative zum festem Ausgleich darstellen muss, noch die Barabfindung für die Abfindung in Aktien. Der Minderheitenschutz dürfte schon wegen der der herrschenden Gesellschaft obliegenden Thesaurierung im Fall des variablen Ausgleichs und der Abfindung in Aktien gemindert sein. Dies sei hier jedoch nicht weiter ausgeführt. Vgl. zum Verhältnis von festem und variablem Ausgleich auch: Gude Dissertation 2004, S. 84.

Zudem ist nicht abschließend geklärt, ob die Verwendung unterschiedlicher Bewertungsmethoden zulässig ist.[196]

2.2.4.3 Abhängigkeit von der Dividendenpolitik der herrschenden Gesellschaft

Ein zweiter Grund, warum Ausgleich und Abfindung wertmäßig nicht zwingend übereinstimmen müssen, ist die im Fall der Abfindung in Aktien zwingend hergestellte Abhängigkeit von der Dividendenpolitik der herrschenden Gesellschaft. Da die Thesaurierungspolitik der herrschenden Gesellschaft für den Aktionär im Vorfeld ungewiss, und weder gesetzlich noch nach höchstrichterlicher Rechtsprechung eine (wie im Fall des festen Ausgleichs bei isolierten Beherrschungsverträgen nach § 304 Abs. 1 S. 2 AktG garantierte) Mindestausschüttung vorgesehen ist[197], setzt sich der die Abfindung wählende Aktionär einem Risiko aus, das durch Wahl des festen Ausgleichs umgangen werden kann. Ein rational handelnder Aktionär müsste daher, einen entsprechenden Einfluss unterstellt, gegenüber dem Ausgleich einen Risikozuschlag, bzw. im vorliegenden Fall ein erhöhtes Verschmelzungsverhältnis fordern.[198]

2.2.4.4 Berücksichtigung von Gewinnrücklagen und Vollausschüttungsprinzip

Für die Bemessung des festen Ausgleichs sind die freien Gewinnrücklagen gem. § 304 Abs. 2 S. 1 AktG außer Acht zu lassen, d.h. dem Ausgleich hinzuzurechnen (Vollausschüttungsprinzip).[199] Während das Vollausschüttungsprinzip kompensieren soll, dass Beträge an die herrschende Gesellschaft abgeführt werden, die den Aktionären zugeflossen wären[200], werden sie gegenüber der Abfindung dadurch benachteiligt, dass die gesetzliche Rücklage in Abzug zu bringen ist. So wird die gesetzliche Rücklage bei der Ermittlung der Abfindung (nach dem Ertragswertverfahren) nicht mindernd berücksichtigt, weil sie den Wert des Unternehmens erhöht.[201] Da seit der DAT/Altana Entscheidung des *BVerfG* der Börsenkurs zwingend für den variablen Ausgleich und die Abfin-

---

196 Vgl. Abschnitt 3.3.6. Dasselbe gilt umgekehrt für den Fall „variabler Ausgleich, Barabfindung".

197 Vgl. Abschnitt 2.2.2.1.

198 Auch diese Begründung für eine wertmäßige Differenz von Ausgleich und Abfindung gilt umgekehrt für den Fall „variabler Ausgleich, Barabfindung". Vgl. dazu das Beispiel der Stahlwerke Bochum (SWB) AG, die aufgrund des mit der Thyssen AG abgeschlossenen Unternehmensvertrags ihren außenstehenden Aktionären einen Ausgleich i.H.v. 2/3 auf eine 100.-DM-Thyssen-Aktie entfallenden Dividende, mindestens aber 6.- DM pro 100.-DM-SWB-Aktie garantierte. Der Ausgleich wurde bereits für das Geschäftsjahr 1983 bei 6.- DM belassen, vgl. Bundesanzeiger Nr. 89 vom 11.5.1984, S. 4405. Ebenso im darauf folgenden Jahr, vgl. Bundesanzeiger Nr. 113 vom 25.6.1985, S. 6603.

199 Vgl. Bilda in Kropff / Semler Münchener Komm AktG 2000, § 304 AktG, Rn. 77.

200 Vgl. Hüffer AktG, § 304 AktG, Rn. 11, sowie Kropff Aktiengesetz 1965, S. 395. So wohl auch Forst AG 1994, 321, 323.

201 Vgl. Lutter / Drygala AG 1995, 49, 50f. Anders hingegen Koppensteiner Kölner Komm AktG 2004, §304 AktG, Rn. 64, der argumentiert, dass die Bildung zusätzlicher gesetzlicher Rücklagen dem Aktionär einen Zuwachs an Vermögen verschaffe, dessen Umfang dem ansonsten geschuldeten (höheren) Ausgleich entspreche.

dung heranzuziehen ist, stellt sich die Frage, inwiefern der feste Ausgleich, der weiterhin anhand des Ertragswertverfahrens zu ermitteln ist, wegen der in Abzug zubringenden gesetzlichen Rücklage einen relativen Abschlag erfährt. Hier bleibt jedoch nur Raum für theoretische Spekulationen, da sich wohl nicht annähernd quantifizieren lässt, inwiefern sich die erwarteten Erträge, die in die gesetzliche Rücklage einzustellen sind, im Börsenkurs widerspiegeln. Gleichwohl kann deshalb c.p. nicht von einer Gleichwertigkeit der Alternativen ausgegangen werden.[202] Insbesondere im Rahmen der in Abschnitt 3.2.4 zu erläuternden Abkehr von der Vollausschüttungshypothese bei der Ertragswertberechnung nach IDW ES 1 n.F. wird ersichtlich, dass die Ansicht, Ausgleich und Abfindung seien (stets) wertmäßig vergleichbar, in keiner Weise mit der in § 304 Abs. 2 S. 1 AktG postulierten Annahme einer Vollausschüttung in Einklang zu bringen ist.

2.2.4.5 Berücksichtigung des nicht betriebsnotwendigen Vermögens und Weisungsrecht nach § 308 AktG

Dass das nicht betriebsnotwendige (neutrale) Vermögen im Rahmen des Ausgleichs nicht berücksichtigt wird, wiegt am schwersten.[203] Als nicht betriebsnotwendig werden Vermögensgegenstände angesehen, die zwar keinen oder allenfalls einen unerheblichen Beitrag zu den Erträgen eines Unternehmens leisten, gleichwohl jedoch einen (bedeutenden) eigenständigen Wert besitzen und im Rahmen der Zerschlagung eines Unternehmens Wert erhöhend berücksichtigt werden würden.[204] Die Einbeziehung des nicht betriebsnotwendigen Vermögens ist zur Sicherstellung einer vollen, den gesamten Wert der aufgegebenen Unternehmensbeteiligung ersetzenden Abfindung unbestritten, und wird weithin (v.a. bei auf Dauer ertraglosen Unternehmen) mit dem Liquidationswert gleichgesetzt und als Untergrenze angesehen.[205] Hingegen folgt bereits aus dem Wortlaut des § 304 Abs. 2 S. 1 AktG, dass bei der Ermittlung des Ausgleichs lediglich auf die Ertragsaussichten abzustellen ist, was per se ausschließt, dass das neutrale Vermögen berücksichtigt wird. Dies entspricht der herrschenden Meinung und ist in der Recht-

202 So auch die Schlussfolgerung bei Forst AG 1994, 321, 324.
203 Vgl. Lutter / Drygala AG 1995, 49, 51.
204 Beispielhaft seien unbebaute Grundstücke genannt. Für das nicht betriebsnotwendige Vermögen ist der fiktive Netto-Veräußerungspreis zugrunde zu legen, vgl. BayObLG AG 1996a, 127, 130.
205 Vgl. bereits OLG Düsseldorf WM 1984, 732, 733, OLG Düsseldorf AG 1999b, 321, 324, OLG Düsseldorf AG 2002, 398, 400, LG Dortmund AG 1996, 278, 279, BayObLG AG 1996a, 127, 127, BayObLG AG 2002a, 388, 389, Gude Dissertation 2004, S. 82, sowie Hüffer AktG, § 305 AktG, Rn. 19.

sprechung weitgehend anerkannt.[206] Das neutrale Vermögen ist hingegen dann zu berücksichtigen, wenn dessen Veräußerung bereits zum Stichtag absehbar war.[207]

Gerade an diesem Beispiel wird ersichtlich, dass der Ausgleich nach herrschender Meinung wertmäßig nicht der Abfindung entsprechen kann: letztere kann zwar auch anhand des Ertragswerts berechnet werden, wird jedoch um den Wert des „ertraglosen" Vermögens erhöht. Nach *Lutter / Drygala* wird erst dadurch eine Wahlfreiheit zwischen Ausgleich und Abfindung hergestellt. Ihnen zufolge bleibt im Rahmen der Ausgleichsbemessung kein Raum für die Berücksichtigung neutralen Vermögens, da ein den Ausgleich wählender Aktionär an der Vermögenssubstanz[208] und damit an dem Wert des neutralen Vermögens beteiligt bleibe. Den in der Aktie verkörperten Wert könne der Aktionär noch später durch Veräußerung realisieren. Auch sei ein Risikozuschlag auf den Ausgleich für einen während der Dauer des Unternehmensvertrags möglicherweise eintretenden Substanzverlust nicht zu rechtfertigen, da sich dieses Risiko nicht zwangsweise verwirklichen müsse.[209] Zudem könne bei entsprechender Konzernpolitik auch ein Substanzgewinn bei der Tochtergesellschaft eintreten, der zu einer Überkompensation für den den Ausgleich wählenden Aktionär führe.[210]

Den Ausführungen von *Lutter / Drygala* ist prinzipiell zwar zuzustimmen; ihre Schlussfolgerungen bedürfen jedoch der Kritik. Zwar ist es folgerichtig, dass die außenstehenden Aktionäre durch Wahl des Ausgleichs weiterhin an der Substanz des Unternehmens beteiligt bleiben und daher eine Berücksichtigung des neutralen Vermögens beim Ausgleich, bspw. durch Fiktion seiner Veräußerung und dessen verzinslicher Wiederanlage, (im Einzelfall) unangemessen sein kann. Dem Unternehmen könnte aber diese Substanz, etwa in der Form stiller Reserven, wegen des Weisungsrechts nach § 308 AktG entzogen werden. Vor diesem Hintergrund erscheint es fragwürdig, von einem Risikozuschlag abzusehen, nur weil sich dieses Risiko nicht zwangsweise verwirklichen wird. Denn eine Entschädigung wird generell bereits für die Übernahme eines Risikos gezahlt. So wird auch etwa im Kapitalmarktgleichgewicht c.p. ex ante eine hö-

---

206 Vgl. Lutter / Drygala AG 1995, 49, 51f., Hüffer AktG, § 304 AktG, Rn. 11a, sowie LG Berlin AG 2000, 284, 287. Anders hingegen Koppensteiner Kölner Komm AktG 2004, § 304 AktG, Rn. 61, Hans. OLG Hamburg AG 2001, 479, 480, sowie Maul in FS Drukarczyk 2003, 255, 274f.

207 Vgl. OLG Düsseldorf AG 1990a, 397, 398f., LG Berlin AG 2000, 284, 287, sowie BayObLG AG 2002b, 390, 391.

208 Die „Vermögenssubstanz" oder der „Substanzwert" ist der Fortführungswert des Liquidationswerts (Summe aller einzelnen Vermögensgegenstände abzüglich Liquidationskosten und Schulden).

209 In der Praxis ist es hingegen sogar üblich, einen Abschlag vorzunehmen, weil angeblich geringere Risiken in den Ausgleichszahlungen gegenüber den Erträgen bei Nicht-Bestehen des Vertrags bestünden, vgl. Kaserer / Knoll BB 2002, 1955, 1956, 1960.

210 Vgl. Lutter / Drygala AG 1995, 49, 52f. Ähnlich auch das OLG Düsseldorf AG 1990b, 490, 494, das argumentiert, der Ausgleich sei trotz eines möglichen Entzugs stiller Reserven nicht zu erhöhen, da sich dieser allein nach den Ertragsaussichten richte. Ablehnend ferner LG München I AG 1990, 404, 406f. Kritisch hierzu hingegen bereits Meilicke DB 1974, 417, 420, demzufolge der Ausgleich wegen der unzureichenden Entschädigung für die Abführbarkeit bei Vertragsschluss vorhandener stiller Reserven keine volle Entschädigung darstellen kann.

here Verzinsung für riskantere Anleihen gefordert werden, die sich an den Erwartungen der Marktteilnehmer über die Ausfallwahrscheinlichkeit des Schuldners orientiert. Dementsprechend dürfte eine CCC-geratete Anleihe mit einer Kuponausstattung einer AAA-Anleihe, rational handelnde Marktteilnehmer vorausgesetzt, zu einer allenfalls sehr geringen Nachfrage führen. Für das Beispiel des Unternehmensvertrags sei angemerkt, dass die Wahrscheinlichkeit eines Substanzgewinns für die konzernierte Gesellschaft wegen des Weisungsrechts nach § 308 AktG als verhältnismäßig niedrig angesehen werden muss. Nicht nur aus den Ausführungen in Abschnitt 2.1.4.4 über die Reichweite des Weisungsrechts, sondern auch aus dem Sinn und Zweck des Unternehmensvertrags selbst lässt sich folgern, dass die herrschende Gesellschaft eher darauf bedacht sein wird, der konzernierten Gesellschaft die Substanz zu entziehen, als diese unangetastet zu lassen. Ein Risikozuschlag dürfte damit gerechtfertigt sein, wodurch das Festhalten an der Forderung, der angemessene Ausgleich habe (lediglich) die Dividende zu ersetzen, aufzugeben wäre.[211] Gleichwohl müsste dieser Zuschlag hinter der Rendite aus einer Wiederanlage des fiktiv veräußerten neutralen Vermögens zurückbleiben, da der in der Gesellschaft verbleibende Aktionär an der Substanz der Gesellschaft (theoretisch) weiterhin teilhaben kann. Eine exakte Wertfeststellung dürfte sich damit als schwierig erweisen. Zwar können die außenstehenden Aktionäre dadurch gegenüber der Situation ohne Unternehmensvertrag besser gestellt werden, sofern sie für das Risiko eines Substanzwertverlustes kompensiert werden, aber dennoch keine Entziehung der Substanz erfolgt. Diese (unwahrscheinliche) Situation ist jedoch hinzunehmen, da es nicht nachvollziehbar ist, aus diesem Grund die Aktionäre einseitig von vornherein zu benachteiligen. Entsprechendes gilt für die Fallkonstellation „variabler Ausgleich, Barabfindung." Bei Vorliegen eines isolierten Gewinnabführungsvertrags ist hingegen kein Risikozuschlag erforderlich, da die Entziehung der Substanz während der Vertragslaufzeit gesetzlich ausgeschlossen ist und von den Aktionären unterbunden werden kann.

2.2.4.6 Abfindung und Ausgleich bei chronisch defizitären Gesellschaften

Bisher wurde immer davon ausgegangen, dass die konzernierte Gesellschaft einen Jahresüberschuss erzielt. Häufig werden Unternehmensverträge jedoch auch gerade dann abgeschlossen, wenn Fehlbeträge entstehen, weil diese bei einer nach § 14 Abs. 1 KStG wirksamen Organschaft steuerlich mit den Gewinnen des Organträgers verrechnet werden können. Fraglich ist, inwiefern die außenstehenden Aktionäre in solchen Fällen ausgleichsberechtigt sind.

In Literatur und Rechtsprechung besteht Einigkeit darüber, dass der Ausgleich bei auf Dauer ertraglosen Gesellschaften auf Null festzusetzen ist. Eine nachträgliche An-

---

211 So auch Kaserer / Knoll BB 2002, 1955, 1956. Sofern der Ausgleich auf die Abfindung angerechnet wird, wenn sich ein Aktionär nach Annahme des Ausgleichs für das Ausscheiden aus der Gesellschaft entscheidet, dürfte sich auch hier keine Übervorteilung gegenüber denjenigen Aktionären ergeben, die sich direkt für die Abfindung entscheiden. So auch Koppensteiner Kölner Komm AktG 2004, § 304 AktG, Rn. 67.

passung an eine veränderte Ertragslage wird dabei regelmäßig nicht ausgeschlossen.[212] Ungeklärt ist hingegen, ob in solchen Fällen eine Verzinsung des zum Liquidationswert berechneten Vermögens der Gesellschaft zu erfolgen hat. Eine Verzinsung wird häufig deshalb abgelehnt, weil die Aktionäre grundsätzlich weder einen Anspruch auf Verzinsung des Gesellschaftsvermögens noch auf Rückgewähr der Einlagen (§ 57 AktG) haben. Andernfalls werde der Aktionär auch besser gestellt als unter der Fiktion des Nicht-Bestehens des Unternehmensvertrags.[213] Für eine Verzinsung des Liquidationswertes wird hingegen insbesondere angeführt, dass andernfalls der systematische Zusammenhang zwischen Ausgleich und Abfindung ignoriert werde, da sie als prinzipiell gleichwertige Alternativen anzusehen seien.[214]

Wenngleich gewisse Parallelen zu der Berücksichtigung des nicht betriebsnotwendigen Vermögens zu sehen sind, und dort ein Risikozuschlag für die Entziehung der Substanz als angemessen angesehen wurde, ist der Auffassung der herrschenden Meinung beizutreten. Als Begründung ist insbesondere derjenigen *Hüffers* zu folgen: „Wo keine Dividende erwirtschaftet werden kann, besteht kein Bedarf für [die] Sicherung der Aktionäre gegen Dividendenausfall."[215] Auch würden die außenstehenden Aktionäre andernfalls gegenüber der Situation ohne Unternehmensvertrag *zwingend* besser gestellt werden. Im Gegensatz zum Beispiel des nicht betriebsnotwendigen Vermögens wird hier c.p. erst eine Gleichwertigkeit von Ausgleich und Abfindung hergestellt, da der Liquidationswert für die Abfindung regelmäßig die Untergrenze bildet.[216] Der Risikozuschlag im vorigen Fall wurde auch nicht so begründet, dass eine Verzinsung des Gesellschaftsvermögens für die außenstehenden Aktionäre zu erfolgen habe. Jedoch bedarf es einer Kompensation für das mögliche Risiko eines Substanzverlustes, weil es bei Eintritt eines solchen für die außenstehenden Aktionäre unmöglich wäre, den vollen Wert ihrer Beteiligung später noch zu realisieren. Zwar besteht auch im Fall chronisch defizitärer Gesellschaften das Risiko eines Substanzverlustes, da die herrschende Gesellschaft im Zweifelsfall auf eine im Sinne der Konzernpolitik angemessene Strategie zur bestmöglichen Verwertung der verbleibenden Substanz bedacht sein wird. Gleichwohl kann hier wohl als weiteres Argument gelten, dass die außenstehenden Aktionäre in solchen Fällen weniger schutzbedürftig sind und daher die im Vergleich zur Abfindung unterschiedliche Berücksichtigung des Liquidationswertes hingenommen werden kann. Ferner dürfte in der Regel kaum ein Anreiz für Aktionäre bestehen, an der defizitären Ge-

---

212 Dagegen spricht sich aus: Bilda in Kropff / Semler Münchener Komm AktG 2000, § 304 AktG, Rn. 155.

213 Vgl. etwa LG Frankfurt AG 1996, 187, 189, BayObLG AG 1999, 43, 46, Lutter / Drygala AG 1995, 49, 51, OLG Düsseldorf AG 1999a, 89, 90f, Bilda in Kropff / Semler Münchener Komm AktG 2000, §304 AktG, Rn.91, Brauksiepe BB 1971, 109, 109f., sowie Hüffer AktG, § 304 AktG, Rn. 12.

214 Vgl. Koppensteiner Kölner Komm AktG 2004, § 304 AktG, Rn. 60, 68, Meilicke DB 1974, 417, 418, sowie insbesondere die Nachweise bei Maul DB 2002, 1423, 1424 Fn. 7.

215 Hüffer AktG, § 304 AktG, Rn. 12; Klammerzusatz vom Verfasser. Ebenso Bilda in Kropff / Semler Münchener Komm AktG 2000, § 304 AktG, Rn. 91.

216 Vgl. Koppensteiner Kölner Komm AktG 2004, § 305 AktG, Rn. 89 m.w.N. in Fn. 269. Anders hingegen bei nicht rentablen Unternehmen, vgl. dazu OLG Düsseldorf AG 1990a, 397, 399.

sellschaft beteiligt zu bleiben, wodurch eine (angemessene) Abfindung eine wahrhaft interessante Alternative darstellen dürfte.

2.2.4.7 Verzinsung gerichtlich verfügter Nachbesserungen

Für die Abfindung ist es unstrittig, dass ein Abfindungsergänzungsanspruch (wie die Abfindung selbst) gem. § 305 Abs. 3 S. 3 AktG mit 2 % p.a. über dem Basiszins nach §247 BGB zu verzinsen ist.[217] Hierin liegt ein weiterer Grund, warum Abfindung und Ausgleich sich (selbst nach dem Spruchverfahren) wertmäßig nicht entsprechen dürften. Die Verzinsung einer gerichtlich verfügten Erhöhung des Ausgleichs wird nämlich – soweit ersichtlich – überwiegend abgelehnt.[218] Die wirtschaftliche Tragweite dieser Handhabung ist offensichtlich. Bei einer bedeutsamen Heraufsetzung des Ausgleichsanspruchs und einer Verfahrensdauer von mehreren Jahren kann der für die herrschende Gesellschaft resultierende Zinsgewinn (der dem Zinsverlust sämtlicher außenstehender Aktionäre entspricht) in die Millionen gehen. Unverständlich ist diese von der Rechtsprechung anerkannte Verfahrensweise aus zweierlei Hinsicht: Zum einen ist nicht einzusehen, warum eine Verzinsung des Abfindungsergänzungsanspruchs zu erfolgen hat, die der Erhöhung des Ausgleichs hingegen nicht. Zum anderen ist klar, dass dem Mehrheitsaktionär strategische Optionen eröffnet werden, die direkt zu Lasten der außenstehenden Aktionäre gehen. Systematisch zu niedrig bemessene Ausgleichszahlungen führen damit c.p. zu einem Zinsgewinn des Mehrheitsaktionärs, auch wenn der Ausgleich im Rahmen des Spruchverfahrens nach oben angepasst wird.

2.2.4.8 Schlussfolgerungen

Festzuhalten bleibt, dass der Ausgleich nur dann als verrentete Abfindung gelten kann, wenn die o.g. Problemfelder in einem Risikozuschlag angemessen berücksichtigt werden. Vor dem Hintergrund, dass sich die außenstehenden Aktionäre zwischen Ausgleich und Abfindung zu entscheiden haben, ist daher zu folgern, dass dem Schutzbedürfnis der Aktionäre nur dann entsprochen werden kann, wenn in einem Unternehmensvertrag auf mögliche Wertdifferenzen von Ausgleich und Abfindung eingegangen wird. Auf entsprechende Risiken, die aus dem Weisungsrecht nach § 308 AktG für den festen Ausgleich (insbesondere bei Nichtberücksichtigung des neutralen Vermögens), oder aus der Abhängigkeit von der Dividendenpolitik der herrschenden Gesellschaft für den variablen Ausgleich resultieren können, ist in einem dem Schutzzweck der §§ 293a-e AktG gerecht werdenden Unternehmensvertragsbericht hinzuweisen.

---

217 Vgl. OLG Düsseldorf AG 1990a, 397, 402, sowie BayObLG AG 1996b, 176, 180. *Hüffer* lässt dieses Problem gleichwohl offen, vgl. Hüffer AktG, § 305 AktG, Rn. 32. Anders hingegen noch LG Frankfurt AG 1996, 187, 190, sowie LG Hannover AG 1979, 234, 235.
218 Vgl. LG Frankfurt AG 1996, 187, 190, LG Nürnberg-Fürth (1999), S. 91, LG Berlin AG 2000, 284, 287, sowie OLG Düsseldorf AG 1990a, 397, 399. Anders hingegen in der Literatur: Busch AG 1993, 1, 4.

Es wird zudem deutlich, dass nach der bisherigen Rechtsprechung Ausgleich und Abfindung keine wertmäßigen Alternativen darstellen können.[219] Der variable Ausgleich stellt keine wirkliche Alternative zum festen Ausgleich dar, da er von der Dividendenpolitik der herrschenden Gesellschaft beeinflusst wird, letzterer hingegen nach bisheriger Rechtsprechung entweder eine Überkompensation (bei verrenteter Abfindung) oder eben gar keine Kompensation für die Berücksichtigung des neutralen Vermögens vorsieht. Wegen offensichtlich vorhandener Regelungslücken, der im Einzelfall noch anzuwendenden Ertragswertmethode, und insbesondere der Vorteilhaftigkeit mancher und der Nachteilhaftigkeit anderer Faktoren für einzelne Entschädigungsarten lassen sich jedoch keine allgemein gültigen dominanten Strategien für die außenstehenden Aktionäre ableiten.

Zudem muss davon ausgegangen werden, dass die Ermittlung angemessener Risikozuschläge im Einzelfall ein höchst schwieriges Unterfangen darstellen dürfte. Wie auch *Hecker* ausführt, wäre eine risikoadäquate Verzinsung unter anderem von den Erwartungen über die Vertragsdauer, von der vorhandenen Substanz, den unternehmerischen Chancen sowie von den Erwartungen über das unsichere zukünftige Ausmaß des Ausbeutens seitens des Großaktionärs abhängig.[220] *Emmerich / Habersack* sind der Auffassung, die Unterschiede dürften nicht überbewertet werden, da andernfalls unverständlich bleiben müsste, warum Ausgleich und Abfindung als prinzipiell gleichwertige Alternativen anzusehen sind.[221] Es muss hier gleichwohl der Schluss gezogen werden, dass ein angemessener Ausgleich die marktübliche Verzinsung der Abfindung in jedem Fall zu übertreffen hat. Ob dies in der Realität gegeben ist, wird Teil der Ausführungen in Abschnitt 4.2.2.1 sein.

2.2.5 Anrechnung des Ausgleichs auf die Abfindung

In diesem Abschnitt konnte bisher dargelegt werden, dass der Minderheitenschutz wegen unzulänglicher und ungenauer gesetzlicher Vorgaben und der offensichtlichen wertmäßigen Unterschiede einzelner Entschädigungsarten aus theoretischer Sicht nicht immer zufrieden stellend gewährleistet ist. Gleichwohl konnte wegen der Vielseitigkeit der den Ausgleich und die Abfindung beeinflussenden Faktoren keine dominante Strategie für die außenstehenden Aktionäre abgeleitet werden. Etwas anderes könnte sich daraus ergeben, dass diese sich zunächst jährliche Ausgleichszahlungen auszahlen lassen, sich nach den gerichtlich erhöht festgesetzten Entschädigungsleistungen jedoch für

---

219 Auch in der Praxis wird das Missverhältnis zwischen Abfindung und Ausgleich deutlich. So bot die N-Ergie AG den außenstehenden Aktionären der Fränkisches Überlandwerk AG im Rahmen des Unternehmensvertrags vom 9.4.2001 einen Ausgleich von 8,80 Euro je Stammaktie und von 1,50 Euro je Vorzugsaktie, hingegen eine Abfindung von 165.- Euro je Stammaktie und eine solche von 10950.- Euro je Vorzugsaktie an, vgl. Bundesanzeiger vom 19.4.2001, S. 7140.
220 Vgl. Hecker Habilitation 2000, S. 363.
221 Vgl. Emmerich / Habersack, Konzernrecht, 2005, S. 299.

die Wahl der Abfindung entscheiden.[222] Je nachdem, wie in einem solchen Fall die erhaltenen Ausgleichszahlungen auf die gem. § 305 Abs. 3 S. 3 AktG mit 2 % p.a.[223] über dem Basiszins nach § 247 BGB zu verzinsenden Abfindung anzurechnen sind[224], könnte sich ein außenstehender Aktionär durch diese Strategie besser stellen als bei direkter Wahl der Abfindung. Dies soll im Folgenden diskutiert werden.

In der wissenschaftlichen Literatur und in der Rechtsprechung werden drei unterschiedliche Anrechnungsmöglichkeiten erörtert, deren finanzielle Auswirkungen nicht nur durch die Anrechnungsmethode selbst, sondern insbesondere auch durch die Dauer des Spruchverfahrens und das geltende Zinsniveau beeinflusst werden.[225] Nach einer Meinung soll der Zinsanspruch ruhen, solange Ausgleichszahlungen empfangen werden, oder der Anspruch auf Verzinsung soll erst nach Ausübung des Wahlrechts beginnen (1. Alternative).[226] Nach herrschender Meinung, und insbesondere nach Auffassung des *BGH*, sind die ab dem Wirksamwerden des Vertrags angefallenen Zinsen hingegen mit den bis zum Abschluss des Verfahrens ausbezahlten Ausgleichsbeträgen zu verrechnen (2. Alternative).[227] Zudem findet sich in der Literatur die Auffassung, die jährlichen Ausgleichszahlungen seien als Vorauszahlung auf die Abfindung zu behandeln, so dass sich der Zinsanspruch auf eine entsprechend geminderte Abfindung erstreckt (3. Alternative).[228]

Sofern sich der Zinsanspruch nicht mit den Ausgleichszahlungen deckt, führt die erste Alternative offensichtlich zu einer Ungleichbehandlung zwischen solchen Aktionären, die gleich die Abfindung erhalten und solchen, die zunächst noch Ausgleichszah-

---

222 Wie bereits ausgeführt, verlängert sich durch das Spruchverfahren die Frist für das Optionsrecht auf Annahme der Abfindung bis 2 Monate nach Bekanntgabe der Entscheidung im Bundesanzeiger (§ 305 Abs. 4 S. 3 AktG).

223 Zur Kritik an der Höhe des Zinses und der Außerachtlassung von Zinseszinsen: Meilicke AG 1999, 103, 104f., sowie Hecker Habilitation 2000, S. 319. Kaserer / Knoll BB 2002, 1955, 1957 zeigen, dass wegen der Außerachtlassung von Zinseszinsen eine längere Verfahrensdauer von Spruchverfahren c.p. vorteilhaft für die herrschende Gesellschaft ist. Kritisch zu sehen ist auch, dass die Abfindung für die Zeit zwischen der Hauptversammlung und der Eintragung ins Handelsregister nicht verzinst wird, da die Zinspflicht stets am Tag nach Wirksamwerden des Vertrags beginnt (§ 305 Abs. 3 S. 3 AktG).

224 Eine Anrechnung des Ausgleichs auf die Abfindung hat nach herrschender Meinung zwingend zu erfolgen, vgl. Hüffer AktG, § 305 AktG, Rn. 26b, sowie OLG Hamburg AG 2002b, 409, 410 m.w.N. Gleichwohl führen Kaserer / Knoll BB 2002, 1955, 1956ff. aus, dass die gleichzeitige Vereinnahmung von Zinsen und Ausgleich nicht zwangsweise zu einer Übervorteilung führen muss.

225 Vgl. Vetter AG 2002a , 383, 384.

226 Vgl. OLG Celle AG 1999, 128, 131, sowie Liebscher AG 1996, 455, 457.

227 Vgl. BGH AG 2003a, 40, 41, BGH AG 2003b, 629, 630, OLG Düsseldorf AG 1999a, 89, 92, OLG Hamm AG 2002, 413, 413, OLG Stuttgart AG 2000, 428, 432, Koppensteiner Kölner Komm AktG 2004, §305 AktG, Rn. 121, sowie BayObLG AG 1996a, 127, 131, das die Verrechnung des Ausgleichs mit der Bruttoabfindung (einschl. Zinsen) fordert. Ebenso LG Nürnberg-Fürth (1999), S. 91. Kritisch dazu bereits Jungmann BB 2002, 1549, 1551. *Hüffer* spricht sich für die nun folgende dritte Alternative aus, stellt aber fest, der herrschenden Meinung sei im Interesse einer einheitlichen Handhabung zu folgen, vgl. Hüffer AktG, §305 AktG, Rn. 26b.

228 Vgl. Stimpel AG 1998, 259, 263, sowie Vetter AG 2002a , 383, 385ff.

lungen beziehen. Überzeugenderweise ist hier jedoch – entgegen der Auffassung des OLG Hamm[229] – zwingend eine Gleichbehandlung herzustellen. Demnach ist ein Aktionär, der zunächst Ausgleichszahlungen erhält, sich jedoch z.B. nach Abschluss des Spruchverfahrens für die Abfindung entscheidet, so zu stellen, als ob er gleich nach Vertragsschluss die Abfindung gewählt hätte.[230] Von einer ungleichen Entschädigung muss jedoch bei dieser ersten Alternative in aller Regel ausgegangen werden, da sich der Zins auf die Abfindungssumme nur im Einzelfall mit dem Ausgleich nach § 304 AktG decken dürfte. Die erste Alternative ist daher zu verwerfen.[231]

Die der herrschenden Meinung entsprechende zweite Alternative, die die Verrechnung der Ausgleichszahlungen mit den Zinsen auf die Bruttoabfindung vorsieht, garantiert zwar in jedem Fall die nach § 305 Abs. 3 S. 3 AktG vorgeschriebene Mindestverzinsung, weil der Differenzbetrag zwischen Zinsen und Ausgleich in dem Fall zu zahlen ist, in dem die Zinsen den Ausgleich übertreffen.[232] Dennoch kann sich auch hier eine Ungleichbehandlung ergeben: sofern der Ausgleich die Zinsen auf die Abfindung betragsmäßig übersteigt, darf dieser von den Aktionären einbehalten werden, so dass sie de facto eine höhere Verzinsung der Abfindung erhalten als gesetzlich gem. § 305 Abs.3 S. 3 AktG vorgesehen.[233] Wie das *OLG Hamm* ausführt, wäre auch die Abfindung in einem solchen Fall nicht zu kürzen, da der Gesetzgeber mit der Einführung der Verzinsungspflicht die Rechtsstellung der außenstehenden Aktionäre habe verbessern wollen. Dies schließe eine Kürzung des Abfindungsanspruchs und damit zugleich die Befolgung der dritten Alternative aus.[234] Offenbar übersieht das *OLG Hamm* hier jedoch, dass der Abfindungsanspruch nach der dritten Alternative im Endeffekt nicht zwangsweise gekürzt, sondern aus einzelnen Ausgleichszahlungen und dem restlichen Abfindungsanspruch zusammengesetzt wird. Ausschlaggebend ist eher, ob Aktionäre, die sich sofort für die Abfindung entscheiden, finanziell anders gestellt werden als solche, die zunächst noch Ausgleichszahlungen entgegen nehmen. Davon muss bei der zweiten Alternative ausgegangen werden, da der Ausgleich die Zinszahlungen regelmäßig (zumindest bei ertragreichen Unternehmen) übertreffen dürfte.[235]

---

229 Vgl. OLG Hamm AG 2002, 413, 414.

230 So Jungmann BB 2002, 1549, 1551, Stimpel AG 1998, 259, 262, OLG Hamburg AG 2002b, 409, 411, Kaserer / Knoll BB 2002, 1955, 1957, Liebscher AG 1996, 455, 458, und Meilicke AG 1999, 103, 105.

231 So werden außenstehende Aktionäre benachteiligt, wenn der Zinsanspruch höher wäre als der Ausgleich, insbesondere also bei chronisch defizitären Gesellschaften. Kritisch daher auch OLG Düsseldorf AG 1999a, 89, 92, BGH AG 2003a, 40, 41, Vetter AG 2002a , 383, 386, sowie Stimpel AG 1998, 259, 261.

232 Vgl. BGH AG 2003a, 40, 42.

233 Vgl. dazu das Beispiel Nr. 2 bei Jungmann BB 2002, 1549, 1552. Dies räumt indes auch der BGH ein, vgl. BGH AG 2003b, 629, 630.

234 Vgl. OLG Hamm AG 2002, 413, 413f., BGH AG 2003a, 40, 42, sowie Vetter AG 2002a , 383, 384f. Kritisch Stimpel AG 1998, 259, 262, sowie OLG Hamburg AG 2002b, 409, 410.

235 Diese Überlegung lässt sich leicht herleiten. So kann argumentiert werden, dass die Herleitung des Ausgleichs aus der Abfindung mit einem einen Risikozuschlag enthaltenden Kapitalisierungszins berechnet werden könnte, der die Verzinsung nach § 305 Abs. 3 S. 3 AktG in aller Regel übertreffen dürfte. Sofern zudem ein Risikozuschlag für die Entziehung der Sub-

So zeigen auch *Kaserer / Knoll*, dass die Verrechnung von Zinsen mit zwischenzeitlich erhaltenen Ausgleichszahlungen zu einer unzureichenden Entschädigung später abgefundener Aktionäre führen kann. Dies gilt c.p. umso mehr, je höher der im Bewertungsgutachten verwendete Kalkulationszins ist.[236] Interessanterweise halten aber sowohl der *BGH* als auch das *OLG Hamm* es nicht für problematisch, wenn außenstehende Aktionäre ihr Wahlrecht in einem solchen Maße „ausnutzen" können, dass sie über der Verzinsung liegende Ausgleichszahlungen erhalten. Das *OLG Hamm* begründet diese Ansicht damit, dass die herrschende Gesellschaft einem etwaigen Missbrauch dadurch begegnen könne, dass sie das Umtauschangebot nach § 305 Abs. 4 S. 1 AktG befristen könne.[237] Dabei übersieht es jedoch, dass sich bei einem rechtmäßig eingeleiteten Spruchverfahren die Annahmefrist automatisch per Gesetz verlängert (§305 Abs. 4 S. 3 AktG). Die Auffassung des *OLG Hamm* und des *BGH* kann in diesem Zusammenhang daher nicht überzeugen.

Jedoch ist auch die dritte Alternative, und folglich der Ansatz des *OLG Hamburg*, kritisch zu bewerten. Danach sind die empfangenen Ausgleichszahlungen auf die Abfindung anzurechnen, wodurch sich (rückwirkend) der Zinsanspruch mindert. Die Zinsen fallen damit für den Fall, dass während des Spruchverfahrens Ausgleichszahlungen geleistet wurden, nur auf den um die Ausgleichszahlungen kontinuierlich reduzierten Abfindungsbetrag an.[238] Obwohl diese Alternative vom ökonomischen Ansatz her wohl am überzeugendsten ist, ergeben sich auch hier Probleme. Wie bereits *Jungmann* zeigt und wie sowohl der *BGH* als auch *Koppensteiner* anmerken, kann als Ergebnis eine „negative" Abfindung resultieren, wenn der Ausgleich hoch ausfällt und das Spruchverfahren lange dauert. Auch die dritte Alternative ist in den Beispielen *Jungmanns* nie gleichwertig mit der Entschädigung, wenn sich der Gesellschafter gleich zu Beginn für die Abfindung entscheidet.[239]

Als wenig zufrieden stellende Schlussfolgerung ist hier der Ansicht *Jungmanns* zuzustimmen, dass je nach Einzelfall diejenige Rechenweise zugrunde zu legen ist, die zu einer möglichst geringen Ungleichbehandlung zwischen bereits abgefundenen und zunächst Ausgleich beziehenden Aktionären führt.[240] Die vorgeschlagenen Berechnungs-

---

stanz gewährt werden würde, wäre die Diskrepanz umso höher. Dazu auch Jungmann BB 2002, 1549, 1552f.

236 Vgl. Kaserer / Knoll BB 2002, 1955, 1958.

237 Vgl. BGH AG 2003a, 40, 42, sowie OLG Hamm AG 2002, 413, 414.

238 Vgl. OLG Hamburg AG 2002b, 409, 410f. Befürwortend auch Vetter AG 2002a , 383, 386f., sowie Stimpel AG 1998, 259, 263.

239 Vgl. Jungmann BB 2002, 1549, 1553, BGH AG 2003a, 40, 42, sowie Koppensteiner Kölner Komm AktG 2004, § 305 AktG, Rn.122. Kritisch an der Methodik *Jungmanns* ist zu sehen, dass er keine intertemporale Betrachtung unternimmt, so dass sich die Alternativen nicht direkt vergleichen lassen. Jedoch ergäbe sich nach Berechnungen des Verfassers selbst dann im Ergebnis nichts anderes. Zur Kritik an Jungmanns Berechnung s. auch Kaserer / Knoll BB 2002, 1955, 1957, Fn. 22.

240 Vgl. Jungmann BB 2002, 1549, 1553f. Nicht überzeugen kann *Jungmanns* Lösungsansatz, den außenstehenden Aktionär zur Rückzahlung bereits empfangener Ausgleichszahlungen zzgl. Zinsen zu verpflichten, da dies die zwischenzeitliche Weiterveräußerung der Aktien übersieht. Eine Zurechnung der geschuldeten Beträge auf mehrere Schuldner dürfte sich Jahre später als schwierig und kostspielig erweisen.

arten können nicht generell die gewünschten Ergebnisse erzielen, so dass sich hier ein weiteres „Forschungsgebiet" für die Wissenschaft eröffnet. Interessant könnte in diesem Zusammenhang die Verwendung der internen Zinsfußmethode sein, die auch *Kaserer / Knoll* vorschlagen.[241]

Für die außenstehenden Aktionäre kann daher die Strategie empfehlenswert sein, sich bei Vorliegen „ertragsstarker" (oder zumindest nicht defizitärer) Unternehmen zunächst für den Ausgleich zu entscheiden, weil dieser in der Regel die Verzinsung der Abfindung übertreffen dürfte und der Differenzbetrag nach herrschender Meinung einbehalten werden darf.[242] Auch vor dem Hintergrund, dass nach der Entscheidung des *BGH* die erhaltenen Ausgleichszahlungen auf die Zinsen anzurechnen sind, dürften außenstehende Aktionäre davon ausgehen können, dass das zuständige Gericht keine andere Anrechnungsmethode vorsehen wird. Zudem werden die Aktionäre bei Verfolgung dieser Strategie nicht durch einen eventuellen Entzug der Substanz benachteiligt, da sie sich später „rückwirkend" abfinden lassen. Gleichwohl wäre daran aus Gründen des Minderheitenschutzes kritisch zu sehen, dass die herrschende Gesellschaft de facto mit einer ¾-Mehrheit ein Squeeze-out herbeiführen könnte, für das sie sonst einen Anteil von 95 % am Grundkapital benötigen würde (§ 327a Abs. 1 S.1 AktG). Was damit im Einzelfall (aus Sicht eines einzelnen Aktionärs) als zufrieden stellendes Ergebnis bezeichnet werden könnte, würde aggregiert zu einer legitimierten Umgehung der auf den Minderheitenschutz bedachten gesetzlichen Vorschriften über Unternehmensverträge führen.

2.2.6 Ergebnis

Man muss bezweifeln, dass man von den gesetzlichen Vorgaben über Ausgleich und Abfindung erwarten kann, dass sie zur Bestimmung angemessener Entschädigungen führen. Trotz des vertraglich stets vorgesehenen Wahlrechts wird deutlich, dass Ausgleich und Abfindung in aller Regel keine wertmäßige Alternative sind. Auch muss bezweifelt werden, dass fester und variabler Ausgleich gleichwertig sind. Im Rahmen der Bestimmung des festen Ausgleichs kommt eine Wertermittlung anhand des Börsenkurses gar nicht erst in Frage[243], während der variable Ausgleich durch Kapitalmaßnahmen und eine übermäßige Thesaurierungspolitik verwässert werden kann. Einer vertraglich

---

241 Vgl. Kaserer / Knoll BB 2002, 1955, 1960.

242 Dieses Argument wirkt vor dem Hintergrund, dass keine Zinseszinsen auf die Abfindung zu zahlen sind, umso gewichtiger. Kaserer / Knoll BB 2002, 1955, 1957 zeigen einen Zinsverlust für den sich gleich für die Abfindung entscheidenden Aktionär.

243 Zwar sind Börsenkurse nicht immer grundsätzlich dazu geeignet, Anteile zutreffend zu bewerten. Eine pauschale Ablehnung, sie zu verwenden, kann jedoch außenstehende Aktionäre benachteiligen, sofern sie unter Verwendung des Ertragswertverfahrens schlechter gestellt werden.

festgelegten Mindestentschädigung bedarf es dennoch nicht. Auch nach *Ullrich* ist die Möglichkeit einer vollen Entschädigung daher nicht mehr gegeben.[244]

Nicht zuletzt zur Sicherstellung wertmäßig vergleichbarer Entschädigungsleistungen sollte daher die Abschaffung des variablen Ausgleichs angedacht werden. Die aus ordnungspolitischer Sicht zweifelhafte, vertraglich herbeigeführte Abhängigkeit von der Dividendenpolitik der herrschenden Gesellschaft findet keine Entsprechung in der Bemessung der Entschädigung gegenüber dem festen Ausgleich, und hat ferner für die herrschende Gesellschaft keine ersichtlichen Vorteile, die nicht direkt zu Lasten der außenstehenden Minderheitsaktionäre gehen könnten.[245]

Ferner wird der herrschenden, die Bedingungen des § 305 Abs. 2 Nr. 1 AktG erfüllenden Gesellschaft[246] die Möglichkeit eröffnet, außenstehende Aktionäre durch Wahl eines variablen Ausgleichs und der zwingend anzubietenden Abfindung in eigenen Aktien von ihrem Gewinn abhängig zu machen. Im Vergleich zur Barabfindung kann eine solche herrschende Gesellschaft daher mit geringem Kapitaleinsatz die erforderliche Mehrheit erwerben, während diese Abfindungsart für die außenstehenden Aktionäre vorwiegend direkte Nachteile mit sich bringt.[247] Nicht zuletzt ergeben sich Schwierigkeiten aus der im Falle der Abfindung in Aktien der herrschenden Gesellschaft erforderlichen Ermittlung des Verschmelzungsverhältnisses. Wie auch beim variablen Ausgleich sind hier beide Gesellschaften unter Anwendung des Stichtagsprinzips zu bewerten. Da die Hauptversammlungen beider Gesellschaften zeitlich weit auseinander liegen können[248], werden außenstehende Aktionäre insbesondere dann schlechter gestellt, wenn ihre Hauptversammlung in die Zeit einer wirtschaftlichen oder politischen Krise fällt (bspw. in der Zeit nach dem 11. September 2001).

Eine weitere Regelungslücke stellt offensichtlich die optimale Anrechnung bereits erhaltener Ausgleichszahlungen auf die Abfindung dar. Obwohl sich dabei die herrschende Meinung dem Urteil des *BGH* angeschlossen hat, musste hier festgestellt werden, dass die vom *BGH* vorgesehene Anrechnungsmethode keine zufrieden stellenden Ergebnisse liefern kann.

Zwar bleibt einzuwenden, dass zur Überprüfung, ob Abfindung und Ausgleich angemessen sind, das Spruchverfahren vorgesehen ist. Die gerichtlich bestellten Prüfer

---

244 Vgl. Ullrich Dissertation 2002/2003, S. 127. Zudem ist nach dem neuen IDW Standard ES 1 n.F. das Vollausschüttungsprinzip im Rahmen der Ertragswertmethode nicht mehr anzuwenden, vgl. IDW ES 1 n.F. WP 2005, 28, 32, Rn. 46ff. Für den festen Ausgleich gilt dieses jedoch weiterhin, da es hier gesetzlich vorgeschrieben ist, vgl. § 304 Abs. 2 S. 1 AktG.

245 Dies ist hingegen bei der Abfindung in Aktien anders: aus Liquiditätsgründen kann diese durchaus für die herrschende Gesellschaft vorteilhaft sein. Jedoch schreibt das AktG keine Börsennotierung der herrschenden Gesellschaft bei Abfindung in Aktien vor. Die die Abfindung in Aktien wählenden Aktionäre haben somit keine Möglichkeit, die Anteile über einen Sekundärmarkt weiter zu veräußern.

246 Dies dürfte in Deutschland wohl der Regelfall sein.

247 Die Nachteile sind insbesondere darin zu sehen, dass solche Aktionäre, die sich von den Aktien der herrschenden Gesellschaft trennen wollen, Kommissionen und ggf. Steuern zu zahlen haben. Vgl. dazu ausführlich Beyerle AG 1980, 317, 320ff.

248 Vgl. ebenda, 317, 325. *Beyerle* bemerkt, dass die Bewertungsstichtage in der Praxis schon bis zu 9 Monaten auseinander lagen.

sind jedoch ebenso mit den rechtlichen Vorgaben und verfahrensimmanenten Schwierigkeiten konfrontiert. Zudem sind die Gesellschaften im Rahmen des Spruchverfahrens häufig erst Jahre später zu bewerten, wobei dennoch als Stichtag auf den Tag der beschlussfassenden Hauptversammlung abzustellen ist, so dass es fraglich erscheint, ob außenstehende Aktionäre dadurch regelmäßig angemessen entschädigt werden können. Wie auch *Meilicke / Heidel* ausführen, haben herrschende Gesellschaften zudem stets den Anreiz, das Verfahren hinauszuzögern, weil die nach §305 Abs. 3 S. 3 AktG vorgesehene Verzinsung eine sehr günstige Finanzierungsmöglichkeit darstellt.[249]

Für den Minderheitenschutz muss hier aus theoretischer Sicht gefolgert werden, dass dieser sowohl im Rahmen der Abfindungs- und Ausgleichsbemessung durch die Vertragsprüfer als auch im Rahmen der gerichtlichen Überprüfung im Spruchverfahren wahrscheinlich selten gewährleistet werden kann. Im Folgenden soll untersucht werden, ob diese Vorbehalte vor dem Hintergrund der gesetzlichen Vorschriften zu Spruchverfahren gerechtfertigt sind.

2.3 Ausgleichsfestsetzung und -überprüfung nach dem SpruchG

2.3.1 Informationsasymmetrie und Anreize bei Unternehmensverträgen

Da die herrschende Gesellschaft Schuldner der Entschädigungsleistungen nach §§ 304f. AktG ist, wird sie grundsätzlich immer den Anreiz haben, diese so niedrig wie möglich zu bemessen. Dieser Anreiz wird aus verschiedenen Gründen gegeben sein. Wie bereits mehrfach ausgeführt, ist die Anfechtung eines Unternehmensvertrags, der einen unangemessenen Ausgleich vorsieht, von vornherein nicht möglich (§ 304 Abs. 3 S. 2 AktG).[250] Während der Mehrheitsaktionär bislang noch befürchten musste, dass es bei einem unangemessenen Ausgleichsangebot zur Einleitung eines Spruchverfahrens kommt, ist davon seit Erlass des SpruchG wegen erhöhter Anforderungen an die Begründung seitens der Antragsteller und wegen einer geänderten Kostenregelung nicht mehr unbedingt auszugehen.[251] Etwas anderes könnte sich jedoch nach gerichtlichen Entscheidungen i.S. DAT/Altana ergeben, wenn der Börsenkurs bei Bestimmung des variablen Ausgleichs außer Acht gelassen oder nicht den Vorgaben des *BGH* entsprechend ermittelt wurde.[252] Solche Fälle dürften nunmehr grundsätzlich einen begründeten Antrag im Spruchverfahren nach sich ziehen. Falls die Antragsteller obsiegen, muss die herrschende Gesellschaft für sämtliche Kosten im Rahmen des Spruchverfahrens aufkommen.[253] Der Anreiz, die Entschädigungsleistungen zu niedrig zu bemessen, dürfte sich von daher mindern, ist jedoch nicht zwingend auszuschließen. Denn der herrschenden Gesellschaft steht immer noch das Kündigungsrecht nach §§305 Abs. 5 S. 4,

249 Vgl. Meilicke / Heidel DB 2003, 2267, 2268f.
250 Vgl. auch Hüffer AktG, § 304 AktG, Rn. 21.
251 Vgl. § 4 Abs. 2 Nr. 4 SpruchG. Zu den Anforderungen bei der Einleitung eines SpruchG siehe Abschnitt 2.3.3.1.
252 Zu den Vorgaben siehe Abschnitt 3.3.5.1.
253 Vgl. Abschnitt 2.3.3.5.

304 Abs.4 AktG zu. Sie kann also stets einen Börsenkurs zugrunde legen, der nicht – wie vom *BGH* vorgegeben – dem 3-Monatsdurchschnitt im Vorfeld der Hauptversammlung entspricht, und abwarten, ob sie damit durchkommt. Dadurch verschafft sich die herrschende Gesellschaft nicht zuletzt auch einen Zinsvorteil, weil eine Verzinsung des Ausgleichsergänzungsanspruchs von der Rechtsprechung nicht anerkannt ist. Dieser lässt sich c.p. umso mehr ausnutzen, je niedriger der angebotene Ausgleich ist.[254]

Der Anreiz, einen niedrigen Ausgleich anzubieten, ist jedoch auch aus anderen Gründen gegeben. So kann der Mehrheitsaktionär die erforderliche ¾-Mehrheit des bei Beschlussfassung auf der Hauptversammlung vertretenen Grundkapitals nach § 293 Abs. 1 S. 2, 3 AktG in der Realität häufig selbst aufbringen.[255] Damit kann er in solchen Fällen zumindest auf der Hauptversammlung schon einmal die niedrigen Entschädigungsleistungen durchzusetzen. Dies gilt mithin auch bei einem niedrigeren Stimmenanteil, weil der Mehrheitsaktionär regelmäßig private Informationen über die zu konzernierende Gesellschaft besitzen dürfte. Er ist nicht daran gehindert, verstärkt Wert senkende Informationen schnell zu veröffentlichen, positive Nachrichten hingegen zurückzuhalten.[256]

Der Mehrheitsaktionär kann ferner auch davon ausgehen, dass sich der Vorstand der zu konzernierenden Gesellschaft nicht (immer) einem zu niedrig bemessenen Ausgleichsangebot widersetzen wird. Obwohl der Vorstand einen Anreiz zur Steigerung des Shareholder Value haben sollte und darauf bedacht sein müsste, ein für die Aktionäre der zu konzernierenden Gesellschaft möglichst günstiges Umrechnungsverhältnis zu erzielen, muss man wegen umfassender personeller Konzernverflechtungen davon ausgehen, dass dies im Vorfeld des Abschlusses eines Unternehmensvertrags nicht zwangsweise der Fall ist.[257] Nicht zuletzt wird der Mehrheitsaktionär bei der Befolgung seiner Herrschaftsziele im Allgemeinen aktiv von den Wirtschaftsprüfern unterstützt[258], die die „angemessenen" Entschädigungsleistungen ermitteln sollen. Dies verwundert nicht vor dem Hintergrund, dass Wirtschaftsprüfungsgesellschaften darauf hoffen dürften, dass sie zudem (weiterhin) für die Prüfung des Konzernabschlusses bestellt werden (§ 318 Abs. 1 S. 1 HGB), sofern dies nicht schon durch Gesetz ausgeschlossen ist

---

254 Vgl. zur Verzinsung gerichtlich verfügter Nachbesserungen Abschnitt 2.2.4.7.

255 Vgl. Drukarczyk, Theorie und Politik der Finanzierung, 1993, S. 437, der empirisch nachweist, dass an den knapp 60 % der in Mehrheitsbesitz stehenden, amtlich notierten AGs ein Mehrheitsaktionär mit einem Anteil von mindestens 75 % beteiligt ist. De facto genügt jedoch auch eine geringere Beteiligung, da es lediglich auf das in der Hauptversammlung vertretene Grundkapital ankommt.

256 Vgl. Hecker Habilitation 2000, S. 102. Dieses Argument verliert jedoch vor dem Hintergrund der Ad-hoc-Publizität an Stichhaltigkeit.

257 Vgl. die Nachweise bei Hecker, a.a.O., S. 103, Fn. 65. *Hecker* zitiert eine unveröffentlichte Diplomarbeit, in der die Mehrheitsbeteiligungen im Vorfeld des Abschlusses von Unternehmensverträgen untersucht wurden. In 30 % der untersuchten Verträge befanden sich Mandatsträger, Mitarbeiter oder Kapitaleigner der herrschenden Gesellschaft vor Vertragsabschluss bereits im Vorstand der konzernierten Gesellschaft. In 84 % der Fälle waren diese Interessengruppen im Aufsichtsrat tätig.

258 Vgl. die Beispiele bei Hecker, a.a.O., S. 103f., wo deutlich wird, dass der Mehrheitsaktionär letztlich im Vergleich zum Parteigutachten der Wirtschaftsprüfer im Durchschnitt eine um 19,33 % erhöhte Abfindung angeboten hat.

(§ 319 Abs. 2 und 3 HGB), oder sonst Dienstleistungen für die Konzernobergesellschaft fortsetzen oder anbieten können.

Abzugrenzen von den zum Zwecke der Erstellung des Ausgleichs- und Abfindungsangebots bestellten Wirtschaftsprüfern sind die seit Erlass des SpruchG nach § 293c Abs. 1 S. 1 AktG zwingend gerichtlich zu bestellenden Vertragsprüfer.[259] Während die herrschende Gesellschaft vor der Verabschiedung des SpruchG bereits durch die ihr zustehende Möglichkeit, die Sachverständigen auszuwählen, maßgeblichen Einfluss auf die Bestimmung der Höhe der Entschädigungsleistungen nehmen konnte[260], hat der Gesetzgeber mit der nunmehr den Gerichten obliegenden Auswahl und Bestellung der Prüfer dafür sorgen wollen, dass eine zu große Parteinähe verhindert wird. Zudem liegt ihre Funktion, wie noch in Abschnitt 2.3.3.3 auszuführen sein wird, nicht mehr nur in der Prüfung des Unternehmensvertrags und in der Erstellung des Prüfungsberichts nach §§ 293b, e AktG. Vielmehr bezweckt der Gesetzgeber ausdrücklich, die Rolle der Prüfer so zu stärken, dass diese nunmehr zu gerichtlichen Sachverständigen bestellt werden können (§ 8 Abs. 2 SpruchG). Natürlich haben sie jedoch auch einen Anreiz, nicht zu sehr von ihren im Rahmen der Vertragsprüfung dargelegten Befunden abzurücken. Dies wird in der Begründung zum Gesetzentwurf auch ausdrücklich angemerkt.[261] Somit stellt sich nur die Frage, inwiefern sie bereits im Vorfeld des Spruchverfahrens Anreizen unterliegen, die von der herrschenden Gesellschaft bzw. von deren Wirtschaftsprüfern festgelegten Entschädigungsleistungen als zu hoch oder zu niedrig anzusehen. Wegen der nun nicht mehr durch Gesetz ermöglichten Parteinähe dürften die Prüfer nicht mehr in dem Maße (niedrige) Entschädigungsleistungen ohne jegliche Vorbehalte absegnen.[262] Gleichwohl sei angemerkt, dass – wie auch *Wenger et al.* ausführen – gerichtlich bestellte Wirtschaftsprüfer prinzipiell vergleichbaren Anreizen ausgesetzt sein dürften wie zuvor eingesetzte Parteigutachter. Dies wird sowohl mit dem identischen Personenkreis und dessen Abhängigkeit von großen Wirtschaftsunternehmen, als auch mit der Solidarität des Berufsstandes begründet.[263]

Die einzige von dem Unternehmensvertrag betroffene Partei, die immer an einer Erhöhung von Ausgleich und Abfindung interessiert ist, sind die außenstehenden Aktionäre der konzernierten Gesellschaft. Diese werden jedoch letztlich nur vor die Wahl zwischen Ausgleich und Abfindung gestellt – selbst ihr Stimmrecht in der Hauptversammlung dürfte, wie schon mehrfach ausgeführt, regelmäßig keine Rolle spielen. Auch ist davon auszugehen, dass sie „lediglich" über öffentliche Informationen verfügen. Das Aktiengesetz gesteht ihnen im Vorfeld der Einleitung eines Spruchverfahrens nur eine

259 Vgl. Hüffer AktG, § 293c AktG, Rn. 1.
260 So bereits Emmerich et al., Konzernrecht, 2001, S. 339.
261 Vgl. RegBegr. BT-Drucks. 15/371, S. 15.
262 Diese „Gefahr" war ehemals v.a. deshalb gegeben, da, wie bereits oben angemerkt, herrschende Gesellschaften häufig höhere als von den Wirtschaftsprüfern festgelegte Entschädigungsleistungen anbieten. Dies dürfte die (von den Gesellschaften auserwählten) Vertragsprüfer dazu veranlasst haben, diese in jedem Fall für angemessen zu befinden, unabhängig davon, ob Ausgleich und Abfindung in keinem Verhältnis zu einer angemessenen Entschädigung stehen.
263 Vgl. Wenger et al. in: Gahlen et al., Schriftenreihe des wirtschaftswissenschaftlichen Seminars Ottobeuren, Bd. 26, Finanzmärkte, Tübingen 1997, S. 108.

Kopie der Jahresabschlüsse, des Unternehmensvertrags, des Vorstands- sowie des Prüfungsberichts zu (§ 293f Abs. 2 AktG). Einen Anspruch auf detaillierte Informationen zur Bewertung des Unternehmens haben sie erst nach Einleitung eines Spruchverfahrens.[264] Gleichwohl fordert § 4 Abs. 2 Nr. 4 SpruchG konkrete Einwendungen gegen den Unternehmenswert, der als Grundlage für die Ausgleichsberechnung ermittelt worden ist, andernfalls kann der Antrag zurückgewiesen werden. In diesem Fall haben die antragstellenden Aktionäre auch für ihre eigenen außergerichtlichen Kosten aufzukommen.[265]

Abschließend wird damit deutlich: Die herrschende Gesellschaft hat – von der Rechtsprechung weitgehend gebilligt – einen begründeten Anreiz, Ausgleich und Abfindung niedrig zu bemessen. Ihr steht ein Kündigungsrecht zu, auch ein Zinsvorteil kommt ihr stets zugute. Zudem kann die herrschende Gesellschaft davon ausgehen, dass sich Wirtschafts- und Vertragsprüfer sowie der Vorstand der konzernierten Gesellschaft nicht unbedingt ihren Vorstellungen widersetzen werden, um die Entschädigungsleistungen möglichst niedrig zu bemessen. Nicht zuletzt muss wegen geänderter Vorschriften bezüglich der Kosten und der Antragsbegründung nicht (mehr) auf jeden Fall mit der Einleitung eines Spruchverfahrens gerechnet werden. Vor dem Hintergrund dieser theoretischen Überlegungen ist es interessant zu erfahren, warum das Spruchverfahren dennoch große praktische Bedeutung hat.

2.3.2 Historische Entwicklung und Bedeutung des SpruchG

Das Spruchverfahren wurde 1965 im Zuge der Aktienrechtsreform in das Aktiengesetz eingeführt. Während es zunächst eher selten kritisiert wurde[266], wurden in den 90er Jahren zunehmend Verfahrensmängel beanstandet, die sich vorwiegend auf die Verfahrensdauer und auf den misslichen Umstand bezogen, dass sich die Verfahrensregeln auf mehrere Gesetze verteilten.[267] Aus richterlicher Sicht wurde moniert, dass die Schwierigkeiten in der Bearbeitung von Spruchverfahren in der komplexen Materie selbst sowie in der hohen Anzahl der Beteiligten begründet liegen.[268] So kam es im Jahr 2000

---

264 Zur Kritik daran siehe Abschnitt 2.3.4. Und selbst dann können bewertungsrelevante Informationen zurückgehalten werden, wenn Geheimhaltungserfordernisse dies gebieten, vgl. § 7 Abs. 7 S. 2 SpruchG.

265 Vgl. Abschnitt 2.3.3.5.

266 Vgl. Beyerle BB 1978, 784, 784ff., sowie Beyerle ZGR 1977, 650, 650ff.

267 Bei Wenger et al. ZBB 2001, 316, 328ff. wird deutlich, dass Spruchverfahren nicht selten über 10 Jahre dauern können. Einer Studie der Deutschen Bank zufolge, deren Ergebnisse in der Börsen-Zeitung dargestellt wurden, hat das Spruchverfahren bei Squeeze-outs eine durchschnittliche Dauer von „lediglich" 16 Monaten, vgl. Bassewitz / Krüger BZ 2005, S. 17. Als Ursache für die Dauer werden die Geltung des Amtsermittlungsgrundsatzes, die Dauer des Beweisaufnahmeverfahrens und das fehlende Kostenrisiko der Antragsteller genannt, vgl. Lamb / Schluck-Amend DB 2003, 1259, 1259 m.w.N. Meilicke / Heidel DB 2003, 2267, 2268 führen zudem die bereits erwähnte günstige Finanzierungsmöglichkeit als Ursache langwieriger Verfahren an.

268 Vgl. Puszkajler ZIP 2003, 518, 518f.

zum Beginn einer Reformdebatte, die in der Verabschiedung des Gesetzes zur Neuordnung des gesellschaftsrechtlichen Spruchverfahrens im Juni 2003 ihr (vorläufiges) Ende fand.[269] Durch verbesserte Verfahrensstrukturen sollte dadurch ein gestrafftes und erheblich verkürztes Gerichtsverfahren ermöglicht werden. Zudem sollte der Versuch unternommen werden, die flächendeckende Neubewertung abzuschaffen und den gerichtlich bestellten Vertragsprüfer an die Stelle des unabhängigen Sachverständigen treten zu lassen.[270] Die nach dem 1. September 2003 eingeleiteten Verfahren sind seitdem den Vorschriften des SpruchG unterworfen.[271]

Das Spruchverfahren unterliegt der Verfahrensordnung der Freiwilligen Gerichtsbarkeit (§ 17 Abs. 1 SpruchG), wobei jedoch die eingehenden Regelungen der §§ 2ff. SpruchG wenig Raum für die Anwendbarkeit des Gesetzes über die Freiwillige Gerichtsbarkeit lassen. Der Amtsermittlungsgrundsatz des § 12 FGG, wonach das Gericht von Amts wegen unabhängig vom Vortrag der Parteien die zur Feststellung der Tatsachen erforderlichen Ermittlungen selbst durchzuführen und die Beweise aufzunehmen hat, wird insbesondere durch die nach § 9 SpruchG vorgesehenen Verfahrensförderungsobliegenheiten relativiert.[272] Das Spruchverfahren hat große praktische Bedeutung, die sich formal daraus ergibt, dass es neben der Bestimmung angemessener Entschädigungsleistungen bei Unternehmensverträgen auch für die Bestimmung von Abfindungen in den Fällen der Eingliederung (§ 320b AktG), der Umwandlung von Rechtsträgern nach dem UmwG sowie des Squeeze-out (§§ 327a – f AktG) Anwendung findet.[273] Spruchverfahren werden häufig auch infolge der verhaltensökonomisch erklärbaren Anreizstruktur des Verfahrens beantragt. So ist eine Schlechterstellung der außenstehenden Aktionäre durch das Spruchverfahren ausgeschlossen (Verbot der reformatio in peius).[274] Zudem ist eine Beschwerde über unzureichende Informationsversorgung seitens des Vorstands nur über das Spruchverfahren möglich.[275] Ferner können Aktionäre darauf hoffen, außergerichtliche Zahlungen angeboten zu bekommen, bei deren Annahme sie sich im Gegenzug zur Rücknahme des Antrags verpflichten („Auskaufen").[276] Nicht zuletzt führt die auch aus Gründen des Minderheitenschutzes kritisierba-

---

269 Zur historischen Entwicklung der Regulierung des Spruchverfahrens siehe Neye Spruchverfahrensrecht 2003, S. 13ff, sowie Volhard in Kropff / Semler Münchener Komm AktG 2004, vor § 1 SpruchG, Rn. 1 – 3.
270 Vgl. RegBegr. BT-Drucks. 15/371, S. 11ff.
271 Vgl. § 17 Abs. 2 S. 2 SpruchG.
272 Vgl. Bungert / Mennicke BB 2003, 2021, 2023.
273 Zudem findet das Spruchverfahren analog Anwendung in Fällen des Delisting und bei Informationsstreitigkeiten, vgl. Volhard in Kropff / Semler Münchener Komm AktG 2004, § 1 SpruchG, Rn. 4, sowie Hüffer AktG, § 305 Anhang, § 1 SpruchG, Rn. 7.
274 Vgl. BayObLG AG 1996a, 127, 127, sowie Volhard in Kropff / Semler Münchener Komm AktG 2004, § 11 SpruchG, Rn. 1. Anders hingegen bei Konkurs der herrschenden Gesellschaft während des Verfahrens.
275 Vgl. dazu noch die folgenden Ausführungen in Abschnitt 2.3.4, sowie die Erläuterungen in Abschnitt 2.1.3.3.
276 Dies kann ferner Schadensersatzansprüche aller anderen außenstehenden Aktionäre begründen, vgl. BayObLG AG 1973, 280, 281f., sowie Martens AG 1988, 118, 124ff. Ähnlich auch zusammenfassend *Diekgräf*, der insoweit auf den Gleichbehandlungsgrundsatz nach § 53a AktG abstellt, vgl. Diekgräf Dissertation 1990, S. 337,. Obergrenze ist ihm zufolge der „an-

re Kündigungsoption nach §§ 305 Abs. 5 S. 4, 304 Abs. 4 AktG dazu, dass herrschende Gesellschaften einen Anreiz haben, systematisch zu niedrige Entschädigungsleistungen anzubieten, weil sie hoffen können, dass es gar nicht zur Einleitung eines Spruchverfahrens kommt, oder dass die Höhen von Ausgleich und Abfindung auch vor Gericht Bestand haben. Offensichtlich zu niedrige Entschädigungsleistungen dürften jedoch c.p. häufig zu begründeten Anträgen seitens der außenstehenden Aktionäre führen.[277]

Im Folgenden soll ein Einblick in die wesentlichen Grundzüge des Spruchverfahrens nach dem SpruchG bei Unternehmensverträgen gegeben werden. Dabei werden gleichzeitig die gegenüber § 306 AktG a.f. erfolgten relevanten Änderungen aufgezeigt.

2.3.3 Gesetzliche Vorgaben und Änderungen gegenüber § 306 AktG a.F.

2.3.3.1 Antrag, Antragsgegner und Antragsberechtigte

Antragsberechtigt ist jeder außenstehende Aktionär, der im Zeitpunkt eines Antrags auf Überprüfung der Angemessenheit von Abfindung und Ausgleich Anteilsinhaber ist und dies durch Vorlage von Urkunden vor Gericht beweisen kann (§ 3 Nr. 1 i.V.m. § 1 Nr. 1 SpruchG).[278] Damit können sowohl solche Aktionäre einen Antrag stellen, die nur eine einzige Aktie besitzen, als auch solche, die bei der Beschlussfassung auf der Hauptversammlung nach § 293 Abs. 1 AktG für den Vertrag gestimmt haben.[279] Der Antrag ist bei dem Landgericht zu stellen, in dessen Bezirk die konzernierte Gesellschaft ihren Sitz hat (§ 2 Abs. 1 S. 1 SpruchG).[280] Antragsgegner ist nach § 5 SpruchG in den Fällen des Unternehmensvertrags immer der andere Vertragsteil und somit die herrschende Gesellschaft bzw. in mehrstufigen Konzernen die Spitzengesellschaft.

Nach § 4 Abs. 1 SpruchG ist der Antrag innerhalb von 3 Monaten nach dem Tag einzureichen, an dem das Bestehen des Unternehmensvertrags oder seine Änderung nach § 295 Abs. 2 AktG im Handelsregister nach § 10 HGB als bekannt gemacht gilt.[281] Innerhalb dieser Frist ist der Antrag ausführlich zu begründen (§ 4 Abs. 2 SpruchG),

---

gemessene" Nachteilsausgleich. So auch OLG Düsseldorf DB 1992, 1034, 1035ff., das anmerkt, dass ein Aktionär rechtsmissbräuchlich handle, wenn er ein Spruchverfahren mit der Absicht einleitet, sich auskaufen zu lassen. Das Auskaufen hat für die herrschende Gesellschaft jedoch an Reiz verloren, da nunmehr der gemeinsame Vertreter das Verfahren allein weiterführen kann, vgl. Abschnitt 2.3.3.2. Ebenso auch Büchel NZG 2003, 793, 796.

277 Vgl. Jung Dissertation 1999, S. 48ff.

278 Durch die Beschränkung auf den Urkundennachweis sollen langwierige Beweisaufnahmen zur Frage der Antragsberechtigung von vornherein vermieden werden, vgl. RegBegr. BT-Drucks. 15/371, S. 13.

279 Vgl. Hüffer AktG, § 305 Anhang, § 1 SpruchG, Rn. 2.

280 Kritisch dazu: Deutscher Anwaltverein NZG 2002, 119, S. 120, der angeregt hatte, dass es wegen der Komplexität der Fragestellungen angebracht sei, die Eingangszuständigkeit auf die Oberlandesgerichte zu verlagern.

281 Die Antragsfrist wurde ggü. § 304 Abs. 4 S. 2 AktG a.F. um einen Monat verlängert. Anschlussanträge (§ 306 Abs. 3 S. 2 AktG a.F.) sind jedoch nunmehr unzulässig, wodurch sich im Ergebnis eine Zeitersparnis ergibt.

wobei insbesondere konkrete Einwendungen gegen die im Unternehmensvertrag angewandte Bewertungsmethodik zu erheben sind (§ 4 Abs. 2 Nr. 4 SpruchG). Das Erfordernis konkreter Einwendungen stellt gegenüber § 306 AktG a.F. eine Neuerung dar.
Der Begründung des Regierungsentwurfs zufolge soll damit verhindert werden, dass
zeit- und kostenintensive Verfahren ohne sachlichen Hintergrund eingeleitet werden
können.[282] Pauschale Behauptungen oder formelhafte Wendungen genügen damit
nicht.[283] Anträge, die den Mindestanforderungen nicht genügen, können seitdem zurückgewiesen werden.[284] Zudem ist eine Fristverlängerung für die Antragsbegründung
möglich, wenn dem antragstellenden Aktionär nicht rechtzeitig die für eine solche Begründung erforderlichen Informationen, wie etwa der Unternehmensvertragsbericht
nach § 293a AktG, vorliegen (§ 4 Abs. 2 Nr. 4 S. 2 SpruchG).

2.3.3.2 Der gemeinsame Vertreter

Nach § 6 Abs. 1 S. 1 SpruchG hat das zuständige Gericht den Antragsberechtigten, die
nicht selbst Antragsteller sind, einen gemeinsamen Vertreter zu bestellen, sofern ihre
Rechte nicht auf andere Weise gewahrt werden können (§ 6 Abs. 1 S. 3 SpruchG)[285]
oder kein zulässiger Antrag gestellt wurde.[286] Die Bestellung mehrerer gemeinsamer
Vertreter ist erforderlich, wenn davon ausgegangen werden muss, dass die Belange der
Antragsteller nicht durch einen einzigen gemeinsamen Vertreter wahrgenommen werden können und sowohl die Festsetzung eines angemessenen Ausgleichs als auch einer
angemessenen Abfindung beantragt worden ist (§ 6 Abs. 1 S. 2 SpruchG).

Zu den Aufgaben des gemeinsamen Vertreters gehören das Stellen von Anträgen,
die Erhebung von Beschwerden gegenüber dem Gericht (§ 12 SpruchG)[287], sowie der
Abschluss von Vergleichen für die außenstehenden Aktionäre. Insbesondere erlischt
seine Befugnis, das Verfahren zu führen, nicht, wenn die Antragsteller ihren Antrag zu-

---

282 Vgl. RegBegr. BT-Drucks. 15/371, S. 13.
283 Vgl. Hüffer AktG, § 305 Anhang, § 4 SpruchG, Rn. 8. Dies ist auch vor dem Hintergrund,
     dass zuweilen Anträge ohne jegliche stichhaltige Gründe eingereicht wurden, wünschens-
     wert. So wollte der Antragsteller i.S. Rieter Ingolstadt Spinnereimaschinenbau AG sämtliche
     offensichtlich betriebsnotwendigen Gebäude (Produktionsstätten etc.) des Antragsgegners als
     nicht betriebsnotwendig berücksichtigt wissen, vgl. BayObLG AG 2002a, 388, 389.
284 Zur Kritik daran siehe Meilicke / Heidel DB 2003, 2267, 2269f., sowie Puszkajler ZIP 2003,
     518, 520.
285 Damit ist – entgegen der Regelung nach § 306 AktG a.F. – auch bei Anträgen auf gleichzei-
     tige Festsetzung eines angemessenen Ausgleichs und einer angemessenen Abfindung grund-
     sätzlich nur ein gemeinsamer Vertreter zu bestimmen.
286 Vgl. Wasmann WM 2004, 819, 824.
287 Seine Befugnis zur Beschwerdeerhebung ist zwar umstritten, jedoch nicht gänzlich ausge-
     schlossen. Verneinend etwa BayObLG AG 1991, 356, 356f., Hans. OLG Hamburg AG 1980,
     163, 163, und Hans. OLG Hamburg AG 2001, 479, 479. Bejahend hingegen OLG Karlsruhe
     AG 1995, 139, 139, sowie Volhard in Kropff / Semler Münchener Komm AktG 2004, § 12
     SpruchG, Rn. 6. Nach *Hüffer* hat der gemeinsame Vertreter diese Befugnis, wenn er das Ver-
     fahren nach der Antragsrücknahme weitergeführt hat, vgl. Hüffer AktG, § 305 Anhang, § 12
     SpruchG, Rn. 3. Nach Büchel NZG 2003, 793, 797 kann er insbesondere eine lückenhafte
     Antragsbegründung ausgleichen.

rückgenommen haben; vielmehr kann er das Verfahren wie ein Antragsteller weiterführen. Dadurch soll ein Auskaufen der außenstehenden Aktionäre seitens der herrschenden Gesellschaft verhindert werden.[288] Der gemeinsame Vertreter handelt bei der Wahrung der Aktionärsinteressen nach pflichtgemäßem Ermessen; er ist weder an Weisungen gebunden noch auskunfts- oder rechenschaftspflichtig. Gleichwohl ist er bei schuldhafter Verletzung seiner Pflichten den außenstehenden Aktionären schadensersatzpflichtig.[289] Zudem unterliegt er – wie auch alle anderen beteiligten Parteien – der Verfahrensförderungspflicht nach § 9 SpruchG.

2.3.3.3 Ablauf des Verfahrens

Den Kernpunkt der Neuregelung des Spruchverfahrens stellt § 7 SpruchG mit den Bestimmungen zur Vorbereitung der mündlichen Verhandlung dar. Nach § 7 Abs. 1 SpruchG leitet das Gericht dem Antragsgegner (herrschende Gesellschaft) und dem gemeinsamen Vertreter zunächst die Anträge der Antragsteller zu. Zugleich fordert das Gericht die herrschende Gesellschaft dazu auf, innerhalb einer vom Gericht festgelegten Frist[290] zwischen 1 und 3 Monaten auf die Anträge zu erwidern und auf die Höhe von Abfindung und Ausgleich einzugehen (§ 7 Abs. 2 SpruchG).[291] Ferner ist die herrschende Gesellschaft dazu verpflichtet, den Unternehmensvertragsbericht nach §293a AktG sowie den Prüfungsbericht nach § 293e AktG bei Gericht einzureichen. Auch den Antragstellern oder dem gemeinsamen Vertreter ist auf Verlangen des Gerichts eine Abschrift dieser Unterlagen zu übermitteln (§ 7 Abs. 3 SpruchG). Die von der Regierungskommission „Corporate Governance" vorgeschlagene, nun gesetzlich zwingende Bestellung der Vertragsprüfer durch das zuständige Gericht (§ 293c Abs. 1 S. 1 AktG) dient damit nicht nur der Stärkung der Akzeptanz der Prüfungsergebnisse durch die außenstehenden Aktionäre.[292] Sie bezweckt auch eine Erhöhung des Beweiswerts des Berichts im Rahmen des Spruchverfahrens. Damit „besteht begründete Aussicht, dass zusätzliche Begutachtungsaufträge an Sachverständige [...] sich im Regelfall gezielt auf die Klärung verbliebener Streitpunkte beschränken können."[293] Dies dürfte vor dem Hintergrund, dass sich bereits nach bisheriger Rechtsprechung eine kritiklose Übernahme des Gutachtens der sachverständigen Prüfer verbietet, seine Gedankengänge nach-

---

288 Vgl. RegBegr. BT-Drucks. 15/371, S. 14. Zu Sonderzahlungen an außenstehende Aktionäre siehe Diekgräf Dissertation 1990, S. 286ff.

289 Vgl. Volhard in Kropff / Semler Münchener Komm AktG 2004, § 6 SpruchG, Rn. 14f.

290 Die im SpruchG vorgeschriebenen Fristen sind aus Gründen der Verfahrensförderungspflicht (§ 9 SpruchG) von den beteiligten Parteien einzuhalten. Eine Verletzung dieser Pflicht zieht die Nichtbeachtung der verspätet hervorgebrachten Umstände nach sich, vgl. RegBegr. BT-Drucks. 15/371, S. 16, sowie § 10 SpruchG.

291 Nach § 306 AktG a.F. war lediglich eine Anhörung der herrschenden Gesellschaft vorgesehen. Die Neuregelung dient einer deutlicheren Strukturierung und damit einer Beschleunigung des gesamten Verfahrens. Kritisch zum Fristbeginn Bungert / Mennicke BB 2003, 2021, 2027.

292 Vgl. Baums, Bericht der Regierungskommission Corporate Governance 2001, S. 188, Rn. 170.

293 RegBegr. BT-Drucks. 15/371, S. 14. Kritisch insoweit Büchel NZG 2003, 793, 801.

zuvollziehen und die gezogenen Schlüsse auf ihre Tragfähigkeit und Überzeugungskraft gerichtlich zu überprüfen sind[294], ein erhebliches Potential zur Verkürzung des Verfahrens bieten.

Nach § 7 Abs. 4 SpruchG wird die Stellungnahme der herrschenden Gesellschaft den Antragstellern und dem gemeinsamen Vertreter zugeleitet, gegen die sie Einwendungen innerhalb einer weiteren gerichtlich bestimmten Frist zwischen 1 und 3 Monaten schriftlich erbringen können.[295] Das Gericht kann weitere Maßnahmen veranlassen sowie zusätzliche Fristen setzen (§ 7 Abs. 5 SpruchG), sofern es dies für geboten hält, um das Verfahren zu fördern.[296] Zudem ist das Gericht befugt, bereits vor der mündlichen Verhandlung die Beweisaufnahme durch Sachverständige anzuordnen oder schriftliche Stellungnahmen sachverständiger Prüfer einzuholen (§ 7 Abs. 6 SpruchG). Schließlich ist die herrschende Gesellschaft auf Wunsch der Antragsteller zur Vorlage sonstiger entscheidungsrelevanter Unterlagen verpflichtet, sofern deren Geheimhaltung zur Wahrung der Unternehmensinteressen nicht als erforderlich erachtet werden muss (§7 Abs. 7 SpruchG). Beispielhaft werden in der Regierungsbegründung interne Bewertungsgutachten einschließlich vorbereitender Arbeitspapiere der beauftragten Wirtschaftsprüfer genannt.[297]

Zur mündlichen Verhandlung haben die Unternehmensvertragsprüfer persönlich zu erscheinen, sofern ihre Anhörung nicht als entbehrlich erachtet wird (§ 8 Abs. 2 SpruchG). Der Gesetzgeber verspricht sich davon, dass Beweisfragen für einen Gerichtsgutachter verständlicher formuliert werden können. Zu diesem Zweck sind den Prüfern die Anträge der Antragsteller, die darauf erfolgte Erwiderung der herrschenden Gesellschaft sowie die erhobenen Einwendungen nach § 7 Abs. 4 SpruchG mitzuteilen (§ 8 Abs. 2 S. 2 SpruchG). Auch die verbindlich gewordene mündliche Verhandlung selbst soll der zeitlichen Straffung des Spruchverfahrens dienen. Nach Auffassung des Gesetzgebers ist dies effektiver als der Austausch von Schriftsätzen im Vorfeld der Entscheidung.[298]

Hüffer zufolge sind die damit verbundenen Hoffnungen auf eine schnellstmögliche Aufklärung des Sachverhalts überzogen, da der Prüfer weder ein gerichtlich bestellter Sachverständiger, noch in der Regel ein sachverständiger Zeuge sein kann. Seine Bekundungen könnten nur zur Formulierung des Beweisthemas dienen.[299] Der Gesetzge-

---

294 Vgl. OLG Karlsruhe AG 1998a, 96, 96.

295 *Hüffer* hält die Regelung nach § 7 Abs. 4 SpruchG für nur teilweise gelungen. Er spricht sich für die Zulässigkeit eines Beweisbeschlusses, und eben nicht nur für dessen Aufnahme im Vorfeld der mündlichen Verhandlung aus, vgl. Hüffer AktG, § 305 Anhang, § 7 SpruchG, Rn. 8.

296 Kritisch dazu Bungert / Mennicke BB 2003, 2021, 2027, die die Vorgaben aus § 7 Abs. 5 SpruchG für zu ungenau halten.

297 Vgl. RegBegr. BT-Drucks. 15/371, S. 15.

298 Vgl. ebenda, S. 15. Kritisch dazu Hüffer AktG, § 305 Anhang, § 8 SpruchG, Rn. 2, sowie Büchel NZG 2003, 793, 798, die die Meinung vertreten, dass eine möglichst frühe mündliche Verhandlung (so § 8 Abs. 1 S. 2 SpruchG) nicht mit einer zeitlichen Straffung in Einklang zu bringen sei.

299 Vgl. Hüffer AktG, § 305 Anhang, § 8 SpruchG, Rn. 4. Kritisch auch Puszkajler ZIP 2003, 518, 520f., Meilicke / Heidel DB 2003, 2267, 2272, Büchel NZG 2003, 793, 804, Emmerich

ber hat es jedoch nicht ausschließen wollen, dass der Prüfer auch zum Sachverständigen bestellt werden kann, auch wenn er einräumt, dass der Prüfer dann ggf. seine eigens für den Prüfungsbericht angefertigte Bewertung des Unternehmens selbst zu korrigieren habe.[300] In der Praxis ist die Bestellung des Prüfers zum Sachverständigen gleichwohl nicht unüblich.[301]

Nach Anhörung sämtlicher Verfahrensbeteiligter und Prüfung der von den Parteien vorgebrachten Einwendungen sowie der vorgelegten Unterlagen trifft das Gericht schließlich seine Entscheidung.

2.3.3.4 Beschluss und Wirkung

Die rechtskräftige Entscheidung des Gerichts ist mit Gründen zu versehen, den Beteiligten zuzustellen (§ 11 Abs. 1, 3 SpruchG) und vom Vorstand der konzernierten Gesellschaft im elektronischen Bundesanzeiger bekannt zu machen (§ 14 Nr. 1 SpruchG).[302] Sie wirkt für und gegen alle, einschließlich bereits abgefundener Aktionäre (inter omnes-Wirkung nach § 13 S. 2 SpruchG). Denjenigen Aktionären, die bereits vorher abgefunden wurden und aus der Gesellschaft ausgeschieden sind, steht damit per Gesetz ein Abfindungsergänzungsanspruch zu.[303] Ferner setzt das Gericht in seiner Entscheidung im Falle von Gewinnabführungs- und Beherrschungsverträgen die Höhe der jeweils zu leistenden Ausgleichs- und Abfindungszahlungen fest. Dies führt dazu, dass dem ausgleichsberechtigten Aktionär für jedes Jahr der abgelaufenen Vertragsdauer eine Nachzahlung in Höhe der Differenz zwischen dem gerichtlich festgesetzten und dem vertraglich bestimmten Ausgleich zu zahlen ist.[304] Für künftige Jahre hat die Zahlung des gerichtlich erhöhten Ausgleichs zu erfolgen. Zudem wird die Verzinsung der Abfindung und des Abfindungsergänzungsanspruchs nach § 305 Abs. 3 S.3 AktG bestimmt, wobei ggf. auch eine Regelung über die Anrechnung bereits erhaltener Ausgleichszahlungen zu treffen ist.[305]

/ Habersack, Konzernrecht, 2005, S. 332, sowie Lamb / Schluck-Amend DB 2003, 1259, 1262.

300 Vgl. RegBegr. BT-Drucks. 15/371, S. 15.

301 Vgl. Lamb / Schluck-Amend DB 2003, 1259, 1261.

302 Vgl. Hüffer AktG, § 305 Anhang, § 14 SpruchG, Rn. 2.

303 Dies stellt zwar eine gesetzlich verankerte Neuerung dar, entspricht jedoch der früher herrschenden Meinung, vgl. BayObLG AG 1996a, 127, 130, LG Nürnberg / Fürth AG 2000, 89, 91, OLG Düsseldorf AG 1990a, 397, 401f., Heidenhain / Meister, Münchener Vertragshandbuch Gesellschaftsrecht Bd. 1, S.1184, sowie bereits Emmerich et al., Konzernrecht, 2001, S. 346f. Ein Abfindungsergänzungsanspruch ist aus Minderheitenschutzgründen zwingend erforderlich, da die herrschende Gesellschaft andernfalls aus einer bewusst unangemessen niedrigen Abfindung erhebliche Vorteile ziehen könnte. Eine andere Frage besteht hingegen darin, wem der Abfindungsergänzungsanspruch zusteht, wenn die Aktien während des Spruchverfahrens weiterveräußert wurden. Nach *Hecker* hat derjenige die Rechte aus der gerichtlichen Entscheidung, der bei Beendigung des Verfahrens Eigentümer der Aktien ist, vgl. Hecker Habilitation 2000, S. 375.

304 Der Ausgleichsergänzungsanspruch ist jedoch – wie in Abschnitt 2.2.4.7 ausgeführt – nach bisheriger Rechtsprechung nicht zu verzinsen.

305 Vgl. Volhard in Kropff / Semler Münchener Komm AktG 2004, § 11 SpruchG, Rn. 3.

Unzulässige Anträge werden verworfen, unbegründete Anträge werden zurückgewiesen. Zulässige und begründete Anträge, die nicht schon vorher in ihrer Gesamtheit zurückgezogen wurden, sind nach dem SpruchG in Anlehnung an die Streitbeilegung nach der ZPO möglichst durch gütliche Einigung in der mündlichen Verhandlung zu beenden.[306] Damit wird die frühere Ungleichbehandlung gerichtlicher und außergerichtlicher Vergleiche beseitigt.[307] Ein zwischen den Parteien geschlossener gerichtlicher Vergleich ist entsprechend der Regelung der §§ 160 Abs. 3 Nr. 1, 162 ZPO zu protokollieren (§ 11 Abs. 2 S. 2 SpruchG) und den Beteiligten zuzustellen (§ 11 Abs. 3 SpruchG), sofern nicht ein schriftlicher Vergleichsvorschlag seitens des Gerichts nach § 11 Abs. 4 SpruchG erfolgt. Der Vergleich ist Vollstreckungstitel (§ 11 Abs. 2 S. 3 SpruchG).[308]

Analog § 278 Abs. 6 ZPO kann ein Vergleich somit auch auf der Grundlage eines schriftlichen Vorschlags des Gerichts geschlossen werden, bei dessen Annahme seitens der Parteien das Gericht das Zustandekommen des Vergleichs und seinen Inhalt durch Beschluss feststellt (§ 11 Abs. 4 S. 1, 2 SpruchG). Dadurch werden die mündliche Verhandlung und die Teilnahme der Beteiligten daran überflüssig.[309] Der Beschluss ist allen Beteiligten nach § 11 Abs. 4 S. 4 SpruchG zuzustellen.

Anders als im Fall des Ausgleichs, wo nach herrschender Meinung das Spruchverfahren bei Beendigung des Unternehmensvertrags fortzuführen ist[310], bestand lange Zeit Uneinigkeit darüber, wie dies bei der Bestimmung der angemessenen Abfindung beurteilt werden müsse. So hat das *OLG Zweibrücken* entschieden, dass das Spruchverfahren selbst sein Ende findet, soweit es sich auf die Festsetzung einer angemessenen Abfindung bezieht. Das Gericht räumte zwar ein, dass dies die Möglichkeit zu strategischen Verhaltensweisen eröffne, hält dies jedoch vor dem Hintergrund des Kündigungsrechts nach §§ 305 Abs. 5 S. 4, 304 Abs. 4 AktG für vertretbar.[311] Nach einer Divergenzvorlage des *OLG Düsseldorf* i.S. Guano hat der *BGH* im Jahr 1997 entschieden, dass ein durch Auflösung, Aufhebung, Kündigung, Eingliederung oder Verschmelzung beendeter Unternehmensvertrag nicht zur Beendigung des Spruchverfahrens selbst führt und bis zu einer gerichtlichen Entscheidung, einem Vergleich oder der Antragsrücknahme aller Beteiligten weiter geführt werden müsse.[312]

---

306 Entgegen der nach § 278 Abs. 1 bis 5 ZPO erforderlichen Güteverhandlung ist hier jedoch keine solche erforderlich.

307 Vgl. Hüffer AktG, § 305 Anhang, § 11 SpruchG, Rn. 5. Der außergerichtliche Vergleich war zuvor bereits mit dem Ziel der Verfahrensbeendigung durch Antragsrücknahme möglich (§ 306 Abs. 7 S. 4 AktG a.F.), vgl. dazu ausführlich Diekgräf Dissertation 1990, S. 276ff.

308 *Hüffer* zufolge hat der Vergleich jedoch in der Regel keinen vollstreckbaren Inhalt, sondern nur feststellende Bedeutung, vgl. Hüffer AktG, § 305 Anhang, § 11 SpruchG, Rn. 6. Auch *Volhard* verweist zur Geltendmachung der Ansprüche auf die Leistungsklage, vgl. Volhard in Kropff / Semler Münchener Komm AktG 2004, § 11 SpruchG, Rn. 8.

309 Vgl. Hüffer AktG, § 305 Anhang, § 11 SpruchG, Rn. 8.

310 Vgl. die Nachweise bei Hecker Habilitation 2000, S. 297.

311 Vgl. OLG Zweibrücken AG 1994, 563, 563f.

312 Vgl. BGH ZIP 1997, 1193, 1193ff.

Nach § 12 SpruchG haben die von der gerichtlichen Entscheidung betroffenen Parteien das Recht zur sofortigen Beschwerde[313] (vgl. § 20 Abs. 1 FGG), wozu es eines anwaltlich unterzeichneten Schriftsatzes bedarf (§ 12 Abs. 1 S. 2 SpruchG). Über die sofortige Beschwerde entscheidet das OLG. In der Beschwerdeinstanz sind neuer Tatsachenvortrag sowie neue Beweisführung möglich (vgl. § 23 FGG).[314] Abgesehen von der Divergenzvorlage nach § 12 Abs. 2 S. 2 SpruchG i.V.m. § 28 Abs. 2 FGG entscheidet das OLG abschließend und rechtskräftig, sofern das OLG die Beschwerde nicht an das Landgericht zurückverweist. Nach *Volhard* ist in diesem Fall auch eine Schlechterstellung (reformatio in peius) der Beschwerdeführer möglich.[315]

2.3.3.5 Kosten des Verfahrens

Das SpruchG hat auch die vielseits kritisierte Kostenregelung von Spruchverfahren neu gestaltet. Für die Ermittlung der angefallenen Kosten ist grundsätzlich das Gesetz über die Kosten in Angelegenheiten der freiwilligen Gerichtsbarkeit (KostO) maßgeblich, sofern in § 15 SpruchG nichts anderes bestimmt ist (§ 15 Abs. 1 S. 1 SpruchG).

Die Höhe der Gerichtskosten wird durch den Geschäftswert bestimmt, der von Amts wegen festgesetzt wird und zwischen 200.000 und 7,5 Mio. € zu liegen hat (§ 15 Abs. 1 S. 2 SpruchG).[316] Sofern ein Vergleich geschlossen oder der Antrag zurückgenommen wird, d.h. das Verfahren ohne Entscheidung zur Hauptsache endet, wird die volle Gebühr einmalig erhoben (§ 15 Abs. 1 S. 5 SpruchG). Kommt es hingegen zu einer gerichtlichen Entscheidung in der Hauptsache, erhöht sich diese um das Vierfache (§ 15 Abs. 1 S. 6 SpruchG). Entsprechendes gilt für die Kostenfestsetzung im Rahmen des Beschwerdeverfahrens (§ 15 Abs. 1 S. 7 SpruchG).[317]

Schuldner der angefallenen gerichtlichen Kosten ist grundsätzlich ausschließlich der Antragsgegner und damit die herrschende Gesellschaft. Etwas anderes kann sich daraus ergeben, dass die Kostenbelastung der Antragsteller der Billigkeit entspricht (§ 15 Abs.2 S. 1 SpruchG). Dies dürfte jedoch nur ausnahmsweise der Fall sein, etwa bei eindeutig verspäteter Antragstellung[318] oder bei missbräuchlicher Verfahrenseinleitung.[319]

---

313 Eine sofortige Beschwerde hat nach § 22 Abs. 1 S. 1 FGG innerhalb von 2 Wochen zu erfolgen.

314 Vgl. Volhard in Kropff / Semler Münchener Komm AktG 2004, § 12 SpruchG, Rn. 10.

315 Vgl. ebenda, § 12 SpruchG, Rn. 11.

316 Nach gängiger Praxis besteht der Geschäftswert aus der Differenz zwischen unternehmensvertraglich angebotenen und gemäß gerichtlicher Entscheidung angemessenen Entschädigungen je Aktie multipliziert mit der Gesamtzahl der bei Ablauf der Antragsfrist vorhandenen Aktien, vgl. OLG Stuttgart AG 2001, 314, 314f. m.w.N. Damit sind die Kosten abhängig vom Verfahrenserfolg.

317 Die vorgesehene Vervierfachung der Gebühren bei gerichtlichen Entscheidungen soll einer befürchteten Verringerung des Gebührenaufkommens durch die wertmäßige Begrenzung des Geschäftswerts vorbeugen. Zuvor war das Doppelte, nicht das Vierfache gesetzlich vorgesehen, vgl. Hüffer AktG, § 305 Anhang, § 15 SpruchG, Rn. 2.

318 Vgl. OLG Düsseldorf AG 1996, 88, 88, sowie LG Dortmund AG 1995, 468.

319 Vgl. Volhard in Kropff / Semler Münchener Komm AktG 2004, § 15 SpruchG, Rn. 9, sowie OLG Karlsruhe AG 1998b, 288, 289. Ist dem Antragsteller die Unzulässigkeit des Antrags

Nach § 15 Abs. 3 SpruchG hat die herrschende Gesellschaft ferner nunmehr Vorschüsse für die Auslagen zu leisten, wodurch die früher gängige Praxis, die Begutachtung durch Nichtleistung von Vorschüssen zu blockieren, ausgeschaltet werden soll. Denn nach §15 Abs. 3 S. 2 AktG findet § 8 KostO keine Anwendung mehr. Zu den Auslagen gehört insbesondere die Entschädigung von Sachverständigen für die Erstattung ihrer Gutachten[320] sowie der Ersatz von Auslagen der gemeinsamen Vertreter und deren Vergütung (§ 15 Abs. 3 S. 1 i.V.m. § 6 Abs. 2 S. 1, 4 SpruchG).

Entgegen der Regelung, dass die herrschende Gesellschaft für die gerichtlichen Kosten und die Entlohnung der gemeinsamen Vertreter aufzukommen hat, sieht das SpruchG vor, dass die Antragsteller ihre eigenen außergerichtlichen[321] Kosten nunmehr selbst zu tragen haben, wenn sie nicht obsiegen. Damit soll das Einreichen mutwilliger oder übereilter Anträge vermieden werden.[322] Von dieser Regelung kann abgewichen werden, wenn es der Billigkeit entspricht, die außergerichtlichen Kosten, die zur Erledigung der Angelegenheit notwendig waren, ganz oder teilweise[323] der herrschenden Gesellschaft in Rechnung zu stellen (§ 15 Abs. 4 SpruchG). Nach herrschender Meinung wird es als der Billigkeit entsprechend angesehen, wenn der Antrag auf Bestimmung angemessener Entschädigungsleistungen (erheblichen) Erfolg hat.[324] Die außergerichtlichen Kosten sind im Fall des Obsiegens daher bei einer allenfalls geringfügigen Erhöhung der Kompensationsleistungen im Rahmen der gerichtlichen Entscheidung den Antragstellern in Rechnung zu stellen. Dies kann ferner für die außergerichtlichen Kosten der herrschenden Gesellschaft gelten, sofern der Antrag rechtsmissbräuchlich gestellt wurde.[325]

2.3.4 Ergebnis

Das Spruchverfahren hat durch Erlass des SpruchG gegenüber § 306 AktG a.F. zahlreiche Änderungen erfahren. Die vom Gesetzgeber beabsichtigte Straffung des Verfahrens soll durch mehrere Vorschriften gewährleistet werden. So wurde das Recht zur Stellung

---

wegen komplexer gesellschaftsrechtlicher Fragestellungen nicht vorzuwerfen, bleibt es hingegen bei der Kostenlast des Antragsgegners, vgl. BayObLG AG 2004, 99, 99f.

320 Vgl. Volhard in Kropff / Semler Münchener Komm AktG 2004, § 15 SpruchG, Rn. 11.

321 Unter die außergerichtlichen Kosten fallen hauptsächlich die Kosten der anwaltlichen Tätigkeit sowie die sonstigen zur Rechtsverfolgung notwendigen Kosten einschließlich der Reisekosten, vgl. ebenda, § 15 SpruchG, Rn. 15.

322 Vgl. RegBegr. BT-Drucks. 15/371, S. 17. Dies geht zurück auf die Regierungskommission Corporate Governance, vgl. Baums, Bericht der Regierungskommission Corporate Governance 2001, S. 191, Rn. 175.

323 Eine Aufteilung der angefallenen außergerichtlichen Kosten zwischen den Parteien schließt der Gesetzgeber nicht aus, vgl. RegBegr. BT-Drucks. 15/371, S. 18.

324 Kritisch zum Erfordernis der Erheblichkeit Bungert / Mennicke BB 2003, 2021, 2030. Eine erhebliche Erhöhung ist nach der Begründung des Referentenentwurfs eine solche von mindestens 15 %, vgl. Neye Spruchverfahrensrecht 2003, S. 148.

325 Vgl. Hüffer AktG, § 305 Anhang, § 15 SpruchG, Rn. 6, sowie Volhard in Kropff / Semler Münchener Komm AktG 2004, § 15 SpruchG, Rn. 13f. Kritisch zur Kostenregelung Puszkajler ZIP 2003, 518, 521f.

von Anschlussanträgen abgeschafft, und es wurden Fristen für Anträge und das Erheben von Einwendungen in das Gesetz eingeführt. Eine Stärkung der Stellung der sachverständigen Prüfer, die nunmehr vom Gericht ausgewählt und bestellt werden, führt dazu, dass sich zusätzliche Begutachtungsaufträge vorwiegend auf die Klärung verbleibender Einzelfragen beschränken können. Damit wird zwar eine Bewertung (oftmals beider Unternehmen) nicht mehr zwingend erforderlich sein.[326] Gleichwohl muss bezweifelt werden, dass die Prüfer für eine erneute, neutrale Begutachtung immer grundsätzlich geeignet sind.

Eine weitere, grundsätzlich zu begrüßende Neuerung stellt das Erfordernis konkreter Rügen bei der Antragstellung dar. Dies dürfte außenstehende Aktionäre vom Stellen unbegründeter Anträge abhalten. Jedoch ist wiederum ungewiss, ob bei den außenstehenden Aktionären solche Fachkenntnisse tatsächlich vorausgesetzt werden können, die eine Beurteilung zulassen, ob Abfindung und Ausgleich angemessen sind. Dies gilt umso mehr, als sie letztlich Informationen nur auf der Hauptversammlung und durch den Unternehmensvertrags-, den Prüfungsbericht und die Jahresabschlüsse erhalten.[327] Wie bereits in Abschnitt 2.1.3.3 gezeigt wurde, werden sich die Erläuterungen des Vorstands in der Hauptversammlung vorwiegend mit denen des Vertragsberichts decken. Der Prüfungsbericht dürfte keinen neuen Informationswert haben, da er in aller Regel formelhaft die Angemessenheit der Entschädigungsleistungen attestiert, ohne Probleme oder mögliche Kritikpunkte aufzuwerfen oder Alternativberechnungen aufzuzeigen.[328] Ausschlaggebend wird in diesem Zusammenhang sein, inwiefern der Vorstand bereit (und in der Lage) sein wird, konkret auf Bewertungsfragen in der Hauptversammlung einzugehen. Ist das nicht der Fall, so bleibt zu hoffen, dass die Gerichte Anträge zulassen werden, in denen i.S.d. § 243 Abs. 4 S. 2 AktG unrichtige, unvollständige oder unzureichende Auskünfte zu Bewertungsfragen gerügt werden.[329] Denn solche Auskünfte stellen nach der Neufassung des AktG durch das UMAG i.d.R. keine Anfechtungsgründe dar und können nur im Rahmen eines Spruchverfahrens beanstandet werden.[330]

Der Minderheitenschutz könnte in diesem Zusammenhang durch erhöhte Anforderungen an die Prüfungsberichte gestärkt werden, so dass den außenstehenden Aktionä-

---

326 Vgl. Land / Hennings AG 2005, 380, 382, denen zufolge die vollständige Neubewertung eines Unternehmens im Rahmen eines Spruchverfahrens keine Seltenheit war.

327 Auch Lamb / Schluck-Amend DB 2003, 1259, 1263 sehen die ausreichende Informationsversorgung zum Zweck der Einleitung eines Spruchverfahrens als nicht gegeben an. Anders hingegen Land / Hennings AG 2005, 380, 382.

328 Vgl. dazu bereits Puszkajler ZIP 2003, 518, 521. Insoweit kritisch auch Hecker Habilitation 2000, S.107. Bei *Hecker* wird auch ersichtlich, dass die Ausführungen in Bewertungsgutachten die Reinvestitionsraten betreffend i.d.R. lückenhaft und rein verbaler Natur sind und sich daher nicht beurteilen lässt, ob die zugrunde gelegten Annahmen plausibel sind, vgl. ebenda, S. 132.

329 Auf die Möglichkeit der selbständigen Auskunftsklage nach § 132 AktG sei hier nicht eingegangen, da einem „durchschnittlichen" Aktionär wohl kaum eine entsprechende Sachkenntnis unterstellt werden kann.

330 Vgl. die Diskussion in Abschnitt 2.1.3.3 über § 243 Abs. 4 S. 2 AktG-RefE. Ein Anfechtungsgrund liegt demnach nur bei Totalverweigerung von Informationen die Bewertung des Unternehmens oder die Bestimmung von Entschädigungsleistungen betreffend vor.

ren denkbare Anhaltspunkte für eine Unangemessenheit der Leistungen nach §§304f. AktG vorgegeben werden können.[331] Auch dürfte dies die Akzeptanz der Prüfungsergebnisse weiter erhöhen.

Positiv hervorzuheben ist wiederum, dass das SpruchG die Förderpflicht der verfahrensbeteiligten Parteien deutlich macht und den Amtsermittlungsgrundsatz insoweit zurückdrängt, sowie insbesondere durch die Möglichkeit der Vorgabe von Fristen für eine zügige Beendigung des Verfahrens sorgt. Die beteiligten Parteien sind wegen dieser Verfahrensförderungspflicht dazu angehalten, das Verfahren sorgfältig und zeitig voranzubringen, andernfalls ihr Vorbringen zurückgewiesen werden kann.

Zudem hat der Gesetzgeber mit der neuen Kostenregelung sichergestellt, dass die Antragsteller für die Kosten aufzukommen haben, wenn Spruchverfahren rechtsmissbräuchlich oder verspätet beantragt werden. Es ist anzunehmen, dass Spruchverfahren auch von daher verstärkt nur in begründeten Fällen eingeleitet werden.

Als entscheidendes Ergebnis ist festzuhalten, dass der Erlass des SpruchG zwar den Weg dafür geebnet hat, Spruchverfahren zeitlich zu straffen und kostengünstiger durchzuführen. Dennoch muss man feststellen, dass der Minderheitenschutz vielleicht geschwächt worden ist, weil man nicht generell davon ausgehen kann, dass die Aktionäre umfassend informiert und dadurch in der Lage sind, eine Unangemessenheit von Abfindung und Ausgleich geltend machen zu können.[332] Das Ausmaß dieser Schwächung wird davon abhängig sein, wie stark sich die Gerichte an den gesetzlichen Vorgaben orientieren werden.[333] Eine Stärkung der Informationsversorgung, insbesondere im Rahmen der Prüfungsberichte, könnte einer Minderung des Schutzes entgegenwirken. Daher ist es wünschenswert, dass den Antragstellern das Recht nach §7 Abs. 7 SpruchG, sonstige entscheidungsrelevante Unterlagen von der herrschenden Gesellschaft einzufordern, bereits während der Antragsfrist von 3 Monaten gewährt wird. Wie auch bereits *Meilicke / Heidel* anmerken, können Antragsteller nur bei Kenntnis dieser Unterlagen substantiierte Bewertungsrügen erheben.[334]

---

331 Anders hingegen Büchel NZG 2003, 793, 796. Ihm zufolge sind die Antragsteller „fast immer die gleichen" professionellen Anleger, von denen auch erwartet und verlangt werden könne, dass sie den Anforderungen an eine Begründung der Antragstellung gerecht werden.

332 Nach Wasmann / Gayk BB 2005, 955, 957 ist für Spruchverfahren, die vor Verabschiedung des IDW ES 1 n.F. am 9.12.2004 begonnen haben und auch danach noch weitergeführt wurden letztlich von einer Zurückweisung der Anträge auszugehen, da der IDW ES 1 n.F. tendenziell zu niedrigeren Unternehmenswerten und damit Entschädigungsleistungen führen dürfte.

333 Das OLG Düsseldorf hat in dieser Hinsicht bereits i.S. Krupp Stahl / Hoesch-Krupp eine Orientierung vorgegeben. Demnach besteht kein Anspruch der Aktionäre auf Einsicht der vom Sachverständigen verwendeten Unterlagen, es sei denn, das Gericht hält die Vorlage dieser für erforderlich. Der Vertragsbericht soll lediglich eine Plausibilitätskontrolle, nicht hingegen eine Nachvollziehbarkeit der Berechnungen ermöglichen, vgl. OLG Düsseldorf AG 2004, 212, 214. Ähnlich zuvor LG Frankfurt am Main (1995), S. 187. Demnach haben die Aktionäre keinen Anspruch auf vollständige Mitteilung sämtlicher Tatsachen, auf denen das Sachverständigengutachten beruhe.

334 Vgl. Meilicke / Heidel DB 2003, 2267, 2271.

3. Unternehmensbewertung und Ausgleich

Seit der DAT/Altana-Entscheidung des *BVerfG* ist in manchen Fällen die Entschädigungsbemessung anhand des Börsenkurses zwingend vorgeschrieben. Hingegen war und ist weiterhin in der Praxis das Ertragswertverfahren weit verbreitet.[335] Die Frage stellt sich daher, ob die Entschädigungsbemessung anhand des Börsenkurses einer Bemessung anhand der Ertragswertmethode überlegen sein kann. Zu diesem Zweck werden zunächst die in Literatur und Rechtsprechung verwendeten unterschiedlichen Wertbegriffe erläutert, sodann das Ertragswertverfahren dargestellt und überprüft und schließlich die maßgeblichen, für oder wider eine Relevanz von Börsenkursen sprechenden Faktoren diskutiert.

3.1 Begriffsklärungen

3.1.1 Der Verkehrswert

Der Verkehrswert einer Aktie wird definiert als der für einen beliebigen Dritten relevante Anteilspreis. Er wird durch den im gewöhnlichen Geschäftsbetrieb erzielbaren Veräußerungserlös bestimmt.[336] Damit entspricht er dem Preis, den ein Aktionär bei freier Deinvestitionsentscheidung erhalten würde, wobei auch hier von einer Bandbreite von Werten (insbesondere für Großaktionäre wegen der Paketzuschläge) ausgegangen werden muss.[337] Das *BVerfG* hat in seinem Urteil vom 27.4.1999 i.S. DAT/Altana betont, dass der Vermögensverlust durch einen Unternehmensvertrag dem Verlust des Verkehrswerts der Aktie entspreche, der bei börsengehandelten Anteilen mit dem Börsenkurs der Aktie regelmäßig identisch sei.[338] Diese Vorstellung des *BVerfG* fußt auf der Annahme, dass die Börse alle öffentlich verfügbaren Informationen zutreffend einpreist und sich Angebot und Nachfrage an der Einschätzung durch den Markt orientieren. Von herausragender Bedeutung ist jedoch in diesem Zusammenhang, ob und ggf. inwiefern eine im Einzelfall angemessene Entschädigung den Verkehrswert (und damit die mini-

---

335 Das Ertragswertverfahren ist weiterhin in solchen Fällen anzuwenden, in denen ein fester Ausgleich bestimmt werden muss (vgl. Abschnitt 2.2.1.1), keine Börsennotierung vorliegt, oder der Börsenkurs wegen mangelnder Liquidität, manipulativen Eingriffen oder sonstigen Verzerrungen nicht als Wertindikator verwendet werden kann.

336 Vgl. OLG Düsseldorf BB 2000b, 1905, 1906, sowie für den Verkehrswert eines ganzen Unternehmens: BGH WM 1984, 1506, 1506.

337 Vgl. Piltz ZGR 2001, 185, 193.

338 Vgl. BVerfG ZIP 1999, 1436, 1441. Zur Diskussion des DAT/Altana Beschlusses s. Henze in FS Lutter 2000, 1101, 1102f. sowie Busse von Colbe in FS Lutter 2000, 1053, 1057ff. Zum Börsenkurs s. eingehend Abschnitt 3.3.

male Entschädigung) zu übertreffen hat.[339] Diese Frage ist auch deshalb von Relevanz, da der durch eine freie Deinvestitionsentscheidung erlangte finanzielle Vorteil nicht zwingend eine wertmäßige Alternative zum Ausgleich sein muss.[340] Auch sind Marktunvollkommenheiten (mangelnde Informationseffizienz, Illiquidität) Faktoren, die dazu führen können, dass der Verkehrswert nicht immer zwingend dem Börsenkurs entsprechen muss. Inwiefern die unter der Fiktion des Nicht-Bestehens des Unternehmensvertrags dem Aktionär zufließenden finanziellen Vorteile größer sind als die durch die unternehmensvertragliche Änderung der rechtlichen Stellung beeinflussten Leistungen, ist gerade Gegenstand der Bestimmung eines angemessenen Ausgleichs.

3.1.2 Der „wahre, innere Wert"

Abzugrenzen vom Verkehrswert ist der „wahre, innere", „zweckadäquate" oder „adressatengerechte" Wert. Dieser wird regelmäßig durch das Ertragswertverfahren unter der going concern-Prämisse (Unternehmensfortführung) bestimmt (§ 252 Abs. 1 Nr. 2 HGB). *Den* angemessenen Wert gibt es immer nur für eine bestimmte Person, die sich durch eigene Präferenzen und Wertvorstellungen von anderen unterscheidet:[341] einen objektiven, wahren Wert, der wegen rein ökonomischer Gesichtspunkte für jeden (Ver-)Käufer direkt grenzpreisrelevant ist, kann es nicht geben.[342] Vielmehr ergibt sich aus den subjektiven Wertvorstellungen eine Bandbreite von Werten, die abhängig vom Bewertungsanlass ist. Gleichwohl wird unter dem wahren Wert eines Unternehmens allgemein der Preis verstanden, „der bei einem Verkauf des Unternehmens als Einheit erzielt würde."[343] Der Anteilswert errechnet sich dann als der Teil, der gemäß der Beteiligung eines Anteilsinhabers quotal diesem zusteht.[344]

Trotz der Abgrenzung zum Verkehrswert wird in der Literatur (zu Recht) die Meinung vertreten, das eigenständige Konzept des wahren Wertes sei abzulehnen, da es nur auf den Verkehrswert, der gerade der Wert sei, der durch das Ertragswertverfahren ermittelt und an der Börse gebildet werde, ankomme.[345]

339 Auch das BVerfG hält eine Überschreitung für verfassungsrechtlich unbedenklich, vgl. BVerfG ZIP 1999, 1436, 1441.
340 Vgl. zum Verhältnis von Abfindung und Ausgleich Abschnitt 2.2.4.
341 Vgl. dazu ausführlicher Weber / Wüstemann, Ergebnispapier zum Symposium vom 29.1.2004, Sonderforschungsbereich 504, No. 04-25, Universität Mannheim, S. 4ff.
342 Vgl. Piltz ZGR 2001, 185, 192.
343 BGH WM 1984, 1506, 1506.
344 Vgl. Hüttemann ZGR 2001, 454, 467.
345 Vgl. Piltz ZGR 2001, 185, 193f., Luttermann ZIP 2001, 869, 871, Aha AG 1997, 26, 28 sowie Ullrich Dissertation 2002/2003, S.107f. m.w.N. In diesem Sinn wohl auch Schultze, Methoden der Unternehmensbewertung, 2003, S. 474.

3.1.3 Der Börsenkurs

Wiederum abzugrenzen vom „wahren, inneren Wert" sind bei börsengehandelten Anteilen die an der Börse durch zentralisiertes matching von Kauf- und Verkaufsaufträgen gebildeten Börsenpreise (vgl. § 24 Abs. 1 BörsG), die die aggregierten Erwartungen aller Marktteilnehmer widerspiegeln.[346] Börsenpreise liquider Aktien werden im variablen Handel fortlaufend festgestellt. Bei weniger liquiden Aktien hingegen werden die Preise mittags in einer Auktion ermittelt.[347] Der Preis, zu dem die Aufträge gematcht werden, entspricht somit dem Wert, den die handelnden Parteien der Aktie im Kaufzeitpunkt beimessen. In der Finanzierungstheorie hängt der Preis P einer Aktie i von den erwarteten, mit dem Zins r_i auf den heutigen Zeitpunkt t_0 abgezinsten zukünftigen stochastischen Überschüssen (Dividenden D_t, Sonderausschüttungen einschließlich Liquidationserlös S_t) ab. Die diesbezüglichen Erwartungen werden maßgeblich von öffentlich verfügbaren Informationen beeinflusst. Daher schlagen sich neue Informationen, wie etwa Ad-hoc Mitteilungen nach § 15 WpHG, in der Regel in einer Veränderung des Preises nieder.[348]

$$
P_i = \sum_{t=1}^{n} \frac{\tilde{D}_t + \tilde{S}_t}{(1 + E(\tilde{r}_i))^t} + \frac{\tilde{P}_n}{(1 + E(\tilde{r}_i))^n} \ .
\tag{1}
$$

Der im Verkaufszeitpunkt n realisierte, aus heutiger Sicht ungewisse Preis (P_n) lässt sich wiederum durch einen weiteren, in der Zukunft liegenden Ertragsstrom abbilden, so dass der Wert einer Aktie vereinfachend dargestellt werden kann als:[349]

$$
P_i = \sum_{t=1}^{\infty} \frac{\tilde{D}_t + \tilde{S}_t}{(1 + E(\tilde{r}_i))^t} = \sum_{t=1}^{\infty} \frac{\tilde{U}_t}{(1 + E(\tilde{r}_i))^t}
\tag{2}
$$

mit:

$\tilde{U}_t$ = stochastische, zukünftige Überschüsse.

Der Abzinsungsfaktor $E(\tilde{r}_i)$ spiegelt das erwartete Risiko der Anlage in der Aktie i des Unternehmens wider. Er wird in der neoklassischen Kapitalmarkttheorie aus dem

---

346 Vgl. Weber ZGR 2004, 280, 282.
347 Vgl. dazu http://www.deutsche-boerse.de, Zugriff am 10.10.2004.
348 Hier wird die mittelstarke Informationseffizienz unterstellt. Mehr dazu unter Abschnitt 3.3.4.1.
349 Vgl. Steinhauer AG 1999, 299, 303.

Capital Asset Pricing Model (CAPM) gewonnen. Nach dem auf der Portfoliotheorie basierenden CAPM kann im Gleichgewicht unter der Annahme eines informationseffizienten, friktionslosen Kapitalmarkts eine Aktienrendite erwartet werden, die sich aus dem risikolosen Zinssatz sowie einer Risikoprämie ergibt. Die Risikoprämie wiederum ist das Produkt aus dem erwarteten, nicht diversifizierbaren oder systematischen Risiko der Aktie (β_i) sowie dem Marktpreis des Risikos (gemessen als Differenz aus der erwarteten Rendite eines Marktportfolios $E(r_m)$ und der risikolosen Anlage r_f).[350] Im unternehmensindividuellen β_i kommt die Volatilität der Aktienrendite im Vergleich zu der des Marktportfolios zum Ausdruck. Betafaktoren werden überwiegend unter Verwendung historischer Kursdaten mit Hilfe von Regressionsanalysen gewonnen.[351]
Damit ergibt sich:

$$E(\tilde{r}_i) = r_f + [E(\tilde{r}_m) - r_f] * \beta_i \tag{3}$$

mit

$$\beta_i = \frac{COV_{im}}{\sigma_m^2}, \tag{4}$$

wobei COV_{im} die Kovarianz der Aktien- mit der Marktrendite und σ_m^2 die Varianz der Marktrendite darstellt.
Somit ergibt sich aus den Gleichungen (2) und (3):

$$P_i = \sum_{t=1}^{\infty} \frac{\tilde{Ü}_t}{(1 + (r_f + [E(\tilde{r}_m) - r_f] * \frac{COV_{im}}{\sigma_m^2}))^t}. \tag{5}$$

Trotz der Modellkritik hieran[352], die sich insbesondere auf die Annahme eines vollkommenen Kapitalmarkts, homogene Erwartungen, die Notwendigkeit der Verwendung historischer Parameter sowie die Existenz eines risikolosen Zinssatzes r_f, zu dem beliebig viel Kapital angelegt und aufgenommen werden kann, bezieht, gilt das CAPM als das bekannteste Modell zur Erklärung von Rendite-Risikozusammenhängen. Insbesondere wird seine grundsätzliche Eignung für die Unternehmensbewertung[353] sowie zur

350 Vgl. Weber ZGR 2004, 280, 283.
351 Vgl. erst kürzlich Stehle WP 2004, 906, 906ff.
352 Vgl. dazu und zu den Annahmen etwa Perridon / Steiner, Finanzwirtschaft der Unternehmung, 2004, S. 276ff., Stehle WP 2004, 906, 908, 912, Peemöller et al. BB 2005, 90, 92, Hecker Habilitation 2000, S.169ff., sowie Ballwieser Unternehmensbewertung 2004, S. 93ff.
353 Vgl. die Nachweise bei Stehle WP 2004, 906, 913, Rn. 32. Ebenso Peemöller et al. BB 2005, 90, 92.

Erklärung der Eigenkapitalkosten nicht angezweifelt.[354] Zudem haben verschiedene Variationen des CAPM, auf die hier jedoch nicht weiter eingegangen werden soll, dazu beigetragen, die angeführten Kritikpunkte teilweise zu umgehen.[355]

Der sich durch Ausgleich von Angebot und Nachfrage theoretisch einstellende Gleichgewichtskurs entspricht dem soeben erläuterten wahren Wert der Aktie. Wegen Arbitragegeschäften könnte sich aus theoretischer Sicht der Kurs gar nicht von diesem wahren Wert entfernen.[356] Dass dies jedoch nur in einer auf vereinfachenden Annahmen basierenden, idealisierten und friktionslosen Welt gelten kann, hat grundlegende Diskussionen um die Verwendung und Relevanz von Börsenkursen im Rahmen der Unternehmensbewertung entfacht. Zwar hat es die Rechtsprechung stets abgelehnt, eine bestimmte Bewertungsmethode als rechtlich geboten einzustufen und andere Methoden für unzulässig zu erachten.[357] Gleichwohl wurde die Ertragswertmethode bislang bevorzugt.

3.2 Das Ertragswertverfahren

Das Ertragswertverfahren ist die in der Praxis am häufigsten verwendete Unternehmensbewertungsmethode.[358] Für die Bestimmung angemessener Ausgleichs- und Abfindungshöhen wurde es bis zur DAT/Altana-Entscheidung des *BVerfG* im April 1999 fast ausschließlich[359], und seitdem in Fällen, in denen nicht auf einen Börsenkurs zurückgegriffen werden kann[360], überwiegend angewendet. Das Ertragswertverfahren gewährleistet auch nach der *BVerfG*-Entscheidung weiterhin eine Schutzfunktion zugunsten der außenstehenden Aktionäre: sofern der Börsenwert hinter dem Ertragswert zurückbleibt, ist weiterhin auf letzteren abzustellen.[361]

Seit 1983 hat das Institut der Wirtschaftsprüfer (IDW), das mit seinen Prüfungsstandards, Richtlinien und Stellungnahmen ein einheitliches Vorgehen der Berufsangehörigen bezweckt, drei wesentliche Standards publiziert, die für die jeweilige Zeitperiode Grundlage der Unternehmensbewertung in Deutschland wurden. Es sind dies die

---

354 Vgl. dazu die Nachweise bei Gebhardt / Daske WP 2005, 649, 649, Fn. 4.

355 Vgl. dazu Stehle WP 2004, 906, 914, sowie insbesondere Perridon / Steiner, Finanzwirtschaft der Unternehmung, 2004, S. 282ff.

356 Vgl. Weber ZGR 2004, 280, 282.

357 Vgl. BayObLG AG 1999, 43, 44, LG Frankfurt AG 1996, 187, 188, i.S. Ilseder Hütte AG: OLG Celle DB 1979, 1031, 1031, sowie Rodloff DB 1999, 1149, 1149.

358 Vgl. Hüffer AktG, § 305 AktG, Rn. 19, sowie etwa Forst AG 1994, 321, 322 oder Seetzen WM 1994, 45, 46.

359 Auch andere Verfahren sind, wie bereits angemerkt, nicht grundsätzlich ausgeschlossen. Vgl. etwa BayObLG AG 1995, 509, 509.

360 Dies ist bei nicht börsennotierten Gesellschaften sowie in solchen Fällen denkbar, in denen der Kurs manipuliert wurde oder etwa einer Marktenge unterlag. Zudem ist in Fällen des festen Ausgleichs grundsätzlich die Ertragswertmethode anzuwenden, wobei jedoch – wie bereits angemerkt – in der Praxis häufig die Abfindung verrentet wird.

361 Vgl. Hüffer AktG, § 305 AktG, Rn. 20d.

Stellungnahme HFA 2/1983[362], der IDW S 1[363] vom 28.6.2000, sowie der IDW ES 1 n.F.[364] vom 9.12.2004.

Wie die Discounted Cash Flow-Verfahren beruht auch die Ertragswertmethode auf dem Kapitalwertkalkül bei unterstellter unendlicher Unternehmensfortführung (going concern-Prämisse). Dabei werden zukünftige, den Unternehmenseignern zufließende finanzielle Überschüsse mit einem risikoadäquaten Kapitalisierungszinssatz auf den Bewertungsstichtag diskontiert.[365]

Zur Sicherstellung angemessener Entschädigungsleistungen nach § 304 f. AktG bedarf es insbesondere der Klärung, unter welchen Annahmen die Überschüsse und die Zinsfusskomponente zu berechnen und welche Faktoren sinnvollerweise zum Bewertungsstichtag einzubeziehen sind. Bevor das Ertragswertverfahren nach den drei Standards des IDW mit ihren jeweiligen Änderungen vorgestellt wird[366], sei im Folgenden kurz das Stichtagsprinzip erläutert, das auch weiterhin im Rahmen des IDW ES 1 n.F. anzuwenden ist.[367]

3.2.1 Stichtagsprinzip und Wurzeltheorie

Der Verlust der Vermögens- und Herrschaftsrechte der außenstehenden Aktionäre tritt nach Auffassung des *BGH* in dem Zeitpunkt ein, in dem der Unternehmensvertrag durch die Hauptversammlung nach § 293 Abs. 1 S. 1 AktG genehmigt worden ist.[368] Daher ist nach § 305 Abs. 3 S. 2 AktG bei der Berechnung der Abfindung auf die Verhältnisse der Gesellschaft im Zeitpunkt der Beschlussfassung ihrer Hauptversammlung abzustellen.[369] Dabei sind Entwicklungen, die erst später eintreten, aber schon in den

---

362 Vgl. IdW HFA 2/1983 WP 1983, 468, 468ff.

363 Vgl. IDW S1 WP 2000, 825, 825ff.

364 Vgl. IDW ES 1 n.F. WP 2005, 28, 28ff.

365 Alternativ dazu kann auch die Risikoabschlagsmethode angewendet werden, bei der Sicherheitsäquivalente ermittelt werden müssen. Voraussetzung dafür ist jedoch die Kenntnis einer Risikonutzenfunktion, weshalb diese Methode in der Praxis regelmäßig nicht verwendet wird. Vgl. dazu ausführlicher Ballwieser Unternehmensbewertung 2004, S. 66ff.

366 Die Notwendigkeit einer Darstellung des überholten HFA 2/1983 ist darin zu sehen, dass in der empirischen Studie in Abschnitt 4.2 auf Daten der letzten 20 Jahre zurückgegriffen werden wird. Die in den 80er und 90er Jahren zum Zwecke der Bestimmung angemessener Abfindungs- und Ausgleichszahlungen erfolgten Unternehmensbewertungen wurden anhand der Vorgaben dieses Standards durchgeführt.

367 Vgl. IDW ES 1 n.F. WP 2005, 28, 31, Rn. 22f.

368 Vgl. BGH AG 1998a, 286, 287. Angemessener wäre wohl, hier auf den Zeitpunkt der Eintragung im Handelsregister abzustellen, da der Vertrag erst dadurch wirksam wird. Jedoch kann dieser Tag aus praktiklen Gesichtspunkten nicht gewählt werden, da andernfalls nicht in der Hauptversammlung über das Abfindungs- und Ausgleichsangebot abgestimmt werden könnte. Vergleichbare Schwierigkeiten ergeben sich jedoch auch bei Abstellung auf den Tag der Hauptversammlung. Siehe dazu die nachfolgenden Ausführungen.

369 Entsprechendes gilt für den Ausgleich, vgl. etwa Hüffer AktG, § 304 AktG, Rn. 10 m.w.N., § 305 AktG, Rn. 23 m.w.N., sowie Bilda in Kropff / Semler Münchener Komm AktG 2000, § 305 AktG, Rn. 69. Zum Erfordernis des Stichtagsprinzips bei Unternehmensbewertungen vgl. bereits HFA 2/1983: IdW HFA 2/1983 WP 1983, 468, 474. Im Fall BHF Bank AG /

am Stichtag bestehenden Verhältnissen angelegt sind, zu berücksichtigen (Wurzeltheorie).[370] Spätere, diese Voraussetzung nicht erfüllende Entwicklungen sind dagegen nicht einzubeziehen.[371] Die Entwicklung muss bereits zum Stichtag als nahe liegend erkennbar und wirtschaftlich fassbar gewesen sein. Damit soll sichergestellt werden, dass zukünftige Überschüsse in solche untergliedert werden, die den bisherigen Eigentümern zustehen, und in solche, auf die diese keinen Anspruch mehr haben und daher künftigen Eigentümern zuzuordnen sind.[372] Wie sich damit bereits abzeichnet, dürfte die Grenze im Einzelfall sehr schwierig zu ermitteln sein.

Doch nicht nur die Wurzeltheorie stellt die Prüfer vor Schwierigkeiten. Legt man die Verhältnisse am Tag der Hauptversammlung zugrunde, so können konkrete Ausgleichsangebote in der Tagesordnung noch nicht unterbreitet werden.[373] Auch ist fraglich, wie Vorstände im Unternehmensvertragsbericht nach § 293a Abs. 1 AktG Angaben bezüglich der Höhe des Ausgleichs machen und Vertragsprüfer die Angemessenheit der Leistungen nach §§ 304f. AktG in ihrem Prüfungsbericht beurteilen können (§ 293e Abs. 1 S. 1 AktG), da diese bereits bei Einberufung der Hauptversammlung in den Geschäftsräumen der beteiligten Gesellschaften auszulegen sind (§ 293f Abs. 1 Nr. 3 AktG). Nicht zuletzt muss es als weiteres Problem angesehen werden, dass dieser Stichtag auch bei der erneuten Ermittlung des Unternehmenswerts im Rahmen des Spruchverfahrens zugrunde zu legen ist.[374] Somit haben die Sachverständigen möglicherweise nach mehreren Jahren[375] die Verhältnisse im Zeitpunkt der Beschlussfassung der Hauptversammlung retrograd zu ermitteln, ohne etwa zwischenzeitlich erfolgte Preis-, Zins- und Gewinnänderungen oder die Auswirkungen gesetzlicher Neuerungen berücksichtigen zu können, sofern diese ihren Ursprung nicht in der Zeit vor Inkrafttreten des Vertrags haben.[376] Dass dies nur unter hohem zeitlichem Aufwand sowie unter zahlreichen Annahmen möglich ist, liegt auf der Hand. Zudem erscheint es fraglich, ob selbst ein unabhängiger Gutachter ganz von einer Berücksichtigung der zwischenzeitlich eingetrete-

BHF Holding GmbH wurde für den Ausgleich nicht der Tag der beschlussfassenden Hauptversammlung (15.11.2001), sondern der 31.12.2000 als Bewertungsstichtag verwendet, da der Vertrag „erstmals für den Gewinn des am 1.1.01 beginnenden Geschäftsjahres der BHF Bank AG" Gültigkeit besitze, vgl. BHF-Bank AG Unternehmensvertragsbericht 2001, S. 29.

370 Vgl. Hüffer AktG, § 304 AktG, Rn. 10, sowie etwa LG Berlin AG 2000, 284, 285.

371 Vgl. Emmerich / Habersack, Konzernrecht, 2005, S. 320. Eine Durchbrechung des Stichtagprinzips erfolgte durch den BGH in seiner Entscheidung i.S. Ytong AG vom 21.7.2003. Demnach sind bereits bei der Festsetzung des festen Ausgleichs mögliche künftige Änderungen der körperschaftsteuerlichen Ausschüttungsbelastung zu berücksichtigen, vgl. BGH AG 2003c, 627, 628.

372 Vgl. Siepe WP-Handbuch 2002, S. 25, Rn. 81.

373 Vgl. zu diesem Erfordernis Heidenhain / Meister, Münchener Vertragshandbuch Gesellschaftsrecht Bd. 1, S. 1177f., 1195, sowie Hüffer AktG, § 320 AktG, Rn. 7.

374 Vgl. Emmerich / Habersack, Konzernrecht, 2005, S. 320, sowie Hüffer AktG, § 304 AktG, Rn. 10.

375 *Piltz* berichtet von einem Fall, in dem zwischen dem Bewertungsstichtag und dem Tag der gerichtlichen Entscheidung 27 Jahre lagen, vgl. Piltz, Unternehmensbewertung in der Rechtsprechung, 1994, S. 113.

376 Vgl. Siepe WP-Handbuch 2002, S. 25, Rn. 82, sowie Hans. OLG Hamburg AG 2001, 479, 480.

nen Entwicklung absehen wird, da er c.p. einen Anreiz dazu haben dürfte, dafür zu sorgen, dass die erzielten von seinen retrograd ermittelten Ergebnissen nicht allzu sehr abweichen (sog. „hindsight bias").[377]

Der Stichtag für die Ermittlung der Überschüsse ist gleichzeitig für die Bestimmung des Kapitalisierungszinses zugrunde zu legen. Wie sich in Abschnitt 3.2.3.2.1 noch zeigen wird, kann es im Einzelfall notwendig sein, zukünftige Zinssätze zu prognostizieren, so dass zu diesem Zweck die am Bewertungsstichtag erwarteten und noch nicht verarbeiteten Zinsänderungen zu berücksichtigen sind.[378]

Im Folgenden wird zunächst das Ertragswertverfahren nach der im Jahr 1983 erlassenen Stellungnahme HFA 2/1983 beschrieben. Daran anschließend werden wesentliche Änderungen durch IDW S 1 vom 28.6.2000 sowie durch den im Jahr 2004 herausgegebenen Standard (IDW ES 1 n.F.) dargestellt und im Hinblick auf denkbare Auswirkungen auf die Höhe von Unternehmenswerten und Ausgleichszahlungen gewürdigt.

3.2.2 Ertragswertverfahren nach HFA 2/1983

3.2.2.1 Kalkulation der Überschüsse[379]

Entscheidendes und schwierigstes Erfordernis bei der Unternehmensbewertung ist die mit hoher Unsicherheit behaftete Ermittlung zukünftiger finanzieller Überschüsse.[380] Die Rechtsprechung sieht in vergangenen Ergebnissen eine einigermaßen sichere Grundlage für die Prognose zukünftiger Entwicklungen.[381] Künftige Ertragsaussichten können nur, wenn es sich um hinreichend sichere Erträge handelt, Eingang in die Bewertung finden.[382] Zur Vereinfachung werden die Ergebnisse der vergangenen 3 – 5 Jahre zugrunde gelegt, wobei die Berücksichtigung einer Gewinndynamik nicht ausgeschlossen ist.[383] Jedoch dürfen die Ergebnisse vergangener Geschäftsjahre nicht ohne

---

377 So begründet auch das OLG Düsseldorf i.S. Lippe-Weser-Zucker AG die Rechtmäßigkeit des vom Sachverständigen festgelegten (hohen) Geldentwertungsabschlags beim Ertragswertverfahren damit, dass in den drei Jahren nach dem Stichtag ein Anstieg der Teuerungsrate auf 2,8 % zu verzeichnen war, vgl. OLG Düsseldorf AG 1999b, 321, 323. Auch das LG Berlin AG 2000, 284, 286 kann sich in seiner Argumentation über die Angemessenheit der Höhe des Risikozuschlags nicht gänzlich von der zwischenzeitlich eingetretenen Ertragslage frei machen. Ähnlich argumentiert i.S. Ilseder Hütte AG auch bereits das OLG Celle DB 1979, 1031, 1032 bezüglich der Ermittlung des Basiszinssatzes.

378 Vgl. Siepe WP-Handbuch 2002, S. 26, Rn. 85.

379 Die Ausführungen in diesem Abschnitt gelten – soweit nicht anders vermerkt – ebenfalls für das Ertragswertverfahren nach IDW S 1 und IDW ES 1 n.F. Zuweilen wird explizit auf diese Standards abgestellt, da sie den zugrunde liegenden gleichen Sachverhalt detaillierter behandeln. Unterschiede bestehen vorwiegend in der Berücksichtigung persönlicher Ertragsteuern.

380 Vgl. Piltz, Unternehmensbewertung in der Rechtsprechung, 1994, S. 19.

381 Ausführlich zur Vergangenheitsanalyse: Ballwieser Unternehmensbewertung 2004, S. 16ff.

382 Vgl. OLG Düsseldorf AG 1990a, 397, 398.

383 Vgl. dazu OLG Stuttgart AG 2000, 428, 432, sowie nach HFA 2/1983: IdW HFA 2/1983 WP 1983, 468, 475.

weiteres übernommen werden.[384] Sie sind vor dem Hintergrund vergangener Markt- und Umweltentwicklungen zu analysieren.[385] Zudem bedarf es einer Eliminierung außerordentlicher Faktoren, die wesentlichen Einfluss auf die Ergebnisse hatten, mit denen jedoch nicht regelmäßig zu rechnen ist. Das IDW führt in diesem Zusammenhang insbesondere folgende Beispiele an:
- Eliminierung von Aufwendungen und Erträgen des nicht betriebsnotwendigen Vermögens
- Bereinigung zur Ermittlung eines periodengerechten Erfolgsausweises
- Bereinigung zum Ausgleich ausgeübter Bilanzierungswahlrechte.[386]

Die somit ermittelten bereinigten Vergangenheitsergebnisse werden als Indikatoren für zukünftige Ergebnisse zugrunde gelegt. Die Prognose der Überschüsse erfordert zudem die Einbeziehung sowohl unternehmensorientierter (Plan-Bilanzen, -Gewinn- und Verlust- sowie -Kapitalflussrechnungen) als auch marktorientierter Informationen (branchenspezifische Gegebenheiten und volkswirtschaftliche Faktoren). Auch können hinreichend konkrete Unternehmensplanungen berücksichtigt werden. Wert bestimmend sind nach Maßgabe des IDW nur solche finanziellen Überschüsse, „die als Nettoeinnahmen in den Verfügungsbereich der Eigentümer gelangen (Zuflussprinzip)."[387] Nach (heute) herrschender Auffassung werden unter Erträgen erwartete Zahlungsmittelzuflüsse und ersparte Zahlungsmittelabflüsse beim Eigentümer eines Unternehmens verstanden.[388] Wie bereits daraus ersichtlich wird, dient der Überschussermittlung regelmäßig nicht eine Ertrags-, sondern eine Einnahmenüberschussrechnung.[389] Dies ist darin begründet, dass erstere zu verfälschten Ergebnissen führen kann, da Aufwand und Ertrag der Verursachungsperiode zugerechnet werden, unabhängig davon, wann die zugehörigen Zahlungsströme letztlich anfallen.[390] Die Anwendung der Einnahmenüberschussrechnung erfordert nicht nur eine ergänzende Berechnung handelsrechtlicher Ertragsüberschüsse, sondern auch die Beachtung rechtlicher Restriktionen, die Ausschüttungen entgegenstehen könnten (vgl. dazu Abschnitt 2.1.4.1).[391] In der Stellungnahme

---

384 So geschehen jedoch im Fall der FFO Kreuzfahrten AG / Vermögenstreuhand und Wirtschaftsberatungs GmbH, vgl. Bundesanzeiger vom 6.12.1994, S. 11881. Als Ausgleich wurde den Aktionären das angeboten, was in den Jahren 1991-1993 durchschnittlich als Dividende gezahlt wurde.
385 Vgl. dazu Siepe WP-Handbuch 2002, S. 56, Rn. 168.
386 Vgl. IDW ES 1 n.F. WP 2005, 28, 38, Rn. 113, sowie bereits zuvor: IDW S1 WP 2000, 825, 835, Rn. 108 und IdW HFA 2/1983 WP 1983, 468, 476. Für Beispiele aus der Rechtsprechung s. Piltz, Unternehmensbewertung in der Rechtsprechung, 1994, S. 145f.
387 IDW S1 WP 2000, 825, 828, Rn. 25.
388 Vgl. dazu ausführlicher Ballwieser Unternehmensbewertung 2004, S. 12f.
389 Die Ertragsüberschussrechnung wird jedoch gleichermaßen anerkannt, bei deren Anwendung eine Finanzbedarfsrechnung erforderlich wird. Vgl. dazu IDW S1 WP 2000, 825, 829, Rn. 27. Zuvor war diese in der Praxis überwiegend angewendet worden, vgl. Hecker Habilitation 2000, S. 121.
390 Vgl. Piltz, Unternehmensbewertung in der Rechtsprechung, 1994, S. 18. Beispielhaft seien Rechnungsabgrenzungsposten genannt, namentlich etwa Mietvorauszahlungen für das nächste Jahr.
391 Vgl. IDW S1 WP 2000, 825, 829, Rn. 27.

HFA 2/1983 wurde die Thematik einer modifizierten Ertragsüberschussrechnung bereits als „Schwierigkeitskomplex I" qualifiziert.[392]

Nach der Pauschalmethode, die im Vergleich zu der in der Praxis vorherrschenden Phasenmethode[393] weniger Analyseaufwand benötigt, werden die aus der Vergangenheit ermittelten, bereinigten Ergebnisse bei unterstellter Unabhängigkeit und gleich bleibender Ertragskraft in die Zukunft fortgeschrieben.[394] Bei der Phasenmethode erfolgt die Bestimmung der finanziellen Überschüsse hingegen für unterschiedliche Zukunftsphasen.[395] Sie trägt damit der Tatsache Rechnung, dass die Prognose für ferner in der Zukunft liegende Geschäftsjahre auf eine Vielzahl von Annahmen zu stützen ist, die weitergehende Analysen und Anpassungen erforderlich macht. Die erste (Detailplanungs-) Phase beinhaltet in der Regel einen Zeitraum von 3 – 5 Jahren, für die den Prüfern zumeist detaillierte Planungsrechnungen zur Verfügung stehen.[396] Für die Überschussprognose in der zweiten Phase ist regelmäßig eine eingehende Analyse nachhaltiger möglicher Veränderungen in der Mikro- und Makroumwelt des Unternehmens, seiner Chancen, Risiken und Potentiale erforderlich. Grundsätzlich basiert sie auf langfristigen Fortschreibungen und Trendentwicklungen der Plandaten der ersten Phase. Vereinfachend kann ein jährlich mit konstanter Rate anwachsender Ertragsüberschuss in Form einer ewigen Rente unterstellt werden.[397] Wie das IDW selbst einräumt, sind wegen des damit verbundenen Ausmaßes an Unsicherheit mehrwertige Planungen, Szenarien und Ergebnisbandbreiten zu erstellen. Es bezeichnet das Prognoseproblem künftiger Überschüsse als „Schwierigkeitskomplex II."[398]

Unter Vernachlässigung jeglicher (später in den IDW Standards S 1 und ES 1 n.F. erfasster) Steuerwirkungen ergibt sich der Ertragswert aus der Phasenmethode somit wie folgt:

---

392 Vgl. IdW HFA 2/1983 WP 1983, 468, 470.

393 Vgl. dazu auch Hüffer AktG, § 305 AktG, Rn. 19, der feststellt, dass Wirtschaftsprüfung und Betriebswirtschaftslehre die Phasen- der Pauschalmethode vorziehen.

394 Kritik findet die Pauschalmethode insbesondere darin, dass vergangene Geschäftsjahre keineswegs repräsentativ für zukünftige Geschäftsjahre sein müssen.

395 Vgl. dazu ausführlicher IdW HFA 2/1983 WP 1983, 468, 471.

396 Eine verkürzte Detailplanungsphase von lediglich 1 Jahr ist jedoch auch zulässig, sofern unter Zugrundelegung eines längeren Zeitraums keine höhere Genauigkeit erwartet werden kann, insbesondere also dann, wenn keine hinreichend detaillierte Planung zur Verfügung steht, vgl. i.S. Ytong AG: BayObLG AG 2002c, 392, 393. *Piltz* spricht sich nur für eine Dauer von maximal 3 Jahren aus, vgl. Piltz, Unternehmensbewertung in der Rechtsprechung, 1994, S. 20.

397 Kritisch dazu insbesondere Hecker Habilitation 2000, S. 127f.

398 Vgl. IdW HFA 2/1983 WP 1983, 468, 470f. Für die zweite Phase wird unterstellt, dass sich die finanziellen Überschüsse ausnahmsweise gar nicht mehr (Gleichgewichtszustand) oder konstant durchschnittlich verändern, vgl. Siepe WP-Handbuch 2002, S. 67f., Rn. 201. Ballwieser Unternehmensbewertung 2004, S. 50ff. geht ausführlich auf die Mehrwertigkeitsproblematik künftiger Erträge ein.

$$EW = \sum_{t=1}^{T} \frac{\tilde{U}_{i,t}}{(1+E(\tilde{r}_i))^t} + \frac{\tilde{U}_{i,T+1}}{E(\tilde{r}_i)-w} * \frac{1}{(1+E(\tilde{r}_i))^T}$$

mit:

t   = Laufzeitindex

w   = Wachstumsabschlag

$\tilde{U}_i$ = stochastische zukünftige Überschüsse

$E(\tilde{r}_i)$ = Kapitalisierungszinssatz aus dem CAPM.

Da die Umsatzerlöse in der Regel den Hauptbestandteil der künftigen Erträge aus-machen, sind die in den Plan-Gewinn- und Verlustrechnungen angesetzten Umsatzerlö-se anhand der Umsatzplanung des Unternehmens zu beurteilen, wobei für einzelne Pro-dukte und Produktbereiche gegebenenfalls einzelne Analysen der Entwicklungstenden-zen vorzunehmen sind.[399] Saisonale und branchenspezifische konjunkturelle Entwick-lungen sind dabei zu berücksichtigen. Voraussichtlich zu erzielende Absatzmengen sind zu angemessenen Preisen und unter Abzug von Erlösschmälerungen vorsichtig zu be-werten.[400] Dem Erfordernis einer vorsichtigen Bewertung wird insbesondere mit Hilfe von Plausibilitätsüberlegungen und Sensitivitätsanalysen Rechnung getragen.[401]
Im Rahmen der Berücksichtigung künftig denkbarer Aufwendungen ist zunächst zu untersuchen, inwiefern sich die Kosten-Erlös-Relation in Zukunft ändern könnte.[402] Die Prognose des *Materialaufwands* erfordert eine Schätzung künftiger Produktionsmengen sowie der voraussichtlichen Einkaufspreise von Roh-, Hilfs- und Betriebsstoffen. Die Ermittlung des *Personalaufwands* ist am Aufwand der Vergangenheit zu orientieren, wobei Personalanpassungsmaßnahmen sowie Lohn- und Gehaltserhöhungen zu berück-sichtigen sind. Ein in diesem Zusammenhang komplexeres Gebiet stellt die Ermittlung des Pensionsaufwands dar.[403] Unter die sonstigen Aufwendungen fallen insbesondere die Zuführungen zu den Rückstellungen, für die die aus den Erfahrungen der Vergan-genheit zu erwartende tatsächliche Inanspruchnahme abzuleiten ist.[404]

---

399 Vgl. IdW HFA 2/1983 WP 1983, 468, 476.
400 Vgl. IDW S1 WP 2000, 825, 835, Rn. 111f.
401 Vgl. Siepe WP-Handbuch 2002, S. 90, Rn. 255.
402 Vgl. IdW HFA 2/1983 WP 1983, 468, 476.
403 Vgl. dazu ausführlich Siepe WP-Handbuch 2002, S. 91f., Rn. 259ff.
404 Vgl. LG Berlin AG 2000, 284, 285, sowie Forst AG 1994, 321, 322.

Die geschätzten künftigen Ergebnisse entsprechen wegen der zwingend zur Substanzerhaltung erforderlich werdenden (Re-)Investitionen nicht den Ausschüttungen an die Anteilseigner.[405] Nach HFA 2/1983 erfordert der Grundsatz der Substanzerhaltung die Einbeziehung von Abschreibungen auf Wiederbeschaffungswerte, da nur das Erfolg sei, was nachhaltig bei vollständiger Sicherung der Substanzerhaltung abgeschöpft werden könne.[406] Mit Hilfe einer Substanzerhaltungsrechnung ist sicherzustellen, dass durch geplante Ausschüttungen keine finanziellen Mittel aus dem Unternehmen fließen, die für die Wiederbeschaffung „verbrauchter" Vermögensgegenstände benötigt werden. In der ersten, näheren Phase kann demnach von den geplanten Abschreibungen ausgegangen werden; in der zweiten, ferneren Phase ist hingegen der Reinvestitionsbedarf ertragswertmindernd zu berücksichtigen.[407]

Wie *Hecker* zutreffend feststellt, sollen damit implizit sowohl der Investitionsumfang als auch die Finanzierung und die Ausschüttung festgelegt werden. Für die zukünftigen Investitionsausgaben sind demnach Eigenmittel zurückzuhalten. Eine Fremdfinanzierung kommt allenfalls vorübergehend in Betracht, wenn es zu zeitlichen Verwerfungen zwischen Investitionsauszahlungen und verrechneten Abschreibungen kommt.[408] In diesem Zusammenhang ist daher die Finanzplanung einzubeziehen und eine Zinsprognose vorzunehmen. Zudem sind Finanzierungsgrenzen im Hinblick auf das Neugeschäft zu berücksichtigen (vgl. Verschuldungsgrenze bei Kreditinstituten nach dem KWG).[409]

Während für die Bestimmung der Abfindung eine Ergänzung des Ertragswerts um den Wert des betriebsneutralen, d.h. nicht betriebsnotwendigen Vermögens vorzunehmen ist[410], ist dieses bei der Bemessung des Umrechnungsverhältnisses im Rahmen des Ausgleichs nach bisheriger Rechtslage gänzlich zu vernachlässigen. Für die Abfindung sind von den einzeln bewerteten, nicht betriebsnotwendigen Vermögensgegenständen die dazugehörigen Schulden unter Berücksichtigung der bestmöglichen Verwertung abzusetzen. Auch sind darin enthaltene latente Ertragsteuern wertmindernd in Abzug zu bringen.[411] Sofern sich aus der Bewertung ergibt, dass die Summe von Ertragswert und betriebsneutralem Vermögen bei unterstellter Unternehmensfortführung niedriger ist als der Wert, der sich ergeben würde, wenn die Gesellschaft zum Stichtag liquidiert worden wäre, ist auf diesen Wert abzustellen und ein Abschlag für die Liquidationskosten anzusetzen.[412] Als problematisch dürfte sich dabei erweisen, dass die Höhe des Liquidationswertes sowohl von der unterstellten Zerschlagungsintensität als auch vom unterstell-

---

405 Vgl. Siepe WP-Handbuch 2002, S. 88, Rn. 250.
406 Vgl. IdW HFA 2/1983 WP 1983, 468, 476. Bei Hecker Habilitation 2000, S. 128ff. wird ersichtlich, dass die Vorgehensweise der Ermittlung angemessener Abschreibungen auf Wiederbeschaffungswerte in der Praxis äußerst heterogen und intransparent, häufig hingegen auch gar nicht erfolgt.
407 Vgl. dazu ausführlich Siepe WP-Handbuch 2002, S. 92ff, Rn. 263ff.
408 Vgl. Hecker Habilitation 2000, S. 125.
409 Vgl. IdW HFA 2/1983 WP 1983, 468, 476f.
410 Vgl. für viele LG Berlin AG 2000, 284, 285.
411 Vgl. OLG Düsseldorf AG 2002, 398, 401.
412 Vgl. bereits IdW HFA 2/1983 WP 1983, 468, 473, 479, IDW ES 1 n.F. WP 2005, 28, 34, Rn. 69f., sowie BayObLG AG 1995, 509, 510.

ten Liquidationszeitraum abhängig ist und mit erheblichen Datenbeschaffungsproblemen einhergehen dürfte.[413]

Nach HFA 2/1983 – wie auch später noch nach IDW S 1 – war für die in dieser Weise ermittelten zukünftigen Überschüsse von dem Prinzip der Vollausschüttung auszugehen. Zudem schrieb HFA 2/1983 eine Unternehmensbewertung vor Berücksichtigung persönlicher Ertragsteuern vor.[414] Da nach dem damals gültigen Anrechnungsverfahren die Körperschaftsteuer auf Unternehmensebene vollständig auf die persönliche Einkommensteuer anrechenbar war und somit als Einkommensteuer-Vorauszahlung angesehen werden konnte, stellte sie grundsätzlich keinen Abzugsposten beim Ertragswert dar.[415] Sie war als Bestandteil der finanziellen Überschüsse zu qualifizieren.[416] Wertrelevant waren somit bis Erlass des IDW S 1 im Jahr 2000 nur die Grundsteuer, sowie die Verbrauch- und Verkehrsteuern, insbesondere also die Grunderwerbsteuern, die Kfz-Steuer, sowie die Gewerbeertragsteuer. „Eine Körperschaftsteuerbelastung [war] durch das Anrechnungsverfahren also grundsätzlich nur dann gegeben, wenn das betriebswirtschaftlich veranschlagte Ergebnis unter dem steuerlichen Einkommen des Anteilseigners [lag].“[417]

3.2.2.2 Diskontierung der Überschüsse

Bereits nach HFA 2/1983 konnte die Unsicherheit der künftigen finanziellen Überschüsse entweder durch einen Abschlag vom Erwartungswert der Überschüsse oder als Zuschlag zum Kapitalisierungszinssatz berücksichtigt werden. Der letzten Alternative, der Zinszuschlagsmethode, wurde vom IDW selbst der Vorrang eingeräumt, da sich diese auf empirisch beobachtetes Verhalten stützen könne.[418]

Neben der Ermittlung finanzieller Überschüsse stellt die Bestimmung eines risikoadäquaten Zinssatzes zur Diskontierung der Überschüsse eine weitere wesentliche Herausforderung im Rahmen der Unternehmensbewertung und damit der Bestimmung angemessener Entschädigungen nach §§ 304f. AktG dar. Das IDW bezeichnet das Problem der Bestimmung eines „richtigen“ Kalkulationszinsfusses als „Schwierigkeitskomplex III.“[419] Da die außenstehenden Aktionäre – wie Kapitalmarktteilnehmer im Allgemeinen – bezüglich ihrer Präferenzen und Risikoneigungen keine homogene Gruppe darstellen, Abfindung und Ausgleich jedoch für alle in gleicher Höhe bestimmt werden

---

413 Vgl. dazu die Ausführungen bei Hecker Habilitation 2000, S. 133ff.
414 Vgl. IdW HFA 2/1983 WP 1983, 468, 477. Dazu auch Hennrichs ZHR 2000, 453, 459, Fn. 29.
415 Vgl. IdW HFA 2/1983 WP 1983, 468, 477. Eine zu berücksichtigende Belastung stellte die Körperschaftsteuer hingegen insbesondere bei den nicht abzugsfähigen Ausgaben und den (zur Substanzerhaltung) notwendigen Rücklagen, für die der Thesaurierungskörperschaftsteuersatz von 40 % anzuwenden war, dar.
416 Vgl. Hötzel / Beckmann WP 2000, 696, 697.
417 IdW HFA 2/1983 WP 1983, 468, 477; Klammerzusatz vom Verfasser.
418 Vgl. ebenda, S. 472, sowie später: IDW S1 WP 2000, 825, 834, Rn. 96.
419 Vgl. IdW HFA 2/1983 WP 1983, 468, 472.

müssen, ist eine Typisierung unerlässlich.[420] Daher wird davon ausgegangen, dass die außenstehenden Aktionäre bei der Anlage in der zu bewertenden Gesellschaft ein Verhalten offenbart haben, das bei einer Alternativanlage beibehalten werden würde.[421] Aus diesem Grund fußt die Verwendung eines das eingegangene Risiko kompensierenden Zinsfußes auf der Überlegung, dass die Angemessenheit des Preises eines Wertpapiers nur anhand des Preises beurteilt werden kann, der im Kapitalmarktgleichgewicht für ein hinsichtlich der Fristigkeit, des Risikos und der Besteuerung äquivalentes Wertpapier gezahlt werden würde (Äquivalenzprinzip).[422] Die Aufgabe des zum Zwecke der Diskontierung der zukünftigen finanziellen Überschüsse zu verwendenden Zinssatzes besteht damit in der Abbildung der dem Aktionär zur Verfügung stehenden Anlagealternative.[423] Insofern spiegelt der Zinssatz die Opportunitätskosten bei Investition in das zu bewertende Unternehmen wider.

In der Stellungnahme HFA 2/1983 hielt sich das IDW mit ausführlichen Vorgaben zur Berechnung dieses Zinssatzes noch bemerkenswert zurück. Es stellte lediglich fest, dass der Zinssatz und die Erträge aus dem zu bewertenden Unternehmen auf der Grundlage gleicher währungspolitischer und konjunktureller Einflüsse ermittelt werden müssten. Zur Bemessung des Kapitalisierungszinses sei den Umständen des Einzelfalls entsprechend von einer bestimmten Renditeerwartung auszugehen oder eine bestimmte oder die im Einzelfall günstigste Alternativinvestition zugrunde zu legen. Der Basiszinssatz sei demnach ein „langfristiger Durchschnittszinssatz", der um einen Risikozuschlag erweitert werden müsse.[424] Zu diesem führte das IDW aus, dass „die banktypische Verzinsung von Großkrediten an Unternehmen Anhaltspunkte bieten"[425] könne, wobei jedoch die Unterschiedlichkeit einer Unternehmensbeteiligung und einer Gläubigerposition in Form eines Großkredites zu beachten sei. Ferner hielt es das IDW bereits damals für angemessen, einen Inflationsabschlag im Kapitalisierungszins anzusetzen, soweit sich das Unternehmen nicht vollständig der Geldentwertung entziehen könne.[426] Eine Berücksichtigung von Ertragsteuern im Kapitalisierungszinssatz wurde praktisch nicht thematisiert.[427]

---

420 Dies trifft im Übrigen auch auf die in den folgenden Abschnitten behandelten steuerlichen Aspekte zu. Auch dort ist eine Typisierung wegen der großen Anzahl heterogener Minderheitsaktionäre unumgänglich, vgl. auch Peemöller et al. BB 2005, 90, 91.

421 Vgl. Maul in FS Drukarczyk 2003, 255, 276.

422 Vgl. Siepe WP-Handbuch 2002, S. 66, Rn. 196ff. Zur Problematik des Erfordernisses einer Laufzeitäquivalenz im Rahmen des Ertragswertverfahrens s. Ballwieser in FS Drukarczyk 2003, 19, 19ff.

423 Vgl. IDW S1 WP 2000, 825, 836, Rn. 119.

424 Ein Grund für das Aufteilen von Basiszins und Risikozuschlag ist darin zu sehen, dass Zinssätze regelmäßig Schwankungen unterliegen, die Annahme im Zeitablauf stabiler Risikozuschläge hingegen nicht unbedingt unangemessen ist, vgl. Stehle WP 2004, 906, 910.

425 IdW HFA 2/1983 WP 1983, 468, 472.

426 Vgl. ebenda, S. 472.

427 Das IDW hat eine Verwendung der persönlichen Steuern bereits im Zähler ausgeschlossen, da dann auch eine Berücksichtigung dieser im Nenner (beim Kapitalisierungszins) zu erfolgen hätte, weshalb sich der Effekt dann ausgleiche und von daher keinen Sinn mache, vgl. ebenda, S. 477.

Wegen dieser äußerst vagen Vorgaben musste das IDW schließlich auch selbst zu dem Schluss kommen, dass es „Angelegenheit des pflichtgemäßen gutachterlichen Ermessens [bleibe], spezielle Abschläge vom erwarteten Kapitalmarktzinssatz wegen der Geldentwertungsraten bzw. Zuschläge wegen des generellen Unternehmerrisikos vorzunehmen."[428]

3.2.2.3 Schlussfolgerungen

Die Höhe des Ertragswerts und damit der Entschädigungsleistungen nach §§ 304f. AktG lag nach HFA 2/1983 offenbar im Ermessen des sachverständigen Prüfers, da wegen der ungenauen Vorgaben wohl nahezu „jeder" Wert vertretbar war. Vorwiegend wird dies auf die Bewertungsspielräume im Rahmen der Ermittlung zutreffender Kapitalisierungszinssätze zurückzuführen sein. So stellt auch *Piltz* empirisch fest, dass Sachverständige Kapitalisierungszinsfüße zwischen 5 und 15 % verwenden.[429] Dabei stellt er schon bei der Bestimmung des Basiszinssatzes Schwankungen um 3 Prozentpunkte fest.[430] Nach einer Untersuchung von *Ballwieser* wurden in einschlägigen Gerichtsurteilen seit den 70er Jahren Zinsfüße zwischen 4 und 10,5 % verwendet. Als besonders eindrucksvoll erweist sich dabei die Diskrepanz der Zinssätze zweier Urteile, deren Stichtage nur einen Monat auseinander lagen. Der Zinssatz, den der *BGH* i.S. Kali+Salz zugrunde legte, betrug 9 % (mit einem Basiszins von 8 %), wohingegen das LG Hannover i.S. Alsen-Breitenburg / Hannover einen Basiszinssatz von lediglich 6 % verwendete.[431]

Mit Erlass des IDW S 1 im Jahr 2000 sollte der Tatsache Rechnung getragen werden, dass eine Unternehmensbewertung die persönlichen Ertragsteuern sinnvollerweise einbeziehen sollte. Zudem sollte der Weg geebnet werden, nachvollziehbare risikoadjustierte Zuschläge zur Diskontierung der Überschüsse festzulegen.

3.2.3 Ertragswertverfahren nach IDW S 1 vom 28.6.2000

3.2.3.1 Änderungen in der Überschusskalkulation gegenüber HFA 2/1983

Der am 28.6.2000 verabschiedete IDW S 1 beabsichtigte die Berücksichtigung der im Gesetz zur Senkung der Steuersätze und zur Reform der Unternehmensbesteuerung (StSenkG) vorgesehenen Abschaffung des Anrechnungsverfahrens. Die Grundsätze zur

---

428 Ebenda, S. 472; Klammerzusatz vom Verfasser.
429 Vgl. Piltz, Unternehmensbewertung in der Rechtsprechung, 1994, S. 27. Zur Verdeutlichung der Tragweite einer solchen Bandbreite von Zinssätzen sei folgendes Beispiel angeführt. Die Abzinsung eines Betrages von 10 Mio. Euro über 5 Jahre zu einem Zinssatz von 5 % führt zu einem Barwert von 7,835 Mio. Euro, bei einem unterstellten Zinssatz von 15 % hingegen lediglich zu einem Wert von 4,971 Mio. Euro.
430 Vgl. ebenda, S. 170.
431 Vgl. Ballwieser Unternehmensbewertung 2004, S. 104ff. Dabei wurde in beiden Urteilen von der going concern-Prämisse ausgegangen.

Durchführung von Unternehmensbewertungen unterlagen mit IDW S 1 vorwiegend einer steuerlichen Neuregelung. An den in HFA 2/1983 vorgesehenen Grundsätzen zur Ermittlung zukünftiger Überschüsse (vgl. Abschnitt 3.2.2.1) war im Übrigen festzuhalten.

Das in IDW S 1 erstmalig einbezogene Halbeinkünfteverfahren[432] sieht auf Gesellschaftsebene eine 25 %ige Definitivkörperschaftsteuer (nebst Gewerbeertragsteuer) vor. Zudem wurde – im Gegensatz zur Handhabung nach HFA 2/1983 – die Einbeziehung persönlicher Ertragsteuern erforderlich. Gewinnausschüttungen von Kapitalgesellschaften an natürliche Personen, die bei Unternehmensverträgen regelmäßig vorliegen, sind nach dem Halbeinkünfteverfahren hälftig der Einkommensteuer des Eigentümers zu unterwerfen.[433] Zum Zweck der Ermittlung objektivierter Unternehmenswerte war nach IDW S 1 insoweit von einem typisierten Steuersatz von 35 %[434] auszugehen, so dass es wegen der weiterhin gültigen Vollausschüttungsprämisse im Endeffekt zu einer (fiktiven) Besteuerung der Dividenden von 17,5 % kam.

Die durch das Halbeinkünfteverfahren hervorgerufenen Änderungen in der Besteuerung führten im Vergleich zum Anrechnungsverfahren zu einer 2,6 %igen Mehrbelastung im Zähler der Ertragswertberechnung.[435] Wie *Strauch* zeigt, reagiert der Ertragswert unter dem Halbeinkünfteverfahren c.p. sensitiver auf Steuersatzänderungen als unter dem Anrechnungsverfahren. Zudem stellt er fest, dass das Besteuerungssystem unabhängig von der Höhe der Wachstumsrate w und des Kapitalisierungszinssatzes k bei einem Steuersatz von 40 % keinen Einfluss auf die Höhe des Ertragswerts hat.[436] Da nach IDW S 1 ein typisierter Einkommensteuersatz von 35 % anzunehmen ist[437], hat die Einführung des Halbeinkünfteverfahrens zu geringeren Unternehmenswerten geführt und damit für außenstehende Aktionäre zur Folge gehabt, dass sie c.p. relativ schlechter entschädigt werden.[438]

Bereits bei Erlass des IDW S 1 stellte sich die Frage, ob sich eine geminderte Körperschaftsteuer (25 %) mit der Vollausschüttungshypothese sinnvollerweise vereinbaren ließe, da die Thesaurierung von Unternehmensgewinnen mit Einführung des Halbein-

---

432 Die für Anteilseigner wesentlichen durch das Halbeinkünfteverfahren verursachten steuerlichen Änderungen bestehen insbesondere darin, dass Dividenden und Spekulationsgewinne (nach Abzug der Körperschaftsteuer) nur noch hälftig der Einkommensteuer unterliegen. Für Zinseinnahmen gilt das Halbeinkünfteverfahren hingegen nicht: sie unterliegen gänzlich der Besteuerung.
433 Vgl. IDW S1 WP 2000, 825, 829, Rn. 32ff.
434 Dieser Satz enthält bereits die Einkommensteuer, den Solidaritätszuschlag sowie eine evtl. Kirchensteuer und geht von einer im Inland ansässigen, unbeschränkt steuerpflichtigen, natürlichen Person aus, vgl. ebenda, S. 830, Rn. 51.
435 Vgl. Hötzel / Beckmann WP 2000, 696, 698.
436 Dies impliziert eine Gleichwertigkeit der Ertragswerte für s=0,4, vgl. Strauch, Arbeitspapier zu IDW S 1, 2002, S. 7. Ebenso auch Hötzel / Beckmann WP 2000, 696, 698, Fn. 8.
437 Vgl. IDW S1 WP 2000, 825, 830, Rn. 51.
438 Der Ertragswert wurde (unter Heranziehung des Steuersatzes von 35 %) durch das Halbeinkünfteverfahren nach eigenen Berechnungen um 5 % verringert. Dies bestätigen auch Knoll / Wenger WiSt 2005, 241, 257, ohne jedoch Rechnungen oder empirische Untersuchungen anzuführen.

künfteverfahrens steuerlich begünstigt wurde.[439] Wie sich später zeigen wird, wurde von der Vollausschüttungshypothese jedoch erst in IDW ES 1 n.F. Abstand genommen.

3.2.3.2 Diskontierung der Überschüsse

In HFA 2/1983 setzte sich der Kapitalisierungszinssatz aus einem Basiszins, einem Risikozuschlag und einem Inflationsabschlag zusammen. Nach IDW S 1 war davon erstmalig noch ein Abschlag für persönliche Ertragsteuern vorzunehmen. Im Gegensatz zu den knappen Ausführungen in HFA 2/1983 werden die Zinskomponenten in IDW S1 a.F. detailliert behandelt. Sie werden daher im Folgenden unter Heranziehung der einschlägigen Rechtsprechung erläutert.

3.2.3.2.1 Basiszins

Der Basiszins hat die Funktion, eine risikofreie Alternativanlage zu bestimmen. Dem Erfordernis der Risikolosigkeit kann nur entsprochen werden, wenn Kredit- und Marktrisiken (weitgehend) ausgeschaltet werden. Somit sind etwa Industrieschuldverschreibungen wegen des innewohnenden Bonitätsrisikos oder ausländische Anleihen wegen des Währungsrisikos für gewöhnlich nicht als risikolose Alternativanlage anzusehen. Zwar wird die quantitative Bedeutung des Basiszinses im Vergleich zu den anderen Zinskomponenten als eher gering erachtet.[440] Gleichwohl wird ein in der Höhe unangemessener Basiszins zu gravierenden Bewertungsfehlern führen können.[441]

Nach IDW S 1 *kann* zur Ermittlung des Basiszinses – von Rechtsprechung und Schrifttum weitgehend gebilligt[442] – auf die Rendite öffentlicher inländischer Anleihen mit einer Laufzeit von mind. 9 – 10 Jahren zurückgegriffen werden.[443] Dies stellt selbst unter dem Aspekt der Komplexitätsreduktion eine nicht nachvollziehbare Forderung dar. Vor dem Hintergrund regelmäßig vorliegender normaler Zinsstrukturkurven ist es nicht verständlich, warum etwa die prognostizierten Überschüsse des ersten Jahres mit einem Basiszins abgezinst werden sollten, der aus der Zinsstrukturkurve für Laufzeiten von 10 Jahren gewonnen wurde. Zu Recht stellt *Drukarczyk* fest, dass die finanzmathematisch korrekte Diskontierung der zukünftigen Überschüsse mit laufzeitspezifi-

---

439 Vgl. Laitenberger / Tschöpel WP 2003, 1357, 1365. Die Thesaurierung unter dem Anrechnungsverfahren war von daher nachteilig, als dass der für eine Vollausschüttung typisiert heranzuziehende Einkommensteuersatz von 35 % unterhalb der körperschaftsteuerlichen Thesaurierungsbelastung von 40% lag. Zur Kritik an der Vollausschüttungshypothese vgl. Hötzel / Beckmann WP 2000, 696, 698.

440 Vgl. Wenger in FS Drukarczyk 2003, 475, 477.

441 Wie Knoll / Deininger ZBB 2004, 371, 380f. in einer empirischen Untersuchung zu Squeezeouts herausgefunden haben, läuft der durchgehend in Bewertungsgutachten überhöhte Basiszins c.p. auf eine Unterschätzung des Unternehmenswerts von ca. 10 % hinaus.

442 Vgl. die Nachweise bei Siepe WP-Handbuch 2002, S. 103, Fn. 588f, sowie bei Piltz, Unternehmensbewertung in der Rechtsprechung, 1994, S. 171, Fn. 311.

443 Anders hingegen i.S. Alsen-Breitenburg/Hannover das LG Hannover AG 1979, 234, 235, das längerfristige Spareinlagen und Bundessparbriefe berücksichtigt wissen will und daher den Basiszins um 1,5 % kürzt.

schen spot rates von Zerobonds zu erfolgen habe. Ein einheitlicher Durchschnittszinssatz, wie das IDW ihn fordert, könne allenfalls zufällig dem gesuchten Basiszinssatz entsprechen.[444] Die Ermittlung solcher spot rates dürfte im Vergleich zu anderen Themengebieten in der Ertragswertberechnung eine verhältnismäßig leicht durchzuführende, aber gleichzeitig wertrelevante Aufgabe darstellen. *Gebhardt / Daske* bemerken, dass Zinsstrukturdaten auch in der Praxis bei der Bewertung von Wertpapieren im Handel oder im Asset Liability Management eingesetzt würden.[445]

Schwieriger ist es jedoch, einen angemessenen Basiszins für den zweiten Teil der Ertragswertschätzung, in dem ein uniformer (oder stetig wachsender) Ertragsstrom in Form einer ewigen Rente unterstellt wird, zu bestimmen. Da die Ertragswertmethode bei ertragreichen Unternehmen von der unendlichen Unternehmensfortführung ausgeht, kann dem Erfordernis der Laufzeitäquivalenz zwischen den Erträgen der ewigen Rente und der Vergleichsinvestition theoretisch nur entsprochen werden, wenn Anleihen „unendlicher" Laufzeiten herangezogen werden. Wie im WP-Handbuch von 2002 zutreffend ausgeführt wird, macht es somit „erst die zur Herstellung der Fristgleichheit erforderliche Wiederanlageprämisse [...] erforderlich, bei der Bemessung des Kapitalisierungszinssatzes künftige Zinssätze zu berücksichtigen."[446] Da am Kapitalmarkt jedoch keine Anleihen mit „unendlicher" Laufzeit gehandelt werden[447], hat eine Bestimmung des zukünftigen Zinsniveaus zu erfolgen. Nach IDW S 1 ist zur Orientierung für die Wiederanlage zum zukünftigen Zeitpunkt entweder die Zinsentwicklung der Vergangenheit heranzuziehen[448], oder eine Prognose der nach dieser Laufzeit gültigen Umlaufrendite vorzunehmen.[449]

Wenger zeigt auf, dass die sachverständigen Wirtschaftsprüfer trotz des liquiden Marktes für 30-jährige Staatsanleihen bei ihrer Bewertung vorwiegend revolvierende Anlagen in 10-jährigen Anleihen verwenden, um – so *Wenger* – sich einen gewissen

---

444 Vgl. Drukarczyk, Unternehmensbewertung, 2003, S. 354ff. Dies wäre bspw. bei einer flachen Zinsstrukturkurve gegeben.

445 Vgl. Gebhardt / Daske WP 2005, 649, 654f.

446 Siepe WP-Handbuch 2002, S. 104, Rn. 292.

447 Die längstlaufenden Anleihen stellen derzeit 50-jährige Anleihen dar, die erstmalig im Jahr 2005 in Frankreich und Deutschland emittiert wurden.

448 In der richterlichen Praxis wurde dieses bedenkliche Vorgehen jedoch nicht nur zur Orientierung angewendet, vgl. OLG Düsseldorf AG 1995a, 85, 87, das als Basiszins das arithmetische Mittel der Umlaufrenditen der letzten 20 Jahre wählt. Ebenso: BayObLG AG 2002a, 388, 389. Den Durchschnitt der vergangenen 15 Jahre wählt OLG Düsseldorf AG 1999b, 321, 323. Ebenso auch LG Dortmund AG 1996, 278, 280, das zudem den auf diese Weise ermittelten Basiszins von 7,83 % auf 8 % aufrundet. Interessant insoweit auch die Ausführung des *LG Berlin*, das „unter Berücksichtigung der schon lange andauernden Niedrigzinsphase, die es auch in früheren Zeiten schon gegeben hat, [...] einen höheren Basiszinsfuß als 6% nicht für gerechtfertigt" hält, vgl. LG Berlin AG 2000, 284, 286. Gebhardt / Daske WP 2005, 649, 654 zeigen an einem Beispiel, dass die Verwendung eines historischen Durchschnittszinses zu einer Fehlbewertung von mehr als 20 % führen kann.

449 Auch dies fand Eingang in die Rechtsprechung, vgl. etwa Hans. OLG Hamburg AG 2001, 479, 480, nach dem ein im Gutachten vorgenommener Abschlag von 0,5 % im Hinblick auf eine langfristig zu erwartende Renditesenkung nicht zu beanstanden war.

Ermessensspielraum in der Bewertung offen zu halten.[450] Er stellt fest, dass die Terminmarktzinsen für Laufzeitbereiche jenseits eines Horizonts von 10 Jahren nur noch zufallsbedingten Schwankungen unterliegen. Die Annahme eines zukünftig veränderten Zinsniveaus sei daher nicht zu rechtfertigen. Vielmehr sei es angemessen, jenseits eines Zeithorizonts von 10 Jahren von einer flachen Zinsstruktur auszugehen.[451] Während *Drukarcyzk* das Problem der Ermittlung relevanter zukünftiger Zinssätze jenseits der Laufzeit der am Kapitalmarkt verfügbaren Bundesanleihen offenlässt[452], stellen sich auch *Knoll / Deininger* dem Problem, eine plausible Berechnungsmethodik für Zinsstrukturkurven „unendlicher" Laufzeiten zu finden. Sie schlagen ein auf dem Konzept der Duration basierendes Verfahren vor, bei der zwar auch eine Durchschnittsbildung über die Zinsstruktur stattfindet, jedoch sowohl die Entwicklung der Zahlungsüberschüsse im Zeitablauf als auch die regelmäßig vorliegende normale Form der Zinsstrukturkurve berücksichtigt werden kann.[453] In ihrer empirischen Auswertung kommen sie zu dem Schluss, dass die in Unternehmensbewertungsgutachten verwendeten Zinssätze im Durchschnitt um 0,477 % zu hoch liegen. Zudem legen sie dar, dass der von *Wenger* vorgeschlagene Ansatz – insbesondere vor dem Hintergrund seiner relativ unkomplizierten Ermittlung – gleichfalls zu relativ akzeptablen Ergebnissen führt.[454]

In der Praxis dürfte das Vorgehen von *Knoll* und *Deininger* jedoch wegen seiner Komplexität auf Ablehnung stoßen. Die Vorgehensweise *Wengers*, jenseits eines Laufzeitbereichs von 10 Jahren von einer flachen Zinsstrukturkurve auszugehen, ist daher vorzuziehen. Als unbefriedigend muss in jedem Fall die vom IDW vorgeschlagene Verfahrensweise angesehen werden, vergangene Zinssätze zugrunde zu legen oder zukünftige Zinssätze wahllos zu schätzen.

3.2.3.2.2 Risikozuschlag

Die Anerkennung eines Risikozuschlags war im Rahmen der Unternehmensbewertung lange Zeit umstritten. Noch in den 70er Jahren des letzten Jahrhunderts hat die Rechtsprechung die Auffassung vertreten, die speziellen Unternehmensrisiken würden schon bei der vorsichtigen Ermittlung der Zukunftserträge berücksichtigt, während den allgemeinen Risiken auch Chancen mit gleicher Wertigkeit gegenüber stünden.[455] In den 80er und 90er Jahren erfuhr der Risikozuschlag jedoch zunehmend Anerkennung, da dem im Vergleich zu einer Anlage in festverzinslichen Wertpapieren erhöhten Risiko

---

450 Vgl. Wenger in FS Drukarczyk 2003, 475, 482. Soweit ersichtlich, gibt es auch nur sehr wenige Ausnahmen, in denen eine 30-jährige Staatsanleihe zur Bewertung herangezogen wurde. Vgl. dazu das nicht rechtskräftige Urteil i.S. Frankona Rückversicherungs AG: LG München I AG 2002, 563, 565. Ebenso nicht rechtskräftig i.S. Gestra / Foxboro: LG Bremen AG 2003, 214, 215.
451 Vgl. Wenger in FS Drukarczyk 2003, 475, 486ff. Kritisch zu seinen Annahmen und der Vorgehensweise: Knoll / Deininger ZBB 2004, 371, 374.
452 Vgl. Drukarczyk, Unternehmensbewertung, 2003, S. 358.
453 Bei einer normalen Zinsstrukturkurve steigt die Rendite mit zunehmender, bei einer flachen Zinsstrukturkurve ist sie unabhängig von der Laufzeit.
454 Vgl. Knoll / Deininger ZBB 2004, 371, 371ff.
455 Vgl. i.S. Ilseder Hütte AG: OLG Celle DB 1979, 1031, 1032.

außergewöhnlicher Ereignisse wie etwa die Insolvenz wichtiger Abnehmer oder Substanzverluste durch Betriebsstillegungen Rechnung getragen werden müsse.[456]

Bereits in IDW S 1 wird eingeräumt, dass die Höhe des Risikozuschlags hinsichtlich des Grades der Risikoaversion nur mit Hilfe von Typisierungen zu ermitteln ist. Zwar könnten marktorientierte Risikozuschläge aus dem CAPM abgeleitet werden.[457] Jedoch sollten vergangene Risikoprämien für eine zukunftsgerichtete Bewertung nicht ohne Anpassungen an veränderte Umwelt- und Branchenspezifika verwendet werden.[458] Eine bloße Übernahme beobachteter Risikoprämien solle nicht erfolgen, wenn wegen externer oder interner Faktoren davon auszugehen sei, dass die Prämien die Risikostruktur des zu bewertenden Unternehmens nicht angemessen widerspiegeln könnten. Die Berücksichtigung unternehmensspezifischer Risikofaktoren erfordere insbesondere eine Beurteilung des operativen sowie des Kapitalstrukturrisikos.[459] Eine Anwendung des CAPM könne eine einzelfallbezogene Einschätzung des Wirtschaftsprüfers somit nicht ersetzen.[460]

Dadurch wird ersichtlich, dass es kaum möglich ist, den Risikozuschlag nachvollziehbar und auf plausiblen Annahmen beruhend zu bestimmen.[461] Dementsprechend kommen empirische Studien über Marktrisikoprämien (r_m - i) zu Schätzungen zwischen 0,9 und 9,5 %.[462] In einschlägigen Gerichtsbeschlüssen finden sich Risikozuschläge (ß*(r_m - i)) zwischen (mindestens) 0 und 6 %.[463] Zudem sind Fälle bekannt geworden,

---

456 Vgl. etwa OLG Düsseldorf AG 1990a, 397, 400f., sowie OLG Düsseldorf AG 1990b, 490, 494.

457 Zur Ermittlung von Risikozuschlägen mit Hilfe des CAPM sei auf die Ausführungen in Abschnitt 3.2.4 verwiesen. Der Zuschlag ergibt sich danach aus dem Produkt des unternehmensbezogenen Risikofaktors Beta mit der Marktrisikoprämie. Das CAPM wurde in der richterlichen Praxis bereits verwendet, vgl. etwa OLG Düsseldorf AG 2004, 212, 214. Auch das LG München I AG 2002, 563, 566 hält den aus dem Branchendurchschnitt abgeleiteten Vergangenheits-Betawert für annehmbar. Zuvor hatte das gleiche Gericht die Berechnung von Risikoprämien anhand statistischer Werte wie Beta-Faktoren für wenig sinnvoll erachtet, vgl. i.S. Vereinte Versicherungs AG: LG München I DB 1998, 684, 685.

458 Vgl. Siepe WP-Handbuch 2002, S. 105, Rn. 295. Kritisch zur Übernahme historischer Werte auch LG München I AG 2002, 563, 566.

459 Vgl. IDW S1 WP 2000, 825, 834, Rn. 97f. Bei reiner Eigenfinanzierung kann von der Berücksichtigung des Kapitalstrukturrisikos abgesehen werden, vgl. Siepe WP-Handbuch 2002, S. 72, Rn. 211.

460 Vgl. ebenda, S. 75, Rn. 215.

461 Auch Maul in FS Drukarczyk 2003, 255, 279 verweist auf den Ermessensspielraum bei der Festsetzung von Risikozuschlägen.

462 Vgl. die Nachweise bei Ballwieser Wp 2002, 736, 739. Die Divergenz der Ergebnisse ist vorwiegend auf die Unterschiedlichkeit der verwendeten Daten (zugrunde liegende Zeiträume und Indizes, Renditedefinition) und der angewandten mathematischen Verfahren (arithmetische oder geometrische Durchschnittsbildung) zurückzuführen.

463 Wie oben angemerkt, verneint i.S. Ilseder Hütte AG das OLG Celle DB 1979, 1031, 1032 die Berücksichtigung eines Risikozuschlags von vornherein mit der Begründung, dass die spezifischen Chancen und Risiken schon bei der Ermittlung des Zukunftsertrags berücksichtigt worden wären. Einen Zuschlag von 4 % erkennt hingegen das LG Hamburg AG 1995, 517, 518, an. Hecker Habilitation 2000, S.160 berichtet von einem Abfindungsgutachten, in dem 6 % als Risikozuschlag zugrunde gelegt wurden. Üblich sind nach Auffassung des OLG Düs-

in denen sich manche Gerichte an den Risikozuschlägen anderer (und v.a. anders gelagerter) Gerichtsurteile orientieren[464] oder den Risikozuschlag an der Differenz zwischen dem Basiszinssatz und der banküblichen Verzinsung von Großkrediten bemessen.[465] Dieser nicht tragfähigen Verfahrensweise der Gerichte soll in IDW ES 1 n.F. dadurch begegnet werden, dass Risikoprämien nicht nur grundsätzlich marktbezogen aus Kapitalmarktrenditen für Unternehmensbeteiligungen, sondern auch unter Einbeziehung etwaiger Steuerwirkungen zu ermitteln sind.[466] Gleichwohl wird – abgesehen von den konzeptionell-mathematischen Schwierigkeiten – weiterhin das Problem bestehen, angemessene Risikozuschläge bei nicht börsennotierten Unternehmen zu bestimmen, da in solchen Fällen die Vergleichswerte anderer Unternehmen oder etwa Branchendurchschnitte heranzuziehen sind.[467]

3.2.3.2.3 Fungibilitätszuschlag

Ein Fungibilitätszuschlag, der dem Umstand Rechnung tragen soll, dass die Aktien eines Unternehmens entweder gar nicht an der Börse gehandelt werden oder der Sekundärmarkt in dieser Aktie mangelnde Liquidität aufweist, wird regelmäßig nicht anerkannt.[468] Soweit ersichtlich, spricht sich lediglich das *LG Frankfurt* i.S. Gutehoffnungshütte AG/Roland Druckmaschinen AG für einen solchen Zuschlag aus, wobei es das Risiko mangelnder Fungibilität unter das allgemeine Unternehmensrisiko subsumiert und damit auch die Anerkennung eines Risikozuschlags rechtfertigt.[469]

Es ist jedoch kein Grund ersichtlich, warum der Börsenkurs wegen denkbar unzureichender Liquidität für die Bewertung von Unternehmensanteilen jahrzehntelang keine Berücksichtigung finden, gleichzeitig jedoch die Liquidität einer Aktie bei einer Bewertung anhand der Ertragswertmethode noch nicht einmal ansatzweise Eingang in die Bewertung finden sollte.[470] Es dürfte zwar geradezu unmöglich sein, einen Fungibilitätszuschlag angemessen zu quantifizieren. Dies rechtfertigt jedoch nicht seine pauschale Ablehnung.

---

seldorf AG 1995a, 85, 87, Risikozuschläge zwischen 0,5 und 2%. Ebenso Seetzen WM 1994, 45, 49.

464 Vgl. LG Dortmund AG 1996, 278, 279, das sich an einer Entscheidung des OLG Düsseldorf orientiert.

465 Vgl. i.S. Paulaner: BayObLG AG 1996a, 127, 129f. Kritisch dazu i.S. Ytong AG: LG München I DB 1998, 684, 684.

466 Vgl. dazu ausführlicher Abschnitt 3.2.4.

467 So geschehen im Fall Frankona Rückversicherungs AG, für die als Risikozuschlag der Durchschnittswert für internationale Rückversicherungsunternehmen herangezogen und aufgerundet wurde, vgl. LG München I AG 2002, 563, 566.

468 Vgl. etwa Ballwieser Wp 2002, 736, 737, der dies für sachgerecht hält.

469 Vgl. LG Frankfurt AG 1983, 136, 138.

470 Zur historischen Bedeutung des Börsenkurses im Rahmen der Unternehmensbewertung siehe Abschnitt 3.3.1.

3.2.3.2.4 Berücksichtigung von Preis- und Mengensteigerungen

Ferner ist für die zweite Phase ein Inflationsabschlag üblich, sofern sich Anhaltspunkte dafür ergeben, dass zukünftige Kostensteigerungen zumindest teilweise auf Abnehmer überwälzt werden können[471] und sofern die inflationären Einflüsse nicht bereits in der Ertragsprognose berücksichtigt wurden.[472] Die Höhe des Inflationsabschlags hängt somit von den Erwartungen ab, inwieweit das Unternehmen fähig ist, der Geldentwertung zu entgehen.[473] Nach gängiger Rechtsprechung ist davon auszugehen, dass jedes Unternehmen zumindest bis zu einem gewissen Grad in der Lage ist, gestiegene Kosten mittels Preiserhöhungen auf seine Abnehmer zu überwälzen oder durch Rationalisierungsmaßnahmen ohne Gewinneinbußen aufzufangen und auf diese Weise der Geldentwertung zu begegnen. In der Regel hat der Abschlag daher hinter der Inflationsrate zurückzubleiben.[474] Ein Inflationsabschlag wird als unangemessen erachtet, wenn die Annahme einer Kompensation von Kostensteigerungen durch Preiserhöhungen in einer bestimmten Branche nicht als realistisch angesehen werden kann.[475]

Die Problematik der Bestimmung eines angemessenen Abschlags ist damit vielseitig: nicht nur bedarf es – der Bestimmung eines zukünftigen Basiszinses entsprechend – der Ermittlung zukünftiger Geldentwertungsraten.[476] Die Bewerter haben auch nachvollziehbar darzulegen, inwiefern die für das Unternehmen relevanten Preissteigerungen auf den Beschaffungsmärkten von der Geldentwertungsrate abweichen können und bis zu welchem Grad das Unternehmen in der Lage ist, diese auf Abnehmer zu überwälzen. Nach *Seetzen* liegen Inflationsabschläge in Spruchverfahren in der Regel zwischen 0,5 und 2 %.[477] *Piltz* zeigt sogar Abschläge zwischen 0 und 3,3 % auf.[478] Auch hierin zeigt

---

471 Vgl. zum Gebot des Abschlags IDW S1 WP 2000, 825, 834, Rn. 101ff, sowie nach IDW ES 1 n.F.: IDW ES 1 n.F. WP 2005, 28, 37, Rn. 104ff. Ausführlich zum Gebot der Berücksichtigung von Preisänderungen bereits Moxter GoU 1983, S. 185ff.

472 So i.S. Gutehoffnungshütte AG / Roland Druckmaschinen AG: LG Frankfurt AG 1983, 136, 138.

473 Vgl. i.S. Lippe-Weser-Zucker AG: OLG Düsseldorf AG 1999b, 321, 323.

474 So OLG Düsseldorf AG 1995a, 85, 87, das bei einer langfristigen Inflationsrate von 3,9 % einen Zuschlag von 2,6 % anerkennt. Vergleichbar i.S. Paulaner: BayObLG AG 1996a, 127, 129, das bei einer Inflationsrate von 3,5 % einen Abschlag von 2,5 % als angemessen ansieht. Gleichwohl kann sich die Inflation für ein Unternehmen im Endeffekt positiv auswirken. Zu denken wäre dabei an ein „hoch verschuldetes" Unternehmen, dessen Verbindlichkeiten sich stärker entwerten als seine Aktiva.

475 So i.S. Deutsche Texaco / RWE DEA AG: OLG Hamburg AG 2003, 583, 585, das einen Inflationsabschlag wegen diesbezüglicher Besonderheiten in der Mineralölbranche nicht verwendet wissen will.

476 Kritisch hierzu auch Aha AG 1997, 26, 32.

477 Vgl. Seetzen WM 1994, 45, 48. Das LG Frankfurt, AG 1996, 187, 189 nimmt für die zweite Phase einen Abschlag von 2 % vor, das LG Berlin, AG 2000, 284, 284 erkennt einen Abschlag von 1 % an. Das BayObLG AG 2002a, 388, 389, gesteht wiederum einen Inflationsabschlag von 1,69 % zu. Nach Ansicht des OLG Düsseldorf, AG 1999b, 321, 323 liegen Inflationsabschläge i.d.R. zwischen 1 und 3 %. Ebenso LG Frankfurt AG 1996, 187, 189. Anders hingegen LG Dortmund AG 1996, 278, 280, demzufolge der Abschlag zwischen 0,5 und 2 % liegt.

478 Vgl. Piltz, Unternehmensbewertung in der Rechtsprechung, 1994, S. 361.

sich wieder deutlich die zu Lasten der außenstehenden Aktionäre nutzbare Willkür in der Unternehmensbewertung.

3.2.3.2.5 Berücksichtigung persönlicher Ertragsteuern

Zu guter Letzt ist zur Gewährleistung des Äquivalenzerfordernisses auch im Nenner die Einbeziehung der persönlichen Ertragsteuern notwendig geworden. Damit sollten die Wirkungen des Halbeinkünfteverfahrens berücksichtigt werden.[479] Das IDW hat dadurch erstmalig anerkannt, dass Steuern nicht entscheidungsneutrale Wirkungen besitzen.[480]

Im Gegensatz zu der in Abschnitt 3.2.3.1 für den Zähler dargelegten Verfahrensweise, die zukünftigen Ausschüttungen an die Anteilseigner nur hälftig und typisiert mit 35 % zu besteuern, schreibt IDW S 1 eine volle Besteuerung sämtlicher Erträge aus der Alternativanlage mit 35 % vor.[481] Daraus ergibt sich eine Wertdiskrepanz, die zu überhöhten Unternehmenswerten führt, weil das Halbeinkünfteverfahren und damit die unterschiedliche Behandlung von Zins- und Dividendeneinkünften nicht angemessen abgebildet wird.

3.2.3.3 Schlussfolgerungen

Es ist nicht zu übersehen, dass eine Unternehmensbewertung anhand der Vorgaben des IDW S 1 wie auch zuvor nach HFA 2/1983 zu einer Bandbreite von Unternehmenswerten führen kann. Ungenaue und zuweilen ökonomisch nicht nachvollziehbare Vorgaben, insbesondere in Bezug auf die Ermittlung des Basiszinssatzes, führen dazu, dass die Vorgaben des IDW S 1 im Detail als unzureichend angesehen werden müssen. Dies gilt ferner vor dem Hintergrund, dass das Halbeinkünfteverfahren nicht angemessen abgebildet wird, weil im Nenner der Ertragswertberechnung keine Unterscheidung zwischen Dividenden- und Zinseinkünften erfolgt. Die Konsequenz dieser Ungleichbehandlung ist, dass außenstehende Aktionäre bei stringenter Anwendung der Vorgaben des IDW S 1 aus steuerlicher Sicht c.p. zu hohe Entschädigungsleistungen angeboten bekommen haben dürften. Dies galt jedoch nur, wenn der Börsenwert hinter dem Ertragswert zurückblieb, da eine Entschädigung unterhalb des Börsenkurses trotz eines aus steuerlicher Sicht unangemessen hohen Ertragswerts seit 1999 nicht mehr mit dem Grundgesetz vereinbar ist. Gegenüber dem Ertragswert nach HFA 2/1983 hat der objektivierte Unternehmenswert dennoch eine Minderung erfahren, da eine Berücksichtigung der Steuerwirkungen zuvor nicht vorgesehen war.

---

479 Vgl. IDW S1 WP 2000, 825, 836f., Rn. 122, sowie S. 834, Rn. 99.

480 Kritisch zur Berücksichtigung von persönlichen Ertragsteuern bei der objektiven Unternehmensbewertung, insb. auch hinsichtlich des Ausgleichs: Hennrichs ZHR 2000, 453, 466ff.

481 Dies räumt das IDW indes auch selbst ein, vgl. ebenda, S. 830, Rn. 51: „Demnach wird bei der Ermittlung der finanziellen Überschüsse eine gegenüber der Alternativinvestition verringerte typisierte Steuerbelastung in Ansatz gebracht."

3.2.4 Änderungen durch IDW ES 1 n.F. vom 9.12.2004

Im Zuge der Neufassung des IDW Standards zur Unternehmensbewertung sollten zwei wesentliche Schwachpunkte des IDW S 1 modifiziert werden. Zum einen bezweckte der Standard die Abschaffung des vielfach kritisierten Postulats einer Vollausschüttung zukünftiger Überschüsse.[482] Wie *Wagner et al.* zutreffend feststellen, ist das Ausschüttungsverhalten durch das Halbeinkünfteverfahren in größerem Ausmaß steuer- und damit wertrelevant geworden.[483] Neben der Einbeziehung der individuellen Ausschüttungspolitik eines Unternehmens sollte dem Umstand Rechnung getragen werden, dass die steuerlichen Belastungen zur Herstellung der notwendigen Äquivalenz gleichermaßen Eingang in die Berechnung finden sollten, und nicht mehr, wie in Abschnitt 3.2.3.2.5 dargestellt, eine steuerliche Ungleichbehandlung zwischen Zähler und Nenner erfolgt. Damit ist die Nettorendite der Alternativinvestition aus dem an typisierte deutsche steuerliche Verhältnisse angepassten Tax-CAPM kapitalmarktorientiert abzuleiten.[484]

Nach IDW ES 1 n.F. vom 9.12.2004 ist somit eine Annahme über das wahrscheinliche Ausschüttungsverhalten zu treffen.[485] Sofern eine Bewertung anhand der Phasenmethode vorgenommen wurde, sind für die erste Phase das individuelle Unternehmenskonzept, die Eigenkapitalausstattung sowie steuerliche Rahmenbedingungen zu berücksichtigen. Insbesondere bedarf es der Beachtung rechtlicher Vorschriften, wie etwa des Ausschüttungsverbots der gesetzlich zu bildenden Rücklage oder handelsrechtlicher Verlustvorträge. Wenn für die thesaurierten Beträge noch keine Verwendungsmöglichkeiten vorgesehen sind, ist grundsätzlich eine wertneutrale Anlage zum Kapitalisierungszinssatz vor Unternehmenssteuern zu unterstellen.[486] Für die zweite Phase wird

---

482 Die Abschaffung der Vollausschüttungsprämisse nach IDW ES 1 n.F. steht zwar der Vollausschüttungsprämisse nach § 304 Abs. 2 S. 1 AktG entgegen. Jedoch steht die Thesaurierungsannahme dem Minderheitenschutz nicht entgegen und sei daher nicht weiter thematisiert. Zudem ist denkbar, dass für Fälle des festen Ausgleichs weiterhin von der Vollausschüttungshypothese auszugehen ist, da die Verlautbarungen des IDW kein zwingendes Recht darstellen.

483 Vgl. Wagner et al. WP 2004, 889, 894.

484 Vgl. IDW ES 1 n.F. WP 2005, 28, 39f., Rn 129ff.

485 Vgl. ebenda, S. 32f., Rn. 46ff. Von der Vollausschüttungsannahme wurde wohl abgesehen, da die Thesaurierung von Unternehmensgewinnen seit der Einführung des Halbeinkünfteverfahrens steuerlich relativ günstiger ist (37,5 %-Thesaurierungsbelastung gegenüber 48,4 %-Belastung bei Ausschüttung und typisiertem ESt-Satz von 35 %, vgl. Hötzel / Beckmann WP 2000, 696, S. 698). Die Vollausschüttung führte unter dem Anrechnungssystem wegen des höheren Thesaurierungskörperschaftsteuersatzes grundsätzlich zu einer Maximierung des Unternehmenswertes, vgl. auch Laitenberger / Tschöpel WP 2003, 1357, 1365.

486 Dies stellt eine starke Vereinfachung dar, da sämtliche Einflüsse von thesaurierten Beträgen auf den Fortführungswert vernachlässigt werden. Dies könnte durch einen Wachstumsabschlag im Nenner berücksichtigt werden. Ausführlicher dazu Beyer / Gaar FB 2005, 240, 248. Hötzel / Beckmann WP 2000, 696, 699 sprechen sich in diesem Zusammenhang für eine fiktive Wiederanlage der thesaurierten Mittel in risikolosen Finanzanlagen aus.

ein der Alternativanlage äquivalentes Ausschüttungsverhalten angenommen[487], sofern nicht Besonderheiten der Branche, der Kapitalstruktur oder der rechtlichen Rahmenbedingungen eine abweichende Beurteilung ergeben müssen.[488]

Als zweite wesentliche Änderung sieht IDW ES 1 n.F. die Verwendung des Tax-CAPM vor. Dies sei durch verbesserte empirische und durch weiterentwickelte theoretische Grundlagen ermöglicht worden.[489] Dadurch könne „insbesondere die unterschiedliche Besteuerung von Zinseinkünften, Dividenden und Kursgewinnen besser abgebildet"[490] und dem Umstand Rechnung getragen werden, dass die im herkömmlichen CAPM unterstellte einkommensteuerliche Irrelevanz in der Realität nicht gegeben ist. Zwar sah IDW S 1 einen Abschlag für persönliche Ertragsteuern vor. Dieser war jedoch für alle Aktionäre in seiner Höhe typisiert und differenzierte nicht nach der jeweiligen Einkunftsart (Zins- und Dividendeneinnahmen, Kursgewinne).

In IDW ES 1 n.F. setzt sich die Rendite aus dem steuerlich geminderten Basiszins sowie einer um Besteuerungswirkungen beeinflussten Marktrisikoprämie zusammen.[491] Demnach sind Zinsen vollständig und Dividenden nach Maßgabe des Halbeinkünfteverfahrens um die persönliche Einkommensteuer zu kürzen. Typisierend wird angenommen, dass Kursgewinne steuerfrei sind, so dass von der Möglichkeit einer wesentlichen Beteiligung in Höhe von 1 % (§ 17 Abs. 1 S. 1 EStG) sowie von möglichen Spekulationsgewinnen (§ 23 Abs. 1 S. 1 Nr. 2 EStG) abstrahiert wird. Weiterhin unterstellt IDW ES 1 n.F. wie zuvor einen typisierten Einkommensteuersatz von 35 %. Damit kann der Kapitalisierungszinsfuß steuerlich genauso behandelt werden wie die abzuzinsenden zukünftigen Erträge.

Die herkömmliche „Nachsteuerrendite" des IDW S 1:[492]

$$R_i^{\widetilde{nSt},IDWS1} = (r_f + \beta_i * (\widetilde{r_m^{vSt}} - r_f)) * (1 - s) \tag{1}$$

mit:

$R_i^{\widetilde{nSt},IDWS1}$ $\qquad$ = stochastische Nachsteuerrendite der Aktie i

---

487 Diese Annahme ist nicht unkritisch zu sehen, löst jedoch das Problem der intersubjektiven Nachvollziehbarkeit der Bewertung, vgl. Wagner et al. WP 2004, 889, 895. Nach Schwetzler WP 2005, 601, 610ff. erfordert ein äquivalentes Ausschüttungsverhalten die Annahme der kapitalwertneutralen Gewinnthesaurierung bei der Alternativanlage. Dieser Ansicht tritt jedoch Wiese WP 2005, 617, 621 mit dem Hinweis entgegen, *Schwetzlers* Modell berücksichtige kein mengen- und/oder preisbedingtes Wachstum. Erweiterungsinvestitionen könnten somit sehr wohl Werteinflüsse ausüben.

488 Die Notwendigkeit der Anwendung des Tax-CAPM ist allerdings umso geringer, je größer der Anteil der „ewigen Rente" der 2. Phase am Ertragswert ist und je mehr das Ausschüttungsverhalten der des Marktdurchschnittes entspricht.

489 Vgl. IDW Presseinformation 1/05, S. 2.

490 IDW ES 1 n.F. WP 2005, 28, 40, Rn. 130.

491 Vgl. ebenda, S. 46.

492 Vgl. Wagner et al. WP 2004, 889, 893ff.

r_f = risikoloser Basiszins vor Steuern

$\tilde{r}_m^{vSt}$ = stochastische Rendite des Marktportfolios vor Steuern

β_i = Betafaktor

s = typisierter Einkommensteuersatz (35 %)

wird dadurch erweitert zu einer Netto-Rendite des Tax-CAPM nach IDW ES 1 n.F:[493]

$$R_i^{nSt,I\tilde{D}WES1nF} = r_f * (1-s) + \beta_i * (\tilde{r}_m^{nSt} - r_f * (1-s)) \qquad (2)$$

mit:

$\tilde{r}_m^{nSt}$ = stochastische Nachsteuerrendite des Marktportfolios.

Da sich $\tilde{r}_m^{nSt}$ additiv aus der unversteuerten Kursrendite und der dem Halbeinkünfteverfahren unterliegenden Dividendenrendite zusammensetzt, folgt:

$$R_i^{nSt,I\tilde{D}WES1nF} = r_f * (1-s) + \beta_i * (\tilde{r}_m^{vSt} - \tilde{d}_m * 0,5 * s - r_f(1-s)) \qquad (3)$$

mit:

$\tilde{d}_m$ = Marktdividendenrendite.

Zur Bestimmung des Ertragswerts sind die Marktrendite vor Einkommensteuer, der Betafaktor, der Basiszinssatz, sowie die Dividendenrendite empirisch zu erheben. Nach Ansicht des IDW erfordert die Berücksichtigung unternehmensspezifischer Risikofaktoren zudem – wie bereits nach IDW S 1 – eine periodische Berücksichtigung des Kapitalstrukturrisikos. Auch nach IDW ES 1 n.F. ist die Erfassung dieses Risikos mittels ei-

---

493 Das hier vorgestellte Modell stellt jedoch ebenfalls eine (starke) Vereinfachung der Realität dar, da gewogene Durchschnittsgrenzsteuersätze unterstellt werden. Ein optimales Tax-CAPM müsste Steuerkorrekturfaktoren, Risikonutzenfunktionen und Anfangsausstattungen aller Marktteilnehmer integrieren, was jedoch äußerst aufwendig wäre. Vgl. dazu ausführlich Wiese, Unternehmensbewertung mit dem Nach-Steuer-CAPM ?, Working Paper, Universität München, 2004, S. 4ff.

nes (auf dem Modigliani-Miller-Theorem basierenden) Marktmodells vorgesehen.[494] Das Kapitalstrukturrisiko kann durch einen Aufschlag im Betafaktor berücksichtigt werden.[495]

Deutlich wird, dass an Stelle des risikolosen Zinssatzes im CAPM ein um die Einkommensteuer gekürzter Zinssatz $r_f * (1 - s)$ tritt und die Marktrisikoprämie steuerlich differenziert nach Kurs- und Dividendengewinnen beeinflusst wird. Die Aufteilung der Marktrendite in annahmegemäß steuerfreie Kursgewinne und dem Halbeinkünfteverfahren unterliegende Dividenden erfolgt über die Dividendenrendite des Marktportfolios.

Gegenüber IDW S 1 führt die Anwendung des Tax-CAPM nach IDW ES 1 n.F. (wegen des in IDW S 1 nicht berücksichtigten Halbeinkünfteverfahrens im Nenner der Ertragswertberechnung) zu einer Erhöhung des Kapitalisierungszinses und damit c.p. zu geringeren Unternehmenswerten. Das Ausmaß der Divergenz zu den Unternehmenswerten nach IDW S 1 hängt davon ab, welcher Anteil der gemessenen Renditen auf Kursgewinne und welcher auf Dividendenzahlungen zurückzuführen ist, da für erstere annahmegemäß keine Steuern anfallen, für letztere hingegen schon. Nach *Kühnberger / Schmidt* sind am Kapitalmarkt Ausschüttungsquoten zwischen 40 und 70 % zu beobachten.[496] *Wagner et al.* ermitteln vergleichbare Werte für Aktien europäischer, US-amerikanischer und kanadischer Indizes. Bei einem Beobachtungszeitraum von 1988-2003 stellen sie durchschnittliche Ausschüttungsquoten von DAX-Unternehmen i.H.v. 51,2 % fest.[497] Auch hierin wird ersichtlich, dass die in IDW ES 1 n.F. vorgesehene Abkehr von der Vollausschüttungsannahme als sachgerecht angesehen werden kann.

Auf Basis des IDW ES 1 n.F. hat der Arbeitskreis Unternehmensbewertung (AKU) des IDW neue empirisch gewonnene Eckdaten zur Ermittlung des Kapitalisierungszinssatzes für Bewertungsstichtage ab dem 31.12.2004 veröffentlicht. Demnach soll ein risikoloser Basiszins von 5,0 % zugrunde gelegt werden, sofern dem nicht Besonderheiten des Einzelfalls entgegenstehen.[498] Ferner hält es der AKU für sachgerecht, eine Marktrisikoprämie nach persönlichen Ertragsteuern von 5 – 6 % zu verwenden.[499] Einer empirischen Studie von *Stehle* zufolge ist die Marktrisikoprämie am deutschen Aktien-

---

494 Vgl. IDW ES 1 n.F. WP 2005, 28, 38, Rn. 110.

495 Vgl. dazu ausführlicher Beyer / Gaar FB 2005, 240, 245ff.

496 Vgl. Kühnberger / Schmidt ZfB 1999, 1263, 1279ff. Die in dieser Studie untersuchten Ausschüttungsquoten schwanken dabei in Abhängigkeit der unterstellten Bereinigungsmethode für die Ermittlung der Konzernausschüttungsquote. Für 1996 stellen sie auf Einzelabschlussbasis der DAX-100-Unternehmen eine durchschnittliche Ausschüttungsquote von 69,02 % mit einer Standardabweichung von 22,77 % fest. Nach Peemöller et al. BB 2005, 90, 91, Fn. 21 können hingegen in den vergangenen 15 Jahren durchschnittlich ca. 40 % der DAX-30-Performanceindexsteigerungen auf Dividendenzahlungen zurückgeführt werden.

497 Vgl. Wagner et al. WP 2004, 889, 894.

498 Bereits im Mai 2005 lag die Umlaufrendite von Anleihen der öffentlichen Hand mit Restlaufzeiten von 9-10 Jahren jedoch nur noch bei 3,30 %. Vgl. dazu die Kapitalmarktstatistik der Deutschen Bundesbank, abrufbar unter: http://www.bundesbank.de/stat/download/stat_ urendite_wpart.pdf. Auch darin zeigt sich wieder, wie verfehlt die Zugrundelegung eines Durchschnittszinssatzes sein kann.

499 Vgl. IDW 84. Sitzung des AKU 2005, S. 70f.

markt auf Basis arithmetischer Mittelwerte für den CDAX bei 6,66 % (5,46 % nach Steuern), und für den DAX bei 7,04 % (6,02 % nach Steuern) anzusiedeln.[500]

Für Gleichung (3) ergibt sich damit unter Zugrundelegung des nach IDW ES 1 n.F. weiterhin zu verwendenden typisierten Steuersatzes von 35 %, einem risikolosen Basiszins von 5,0 % und einer Marktrisikoprämie nach persönlichen Ertragsteuern von 5,5 % folgende im Gleichgewicht für die Aktie i zu erwartende Nachsteuerrendite:

$$R_i^{nSt,IDWES1nF} = 0,0325 + 0,055 * \beta_i .\tag{4}$$

Die implizit unterstellte Marktrendite vor Steuern ($\tilde{r}_m^{vSt}$) ergibt sich für eine Marktdividendenrendite von 2,5 %[501] aus:

$$\tilde{r}_m^{vSt} - \tilde{d}_m * 0,5 * 0,35 - r_f * (1 - 0,35) \overset{!}{=} 0,055 .$$

$\Leftrightarrow$

$$\tilde{r}_m^{vSt} = 0,091875 \approx 9,2\% .$$

Nach HFA 2/1983, in dem das herkömmliche CAPM ohne persönliche Ertragsteuern zugrunde zu legen war, ergibt sich für diese Marktrendite:

---

500 Vgl. Stehle WP 2004, 906, 911. Auf Basis des arithmetischen Mittels wurden dabei für einen historischen Zeitraum von 1955 – 2003 Risikoprämien ermittelt. Einen Abzug von 1 bis 1,5 % hält *Stehle* insbesondere wegen gestiegener Diversifikationsmöglichkeiten für vertretbar, vgl. ebenda, S. 921. Die Verwendung des arithmetischen Mittels wird als richtig angesehen, „wenn man das einperiodige CAPM der Renditeberechnung zugrunde legt, es für mehrere Perioden anwendet und unabhängige und identisch verteilte Renditen zu erwarten sind", vgl. Ballwieser Unternehmensbewertung 2004, S. 96. Eingehend wurde die Studie von *Stehle* von Herrn Prof. Dr. Wenger von der Universität Würzburg auf einem Wirtschaftssymposium zum Thema „Fair Valuations – Moderne Grundsätze zur Durchführung von Unternehmensbewertungen" am 15.06.05 in Frankfurt am Main kritisiert. Seine Kritik bezog sich überwiegend auf die Verwendung arithmetischer Durchschnitte, auf die Zugrundelegung des REXP an Stelle einer langfristigen Anleihe im Basiszins, sowie auf die Verwendung der gesetzlichen anstatt der (aufgrund von Steuerhinterziehung geminderten) tatsächlichen Steuerbelastung. Kritisch zu sehen sei ferner die Einbeziehung historischer Renditen seit den 50er Jahren des vergangenen Jahrhunderts. *Wenger* zufolge liegt die Marktrisikoprämie in Deutschland bei lediglich 0,17 %.

501 Die (historische) Dividendenrendite des DAX liegt nach Peemöller et al. BB 2005, 90, 94 bei 1,8 %. Nach Berechnungen des Verfassers lag die (gewichtete) Dividendenrendite des DAX zum 17.6.2005 bei 2,4971 bzw. gerundet bei 2,5 %. Diese soll im folgenden Beispiel auch verwendet werden, da sich eine niedrigere Dividendenrendite erst recht nicht mit den empirisch beobachtbaren Ausschüttungsquoten von ca. 40 – 50 % und Vorsteuerrenditen von mindestens 9 %, wie sie in der Literatur angenommen werden, in Einklang bringen lässt.

$$R_i^{vSt,HFA2/1983} = r_f + (\tilde{r}_m^{vSt} - r_f) * \beta_i = 0,05 + 0,042 * \beta_i. \tag{5}$$

Für $\beta_i = 1,346$ resultiert eine steuerneutrale Renditeforderung von 10,65 %[502]

und $\forall \beta_i > 1,346$ gilt: $R_i^{nSt,IDWES1nF} > R_i^{vSt,HFA2/1983}$.

Solange der risikolose Zinssatz die hälftige Dividendenrendite des Marktes übersteigt, wird die Nachsteuerrisikoprämie unabhängig von der Höhe der Vorsteuermarktrendite stets größer sein als die nach dem herkömmlichen, die steuerlichen Wirkungen vernachlässigenden CAPM nach HFA 2/1983.[503]
D.h. formal gilt:

$$\forall r_f > \tfrac{d_m}{2} \rightarrow (\tilde{r}_m^{vSt} - \tilde{d}_m * 0,5 * s - r_f(1-s)) > (\tilde{r}_m^{vSt} - r_f). \tag{6}$$

Obwohl es äußerst unwahrscheinlich ist, dass der risikolose Zinssatz die hälftige Dividendenrendite nicht übersteigt[504], darf daraus nicht der Schluss gezogen werden, dass die Einbeziehung der steuerlichen Wirkungen gegenüber HFA 2/1983 nahezu immer zu einer Verringerung des Unternehmenswertes führt, da die Besteuerung des Basiszinssatzes ein erhebliches zusätzliches Gewicht hat.[505]
Im Gegensatz dazu resultiert nach IDW S 1 bei Verwendung gleicher Ausgangsdaten (vgl. Gleichung 1):

$$R_i^{nSt,IDWS1} = (r_f + \beta_i * (\tilde{r}_m^{vSt} - r_f)) * (1-s) = 0,0325 + 0,0273 * \beta_i. \tag{7}$$

---

502 Diese erhält man durch Gleichsetzen der Gleichungen 4 und 5.
503 Dies sei anhand Gleichung 3 beispielhaft erläutert. Für $r_m = 11$ %, $r_f = 5$ %, ß= 1 und s= 35 % resultiert eine Risikoprämie für das CAPM von 6 % (11 % − 5 %). Für $d_m = 9$ % resultiert nach Gleichung 3 für das Tax-CAPM eine Nachsteuerrisikoprämie von 6,18 % ($d_m/2 <$ rf), für $d_m = 10$ % ergibt sich eine Prämie von exakt 6 % (entspricht der des herkömmlichen CAPM, wobei $d_m/2 = r_f$). Sofern die Marktrendite gänzlich auf Dividenden zurückzuführen ist ($d_m = r_m$), ergibt sich eine Nachsteuerrisikoprämie von lediglich 5,83 % ($d_m/2 > r_f$). R_m wurde hier gegenüber dem obigen Beispiel zu Demonstrationszwecken von 9,2 auf 11 % erhöht.
504 Selbst wenn ein risikoloser Zins von 4 % angewendet wird, müsste die Dividendenrendite des Marktes größer als 8 % sein, um dieses Erfordernis zu erfüllen. Bei einer Marktrendite von 9,2 % wären somit 87% der Rendite auf Dividenden zurückzuführen, hingegen nur 13 % auf Kurssteigerungen.
505 In Abbildung 1 führt die Einbeziehung der steuerlichen Wirkungen beim Basiszinssatz zu einer Parallelverschiebung der IDW ES 1 n.F.-Gerade nach unten.

Damit ergeben sich für Betawerte zwischen 0,5 und 1,5 Nachsteuerrenditen des Tax-CAPM (nach IDW ES 1 n.f.) zwischen 6,00 und 11,50 % sowie für das CAPM nach IDW S 1 zwischen 4,62 und 7,35 %.[506] Wird der Forderung eines niedrigeren durchschnittlichen Basiszinses von bspw. 4,0 % Rechnung getragen, resultieren für gleiche Betawerte Nachsteuerrenditen von 5,35 und 10,85 % für das Tax-CAPM sowie Werte i.H.v. 3,97 und 6,67 % für das CAPM nach IDW S 1.[507]

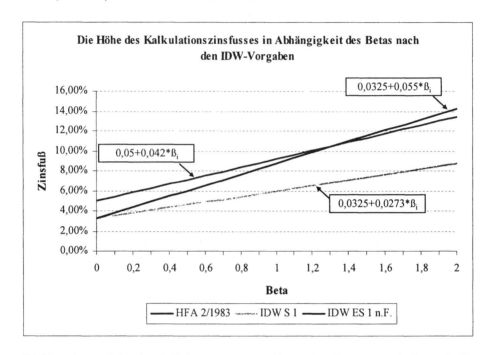

Abbildung 1: Die Höhe des Kalkulationszinses in Abhängigkeit des Beta nach den IDW-Vorgaben[508]

In Abbildung 1 ist die Höhe des Kalkulationszinsfusses für die oben genannten Ausgangsdaten exemplarisch dargestellt.[509] Abschließend zeigt sich darin deutlich, dass

---

506 Nach Peemöller et al. BB 2005, 90, 95 liegen in der Realität beobachtbare Betawerte zwischen 0,5 und 1,5. Wie aus der Börsen-Zeitung vom 17.06.05 hervorgeht, liegen die Betawerte für DAX-Titel zwischen 0,41 (Altana AG) und 1,46 (Infineon Technologies AG). Es sind im Einzelfall jedoch auch weitaus niedrigere (z.B. 0,06 bei AIG International Real Estate im SDAX) sowie höhere Werte (z.B. 1,93 bei der Freenet.de AG im TecDAX) zu finden. Am 17.06.05 lagen 93,33 % der Betawerte der im DAX befindlichen Unternehmen zwischen 0,5 und 1,5. Für die Werte des EuroStoxx 50 traf dies sogar auf 96% zu.
507 Die Werte wurden jeweils auf die zweite Nachkommastelle gerundet.
508 Quelle: Eigene Darstellung.
509 Die Aussagekraft der Grafik wird jedoch dann eingeschränkt, wenn man für die unterschiedlichen Standards die jeweils gültigen (historischen) Marktrisikoprämien für relevant ansieht

IDW ES 1 n.F. gegenüber IDW S 1 den Weg zu höheren Zinsfüßen und damit zu niedrigeren Unternehmenswerten geebnet hat.

3.2.5 Ergebnis

Es verwundert nicht, dass eine Bewertung von Unternehmen, die sich auf die Vorgaben des IDW stützt, zu einer ganzen Bandbreite von Ertragswerten führen kann. Die Schwierigkeiten in der Bewertung bestehen vorwiegend in der Notwendigkeit einer Bestimmung nachhaltiger, mit dem Stichtagsprinzip und mit den handelsrechtlichen Vorgaben in Einklang zu bringender Gewinnausschüttungen. So sind plausible Annahmen über Markt-, Umwelt-, Zins- und Preisentwicklungen sowie über steuerliche und sonstige rechtliche Rahmenbedingungen zu treffen und deren Auswirkungen auf die einzelnen Geschäftsbereiche und damit auf die Unternehmensgewinne nachvollziehbar zu quantifizieren. Als weiteres Problemfeld ist die Bestimmung eines Kapitalisierungszinssatzes, der das Kapitalanlagerisiko widerspiegelt, zu sehen. Nicht nur die Vorgaben des IDW zur Ermittlung des Basiszinssatzes, die den Wirtschaftsprüfern selbst die Wahl überlassen, ob sie sich für die Zinsprognose entweder an der Zinsentwicklung der Vergangenheit orientieren oder ob sie eigenständig eine Prognose hierzu vorzunehmen, sondern auch unzulängliche Vorgaben bezüglich etwaiger Zu- und Abschläge haben Unternehmen den Weg dahin geebnet, unverhältnismäßig niedrige Entschädigungsleistungen anbieten zu können.

Unzulänglich ist zudem in allen drei Standards des IDW die Abbildung steuerlicher Wirkungen. Während diese nach HFA 2/1983 gar nicht einzubeziehen waren, hat IDW S 1 eine mit dem Halbeinkünfteverfahren nicht zu vereinbarende Vollausschüttungshypothese angenommen und der Alternativinvestition gänzlich voll zu versteuernde Zinsausschüttungen unterstellt. Vor diesem Hintergrund sind die in IDW ES 1 n.F. erfolgten Änderungen durchaus positiv zu werten, obwohl auch hier wegen der Objektivierungsdominanz ein typisierter Steuersatz anzunehmen ist und von Spekulationsgewinnen abstrahiert wird. Zudem wird weiterhin das Problem bestehen, dass für die Ermittlung von Risikoprämien regelmäßig historische Werte[510] zugrunde gelegt und bei nicht börsennotierten Gesellschaften die Vergleichswerte anderer Unternehmen oder

---

und nicht (wie hier) für die Ableitung dieser auf die Studie von *Stehle* abstellt, bei der die Risikoprämie anhand von Daten bis einschließlich 2003 ermittelt wurde.

510 Die Problematik der Wahl eines angemessenen historischen Zeitraums ist zweiseitig. Nicht nur sind vergangene Renditen als grundsätzlich irrelevant anzusehen – ihre Verwendung entspringt eher pragmatischen Gesichtspunkten. Auch kann die Höhe des Kapitalisierungszinssatzes maßgeblich dadurch beeinflusst werden, auf welches Jahr ein Prüfer den Beginn des Zeitraums etwa für die Ermittlung der Marktrisikoprämie fallen lässt. So hat *Stehle* in dem in Fn. 500 genannten Symposium gezeigt, dass die Risikoprämie in Deutschland bei arithmetischer Durchschnittsbildung für den Zeitraum von 1954-2004 7,34 %, für die Jahre 1960-2004 hingegen nur noch 3,83 % beträgt. Eine Berücksichtigung des Zeitraums seit Erlass des HFA 2/1983 (von 1983-2004) würde wiederum in einer Risikoprämie von 8,24 % resultieren.

Branchendurchschnitte verwendet werden müssen.[511] Wie gezeigt wurde, wird die Anwendung von IDW ES 1 n.F. c.p. zu geringeren Unternehmenswerten und Entschädigungsleistungen nach §§ 304f. AktG führen.

Gleichwohl kann an dieser Stelle (noch) nicht die Schlussfolgerung gezogen werden, dass eine börsenkursgestützte Bemessung des Ausgleichs und der Abfindung einer Bewertung anhand der Ertragswertmethode wegen erheblicher Ermessensspielräume vorgezogen werden muss. Um eine diesbezügliche Aussage treffen zu können, wird im Folgenden auf die Möglichkeiten der Verwendung von Börsenkursen zur Bemessung angemessener Entschädigungsleistungen nach §§ 304f. AktG eingegangen. In diesem Zusammenhang soll thematisiert werden, warum die Rechtsprechung jahrzehntelang von einer Heranziehung von Börsenkursen im Rahmen der Unternehmensbewertung abgesehen hat, welche Faktoren für und wider eine Verwendung von Börsenkursen sprechen und welche Vorgaben das *BVerfG* und der *BGH* in ihren einschlägigen Urteilen[512] gemacht haben.

3.3 Zur Verwendung von Börsenkursen im Rahmen der §§ 304f. AktG

3.3.1 Rechtshistorischer Überblick

Obwohl bereits 1963 das OLG Hamm entschieden hatte, dass der Börsenkurs „die Mindesthöhe der Entschädigung [außenstehender Aktionäre] darstellt"[513], kam dem Börsenkurs bis in die neunziger Jahre nur eine untergeordnete Bedeutung im Rahmen der Unternehmensbewertung[514], v.a. aber auch in Spruchverfahren, zu. Begründet wurde die Irrelevanz zunächst damit, dass wegen Liquiditätsengpässen, „spekulativen Einflüssen und sonstigen nicht wertbezogenen Faktoren wie politischen Ereignissen, Gerüchten, Informationen, psychologischen Momenten oder einer allgemeinen Tendenz"[515] der Börsenkurs vom wahren Wert der Aktien abweichen und er somit für die Bemessung einer angemessenen Entschädigung von außenstehenden Aktionären keine Rolle spielen könne.[516] Der Entscheidung des *BGH* waren auch andere Gerichte gefolgt.[517]

---

511 Eine eingehende Kritik am Ertragswertverfahren ist bei Ballwieser Unternehmensbewertung 2004, S.14f. zu finden.

512 Vgl. BVerfG ZIP 1999, 1436, 1436ff., sowie BGH AG 2001c, 417, 417ff.

513 OLG Hamm AG 1963, 218, 218; Klammerzusatz vom Verfasser. Diese Entscheidung betraf die Festsetzung der Abfindungshöhe im Rahmen einer Umwandlung nach § 12 UmwG a. F.

514 Gleichwohl geht der Börsenwert als indirekter Bestandteil in Vergleichsverfahren (comparative company-approach) ein, wobei auch diese nicht unkritisch zu sehen sind, vgl. Ruhnke in Heintzen / Kruschwitz, Unternehmen bewerten, 2002, S. 83.

515 BGH AG 1967, 264, 264. Eine (angebrachte) Kritik dieser BGH-Entscheidung, die anführt, die so genannten nicht wertbezogenen Faktoren seien gerade wertbezogen, findet sich bei Steinhauer AG 1999, 299, 302.

516 Vgl. dazu auch LG Köln DB 1993, 217, 217.

517 Vgl. etwa BayObLG AG 1996a, 127, 128, OLG Celle AG 1999, 128, 129, sowie OLG Düsseldorf AG 1995a, 85, 86f.

Jahrzehntelang konnten sich viele Gerichte nicht von dieser Auffassung lösen. So wurde ausgeführt, die „Außerachtlassung [des Börsenkurses begegne] keinen verfassungsrechtlichen Bedenken.“[518] Ein funktionierender Kapitalmarkt preise „lediglich" öffentlich verfügbare Informationen ein, während eine angemessene Entschädigung auch die Berücksichtigung stiller Reserven sowie anderer, den wahren Wert beeinflussende Wertkomponenten erfordere.[519] Unternehmensbezogene Informationen dieser Art seien nur Bestandteil sachgerechter Bewertungsgutachten.[520]

Gegen eine Verwendung des Börsenkurses sprach sich jedoch nicht nur die Rechtsprechung aus. Auch in der Literatur wurde der Börsenkurs nicht zuletzt wegen einer fehlenden allgemeingültigen Definition, die man einer Ausgleichs- und Abfindungsbemessung hätte zugrunde legen können, verworfen. So könne man nicht allgemein festlegen, welche Börse und welches Marktsegment relevant seien.[521] Schwierigkeiten bereite auch die Festlegung des Stichtages oder des Zeitraums, der für die Bemessung des Ausgleichs und der Abfindung außenstehender Aktionäre zugrunde gelegt werden müsse.[522] Insbesondere könne der Börsenkurs durch Wahl des Zeitpunktes des Ausscheidens manipuliert werden.[523]

Dennoch kamen Zweifel auf, ob es richtig sei, den Börsenkurs völlig außer Acht zu lassen.[524] Die Befürworter einer Berücksichtigung von Börsenkursen argumentierten, dass etwa wegen erhöhter Unternehmenspublizität[525] und verbesserter Bilanzierungsvorschriften (true and fair view-Gebot nach §§ 264 Abs. 2 S. 1, 297 Abs.2 S. 2 HGB; Kapitalflussrechnung und Segmentberichterstattung im Konzernabschluss, § 297 Abs. 1 S. 2 HGB), dem Ausschluss von Insider-Manipulationen (§ 14 WpHG) oder der Ad-hoc-Publizität (§ 15 WpHG) der Markt bessere Informationen erhalte und daher die Verlässlichkeit des Börsenkurses erhöht sei.[526] Zudem fördere die gestiegene Bedeutung der Aktie als Anlageform in Deutschland die Liquidität und sorge dafür, dass die Aktienmärkte für Manipulationen weniger anfällig seien.[527]

Dieser Tendenz folgend erkannte das BayObLG in seinem Beschluss vom 29.9.1998, dass der Börsenkurs zumindest dann verwendet werden dürfe, wenn andere Möglichkeiten zur Feststellung des Unternehmenswertes ausschieden. Die Beeinflussung des Börsenkurses durch Zufälligkeiten spiele keine Rolle, da diese jeder Aktien-

---

518 OLG Düsseldorf AG 1995a, 85, 86; Klammerzusatz vom Verfasser.
519 Vgl. BGH WM 1978, 401, 404.
520 So in der Literatur: Weber / Wüstemann, Ergebnispapier zum Symposium vom 29.1.2004, Sonderforschungsbereich 504, No. 04-25, Universität Mannheim, S. 3.
521 Vgl. Großfeld BB 2000, 261, 264.
522 Vgl. Weber / Wüstemann, Ergebnispapier zum Symposium vom 29.1.2004, Sonderforschungsbereich 504, No. 04-25, Universität Mannheim, S. 13f.
523 Vgl. Dielmann / König AG 1984, 57, 65, sowie Böcking in FS Drukarczyk 2003, 59, 74.
524 Vgl. Großfeld BB 2000, 261, 264, sowie zuvor bereits Drukarczyk AG 1973, 357, 362ff.
525 Vgl. Schwark in FS Lutter 2000, 1529, 1540.
526 Vgl. Piltz ZGR 2001, 185, 190, sowie Großfeld BB 2000, 261, 264.
527 Vgl. Steinhauer AG 1999, 299, 302, sowie BayObLG AG 1999, 43, 45. Zur Bedeutung der Aktie in Deutschland siehe: http://www.dai.de/internet/dai/dai-2-0.nsf/dai_statistiken.htm, unter Abschnitt 8.3, Zugriff am 1.11.2004.

käufer bewusst in Kauf nehme.[528] Auch der *BGH* stellte 1998 fest, dass der mit Hilfe des Ertragswertverfahrens ermittelte Barwert der zukünftigen Überschüsse nur als „theoretisch" richtiger Wert zu charakterisieren sei, während das LG Nürnberg/Fürth im Jahr 1999 den Börsenkurs als Plausibilitätskontrolle verwendet wissen wollte.[529]

Für die Verwendung von Börsenkursen spricht nach Auffassung der Befürworter, dass eine am Börsenkurs bemessene Entschädigung für den Aktionär leichter nachzuvollziehen sei. Der Vermögensverlust stelle sich für ihn als ein solcher des Verkehrswerts der Aktie, der mit dem Börsenkurs regelmäßig identisch sei, dar.[530] Für den Fall, dass Abfindung und Ausgleich betragsmäßig nicht offensichtlich unter dem Börsenkurs liegen, werde sich der Aktionär eher dazu veranlasst sehen, auf die Einleitung eines Spruchverfahrens zu verzichten und sich mit den angebotenen Entschädigungsleistungen zufrieden zu geben. Auch bedeute dies eine bessere Vorhersehbarkeit der Zahlungen für die Unternehmen.[531] Ferner sei es aus Minderheitsschutzgründen nicht einzusehen, warum sich Aktionäre bei dem Kauf von Aktien zum Börsenkurs eindecken (müssen), hingegen zu einem etwa durch das Ertragswertverfahren geringeren Wert aus ihren Rechten gedrängt werden sollen.[532] Auch die gesetzlich geforderte Angemessenheit der Abfindung könne nur erreicht werden, wenn der Aktionär mindestens das erhalte, was er bei freier Deinvestitionsentscheidung erhalten würde.[533] Zudem finde der Börsenkurs auch in anderen Rechtsgebieten Anwendung. Ihn nicht zu verwenden komme der Unterstellung eines totalen Marktversagens gleich.[534] Zuletzt würden durch Verwendung des Börsenkurses im Rahmen von Spruchverfahren Zeit und Kosten eingespart.[535] Dies sei in Anbetracht der Tatsache, dass solche Verfahren bis zu 15 Jahre dauerten und damit hohe Zinsverluste einhergehen könnten (vgl. Abschnitt 2.2.4.7), ein beachtlicher Vorteil.[536]

Den entscheidenden Schritt vollzog alsbald das *BVerfG* mit seinem Beschluss vom 27.4.1999 i.S. DAT/Altana, in dem es entschied, es sei mit Art. 14 Abs. 1 GG „unvereinbar, bei der Bestimmung [...] des Ausgleichs für außenstehende oder ausgeschiedene Aktionäre nach §§ 304, 305, 320b AktG den Börsenkurs der Aktien außer Betracht zu

---

528 Vgl. BayObLG AG 1999, 43, 45. Das OLG Hamm hatte bereits 1963 angemerkt, dass Spekulationen zwar vorkämen, die Entwicklung des Aktienkurses jedoch in der Regel „den grundlegenden Anhalt" für den Anteilswert abgebe, vgl. OLG Hamm AG 1963, 218, 219.
529 Vgl. BGH ZIP 1998b, 2151, 2152, sowie LG Nürnberg / Fürth AG 2000, 89, 89. Ähnlich auch das OLG Düsseldorf AG 2002, 398, 400.
530 Vgl. BVerfG ZIP 1999, 1436, 1441.
531 Vgl. Steinhauer AG 1999, 299, 308.
532 Vgl. Götz DB 1996, 259, 262.
533 Vgl. BVerfG ZIP 1999, 1436, 1440.
534 Vgl. Luttermann ZIP 1999, 49, 47ff. Vgl. dazu auch die Begründung der Antragstellerin i.S. DAT/Altana, BVerfG ZIP 1999, 1436, 1438. Gleichwohl führt *Krog* zu Recht aus, dass auch bei Vorliegen eines weitgehend informationseffizienten Kapitalmarkts nicht der Schluss gezogen werden könne, dass einzelne Aktien nicht fehlbewertet seien. Vielmehr müssten diese individuell auf ihre Effizienz hin geprüft werden, vgl. Krog Dissertation 2000, S. 280f.
535 Eine kurze Kritik an der Dauer von Verfahren findet sich bei Götz DB 1996, 259, 259ff. Anders hingegen argumentiert Vetter AG 1999, 566, 572.
536 Vgl. zum Zeitaspekt auch Hüttemann ZGR 2001, 454, 476.

lassen."[537] Das durch Art. 14 Abs. 1 GG geschützte und durch die Aktie verkörperte Eigentum sowie die vermögensrechtliche und mitgliedschaftliche Stellung des Aktionärs würden durch die Nichtberücksichtigung des Börsenkurses beeinträchtigt. Insbesondere verlange „Art. 14 GG keine Entschädigung zum Börsenkurs, sondern zum wahren Wert, mindestens aber zum Verkehrswert[...]."[538] Da der Verkehrswert nach gängiger Rechtsprechung regelmäßig dem Börsenkurs entspricht und die Untergrenze der wirtschaftlich vollen Entschädigung bildet, ist der Börsenkurs gleichzeitig die Untergrenze bei der Bemessung des variablen Ausgleichs, sofern er nicht ausnahmsweise, beispielsweise wegen einer vorliegenden Marktenge, nicht den Verkehrswert widerspiegelt.[539] Auch eine Überschreitung ist nach Auffassung des *BVerfG* unbedenklich.[540]

Gleichwohl hat der Börsenkurs dem IDW zufolge weiterhin lediglich die Funktion, den durch andere Unternehmensbewertungsmethoden ermittelten Anteilswert zu plausibilisieren. Eine bedeutendere Stellung muss das IDW hingegen dem Börsenkurs wegen der höchstrichterlichen Rechtsprechung in den Fällen von §§ 304, 305 sowie 320b AktG einräumen.[541]

Im Folgenden werden die im Rahmen einer Unternehmensbewertung mit Hilfe von Börsenkursen relevanten Faktoren näher untersucht. Ziel ist es, herauszuarbeiten, ob der Börsenkurs im Allgemeinen dazu geeignet ist, Unternehmensanteile zuverlässig zu bewerten. Sollte dies der Fall sein, könnte eine Entschädigungsbemessung anhand des Börsenkurses für die Abfindung sowie für die Ausgleichsfälle, in denen ein Umrechnungsverhältnis nach § 304 Abs. 2 S. 2, 3 AktG zu bilden ist, als angemessen angesehen werden. Sofern die in Literatur und Rechtsprechung erfolgte Kritik am Börsenkurs nicht bestätigt werden kann, müsste die Börse eine zumindest qualitativ gleiche Bewertung liefern wie ein unabhängiger Gutachter.[542] Bedingung für die Zulässigkeit des Börsenpreises ist die empirisch belegte Effizienz des deutschen Kapitalmarktes.

---

537 BVerfG ZIP 1999, 1436, 1436. Gleichwohl hielten sowohl das Bundesministerium der Justiz als auch der Bundesverband der Deutschen Industrie die Verfassungsbeschwerde für unbegründet.

538 Ebenda, 1436, 1441.

539 Diese Typisierung kann jedoch bei Feststellung einer Marktenge entkräftet werden, wobei das Ermessen des sachverständigen Prüfers eine starke Rolle spielen dürfte.

540 Vgl. ebenda, 1436, 1441. Dies gilt auch für die Abfindung nach § 305 AktG.

541 Vgl. IDW ES 1 n.F. WP 2005, 28, 30, Rn. 14ff., sowie Siepe WP-Handbuch 2002, S. 16f., Rn. 56ff.

542 So auch Steinhauer AG 1999, 299, 306. Dieses Argument gilt nur, sofern ein unabhängiger Gutachter keine privaten (entscheidungsrelevanten) Informationen erhält. Nach *Emmerich et al.* kann kein Sachverständiger mehr als die Märkte wissen, vgl. Emmerich et al., Konzernrecht, 2001, S. 335.

3.3.2 Vorüberlegungen zur Effizienz von Kapitalmärkten

Ein Kapitalmarkt wird in der Finanzierungstheorie als effizient bezeichnet, wenn sich sämtliche öffentlich verfügbaren Informationen in den Preisen widerspiegeln.[543] Nur wenn alle Informationen korrekt in den Preisen verarbeitet sind, kommt der wahre Wert einer Aktie in seinem durch die aggregierten Erwartungen der Marktteilnehmer über die künftige Ertragskraft des Unternehmens gebildeten Börsenpreis zum Ausdruck.[544] Gleichwohl nennen *Rudolph / Röhrl* Primär-, Sekundär- und Integritätskriterien, die die ökonomischen Leistungsmerkmale einer Börse bestimmen und die Bedingungen für einen effizienten Kapitalmarkt definieren. Zu den Primärkriterien zählen sie Transaktionskosten und Liquidität, unter Sekundärkriterien subsumieren sie Informations- und Abwicklungseffizienz, Markttransparenz sowie die Bereitstellung einer marktgerechten Produktpalette. Die Realisierung der Primärkriterien hängt dabei von der Erfüllung der Sekundärkriterien ab.[545] Zusätzlich stellen Integritätskriterien die Fairness des Handelsprozesses sicher und garantieren die Sanktion von Missbräuchen (Anlegerschutz).[546]

Es bleibt anzumerken, dass diese Faktoren sich gegenseitig beeinflussen und bedingen: So führt etwa mangelnde Liquidität in der Regel zu höheren Transaktionskosten.[547] Neue Informationen werden, rational handelnde Marktteilnehmer vorausgesetzt, nicht verarbeitet, wenn die Transaktionskosten höher sind als die durch neue Informationen veränderten erwarteten finanziellen Ströme.[548] Ferner kann Informationseffizienz in einem Wertpapier nicht gegeben sein, wenn dieses nicht liquide ist.[549] Damit liegt ein Kernproblem bei der Liquiditätsmessung in der Informationseffizienz der Märkte.[550]

Die Begründungen der Gerichte, warum die Berücksichtigung von Börsenkursen im Rahmen der Unternehmensbewertung als kritisch anzusehen ist, basieren vorwiegend auf einer denkbaren Marktenge sowie einem möglicherweise informationsineffizienten Kapitalmarkt.[551] Daher soll vereinfachend bei der Beurteilung, ob ein Kapitalmarkt effizient ist, auf seine Fähigkeit, Informationen korrekt zu verarbeiten sowie auf seine Liquidität abgestellt werden. Ziel ist es, aufzuzeigen, ob die Gerichte hinreichende Kriterien zur Beurteilung dieser Faktoren vorgeben (können), und inwiefern eventuelle Vorbehalte gegen die Verwendung von Börsenkursen gerechtfertigt sind. Die Ausführlich-

---

543 Vgl. Fama JoF 1991, 1575, 1575. Dabei wird von der mittelstarken Form der Informationseffizienz ausgegangen. Ausführlicher in Abschnitt 3.3.4.3.
544 Vgl. Steinhauer AG 1999, 299, 307.
545 Vgl. Rudolph / Röhrl in Hopt et al., Börsenreform, 1997, 143, 169f.
546 Vgl. ebenda, 143, 185ff. Eine Übersicht von Studien, die sich mit Beurteilungskriterien für Kapitalmärkte beschäftigen, befindet sich bei Theissen Dissertation 1998, S. 45ff.
547 Vgl. Lassak ZfB 1991, 75, 77.
548 So im Ansatz auch Rudolph / Röhrl in Hopt et al., Börsenreform, 1997, 143, 179.
549 Gleichwohl stellt *Theissen* heraus, dass wegen Noisetrading (Handeln auf Basis vermeintlicher Informationen) ein Markt zu Lasten der Informationseffizienz liquider werden kann und daher auch ein Trade-off zwischen Informationseffizienz und Liquidität nicht auszuschließen ist, vgl. Theissen Dissertation 1998, S.55.
550 Vgl. Oesterhelweg / Schiereck, Die Bank 1993, 390, 397.
551 Vgl. etwa OLG Düsseldorf AG 1995a, 85, 86, BayObLG (1994b), S. 128, sowie LG Köln DB 1993, 217, 217.

keit der nachfolgenden Ausführungen ist darin begründet, dass festgestellt werden soll, ob sich eine (Abfindungs- und) Ausgleichsberechnung sinnvollerweise überhaupt am Börsenkurs orientieren sollte, und inwiefern durch Berücksichtigung des Börsenkurses der Minderheitenschutz in Deutschland gestärkt werden kann.

3.3.3 Liquidität

3.3.3.1 Bedeutung und Entwicklungslinien

Die Liquidität wird als das wichtigste Qualitätsmerkmal von Wertpapiermärkten angesehen.[552] Sie stellt das ausschlaggebende Entscheidungskriterium bei der Börsenplatzwahl institutioneller Investoren dar[553] und ist Voraussetzung für eine effiziente Kapitalallokation auf makroökonomischer Ebene. Zudem garantiert sie die jederzeitige Handelbarkeit von Wertpapieren.[554]

Wegen dieser Bedeutung hat das Wissen um die (Il-) Liquidität eines Wertpapiers maßgeblichen Einfluss auf die Handelsbereitschaft der Marktteilnehmer. Ist die Liquidität vorübergehend nicht vorhanden, kann es zu einer eingeschränkten Handelbarkeit in Wertpapieren kommen. Zudem muss dann davon ausgegangen werden, dass Börsenpreise willkürlichen Einflüssen unterliegen, die zu verzerrten Preisen führen können.[555]

Die durch solche Einflüsse veränderten Börsenpreise können folglich keine zutreffende Approximation für realisierbare Verkehrswerte mehr darstellen. Daher darf in entsprechenden Fällen nach der Entscheidung des *BVerfG* i.S. DAT/Altana die im Sinne der §§ 304f. AktG angemessene Entschädigung den Börsenkurs unterschreiten.[556] Folglich ist der Kurs der betroffenen Gesellschaft darauf zu prüfen, ob eine Marktenge bestand, die nur einen eingeschränkten Handel mit den Aktien ermöglichte, so dass der dadurch verfälscht gebildete Börsenpreis den Verkehrswert der Aktie nicht widerspiegeln konnte.

Für die Überprüfung, ob eine Marktenge vorliegt, hat das *BVerfG* in seinem Beschluss i.S. DAT/Altana keine Kriterien formuliert. Es stellt lediglich allgemein fest, dass im Fall der Eingliederung nach § 320 AktG eine Marktenge entstehen könne, weil nur 5 % im Streubesitz und damit handelbar sind.[557] Der Börsenkurs sei nur dann nicht maßgebend, wenn es „für einzelne außenstehende Aktionäre [...] völlig unmöglich gewesen wäre, ihre Aktienbeteiligung [...] zu Börsenkursen zu veräußern [...]."[558] Daher haben die Zivilgerichte die maßgeblichen Rahmenbedingungen bisher durch Auslegung konkretisieren müssen.

---

552 Vgl. Theissen KuK 1999, 225, 225.
553 Vgl. Schiereck ZfB 1996, 1057, 1065.
554 Vgl. Gomber / Schweickert, Der Market Impact: Liquiditätsmaß im elektronischen Wertpapierhandel, Deutsche Börse AG, Xetra Research, 2002, S. 1.
555 Vgl. Krog Dissertation 2000, S. 281, 287, sowie Steinhauer AG 1999, 299, 307.
556 Vgl. BVerfG ZIP 1999, 1436, 1441.
557 Vgl. ebenda, 1436, 1442.
558 Ebenda, 1436, 1443.

Bereits das OLG Düsseldorf hat im Ausgangsrechtsstreit i.S. DAT/Altana keine Marktenge feststellen können, da an 9 Tagen im Monat vor dem Bewertungsstichtag Tagesumsätze zwischen 10 und 310 Stück verzeichnet werden konnten.[559] Der *BGH* begnügt sich mit der Feststellung, dass die DAT-Aktien in einem Monat an 15 Tagen, in einem an 9 Tagen, sowie in zwei Monaten an jeweils 8 Tagen gehandelt wurden, und es den Aktionären folglich jederzeit möglich war, ihre Aktien zu veräußern. Es ist für ihn nicht ersichtlich, dass das verfügbare Handelsvolumen geringer als 5 % gewesen wäre.[560] Im Übrigen müssten sich, so der *BGH*, Abweichungen des Börsenkurses vom Verkehrswert in den Börsenindizes niederschlagen.[561] Ungeklärt bleibt die Frage, ob ein handelbares Volumen von unter 5 % den *BGH* zu einer anderen Entscheidung veranlasst hätte, und „ob nicht die tatsächlichen Handelsumsätze in die Beurteilung einer Marktenge hätten miteinbezogen werden müssen."[562]

In einem weiteren Urteil des LG Dortmund vom 18.11.2000 weist dieses mit der Begründung, es habe ein durchgängiger Handel in der Aktie stattgefunden, das Vorliegen einer Marktenge zurück, obwohl der Mehrheitsaktionär zu 95,2 % an dem Unternehmen beteiligt war.[563]

Allein das OLG Düsseldorf kann sich in einem weiteren Beschluss vom 31.1.2003 von der generellen Tendenz, willkürlich von dem (Nicht-) Vorliegen einer Marktenge auszugehen, lösen, indem es festlegt, der Börsenkurs entspreche bei einer Eingliederung ab einem Mindesthandelsvolumen von 5 % dem Verkehrswert der Aktie.[564]

Doch die Gerichte stehen mit ihrer Ratlosigkeit bezüglich eines sinnvollen Liquiditätskonzeptes offenbar nicht allein da. Eine Durchsicht der Literatur vermag bisher auch keine klare Tendenz zu liefern. So werden pauschal Empfehlungen ausgesprochen, die zuweilen wenig wissenschaftlich fundiert erscheinen. *Wilm* stimmt mit den Vorstellungen der Gerichte darin überein, dass er bei der Beurteilung der Liquidität auch auf den Umsatz, jedoch zusätzlich auf die Anzahl der umlaufenden Aktien abstellt. So müsse im Jahr vor Bekanntgabe des Abschlusses eines Unternehmensvertrags der Umsatz in etwa „der Zahl der von den abfindungsberechtigten Aktionären insgesamt gehaltenen Aktien entsprechen."[565] Entscheidend sei zudem das Vorliegen eines gewissen Mindestumsatzvolumens, da in Folge von sog. Paketwechseln eine vermeintlich „rege" Handelstätigkeit vorliegen könne. Dieses Mindestumsatzvolumen sei bei ca. 3 – 5 % der ausgegebenen Aktien festzusetzen. Zudem erfordere ein stetiger Handel eine Umsatztätigkeit an

---

559 Vgl. OLG Düsseldorf BB 2000b, 1905, 1907.
560 Vgl. BGH AG 2001c, 417, 420.
561 Vgl. ebenda, 417, 420. Mit dieser Auffassung bezieht sich der BGH bemerkenswerterweise nur auf den Börsenkurs des herrschenden Unternehmens.
562 Böcking in FS Drukarczyk 2003, 59, 80. Beiker Dissertation 1993 findet in einer Untersuchung des deutschen Kapitalmarktes einen statistisch signifikant positiven Zusammenhang zwischen Liquidität und Streubesitz sowie dem Free Flow, vgl. Beiker Dissertation 1993, S. 410ff.
563 Vgl. i.S. SNI: LG Dortmund ZIP 2001, 739, 741.
564 Vgl. im Umkehrschluss: OLG Düsseldorf NZG 2003, 588, 592. Inwiefern diese Annahme angemessen ist, wird sich später bei der Diskussion von Liquiditätsmaßen auf Basis von Handelsvolumina zeigen.
565 Wilm NZG 2000a, 234, 238. So auch Vetter DB 2001, 1347, 1351.

50 % der betrachteten Handelstage.[566] *Lamla* hingegen stellt für die Berücksichtigung des Börsenkurses bei Verschmelzungen lediglich auf einen Streubesitz von 25 % ab, der bei „breiter" Streuung und einer „großen" Anzahl an Aktien noch unterschritten werden dürfe.[567] Nach *Böcking / Nowak* ist neben der Verteilung des Streubesitzes auch das durchschnittliche Handelsvolumen zu berücksichtigen.[568] *Grunewald* ist der Ansicht, dass der Börsenkurs bei einem Squeeze-out nach § 327a AktG „mangels Liquidität [...] nicht mehr als Anhaltspunkte für den wahren Wert liefern"[569] könne.

Andere Autoren verweisen wiederum generalisierend auf die Liquidität bedeutender Indizes. Obwohl institutionelle Investoren die Frankfurter Wertpapierbörse (FWB) als sehr liquide einschätzen[570], zweifelt *Schwark* generell an der Aussagekraft der Börsenkurse aller Unternehmen außerhalb des DAX 30, da eine „weiterhin verbreitete Marktenge"[571] vorliege. *Aha* hingegen hält wegen ihrer Umsatzstärke sowohl die Aktien des DAX als auch die des M-DAX für gegen manipulative Eingriffe resistent.[572] *Steinhauer* pflichtet *Aha* bei, solange nicht Anhaltspunkte vorlägen, die darauf hinweisen, dass der Handel in einer Aktie zu eng ist. Für diesen Fall sei „ausnahmsweise die Berechnung nach der Ertragswertmethode vorzuziehen."[573] Nach *Behnke* war die Liquidität auch in den Werten des S-MAX wegen der verpflichtenden Stellung eines Designated Sponsors und eines vorgeschriebenen Streubesitzanteils von 20 % sowie in denen des Neuen Marktes wegen der Handelsüberwachungsstelle, die den Handel bei großen Kursverzerrungen auszusetzen hatte, gegeben.[574] *Großfeld* sieht ausreichende Liquidität gegeben in den Werten der Indizes DAX, S-MAX, Nemax, Stoxx und EuroStoxx. Zurückhaltung sei hingegen geboten, wenn längere Zeit kein Handel stattgefunden habe.[575]

Piltz hingegen lehnt generalisierende quantitative Begrenzungen, wie sie *Aha, Steinhauer* und *Wilm* vorgeben, generell ab. Aktionäre könnten auch bei geringem, stetigem Handel ihre Aktien ohne nennenswerte Kursabschläge veräußern.[576] Auch *Vetter* spricht sich gegen eine generalisierende Betrachtungsweise aus. Eine Marktenge ist ihm zufolge bei Gewinnabführungs- und Beherrschungsverträgen häufig gegeben, im Fall der Eingliederung durch Mehrheitsbeschluss wohl stets zu bejahen. Zukünftig seien Kapi-

---

566 Vgl. Wilm NZG 2000a, 234, 238. Ähnlicher Ansicht ist auch *Bungert*, der einen Handel an mindestens 50% der Tage und bei kleinen und mittleren Unternehmen ein Mindesthandelsvolumen von 3% fordert, vgl. Bungert BB 2001, 1163, 1164.
567 Vgl. Lamla Dissertation 1997, S. 150.
568 Vgl. Böcking / Nowak FB 2000, 17, 20.
569 Grunewald ZIP 2002, 18, 20.
570 Vgl. Schiereck ZfB 1996, 1057, 1065. Die Untersuchung Schierecks wurde Mitte der neunziger Jahre durchgeführt. Befragt wurden Mitglieder der Londoner, der Frankfurter, sowie der Züricher Wertpapierbörsen.
571 Schwark in FS Lutter 2000, 1529, 1548.
572 Vgl. Aha AG 1997, 26, 28.
573 Steinhauer AG 1999, 299, 308.
574 Vgl. Behnke NZG 1999, 931, 934. Mit dem Wechsel des letzten im Neuen Markt gelisteten Unternehmens in den Prime Standard wurden die privatrechtlichen Segmente Neuer Markt und SMax im Juni 2003 geschlossen, vgl. http://deutsche-boerse.com, Zugriff am 15.11.2004.
575 Vgl. Großfeld, Unternehmens- und Anteilsbewertung im Gesellschaftsrecht, 2002, S. 188.
576 Vgl. Piltz ZGR 2001, 185, 202f.

talmarktanalysen und spezifische Auswertungen der Börsenkursentwicklung von Konzernierungsmaßnahmen betroffener Aktien unvermeidbar.[577] *Böcking / Nowak* sind der Meinung, dass selbst im Fall der Eingliederung ausreichende Liquidität in der Aktie vorliegen könne, wenn der verbleibende Streubesitz auf eine Vielzahl von Aktionären verteilt sei.[578]

Vor dem Hintergrund, dass auch bisher ergangene gerichtliche Entscheidungen nicht allgemein geklärt haben, wann eine Aktie als liquide oder illiquide einzustufen ist, soll im Folgenden untersucht werden, welchen Beitrag gängige Liquiditätsmaße für eine solche Beurteilung leisten können. Dafür bedarf es zunächst einer genaueren Definition des Begriffes Liquidität.

3.3.3.2 Definition

Die Liquidität in einem Wertpapier gilt als gegeben, wenn eine beliebige Menge an Wertpapieren zu niedrigen Transaktionskosten schnell gehandelt werden kann, ohne dass der Kurs davon beeinflusst wird.[579] Ein liquides Wertpapier lässt somit keine handelsinduzierten Preisänderungen zu, die nicht auf veränderten Erwartungen der Marktteilnehmer beruhen.[580] Die Liquidität lässt sich in 4 Dimensionen einteilen: Marktbreite, Markttiefe, Sofortigkeit in der Ausführung und Erneuerungskraft des Marktes.

Marktbreite stellt auf die Anzahl bzw. das Volumen der Aufträge ab. Es muss garantiert sein, dass auch große Aufträge zum vorliegenden Börsenpreis ausgeführt werden können. Unter *Markttiefe* wird verstanden, dass nahe am aktuellen Börsenpreis eine „relevante" Anzahl weiterer Aufträge vorhanden ist, die in der Nähe des bestehenden Preises ausgeführt werden können. *Sofortigkeit* bezeichnet die Fähigkeit eines Kapitalmarktes, Aufträge einer vorgegebenen Größe zu gegebenen Transaktionskosten ohne erhebliche Verzögerungen verarbeiten zu können. Letztlich versteht man unter der *Erneuerungskraft des Marktes*, dass Börsenpreise auf kurzfristige Ungleichgewichte derart reagieren, dass sich nach kurzer Zeit die vorher gültigen Börsenpreise wieder einstellen.[581]

Auf den ersten Blick ergibt sich damit ein scheinbarer Widerspruch zwischen der Informationseffizienz und dem Kriterium der Erneuerungskraft des Marktes als Voraussetzung für Liquidität: obwohl für einen informationseffizienten Markt gilt, dass nur

577 Vgl. Vetter AG 1999, 566, 571.
578 Vgl. Böcking / Nowak FB 2000, 17, 20.
579 Vgl. Theissen KuK 1999, 225, 226. Von dem so genannten „market impact" (=Mengen-Preis-Effekt), der bei einem Blockgeschäft durch institutionelle Investoren auftreten kann, soll hier abgesehen werden. Ferner sei angemerkt, dass die Forderung nach schneller Durchführung der Aufträge und nach geringer Kursbeeinflussung vor allem bei großen Preiszugeständnissen in Konkurrenz zueinander stehen können, vgl. Theissen Dissertation 1998, S. 53. Daher wird mit dieser Definition auch der Zustand perfekter Liquidität beschrieben, der in der Praxis in aller Regel kaum gegeben sein wird, vgl. Kempf Habilitation 1999, S.14.
580 Vgl. Kempf Habilitation 1999, S. 16.
581 Vgl. Gomber / Schweickert, Der Market Impact: Liquiditätsmaß im elektronischen Wertpapierhandel, Deutsche Börse AG, Xetra Research, 2002, S. 2, Oesterhelweg / Schiereck, Die Bank 1993, 390, 391, sowie Krog Dissertation 2000, S. 282f.

permanente Preisänderungen auftreten, werden die kurzfristigen Ungleichgewichte auf einem liquiden Markt derart ausgeglichen, dass sich der vorher gültige Kurs wieder einstellt.[582] Allerdings sollten Änderungen des wahren Werts auch in einem liquiden Markt zu permanenten Kursänderungen führen, wodurch sich die Messung der Liquidität als wahrhaftes Problem erweist: es gilt zu unterscheiden, ob Kursänderungen informations- oder liquiditätsbedingt erfolgen (*Identifikationsfähigkeit des Marktes*).[583]

Während die Kriterien Marktbreite, -tiefe sowie Erneuerungskraft des Marktes (=Preisdimension der Liquidität) durch Auswertung der Orderlage sowie durch eine Analyse der Kurs- und Volumensdaten erfasst werden können, bedarf es zur Beurteilung der Sofortigkeit (=Zeitdimension der Liquidität) der Verwendung indirekter Indikatoren.[584] Die alleinige Messung der Zeitdimension gilt zwar als leicht durchführbar, ihre Aussagekraft jedoch als stark eingeschränkt.[585] Als inhaltsreicher erweist sich die Messung der Preisdimension der Liquidität.

3.3.3.3 Die Eignung von Liquiditätsmaßen

Da – wie oben bereits ausgeführt – ein perfekt liquides Wertpapier jederzeit *ohne* Preiseinfluss gehandelt werden kann, ist es zweckmäßig, zur Bestimmung der Preisdimension der Liquidität auf die Messung der durch einen Auftrag verursachten Preisänderung abzustellen. Die Kenntnis des Preises, der sich ohne Auftrag eingestellt hätte, sei als Reservationspreis R(t) bezeichnet. Damit gibt die Differenz zwischen dem bei einem Auftrag realisierten Preis P(t) und dem Reservationspreis die „Preisänderung wegen der nicht perfekten Liquidität [eines] Wertpapiers bei gegebenem Handelsvolumen"[586] an. Ferner sei eine Quotefunktion diejenige Angebots-Nachfrage-Funktion, die durch Aggregation der Preis-Mengen-Kombinationen der einzelnen Marktteilnehmer die Wertpapierliquidität in einem bestimmten Zeitpunkt beschreibt (vgl. Abbildung 2).[587] Aus dieser lässt sich ablesen, welchen Preiseinfluss ein Auftrag der Größe x hat.

---

582 Vgl. Oesterhelweg / Schiereck, Die Bank 1993, 390, 391. Zur Persistenz von Preisänderungen liquider Wertpapiere siehe Garbade / Silber JoF 1979, 577, 577.

583 Vgl. Theissen Dissertation 1998, S. 54, sowie Oesterhelweg / Schiereck, Die Bank 1993, 390, 391.

584 Vgl. Rudolph / Röhrl in Hopt et al., Börsenreform, 1997, 143, 178f.

585 So gelten im Fall von Market-Maker-Handelssystemen sowie von kontinuierlichen Auktionen die gehandelten Wertpapiere als perfekt liquide im Sinne der Zeitdimension, wodurch sich in solchen Fällen die Analyse auf die Preisdimension beschränken kann, vgl. Kempf BW 1998a, 299, 300 sowie Kempf Habilitation 1999, S. 24f. und S. 157. *Bittner* bemerkt hingegen, dass in kontinuierlichen Märkten keine Verpflichtung zum Angebot von Sofortigkeit bestehe, vgl. Bittner Dissertation 2001, S. 47.

586 Kempf BW 1998a, 299, 300; Klammerzusatz vom Verfasser.

587 Quoten sind Preisangaben, die Market-Maker im Rahmen der Preisfindung auf kontinuierlichen Märkten machen. Vgl. zum Market-Maker-Prinzip Theissen Dissertation 1998, S. 8ff.

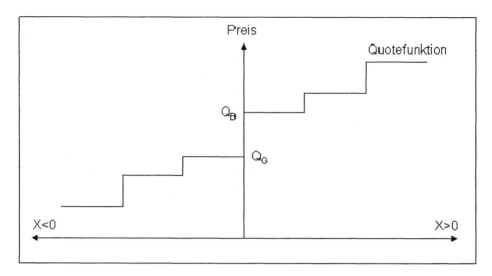

Abbildung 2: Diskrete Quotefunktion[588]

Für ein perfekt liquides Wertpapier gilt dann wegen des fehlenden Preiseinflusses:

$$P(t) = R(t),$$

während sich die Gesamtkosten imperfekter Liquidität bei einem Kauf bzw. Verkauf eines Wertpapiers auf

$$x(t) * \left[P(t) - R(t) \right]$$

belaufen.

Da die in realen Märkten diskret vorliegenden Preise die Bestimmung eines Reservationspreises R(t) verhindern[589], wird dieser in der Literatur häufig aus dem Durchschnitt des höchsten Geld- (Q_G) und des niedrigsten Briefkurses (Q_B) gebildet („Midquote"):

$$R(t) = \frac{Q_B(t) + Q_G(t)}{2}.$$

Dieses Messkonzept erweist sich als ideal, da die Liquiditätsmessung unabhängig davon möglich ist, ob eine Transaktion erfolgt, und sie nicht durch Informationseffekte verzerrt werden und in Abhängigkeit der Größe der Aufträge erfolgen kann. Da es der Kenntnis des Orderbuchs bedarf, sollten zur Durchführung der Analyse Märkte mit e-

---

588 Quelle: Kempf BW 1998a, 299, 301.
589 Vgl. ebenda, 299, 301.

lektronischem Handel bevorzugt werden.[590] Zwar werden ca. 94 % des Umsatzes in deutschen Wertpapieren in Xetra getätigt, und die Deutsche Börse AG stellt täglich Orderbuchstatistiken der Aktien relevanter Indizes online zur Verfügung.[591] Jedoch enthält die Orderbuchstatistik lediglich tägliche Preisangaben (Höchst-, Tiefst- Eröffnungs- und Schlusskurse) und Umsatzzahlen des Xetra- und des Frankfurter Parketthandels, sowie die Umsätze von anderen deutschen Börsen. Daten über das Ordervolumen sowie über Angebots- und Nachfragekurse zu diskreten Zeitpunkten liegen hingegen in aller Regel nicht vor.[592]

Daher wurden in der Literatur weitere Messkonzepte diskutiert, die es ermöglichen, bei Unkenntnis der gesamten Quotefunktion dennoch eine Messung der Liquidität durchzuführen.[593] Manche beschränken sich darauf, die *Liquidität als Preiseinfluss pro Nachfrageeinheit* zu modellieren, wofür „lediglich" Zeitreihen für Transaktionspreise, Nachfrageeinheiten und den besten Geld- und Briefkursen benötigt werden, die Kenntnis der Quotefunktion hingegen irrelevant ist. Der Preiseinfluss einer Order wird dabei in eine vom Liquiditätsgrad λ abhängige lineare Beziehung zur Transaktionsgröße gesetzt:

$$P(t) - R(t) = \lambda * x(t).^{594}$$

Problematisch erweist sich bei diesen Konzepten jedoch, dass sie nur an tatsächlich durchgeführten Transaktionen ansetzen und die Liquidität damit tendenziell überschätzt wird. Zudem muss der unterstellte lineare Zusammenhang als realitätsfern zurückgewiesen werden.[595]

Kempf / Korn analysieren den Einfluss von Transaktionsgrößen auf permanente (informationsinduzierte) Preisänderungen anhand von Daten der Jahre 1993/1994 über Futures auf den DAX. Die oben dargestellte Annahme, dass der Preis-Ordergröße-Zusammenhang linear ist, wird unter Verwendung eines neuronalen Netzwerkes aufge-

590 Vgl. ebenda, 299, 308. Die an der Frankfurter Wertpapierbörse (FWB) gelisteten Aktien können grundsätzlich (so lange keine technischen Besonderheiten der Aktie dies verhindern) sämtlich elektronisch gehandelt werden, vgl. Deutsche Börse AG, Xetra Release 7.1, 2004a, S. 7.

591 Vgl. http://deutsche-boerse.com/dbag/dispatch/de/notescontent/gdb_navigation/information-servi-ces/40_Statistics_Analysis/20_Spot_Market/INTEGRATE/statistic?notesDoc=Orderbuchstat istik+taeglich, Zugriff am 10.11.2004.

592 Nach *Müller* ermöglicht die Statistik hingegen Beurteilungen über den Preiseinfluss einer Order sowie den Liquiditätsvergleich unterschiedlicher Handelsplattformen, vgl. Müller in: Die Bank 1999, 138, 139.

593 Eine ausführliche Übersicht über Liquiditätsmaße befindet sich bei Brunner BTF 1996, S. 15ff. Für eine Auflistung empirischer Studien, die unterschiedliche Liquiditätsmaße verwendet haben, siehe Bittner Dissertation 2001, S. 87f.

594 Vgl. Kempf BW 1998a, 299, 302.

595 Vgl. Hiemstra / Jones JoF 1994, 1639, 1654, sowie Keim / Madhavan RFS 1996, 1, 29. Auch *Oehler / Häcker* stellen fest, dass lineare Beziehungen zu einer Unterschätzung des Einflusses kleiner und mittlerer, sowie zu einer Überschätzung großer Orders führt, vgl. Oehler / Häcker, Kurseinfluss von Transaktionen, 2003, S. 25.

löst und empirisch widerlegt.[596] Der Grad der Liquidität wird durch das $\lambda(x)$ modelliert, das sich mittels dieses neuronalen Netzwerkes aus den Zeitreihen der Transaktionspreise und –volumina ergibt.[597] Für $\lambda(x)=0$ gilt, dass die Preisänderung von t-1 nach t nur α entspricht und daher nur Verschiebungen der approximierten Quotefunktion wegen neuer öffentlicher Informationen berücksichtigt:

$$P(t) - R(t) = \alpha + \lambda(x) * x(t) \qquad \text{mit} \qquad R(t) = P(t-1).$$

Gleichwohl besteht auch hier wieder das Problem, dass die Liquidität überschätzt werden kann, da nur tatsächlich durchgeführte Transaktionen berücksichtigt werden können.[598]

Andere Liquiditätsmaße versuchen die Problematik zu umgehen, dass Daten über Handelsvolumina nicht verfügbar sind.[599] Sie messen den *Preiseinfluss einer Transaktion*, ohne deren Größe zu berücksichtigen. Besonders bekannt ist von diesen Maßen die *Geld-Brief-Spanne*, die Differenz zwischen dem niedrigsten Briefkurs Q_B und dem höchsten vorliegenden Geldkurs Q_G.[600] Die Liquidität kann als die Differenz von Transaktionspreis und dem diesem zuzuordnenden halben Spread, der die Kosten imperfekter Liquidität pro Handelseinheit angibt, gemessen werden. Je kleiner der Spread ist, desto liquider ist das zugehörige Wertpapier.[601] Die Geld-Brief-Spanne als Liquiditätsmaß gibt damit eine Antwort auf die Frage, welche Kosten entstehen, wenn eine Transaktion ohne Zeitverzögerung ausgeführt wird.

Während in Market-Maker-Märkten sowie in kontinuierlichen Auktionen Geld-Brief-Spannen jederzeit quotiert werden, lassen sich bei Auktionen zu Gesamtkursen (z.B. amtlicher Markt in Deutschland) unter der Annahme informationseffizienter Märkte sowie der Stationarität der Wahrscheinlichkeitsverteilung beobachteter Preisänderungen implizite Spreads aus seriellen Korrelationen von Kursentwicklungen ableiten (Roll-Maß).[602] Daten über Geld- und Briefpreise werden somit nicht unbedingt benötigt. Jedoch ist das Roll-Maß kritisch zu sehen. So sind nicht nur die Annahmen regelmäßig nicht erfüllt, so dass unter Verwendung von impliziten Spreads die Marktliquidi-

---

596 Vgl. Kempf / Korn JFM 1999, 29, 38f.

597 Vgl. ebenda, 29, 34ff. Ein neuronales Netz ist ein nichtlineares Regressionsmodell, mit dem man beliebig genaue Approximationen machen kann und die Nichtlinearität nicht vorher spezifiziert werden muss, vgl. Kempf Habilitation 1999, S. 34.

598 Vgl. Kempf BW 1998a, 299, 304f.

599 Diese Verfahren sollen hier nicht im Detail dargestellt werden. Eine ausführlichere Diskussion findet sich ebenda, 299, 305ff., bei Kempf Habilitation 1999, S. 37ff. sowie bei Brunner BTF 1996, S. 27ff.

600 Die Geld-Brief-Spanne ist der von Market-Makern geforderte Preis für ihre Bereitschaft, jederzeit zu handeln. In der Spanne kommen unterschiedliche Kostenkomponenten zum Ausdruck, vgl. Kempf ZBB 1998b, 100, 100f. Ein Modell, das diese Kostenkomponenten in einen stochastischen Preisbildungsprozess einbezieht, findet sich bei Oehler / Häcker, Kurseinfluss von Transaktionen, 2003, S. 7ff.

601 Vgl. Kempf BW 1998a, 299, 305, sowie Kempf Habilitation 1999, S. 37f.

602 Vgl. dazu ausführlich Roll JoF 1984, 1127, 1127ff., sowie Bittner Dissertation 2001, S. 96ff.

tät tendenziell überschätzt wird.[603] Es ergeben sich auch bei Verwendung von Kursen, die auf eine längere Zeitspanne als Intradaykurse abstellen; statistisch bedingte Verzerrungen.[604]

Als problematisch erweist sich zudem allgemein die Unterstellung, dass alle Aufträge unabhängig von ihrem Handelsvolumen den gleichen Einfluss auf den Preis haben. Die Größe einer Order dürfte insbesondere in engen Märkten einen signifikanten Einfluss auf das Ausmaß der Preisänderung haben kann. Nicht zuletzt stellt die in der Praxis häufig beobachtbare Tatsache, dass Transaktionen von Großinvestoren zu Kursen innerhalb der Geld-Brief-Spanne abgeschlossen werden, ein für die Eignung dieses Konzeptes ernst zu nehmendes Problem dar.[605] Gleichwohl wird die Geld-Brief-Spanne als ein geeignetes Liquiditätsmaß angesehen.[606]

Hasbrouck / Schwartz haben einen Markteffizienzkoeffizienten entwickelt, dessen Idee darauf basiert, dass temporäre Ungleichgewichte nicht informationsinduzierte Kursänderungen zur Folge haben. Daher stellen sie zur Beurteilung der Liquidität eines Wertpapiers auf dessen Renditevolatilität ab. Sie unterstellen, dass längere Zeitintervalle maßgeblich von informationsinduzierten Kursänderungen beeinflusst werden, während die Varianz auf kurze Sicht wegen liquiditätsbedingten Kursbeeinflussungen erhöht ist. Bei einer Untersuchung gilt es daher zu unterscheiden, inwiefern die Volatilität informations- oder liquiditätsinduzierte Einflüsse erfährt.[607] Die Liquidität einer Aktie lässt sich aus dem Renditevolatilitätsquotienten (=Markteffizienzkoeffizient, MEC) ablesen, der folglich sowohl kurze als auch lange Berechnungsintervalle berücksichtigt.

Zur Berechnung bedarf es der Kursdaten eines längeren Zeitraums. Teilt man die Varianz beobachteter Renditen eines längeren Zeitintervalls (Var(r_L)) durch ihr Zeitintervall L und setzt diesen Quotienten ins Verhältnis zu der Varianz der kurzfristigen Renditen (Var(r_S)), dann lässt sich unter den oben getroffenen Annahmen der Liquiditätsgrad direkt ablesen. Der Quotient (Var(r_L))/L stellt dabei einen Schätzwert für die kurzfristige, informationsinduzierte Renditevarianz dar.

Es gilt:

$$MEC = \frac{VAR(r_L)}{L * VAR(r_S)} = \frac{VAR(r_S^*)}{VAR(r_S)} \text{.[608]}$$

Die Liquidität ist umso mehr gegeben, je näher der Wert an eins liegt. Sie kann damit unabhängig von informationsinduzierten Einflüssen bestimmt werden, da sich ent-

---

603 Vgl. dazu Oesterhelweg / Schiereck, Die Bank 1993, 390, 394f.
604 Vgl. Harris JoF 1990, 579, 589.
605 Vgl. dazu ausführlicher Oesterhelweg / Schiereck, Die Bank 1993, 390, 395f.
606 Vgl. Brunner BTF 1996, S. 33, sowie Oesterhelweg / Schiereck, Die Bank 1993, 390, 395, 397.
607 Vgl. Kempf BW 1998a, 299, 306.
608 Vgl. Hasbrouck / Schwartz JPM 1988, 10, 12. Die von Hasbrouck / Schwartz gewählten Zeitintervalle sind eine halbe Stunde für die kurzfristigen, sowie zwei Tage für die langfristigen Renditen.

sprechende Auswirkungen sowohl im Zähler als auch im Nenner niederschlagen. Werte über eins können nur schwer auf liquiditätsinduzierte Preisänderungen zurückgeführt werden.[609]

Die Eignung des MEC ist nicht abschließend geklärt. Während *Hasbrouck / Schwartz* für den Zeitraum März und April 1985 an amerikanischen Börsen zwar noch eine negative Korrelation zwischen MEC und Geld-Brief-Spanne nachweisen können[610], berichtet *Brunner* für die FWB im Jahr 1994 von negativen Zusammenhängen zwischen dem MEC und unterschiedlichen Maßen für Handelsvolumina.[611] Zwar ist auch die Reliabilität eines Liquiditätsmaßes, das auf Handelsvolumina abstellt, nicht einwandfrei. Denn schon aus rein theoretischen Überlegungen muss ein solches Maß mit der Begründung abgelehnt werden, dass Investoren ihre Kauf- und Verkaufsentscheidungen wohl vornehmlich von anderen Faktoren, wie etwa neuen Informationen abhängig machen.[612] Ferner gibt es Studien, die empirisch sowohl einen positiven[613] als auch einen negativen Zusammenhang zwischen dem Handelsvolumen und der Geld-Brief-Spanne feststellen.[614] Gleichwohl beurteilen *Oesterhelweg / Schiereck* den Erklärungswert des MEC als unwesentlich größer als der impliziter Geld-Brief-Spannen, da die Annahmen in der Realität so nicht gegeben seien und daher bei Vorliegen von Informations*in*effizienz nicht mehr von einer seriellen Unabhängigkeit der Preisänderungen ausgegangen werden könne.[615] Letztlich positiv hervorzuheben ist jedoch, dass die Liquiditätsmessung nicht durch informationsinduzierte Preisänderungen verzerrt wird.[616]

Für den *Fall diskret handelbarer Wertpapiere* (in nicht kontinuierlichen Märkten) muss zusätzlich zur Preisdimension die Zeitdimension der Liquidität berücksichtigt werden. Ein Maß, das beide Dimensionen berücksichtigt, wurde von *Garbade / Silber* beschrieben. Die Liquidität ergibt sich in diesem als die Varianz der Differenz zwischen dem herrschenden Gleichgewichtspreis (S(t)) im Zeitpunkt der Orderabgabe (Δt) und dem sich bei Orderabwicklung einstellenden Transaktionspreis:

---

609 Vgl. Theissen Dissertation 1998, S. 215.

610 Vgl. Hasbrouck / Schwartz JPM 1988, 10, 14.

611 Vgl. Brunner BTF 1996, S. 71f.

612 In der Literatur wird zudem bemängelt, dass keine der 4 beschriebenen Liquiditätsdimensionen abgebildet werden kann, vgl. Oesterhelweg / Schiereck, Die Bank 1993, 390, 392. *Luttermann* führt an, geringe Umsätze könnten auch ein Hinweis auf das Vorliegen eines hohen Prozentsatzes langfristig orientierter Aktionäre sein, vgl. Luttermann ZIP 2001, 869, 872. Hingegen bemerkt *Weber*, dass Mindestumsatzgrenzen aus pragmatischen Gründen vorteilhaft seien, vgl. Weber ZGR 2004, 280, 298.

613 *Kempf* untersucht die wechselseitigen Abhängigkeiten zwischen Umsatz und Geld-Brief-Spanne mit Daten zu Futures auf den DAX für 250 Handelstage der Jahre 1992/93. Er stellt fest, dass eine Erhöhung der Transaktionsanzahl mit einer Ausweitung der Geld-Brief-Spanne einhergeht, was jedoch wieder zu einer Reduzierung der Handelstätigkeit führt, vgl. Kempf ZBB 1998b, 100, 106.

614 Vgl. Demsetz QJE 1968, 33, 46ff., sowie Copeland / Galai JoF 1983, 1457, 1463f.

615 Vgl. Oesterhelweg / Schiereck, Die Bank 1993, 390, 397.

616 Vgl. Brunner BTF 1996, S. 26.

$$Var\big[S(t) - R(t - \Delta t)\big].$$

Diese lässt sich zerlegen in die Preisdimension

$$S(t) - R(t),$$

sowie in die Zeitdimension der Preisänderung:

$$R(t) - R(t - \Delta t).$$

Die Zeitdimension der Liquidität wird damit in Risikoeinheiten zwischen zwei Handelsmöglichkeiten gemessen: ein Wertpapier ist im Sinne der Zeitdimension umso liquider, je kürzer der zeitliche Abstand (t - Δt) bis zur nächsten Handelsmöglichkeit ist.[617] Die Erfassung der Zeitdimension der Liquidität in Risiko-, und nicht in Kalenderzeit „trägt der Tatsache Rechnung, dass eine fehlende Handelsmöglichkeit für einen Investor von größerer Bedeutung ist, wenn das Risiko einer ungünstigen zwischenzeitlichen Kursentwicklung groß ist."[618]

Ferner hat *Lassak* eine empirische Untersuchung des deutschen Rentenmarktes mit Hilfe eines *Kurssprung-Kurskonstanz-Indikators* durchgeführt. Seine Idee ist, dass in Wertpapiermärkten, in denen zu diskreten Zeitpunkten gehandelt wird, fehlende Umsätze in einem Wertpapier dazu führen, dass sich der wahre Wert vom Marktpreis entfernt. Ein sich durch auftretende Umsätze einstellender Kurssprung ist demnach umso höher, je länger kein Handel in dem Wertpapier stattgefunden hat, d.h. je länger der Kurs konstant geblieben ist. Mit Hilfe einer Clusteranalyse teilt er die untersuchten Wertpapiere in Kategorien ein und zieht daraus Rückschlüsse auf deren Liquidität.[619] Doch auch dieses Konzept ist kritisch zu sehen, da Kurssprünge, die durch Änderung fundamentaler Daten hervorgerufen werden, nicht auf mangelnde Liquidität zurückgeführt werden dürfen.

3.3.3.4 Zwischenergebnis

Zusammenfassend lässt sich festhalten, dass manche Liquiditätsmaße bereits daran scheitern, liquiditäts- und informationsinduzierte Kursänderungen zu unterscheiden, so dass Verzerrungen in den Ergebnissen vorliegen (vgl. die implizite Geld-Brief-Spanne (Roll-Maß) sowie den MEC bei informations*in*effizienten Märkten). Andere wiederum tendieren dazu, die Liquidität eines Wertpapiers systematisch zu überschätzen, da sie nur tatsächlich durchgeführte Transaktionen berücksichtigen (vgl. das Konzept von

---

617 Vgl. Kempf Habilitation 1999, S. 44f., sowie Garbade / Silber JoF 1979, 577, 588. Market-Maker und Designated Sponsors können dabei helfen, den zeitlichen Abstand bis zur nächsten Handelsmöglichkeit und damit das Liquiditätsrisiko für die Marktteilnehmer zu verringern, vgl. Garbade / Silber JoF 1979, 577, 579.

618 Kempf Habilitation 1999, S. 187.

619 Vgl. Lassak ZfB 1991, 75, 75ff.

Kempf / Korn, sowie Messung der Liquidität als Preiseinfluss pro Nachfrageeinheit). Obwohl die Verwendung der Quotefunktion als ideal bezeichnet werden kann[620], dürfte sich die Datenerhebung in der Praxis als schwierig erweisen. In diesen Fällen müsste wohl der Verwendung expliziter Geld-Brief-Kurse der Vorzug gegeben werden, obwohl hier das Problem besteht, dass Transaktionen teilweise nicht zu den quotierten Kursen, sondern zu solchen innerhalb der Spanne abgeschlossen werden und der „market impact" einer Order nicht explizit berücksichtigt wird. Nicht zuletzt wegen dieser Probleme sowie der Tatsache, dass sich Messprobleme durch die Interdependenzen mancher Preis beeinflussenden Faktoren ergeben, werden „die analytischen Methoden zur Messung von Liquidität und Identifizierung transitorischer Kurseinflüsse […] als nicht hinreichend eingestuft […]."[621]

3.3.3.5 Das Xetra-Liquiditätsmaß

Neben diesen zahlreichen Auffassungen und Konzepten der Literatur und in Beschlüssen der Gerichte hat die Deutsche Börse AG selbst Messzahlen entwickelt, anhand derer die auf Xetra fortlaufend gehandelten Wertpapiere in zwei unterschiedliche Liquiditätskategorien eingeteilt werden. Die Messzahlen stellen auf die Liquidität und Aktivität von Wertpapieren ab und bestehen aus dem Xetra-Liquiditätsmaß (XLM) sowie dem durchschnittlichen Orderbuchumsatz. Wertpapieren, die bestimmte Kennzahlen nicht erfüllen können, wird mindestens ein sog. Designated Sponsor zugeordnet, der verbindliche Preise für den An- und Verkauf von Wertpapieren stellt (vgl. § 23 Abs. 3 BörsO der FWB) und somit für erhöhte Liquidität in den Wertpapieren und für Handelsbereitschaft unter den Marktteilnehmern sorgt.

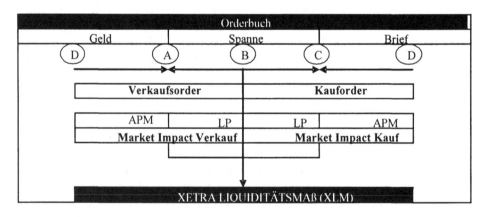

Abbildung 3: Konzeption des Xetra Liquiditätsmaßes[622]

---

620 Vgl. Kempf BW 1998a, 299, 308.
621 Krog Dissertation 2000, S. 285.
622 In Anlehnung an Gomber / Schweickert, Der Market Impact: Liquiditätsmaß im elektronischen Wertpapierhandel, Deutsche Börse AG, Xetra Research, 2002, S. 3.

Während bis zum Jahr 2003 auch die Verpflichtung von Designated Sponsors bei bestimmter Segment- oder Indexzugehörigkeit erforderlich war, ist sie heute nur noch bei im Sinne der Definition der Deutsche Börse AG mangelnder Liquidität geboten.[623] Die Liquidität von Wertpapieren wird im Rahmen des XLM anhand impliziter Transaktionskosten quartalsweise unter Berücksichtigung der Dimensionen Breite, Tiefe und Sofortigkeit gemessen.[624] Dazu wurde der „Market Impact" entwickelt, dessen einzelne Faktoren Liquiditätsprämie (LP) und Adverse Preisbewegung (APM) in das XLM einfliessen (vgl. Abbildung 3).

Die Liquiditätsprämie bildet die Marktbreite ab und beinhaltet die Hälfte der Geld-Brief-Spanne (Strecke AB bzw. BC), wobei die Mitte als theoretischer Marktwert angesehen wird. Zudem ist für größere Orders (Blockorders), deren Auftragsvolumen das quotierte Volumen am besten Limit übersteigt, die Markttiefe mit zu berücksichtigen. Durch sukzessive Teilausführungen zu jeweils schlechteren Kursen werden dadurch die impliziten Transaktionskosten weiter erhöht (Strecke CD bzw. DA). Die Summe dieses hypothetischen Market Impact auf Geld- und Briefseite ergibt das XLM in Basispunkten für Handelsvolumina von regelmäßig 25.000 €.[625] Die vierte Liquiditätsdimension ergibt sich aus der Veränderung der Messergebnisse über die Zeit.[626]

Der durchschnittliche Orderbuchumsatz wird ebenfalls quartalsweise durch Tagesdurchschnittsbildung der letzten 3 Monate gebildet. Die entsprechenden Monatsendwerte werden durch Vernachlässigung der Handelstage mit dem höchsten und niedrigsten Umsatz geglättet.[627]

Nach Ermittlung des XLM für jedes einzelne Wertpapier wird dieses in eine der beiden Kategorien eingeteilt. Wertpapiere der Liquiditätskategorie A müssen ein XLM von kleiner oder gleich 100 Basispunkten vorweisen sowie einen durchschnittlichen täglichen Orderbuchumsatz von mehr als 2,5 Mio. € verzeichnen können. Sind diese Kriterien erfüllt, bedarf es keiner Bestellung eines Designated Sponsor, da die Liquidität in dem betreffenden Wertpapier somit als gegeben gilt. Alle anderen Wertpapiere, die einem oder beiden Kriterien nicht genügen können, sind der Liquiditätskategorie B zuzuordnen, für die Designated Sponsors zu stellen sind.[628] Wertpapiere der Kategorie B, für die keine Designated Sponsors zugelassen sind, werden nicht im Fortlaufenden Handel, sondern im Rahmen einer untertägigen Auktion gehandelt.[629]

An die zur Stellung von Quotes für Wertpapiere der Kategorie B verpflichteten Designated Sponsors werden wöchentlich berechnete Mindestanforderungen gestellt, die sie in Abhängigkeit des Liquiditätsgrades eines Wertpapiers zu erfüllen haben (vgl. § 23b Abs. 3 BörsO der FWB). Nicht nur müssen sie während der gesamten Handelszeit

---

623 Vgl. Deutsche Börse AG, Designated Sponsors 2002, S. 1.
624 Implizite Transaktionskosten – im Gegensatz zu expliziten, die auf Gebühren, Provisionen und Steuern abstellen – bestehen aus der Differenz zwischen tatsächlich erzielten Preisen und theoretischen Marktwerten. Sie stellen damit die Kosten nicht vollkommener Liquidität dar.
625 Vgl. ebenda, S. 3f.
626 Vgl. ebenda, S. 4.
627 Vgl. Deutsche Börse AG, Designated Sponsors im Aktienmarkt 2003b, S. 6.
628 Vgl. Deutsche Börse AG, Designated Sponsor Guide 2003a, S. 5.
629 Vgl. Deutsche Börse AG, Designated Sponsors im Aktienmarkt 2003b, S. 5.

erreichbar sein. Die Deutsche Börse AG macht auch Vorgaben bezüglich der maximal zu stellenden Geld-Brief-Spanne sowie bezüglich des Mindestvolumens. Designated Sponsors sind zudem dazu „verpflichtet, an Auktionen teilzunehmen und im Fortlaufenden Handel eine Mindestquotierungsdauer einzuhalten."[630] Diese sog. Handelsparameter werden in Abhängigkeit der durch das XLM festgelegten Liquiditätsklasse monatlich bestimmt (vgl. Tabelle 1).[631]

	Liquiditätsklasse 1	Liquiditätsklasse 2	Liquiditätsklasse 3
XLM	< 100 bp	< 500 bp	= 500 bp
Handelsparameter			
Min. Quotierungsvolumen*	30.000	20.000	10.000
Maximaler Spread	2,50 %	4 %	5 %
*Angaben in EUR			

Tabelle 1: Liquiditätsklassenkonzept der Deutschen Börse AG[632]

Ausländische Wertpapiere, die der Kategorie B zuzuordnen und nicht im Prime Standard der Deutschen Börse AG gelistet sind, gehören einer weiteren, vierten Liquiditätsklasse an, für die ein maximaler Spread von 7 % gilt. Die fünfte Klasse beinhaltet die Wertpapiere der Kategorie A.[633]

Zum 31.7.2004 waren nach dem Liquiditätsmaß der Deutschen Börse AG neben einigen ausländischen Aktien 100 % der DAX-Aktien (30 Stück), 36 % der M-DAX-Aktien (18 von 50 Stück), und 16,67 % der Tec-DAX-Aktien (5 von 30 Stück) liquide und damit der Liquiditätskategorie A zuzuordnen. Zum 23.12.2005 waren sogar 100 % der DAX Aktien, 56 % der M-DAX Aktien und 30 % der Tec-DAX Aktien dieser Kategorie zuzuordnen.[634] Für die restlichen im Fortlaufenden Handel notierten Aktien mussten somit Designated Sponsors verpflichtet werden.

Damit decken sich die Ergebnisse nahezu mit den eingangs erläuterten Literaturmeinungen, von denen manche lediglich die DAX-Werte, andere Aktien aus weiteren Indi-

---

630 Deutsche Börse AG, Designated Sponsor Guide 2003a, S. 3. Näheres dazu, sowie zu den sog. Teilnahmequoten für die Designated Sponsors, findet sich in Deutsche Börse AG, Designated Sponsor Guide 2003a, S. 12f.

631 Vgl. Deutsche Börse AG, Designated Sponsors im Aktienmarkt 2003b, S. 3. Eine Liquiditätsklasse ist eine Gruppe ähnlich liquider Wertpapiere.

632 In Anlehnung an Deutsche Börse AG, Designated Sponsors im Aktienmarkt 2003b, S. 3.

633 Vgl. Deutsche Börse AG, Designated Sponsor Guide 2003a, S. 7.

634 Eine Übersicht über Aktien der Liquiditätskategorie steht zum Download bereit bei: http://deutsche-boerse.com/dbag/dispatch/de/listcontent/gdb_navigation/listing/50_Reports_ and_Statistics/30_Designated_Sponsors/Content_Files/tm_sp_mm_ds_erfordernis.htm, Zugriff am 30.9.2004 und am 8.11.2005 (die Liste zum 23.12.2005 wurde bereits vorher veröffentlicht).

zes berücksichtigt wissen wollen. Positiv anzumerken ist, dass die Deutsche Börse AG mit diesem Konzept objektive Werte generiert und durch die quartalsweise Neuberechnung Änderungen im Zeitablauf berücksichtigt werden können. Zudem wird durch die Erteilung von Ratings, die Qualitätssiegel der Designated Sponsors darstellen, Transparenz erzeugt und die Einhaltung der Handelsparameter gewährleistet.[635] Durch die Verpflichtung von Designated Sponsors für Aktien des Fortlaufenden Handels, die mangelnde Liquidität nach der Definition der Deutsche Börse AG aufweisen, kann auch in diesen ausreichender Handel gewährleistet werden. Damit dürfte man c.p. auch in diesen Aktien von marktgerechten Preisen ausgehen können.

3.3.3.6 Ergebnis

Angesichts der (weiterhin zu erwartenden) Vielfalt der Interpretationsmöglichkeiten wäre eine verbindliche Regelung, etwa in einem IDW-Standard, wann eine Marktenge vorliegt, wünschenswert. Fraglich ist, warum dies bisher nicht erfolgt ist. Zum Einen mag dies daran liegen, dass das *BVerfG* nicht durch starre Vorgaben die bei einer Unternehmensbewertung im Einzelfall notwendige Flexibilität beeinträchtigen wollte, aber wohl auch daran, dass für die Messung der Liquidität in der Praxis bisher scheinbar kein geeignetes Konzept bekannt und akzeptiert ist.[636] In anderen Rechtsgebieten wurde dagegen das Vorliegen einer ausreichenden Liquidität bereits definiert. So darf der Börsenkurs gem. § 5 Abs. 4 WpÜG-AV bei Angeboten nach § 2 Abs. 1 des Wertpapiererwerbs- und Übernahmegesetzes nicht berücksichtigt werden, wenn „während der letzten drei Monate vor der Veröffentlichung [...] an weniger als einem Drittel der Börsentage Börsenkurse festgestellt [werden können und] mehrere nacheinander festgestellte Börsenkurse um mehr als 5 % voneinander [abweichen]."[637] Inwiefern diese Regelung ein angemessenes Urteil über den Liquiditätsgrad eines Wertpapiers erlaubt, sei dahingestellt.[638] Dennoch ist nicht ersichtlich, warum im Fall einer Übernahme nach dem WpÜG andere Vorschriften gelten sollten als im Fall von durch Konzernierungsmaßnahmen begründeten Ausgleichs- und Abfindungszahlungen.

Wünschenswert ist ein Konzept, das die oben erwähnten 4 Dimensionen der Liquidität zu berücksichtigen vermag und objektive Werte liefert, die nicht durch falsche Annahmen oder konzeptionelle Fehler verzerrt werden. Auch wenn die Beurteilung der Liquidität mit Hilfe der Quotefunktion wohl den Anforderungen am besten gerecht werden kann, muss davon ausgegangen werden, dass die dafür notwendige Datenbasis so in der Regel nicht vorliegen wird. Eine anhand des von der Deutschen Börse AG entwickelten XLM erfolgende Beurteilung dürfte sich jedoch als stichhaltiger erweisen als die pauschale Festlegung von Grenzen für das Handelsvolumen (vgl. OLG Düsseldorf

---

635 Vgl. Deutsche Börse AG, Designated Sponsor Guide 2003a, S. 3.
636 Vgl. auch Krog Dissertation 2000, S. 285.
637 § 5 Abs. 4 WpÜG-AV; Klammerzusatz vom Verfasser.
638 So wird moniert, dass in der Praxis eine Marktenge nach dieser Definition regelmäßig nicht vorliegen wird, vgl. Weber / Wüstemann, Ergebnispapier zum Symposium vom 29.1.2004, Sonderforschungsbereich 504, No. 04-25, Universität Mannheim, S. 17. Zudem trifft auch hier die Kritik an dem oben dargestellten Kurssprung-Kurskonstanz-Indikator zu.

i.S. SNI-AG) oder bloße Behauptungen, wie etwa die, dass bei einer Handelsaktivität von 40 Tagen innerhalb von 4 Monaten von einer liquiden Aktie gesprochen werden könne (vgl. *BGH* i.S. DAT/Altana).

3.3.4 Informationseffizienz

3.3.4.1 Definition

Vorbehalte gegenüber der Verwendung von Börsenkursen fußen ferner auf der Behauptung, der (deutsche) Kapitalmarkt sei nicht hinreichend informationseffizient.[639] Die Informationseffizienz ist, wie in Abschnitt 3.3.2.1 erläutert, eines der maßgeblichen Kriterien für die Beurteilung eines Kapitalmarktes und damit für die Fähigkeit zur korrekten Bewertung von Wertpapieren. Zudem ist die Anpassungsfähigkeit eines Kapitalmarktes an neue Informationen eine notwendige Voraussetzung für dessen Allokationseffizienz.[640] In preis*in*effizienten Märkten entsprechen Aktienkurse nicht ihrem wahren Wert und wirken dadurch bei Transaktionen wegen entstehender impliziter Kosten transaktionskostenerhöhend. Die in Folge von Informations*in*effizienz erhöhten Anbahnungs- und Vereinbarungskosten[641] können zu einer geminderten Handelsbereitschaft der Marktteilnehmer führen.

Erste Erkenntnisse über die Informationseffizienz von Kapitalmärkten gehen auf die Arbeit von *Fama* zurück. *Fama* unterscheidet drei Formen der Informationseffizienz, deren Kategorisierung noch heute allgemein anerkannt ist.
1) Schwache Informationseffizienz: nur vergangene Informationen sind in den Kursen eingepreist.
2) Halbstrenge Informationseffizienz: vergangene und alle öffentlich verfügbaren Informationen sind in den Kursen enthalten.
3) Strenge Informationseffizienz: vergangene, alle öffentlich verfügbaren sowie private Informationen spiegeln sich in den Kursen wider.[642]

Ein Kapitalmarkt gilt bezüglich einer gegebenen Informationsmenge als effizient, wenn keine Handelsstrategien existieren, mit denen auf Basis dieser Informationen Überrenditen erzielt werden können.[643] In empirischen Studien zur Informationseffizienz wird regelmäßig ein Preisbildungsprozess (Renditeerwartungsmodell) unterstellt, der auf erwartete Renditen abstellt, die von der Menge der verfügbaren Informationen beeinflusst werden.[644] Studien zur schwachen Informationseffizienz unterstellen ferner

---

639 Siehe dazu Steinhauer AG 1999, 299, 306 m.w.N.
640 Vgl. dazu Schremper WiSt 2002, 687, 687, sowie Möller ZfbF 1985, 500, 501.
641 Vgl. Rudolph / Röhrl in Hopt et al., Börsenreform, 1997, 143, 181.
642 Vgl. Fama JoF 1970, 383, 383. In seiner Arbeit von 1991 verwendet *Fama* leicht modifizierte Einteilungskriterien, insbesondere bezüglich der schwachen Informationseffizienz, vgl. Fama JoF 1991, 1575, 1575ff.
643 Vgl. Wallmeier in Gerke / Steiner, HWB des Bank- und Finanzwesens 2001, Sp. 1793.
644 Vgl. Fama JoF 1970, 383, 384ff.

häufig die Random-walk-Hypothese. Diese geht davon aus, dass aufeinander folgende (permanente) Preisänderungen gleich verteilt und unabhängig voneinander sind und somit keine serielle Korrelation zwischen den Kursen existiert.[645]

Die Validität der Ergebnisse empirischer Studien hängt wegen der inhärenten Annahmen maßgeblich von dem gewählten Renditeerwartungsmodell ab.[646] Als schwierig erweisen sich zudem neben der Auswahl einer sinnvollen Grundgesamtheit sowie dem Festlegen geeigneter Berechnungsparameter[647] die aus den Ergebnissen zu ziehenden Schlussfolgerungen. Es gilt zu unterscheiden, ob bspw. bei einer (scheinbar) nachweisbaren Informations*in*effizienz Verzerrungen durch das verwendete Renditeerwartungsmodell hervorgerufen wurden oder wirklich das Vorliegen von Markteffizienz in Frage zu stellen ist (joint-hypothesis-problem).[648]

3.3.4.2 Empirische Ergebnisse zur schwachen Form der Informationseffizienz

3.3.4.2.1 US-amerikanischer Aktienmarkt

Die schwache Form der Informationseffizienz wird empirisch dadurch untersucht, ob historische Renditen sowie finanzmathematische Kennzahlen gute Schätzer für zukünftige Renditen sind. Zweifel an der Gültigkeit der schwachen Form der Informationseffizienz werden daher in der Regel durch Marktanomalien[649] hervorgerufen. So sollten an einem effizienten Kapitalmarkt bei einem unterstellten Renditeerwartungsmodell mit im Zeitablauf konstanten erwarteten Renditen unkorrelierte Kursänderungen vorliegen. Dies impliziert, dass langfristig gegenüber einer einfachen Buy-and-Hold-Strategie keine systematischen Überrenditen erzielbar sein dürften.

Jedoch stellten schon *Fama* und *Fisher* in den 60er Jahren positive Autokorrelationen täglicher bzw. monatlicher Renditen am US-amerikanischen Aktienmarkt fest. Ferner wiesen *Lo / MacKinlay* sowie *Conrad / Kaul* in den 80er Jahren positive Autokorrelationen für wöchentliche Renditen nach.[650] Das Phänomen signifikant positiv autokorrelierter Renditen wird auf die Existenz von noise tradern (uninformierte Händler) zurückgeführt, die auf Basis von Trendextrapolationen handeln.[651]

Basierend auf den Ergebnissen der soeben erwähnten Studien kommt *Fama* trotz des Vorliegens positiver Autokorrelationen zu dem Schluss, man könne nicht mit hinreichender Wahrscheinlichkeit sagen, dass sich kurzfristige durch vergangene Renditen erklären ließen. Der Anteil der Varianz, der über die Varianz erwarteter Renditen erklärt

---

645 Vgl. ebenda, 383, 386, 388, sowie Holzer Informationseffizienz 2001, S. 19.
646 Vgl. zur Bedeutung der Wahl des Modells auch Fama JoF 1998, 283, 292f, sowie DeBondt / Thaler JoF 1985, 793, 796. *Möller* stellt fest, dass keines der bekannten Modelle dazu fähig ist, den Preisbildungsprozeß angemessen zu erklären, vgl. Möller ZfbF 1985, 500, 516.
647 Siehe dazu Fama JoF 1998, 283, 293ff.
648 Siehe dazu Schremper WiSt 2002, 687, 690, sowie Möller ZfbF 1985, 500, 504.
649 Unter Anomalie wird eine gegenüber der Rendite, die laut der Informationseffizienzhypothese erzielt werden müsste, durch das zugrunde gelegte Renditeerwartungsmodell nicht erklärbare Überrendite verstanden.
650 Vgl. Conrad / Kaul JoB 1988, 409, 413.
651 Vgl. Wallmeier in Gerke / Steiner, HWB des Bank- und Finanzwesens 2001, Sp. 1794.

werden könne, sei nur unter 1 % und die zugrunde liegenden statistischen Auswertungen folglich nicht aussagekräftig genug, um Markt*in*effizienz zu unterstellen.[652] Im Gegensatz dazu ist *Summers* der Auffassung, die vorliegenden empirischen Ergebnisse seien nicht hinreichend zuverlässig, um von Markteffizienz ausgehen zu können. Seiner Meinung nach ist es falsch, wegen offensichtlicher Anomalien am Kapitalmarkt immer auf die Fehlerhaftigkeit des verwendeten Renditeerwartungsmodells, und nicht auf mangelnde Informationseffizienz abzustellen.[653] *Summers* baut in sein Modell eine Variable ein, die einem autoregressiven Prozess unterliegt und zu Fehlbewertungen der Aktienkurse führen kann. Er zeigt, dass Autokorrelationen kurzfristiger Renditen den Eindruck vermitteln können, dass einem mean-reversal unterliegende Preiskomponenten keine Auswirkungen haben, sofern die Renditevolatilität maßgeblich durch die mean-reversals erklärt werden kann.[654]

Den Erkenntnissen *Summers'* schließen sich *Fama / French* an. Für einen Zeitraum von 60 Jahren stellen sie am US-amerikanischen Aktienmarkt durch die mean-reverting-Preiskomponente verursachte schwache Autokorrelationen für kurzfristige, sowie eindeutig stark negative Autokorrelationen für 3 – 5 jährige Renditen fest. Die Preisänderungen lassen sich zu 25 % im Fall von Portfolios mit kleinen, sowie zu 40 % bei Portfolios mit großen Unternehmen voraussagen.[655]

DeBondt / Thaler beschreiben eine weitere Renditeanomalie am US-amerikanischen Aktienmarkt. Für die Zeit von Januar 1926 bis Dezember 1982 weisen sie einen (a-symmetrischen) winner-loser-Effekt nach: Aktien, die im Vergleich zum Gesamtmarkt gewinnen, werden langfristig relativ mehr verlieren als der Markt und umgekehrt. Abnormale Renditen treten in ihrer Studie vorwiegend im Januar auf.[656] Nach *DeBondt/ Thaler* ist dieser Effekt Folge einer psychologisch begründbaren Überreaktion auf unternehmensbezogene Informationen.[657] Er führe zu einer temporären Fehlbewertung und ziehe langfristig eine negative Autokorrelation nach sich. Diese zeige sich in einer mean-reversion im Zeitablauf.[658] Entgegen dieser Auffassung sehen andere Autoren diesen Effekt als Ausprägung des size-[659] oder des turn-of-the-year-Effekts, ferner als Folge veränderter Risikoeinschätzungen durch den Markt an.[660]

---

652 Vgl. Fama JoF 1991, 1575, 1578.
653 Vgl. Summers JoF 1986, 591, 593.
654 Vgl. ebenda, 591, 594ff., sowie Fama JoF 1991, 1575, 1580.
655 Vgl. Fama / French JPE 1988, 246, 253ff.
656 Vgl. DeBondt / Thaler JoF 1985, 793, 799. Sie führen dieses Phänomen auf das Januar-Phänomen (tax-loss selling) zurück, vgl. S. 803.
657 Für weitere psychologisch begründbare Phänomene der Behavioral Finance, die nicht Gegenstand der Verarbeitung von Informationen sind, sei auf die Ausführungen bei Krog Dissertation 2000, S. 221ff. m.w.N. verwiesen.
658 Vgl. DeBondt / Thaler JoF 1987, 557, 575ff.
659 Vgl. Zarowin JoF 1989, 1385, 1394ff. Einen Teil des winner-loser-Effekts führt *Zarowin* auch auf Risikofaktoren zurück, vgl. S. 1393f.
660 Vgl. DeBondt / Thaler JoF 1987, 557, 558, sowie Fama JoF 1991, 1575, 1582 m.w.N. *DeBondt / Thaler* kommen hingegen zu dem Entschluss, dass Größen- und Risikofaktoren nichts mit dem winner-loser-Effekt zu tun haben können, vgl. DeBondt / Thaler JoF 1987, 557, 579.

Reinganum arbeitet einen signifikanten, einer negativen Autokorrelation unterliegenden size-Effekt an der NYSE für den Zeitraum von 1927 bis 1989 heraus: Aktien mit geringer Marktkapitalisierung (small caps) schlugen in diesem Zeitraum Titel mit hoher Marktkapitalisierung (large caps) bei jährlicher Neuzusammensetzung der Portfolios um 13 % pro Jahr.[661] Aus seiner Studie zieht er die Schlussfolgerung, dass sich die relative Performance von small caps gegenüber derjenigen von large caps für Anlagehorizonte von mindestens 5 Jahren voraussagen lässt.[662]

Auch *Roll* stellt einen signifikanten Renditeunterschied zwischen kleinen und großen Unternehmen im Zeitraum von 1963 bis 1980 fest. 67 % des Renditeunterschieds können in seiner Untersuchung durch Differenzen in den ersten 20 Handelstagen im Januar sowie dem letzten des Dezembers erklärt werden.[663] Die beobachteten signifikanten Überrenditen im Januar führt er auf den turn-of-the-year-Effekt zurück. *Roll* zeigt einen signifikant negativen Zusammenhang zwischen unterjährigen Aktienrenditen und solchen während der Handelstage der darauf folgenden Jahreswende auf. Dieser Zusammenhang zeige sich insbesondere bei small caps, da deren Renditevolatilität höher und damit die Verlustwahrscheinlichkeit verstärkt sei.[664] Gleichwohl wird die ökonomische Signifikanz dieses sowie anderer Kalenderzeiteffekte[665] als fraglich angesehen, da unter Berücksichtigung von Transaktionskosten das Erzielen von Überrenditen angezweifelt werden sollte.[666]

Es stellt sich die Frage, welche Implikationen diese Ausführungen für den deutschen Aktienmarkt haben. Wegen der Breite und Tiefe amerikanischer Märkte sollte man davon ausgehen können, dass diese c.p. informationseffizienter als deutsche Märkte sind.

3.3.4.2.2 Deutscher Aktienmarkt

Frantzmann findet für den deutschen Aktienmarkt einen signifikanten Montagseffekt. In seiner Studie, die 93 deutsche Aktien im Zeitraum 1.1.1970 bis 30.6.1985 umfasst, kommt er zu dem Schluss, dass signifikant negative Montagsrenditen zumindest teilweise durch die mehrtägige Erfüllungsfrist für Börsengeschäfte begründet werden können, ein allgemeiner closed-market-Effekt jedoch wegen nicht feststellbarer signifikanter Überrenditen nach Feiertagen verworfen werden müsse.[667] Auch stellt er Zusam-

---

661 Vgl. Reinganum JPM 1992, 55, 56. Negative Autokorrelation bedeutet in diesem Fall, dass sich der size-Effekt nach einiger Zeit umkehrt.

662 Vgl. ebenda, 55, 60.

663 Vgl. Roll JPM 1983, 18, 19.

664 Vgl. ebenda, 18, 21f. Der turn-of-the-year-Effekt ist das Phänomen, dass Aktien, die während des Jahres Verlusten unterlagen, im Dezember aus steuerlichen Gründen verstärkt veräußert werden, und im Januar wieder zu Gleichgewichtskursen zurückfinden.

665 Verschiedene Studien konnten signifikante Überrenditen am Monatsanfang, an Montagen, sowie an Tagen vor einem Feiertag nachweisen, vgl. dazu Wallmeier in Gerke / Steiner, HWB des Bank- und Finanzwesens 2001, S. 1796f. m.w.N.

666 Vgl. ebenda, Sp. 1796, Krämer in Gerke / Steiner, HWB des Bank- und Finanzwesens 2001, 1267, 1273 sowie Roll JPM 1983, 18, 23f.

667 Vgl. Frantzmann ZfB 1987, 611, 625ff. Die Begründung der mehrtägigen Erfüllungsfrist dürfte heute jedoch nicht mehr zutreffen. Nach einer Berechnung des Verfassers (zu privaten

menhänge zwischen dem Montagseffekt und dem size-Effekt, sowie einen turn-of-the-year-Effekt dar.[668] Jedoch zieht er die Schlussfolgerung, dass aus seiner Untersuchung nicht auf Informations*in*effizienz geschlossen werden könne, da die Überrenditen nach Berücksichtigung von Transaktionskosten wohl kaum erzielbar seien.[669]

Schiereck / Weber untersuchen am deutschen Aktienmarkt die Vorteilhaftigkeit kurz- und langfristiger Handelsstrategien und vergleichen diese mit einer einfachen Buy-and-Hold-Strategie unterschiedlicher Indizes. In ihren Untersuchungszeitraum von Januar 1961 bis Dezember 1991 beziehen sie Daten von 357 deutschen, amtlich an der FWB gehandelten Aktien ein. Ihre Ergebnisse stimmen weitgehend mit denen amerikanischer Untersuchungen überein. Sie stellen systematisch erzielbare Überrenditen fest, die in ihrer Reihenfolge nahezu denen amerikanischer Überrenditen entsprechen, jedoch nicht deren Höhe erreichen.[670] Vergleichbar mit *DeBondt / Thaler* ist der winner-loser-Effekt in ihrer Untersuchung asymmetrisch und steigt für spätere Subperioden an.[671] Auch sie ergründen eine leichte, durch den turn-of-the-year-Effekt verursachte Verzerrung, führen die Erzielbarkeit von Überrenditen jedoch maßgeblich auf zyklische Schwankungen der Kurse um einen wahren Wert zurück. Verhaltenswissenschaftliche Phänomene sowie den size-Effekt für langfristige Zeithorizonte können sie nicht ausschließen.[672]

In einer weiteren Studie greifen *Bromann et al.* die soeben beschriebene Studie wieder auf. Ihr Datensatz umfasst 379 deutsche, amtlich an der FWB notierende Aktien im Zeitraum von Dezember 1973 bis Dezember 1993. Auf Basis von kurzfristigen, antizyklischen sowie einer mittelfristigen, zyklischen Strategie untersuchen sie, ob die errechneten Überrenditen unter Einbeziehung unterschiedlicher Transaktionskostensätze sowie Leerverkaufsrestriktionen ausbeutbar sind. Interessanterweise wird ersichtlich, dass für die mittelfristige, zyklische Strategie auch unter Berücksichtigung von Transaktionskosten, Leerverkaufsrestriktionen und Liquiditätsengpässen ökonomisch ausbeutbare Überrenditen erzielt werden können.[673] Auch im Fall der kurzfristigen, antizyklischen Strategien weisen sie unter Berücksichtigung von Marktfriktionen teilweise erzielbare Überrenditen nach, die jedoch verstärkt mit steigenden Transaktionskosten abnehmen.[674] Ihre Schlussfolgerung ist so zu interpretieren, dass die Ausbeutung nachgewiesener Überrenditen sehr wohl ökonomischen Charakter besitzt, im Fall der 30 umsatzstärksten Aktien (nach Transaktionskosten) hingegen nicht von Informations*in*effizienz gesprochen werden könne.[675]

Zwecken) ist der Montagseffekt jedoch weiterhin – wenn auch nicht signifikant – am deutschen Aktienmarkt beobachtbar.

668 Vgl. ebenda, 611, 619ff.

669 Vgl. ebenda, 611, 632.

670 Vgl. Schiereck / Weber ZfbF 1995, 3, 17, 19.

671 Vgl. ebenda, 3, 10ff.

672 Vgl. ebenda, 3, 23.

673 Vgl. zusammenfassend Bromann et al. ZfbF 1997, 605, 610. Die mittelfristige Strategie unter Berücksichtigung von Marktfriktionen war jedoch in dem Fall, in dem nur die 30 liquidesten Aktien betrachtet wurden, nicht mehr erfolgreich.

674 Vgl. ebenda, S. 612, 615.

675 Vgl. ebenda, S. 615.

In einer anderen Studie bestätigt *Krämer* Kointegrationsbeziehungen[676] deutscher Großchemiewerte.[677] Anhand unterschiedlicher Handelsstrategien zeigt er die Vorteilhaftigkeit gegenüber einer einfachen Buy-and-Hold-Strategie auf, weist jedoch gleichzeitig darauf hin, dass wegen der Größe der Stichprobe kein Rückschluss auf ineffiziente Märkte gezogen werden könne.[678]

3.3.4.2.3 Schlussfolgerungen

Zusammenfassend muss festgestellt werden, dass eine Aussage über die Gültigkeit der schwachen Form der Informationseffizienz für den amerikanischen Markt nicht abschließend möglich ist. Bereits *Fama / French* kamen zu der Auffassung, „whether predictability reflects market inefficiency or time-varying expected returns generated by rational investor behavior is, and will remain, an open issue."[679] In vielen Studien wurden Anomalien nachgewiesen, die der in Frage stehenden Form zuwiderlaufen. Allerdings sei angemerkt, dass die beobachteten Phänomene auf unterschiedliche Effekte zurückgeführt werden können[680], und dass zuweilen nicht ersichtlich ist, ob die Ergebnisse nicht (maßgeblich) auf Fehlspezifikationen des Renditeerwartungsmodells zurückzuführen sind.

Zugleich zeichnet sich jedoch in Aufsätzen aus den letzten 10 Jahren ab, dass die schwache Form der Informationseffizienz als gegeben angenommen wird.[681] Nicht zuletzt wird dies auf die (unbestreitbare) Bedeutung der technischen Aktienanalyse zurückgeführt werden können. Diese unterstellt dem Aktienkursverlauf gewisse Regelmäßigkeiten, die sich bei Gültigkeit der schwachen Form der Informationseffizienz nicht ausnutzen lassen.[682] Ferner werden eventuell vorliegende Anomalien wohl nicht von Dauer sein. Denn „jede ökonomisch signifikante Renditeanomalie müsste verschwinden, weil sie Gewinnmöglichkeiten eröffnet, die informierte Anleger [...] ausnutzen werden, bis die Preise wieder mit den Fundamentaldaten in Einklang stehen."[683]

Auch für den deutschen Aktienmarkt erweist sich eine Beurteilung als schwierig. Zwar wurden auch hier Anomalien nachgewiesen, die gegen das Vorliegen der schwa-

---

676 Kointegration von Kursen ist die Möglichkeit, die Linearkombination von Kursen als stochastischen Prozess modellieren zu können. Dies widerspricht der Theorie effizienter Märkte, da Renditen somit als Funktion vergangener Kurse dargestellt werden können, vgl. Krämer in Gerke / Steiner, HWB des Bank- und Finanzwesens 2001, 1267, 1271.

677 Vgl. Krämer ZfbF 1999, S. 928.

678 Vgl. ebenda, S. 933f.

679 Fama / French working paper 1986, S. 24.

680 Vgl. dazu allgemein auch Wallmeier in Gerke / Steiner, HWB des Bank- und Finanzwesens 2001, Sp. 1802.

681 Vgl. etwa Fama JoF 1998, 283, 284, sowie Schremper WiSt 2002, 687, 690 m.w.N.

682 Vgl. dazu Holzer Informationseffizienz 2001, S. 15, sowie Schremper WiSt 2002, 687, 687.

683 Wallmeier in Gerke / Steiner, HWB des Bank- und Finanzwesens 2001, Sp. 1802. Es sei angemerkt, dass *Wallmeier* damit der Börse die Fähigkeit zuspricht, Aktien prinzipiell nach fundamentalen Gesichtspunkten richtig zu bepreisen. Von mangelnder Liquidität, psychologischen Einflüssen und sonstigen Faktoren wird somit abstrahiert. Dennoch spricht diese Überlegung gegen die Verwendung eines Stichtages zur Bestimmung des relevanten Ausgleichs. Dazu mehr unter Abschnitt 3.3.5.2.

chen Form der Informationseffizienz sprechen, und die vergleichbare Verhaltensmuster zu amerikanischen Anomalien aufweisen können. Zudem wurde empirisch gezeigt, dass Überrenditen auf Basis von Handelsstrategien, die sich die beobachtbaren Anomalien zu Eigen machen, auch nach Einführung von Marktfriktionen ausbeutbar sind. Gleichwohl stellt *Krämer* für deutsche Aktien zusammenfassend fest, sie seien in der Regel zwar statistisch, jedoch nicht zwingend auch ökonomisch signifikant autokorreliert.[684] Auch *Schremper* geht letztlich von der Gültigkeit der schwachen Form der Informationseffizienz in Deutschland aus.[685] *Rudolph / Röhrl* bemerken, dass empirische Arbeiten „in der Tendenz bestätigen [...], dass auf Wertpapiermärkten in der Regel höchstens die schwache Form der Informationseffizienz erreicht wird."[686]

Eine abschließende Beurteilung der Informationseffizienz des deutschen Kapitalmarkts, die Rückschlüsse über die Angemessenheit der Verwendung von Börsenkursen für die Ausgleichsberechnung erlaubt, soll hier jedoch noch nicht erfolgen. Denn bedeutsamer für die vorliegende Arbeit ist die halbstrenge Form der Informationseffizienz, in die die schwache Form allerdings wie beschrieben definitionsgemäß eingeht.

3.3.4.3 Empirische Ergebnisse für die halbstrenge Form der Informationseffizienz

Wie eingangs erläutert, besagt die halbstrenge Form der Informationseffizienz, dass in den Kursen neben historischen sämtliche öffentlich verfügbaren Informationen enthalten sind. Zusätzlich zu den im Folgenden erwähnten Studien sind im Laufe der Zeit verschiedene Theorien entwickelt worden, die Zweifel am Vorliegen halbstrenger Informationseffizienz hervorrufen.

So stellt sich die Frage, inwiefern das Vorhandensein von Informationskosten mit der halbstrengen Form überhaupt vereinbar ist. *Grossman / Stiglitz* zeigen, dass bei Annahme eines halbstreng informationseffizienten Marktes für Marktteilnehmer kein Anreiz mehr besteht, Kosten zur Informationssuche und -auswertung in Kauf zu nehmen. Infolgedessen können öffentliche Informationen jedoch nicht eingepreist werden, und folglich kann keine Informationseffizienz im halbstrengen Sinne vorliegen (Informationsparadoxon).[687]

Auch *Black* zweifelt das Vorliegen von Informationseffizienz generell an. Neben rational handelnden Wirtschaftssubjekten erwähnt er den Einfluss irrationaler, nicht auf Basis neuer Informationen handelnder Akteure (noise trader). Obwohl die Informationseffizienz unter der Handelstätigkeit solcher Marktteilnehmer leide, werde dem Markt dadurch zusätzliche Liquidität zugeführt: „noise makes financial markets possible, but also makes them imperfect."[688] Das Entstehen von noise wird auf die Kurz-

---

684 Vgl. Krämer in Gerke / Steiner, HWB des Bank- und Finanzwesens 2001, 1267, 1271.

685 Vgl. Schremper WiSt 2002, 687, 690.

686 Rudolph / Röhrl in Hopt et al., Börsenreform, 1997, 143, 182 m.w.N.

687 Vgl. Grossman / Stiglitz AER 1980, 393, 400ff., sowie Grossman / Stiglitz AER 1982, 875, 875. Entgegen dieser Theorie findet *Löffler* keinen signifikanten Zusammenhang zwischen Informationskosten und dem Ausmaß der Ineffizienz eines Marktes, vgl. Löffler ZfbF 1999, 128, 140f.

688 Black JoF 1986, 529, 530.

fristorientierung von spekulativen Anlegern zurückgeführt und lasse sich mit der Theorie effizienter Märkte nicht vereinbaren.[689] *Black* führt an, dass sich Aktienkurse wegen der Existenz rational handelnder Marktteilnehmer langfristig dennoch ihrem wahren Wert wieder annäherten.[690]

Das Vorliegen von Informationseffizienz wird in der Empirie mit Hilfe von Ereignisstudien überprüft. Dabei wird getestet, wie schnell neue Informationen in den Kursen verarbeitet werden. Ausgehend von einer Studie von *Fama et al.*, die den Kurseinfluss bei Ankündigung eines stock splits (Ausgabe von Gratisaktien) untersuchten, wurde eine unüberschaubare Anzahl von Ereignisstudien v.a. für den amerikanischen Markt veröffentlicht.[691] Im Folgenden werden ausgewählte wesentliche Ergebnisse US-amerikanischer und deutscher Studien dargestellt. Ziel der Darstellung ist es, herauszufinden, inwiefern die Ergebnisse empirischer Studien mit der These halbstrenger Informationseffizienz am deutschen Aktienmarkt vereinbar sind.

3.3.4.3.1 Ausgabe von Gratisaktien

In ihrer Studie über die Ausgabe von Gratisaktien (stock splits) beziehen *Fama et al.* 940 splits von an der NYSE gelisteten Aktien im Zeitraum von Januar 1927 bis Dezember 1959 ein. Sie stellen in den Monaten vor der Ankündigung der stock splits positive Überrenditen fest, die sie als Antizipation des Marktes in Erwartung erhöhter Dividendenzahlungen deuten. Sie führen an, dass die Ausgabe von Gratisaktien häufig mit einer Erhöhung der Dividende einhergehe und in der Regel im Anschluss an eine Phase erfolge, in der der Gesamtmarkt hinter der betreffenden Aktie geblieben ist.[692] Damit sprechen sie dem stock split implizit eine Signalling-Funktion zu.[693] Sie kommen zu dem Ergebnis, der Markt unterliege zum Ende des Monats, in dem die Gratisaktien ausgegeben werden, keinen verzerrten Einschätzungen über zukünftige Dividendenzahlungen und sei daher im halbstrengen Sinne effizient. Auch scheine der Informationsanpassungsprozess schnell genug zu sein, um die Ausgabe von Gratisaktien nicht ausnutzen zu können, solange nicht etwa Insiderinformationen vorlägen.[694] Weitere Studien zum Kurseffekt von stock splits in den USA kommen zu vergleichbaren Ergebnissen, mit teilweise unterschiedlichen Begründungen für die Kursreaktion.[695]

Gebhardt et al. untersuchen am deutschen Aktienmarkt für den Zeitraum von 1980 bis 1990 die Kursreaktionen auf die Ausgabe von Gratisaktien. Bei der Auswertung von 69 Fällen stellt sich heraus, dass im Vergleich zum FAZ-Index an den Tagen t_{-1} und t_0 relativ zum Ankündigungstag signifikante positive Überrenditen vorliegen. Auch ist

---

689 Vgl. dazu auch Pierdzioch WiSt 2003, 407, 407.
690 Vgl. Black JoF 1986, 529, 532.
691 Vgl. Fama JoF 1970, 383, 404f.
692 Vgl. Fama et al. IER 1969, 1, 10ff.
693 Vgl. dazu auch die Ausführungen bei Röder Habilitation 1999, S. 53f.
694 Vgl. Fama et al. IER 1969, 1, 17f. Angemerkt sei jedoch, dass in der Studie nicht auf den Tag der Ankündigung des stock splits, sondern auf den Tag der Ausgabe der Aktien abgestellt wird, was die Ergebnisse verzerren könnte.
695 Vgl. dazu die Übersicht bei Röder Habilitation 1999, S. 68ff.

hier eine Vorwegnahme des Ankündigungseffekts bis t$_{-20}$ feststellbar. Selbst am Tag nach der Ankündigung können sie noch Überrenditen bestätigen, die jedoch nicht mehr signifikant sind.[696] Überraschenderweise beobachten *Gebhardt et al.* auch ab t$_{-3}$ bis t$_0$ des Ex-Tages signifikant positive Kursreaktionen, die sie auf die gestiegene Aufmerksamkeit der Aktien durch bevorstehende Kapitalerhöhungen zurückführen. Bei t$_{30}$ relativ zum Ex-Tag haben sich die Überrenditen der betrachteten Aktien jedoch wieder bei Null eingependelt.[697] Die Tatsache, dass eine Vorwegnahme und (eben) kein Nachlaufen abnormaler Kursbewegungen festgestellt werden konnte, spricht für die Gültigkeit halbstrenger Informationseffizienz. Gleichwohl ist nicht ersichtlich, ob die Vorwegnahme der Kursreaktion auf einen Antizipationseffekt[698] oder auf Insiderhandel zurückzuführen ist.

3.3.4.3.2 Gewinnmeldungen

Ereignisstudien über den Effekt von Gewinnmeldungen in den USA konnten in der Vergangenheit sowohl eine Vorwegnahme als auch ein Nachlaufen abnormaler Kursentwicklungen feststellen. Der Aktienkurs passt sich dort in der Regel innerhalb der ersten 10 Transaktionen beinahe vollständig an die neue Informationslage an, wobei die Informationswirkung kleiner Unternehmen größer ist als die großer Gesellschaften.[699] Bezüglich der Gewinnmeldungen wird die Informationseffizienz in den USA gleichwohl als nicht effizient angesehen.[700]

Löffler untersucht in einer Studie über den deutschen Kapitalmarkt die Vorteilhaftigkeit von Handelsstrategien nach erfolgten Ertragsrevisionen deutscher Unternehmen. Für den Zeitraum 1988 bis 1994 bildet er ein Kauf- und ein Verkaufportfolio, in denen jeweils 25 Aktien mit den höchsten bzw. niedrigsten Prognoserevisionen enthalten sind. *Löffler* stellt für das Kaufportfolio gegenüber dem DAFOX Ineffizienzen fest, die auch nach Transaktionskosten i.H.v. 0,2 % pro Transaktion Überrenditen begründen.[701] Die zögerliche Verarbeitung von Gewinnprognosen führt er maßgeblich auf die Risikoaversion informierter Investoren zurück.[702]

3.3.4.3.3 Analystenempfehlungen

Abzugrenzen von Gewinnmeldungen, bei denen das Ereignis selbst in der Veröffentlichung neuer Informationen besteht, sind Analystenempfehlungen. Analysten stützen

---

696 Vgl. Gebhardt et al. ZBB 1994, 308, 320.
697 Vgl. ebenda, 308, 326.
698 Vgl. dazu Pieper et al. ZfbF 1993, 487, 489.
699 Vgl. Röder Habilitation 1999, S. 87f. m.w.N.
700 Vgl. Löffler ZfbF 1999, 128, 128.
701 Vgl. ebenda, 128, 139f. Der DAFOX ist ein Performanceindex nach Laspeyres, der die an der FWB amtlich gehandelten Wertpapiere enthält. Er wird von der Universität Karlsruhe zur Verfügung gestellt, vgl. http://finance.wiwi.uni-karlsruhe.de/Forschung/dafox.html, Zugriff am 9.12.2004.
702 Vgl. Löffler ZfbF 1999, 128, 147.

sich unter Verwendung (bereits) öffentlicher Informationen sowohl auf die technische als auch auf die fundamentale Analyse. Da bei einem im halbstrengen Sinne informationseffizienten Kapitalmarkt lediglich das Ausnutzen privater Informationen zu Überrenditen führen dürfte, sollten Analystenmeinungen c.p. keinen Kurseinfluss haben. Dem widerspricht zwar theoretisch schon die (erwerbswirtschaftliche) Tätigkeit von Analysten, Beratern und sonstigen Informationsdiensten, die sich mit der Analyse und Auswertung von Informationen beschäftigen. Gleichwohl sei angemerkt, dass die Existenzberechtigung solcher Berufssparten wohl zu einem großen Teil auch darin zu sehen ist, auf die „Irrationalität" agierender Marktteilnehmer zu vertrauen. Diese unterstellen bei Gültigkeit halbstrenger Informationseffizienz auch (aktiven) Fondsmanagern implizit Insiderwissen.

So finden auch empirische Studien zu den Auswirkungen von Analystenempfehlungen unterschiedliche Ergebnisse. Teilweise konnten Informationswirkungen der Empfehlungen durch Analysten nachgewiesen werden. Andere Studien bestätigen wiederum, dass die Rendite bei Investition in zufällig ausgewählte Wertpapiere höher ausfällt als bei Kauf von empfohlenen Aktien.[703]

Pieper et al. untersuchen anhand einer Stichprobe von 70 an der FWB notierenden deutschen Aktien für den Zeitraum vom 1.2.1990 bis zum 31.1.1991 die Kaufempfehlungen des „Effecten-Spiegel". Sie stellen eine Vorwegnahme der Nachricht durch den Kapitalmarkt fest, die insbesondere für kleinere Gesellschaften zu signifikanten Überrenditen führt. Auch anhand einer Umsatzanalyse stellt sich heraus, dass die Empfehlungen Informationsgehalt haben und durch Nachfrageveränderungen Kursbewegungen ausgelöst haben. Gleichwohl bedeute dies nach *Pieper et al.* keinen Gegenbeweis zur Informationseffizienz, da Überrenditen (nach Transaktionskosten) aus der verspäteten Informationsverarbeitung nicht generierbar seien:[704] die Kursanpassung bei spekulativen Empfehlungen erfolgt zu 95 % *vor* der Veröffentlichung des Effecten-Spiegels. Die Informationseffizienz des Kapitalmarkts wird daher im Ergebnis als bestätigt angesehen.[705]

3.3.4.3.4 Unternehmenszusammenschlüsse

Die letzte hier zu erwähnende Kategorie von Ereignisstudien ist die über den Kurseinfluss von Ankündigungen über Unternehmenszusammenschlüsse. Auf US-amerikanischen Aktienmärkten konnten sowohl positive als auch negative kumulierte Überrenditen für Bietergesellschaften festgestellt werden. *Asquith* zeigt als erster die Kurswirkungen während vollständiger (erfolgreicher und scheiternder) Fusionsprozesse auf dem US-amerikanischen Aktienmarkt. In das sample des Zeitraums Juli 1962 bis Dezember 1976 bezieht er die 480 den Prozessen vorausgehenden, sowie die 240 darauf folgenden Handelstage mit ein.[706] Es stellt sich heraus, dass der amerikanische Aktienmarkt signi-

---

703 Vgl. Röder Habilitation 1999, S. 145ff m.w.N.
704 Vgl. Pieper et al. ZfbF 1993, 487, 499.
705 Vgl. ebenda, 487, 503.
706 Vgl. Asquith JoFE 1983, 51, 52.

fikant auf die Bekanntgabe einer möglichen Fusion reagiert, und auch später das Ergebnis einer erfolgreichen oder gescheiterten Fusion effizient einpreist. Hervorzuheben ist, dass die Kurse von Bietergesellschaften, deren Fusion sich im Nachhinein als gescheitert herausstellt, bereits während des Fusionsprozesses signifikant fallen.[707]

Für den deutschen Markt überprüft *Bühner* anhand einer Stichprobe von 90 Zusammenschlüssen der 500 umsatzstärksten Unternehmen des Jahres 1986 die Kurswirkung von Fusionen. Als Zeitpunkt der Bekanntmachung der Zusammenschlüsse wählt er den Monat der Anzeige beim Bundeskartellamt. In seiner Untersuchung wird deutlich, dass die Zielgesellschaften bereits 1 Jahr vor Bekanntgabe abnormale Renditen erfahren, die sich bis zum entscheidenden Monat auf +14,3 % kumulieren, und anschließend überwiegend fallen. Die Bietergesellschaften hingegen erfahren Kursverluste, die regelmäßig zeitgleich einsetzen, und im Monat der Bekanntmachung kumuliert -3,39 % betragen.[708] Vergleichbar mit *Gebhardt et al.* lässt auch *Bühner* offen, ob diese Beobachtungen auf den Antizipationseffekt oder etwa auf das Vorliegen von Insiderhandel zurückzuführen sind.

In einer weiteren Studie untersuchen *Gerke et al.* die Kapitalmarktreaktionen auf das Bekanntwerden von 124 Übernahmen mit beteiligten deutschen Unternehmen. Als Übernahme sehen sie offenbar jeden Erwerb einer Minderheitsbeteiligung an.[709] Ihre Datenbasis umfasst Aktien der FWB der Jahre 1987 bis 1992. Als Ereignistag wählen sie den Tag der Bekanntmachung der beabsichtigten Transaktion aus. Es stellt sich heraus, dass sich für bietende Unternehmen während des Ereigniszeitraums zwar ereignisbedingte Kursreaktionen ableiten lassen. Aggregiert führen positive und negative abnormale Renditen am Ereignistag jedoch dazu, dass scheinbar keine Kursreaktionen vorliegen.[710] Ferner arbeiten sie signifikante Überrenditen für die Zielgesellschaften vor, am, sowie nach dem Ereignistag heraus. Kumuliert verläuft die Überrendite sogar für den Zeitraum [-4; +33] bezüglich des Ereignistages auf signifikant positivem Niveau. Am Ereignistag selbst erreicht die kumulierte Überrendite +8,78 %, die in den darauf folgenden Tagen wieder fällt.[711] Das Bekanntwerden der Übernahme wird auch hier offensichtlich schnell eingepreist.[712] Dennoch wird wieder deutlich, dass abnormale Renditen bereits vor dem Ereignistag auftreten. Somit liegt auch in dieser Studie die Vermutung

---

707 Vgl. ebenda, 51, 68. *Asquith* deutet dies damit, dass der Markt während des Fusionsprozesses Informationen über das Management sammelt, daraus Rückschlüsse auf die Erfolgswahrscheinlichkeit der Fusion zieht und diese einpreist. Hingegen könnte dies wohl wiederum auf das Vorliegen von Insiderhandel hindeuten.

708 Vgl. Bühner ZfbF 1990, 295, 300f. *Bühner* interpretiert dieses Ergebnis so, dass den Fusionen nicht marktwertsteigernde Managementinteressen zugrunde liegen.

709 Vgl. Gerke et al. ZfbF 1995, 805, 805, Fn. 2.

710 Vgl. ebenda, 805, 811f. *Böhmer / Löffler* zeigen in einer weiteren Studie zu Unternehmensübernahmen in Deutschland, dass die Steigerung des Marktwertes von Käufern vorwiegend in konjunkturstarken Jahren erfolgt, vgl. Böhmer / Löffler ZfbF 1999, 299, 312.

711 Vgl. Gerke et al. ZfbF 1995, 805, 818f.

712 *Böhmer / Löffler* zeigen, dass der Zeitpunkt der Kapitalmarktreaktion maßgeblich vom Ausmaß der Kontrolle durch das Bundeskartellamt abhängt, vgl. Böhmer / Löffler ZfbF 1999, 299, 311ff.

nah, dass entweder Handel auf Basis privater Informationen stattgefunden hat oder ein Antizipationseffekt aufgetreten ist.

3.3.4.3.5 Ad hoc-Publizität

Gesetzliche Bestimmungen, wie die Pflicht zur unverzüglichen Veröffentlichung und Mitteilung von Insiderinformationen nach § 15 WpHG, dürften zudem einen Beitrag zur Informationseffizienz am deutschen Aktienmarkt leisten. Die Informationsbasis der Marktteilnehmer soll dadurch gestärkt und öffentlich verfügbare Informationen schneller eingepreist werden. Verstöße gegen § 15 WpHG können mit einer Geldbuße von bis zu einer Million Euro geahndet werden (vgl. § 39 Abs. 4 S. 1 WpHG i.V.m. §39 Abs. 2 Nr. 5a WpHG) und machen nach § 37b Abs. 1 WpHG schadensersatzpflichtig. Daher dürfte davon auszugehen sein, dass die Ad hoc-Publizitätspflicht eine disziplinierende Wirkung und die Anzahl von Ad hoc-Meldungen seit Einführung des Gesetzes zugenommen hat. Eine Untersuchung des ehemaligen Bundesaufsichtsamtes für den Wertpapierhandel bestätigt diese Vermutung.[713] So konnten 1995 knapp 1.000, 1997 1.272, und im Jahr 2003 3.301 Ad hoc-Mitteilungen registriert werden. Zwar ist die Anzahl der Mitteilungen seit dem Jahr 2001 wieder rückläufig. Doch wird dies nicht nur auf die tendenziell schlechte Wirtschaftslage vergangener Jahre, sondern maßgeblich auf die Neugestaltung der Ad hoc-Publizitätspflicht durch das 4. FMFG zurückgeführt.[714] Durch die Neugestaltung ist es nach § 15 Abs. 1 S. 3 WpHG a.F. (§ 15 Abs. 2 S. 1 WpHG n.F.) verboten, offensichtlich überflüssige Ad hoc-Mitteilungen herauszugeben.

Röder stellt in einer Untersuchung zum deutschen Aktienmarkt 1996/97 fest, dass die meisten Ad hoc-Meldungen pro Emittent von DAX-Unternehmen, danach von solchen des MDAX und schließlich die wenigsten von Emittenten, die als Nebenwerte zu bezeichnen sind, herausgegeben werden.[715] Im Rahmen einer Analyse der Kurswirkungen von Ad hoc-Mitteilungen deutscher Unternehmen arbeitet er eine effiziente Informationsverarbeitung bei DAX-Werten heraus, wohingegen die Verarbeitung bei einem Großteil der MDAX- und Nebenwerte nicht nach einem Handelstag beendet ist. Im Fall negativer Meldungen verzögert sich die Informationsverarbeitung zusätzlich, was *Röder* auf das Verbot von Leerverkäufen zurückführt.[716] Er lehnt die Gültigkeit halbstrenger Informationseffizienz für Nebenwerte und für die des MDAX ab.[717]

---

713 Vgl. BAWe Insiderhandelsverbote und Ad hoc-Publizität 1998, S. 55ff.
714 Vgl. BaFin Jahresbericht 2003, S. 192. Eine neuere Untersuchung kommt hingegen zu dem Schluss, dass das AnSVG zu Überregulierung führe. Auch die Anzahl der Ad-hoc-Mitteilungen der DAX-Unternehmen habe sich um 25 % im Zeitraum 1.11.04 – 1.5.05 gegenüber dem Vorjahr erhöht, vgl. Börsen-Zeitung vom 7.6.2005, S. 1.
715 Vgl. Röder Habilitation 1999, S. 191f.
716 Vgl. ebenda, S. 215f.
717 Vgl. ebenda, S. 217.

3.3.4.3.6 Schlussfolgerungen

Resümierend ergibt sich auch für die halbstrenge Form der Informationseffizienz ein nicht ganz eindeutiges Bild. Während sowohl das von *Grossman / Stiglitz* postulierte Informationsparadoxon als auch die noise-trader Hypothese von *Black* an der Gültigkeit der halbstrengen Form der Informationseffizienz Zweifel aufkommen lassen, sind die Ergebnisse von Ereignisstudien sowohl am US-amerikanischen als auch am deutschen Aktienmarkt häufig mit der Theorie effizienter Märkte vereinbar. Zudem dürften regulatorische Maßnahmen des Gesetzgebers, insbesondere der in den letzten Jahren zu verzeichnende gestiegene Erlass von Gesetzen zur Sicherstellung des Vertrauens von Investoren in die Integrität, Stabilität und Transparenz des Marktes[718], eine effizientere Informationsversorgung durch fortschreitende Technologisierung sowie die zunehmende Liquidität an Aktienmärkten dazu führen, dass öffentliche Informationen zunehmend schneller eingepreist werden.

Aus der Literatur wird deutlich, dass die halbstrenge Form der Informationseffizienz an US-amerikanischen Börsen mit geringen Ausnahmen als gegeben gilt[719], während in der Literatur zur Informationseffizienz auf deutschen Kapitalmärkten unterschiedliche Auffassungen vertreten sind. *Krog* und *Krämer* sehen die halbstrenge Form der Informationseffizienz für den deutschen Kapitalmarkt abschließend als gegeben an.[720] Auch *Steinhauer* ist der Auffassung, man könne grundsätzlich von einem umfassend informierten Markt ausgehen.[721] Dagegen halten *Schremper* und *Schwark* eine eindeutige Aussage nicht für möglich.[722] *Möller / Hüfner* stellen die Informationseffizienz generell in Frage.[723]

3.3.4.4 Ergebnis

Als entscheidendes Ergebnis für die vorliegende Arbeit kann festgehalten werden, dass eine Hypothese, die von der Informationseffizienz des deutschen Aktienmarktes ausgeht, nicht in einer Weise verworfen werden kann, dass man den Börsenkurs generell für eine Entschädigungsbemessung nach §§ 304f. AktG ungeeignet halten müsste. So-

---

718 Genannt seien an dieser Stelle etwa die Finanzmarktförderungsgesetze, darunter zuletzt das 4. FMFG (1.7.2002), das WpHG (26.7.1994), die KuMaKV (18.11.2003), die Änderung des WpHG durch das AnSVG (28.10.2004), das KapMuG, oder etwa das UMAG. Auch die Informationsversorgung der Aktionäre wird durch erhöhte Publizitätsanforderungen gewährleistet. Erwähnenswert ist in diesem Zusammenhang bspw. das KonTraG (1.5.1998), das den Wirtschaftsprüfern weitergehende Prüfungs- und Berichtspflichten auferlegte, sowie neuere Gesetzgebung wie das VorstOG.
719 Vgl. dazu die Ausführungen bei Fama JoF 1991, 1575, 1601f. m.w.N., sowie Fama JoF 1998, 283, 284ff., der von anderen Autoren behauptete Ineffizienzen widerlegt.
720 Vgl. Krog Dissertation 2000, S. 244, sowie Krämer in Gerke / Steiner, HWB des Bank- und Finanzwesens 2001, 1267, 1270.
721 Vgl. Steinhauer AG 1999, 299, 307. Anders Großfeld BB 2000, 261, 265.
722 Vgl. Schremper WiSt 2002, 687, 691, sowie Schwark in FS Lutter 2000, 1529, 1541.
723 Vgl. Möller / Hüfner in Gerke / Steiner, HWB des Bank- und Finanzwesens 2001, 1275, 1281f. m.w.N.

fern der Börsenkurs manipuliert wurde, ist es in jedem Fall notwendig, diesen – soweit möglich – um abnormale Kurseinflüsse zu bereinigen.[724] Schwieriger ist die Frage zu beurteilen, wie zu verfahren ist, wenn relevante Informationen, die sich auf die Darstellung der Vermögens-, Finanz- und Ertragslage ausgewirkt hätten, pflichtwidrig zurückgehalten wurden. Wegen der disziplinierenden Wirkung der Ad hoc-Publizitätspflicht dürfte jedoch davon auszugehen sein, dass dies im Regelfall nicht vorkommen wird.

Im Folgenden ist zu diskutieren, welcher Stichtag oder Zeitraum für die Unternehmensbewertung anhand von Börsenkursen sinnvollerweise zugrunde gelegt werden sollte.[725]

3.3.5 Stichtag und Zeitraum

3.3.5.1 Entwicklungslinien

Für die zum Zweck der Ermittlung angemessener Abfindungs- und Ausgleichsansprüche erforderliche Unternehmensbewertung sieht das AktG im Fall von Gewinnabführungs- und Beherrschungsverträgen als Stichtag den Zeitpunkt der Beschlussfassung der Hauptversammlung der zu konzernierenden Gesellschaft vor.[726] Gleichwohl hat das OLG Hamm bereits 1963 ausgeführt, dass im Falle einer Umwandlung bei Maßgeblichkeit des Börsenkurses wegen Zufälligkeiten und spekulativen Einflüssen nicht ein Stichtag, sondern ein „Normalkurs zu nehmen [sei], der sich aus der Entwicklung eines längeren Zeitraums abzeichnet."[727] Vergleichsweise unpräzise stellte das *BVerfG* i.S. DAT/Altana 36 Jahre später fest, dass es keinen relevanten Stichtag vorgeben könne, der der Ausgleichs- und Abfindungsberechnung zugrunde zu legen sei. Vielmehr hätten die Zivilgerichte durch Wahl eines geeigneten „Referenzkurses einem Missbrauch beider Seiten [zu] begegnen."[728] Zu einem relevanten Stichtag gehöre nicht nur die Berücksichtigung eines Tageskurses, sondern auch die Berücksichtigung eines auf

---

724 Vgl. dazu auch Steinhauer AG 1999, 299, 307.

725 Auf die strenge Form der Informationseffizienz soll hier nicht eingegangen werden. In der Literatur besteht Einigkeit darüber, dass diese nicht vorliegen kann, vgl. Krämer in Gerke / Steiner, HWB des Bank- und Finanzwesens 2001, 1267, 1269, Vetter DB 2001, 1347, 1349, sowie etwa die Untersuchung von Schmidt / Wulff ZBB 1993, 57, 62ff., die in 20% der untersuchten Ereignisse Insiderhandel in Deutschland feststellen. Zudem seien gesetzliche Insiderhandelsverbote (§ 14 WpHG) und deren Strafvorschriften (§ 38 WpHG) erwähnt, die der (regelmäßigen) Einpreisung privater Informationen zuwiderlaufen dürften.

726 Vgl. für die Abfindung § 305 Abs. 3 S. 2 AktG, sowie für die Bestimmung des Umrechnungsverhältnisses im Rahmen des variablen Ausgleichs Bilda in Kropff / Semler Münchener Komm AktG 2000, § 305 AktG, Rn. 69, oder etwa Schwark in FS Lutter 2000, 1529, 1546 m.w.N.

727 OLG Hamm AG 1963, 218, 219; Klammerzusatz vom Verfasser.

728 BVerfG ZIP 1999, 1436, 1442; Klammerzusatz vom Verfasser.

diesen Tag bezogenen Durchschnittskurses im Vorfeld der Bekanntgabe des Unternehmensvertrags (Tag der Ad hoc-Mitteilung oder Ereignistag).[729]

Nach dieser vom *BVerfG* belassenen (und beabsichtigten) Regelungslücke sind voneinander abweichende gerichtliche Entscheidungen ergangen. Nachdem das BayObLG bereits 1998 für die Berechnung 2 – 2,5 Jahre vor und 9 Monate nach dem Stichtag zugrunde legen wollte[730], hat das OLG Stuttgart in einer Entscheidung aus dem Jahr 2000 beschlossen, einen Durchschnittskurs von 5 Monaten vor Abschluss des Unternehmensvertrags zu verwenden.[731]

Wenig später, am 18.11.2000, hat das LG Dortmund i.S. SNI festgestellt, dass es „ohnehin keinen gerechten Referenzzeitraum für die Ermittlung von Börsenkursen geben"[732] könne. Für den von ihm zu beurteilenden Fall einer Eingliederung nach § 320 AktG hat es erklärt, dass bei der Abfindungsberechnung der durchschnittliche Börsenkurs drei Monate vor Veröffentlichung der „Abfindungskonditionen" relevant sei. Ein weiter zurückreichender Zeitraum sei nicht zu rechtfertigen, da ein Durchschnittskurs einen Vergangenheitswert darstelle, auf den die Aktionäre keinen Anspruch hätten. Es sei daher ein Zeitraum zu wählen, der möglichst nah an den Stichtag heranreiche.[733]

In einer weiteren Entscheidung will das OLG Düsseldorf i.S. DAT/Altana entgegen der Auffassung anderer Gerichte den Börsenkurs des Tages der Beschlussfassung der Hauptversammlung (Stichtag) berücksichtigt wissen. Da der Börsenkurs auch nach der Entscheidung des *BVerfG* regelmäßig mit seinem Verkehrswert identisch sei, solange er nicht etwa wegen mangelnder Liquidität von diesem abweiche, sei der Kurs maßgeblich, der im Zeitpunkt einer Verkaufsorder erzielbar ist. Dies entspreche auch der Rechtslage in anderen Rechtsgebieten. Das OLG Düsseldorf führt ferner aus, dass hingegen auf einen Durchschnittskurs zurückgegriffen werden könne, wenn sich der Kurs am Stichtag unter manipulativen Einflüssen gebildet habe.[734]

Da das OLG Düsseldorf mit dieser Entscheidung von der des OLG Stuttgart vom 4.2.2000 abgewichen ist, ist sie nach § 28 Abs. 2 FGG dem *BGH* vorgelegt worden. In seinem Beschluss vom 12.3.2001 hat der *BGH* festgestellt, dass ein dreimonatiger Referenzzeitraum unmittelbar vor der Hauptversammlung der beherrschten Gesellschaft für die Bestimmung des angemessenen Umrechnungsverhältnisses nach § 304 Abs. 2 S.3 AktG relevant sei. Die vom *BVerfG* befürchteten Manipulationen seien „nicht von der Hand zu weisen"[735], weshalb ein Stichtagskurs nicht in Frage kommen könne. Drei

---

729 Vgl. BVerfG ZIP 1999, 1436, 1442. Als Tag der Ad hoc-Mitteilung wird in der folgenden theoretischen Diskussion derjenige Tag angesehen, an dem der Markt erstmalig die Bekanntgabe des Umrechnungsverhältnisses oder des variablen Ausgleichs einzupreisen beginnt. Dies dürfte in der Regel durch Bekanntmachung der Tagesordnung im Bundesanzeiger geschehen, vgl. §§ 123f. AktG.
730 Vgl. BayObLG AG 1999, 43, 44f.
731 Vgl. OLG Stuttgart AG 2000, 428, 428f.
732 LG Dortmund ZIP 2001, 739, 743.
733 Vgl. ebenda, 739, 742.
734 Vgl. OLG Düsseldorf BB 2000b, 1905, 1907. In einer späteren, eine Eingliederung betreffenden Entscheidung aus dem Jahr 2003 hält das OLG Düsseldorf den vom BGH gewählten dreimonatigen Referenzzeitraum für angemessen, vgl. OLG Düsseldorf NZG 2003, 588, 591.
735 BGH AG 2001c, 417, 419.

Monate seien erforderlich und ausreichend, um Kursbeeinflussungen durch Manipulationen ausschließen zu können. Ferner stellt der *BGH* fest, dass der Börsenkurs um „außergewöhnliche Tagesausschläge und sprunghafte Entwicklungen binnen weniger Tage, die sich nicht verfestigen"[736], bereinigt werden müsse. Synergieeffekte seien jedoch nicht herauszurechnen, da zum Einen nicht festgestellt werden könne, in welchem Umfang sich diese im Kurs niedergeschlagen hätten, und zum Anderen, weil die Wertrelation dadurch gewahrt bleibe, dass beide Gesellschaften der Bewertung des Marktes unterlägen.[737]

Im Folgenden sind mögliche Vor- und Nachteile der Verwendung von Stichtagen und Referenzzeiträumen zu erörtern; daran schließt sich eine Kritik der erwähnten Entscheidung des *BGH* an.

3.3.5.2 Zur Maßgeblichkeit eines Stichtags

Neben der Frage, ob unter einem Stichtagskurs entweder der Kassakurs, ein ungewichteter Durchschnittswert von Kursen der Börse mit dem größten Umsatz oder ein umsatzgewichteter Durchschnittswert von Kursen aller möglicher Börsen zu verstehen ist[738], stellt sich das Problem, den relevanten Stichtag selbst festzulegen. Als Stichtagskurs kommt sowohl nach der wissenschaftlichen Literatur als auch nach den Entscheidungen der Gerichte entweder der Zeitpunkt der Zustimmung der Hauptversammlung der zu konzernierenden Gesellschaft oder der Kurs am Tag der Ad hoc-Mitteilung in Betracht.

3.3.5.2.1 Tag der Ad hoc-Mitteilung

Den Tag der Ad hoc-Mitteilung als relevanten Stichtag zu wählen hat zunächst den (theoretischen) Vorteil, dass der Kurs nicht schon vorher – sofern kein Insiderhandel vorlag – von den Erwartungen der Marktteilnehmer über die Auswirkungen der Maßnahme zwingend beeinflusst wird. Das Abfindungs- und Ausgleichsangebot wird an diesem Tag zur öffentlichen Information, so dass (erst) von da an mit Spekulationen über das Zustandekommen des Vertrags oder möglichen Korrekturen durch ein eventuell zu erwartendes Spruchverfahren zu rechnen ist. Die Minderheitsaktionäre werden daher theoretisch so gestellt, als sei der Vertrag nicht zustande gekommen.[739] *Weber*

---

736 Ebenda, 417, 419.

737 Damit hat der BGH einen langen Streit über die Berücksichtigung von Synergieeffekten beendet. Seine Begründung ist mithin kritisch zu sehen, vgl. dazu Vetter DB 2001, 1347, 1349 m.w.N.

738 Vgl. dazu Weber ZGR 2004, 280, 296ff, Busse von Colbe in FS Lutter 2000, 1053, 1063, sowie Hommel / Braun BB 2002, 10, 14.

739 Unter dieser Prämisse sind Abfindung und Ausgleich in der Tat auch zu berechnen, vgl. Heidenhain / Meister, Münchener Vertragshandbuch Gesellschaftsrecht Bd. 1, S. 1183, sowie Wilm NZG 2000a, 234, 239.

kommt daher zu dem Schluss, der Tag der Ad hoc-Mitteilung sei der ökonomisch richtige Stichtag.[740]

Etwas anderes könnte sich wegen vorher zu befürchtender Kursmanipulationen[741] oder wegen Insiderhandels seitens des Mehrheitsaktionärs ergeben. So stellt *Hecker* fest, dass es für den Mehrheitsaktionär besonders lohnend sei, vor Abschluss eines Konzernvertrags den Börsenkurs nach unten zu manipulieren.[742] Auch *Wilm* hält eine Stichtagsbetrachtung wegen des erhöhten Einflusses von Kursmanipulationen für ungeeignet.[743] *Naschke* argumentiert, dass im Falle von Ad hoc-Mitteilungen häufig ein Antizipationseffekt zu beobachten sei, der einen Großteil der Kursbewegung vorwegnehme. Gleichwohl ließen sich nur selten klare Verstöße gegen gesetzliche Vorschriften aufklären.[744] *Böcking* sieht die Manipulationsmöglichkeiten seitens des Mehrheitsaktionärs hingegen nur eingeschränkt. So seien wegen der gesetzlichen Insidervorschriften Kursmanipulationen deshalb nicht zu erwarten, weil im Falle des Verstoßes gegen diese Vorschriften eine Freiheitsstrafe von bis zu 5 Jahren drohe (vgl. §§ 14, 38 WpHG). Zudem seien dem Mehrheitsaktionär Grenzen für das Verkaufsvolumen gesetzt, da dieser eine qualifizierte Mehrheit anstrebe.[745]

Auch Möglichkeiten für Minderheitsaktionäre, den Aktienkurs zu beeinflussen, sieht *Böcking* nur begrenzt. Informationsvorsprünge seien wegen der Ad hoc-Publizitätspflicht so gut wie ausgeschlossen, auch für Minderheitsaktionäre gelte das Insiderhandelsverbot nach § 14 WpHG. Vor dem Hintergrund, dass der Börsenkurs nicht immer zwangsweise maßgeblich ist, stellt *Böcking* fest, dass Maßnahmen mit dem Ziel der Kursbeeinflussung wirkungslos sein können, sofern wegen manipulierter Kurse sachverständigen Gutachten der Vorzug gegeben werden müsse. Bei Relevanz des Tages der Ad hoc-Mitteilung seien daher im Ergebnis kaum Anhaltspunkte für umfangreiche Manipulationen des Börsenkurses gegeben.[746]

Ferner sei angemerkt, dass die Möglichkeiten zur Kursmanipulation zwar nicht eingeschränkt, die Wahrscheinlichkeit, dass sie aufgedeckt werden, in den vergangenen Jahren jedoch erhöht werden konnte. Die Bundesanstalt für Finanzdienstleistungsaufsicht (BaFin) verfolgt seit Juli 2002 Kurs- und Marktpreismanipulationen. Die im November 2003 in Kraft getretene KuMaKV definiert die dafür relevanten Manipulationstatbestände, die zur Strafbarkeit nach § 20a WpHG führen. Anhand dieses Katalogs wertet die BaFin sämtliche Wertpapiergeschäfte aus, die ihr gemäß § 9 Abs. 1 WpHG

---

740 Vgl. Weber ZGR 2004, 280, 289.
741 Unter *Kursmanipulation* fallen nach § 20a Abs. 1 WpHG i.V.m. §§ 2, 3 KuMaKV unrichtige und irreführende Angaben, sowie das Verschweigen, die Vorspiegelung falscher und die Unterdrückung wahrer Tatsachen, die geeignet sind, auf die Anlageentscheidung eines vernünftigen Anlegers mit durchschnittlicher Börsenkenntnis Einfluss zu nehmen.
742 Vgl. Hecker Habilitation 2000, S. 227.
743 Vgl. Wilm NZG 2000b, 1070, 1072.
744 Vgl. Naschke Dissertation 2003, S. 144f.
745 Vgl. Böcking in FS Drukarczyk 2003, 59, 77f. Diese Ansicht *Böckings* vernachlässigt Kurs manipulierende Scheingeschäfte, deren Zweck sich allein in der Kursbeeinflussung erschöpft und nicht zu tatsächlichen Transaktionen führt. Vgl. dazu Weber NZG 2000, 113, 115.
746 Vgl. Böcking in FS Drukarczyk 2003, 59, 78f.

zu melden sind.[747] So ist bspw. ein Paketverkauf im Vorfeld der Ad hoc-Mitteilung ein mitteilungspflichtiges Geschäft nach § 9 WpHG, das nach Bekanntgabe der geplanten Maßnahme Anlass zu Untersuchungen auf Kursmanipulationen geben könnte. Hinweise auf mögliche Manipulationen (und Insiderhandelsgeschäfte) erhält die BaFin durch die systematische Auswertung von Ad hoc-Mitteilungen, ferner durch Hinweise von Marktteilnehmern und Handelsüberwachungsstellen der Börsen. Im Jahr 2003 erstellte die BaFin 1.500 Analysen, von denen 93 weiter verfolgt wurden. In 39 Fällen ging es dabei um mögliche insbesondere durch Privatanleger verursachte Kursmanipulationen überwiegend illiquider Aktien.[748]

Zuletzt erweist es sich, sieht man den Tag der Ad hoc-Mitteilung als relevant an, als problematisch, dass das gesetzlich geforderte Stichtagsprinzip durchbrochen wird. Der Börsenkurs des Ad hoc-Tages weist zum Kurs des Tages der beschlussfassenden Hauptversammlung keinen Bezug auf und erschwert daher die Vergleichbarkeit von Börsen- und Ertragswert.[749]

3.3.5.2.2 Tag der Hauptversammlung

Dem Stichtagsprinzip gerecht wird eine Verwendung des Kurses am Tag der Hauptversammlung, für den sich das OLG Düsseldorf i.S. DAT/Altana ausgesprochen hat. Gegen diesen sprechen jedoch praktische Probleme, da der konkrete Inhalt von Ausgleich und Abfindung den Marktteilnehmern bereits mindestens einen Monat vor dem Tag der Hauptversammlung bekannt zu machen ist (vgl. § 123 Abs. 1 i.V.m. § 124 Abs. 1 S. 1 AktG).[750] Auch ist mit Kurseinflüssen zu rechnen, da der Markt die zu erwartenden nachteiligen Weisungen (§ 308 AktG) bei Abschluss eines Beherrschungsvertrags oder / und das Leerlaufen des Dividendenrechts bei Abschluss eines Gewinnabführungsvertrags einpreisen dürfte.[751] Ferner ergeben sich auch hier denkbare Manipulationsmöglichkeiten seitens der Marktteilnehmer, wie auch das *BVerfG* in seinem Beschluss i.S. DAT/Altana eingeräumt hat.[752] So würde der Mehrheitsaktionär c.p. wiederum immer einen Anreiz haben, den Kurs zu drücken. Auch kann nicht ausgeschlossen werden, dass zusätzlich zu den bisherigen Minderheitsaktionären noch weitere, kurzfristig orientierte Anleger auftreten, die versuchen werden, den Kurs bis zum Tag der Hauptversammlung in die Höhe zu treiben.[753] Zur Verhinderung manipulativer Eingriffe *nach* Bekanntgabe der geplanten Maßnahme hat das *BVerfG* den Zivilgerichten vorgegeben,

---

747 Im Jahr 2002 verzeichnete die BaFin 435 Millionen, 2003 530 Millionen Meldesätze.
748 Vgl. BaFin Jahresbericht 2003, S. 180.
749 Vgl. dazu Naschke Dissertation 2003, S. 146f. In der Literatur wird daher für eine Fortschreibung des Kurses plädiert, vgl. Busse von Colbe in FS Lutter 2000, 1053, 1064, sowie Weber ZGR 2004, 280, 287.
750 Siehe dazu auch Vetter DB 2001, 1347, 1350, sowie Bungert BB 2001, 1163, 1165.
751 Vgl. dazu auch Hüffer AktG, § 305 AktG, Rn. 24e.
752 Vgl. BVerfG ZIP 1999, 1436, 1442.
753 Vgl. Naschke Dissertation 2003, S. 138f.

dass ein Missbrauch beider Seiten zu verhindern sei, indem ein stichtagsbezogener Durchschnittswert zu wählen ist.[754]

Beiden Stichtagen gemeinsam ist, dass sie bei Vorliegen einer Marktenge unbrauchbar werden. Nach *Luttermann* führt der Stichtagskurs dadurch zu einem „lotterieähnlichen [...] Zufalls-Ergebnis."[755] Gleichwohl sieht etwa *Hüttemann* den Stichtagskurs als maßgeblich an.[756] Auch *Piltz* spricht sich für die Relevanz des Stichtagskurses aus. Bemerkenswerterweise befürwortet er das Zurückgreifen auf vergangene Kurse, wenn wegen einer Marktenge kein Kurs am Stichtag festgestellt werden kann.[757]

3.3.5.3 Zur Maßgeblichkeit eines Referenzzeitraums

Für das Abstellen auf einen Zeitraum sprechen nach *Hüttemann* vorwiegend pragmatische Erwägungen, da der Nachweis einer Manipulation, die bei reiner Stichtagsbetrachtung schwer wiegt, nicht einfach sei. Weitere Argumente sind darin zu sehen, dass ein Referenzzeitraum bei vorliegender Marktenge und wegen geringerer Anfälligkeit gegenüber Kursmanipulationen Vorteile hat.[758]

Stellt man nicht auf einen Stichtag, sondern auf einen längeren Zeitraum ab, so erweist sich als nachteilig, dass die Minderheitsaktionäre bei Zustimmung zum Unternehmensvertrag Zahlungen in einer nicht zu rechtfertigenden Höhe erhalten könnten.[759] Je weiter der Zeitraum vor dem Tag der beschlussfassenden Hauptversammlung liegt, je größer der Zeitraum selbst ist, desto weniger dürfte in der Regel der daraus resultierende Kurs demjenigen entsprechen, der für die Ausgleichsberechnung angemessen ist.[760]

Daher lassen sich bestimmte Zeiträume nicht generalisierend rechtfertigen.[761] *Weber / Wüstemann* führen an, dass es aus der idealtypischen Sicht der Finanzierungstheorie zwar keinen Grund gebe, Kursdurchschnitte zu bilden. Die Handelsaktivität von noise tradern führe jedoch letztlich zu der Notwendigkeit, Kurse zu mitteln, wobei eine ge-

---

754 Vgl. BVerfG ZIP 1999, 1436, 1442.

755 Luttermann ZIP 2001, 869, 872.

756 Vgl. Hüttemann ZGR 2001, 454, 463.

757 Vgl. Piltz ZGR 2001, 185, 200, 202.

758 Vgl. etwa Hüttemann ZGR 2001, 454, 462, BGH AG 2001c, 417, 419, Behnke NZG 1999, 931, 934, Weber / Wüstemann, Ergebnispapier zum Symposium vom 29.1.2004, Sonderforschungsbereich 504, No. 04-25, Universität Mannheim, S. 16, sowie Hüffer AktG, § 305 AktG, Rn. 24d.

759 Vgl. auch Piltz ZGR 2001, 185, 201.

760 Diese Überlegung trifft auch auf den Fall der Abfindung nach § 305 AktG zu: Der Aktionär erhält bei Zugrundelegung eines Durchschnittskurses aus Vergangenheitswerten nicht das, was er bei einer freien Deinvestitionsentscheidung erhalten hätte, vgl. auch Hüttemann ZGR 2001, 454, 462. Aus eben diesem Grund wurde bereits in Abschnitt 3.2.3.2.1 das vom IDW befürwortete Vorgehen kritisiert, bei der Bestimmung des Basiszinses im Rahmen der Ertragswertmethode für die Wiederanlage zum zukünftigen Zeitpunkt die Zinsentwicklung der Vergangenheit zur Orientierung heranzuziehen.

761 Vgl. dazu ausführlich Naschke Dissertation 2003, S. 148ff. Auch das IDW stellt fest, dass die Länge des Zeitraums vom jeweiligen Einzelfall abhänge, vgl. IDW ES 1 n.F. WP 2005, 28, 30, Rn. 16.

naue Länge ökonomisch nicht begründbar sei.[762] So ist denkbar, dass in einem Fall – wie vom *BGH* gefordert – ein Zeitraum von 3 Monaten, in einem anderen Fall bspw. ein Zeitraum von einem Jahr den Kurs noch zutreffend widerspiegelt. Dies dürfte auch die Bandbreite der gerichtlichen Entscheidungen und die unterschiedlichen Meinungen in der Literatur erklären. So erscheint *Hüffer* eine Regelfrist von sechs Monaten als sinnvoll, die jedoch unter bestimmten Umständen verlängert oder eingegrenzt werden könne.[763] *Wilm, Bungert / Eckert* und auch *Hecker / Wenger* halten einen Zeitraum von einem Jahr oder mehr für angemessen.[764] *Vetter* schlägt als Zeitraum sogar 2 bis 3 Jahre vor der Ad hoc-Mitteilung vor. Auch *Schwark* spricht sich für eine längerfristige Durchschnittsbildung von Kursen aus, um der Verfälschung einer marktorientierten Bewertung unter normalen Kapitalmarktbedingungen zu begegnen.[765] *Busse von Colbe* hält hingegen einen Zeitraum von 5 bis 10 Börsentagen für ausreichend. Zudem sollten die Aktienkurse bei hoher Volatilität der Zahl der gehandelten Aktien mit eben dieser Anzahl gewichtet werden. *Wilken* will 30 oder 100 Tage in die Berechnung einbeziehen.[766] *Weber / Wüstemann* wiederum halten eine längerfristige Mittelung (über 3 Monate) letztlich für ökonomisch problematisch.[767]

Als gänzlich ungeeignet muss wohl ein Durchschnittskurs angesehen werden, dessen zugrunde liegenden Einzelkurse einem starken (negativen oder positiven) Trend unterlagen oder der in einem Referenzzeitraum gebildet wurde, in der unterschiedliche Informationen öffentlich bekannt wurden, die einen „erheblichen" Kurseinfluss hatten.[768] Zuzustimmen ist vor diesem Hintergrund letztlich keinem der genannten Autoren, da es zur angemessenen Durchschnittsbildung der Berücksichtigung des Einzelfalls bedarf und eine generalisierende Festlegung eines Referenzzeitraums Gefahr läuft, nur für einzelne Kursentwicklungen den zutreffenden Kurs festzulegen. Eine eingehende Zeitreihenanalyse unter Berücksichtigung der Entwicklung des Gesamtmarkts dürfte daher unerlässlich bleiben.

Neben der Frage der angemessenen Länge eines Zeitraums ist dessen Ende festzulegen. Während sich die gerichtlichen Entscheidungen diesbezüglich stark voneinander unterscheiden[769], sind die Meinungen in der Literatur sehr homogen. So sieht *Behnke* den Tag der Ad hoc-Mitteilung als Ende der Durchschnittsberechnung für maßgeblich

---

762 Vgl. Weber / Wüstemann, Ergebnispapier zum Symposium vom 29.1.2004, Sonderforschungsbereich 504, No. 04-25, Universität Mannheim, S. 17.

763 Vgl. Hüffer AktG, § 305 AktG, Rn. 24f.

764 Vgl. Wilm NZG 2000a, 234, 239, Bungert / Eckert BB 2000, 1845, 1849, sowie Hecker / Wenger ZBB 1995, 321, 339.

765 Vgl. Schwark in FS Lutter 2000, 1529, 1547.

766 Vgl. Vetter AG 1999, 566, 571f., Busse von Colbe in FS Lutter 2000, 1053, 1063 und Wilken ZIP 1999, 1443, 1444. Nach einem späteren Aufsatz von *Vetter* soll ein Zeitraum von 6 Monaten keinesfalls unterschritten werden, vgl. Vetter DB 2001, 1347, 1351.

767 Vgl. Weber / Wüstemann, Ergebnispapier zum Symposium vom 29.1.2004, Sonderforschungsbereich 504, No. 04-25, Universität Mannheim, S. 17.

768 Vgl. in diesem Zusammenhang das eindrucksvolle Beispiel des Bau-Vereins zu Hamburg AG bei Hecker Habilitation 2000, S. 255f.

769 Vgl. dazu die Abschnitte 3.3.5.2.1 und 3.3.5.2.2.

an.[770] Auch nach *Wilm* muss der Referenzzeitraum zur Vermeidung von Manipulationen mit dem Tag der Ad hoc-Mitteilung enden.[771] Ähnlich sind *Bungert / Eckert* zu verstehen, die den maßgeblichen Zeitraum von einem Jahr bis zum letzten Börsenhandelstag vor dem Tag der Bekanntgabe des Umrechnungsverhältnisses ansiedeln.[772] Auf die Vor- und Nachteilhaftigkeit von Tagen, an denen der Zeitraum enden könnte, soll an dieser Stelle nicht eingegangen werden. Es sei dazu auf die Ausführungen über die Stichtagsbetrachtung der Abschnitte 3.3.5.2.1 und 3.3.5.2.2 verwiesen.

3.3.5.4 Schlussfolgerungen

Vor dem Hintergrund der vorstehenden Ausführungen ist die Entscheidung des *BGH* i.S. DAT/Altana kritisch zu sehen. So erweist sich wie auch in der theoretischen Diskussion über die Verwendung des Kurses am Tag der Hauptversammlung als praktisches Problem, dass ein auf Grundlage der dreimonatigen Frist bis zur Hauptversammlung zu bildender Börsenkurs nicht von Vorstand und Aufsichtsrat gem. § 124 Abs. 3 S. 1 AktG in der Bekanntmachung der Tagesordnung verwendet werden kann. Denn nach § 123 Abs. 1 i.V.m. § 124 Abs. 1 S. 1 AktG ist die Tagesordnung mindestens einen Monat vor dem Tag der Hauptversammlung bekannt zu machen. Das Erfordernis, konkrete und vollständige Abfindungs- und Ausgleichsangebote in der Tagesordnung festzulegen[773], kann somit *nicht* erfüllt und ein Beschluss durch die Hauptversammlung nach § 124 Abs. 4 S. 1 AktG *nicht* gefasst werden.[774] Ebenso wenig werden Vorstände Angaben bezüglich der Höhe von Abfindung und Ausgleich in dem Bericht über den Unternehmensvertrag nach § 293a Abs. 1 AktG machen und Vertragsprüfer die Angemessenheit von Abfindung und Ausgleich beurteilen können (§293e Abs. 1 S. 1 AktG), da diese Berichte von der Einberufung der Hauptversammlung an in den Geschäftsräumen der beteiligten Gesellschaften auszulegen sind (§ 293f Abs. 1 Nr. 3 AktG).[775]

Denkbar wäre folglich, wie auch von *Meilicke / Heidel* vertreten, dass der Referenzzeitraum nicht erst am Stichtag, sondern vor dem Tag der Ad hoc-Mitteilung endet. Dies dürfte eine konkrete Darlegung des Abfindungs- und Ausgleichsangebots in der Tagesordnung zum rechten Zeitpunkt ermöglichen. Auch könnte andernfalls – wie es in

---

770 Vgl. Behnke NZG 1999, 931, 934.

771 Vgl. Wilm NZG 2000b, 1070, 1071.

772 Vgl. Bungert / Eckert BB 2000, 1845, 1849. Siehe auch Hüffer AktG, § 305 AktG, Rn. 24e m.w.N.

773 Vgl. Heidenhain / Meister, Münchener Vertragshandbuch Gesellschaftsrecht Bd. 1, S. 1177f., 1195, sowie Hüffer AktG, § 320 AktG, Rn. 7.

774 Bei nicht rechtzeitiger Bekanntmachung des wesentlichen Vertragsinhalts wird die Zustimmung zu einem Beherrschungsvertrag zudem anfechtbar, vgl. LG Nürnberg / Fürth AG 1995, 141, 142. Denkbar wäre hier, in der Tagesordnung einen vorläufigen Kurs festzulegen und diesen in der Hauptversammlung ggf. mündlich vor dem Zustimmungsbeschluss zu korrigieren.

775 In einer neueren Entscheidung hält das OLG Hamburg an der Entscheidung des BGH fest und lehnt auch eine Vorverlegung oder Verkürzung des Zeitraums grundsätzlich ab, vgl. OLG Hamburg AG 2003, 583, 583f.

der Praxis oft geschehen ist[776] – der Fall eintreten, dass der Aktienmarkt ein von der herrschenden Gesellschaft zu niedrig bemessenes Ausgleichs- und Abfindungsangebot einpreist.[777] Der daraus resultierende Kurseinbruch wäre nicht aus dem dreimonatigen Referenzkurs herauszurechnen, da er keine kurzfristige sprunghafte Entwicklung, wie vom *BGH* gefordert, darstellen würde.[778]

Jedoch stellt sich auch die Verwendung eines Durchschnittskurses bis zum Tag der Ad hoc-Mitteilung vor dem Hintergrund der gesetzlichen Regelung, dass bei Ermittlung des Umrechnungsverhältnisses nach § 304 Abs. 2 S. 2 AktG die Verhältnisse zum Stichtag zu berücksichtigen sind, als problematisch heraus.[779] Dies würde auch eine vergleichende Betrachtung von Börsen- und Ertragswert verhindern.[780] Es wird sich zukünftig zeigen, inwiefern Kurseinbrüche dadurch entstehen, dass die Berechnung des Durchschnittskurses nicht schon (für den ganzen Zeitraum) bei der Bekanntmachung der Tagesordnung erfolgen kann, und dass in der Folge zu niedrig bemessene Entschädigungen angeboten werden können. Ein Abfindungs- und Ausgleichsangebot sollte zumindest, auch wenn es von den Vertragsprüfern als angemessen beurteilt werden soll, die Börsenkurse bis zur Ad hoc-Mitteilung berücksichtigen. Wie für den verbleibenden Zeitraum zu verfahren ist, bleibt – wie auch im Fall einer Stichtagsberechnung am Tag der Ad hoc-Mitteilung – bisher unklar. Nach *Vetter* wird daher „der Hinweis im Vertragsbericht auf besondere Schwierigkeiten bei der Bewertung der vertragschließenden Unternehmen i.S. von § 293a Abs. 1 S. 2 AktG […] in Zukunft […] voraussichtlich zum Normalfall […]."[781]

Zuletzt sei angemerkt, dass auch Kurseinbrüche aus anderen Gründen denkbar sind, da der Markt etwa die Auswirkungen nachteiliger Weisungen nach § 308 AktG bei Beherrschungsverträgen oder das Leerlaufen des Dividendenrechts im Falle von Gewinnabführungsverträgen für die zu konzernierende Gesellschaft antizipieren könnte. Da die außenstehenden Aktionäre so gestellt werden müssen, als wäre der Vertrag nicht geschlossen worden, ist die Forderung des *BGH*, lediglich kurzfristige außergewöhnliche Tagesausschläge und sprunghafte Entwicklungen herauszurechnen, kritisch zu sehen. Nach *Bungert* „öffnet [die] Referenzperiode [des *BGH* daher] die Tür für Manipulationen der Börsenwertrelation durch gezielte Bekanntmachungen kursbeeinflussender Informationen durch die beteiligten Unternehmen innerhalb der Referenzperiode."[782] Die zur Durchschnittsberechnung verwendeten Börsenkurse nach der Ad hoc-Mitteilung

---

776 Vgl. dazu die Nachweise bei Meilicke / Heidel DB 2001, 973, 974.

777 Vgl. dazu auch die Begründung der Antragsstellerin i.S. SNI bei Eingliederung: OLG Düsseldorf NZG 2003, 588, 591, sowie Behnke NZG 1999, 931, 934.

778 Vgl. Meilicke / Heidel DB 2001, 973, 975.

779 Prinzipiell widerspricht die Verwendung von Durchschnittskursen (eines Zeitraums) jedoch nicht der gesetzlich geforderten Stichtagsbetrachtung, vgl. Hüffer AktG, § 305 AktG, Rn. 24d.

780 So auch OLG Düsseldorf NZG 2003, 588, 591.

781 Vetter DB 2001, 1347, 1350. Damit stellt sich gleichzeitig die Frage, wie ein Registergericht bei der Prüfung der Anmeldung des Unternehmensvertrags im Handelsregister zu verfahren hat. Soweit in dem Vertrag kein Ausgleich vorgesehen wird, ist die Eintragung abzulehnen und der Vertrag damit unwirksam, vgl. § 294 Abs. 2 AktG.

782 Bungert BB 2001, 1163, 1165; Klammerzusatz vom Verfasser.

wären zwar wegen dieses Aspektes nicht zwingend zu verwerfen, da die erfolgten Kurseinflüsse theoretisch herausgerechnet werden könnten. Ob dies jedoch ohne weiteres möglich ist, ist schon allein deshalb äußerst fraglich, weil so erst am Vorabend der Hauptversammlung eine Vertragsprüfung stattfinden könnte.

3.3.5.5 Ergebnis

Im Ergebnis lässt sich festhalten, dass es *den* abschließend korrekten Stichtag oder *den* angemessenen Zeitraum nicht gibt.[783] Der *BGH* hat aus pragmatischen Gründen einen Mittelweg zwischen einer Stichtagsbetrachtung, die für Kursmanipulationen stark anfällig ist, und eines (längeren) Referenzzeitraums, der mit zunehmendem Ausmaß dem gesetzlich geforderten Stichtagsprinzip zuwiderläuft und vom realisierbaren Verkehrswert abweichen dürfte, gewählt.[784] Gleichwohl ist die Entscheidung des *BGH* praktisch nicht durchführbar. Zudem ist es offensichtlich als angemessen zu erachten, auch permanente Entwicklungen aus dem dreimonatigen Referenzkurs herauszurechnen, sofern diese *nicht* (berechtigterweise) auf das Auftreten neuer Informationen zurückzuführen sind. In Zukunft kann es durchaus vorkommen, dass Abfindungen nach § 305 AktG weit unter dem Börsenkurs angeboten werden, die dann einen Kurseinbruch nach sich ziehen. Zwar dürfte es dann regelmäßig zu einem Spruchverfahren kommen. Eine (erhebliche) Erhöhung der Leistungen kann jedoch schon daran scheitern, dass der Kurs in einem solchen Fall weder einer Manipulation, noch kurzfristigen, außergewöhnlichen Tagesausschlägen unterlegen hat.

Letztlich sollte ferner festgelegt werden, wie für den Zeitraum zwischen Ad hoc-Mitteilung und der beschlussfassenden Hauptversammlung zu verfahren ist. Eine einfache, von *Weber*[785] vorgeschlagene Fortschreibung mit Hilfe des relevanten Börsenindizes verkennt das mögliche Auftreten neuer Informationen und unterstellt eine gleichläufige Bewegung von Aktie und Index.[786] Es bleibt abzuwarten, wie in dieser Hinsicht in Zukunft verfahren werden wird.

3.3.6 Zur Verwendung unterschiedlicher Methoden bei der Bestimmung des Umrechnungsverhältnisses nach § 304 Abs. 2 S. 2, 3 AktG

Eine weitere hier zu erörternde Frage ist, ob bei der Bestimmung des Umrechnungsverhältnisses nach § 304 Abs. 2 S. 2, 3 AktG sinnvoll unterschiedliche Bewertungsmethoden für die herrschende und die zu konzernierende Gesellschaft angewendet werden

---

783 So auch Hüffer AktG, § 305 AktG, Rn. 24f.
784 Es sei jedoch angemerkt, dass auch bei Durchschnittskursen eines Zeitraums die Auswirkungen einer Manipulation noch im Mittelkurs enthalten sind, vgl. Weber ZGR 2004, 280, 291.
785 Vgl. Weber ZGR 2004, 280, 287.
786 Auch eine historische Analyse der Korrelation von Index und Aktie kann durch einen zwingend festzulegenden Untersuchungszeitraum stark divergierende Ergebnisse für das zur Extrapolation benötigte Beta liefern. Zusätzliche Probleme können sich bei mangelnder Liquidität ergeben.

könnten. Dies ist für solche Fälle von Interesse, in denen die herrschende Gesellschaft eine nichtbörsennotierte AG oder KG a.A. ist, oder wenn der Börsenkurs einer Gesellschaft im Vorfeld des Hauptversammlungsbeschlusses Manipulationen oder einer Marktenge unterlag, so dass zutreffende Anteilsbewertungen mit Hilfe eines Börsenkurses nicht mehr möglich sind.[787] Die Frage ist somit, ob der Börsenwert einer Gesellschaft zu dem Ertragswert der anderen Gesellschaft ins Verhältnis gesetzt werden darf. In anderen Rechtsgebieten ist dies nach herrschender Meinung grundsätzlich abzulehnen.[788]

Das *BVerfG* stellt diesbezüglich fest, dass ein „vorhandener Börsenwert der abhängigen Gesellschaft als Untergrenze der Bewertung anzusetzen [ist], während der Börsenwert des herrschenden Unternehmens, wenn er existiert, jedenfalls von Verfassungs wegen nicht die Obergrenze der Bewertung bilden muss."[789] Damit hat das *BVerfG* den Zivilgerichten den Weg geebnet, den Börsenwert oder statt dessen den höheren Ertragswert zugrunde zu legen.[790]

Auch das LG München I führt i.S. Bayerische Hypobank / Bayerische Vereinsbank für Verschmelzungen nach § 305 UmwG a.F. aus, dass das Verhältnis der Börsenkurse dann nicht relevant sei, wenn der nach der Ertragswertmethode errechnete Anteilswert einer Gesellschaft höher sei als ihr Börsenkurs. Eine Abweichung von unter 10 % des Verhältnisses der berechneten Unternehmenswerte zu dem Verhältnis der Börsenwerte erfordere keine Korrektur des Umrechnungsverhältnisses aus Gründen des verfassungsrechtlichen Eigentumsschutzes.[791] Abschließend lässt es das Gericht dahingestellt, ob der Beschluss des *BVerfG* auch auf Verschmelzungsfälle anzuwenden ist.[792]

Der *BGH* stellt grundsätzlich fest, dass bei börsennotierten Gesellschaften der Börsenkurs unter Anwendung der gleichen Grundsätze zugrunde zu legen sei. Auf einen Schätzwert könne nur ausnahmsweise, etwa bei Vorliegen einer Marktenge, einem längerfristig nicht vorhandenen Handel oder bei einer nachweisbaren Kursmanipulation, zurückgegriffen werden. Für den Fall, dass der Schätz- den Börsenwert übersteigt, stehe „dem Aktionär der höhere Betrag des quotal auf die Aktie bezogenen Schätzwerts zu."[793] Bemerkenswerterweise fordert der *BGH* neben einem Sachverständigengutachten den Nachweis zusätzlicher Umstände, wenn vorgebracht wird, dass der Verkehrswert der herrschenden Gesellschaft nicht seinem Börsenwert entspreche. Kritisch ist daran zu sehen, dass bei gleicher Argumentationslage seitens der Minderheitsaktionäre

---

787 Das gleiche gilt für die Abfindung nach § 305 Abs. 2 Nr. 2 AktG, wenn Aktien einer herrschenden (Spitzen-) gesellschaft in Rechtsform der AG oder der KG a.A. mit Sitz im Inland angeboten werden.
788 Vgl. für die Verschmelzung bereits Gude Dissertation 2004, S. 417f.
789 BVerfG ZIP 1999, 1436, 1442; Klammerzusatz vom Verfasser.
790 So entscheidet sich das OLG Düsseldorf i.S. DAT/Altana für die Relevanz des höheren Ertragswertes, vgl. OLG Düsseldorf BB 2000b, 1905, 1908.
791 Vgl. dazu LG München I ZIP 2000, 1055, 1057.
792 Im gleichen Fall argumentiert das BayObLG später, dass bei einer Verschmelzung unter Gleichen eine andere Interessenlage vorliege als im Fall von Unternehmensverträgen, so dass das Urteil des BVerfG in solchen Fällen kein bindendes Umtauschverhältnis auf Basis von Börsenkursen vorgeben könne, vgl. BayObLG AG 2003, 569, 571.
793 BGH AG 2001c, 417, 419. Vgl. dazu auch OLG Frankfurt AG 2003, 581, 582.

für die zu konzernierende Gesellschaft lediglich ein Sachverständigengutachten gefordert wird.[794] Eine Begründung für diese Ungleichbehandlung, die die Aktionäre der herrschenden Gesellschaft benachteiligen könnte, wenn ihr der Nachweis zusätzlicher Umstände nicht gelingt, findet sich in der Entscheidung des *BGH* jedoch nicht.[795] Es erscheint gar nicht unwahrscheinlich, dass dieser Nachweis nicht gelingt: Der *BGH* argumentiert, das Abweichen des Verkehrswertes vom Börsenwert liege an der schlechten Verfassung der Kapitalmärkte, die sich in den Börsenindizes niederschlagen müsse.[796] Damit stellt sich die Frage, warum sich etwa mangelnde Liquidität der Aktie einer herrschenden Gesellschaft in den Börsenindizes niederschlagen sollte. Denn selbst bei einer „guten" Verfassung der Kapitalmärkte ist es denkbar, dass der Handel in einer einzelnen Aktie sehr gering ist. So stellt auch *Bungert* zutreffend fest, der *BGH* scheine im Hinblick auf Art. 14 GG einseitig von den Grundrechten der Minderheitsaktionäre der zu konzernierenden Gesellschaft ausgegangen zu sein.[797]

Ferner will das OLG Düsseldorf i.S. SNI unter Bezugnahme auf den Grundsatz der Methodengleichheit auf Seiten des herrschenden Unternehmens die der zu konzernierenden Gesellschaft entsprechende Bewertungsmethode berücksichtigen. Das Wertverhältnis der Unternehmen werde nicht berührt, weil sich etwaige Fehler in gleicher Weise auswirken würden. Dies entspreche auch den verfassungsrechtlichen Vorgaben, da auch der Börsenkurs des herrschenden Unternehmens maßgebend für die Deinvestitionsentscheidung sei.[798]

Auch diese Entscheidung bedarf der Kritik. So wird nicht ersichtlich, warum „Fehler" in der Bewertung eines Unternehmens die gleichen betragsmäßigen Auswirkungen auf den Wert haben sollten, wie denkbare „Fehler" bei der Bewertung des anderen Unternehmens. Zwar mag dies für bestimmte Faktoren zutreffen, die den gesamten Kapitalmarkt beeinflussen und damit im Allgemeinen eine zutreffende Bewertung von Aktien verhindern. Doch sind ohne weiteres Fälle denkbar, in denen der Kurs der einen Aktie manipuliert wurde, der der anderen hingegen nicht. Auch hinsichtlich der Ertragswertmethode ist dieses Argument zu bezweifeln. Allein durch die Wahl eines unangemessenen Risikozuschlags kann eine unzutreffende Anteilsbewertung für eines der beiden Unternehmen erfolgen, so dass das Umrechnungsverhältnis falsch ermittelt wird. Schließlich ist nicht ersichtlich, warum diese Argumentation den verfassungsrechtlichen Vorgaben entsprechen soll: Das *BVerfG* hat ausdrücklich dargelegt, dass der Börsen-

---

794 Vgl. BGH AG 2001c, 417, 420.

795 Siehe diesbezüglich auch Vetter DB 2001, 1347, 1352f, Bungert BB 2001, 1163, 1163, sowie Vetter AG 1999, 566, 572.

796 Vgl. BGH AG 2001c, 417, 420.

797 Vgl. Bungert BB 2001, 1163, 1164. Kritisierend auch Hüffer AktG, § 305, Rn. 24h, sowie Großfeld, Unternehmens- und Anteilsbewertung im Gesellschaftsrecht, 2002, S. 191f. Gleichwohl sei angemerkt, dass auch die Minderheitsaktionäre der zu konzernierenden Gesellschaft schlechter gestellt werden können, wenn beim herrschenden Unternehmen der Ertrags- über dem Börsenwert liegt und ersterer verwendet wird, da der Nachweis etwa einer Marktenge gelingt, vgl. in diesem Sinne Hommel / Braun BB 2002, 10, 16.

798 Vgl. OLG Düsseldorf NZG 2003, 588, 597. So auch das LG Dortmund im Vorlagebeschluss, vgl. LG Dortmund ZIP 2001, 739, 743. Diese Auffassung teilt auch Piltz ZGR 2001, 185, 203f.

wert des herrschenden Unternehmens nicht die Obergrenze der Bewertung bilden muss, und dass wegen des verfassungsrechtlichen Eigentumsschutzes der Börsenwert für die zu konzernierende Gesellschaft nicht zwangsweise zu verwenden, sondern als Untergrenze anzusehen ist.

Zusammenfassend lässt sich festhalten, dass der Auffassung des *BGH* hier grundsätzlich zuzustimmen ist. Er fordert die gleiche Behandlung für beide Gesellschaften; der Börsenkurs ist für die Anteilsbewertung zugrunde zu legen, solange nicht wegen Kursmanipulation und geringem Handel davon ausgegangen werden muss, dass der Verkehrswert einer Gesellschaft von ihrem Börsenwert abweicht. Doch auch hier erscheint die *BGH*-Entscheidung durch differierende Vorgaben bezüglich einer Ober- und Untergrenze und wegen unterschiedlicher Anforderungen an die Beweisführung für die Gesellschaften im Detail wieder zweifelhaft. Für den Einzelfall ist daher auch in dieser Hinsicht festzustellen, dass der Minderheitenschutz nicht ausreichend gewährleistet wird, zumindest so lange nicht, wie das Vorliegen einer Marktenge nicht genau definiert und keine angemessenen Kriterien vorgegeben sind, um einen Kurs als manipuliert definieren zu können.

3.4 Schlussfolgerungen

Es ist zu begrüßen, dass der – weiterhin erheblichen – Ermessensspielräumen unterliegenden Ertragswertmethode mit dem Börsenkurs ein Korrektiv zur Seite gestellt wurde, das erhebliches Potential zur Verbesserung des Minderheitenschutzes in Deutschland hat. Die Entscheidungen des *BVerfG* und des *BGH* stellen eine mögliche Trendwende in der gängigen Praxis dar, Minderheitsaktionären ungerechtfertigt niedrige Ausgleichs- und Abfindungsangebote zu unterbreiten.[799] Dadurch wird das Vertrauen erhöht und der Weg zu effizienteren Kapitalmärkten geebnet. Als unverständlich darf wohl – trotz bestimmter berechtigter Vorbehalte – die frühere Auffassung angesehen werden, dass der Aktienmarkt mit einer zutreffenden Bewertung von Unternehmensanteilen nicht entfernt irgendetwas zu tun haben soll.[800]

In diesem Abschnitt konnte gezeigt werden, dass Vorbehalte gegenüber den Faktoren Liquidität und Informationseffizienz zwar teilweise gerechtfertigt sind, dass jedoch die Deutsche Börse AG mit der Verpflichtung von Designated Sponsors, der Gesetzgeber durch Verbesserung der gesetzlichen Anforderungen an Transparenz und Publizität sowie die gestiegene Bedeutung der Aktie in Deutschland dazu beitragen, dass Börsenkurse grundsätzlich einen überzeugenden Rückschluss auf den Verkehrswert von Unternehmensanteilen erlauben dürften. Auch können Vorbehalte gegenüber dem Vorliegen halbstrenger Informationseffizienz am deutschen Kapitalmarkt empirisch nicht grundsätzlich bestätigt werden.

---

799 Vgl. dazu die Nachweise bei Ullrich Dissertation 2002/2003, S. 113f, sowie die Ausführungen in Abschnitt 4.1.
800 So bereits Götz DB 1996, 259, 260.

Nicht im Grundsatz, wohl aber in Einzelfragen bleiben die neueren gerichtlichen Entscheidungen gleichwohl problematisch. Insbesondere bedarf es der Festlegung eines praktikablen Referenzzeitraumes, ferner der Bestimmung, dass auch permanente Kursänderungen, sofern sie nicht auf das Vorliegen neuer Informationen zurückzuführen sind, herausgerechnet werden müssen, schließlich der Klärung, unter welchen Bedingungen der Handel in einer Aktie als ausreichend angesehen werden kann. Zu guter Letzt sollten die gleichen Anforderungen an die zu erbringenden Beweise gestellt werden, wenn die Aktionäre einer der beiden beteiligten Gesellschaften im Spruchverfahren darlegen wollen, dass der Börsenwert nicht dem Verkehrswert entspricht.

Wegen der oft vorgebrachten und offensichtlich angebrachten Kritik daran, den Referenzzeitraum erst am Tag der Hauptversammlung enden zu lassen, ist es denkbar, dass es zukünftig zu einer Verwendung des Börsenkurses eines 3 Monatszeitraumes vor der Ad hoc-Mitteilung, spätestens jedoch vor der Bekanntmachung der Tagesordnung im Bundesanzeiger kommen wird.[801] Der Börsenkurs der abhängigen Gesellschaft wird weiterhin sowohl für die Bestimmung des Umrechnungsverhältnisses im Rahmen des variablen Ausgleichs nach § 304 Abs. 2 S. 2, 3 AktG, als auch für die Abfindung nach §305 AktG regelmäßig die Untergrenze bilden. Obwohl die Aktionäre grundsätzlich auch einen Anspruch auf Zugrundelegung des (höheren) Ertragswerts haben, kann selbst bei börsennotierten Gesellschaften nicht zwingend von einer solchen Wertfeststellung ausgegangen werden: Der durch ein Ertragswertgutachten verursachte, zusätzliche Aufwand müsste durch stichhaltige Anhaltspunkte gerechtfertigt sein, die einen höheren Ertragswert möglich erscheinen lassen.[802] Gleichwohl wird es auch für die Verwendung von Börsenkursen regelmäßig einer eingehenden Analyse der Kursentwicklung, der Liquidität sowie sonstiger preisrelevanter Einflüsse bedürfen.

---

801 Der Kurs am Tag der Bekanntmachung im Bundesanzeiger kann bereits durch eine vorherige Veröffentlichung in der Tagespresse beeinflusst worden sein. Vgl. dazu noch die empirische Studie in Abschnitt 4.2.1, in der der Ereignistag häufig vor dem Tag der Bekanntmachung im Bundesanzeiger zu wählen war.

802 Das Gericht ist in einem Spruchverfahren nicht dazu verpflichtet, ein weiteres Gutachten anfertigen zu lassen. Zudem können ergebnisrelevante Mängel im Wege der Schätzung nach § 287 ZPO, § 738 Abs. 2 BGB und § 260 Abs. 2 S. 3 AktG beseitigt werden, vgl. Hüffer et al., Anteilseigentum, Unternehmenswert und Börsenkurs, 2005, S. 136ff. Anders hingegen Baldamus AG 2005, 77, 78, der darlegt, dass der Börsenkurs letztlich nur als Korrekturprüfung diene und daher immer zwingend die Ertragswertmethode zu verwenden sei.

4. Die Praxis der Ausgleichsberechnung

4.1 Bisherige empirische Untersuchungen zu §§ 304f. AktG

4.1.1 Die Studie von Dörfler et al.

Der Studie von *Dörfler et al.* liegen 127 Abfindungsangebote aus den Jahren 1980-1992 zugrunde, die durch gesetzliche Verpflichtungen begründet wurden. Im Vergleich zu den in den Bewertungsgutachten festgesetzten Abfindungen wurde den außenstehenden Aktionären eine im Durchschnitt um 28 % höhere Abfindung angeboten. Der von den Autoren beobachtete Maximalwert lag sogar bei 90 %. Ihnen zufolge liegt die Erklärung nahe, dass die herrschende Gesellschaft ein niedriges Bewertungsgutachten („Parteigutachten") anfertigen lässt, um die Aktionäre dann durch einen scheinbar großzügigen Aufschlag zu einer Annahme der Abfindung (ohne Einleitung eines Spruchverfahrens) zu bewegen.[803] Ferner stellen sie in 6 von 8 Fällen eine beachtenswerte Diskrepanz zwischen Börsenkurs und gutachtlicher Abfindungshöhe fest.[804]

Bei einem Vergleich von vertraglich angebotener Abfindung und dem Börsenkurs vor Bekanntgabe der Abfindung finden *Dörfler et al.* weiterhin heraus, dass die Abfindung für einen ungewogenen Durchschnitt von 30 betrachteten Fällen diesen Börsenkurs um 8,2 % unterschreitet.

In einem letzten für die vorliegende Arbeit erwähnenswerten Schritt untersuchen *Dörfler et al.* die Ergebnisse von Spruchverfahren und stellen dabei fest, dass außenstehende Aktionäre im Durchschnitt mit einer Aufbesserung der Abfindung um 48% – mit einem Maximalwert von 225 % – rechnen konnten. In ihrer Schlussfolgerung führen die Autoren an, „dass die Methoden der Unternehmensbewertung [und damit wohl vorwiegend die Ertragswertmethode] allenfalls Richt- bzw. Mindestwerte liefern"[805] könnten. Die Häufigkeit der Einleitung von Spruchverfahren und die durchschnittlich beachtenswerte Erhöhung der vertraglich festgesetzten Abfindungshöhe zeige eindeutig, dass außenstehenden Aktionären unangemessen niedrige Abfindungen angeboten würden.[806]

---

803 Vgl. Dörfler et al. BB 1994, 156, 157.
804 Seltsamerweise ziehen Dörfler et al. BB 1994, 156, 158 dabei den Börsenkurs heran, der aus einer Durchschnittsbildung der sechs Monatsfünfzehnten vor Bekanntgabe des Abfindungsangebots resultiert.
805 Ebenda, 156, 162; Klammerzusatz vom Verfasser.
806 Vgl. ebenda, 156, 162.

4.1.2 Die Studie von Wenger et al.

In der Studie von *Wenger et al.* werden neben 33 Eingliederungsfällen 42 Unternehmensverträge untersucht, die in den Zeitraum vom 1.1.1983 bis zum 17.6.1992 fielen. In lediglich 5 Fällen wurde neben der in § 305 AktG begründeten Pflicht zum Angebot einer Barabfindung zusätzlich eine Abfindung in Aktien angeboten.[807]

Die Abfindung wird mit dem Börsenkurs verglichen, der zwei Tage vor dem Ereignistag notiert wurde. Zudem wird ein Vergleich mit solchen Börsenkursen unternommen, die 3 Monate, 1 Jahr sowie 2 Jahre vor dem Veröffentlichungstermin der Abfindung vorlagen.

Im Ergebnis zeigt sich, dass die Abfindungsangebote bei Unternehmensverträgen überwiegend unter dem zuletzt notierten Börsenkurs lagen. Selbst bei einem Vergleich des Abfindungsangebotes mit dem 2 Jahre zurückliegenden Börsenkurs stellen die Autoren fest, dass der ökonomische Wert der Abfindung in 28 Fällen geringer war. Für die gesamte Stichprobe lag der Aktienkurs durchschnittlich um 37,14 % über dem Abfindungsbarwert.[808]

Bei der sich daran anschließenden Untersuchung zu Spruchverfahren mussten die Autoren eine andere Stichprobe heranziehen, da die Mehrzahl der Verfahren bis 1992 noch nicht beendet war. Der Erhebungszeitraum wurde daher bis 1970 nach hinten verlängert, um Tendenzaussagen zu ermöglichen. Auf diese Weise erhalten *Wenger et al.* eine Gruppe von 28 Unternehmen. In 4 Fällen können sie nicht ausschließen, dass die Aktionäre durch außergerichtliche Vergleiche zur Rücknahme ihrer Anträge bewogen wurden. Bei den 24 regulär zu Ende geführten Verfahren wurde durchschnittlich eine Abfindung festgesetzt, die 29 % über der jeweils vertraglich zugesicherten Abfindung lag. Die durchschnittliche Verfahrensdauer veranschlagen die Autoren mit 5,3 Jahren.[809]

Auch wenn die zugrunde liegenden Stichproben nicht die gleichen sind, lässt sich daraus in der Tendenz erkennen, dass selbst die durch das gerichtliche Spruchverfahren erhöhten Abfindungen „im Durchschnitt bei weitem nicht ausreichen, um mit dem relevanten Börsenkurs wenigstens gleichzuziehen."[810]

4.1.3 Die Studie von Hecker

Die wohl umfassendste empirische Analyse zu Ausgleich und Abfindung nach §§ 304f. AktG stammt von *Hecker*. In ihrer Habilitationsschrift untersucht *Hecker* sowohl das Verhältnis von Abfindungen und Börsenkursen, als auch das von Abfindungen und Ausgleichszahlungen. Zudem analysiert sie, inwiefern Spruchverfahren zu einer Erhöhung der Entschädigungsleistungen und zu einer Verzinsung gerichtlich verfügter

---

807 Vgl. Wenger et al. in: Gahlen et al., Schriftenreiche des wirtschaftswissenschaftlichen Seminars Ottobeuren, Bd. 26, Finanzmärkte, Tübingen 1997, S. 117f.
808 Vgl. ebenda, S. 120f.
809 Vgl. ebenda, S. 121ff.
810 Ebenda, S. 124.

Nachbesserungen führen. Die Studie schließt mit einer ökonomischen Analyse der Frage, welche Entschädigungsleistung der anderen aus empirischer Sicht vorzuziehen ist.

In ihre Untersuchung bezieht *Hecker* alle Unternehmensverträge nach § 291 AktG ein, bei denen der Zeitpunkt der Einberufung der Hauptversammlung der konzernierten Gesellschaft, in der über den Unternehmensvertrag abgestimmt wurde, zwischen dem 1.1.1978 und dem 31.12.1992 lag.[811] In diesen Zeitraum fielen 107 Unternehmensverträge, von denen *Hecker* 59 in die Untersuchung einbeziehen kann.[812] Die vertraglich vorgesehene Abfindung wird mit dem Börsenkurs verglichen, der 2 Tage, 40 Tage, 1 Jahr und 2 Jahre vor dem Tag notiert wurde, an dem der Markt etwas über den Vertrag oder die Abfindungskonditionen erfahren hatte.[813] Zudem bildet *Hecker* 60- und 120-Tageskursdurchschnitte und vergleicht diese mit der Abfindung. Es stellt sich heraus, dass der ökonomische Wert der Abfindung im Durchschnitt aller untersuchten Fälle deutlich geringer ist als der jeweilige Börsenkurs. Die Abfindung liegt durchschnittlich ca. 10 % unter dem Börsenkurs 2 Tage vor dem Ereignisdatum. Die relativ geringste Abfindung liegt 81,32 % unter, die höchste 37,55 % über diesem Kurs.[814]

In einem zweiten Schritt wird die durchschnittliche prozentuale Aufbesserung der Abfindung durch Spruchverfahren, die Häufigkeit der Beendigungsarten und die Dauer der Verfahren untersucht. Die Stichprobe weicht jedoch von der vorigen deutlich ab. Der Untersuchungszeitraum wird erheblich ausgeweitet (1966 – 1997); damit werden insgesamt 72 abgeschlossene Spruchverfahren einbezogen. Manche zuvor betrachteten Verträge können nicht berücksichtigt werden, weil ein Spruchverfahren gar nicht erst beantragt wurde oder noch nicht beendet war.[815]

Es stellt sich heraus, dass die von *Hecker* untersuchten Spruchverfahren am häufigsten durch Gerichtsbeschluss enden, die durchschnittliche Verfahrensdauer beträgt 4,9 Jahre. Die Spruchverfahren führen gegenüber dem vertraglich angebotenen Betrag zu Verbesserungen zwischen 0 und 137,07 % oder durchschnittlich 18,95 %.[816] Zudem erreicht bzw. übertrifft der ökonomische Wert der Abfindung nach Beendigung des Spruchverfahrens im Durchschnitt in nahezu allen Fällen den jeweiligen Börsenkurs. Eine Ausnahme stellt lediglich die variable Abfindung dar. Sie bleibt durchschnittlich um ca. 2,35 % hinter dem Börsenkurs 2 Tage vor dem Ereignistag zurück.[817]

Weiter untersucht *Hecker* das Verhältnis von vertraglichem Ausgleichs- und Abfindungsangebot, wobei sie den Barwert der fiktiv unendlichen Ausgleichszahlungen mit

---

811 Vgl. Hecker Habilitation 2000, S. 238.

812 Die restlichen Verträge konnten nicht berücksichtigt werden, da bereits bei Vertragsabschluss keine Minderheitsaktionäre mehr vorhanden waren, keine Börsennotierung vorlag oder die Tageskurse nicht zur Verfügung standen, vgl. ebenda, S. 241.

813 Der Zeitraum von 40 Tagen wurde gewählt, um durch die Kurseinflüsse denkbarer Insiderhandelsgeschäfte keine verzerrten Ergebnisse zu erhalten. Empirische Studien aus den USA seien zu dem Schluss gekommen, dass abnormale Kursbewegungen bei Übernahmen 30-40 Tage vor dem Ereignisdatum zu verzeichnen seien, vgl. ebenda, S. 246.

814 Vgl. ebenda, S. 254ff.

815 Vgl. ebenda, S. 270.

816 Vgl. ebenda, S. 321f.

817 Vgl. ebenda, S. 332f.

der Abfindung vergleicht.[818] Dies soll einen Rückschluss darauf erlauben, ob der Aktionär bei unterstellter unendlicher Vertragslaufzeit und vor Einleitung eines Spruchverfahrens eine marktübliche Verzinsung der Abfindung erhalten würde. Die Stichprobe von 59 Verträgen entspricht derjenigen, die bereits zu Beginn für den Vergleich von vertraglicher Abfindung und Börsenkurs verwendet wurde. Hecker stellt fest, dass der feste Ausgleich im Durchschnitt aller Verträge eine 5,77 %ige Verzinsung der Abfindung darstellt und damit sogar unter den jeweils gültigen Renditen öffentlicher Anleihen liegt. In lediglich knapp 25 % der Verträge gewährleistet der Ausgleich mindestens die langfristig im Durchschnitt zu erzielende risikolose Verzinsung. Der geringste Ausgleichsbarwert entspricht sogar bei unterstellter unendlicher Vertragslaufzeit gerade 13 % der vertraglich vorgesehenen Abfindung. *Hecker* zieht daraus die Schlussfolgerung, dass für die außenstehenden Aktionäre damit in nahezu jedem Fall ein ökonomischer Zwang besteht, die vertraglich angebotene Abfindung anzunehmen.[819]

Im nächsten Schritt werden wiederum Spruchverfahren in die Betrachtung einbezogen. Es verbleiben 30 Verfahren, in denen von richterlicher Seite aus sowohl der Ausgleich als auch die Abfindung durch Gerichtsbeschluss oder Vergleich neu festgesetzt worden sind und deren Ergebnis vor dem 31.3.1997 verkündet worden war. Es zeigt sich, dass sich der durchschnittliche prozentuale Anteil des Ausgleichs an der Abfindung zwar erhöht, jedoch mit 5,99 % immer noch weit unter der langfristig erzielbaren risikolosen Verzinsung von 7,5 % liegt.[820] Von einer wertmäßigen Äquivalenz kann daher auch nach der gerichtlichen Festsetzung der Entschädigungsleistungen nicht gesprochen werden.[821]

4.1.4 Schlussfolgerungen

In allen drei Studien wird deutlich, dass außenstehende Aktionäre (zumindest bis 1997) regelmäßig zu Preisen aus ihren Rechten gedrängt wurden, die unter denen der Börse lagen. Dies galt sowohl für die Abfindung nach § 305 AktG als auch für den Ausgleich nach § 304 AktG. Zwar wurden die Entschädigungsleistungen im Vertrag gegenüber den zuvor gutachterlich ermittelten Werten im Durchschnitt deutlich erhöht. Gleichwohl blieb die letztlich angebotene Abfindung beträchtlich hinter dem Börsenkurs vor der Bekanntmachung des Unternehmensvertrags zurück. Auch eine Erhöhung im Rahmen der jeweiligen Spruchverfahren hat nicht immer zwingend dazu geführt, dass außenstehende Aktionäre angemessen entschädigt wurden. Man kann schlussfolgern, dass Gutachter massiv dahingehend tätig werden, die herrschenden Gesellschaften tatkräftig bei der Bemessung zu niedriger Entschädigungsleistungen zu unterstützen. Dabei wird den herrschenden Gesellschaften eine gute Argumentationsgrundlage gegeben, weil die

---

818 Vgl. zu den folgenden Ausführungen ebenda, S. 364ff.
819 Vgl. ebenda, S. 366f.
820 Vgl. zum langfristig erzielbaren risikolosen Zins noch die Ausführungen in Abschnitt 4.2.2.1.
821 Vgl. ebenda, S. 377ff.

Leistungen im Durchschnitt noch über denen der (scheinbar neutralen) Wirtschaftsprüfer liegen.[822]

Diese Beobachtungen stehen mit den Ausführungen in Einklang, die bereits hinsichtlich der Ermessensspielräume der Wirtschaftsprüfer bei der Abfindungs- und Ausgleichsermittlung im Rahmen der Ertragswertmethode abgeleitet und im Hinblick auf ihre Anreize in der Arbeit aufgezeigt wurden.[823] Daran wird auch ersichtlich, wie wichtig die DAT/Altana-Entscheidung des *BVerfG* für den Minderheitenschutz in Deutschland ist. Es dürfte seit April 1999 bei börsennotierten Gesellschaften in der Regel ausgeschlossen sein, dass Aktionäre zu Werten unterhalb des Börsenkurses aus ihren Rechten gedrängt werden. Die nun folgende Studie wird die Folgen der Entscheidungen des *BVerfG* vom 27.4.1999[824] und des *BGH* vom 12.3.2001[825] für den Minderheitenschutz empirisch beleuchten.

4.2 Eigene empirische Untersuchung zur Angemessenheit des Ausgleichs

4.2.1 Vorgehensweise, Datenbasis und Untersuchungsaufbau

Der folgenden Studie liegen alle erstmalig[826] abgeschlossenen Unternehmensverträge i.S.d. § 291 AktG zugrunde, aufgrund derer die jeweilige konzernierte Gesellschaft eine Hauptversammlung in dem Zeitraum vom 1.1.1985 bis zum 31.7.2005 einberufen hat. Nicht zu berücksichtigen waren Unternehmensverträge i.S.d. § 292 AktG, Verträge, aufgrund derer Hauptversammlungen vor dem 1.1.1984 und nach dem 31.7.2005 einberufen wurden, sowie Verträge, die keine Ausgleichs- oder Abfindungszahlungen erfor-

---

822 Ein konkretes Beispiel stellt der am 18.6.1985 geschlossene Beherrschungsvertrag zwischen der Diskus Werke Frankfurt am Main AG und der Naxos-Union Schleifmittel- und Schleifmaschinenfabrik dar. Laut Gutachten war der Liquidationswert negativ und die Zahlung von Ausgleich und Abfindung somit nicht notwendig. Gleichwohl garantierte die Naxos-Union die Zahlung einer Dividende i.H.v. 2.-DM, sowie eine Abfindung von 50.- DM je 50.- DM-Aktie, vgl. Bundesanzeiger vom 5.7.1985, S. 7240. Es gibt zahlreiche weitere Beispiele für gegenüber dem Gutachten erhöhte Entschädigungsleistungen, vgl. nur Brown Boveri & Cie. AG, Bundesanzeiger vom 10.4.1986, S. 4389, DAT AG, Bundesanzeiger vom 25.5.88, S. 2294, Braunschweigerische Kohlenbergwerke AG, Bundesanzeiger vom 20.12.88, S. 5323, Nestlé AG, Bundesanzeiger vom 17.3.89, S. 1459, Hoffmann's Stärke Fabriken, Bundesanzeiger vom 9.1.88, S. 76, oder etwa HAG GF AG, bei der die Abfindung um beinahe 100 % erhöht wurde, vgl. Bundesanzeiger vom 3.8.91, S. 5185.
823 Vgl. Abschnitt 2.3.1.
824 Vgl. BVerfG ZIP 1999, 1436, 1436ff.
825 Vgl. BGH AG 2001c, 417, 417ff.
826 Schon *Hecker* weist ausführlich auf die Problematik hin, die sich bei Abschluss eines Folgevertrages für empirische Untersuchungszwecke ergeben, vgl. Hecker Habilitation 2000, S. 238ff. Der Aktienkurs vor Ankündigung des neuen Vertrages wird regelmäßig von den Vertragskonditionen des vorhergehenden Vertrages abhängen. Zwar kann diese Problematik vernachlässigt werden, wenn die Verträge und insbesondere etwaige Spruchverfahren zeitlich weit auseinander liegen. Um Verzerrungen zu vermeiden, werden Folgeverträge hier dennoch pauschal vernachlässigt.

derten, da zum Zeitpunkt der beschlussfassenden Hauptversammlung kein außenstehender Aktionär vorhanden war.[827] Zudem wurden solche Verträge nicht in die Untersuchung einbezogen, deren inhaltliche Ausgestaltung im Bundesanzeiger für die Studie als unzulänglich eingestuft werden musste.[828] Zu guter Letzt blieben solche Verträge unberücksichtigt, bei denen die konzernierte Gesellschaft zum Zeitpunkt des Vertragsabschlusses nicht börsennotiert war.[829]

Die somit aus der Bundesanzeiger-Recherche gewonnenen 124 Verträge können Anhang 1 entnommen werden.[830] Darin sind für jeden Vertrag der Name der konzernierten und der herrschenden Gesellschaft, die Fundstelle im Bundesanzeiger, der Ereignistag[831], der Tag der beschlussfassenden Hauptversammlung, sowie die Vertragsart und die Vertragskonditionen festgehalten.[832] Zudem ist angegeben, ob ein Spruchverfahren eingeleitet worden ist.

---

827 Diesbezüglich sind im Bundesanzeiger nahezu täglich Fälle zu finden, da der Abschluss von Unternehmensverträgen mit 100 %igen Tochtergesellschaften sehr häufig vorkommt.

828 Diese waren äußerst zahlreich. Zumeist wurden in den entsprechenden Fällen keinerlei Angaben über Abfindungs- und / oder Ausgleichszahlungen gemacht, zuweilen auch der Vertragspartner nicht genannt. Es ist jedoch ungewiss, ob es sich dabei nicht um 100 %ige Tochtergesellschaften handelte.

829 Dies wurde durch eine Durchsicht des Hoppenstedt-Aktienführers sowie durch Anfragen bei den jeweiligen Gesellschaften überprüft.

830 Der Gewinnabführungsvertrag zwischen der Aktienbrauerei Kaufbeuren AG und der Allgäu Getränke Beteiligungs GmbH & Co.KG vom 25.02.2005 konnte mangels Zustimmung auf der Hauptversammlung nicht ins Handelsregister eingetragen werden. Ein im April darauf abgeschlossener Vertrag wurde nicht rechtzeitig eingetragen und trat deshalb nicht in Kraft. Diese beiden Verträge werden deshalb nicht berücksichtigt.

831 Der Ereignistag ist als derjenige Tag definiert, an dem der Markt erstmalig etwas über den Unternehmensvertrag erfährt. Dabei wurde nicht ausschließlich darauf abgestellt, ob bereits konkrete Abfindungs- und Ausgleichszahlungen bekannt gemacht werden. Denn ein „market impact" dürfte bereits die bloße Ankündigung eines Vertrags haben. Zur Ermittlung des Ereignistages wurde in der Fachpresse sowie in der Datenbank LexisNexis recherchiert, ob im Vorfeld der im Bundesanzeiger veröffentlichten Einladung zur beschlussfassenden Hauptversammlung bereits über den Vertrag berichtet wurde. Ist dies nicht der Fall, entspricht der Ereignistag dem Tag der Bekanntmachung der Hauptversammlung im Bundesanzeiger. Ausnahmen stellen Samstage und Feiertage dar. Vgl. dazu die Ausführungen in Abschnitt 4.2.2.2.

832 Der im Anhang jeweils offen gelegte Ausgleich versteht sich stets als Ausgleich vor Einkommensteuerbelastung auf Anteilseignerebene. Der Ausgleich, der vor Einführung des Halbeinkünfteverfahrens im Vertrag als Bardividende (=Auszahlungsgutschrift + Kapitalertragsteuer zzgl. Solidaritätszuschlag) angegeben wurde, ist daher für Verträge nach dem körperschaftsteuerlichen Anrechnungsverfahren in eine Bruttodividende (=Bardividende / (1-Steuersatz)) transformiert worden. Nach dem Anrechnungsverfahren hatte der Ausgleich empfangende Aktionär den Gesamtbetrag aus Bardividende und Körperschaftsteuergutschrift (=Bruttodividende) zu versteuern (§ 20 Abs. 1 Nr. 1, 3 a.F. EStG). Für die Verträge bis einschließlich 1993 galt eine einheitliche Ausschüttungsbelastung von 36% (§ 27 Abs. 1 KStG a.F.). Diese 36 %, oder auf die Dividende bezogen 9/16 (36/64), konnte sich der Aktionär anrechnen lassen (§ 36 Abs. 2 Nr. 3 EStG a.F.). Die Bruttodividende lässt sich daher für Verträge bis einschließlich 1993 aus: Bardividende / (1-0,36) ermitteln. Durch das Standortsicherungsgesetz vom 13.09.1993 (BGBl. I S.1569ff.) wurde die anrechenbare Körperschaftsteuer von 36 auf 30 % gesenkt. Diese Reduzierung kam erstmals für nach dem 31.12.1993 endende

Bei näherer Betrachtung des Anhangs lässt sich erkennen, dass von den 124 Verträgen 84 kombinierte Gewinnabführungs- und Beherrschungsverträge (67,74 %), 30 isolierte Beherrschungsverträge (24,19 %) und lediglich 10 isolierte Gewinnabführungsverträge (8,06 %) waren.

Wie weiter ersichtlich wird, wurde in der weit überwiegenden Anzahl der Fälle ein fester Ausgleich angeboten (93,55 % oder 116 Verträge). In lediglich 8 Verträgen (6,45%) war ein variabler Ausgleich vorgesehen. Auch die Barabfindung war im Gegensatz zur Abfindung in Aktien wesentlich häufiger Bestandteil eines Unternehmensvertrags (115 Verträge oder 92,74 % bzw. 9 Verträge oder 7,26 %).[833] Es wurde nur in einem Fall die Kombination „fester Ausgleich, Abfindung in Aktien" gewählt. Dabei handelt es sich um den Unternehmensvertrag zwischen dem Bau-Verein zu Hamburg AG und der Wünsche AG aus dem Jahr 1990. Hingegen wurde in keinem Vertrag ein variabler Ausgleich als Alternative zur Barabfindung angeboten.[834]

Geschäftsjahre zur Anwendung, so dass für Verträge ab 01.01.1994 der Bruttoausgleich aus: Bardividende / (1-0,30) zu errechnen war. Der im Jahr 1991 erstmalig erhobene Solidaritätszuschlag konnte hingegen nicht angerechnet werden, vgl. § 10 Nr. 2 KStG sowie aus der Literatur: Kußmaul Arbeitspapier zum Halbeinkünfteverfahren 2001, S. 4, Fn. 13. Zu den Voraussetzungen und zur Funktionsweise der Körperschaftsteueranrechnung siehe Märkle et al., Das Anrechnungsverfahren nach dem Körperschaftsteuerreformgesetz 1977, S. 44ff. Mit der Einführung des Halbeinkünfteverfahrens im Jahr 2001 wurde die steuerliche Ausschüttungsbelastung der Körperschaft von der des Gesellschafters losgelöst. Die Körperschaftsteuer wurde auf 25 % gesenkt (§ 23 Abs. 1 KStG) und die steuerliche Doppelbelastung beim Anteilseigner dadurch umgangen, dass nunmehr die hälftige Dividende steuerfrei bleibt (§ 3 Nr. 40 EStG). Eine Ausnahme bildete das Jahr 2003 mit einer Körperschaftsteuer von 26,5 % aufgrund von Artikel 4 des Flutopfersolidaritätsgesetzes vom 19.9.2002 (BGBl. I, S. 3651). Für die dem Halbeinkünfteverfahren unterliegenden Verträge war – wegen der fehlenden Anrechnungsmöglichkeit der von der Körperschaft entrichteten Steuern – somit eine Nettodividende (=Bruttodividende * (1- (KSt+SolZ))) zu ermitteln, die seit dem Beschluss des BGH vom 21.7.2003 i.S. Ytong AG (BGH AG 2003c, 627, 627ff.) auch zwingend anzubieten ist. Für die Verträge bis zu diesem Zeitpunkt war zu überprüfen, ob der im Bundesanzeiger veröffentlichte Ausgleich den Brutto- oder den relevanten Nettobetrag darstellte. Dies wurde durch eine Durchsicht der bei den Handelsregistern und bei den Gesellschaften selbst bestellten Unternehmensvertragsberichte überprüft. Zur historischen Entwicklung der Frage, ob Ausgleichszahlungen bei Änderung der Körperschaftsteuerausschüttungsbelastung angepasst werden müssen, siehe Berger / Ruppert BB 1976, 1265, 1265f., Riegger / Kramer DB 1994, 565, 565ff., OLG Zweibrücken AG 1995, 421, 422, OLG Düsseldorf AG 2000a, 323, 326, BGH AG 2003c, 627, 627ff., sowie Baldamus AG 2005, 77, 77ff.

833 Streng genommen gab es nicht einmal 9 Verträge mit einer Abfindung in Aktien. Sowohl bei dem Vertrag zwischen der AEG AG und der Daimler Benz AG, als auch dem Vertrag zwischen der DAT AG und der Altana AG wurde zusätzlich zur Abfindung in Aktien des anderen Vertragsteils ein freiwilliges Kaufangebot unterbreitet, das einer Barabfindung im Endeffekt gleichkommt.

834 Dies stellt keinen Widerspruch zu den in der vorigen Fussnote genannten Verträgen dar. Diese werden weiterhin unter die Kategorie „Abfindung in Aktien" subsumiert. Dies ist deshalb gerechtfertigt, weil es an einer gesetzlichen Grundlage fehlt, da die einzige Möglichkeit, entweder eine Barabfindung oder eine Abfindung in Aktien anzubieten, nur nach § 305 Abs. 2 Nr. 2 AktG gegeben sein kann. Demnach hätten aber Aktien der Konzernmütter angeboten werden müssen, was nicht erfolgt ist, so dass es sich bei dem freiwilligen Kaufangebot im rechtlichen Sinne um keine Barabfindung handeln kann.

Somit wurde in 92,74 % aller Verträge der feste Ausgleich nach § 304 Abs. 1 AktG mit der Barabfindung nach § 305 Abs. 2 Nr. 2, 3 AktG kombiniert. Ruft man sich die strategischen Möglichkeiten des Mehrheitsaktionärs im Rahmen des variablen Ausgleichs noch einmal ins Gedächtnis[835], verwundert es auf den ersten Blick sehr, dass dieser scheinbar äußerst selten darauf bedacht ist, die außenstehenden Aktionäre von der Dividendenpolitik der herrschenden Gesellschaft abhängig zu machen. Jedoch darf an dieser Stelle nicht vergessen werden, dass ein variabler Ausgleich nur dann angeboten werden darf, wenn diese ebenfalls eine AG oder eine KG a.A. ist.[836] Während die Rechtsform „KG a.A." in keinem Fall vorkam, waren von den insgesamt 124 Verträgen 42 (33,9 %) solche mit einer herrschenden Aktiengesellschaft. Somit bleibt festzuhalten, dass nur in 8 der möglichen 42 Fälle (19,05 %) davon Gebrauch gemacht wurde, einen variablen Ausgleich anzubieten. Dies könnte darauf zurückzuführen sein, dass der Vorstand der herrschenden Gesellschaft im Fall des festen Ausgleichs eine während der Vertragslaufzeit von der konzernierten Gesellschaft unabhängige Dividendenpolitik verfolgen kann.[837] In der Tendenz wird an dieser Stelle deutlich, dass dem Vorstand der herrschenden Gesellschaft wohl eher daran gelegen ist, weiterhin eine von dem Unternehmensvertrag unabhängige, flexible Dividendenpolitik verfolgen zu können, als sich die im Fall des variablen Ausgleichs bestehende Möglichkeit zur Übervorteilung der außenstehenden Aktionäre zu Nutze zu machen.

Zu guter Letzt fällt auf, dass außenstehende Aktionäre ausgiebig von ihrem Recht Gebrauch machen, die vertraglich angebotenen Entschädigungsleistungen in einem Spruchverfahren überprüfen zu lassen. Es lässt sich erkennen, dass in 110 von 124 Verträgen (88,71 %) definitiv ein Spruchverfahren eingeleitet wurde. In 14 Fällen (11,29 %) wurde ein Spruchverfahren gar nicht eingeleitet, oder es kam vor der Bekanntmachung im Bundesanzeiger zu einer außergerichtlichen Einigung bzw. zu einem Auskaufen der Aktionäre.[838] Es kann jedoch nicht ausgeschlossen werden, dass die Be-

---

835 Vgl. Abschnitt 2.2.4.3.
836 Wie in Abschnitt 2.2.3 erläutert, sieht das AktG für die Abfindung in Aktien noch detailliertere Vorschriften vor. Nach § 305 Abs. 2 Nr.1 AktG müssen Aktien der herrschenden Gesellschaft gewährt werden, wenn diese eine nicht abhängige und nicht in Mehrheitsbesitz stehende AG oder KG a.A. mit Sitz im Inland ist. Sofern diese jedoch selbst eine abhängige oder in Mehrheitsbesitz stehende AG oder KG a.A., und die Konzernmutter ebenfalls eine AG oder KG a.A. mit Sitz im Inland ist, sind nach § 305 Abs. 2 Nr. 2 AktG entweder Aktien letzterer oder eine Barabfindung zu gewähren.
837 Ähnlich Hecker Habilitation 2000, S. 365f., die auf die im Fall einer positiven Gewinnentwicklung der herrschenden Gesellschaft zu tragen kommenden Vorteile des festen Ausgleichs eingeht.
838 Exemplarisch ist der Vertrag zwischen der R. Stock AG und der Gottlieb Gühring KG vom 16.8.1996. Die Hauptversammlung der R. Stock AG stimmte dem Vertrag am 30.9.1996 zu. Bereits am 14.11.1996 wurde im Bundesanzeiger ein außergerichtlicher Vergleich zur Vermeidung eines Spruchverfahrens bekannt gemacht. Demnach wurde der Ausgleich von 22.- DM auf 150.- DM, und die Abfindung von 500.- DM auf 1500.- DM erhöht. Ähnlich gestaltete sich der Ablauf im Fall Heinrich Industrie AG / Littlefuse Holding GmbH, bei deren Vertrag die Abfindung durch außergerichtlichen Vergleich um 3,31 Euro erhöht wurde. Im Fall der Th. Goldschmidt AG wurden die vertraglichen Entschädigungsleistungen im

kanntmachung der Einleitung eines Spruchverfahrens wegen des äußerst umfangreichen Datenmaterials übersehen wurde.

Bezüglich dieser 124 Verträge galt es sodann ein weiteres Ausschlusskriterium zu beachten. Die Aktienkurszeitreihen sowohl der konzernierten als auch der herrschenden Gesellschaften bei Verträgen mit Abfindung in Aktien bzw. mit variablem Ausgleich mussten für den noch zu beschreibenden Untersuchungszeitraum verfügbar sein. Die Zeitreihen wurden bei der Karlsruher Kapitalmarktdatenbank (KKMDB) bestellt[839], nachdem für sämtliche Gesellschaften die Wertpapierkennnummern (WKN) im Hoppenstedt-Aktienführer ausfindig gemacht worden waren. Insgesamt wurden die Aktienkurszeitreihen nebst Stamm- und Termindaten sowie Bereinigungsfaktoren von 154 börsennotierten Aktiengesellschaften abgerufen.[840] Obwohl wegen des vergleichsweise hohen Handelsvolumens grundsätzlich amtliche Kassakurse der Frankfurter Wertpapierbörse (FWB) für empirische Untersuchungszwecke am geeignetsten wären, wurden für sämtliche Aktien die Kurse aller Börsen bestellt.[841] Dadurch konnte sichergestellt werden, dass Verträge nicht aus der weiteren Untersuchung ausgeschlossen werden mussten, weil etwa mangels Notierung keine Daten bei der FWB verfügbar waren. In den entsprechenden Fällen waren somit die Kurse der Heimatbörse heranzuziehen.

Letztlich mussten 28 Verträge aus der weiteren Untersuchung ausgeschlossen werden, da die Kursdaten entweder gar nicht geliefert werden konnten oder die gelieferten Daten nicht für den Untersuchungszweck ausreichten.[842] Somit konnten 96 Verträge in die empirische Auswertung übernommen werden.[843] Die 28 nicht verwendbaren Verträge sind in Anhang 1 gesondert markiert.

Nachhinein freiwillig erhöht, vgl. Bundesanzeiger vom 22.9.1999, S. 16297. Dennoch kam es 4 Jahre später zu einem gerichtlichen Vergleich.

839 Vgl. http://fmi.fbv.uni-karlsruhe.de/seite_149.html, Zugriff am 18.10.2005.

840 Die Differenz zu den 124 zuvor genannten Verträgen ergibt sich daraus, dass manche Verträge eine Abfindung in Aktien oder eine Kombination von Abfindung in Aktien und variablem Ausgleich vorsahen, so dass zu rechnerischen Zwecken in diesen Fällen auch die Aktienkurszeitreihen der herrschenden Gesellschaften zu bestellen waren. Zudem war in manchen Fällen nicht eindeutig, welche WKN zu der jeweiligen Gesellschaft gehörte, so dass in solchen Fällen mehrere WKN nebst Stammdaten bestellt wurden, um diese zuordnen zu können.

841 Seit Januar 2001 hat die FWB die allgemeine Feststellung der Kassakurse eingestellt, so dass seitdem auf Schlusskurse zurückzugreifen war.

842 Im zweiten Fall kam es nicht nur vor, dass die Kursdaten erst ab oder nur bis zu einem Zeitpunkt verfügbar waren, der nicht den angeforderten Spezifikationen entsprach (so z.B. im Fall Heinrich Industrie AG / Littlefuse Holding GmbH), sondern auch, dass an manchen Tagen (etwa mangels Liquidität) kein Kurs festgestellt werden konnte (so beim Vertrag von Hertel AG / Kennametal, Inc.).

843 Bei den Verträgen zwischen der Quante AG und der Erste SuSe Verwaltungs GmbH sowie zwischen der Fränkisches Überlandwerk AG und der N-Ergie AG waren die Kurse der Stamm- bzw. der Vorzugsaktie nicht erhältlich. Da jedoch die Aktienkurszeitreihe der Vorzugsaktie der Quante AG, als auch die der Stammaktie der Fränkisches Überlandwerk AG vorliegen, werden die beiden Verträge weiterhin einbezogen. Ein weiterer Problemfall stellt der Vertrag zwischen der GEA AG und der Metallgesellschaft AG dar, da die Kurszeitreihe der Vorzugsaktien der Metallgesellschaft, WKN 660202, nicht verfügbar war und eine vari-

In einem weiteren Schritt waren die verbleibenden Aktienkurszeitreihen um technisch bedingte Aktienkursveränderungen (Dividendenzahlungen, Kapitalveränderungen, Aktiensplits etc.) sowie um die Euroumstellung zu bereinigen. Dies wurde anhand der „opération blanche" retrograd vorgenommen. Demnach wird unterstellt, dass während des relevanten Zeitraums weder Kapitalzuflüsse noch –entnahmen erfolgen.[844]

In den folgenden Abschnitten wird anhand dieses samples darzulegen sein, inwiefern der Ausgleich in einem angemessenen Verhältnis zu Abfindung und Börsenkurs steht. Dabei wird *nicht* die Frage untersucht, ob die eine Entschädigungsalternative der anderen aus ökonomischen Gesichtspunkten vorzuziehen ist. Vielmehr soll allein auf einen außenstehenden Aktionär abgestellt werden, der sich unmittelbar nach Inkrafttreten des Vertrags für die Aufrechterhaltung seiner Aktionärsstellung entscheidet und somit ausgleichsberechtigt ist. Insofern kommt es auf die Angemessenheit der Höhe der Abfindung gar nicht an. Die Abfindung wird nur Gegenstand der Untersuchung sein, wenn es darum geht, hilfsweise Rückschlüsse auf die Angemessenheit der Höhe des Ausgleichs zu ziehen.[845] Dies ist der Gegenstand der Untersuchung in Abschnitt 4.2.2.1.

Als zweiter Untersuchungspunkt wird in Abschnitt 4.2.2.2 der vertraglich festgesetzte Ausgleich mit dem vor dem Ereignisdatum liegenden Börsenkurs verglichen. Zu diesem Zweck wird nicht nur ein Stichtagskurs vor dem Ereignistag herangezogen, sondern auch ein Durchschnittskurs im Vorfeld des Ereignistages angewendet. Ziel ist es, festzustellen, ob der Ausgleich regelmäßig eine angemessene Verzinsung des Aktieninvestments darstellt, bevor der Vertrag zur öffentlichen Information und damit eingepreist wird.

Daraufhin soll der vertraglich angebotene Ausgleich mit vor dem Tag der beschlussfassenden Hauptversammlung liegenden Börsenkursen verglichen werden (Abschnitt 4.2.2.3). Wie in Abschnitt 3.3.5 aus theoretischer Sicht dargelegt wurde, ergeben sich sowohl bei Zugrundelegung eines Zeitraums, der bis an den Tag der Hauptversammlung heranreicht als auch bei Verwendung eines Stichtags in unmittelbarer Nähe zur Hauptversammlung zwei Probleme. Erstens können nicht bereits konkrete Ausgleichs- und Abfindungsangebote bei der Einladung zur beschlussfassenden Hauptversammlung un-

---

able Abfindung und ein variabler Ausgleich angeboten wurden. Der Vertrag wird dennoch weiterhin einbezogen.

844 Vgl. dazu ausführlicher: Loistl, Computergestütztes Wertpapiermanagement, 1996, S. 546ff., sowie Sauer, Die Karlsruher Kapitalmarktdatenbank, 1991, S. 4ff. Im Gegensatz zu den Ausführungen ebenda, S. 7 wurde hier die KÖSt-Gutschrift gesondert berücksichtigt. Obwohl die Gutschrift dem Aktionär nicht am Extag zur Reinvestition zur Verfügung steht, muss diese bei der Kursbereinigung Berücksichtigung finden, da sich andernfalls Verzerrungen daraus ergeben würden, dass sie im Rahmen der Ausgleichsberechnung eingerechnet wurde. Zur Berücksichtigung der Euroumstellung wurde für solche Zeitreihen, die vor dem 1.1.1999 beginnen und nach diesem Datum enden, der zuvor gültige DM-Kurs durch Division mit 1,95583 in Euro umgerechnet.

845 Die Bezeichnung „hilfsweise" trifft hier insofern zu, als dass zwar die Tendenz ersichtlich werden dürfte, ob der Ausgleich im Verhältnis zur Abfindung regelmäßig zu hoch oder zu niedrig ist. Dies gibt jedoch nur einen ersten Anhaltspunkt, ob er i.S.d. Gesetzes angemessen sein könnte. So kann ein Ausgleich, der eine „angemessene" Verzinsung einer (viel) zu niedrigen Abfindung darstellt, nicht angemessen i.S.d. Gesetzes sein.

terbreitet werden. Zweitens wurde der Markt bereits von der bevorstehenden Konzernierungsmaßnahme in Kenntnis gesetzt, so dass die Erwartungen über die Höhe von Abfindung und Ausgleich, sowie die Folgen des Unternehmensvertrags für den Börsenwert der konzernierten Gesellschaft am Tag der Hauptversammlung bereits eingepreist sein dürften. Vor diesem Hintergrund sind im Vergleich zum vorherigen Untersuchungsabschnitt eindeutige wertmäßige Differenzen zu erwarten, die im Hinblick auf den Beschluss des *BGH* vom 12.3.2001[846] beurteilt werden sollen.

Ab dem vierten Untersuchungsabschnitt, 4.2.3.2, kommt die Möglichkeit eines außenstehenden Aktionärs zum Tragen, die Höhe des Ausgleichs gerichtlich auf seine Angemessenheit überprüfen zu lassen. Zunächst wird daher ein Vergleich des vertraglichen mit dem im Wege des im Spruchverfahren bestimmten Ausgleichs vorgenommen. Dies soll Aussagen darüber ermöglichen, mit welcher Ausgleichsaufbesserung außenstehende Aktionäre durchschnittlich rechnen können und in welchem Verhältnis der vertragliche zu dem gerichtlich bestimmten Ausgleich steht.

In einem weiteren Schritt (Abschnitt 4.2.3.3) wird der Frage nachgegangen, ob der gerichtlich ermittelte Ausgleich eine angemessene Verzinsung der vor dem Ereignistag liegenden Börsenkurse darstellt. Dieser Abschnitt ist von daher von zentraler Bedeutung, als darin erstmalig aufgezeigt wird, ob zumindest nach richterlicher Festsetzung des Ausgleichs eine angemessene Entschädigung für die nachteiligen Folgen des Unternehmensvertrags zu erwarten ist.[847] Dies wäre – entgegen bisheriger höchstrichterlicher Rechtsprechung, die insofern den Tag der Hauptversammlung als Referenzpunkt verwendet wissen will – nur der Fall, wenn der Ausgleich unter den noch zu erläuternden Annahmen eine angemessene Verzinsung des Börsenkurses im Vorfeld des Ereignistages darstellen würde.[848] Auch hier werden insbesondere im Hinblick auf die Vergleichbarkeit mit den Ergebnissen aus Abschnitt 4.2.2.2 nicht nur Stichtage, sondern auch Durchschnittskurse heranzuziehen sein.

Schließlich wird der in Spruchverfahren erhöhte Ausgleich mit vor dem Hauptversammlungstermin notierenden Börsenkursen zu vergleichen sein. Auch hier werden, um den Anforderungen von Literatur und Rechtsprechung gerecht zu werden, sowohl die Börsenkurse eines bestimmten Stichtags als auch Durchschnittsbörsenkurse herangezogen. Daraus dürfte ersichtlich werden, ob der gerichtlich erhöhte Ausgleich eine angemessene Verzinsung des vom *BGH* geforderten dreimonatigen Börsenkurses im Vorfeld der beschlussfassenden Hauptversammlung darstellt. Wegen der (spätestens) am Ereignistag erfolgenden Einpreisung des Vertrags durch den Markt ist mit zuweilen erheblichen wertmäßigen Differenzen zu den Ergebnissen aus Abschnitt 4.2.3.3 zu rechnen. Auch hier wird – wie im vorherigen Abschnitt – jedoch ausdrücklich nicht untersucht, ob außenstehende Aktionäre letztlich durch die gerichtliche Festsetzung des Ausgleichs angemessen entschädigt werden. Vielmehr soll allein darauf abgestellt werden, ob die

---

846 Vgl. BGH AG 2001c, 417, 417ff.

847 „Erwarten" trifft insofern zu, als dass in diesem Abschnitt nicht untersucht wird, wie Aktionäre letztlich gestellt werden, sondern nur, ob die Gerichte mit ihren Prognosen besser liegen als die Vertragsprüfer. Vgl. dazu noch die Ausführungen in dem entsprechenden Abschnitt.

848 Vgl. zu der Problematik der Wahl eines Zeitraums oder Stichtags im unmittelbaren Vorfeld der Hauptversammlung die Abschnitte 3.3.5.2.2 und 3.3.5.3.

Gerichte die Verhältnisse zum Stichtag so bewerten, dass eine angemessene Entschädigung gegeben sein *könnte*.[849]

4.2.2 Analyse des vertraglich angebotenen Ausgleichs

4.2.2.1 Empirische Befunde zum Verhältnis von vertraglich angebotenen Ausgleichs- zu Abfindungszahlungen

In einem ersten Schritt sollen die vertraglich angebotenen Ausgleichs- mit den Abfindungszahlungen verglichen werden. Außenstehende Aktionäre stehen vor dem Problem, sich zwischen Abfindung und Ausgleich entscheiden zu müssen. Wegen dieses Wahlrechts wird die Abfindung häufig – trotz der in Abschnitt 2.2.4 angeführten Argumente – als wertmäßig vergleichbare Alternative zum Ausgleich angesehen. Der im ökonomischen Sinn „rationale" Aktionär müsste dann c.p. indifferent zwischen den Alternativen sein. Anders ausgedrückt: ein Aktionär, der sich dazu entschließt, seine Aktionärseigenschaft zum frühestmöglichen Zeitpunkt aufzugeben, müsste sich, Gleichwertigkeit der Alternativen vorausgesetzt, so stellen wie ein Aktionär, der die Aktionärsstellung in der konzernierten Gesellschaft aufrechtzuerhalten gedenkt.

Ziel dieses Abschnitts ist es, einen ersten Anhaltspunkt für eine vor dem Hintergrund der theoretischen Ausführungen in dieser Arbeit zu erwartende Fehlbemessung des Ausgleichs empirisch festzustellen. Eine solche wäre beispielsweise bereits gegeben, wenn der Ausgleich regelmäßig nur einer marktüblichen Verzinsung der Abfindung ohne Risikozuschlag entspräche.[850]

Für die folgenden Untersuchungsschritte wird daher unterstellt, dass der Ausgleich dem Aktionär unendlich lange in der vertraglich zugesicherten Höhe zugute kommt.

---

849 Dies ist ein entscheidender Unterschied. So ist es zwar denkbar, dass der Ausgleich gerichtlich so festgesetzt wird, dass er barwertig berechnet dem dreimonatigen Börsenkurs im Vorfeld der Hauptversammlung entspricht. Gleichwohl können sich erhebliche Werteinflüsse dadurch ergeben, dass der Ausgleichergänzungsanspruch per Gesetz nicht zu verzinsen ist, oder dass etwa zwischenzeitlich erfolgte steuerliche Änderungen das Gericht nicht zu einer für die außenstehenden Aktionäre einkommensneutralen Anpassung des Ausgleichs veranlassen.

850 Eine marktübliche Verzinsung in Form einer sicheren, ewigen Rente würde voraussetzen, dass der Vertrag eine unendliche Laufzeit hat und keinerlei Ausfallrisiko besteht. In der weit überwiegenden Anzahl der hier untersuchten Verträge betrug die vertraglich festgesetzte Laufzeit jedoch 5 Jahre, meist in Kombination mit einer Verlängerungsklausel, nach der sich die Laufzeit des Vertrags automatisch verlängert, wenn keine rechtzeitige ordentliche Kündigung erfolgt. Häufig wurden die Verträge auch auf unbestimmte Zeit geschlossen, jedoch in nur einem Fall auf 10 Jahre (Schwäbische Zellstoff AG / Hannoversche Papierfabriken Alfred-Gronau AG). Insbesondere vor dem Hintergrund der in den Abschnitten 2.1.5 und 2.2.4 erläuterten Kündigungs- und Plünderungsmöglichkeiten des Mehrheitsaktionärs wird ersichtlich, dass eine lediglich marktübliche Verzinsung der Abfindung nicht zu einer Gleichwertigkeit der Alternativen gereichen kann.

Dies stellt zwar eine relativ starke Vereinfachung dar.[851] Diese Annahme hat jedoch den Vorteil, dass eine erste Aussage über die Angemessenheit des Ausgleichs relativ anschaulich ermöglicht wird.

Teilt man den vertraglich angebotenen Ausgleich vor Einkommensteuer durch den Wert der Abfindung, erhält man den durchschnittlichen prozentualen Anteil des Ausgleichs an der Abfindung.[852] Dieser beträgt für die gesamte Stichprobe von 99[853] Aktienkurszeitreihen 6,13 % und ist mit der im Durchschnitt erzielbaren sicheren Alternativrendite am Kapitalmarkt zu vergleichen. Damit stellt sich die Frage, welche die für einen außenstehenden Aktionär relevante sichere Alternativrendite darstellt. Während *Hecker* auf den Deutschen Renten-Performanceindex (REXP)[854] zurückgreift, und auch etwa *Stehle* und *Albrecht* diesen für empirische Untersuchungszwecke zugrunde legen[855], dürfte es weithin unstrittig sein, dass regelmäßig die Umlaufrenditen von Staatsanleihen erster Bonität als risikoloser Zins in Kapitalmarktstudien verwendet werden. Die Entscheidung für oder wider den einen oder den anderen Ansatz dürfte letztlich nicht nur davon abhängen, welche Alternative unter Rendite-Risiko-Gesichtspunkten für einen durchschnittlichen Aktionär am attraktivsten ist, sondern insbesondere auch davon, ob diese auch eine ernsthaft realisierbare Investitionsalternative darstellt.[856] Um beiden Ansichten gerecht zu werden, soll der durchschnittliche prozentuale Anteil des

---

851 Dies impliziert ferner, dass der Ausgleich von Seiten des herrschenden Unternehmens bei Änderungen in der Steuergesetzgebung so angepasst wird, dass sich für die außenstehenden Aktionäre keine Änderung ergibt.

852 Vgl. Anhang 2, Spalte 5. Für die Verträge mit variablem Ausgleich wurde unterstellt, dass die erstmalig von der herrschenden Gesellschaft gezahlte Dividende auch in den darauf folgenden Jahren unverändert weiter gezahlt wird.

853 Dass tatsächlich 99 Aktienkurszeitreihen relevant waren, ergibt sich daraus: Es liegen 96 Verträge vor; für die Verträge der Pegulan-Werke AG, der Dahlbusch Verwaltungs AG, der Nordstern Allgemeine Versicherungs AG, sowie der GEA, der Albingia Versicherungs AG und der Allweiler AG lagen jeweils 2 Kurszeitreihen für Stamm- und Vorzugsaktien vor (=102 Zeitreihen). Jedoch konnten die Vorzugsaktien der GEA AG nicht einbezogen werden, da die Kurszeitreihe der Vorzugsaktien der Metallgesellschaft AG zur Herstellung des Umrechnungsverhältnisses nicht vorlag; in 2 weiteren Fällen lag ein gestaffelter Ausgleich vor (Hageda AG und M & H Medizin und Handel Beteiligungs- und Immobilienverwaltungsgesellschaft mbH sowie Quante AG und Erste SuSe Verwaltungs GmbH), so dass sich 99 Kurszeitreihen ergeben.

854 Zur Konzeption und Berechnung des REXP siehe Deutsche Börse AG, Leitfaden REX-Indizes 2004b, S. 4ff.

855 Vgl. Hecker Habilitation 2000, S. 248, Stehle WP 2004, 906, 911, sowie Albrecht VW 2005, 1370, 1370f.

856 Dies wäre bspw. dann nicht gegeben, wenn es einem Kleinaktionär (im Gegensatz zu einem institutionellen Investor) nicht möglich wäre, den REXP ohne erheblichen Aufwand abzubilden. Eine Recherche im Internet hat jedoch ergeben, dass Zertifikate auf den REXP existieren, die dessen Entwicklung mit einem geringen, womöglich liquiditätsbedingten Tracking Error nachbilden. Beispielhaft sei hier das Zertifikat der WestLB mit Laufzeit bis zum 29.6.2012 erwähnt (WKN 654200). Eigenen Berechnungen zufolge korreliert es mit dem REXP bei Verwendung von monatlichen Schlusskursen von Oktober 2002 bis November 2005 zu 92,3 %. Die Verwendung des REXP dürfte damit zu rechtfertigen sein.

Ausgleichs an der Abfindung im Folgenden sowohl mit der Umlaufrendite deutscher Staatsanleihen als auch mit der Rendite des REXP verglichen werden.

Stellt man die Abfindungsverzinsung von 6,13 % der langfristig erzielbaren Rendite des REXP von 7 % gegenüber[857], zeigt sich deutlich, dass der Ausgleich im Durchschnitt nicht im Entferntesten den Anforderungen an die Angemessenheit seiner Höhe gerecht werden kann.[858] Er entspricht regelmäßig nicht einmal einer marktüblichen Verzinsung der Abfindung. Bei der hier vorliegenden Stichprobe wurde in lediglich 29,29 % der 99 Aktienkurszeitreihen ein Ausgleich angeboten, der die langfristig erzielbare Verzinsung des REXP von 7 % übertreffen konnte. Bei dem Unternehmensvertrag zwischen der C. Grossmann Eisen- und Stahlwerke AG und der Grossmann Filial-Betriebs GmbH aus dem Jahr 1991 entsprach der Ausgleich sogar 25 % der vertraglich angebotenen Abfindung. Das Minimum erreicht der Ausgleich für außenstehende Aktionäre der Erste Kulmbacher Actien Brauerei AG: hier betrug der Ausgleich gerade einmal 0,96 % der vertraglich vorgesehenen Abfindung.

Unterstellt man zunächst vereinfachend, dass dem Aktionär sowohl die erste Ausgleichszahlung als auch alternativ die Abfindung bereits am Tag der Hauptversammlung zufließen[859], lassen sich sehr anschaulich weitere Erkenntnisse über das Verhältnis von Abfindung und Ausgleich gewinnen. Teilt man den Barwert der annahmegemäß unendlich lange fließenden Ausgleichszahlungen vor persönlicher Einkommensteuer durch den Wert der Abfindung, ergibt sich bei einem Diskontierungszins von 7 % ein Durchschnitt von 87,42 % (vgl. Anhang 2, Spalte 6). Für die nun relevanten 101 Aktienkurszeitreihen[860] zeigt sich damit, dass der Barwert des Ausgleichs den Wert der Abfindung im Durchschnitt um mehr als 12 % unterschreitet, obwohl er diesen vor dem Hintergrund der Überlegungen in Abschnitt 2.2.4.5 sogar um einen Risikozuschlag

---

857 Albrecht VW 2005, 1370, 1370f. ermittelt für den Zeitraum von 1985-2004 eine REXP-Rendite von 7,023%, *Wenger* hingegen für den Zeitraum von 1967-2004 eine geometrische Rendite von 7,25 % (so Herr Prof. Dr. Wenger von der Universität Würzburg auf einem Wirtschaftssymposium zum Thema „Fair Valuations – Moderne Grundsätze zur Durchführung von Unternehmensbewertungen" am 15.06.05 in Frankfurt am Main). Eigenen Berechnungen zufolge ist die arithmetische Rendite des REXP seit 1.1.1984 bei 7,22 % p.a. anzusiedeln. Da eine Anlage in den REXP Transaktionskosten vernachlässigt, dürfte eine Abrundung auf 7 % gerechtfertigt sein. Nach Albrecht VW 2001, 1542 ist ein Renditeabschlag von 0,29% aufgrund von Transaktionskosten und dem Halten von Liquidität gerechtfertigt.

858 Diese Aussage gilt nur unter dem Vorbehalt, dass die Abfindung selbst den angemessenen Anteilspreis nicht mindestens so weit überschreitet, dass sie die Differenz zwischen angebotenem und angemessenem Ausgleich auszugleichen vermag.

859 Dies stellt insoweit eine Vereinfachung dar, als dass der Ausgleichsanspruch des Aktionärs (selbst bei rückwirkend abgeschlossenen Konzernverträgen) erst mit der Feststellung des Jahresabschlusses auf der Hauptversammlung des folgenden Geschäftsjahres fällig wird und somit erst ab dann mit jährlichen Zahlungen zu rechnen ist. Zudem kann die Abfindung frühestens erst ab dem Zeitpunkt der Handelsregistereintragung des Vertrages bezogen werden. In der Realität dürfte sogar dies noch zu kurz greifen: vielmehr wäre hier noch auf die zeitlich später gelegene Bekanntmachung der Eintragung abzustellen.

860 Die Differenz zu den zuvor genannten 99 Aktienkurszeitreihen ergibt sich daraus, dass nun die Verträge mit gestaffeltem Ausgleich (Hageda AG und M & H Medizin und Handel Beteiligungs- und Immobilienverwaltungsgesellschaft mbH, sowie Quante AG und Erste SuSe Verwaltungs GmbH) berücksichtigt werden konnten.

überschreiten müsste. Den geringsten Quotienten aus Ausgleichs- und Abfindungsbarwert ergibt der Vertrag zwischen der Erste Kulmbacher Actien Brauerei AG und der Gebr. März AG mit gerade einmal 13,75 %. Der höchste Quotient lässt sich wiederum beim Vertrag der C. Grossmann Eisen- und Stahlwerke AG feststellen: mit 375,14 % bestand hier für die außenstehenden Aktionäre nahezu ein ökonomischer Zwang, den Ausgleich zu wählen.

Vergleicht man diese Ergebnisse mit den entsprechenden Ausführungen bei *Hecker*, deren Untersuchungszeitraum die Jahre 1978 – 1992 umfasst, so zeigt sich, dass sich in der Praxis bei der Bestimmung des Verhältnisses zwischen Ausgleich und Abfindung offenbar wenig geändert hat. *Hecker* stellt einen prozentualen Anteil des Ausgleichs an der Abfindung in Höhe von 5,77 % fest (hier: 6,13 %). Der von *Hecker* verwendete marktübliche Zins von 7,5 % wird in knapp 25 % der in ihrer Arbeit untersuchten Fälle gewährleistet (hier mit i = 7,5 %: 21,21 %).[861]

Ein weitgehend anderes Ergebnis findet man, wenn man an Stelle des REXP die Umlaufrenditen deutscher Staatsanleihen zugrunde legt (vgl. Anhang 2, Spalte 8).[862] In 61 Fällen und damit in 61,62 % ist der Ausgleich höher als die Umlaufrendite des jeweiligen Monats, in dem die Hauptversammlung der konzernierten Gesellschaft dem Vertrag zugestimmt hat. Bildet man den arithmetischen Durchschnitt der Umlaufrenditen für diejenigen Monate, in denen im Untersuchungszeitraum jeweils die beschlussfassende Hauptversammlung einer konzernierten Gesellschaft stattgefunden hat, so ergibt sich ein Wert von 5,97 % gegenüber einem durchschnittlichen Ausgleich von 6,13 %. Teilt man wiederum den Ausgleichsbarwert durch den Wert der Abfindung (Anhang 2, Spalte 9), erhält man bei Anwendung der jeweiligen monatlichen Umlaufrendite als Diskontierungszins einen Durchschnitt von 108,5 %, d.h. der Ausgleich übertrifft die Abfindung durchschnittlich um ca. 7,5 %. Es lässt sich jedoch kein empirisch belegbarer Zusammenhang zwischen der Höhe des Ausgleichs (bzw. der Verzinsung der Abfindung in Form des Ausgleichs) und der Umlaufrendite für öffentliche Anleihen feststellen. Der empirische Korrelationskoeffizient beträgt lediglich 0,0615.[863] Gleichwohl sind sie nicht signifikant verschieden. Der zweiseitige Mann-Whitney-U-Test liefert p $\geq$ 0,05. Abbildung 4 verdeutlicht noch einmal den Zusammenhang von Umlaufrendite und Ausgleich.

---

861 Vgl. Hecker Habilitation 2000, S. 366.

862 Die Renditen wurden der Kapitalmarktstatistik der Deutschen Bundesbank entnommen. Darin sind Inhaberschuldverschreibungen mit einer längsten Laufzeit gem. Emissionsbedingungen von über 4 Jahren enthalten. Die Rentenwerte werden nur dann in die Berechnung der Durchschnittsrenditen einbezogen, wenn ihre Restlaufzeit mehr als 3 Jahre beträgt. Nicht einbezogen werden Nullkupon-Anleihen und variabel verzinsliche Anleihen.

863 Dies kann mindestens zweierlei Ursachen haben. Zum Einen ist denkbar, dass der Ausgleich wirklich völlig unabhängig von dem jeweils gültigen Zins festgelegt wird (durch „willkürliche" Abzinsung der anhand von Unternehmensbewertungsverfahren ermittelten Abfindung). Zum Anderen besteht die Möglichkeit, dass die Anwendung von Risikozu- oder Wachstumsabschlägen derart heterogen erfolgt, dass jeglicher denkbarer Zusammenhang nicht nachweisbar ist.

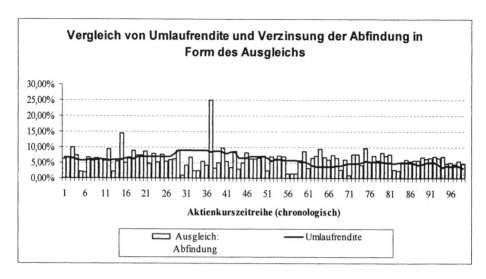

Vergleich von Umlaufrendite und Verzinsung der Abfindung in Form des Ausgleichs

Abbildung 4: Vergleich von Umlaufrendite und Verzinsung der Abfindung in Form des Ausgleichs[864]

Grenzt man den Untersuchungszeitraum derart ein, dass nicht schon Daten ab 1984, sondern erst ab 1993 einbezogen werden[865], so zeigt sich, dass der prozentuale Anteil des Ausgleichs an der Abfindung auf 5,77 % sinkt. Der Quotient von barwertigem Ausgleich und Abfindung verringert sich für einen Zins von 7 % im Durchschnitt auf 82,45 %. Bei lediglich 15 der nun relevanten 56 Aktienkurszeitreihen (26,79 %) sichert der Ausgleich den außenstehenden Aktionären mindestens die REXP-Rendite von 7 % zu. Hingegen gewährleisten immerhin 41 Aktienkurszeitreihen (73,21 %) einen Ausgleich, der die Umlaufrendite des jeweiligen Monats überschreitet. Nur 3 Verträge (5,36 %) garantieren seit 1993 einen Ausgleich, der die langfristige Aktienrendite von 8,5 % zu übertreffen vermag.[866] Tabelle 2 fasst die wesentlichen Aussagen noch einmal zusammen. Darin sind zum Vergleich auch die Ergebnisse für die von *Hecker* verwendeten Zinssätze (7,5 % für den sicheren Zins, 9 % für die Aktienrendite) aufgeführt.

Eine ökonomische Gleichwertigkeit von Ausgleich und Abfindung ist offensichtlich auch in den letzten 12 Jahren nicht gewährleistet worden. Dies wird noch deutlicher, wenn man von der vereinfachenden Annahme einer unendlich langen, gleich bleibenden sicheren Zahlung des Ausgleichs absieht. Außenstehende Aktionäre können im Durchschnitt nicht damit rechnen, eine Risikoentschädigung etwa für einen möglichen Zahlungsausfall oder den Substanzentzug während der Vertragslaufzeit zu erhalten: Legt man die im langfristigen Durchschnitt zu erzielende Rendite am deutschen Aktienmarkt

---

864 Eigene Darstellung anhand der empirischen Daten aus Anhang 2.
865 Dies ist deshalb interessant, weil bisherige Untersuchungen nur Daten bis zum 31.12.1992 berücksichtigen konnten. Spätere Studien liegen – soweit ersichtlich – in keiner Weise vor.
866 Es sind dies die Verträge der Verseidag AG, der Schumag AG, und der Papierwerke Waldhof-Aschaffenburg AG.

von 8,5 % p.a. zugrunde[867], wird deutlich, dass seit 1984 bei lediglich 12 der 99 Aktienkurszeitreihen (12,12 %) ein Ausgleich angeboten wurde, der diese erreicht oder überschreitet.

Untersuchungszeitraum	1978 - 1992	1.1.1984 - 31.7.2005	1.1.1993 - 31.7.2005
durchschnittlicher prozentualer Anteil des Ausgleichs an der Abfindung	5,77%[1]	6,13%	5,77%
Verhältnis Barwert Ausgleich zu Abfindung (arithmetischer Durchschnitt)			
i = Umlaufrendite dt. Staatsanleihen	79,95%[3]	108,50%	119,61%
i = 7,0 %	82,48%[3]	87,42%	82,45%
i = 7,5 %	76,97%[3]	81,59%	76,95%
i = 8,5 %	67,92%[3]	71,99%	67,90%
i = 9,0 %	64,14%[3]	67,99%	64,12%
Anteil der Kurszeitreihen mit Ausgleich > i			
i = Umlaufrendite dt. Staatsanleihen	33,96%[3]	61,62%	73,21%
i = 7,0 %	28,3%[3]	29,29%	26,79%
i = 7,5 %	24,53%[3]	21,21%	14,29%
i = 8,5 %	13,2%[3]	12,12%	5,36%
i = 9,0 %	7,5%[2]	8,08%	3,57%

[1] Vgl. Hecker (2000), S. 366
[2] Vgl. Hecker (2000), S. 367.
[3] Eigene Berechnung anhand von Anhang 7 bei Hecker (2000), S. 493f.

Tabelle 2: *Vergleich von vertraglich angebotenem Ausgleich und vertraglich vorgesehener Abfindung*[868]

Gleichwohl ist eine relative Aufbesserung des Ausgleichs gegenüber der Abfindung im Vergleich zu der Untersuchung von *Hecker* festzustellen. Der im Rahmen von Konzernverträgen angebotene Ausgleich übertrifft nunmehr im Durchschnitt die Umlaufrendite deutscher Staatsanleihen, kann jedoch bei weitem nicht den Anforderungen an seine Angemessenheit gerecht werden.[869] Vor dem Hintergrund, dass Substanzwerterhöhungen während der Vertragslaufzeit mit nahezu an Sicherheit grenzender Wahrscheinlichkeit ausgeschlossen werden können[870], sind außenstehende Aktionäre daher regelmäßig gut beraten, sich abfinden zu lassen. Dies gilt ungeachtet der Möglichkeit, ein Spruchverfahren einleiten zu können, da auch bereits abgefundene Aktionäre bei

---

867 Nach Stehle ist die am deutschen Aktienmarkt erzielbare Rendite für den Zeitraum von 1985-2004 bei geometrischer Durchschnittsbildung bei 9,64 % p.a. anzusetzen, nach Wenger für den Zeitraum von 1960 – 2004 bei 7,78 % p.a. (so Stehle und Wenger auf dem Wirtschaftssymposium „Fair Valuations – Grundsätze zur Durchführung von Unternehmensbewertungen" am 15.6.2005 in Frankfurt am Main). Albrecht VW 2005, 1370, 1371 ermittelt eine DAX-Rendite seit 1985 in Höhe von 8,547 % p.a. 8,5 % p.a. dürften daher vertretbar sein.
868 Quelle: Eigene Berechnung und Darstellung.
869 Wie bereits erwähnt, gilt dies nur unter dem Vorbehalt, dass die Abfindung selbst zu niedrig oder zumindest nicht hoch genug zum Ausgleich der Fehlbemessung ist.
870 Vgl. dazu die Ausführungen über die Reichweite des Weisungsrechts in Abschnitt 2.1.4.4.

Beendigung des Verfahrens einen Abfindungsergänzungsanspruch haben (§ 13 S. 2 SpruchG).[871]

Bis hierhin wurde vereinfachend unterstellt, dass sowohl die erste Ausgleichszahlung als auch alternativ die Abfindung bereits am Tag der beschlussfassenden Hauptversammlung gezahlt werden. In der Realität ist es nun aber so, dass selbst bei rückwirkend abgeschlossenen Unternehmensverträgen die erste Ausgleichszahlung erst mit Ablauf des Tages fällig wird, an dem die Hauptversammlung den Jahresabschluss für das vergangene Jahr feststellt. Damit kommt dem außenstehenden Aktionär die erste Ausgleichszahlung näherungsweise erst ein Jahr nach dem Tag der beschlussfassenden Hauptversammlung zu. Ferner kann auch die Abfindung erstmalig mit der Eintragung des Vertrages im Handelsregister verlangt werden. In der Praxis ist vielmehr sogar damit zu rechnen, dass der Tag der Bekanntmachung der Eintragung im Handelsregister den relevanten Stichtag zur Abzinsung der Abfindung darstellt. Im Folgenden soll daher für sämtliche Verträge der barwertige, auf den Tag der beschlussfassenden Hauptversammlung abgezinste Ausgleich mit der auf diesen Tag (vom Tag der Bekanntmachung) abgezinsten Abfindung verglichen werden.

Zur Ermittlung des zum Tag der beschlussfassenden Hauptversammlung barwertigen Ausgleichs wurde – wiederum vereinfachend – davon ausgegangen, dass der Tag der Hauptversammlung, mit dessen Ablauf der Ausgleich erstmalig fällig ist, exakt ein Jahr nach dem Tag der Hauptversammlung liegt, an dem über den Vertrag abgestimmt wird. Für die Ermittlung der barwertigen Abfindung wurde ein dreistufiges Verfahren angewendet, da nicht für sämtliche Verträge der Tag bekannt war, an dem die Eintragung des Vertrages in das Handelsregister öffentlich gemacht worden war. Zunächst wurde ein Durchschnittswert für den zeitlichen Abstand zwischen der Eintragung und deren Bekanntmachung für diejenigen Verträge ermittelt, für die diese Daten vorlagen. Daraus ergab sich ein Durchschnittswert von gerundet 24 Tagen. Für die zweite Gruppe von Verträgen, für die wenigstens der Tag der Eintragung im Handelsregister bekannt war, wurde somit die Zeitspanne zwischen diesem Tag und dem Tag der beschlussfassenden Hauptversammlung herangezogen und die im Durchschnitt beobachteten 24 Tage hinzuaddiert. Sodann wurde in einem dritten Schritt ein weiterer Durchschnitt über die Verträge dieser beiden Gruppen aus dem Abstand zwischen dem Tag der Hauptversammlung und dem Tag der Bekanntmachung der Eintragung im Handelsregister ermit-

---

871 Jedoch trifft diese Aussage nur dann zu, wenn der im Spruchverfahren erhöhte Ausgleich nicht den Wert der Abfindungserhöhung inkl. Zinsen in einem solchen Ausmaß übersteigt, dass er das hier festgestellte vertragliche Missverhältnis von Ausgleich und Abfindung ausgleichen kann. Dies dürfte jedoch kaum der Fall sein. Als weitere Alternative besteht, wie bereits erläutert, die Möglichkeit, zunächst den Ausgleich zu beziehen und sich nachträglich abfinden zu lassen (§ 305 Abs. 4 S. 3 AktG). Dies würde für solche Verträge Sinn haben, in denen der Ausgleich zumindest eine Verzinsung garantiert, die der langfristigen Aktienrendite entspricht, im Beispiel also nur bei 12,12 % aller Kurszeitreihen (i = 8,5 %). Dadurch können sich außenstehende Aktionäre die Möglichkeit offen halten, nicht von einer wesentlichen Aufbesserung des Ausgleichs, insbesondere im Vergleich zu der Aufbesserung der Abfindung, abgeschnitten zu werden. Bei dieser Überlegung spielen Zinseffekte eine ökonomisch relevante Rolle, zudem wird das Ausfallrisiko nicht gesondert kompensiert. Dies ist jedoch nicht Gegenstand dieser Untersuchung.

telt (gerundet: 73 Tage), und dieser auf die dritte Gruppe angewendet, für die weder der Tag der Eintragung, noch der Tag deren Bekanntmachung vorlag. Die entsprechenden Ausgleichsbarwerte und die Abfindung wurden mit der Zinsrechnungskonvention actual / 360 abgezinst und am Tag der beschlussfassenden Hauptversammlung gegenübergestellt (vgl. auch Anhang 3).

Untersuchungszeitraum	1.1.1984 - 31.7.2005	1.1.1993 - 31.7.2005
i = Umlaufrendite dt. Staatsanleihen	109,86%	121,08%
i = 7,0 %	88,61%	83,61%
i = 7,5 %	82,78%	78,11%
i = 8,5 %	73,18%	69,05%
i = 9,0 %	69,17%	65,28%

Tabelle 3: Verhältnis von barwertigem Ausgleich zu Abfindung (Zinseffekte berücksichtigt)[872]

Betrachtet man Tabelle 3, so zeigt sich, dass sich das Verhältnis von barwertigem Ausgleich und der Abfindung im Vergleich zu dem Verhältnis des vorherigen, die Zinseffekte vernachlässigenden Untersuchungspunktes im Durchschnitt erhöht hat. Für jeden zugrunde gelegten Zinssatz wird hier deutlich, dass der Zinseffekt, der sich aus den oben genannten Differenzen der Zahlungstermine von Abfindung und Ausgleich ergibt, dazu führt, dass der Quotient zum Zeitpunkt der beschlussfassenden Hauptversammlung im Durchschnitt um ca. 1 – 3 % über dem des vorherigen Quotienten liegt. Damit wird es offensichtlich, dass das vertragliche Missverhältnis von Ausgleich und Abfindung in der Realität nicht ganz so gravierend ist, wie bisher angenommen, und dass Zinseffekte auch hier im Einzelfall eine ökonomisch relevante Rolle spielen können. Dennoch kann auch hier wieder ein deutlicher wertmäßiger Unterschied von Abfindung und Ausgleich konstatiert werden.

4.2.2.2 Empirische Befunde zum Verhältnis von vertraglich angebotenen Ausgleichszahlungen zu vor dem Ereignisdatum liegenden Börsenkursen

Im folgenden Untersuchungspunkt sollen die vertraglich angebotenen Ausgleichszahlungen mit den Börsenkursen verglichen werden, die im Vorfeld des jeweiligen Ereignistages zu beobachten waren. In Abschnitt 3.3.5.2.1 wurde bereits erläutert, warum ein im Vorfeld der Bekanntmachung des Unternehmensvertrages verwendeter Börsenkurs für die Bemessung von Abfindung und Ausgleich dem Minderheitenschutz am ehesten gerecht werden kann. Der Kurs dürfte von der bevorstehenden Konzernierungsmaßnahme regelmäßig weitgehend unbeeinflusst sein, da der Vertragsabschluss noch nicht zur öffentlichen Information geworden ist und daher noch nicht eingepreist werden konnte.[873] Die unter Verwendung eines solchen Kurses bemessenen Entschädigungs-

---

872 Quelle: Eigene Berechnung und Darstellung.
873 Jedoch ist nicht auszuschließen, dass vorher bereits Handel auf Basis privater Informationen stattgefunden und den Kurs beeinflusst hat. Ein market impact durch Insidergeschäfte dürfte

leistungen kommen damit dem gesetzlichen Erfordernis am Nächsten, dass der Ausgleich unter der Fiktion des Nicht-Bestehens des Konzernvertrages zu bemessen ist.

Zur Festlegung des Ereignistages wurde eine Recherche im Archiv relevanter Tageszeitungen (FAZ, Börsen-Zeitung, Handelsblatt) sowie in der Datenbank LexisNexis durchgeführt.[874] Der Ereignistag wurde als derjenige Tag definiert, an dem der Markt erstmalig von der beabsichtigten Konzernierungsmaßnahme in Kenntnis gesetzt wurde. In den meisten hier vorliegenden Fällen lässt sich am Ereignistag eine eindeutige Kursbewegung in Richtung der vertraglich festgesetzten Abfindungshöhe feststellen, ohne dass zuvor bereits eine in die gleiche Richtung weisende Kursbewegung eingesetzt hätte. In diesen Fällen ist es offensichtlich, dass der festgelegte Ereignistag den für den vorliegenden Untersuchungsschritt relevanten Tag darstellt. Im Durchschnitt aller 102 Aktienkurszeitreihen führte die Ankündigung des Vertrages zu einer Kursänderung von 6,56 %[875], mit einem Maximum von 75,03 % im Fall Blaue Quellen Mineral- und Heilbrunnen AG (WKN 704200) und einem Minimum von -16,67 % im Fall Bankverein Bremen AG (WKN 801600).[876] Vernachlässigt man das Vorzeichen der Kursänderung, so ergibt sich sogar eine durchschnittliche Kursänderung von 9,53 %. In vielen Fällen konnten auch noch an den auf den Ereignistag folgenden Tagen erhebliche Kursbewegungen festgestellt werden. So brach beispielsweise der Aktienkurs der Braunschweigerische Kohlenbergwerke AG (WKN 525700) zwei Tage nach dem Ereignistag, an dem der Kurs gar nicht reagierte, um 18 % ein.

Es gab jedoch auch Aktienkurszeitreihen, bei denen der Ereignistag weniger eindeutig ersichtlich war. In diesen Fällen waren bereits im Vorfeld des als letztlich relevant befundenen Ereignistages extreme Kursbewegungen zu beobachten. Nahezu ausnahmslos waren diese vorherigen Kursbewegungen jedoch auf andere kursrelevante Ereignisse wie etwa Übernahmeangebote zurückzuführen. Die entsprechenden Kurswirkungen können Anhang 4 entnommen werden.[877]

---

hier vergleichsweise relativ schnell gegeben sein, da nur ein verhältnismäßig geringer Streubesitz vorliegt. Vgl. zur Bedeutung von Insiderhandelsaktivitäten die noch folgenden Ausführungen.

874 Vgl. http://www.lexisnexis.de.

875 Der Kurseinfluss der herrschenden Gesellschaften wird hier nicht berücksichtigt. Jedoch konnte im Vergleich zum vorherigen Untersuchungspunkt auch die Kurszeitreihe der GEA AG berücksichtigt werden, da es zur Ausgleichsberechnung selbst bei variablem Ausgleich nicht der Aktienkurszeitreihe der herrschenden Gesellschaft (Vorzugsaktien der Metallgesellschaft AG) bedarf, für die Herstellung des Umrechnungsverhältnisses bei der Abfindung in Aktien hingegen schon.

876 Der Kurseinfluss bezieht sich dabei auf die Differenz zwischen dem Kurs, der am Ereignistag notierte, und dem Kurs, der 2 Notierungen zuvor (KE_{t-2}) zu beobachten war.

877 Als besonders eindrucksvoll erweist sich die Kursbewegung im Fall der Wedeco AG (WKN 514180), deren außenstehenden Aktionären am 11.11.2003 ein Übernahmeangebot durch ITT Industries zu 18.- Euro je Aktie unterbreitet wurde. Ebenso erfuhr die Aktie der Feldmühle Nobel AG (WKN 577230) einen erheblichen Kursanstieg im Vorfeld des relevanten Ereignistages (10.9.1991), da bereits ab dem 23.5.1991 über eine bevorstehende Übernahme spekuliert wurde. Im Fall der Gerresheimer Glas AG (WKN 587300) wurde am 16.5.2000 ein freiwilliges öffentliches Kaufangebot als ad-hoc Mitteilung bekannt gemacht. Und auch der Kurs der Th. Goldschmidt AG (WKN 589300) erfuhr ab dem 31.12.1998 einen erhebli-

Im Fall der Schumag AG (WKN 721670) ist bereits ab dem 20.7.1998 ein Kursverfall festzustellen, der sich bis zum Ereignistag am 27.9.1998 auf 28 % kumuliert, ohne dass zuvor – soweit ersichtlich – kursrelevante Nachrichten veröffentlicht worden wären.[878] Dies soll jedoch aus mehreren Gründen nicht zu einer Vorverlegung des Ereignistages führen. Erstens kann nicht mit Sicherheit ausgeschlossen werden, dass es sehr wohl fundamentale Gründe für den Kursverfall gab, über die gar nicht oder zumindest nicht in den bedeutenden Wirtschaftszeitungen berichtet wurde.[879] Zweitens wurde – soweit ersichtlich – kein Verfahren wegen Insiderhandelstätigkeit oder Marktpreismanipulation eingeleitet. Der Kursverfall müsste daher auf Basis öffentlicher Informationen gerechtfertigt gewesen sein, sofern man der Bankenaufsicht und den gesetzlichen Sanktionsmechanismen eine hinreichend disziplinierende Wirkung unterstellt[880] und von einem informationseffizienten Kapitalmarkt ausgehen kann.[881] Bedeutende, ausbeutungsfähige Informationsvorsprünge dürften zudem im Hinblick auf die seit 1995 bestehende Ad hoc-Publizitätspflicht im Zweifelsfall ausgeschlossen werden können. Gegen eine Vorverlegung des Ereignistages spricht zu guter Letzt, dass nach dem DAT/Altana-Beschluss des *BGH* der Börsenkurs bei einer nachweisbaren Kursmanipulation gar nicht heranzuziehen ist. Vielmehr bedarf es in solchen Fällen der Verwendung von Unternehmensbewertungsverfahren.[882]

Bei zwei weiteren Verträgen ließ sich eine unmittelbare Vorwegnahme der Kursentwicklung vor dem Ereignistag feststellen. Im Fall der Bayerische Brau Holding AG (WKN 503000) setzte am 4.1.01 eine Kursbewegung in Richtung der vertraglichen Abfindung ein. Am 15.1.01 wurde erstmalig darüber berichtet, dass Heineken als neuer Großaktionär einsteigen wolle, jedoch war erstmalig am 23.2.01 in der Presse von einem möglichen Konzernvertrag die Rede. Das zweite Beispiel stellt der Vertrag zwischen der Contigas Deutsche Energie-AG (WKN 550400) und der Bayernwerk AG dar.

---

chen Kursanstieg, nachdem in der Süddeutschen Zeitung über ein zukünftiges Übernahmeangebot berichtet worden war. Beim Vertrag zwischen der Konrad Hornschuch AG (WKN 608390) und der Konrad Hornschuch Beteiligungs GmbH (Ereignistag: 23.5.2001) erfolgte am 29.8.2000 ein Übernahmeangebot durch Decora Industries Inc. zu 89,5 Euro. Zu guter Letzt sei der Fall der Gilde Brauerei AG (WKN 648500, Ereignistag: 12.9.2003) erwähnt. Ab dem 3.11.02 wurde in der Presse darüber berichtet, dass die Gildebrauerei noch bis Jahresende verkauft werden solle; Interbrew wurde früh als Favorit gehandelt. Der Kurs stieg daraufhin innerhalb eines Monats um 137 %.

878 Auch die Welt am Sonntag schrieb am 27.9.1998, dass es aus fundamentaler Sicht keinen Grund für den Kursverfall gab, und vermutete, dass die Deutsche Babcock den Kurs gezielt gedrückt hatte.

879 Auch der Autor des Welt am Sonntag-Artikels kann insofern durchaus nicht ausreichend informiert gewesen sein

880 Ein gesetzliches Insiderhandelsverbot wurde in Deutschland erstmalig mit dem Wertpapierhandelsgesetz im Juli 1994 und damit vor dem hier interessierenden Zeitraum eingeführt.

881 Vgl. für eine Zusammenfassung empirischer Studien zur mittelstarken Informationseffizienz in Deutschland Abschnitt 3.3.4.3. Dies sagt indes nichts über den hier relevanten Fall aus.

882 Vgl. BGH AG 2001c, 417, 418. Ob diese hier angewendet wurden, ist leider nicht ersichtlich, da eine Anfrage bei der Schumag AG zum Erhalt des Unternehmensvertragsberichts leider keinen Erfolg hatte. Der Vertrag soll dennoch weiterhin einbezogen und der Ereignistag beibehalten werden.

Der Ereignistag lag eindeutig am 7.7.1988. Eine offensichtlich abnormale Kursbewegung setzte jedoch bereits am 24.6.1988 ein (vgl. Anhang 4), ohne dass in der Presse etwas über den Vertrag oder sonstige kursrelevante Ereignisse zu finden war. Auch in diesen beiden Fällen werden jedoch die Ereignistage unverändert beibehalten.

Mit Hilfe der Presse- und Datenbankrecherche konnte der Ereignistag bei 70 der 96 Verträge (72,9 %) vor den Tag der Bekanntmachung im Bundesanzeiger verlegt werden. Bei den restlichen 26 Verträgen brachte die Recherche keine neuen Erkenntnisse. In diesen Fällen entspricht der Ereignistag dem Tag der Bekanntmachung des Vertrages im Bundesanzeiger.[883] In den Fällen, in denen die relevante Veröffentlichung auf einen Samstag oder einen Feiertag fiel oder eine Aussetzung des Handels erfolgte, wurde derjenige Tag als Ereignistag gewählt, an dem erstmalig wieder nach der Bekanntmachung des Vertrages ein Handel in der jeweiligen Aktie stattfand. Dies war in allen relevanten Fällen der darauf folgende Börsentag.[884] Im Durchschnitt aller Verträge lag der letztlich festgelegte Ereignistag 34,9 Tage vor dem Tag der Bekanntmachung im Bundesanzeiger mit einem Maximum von 354 Tagen im Fall der Brauhaus Amberg AG (WKN 525000). Interessant ist ferner, dass der Markt im Durchschnitt 83,5 Tage vor dem Tag der beschlussfassenden Hauptversammlung von dem jeweiligen Vertrag erfuhr, und dass damit ein (durchschnittlich informierter) Aktionär ca. 197 Tage dazu Zeit gehabt hätte, sich mit den Abfindungs- und Ausgleichskonditionen auseinanderzusetzen, sofern man von der Einleitung eines Spruchverfahrens und den diesbezüglichen Folgen für die Verlängerung des Abfindungsverlangens abstrahiert (§ 305 Abs. 4 S. 3 AktG).[885]

Im Folgenden wird für die gesamte 96 Verträge umfassende Stichprobe ein Vergleich von vertraglichem Ausgleich und den Börsenkursen vorgenommen, die vor dem auf die soeben beschriebene Weise ermittelten Ereignistag liegen. In den Abschnitten 3.3.5.2 und 3.3.5.3 wurde bereits theoretisch erläutert, warum nicht ein einzelner Stichtag oder der Durchschnittskurs eines bestimmten Zeitraums generalisierend zu rechtfertigen ist. Dies wird noch deutlicher, wenn man die Kursentwicklung der konzernierten Gesellschaften in Anhang 4 betrachtet. So weist der Kurs der Stammaktie der Allweiler AG (WKN 503490) beispielsweise eine relativ schwankungsarme Entwicklung auf, die offenbar nur am Ereignistag und an den darauf folgenden Tagen durch einen massiven Kursanstieg unterbrochen wird, um danach wieder auf einem höheren Niveau ihren impulslosen, seitlich gerichteten Trend fortzusetzen. Hier ließen sich unterschiedliche Stichtage oder Durchschnittskurse unterschiedlicher Länge im Vorfeld des Ereignista-

---

883 Dies gilt nur unter dem Vorbehalt, dass der Tag der Bekanntmachung nicht auf einen Samstag, einen Feiertag, oder einen Tag ohne Kursnotiz fiel. Vgl. dazu die folgenden Ausführungen.

884 Eine Aussetzung des Handels am Tag der erstmaligen Bekanntmachung des Vertrages erfolgte in den folgenden Fällen: Dortmunder Actien Brauerei AG (WKN 554800), FAG Kugelfischer Georg Schäfer AG (WKN 575470), Th. Goldschmidt AG (WKN 589300), Maihak AG (WKN 655300), sowie beim Vertrag zwischen der Oelmühle Hamburg AG (WKN 726900) und der ADM Beteiligungsgesellschaft mbH.

885 Die Zahl 197 ermittelt sich wie folgt. Zwischen dem Ereignistag und der Hauptversammlung lagen durchschnittlich 83,5 Tage, und zwischen der Hauptversammlung und der Bekanntmachung der Eintragung im Handelsregister 73 Tage (vgl. Abschnitt 4.2.2.1). Danach hat der Aktionär nach § 305 Abs.4 S. 1 AktG noch 2 Monate Zeit, die Abfindung zu verlangen.

ges verhältnismäßig gut rechtfertigen. Anders gestaltet sich dies jedoch bei sehr volatilen Kursen, insbesondere, wenn innerhalb eines theoretisch vertretbaren Zeitfensters (bspw. 3 oder 6 Monate) mehrere kursrelevante Ereignisse auftreten. Beispielhaft sei hier die Aktienkursentwicklung der Quante AG (WKN 697563) angeführt.[886]

In einem weiteren Schritt war zu beachten, dass der Tag, an dem erstmalig in der Druckpresse über den beabsichtigten Abschluss eines Konzernvertrages berichtet wird, nicht notwendig der Tag sein muss, an dem der Markt erstmalig von dem bevorstehenden Abschluss in Kenntnis gesetzt wird. Vielmehr kann bereits am Tag zuvor durch andere Medien eine Berichterstattung erfolgt sein. Zu denken ist hier insbesondere an das Fernsehen, den Rundfunk, und für die zeitlich späteren Verträge auch an das Internet. Jeder Kursdurchschnitt im Vorfeld des Ereignistages wird aus diesem Grund maximal bis zwei Tage vor dem Ereignistag gebildet. Entsprechend wurde auch der dem Ereignistag am nächsten gelegene Stichtagskurs maximal zwei Tage davor gelegt.[887] Sofern der Tag zwei Tage vor dem Ereignistag auf ein Wochenende oder einen Feiertag fiel, oder kein Kurs festgestellt werden konnte, wurde sukzessive bis zu dem Tag zurück gegangen, an dem die zweite Kursnotierung vor dem Ereignistag festgestellt werden konnte.[888]

Um den vertraglich angebotenen Ausgleich mit vor dem Ereignistag liegenden Börsenkursen vergleichen zu können, war es wiederum notwendig, den Bruttoausgleich barwertig aus einer annahmegemäß unendlich lange fließenden, sicheren Zahlungsreihe zu bestimmen.[889] Auch für den vorliegenden Untersuchungspunkt wurden dafür die Zinssätze i= 7 und i= 8,5 % verwendet. Zur Sicherstellung der Vergleichbarkeit von Werten unterschiedlicher Zeitpunkte war der auf diese Weise ermittelte barwertige Ausgleich auf den Ereignistag abzuzinsen, und die Börsenkurse auf diesen aufzuzinsen.[890]

Aus Tabelle 4 wird ersichtlich, dass der Barwert des vertraglich angebotenen Ausgleichs im Durchschnitt aller 102 Aktienkurszeitreihen alle hier berechneten Aktienkurse im Vorfeld des Ereignistages erheblich unterschreitet. Bei einem unterstellten Zinssatz von 7 % beträgt der barwertige, auf den Ereignistag abgezinste Ausgleich im Durchschnitt gerade einmal 84,31 % des auf den Ereignistag aufgezinsten Kurses, der 2

---

886 Wie sich bei näherer Betrachtung der Stammaktie der Allweiler AG (WKN 503490) in Anhang 4 erkennen lässt, beträgt die höchste Differenz der fünf Quotienten aus abgezinstem barwertigem Ausgleich und den aufgezinsten Vergleichskursen im Vorfeld des Ereignistages lediglich 1,52 %. Vergleicht man hingegen im Fall der Quante AG den Quotienten aus barwertigem abgezinstem Ausgleich und dem Kurs, der 2 Notierungen vor dem Ereignistag ermittelt wurde, mit dem Quotienten aus abgezinstem barwertigem Ausgleich und dem Stichtagskurs 6 Monate vor diesem Tag, so ergibt sich eine Differenz von 62,05 % (i= 7%).

887 Vgl. insoweit KE_{T-2} in Anhang 4.

888 Vgl. die entsprechenden Ausführungen bei Hecker Habilitation 2000, S. 245.

889 Für die Fälle mit variablem Ausgleich wurde hier angenommen, dass die Dividende der herrschenden Gesellschaft in unveränderter Höhe weitergezahlt und dass das Umrechnungsverhältnis beibehalten wird.

890 Sämtliche Verzinsungen wurden auf Basis der actual/360 Methode vorgenommen. Bei der Abzinsung des Bruttoausgleichsbarwerts auf den Ereignistag wurde wiederum von dem Fälligkeitstag der ersten Ausgleichszahlung ausgegangen (vgl. Abschnitt 4.2.2.1).

Notierungen zuvor an der Börse beobachtet werden konnte (KE $_{t-2}$). Ferner wird deutlich, dass sowohl die anderen untersuchten Stichtagskurse (KE $_{t-2, -3M}$ und KE $_{t-2, -6M}$)[891] als auch die 3- und 6-monatigen Durchschnittskurse (KDE $_{t-2, -3M}$ und KDE $_{t-2, -6M}$) den barwertigen Ausgleich ebenfalls deutlich übertreffen. Legt man den am deutschen Aktienmarkt langfristig erzielbaren jährlichen Zins von 8,5 % zugrunde[892], so zeigt sich, dass der barwertige Ausgleich in sämtlichen Konzernverträgen durchschnittlich nicht einmal 74 % des Börsenkurses darstellt, der 2 Tage, 3 Monate oder 6 Monate vor dem Ereignistag notierte oder der aus 3- und 6-monatigen Kursdurchschnitten vor dem Ereignistag gebildet wurde.

7,00%				
	Durchschnitt	Maximum	Minimum	Anteil > 100%
KE $_{T-2}$:	84,31%	188,53%	12,56%	35,29%
KE $_{T-2, -3M}$:	88,51%	193,34%	12,15%	37,25%
KDE $_{T-2, -3M}$:	87,51%	188,58%	12,45%	37,25%
KE $_{T-2, -6M}$:	90,16%	206,58%	11,29%	41,18%
KDE $_{T-2, -6M}$:	89,31%	196,19%	12,12%	41,18%

8,50%				
	Durchschnitt	Maximum	Minimum	Anteil > 100%
KE $_{T-2}$:	69,19%	154,81%	10,30%	19,61%
KE $_{T-2, -3M}$:	72,38%	156,60%	9,93%	24,51%
KDE $_{T-2, -3M}$:	71,82%	154,85%	10,21%	21,57%
KE $_{T-2, -6M}$:	73,46%	168,44%	9,19%	25,49%
KDE $_{T-2, -6M}$:	73,30%	159,50%	9,94%	21,57%

Tabelle 4: Quotienten aus barwertigem vertraglichem Ausgleich und vor dem Ereignistag beobachtbaren Börsenkursen (Zinseffekte berücksichtigt)[893]

Den im Verhältnis zum Stichtagskurs KE $_{t-2}$ höchsten Ausgleich sieht mit 188,53 % bzw. mit 154,81 % für i = 8,5 % der Vertrag zwischen der Verseidag AG (WKN 764400) und der Deutsche Gamma GmbH vor. Dieser Vertrag garantiert auch den höchsten Quotienten aus barwertigem Ausgleich und dem dreimonatigen Durchschnittskurs im Vorfeld des Ereignistages (vgl. auch Anhang 4). Der höchste Quotient aus barwertigem Ausgleich und dem 6-monatigen Stichtagskurs (KE $_{t-2, -6M}$) wird hingegen für beide Zinssätze von dem Konzernvertrag der Rütgers AG (WKN 707200) gebildet. Die restlichen für beide Zinssätze ermittelten maximalen Quotienten beziehen sich auf den

---

891 KE $_{t-2, -3M}$ steht hier für den Kurs, der 3 Monate vor dem Tag des KE $_{t-2}$ notierte. Für den 6 monatigen Kurs (KE $_{t-2, -6M}$) gilt entsprechendes.
892 Vgl. dazu Abschnitt 4.2.2.1.
893 Quelle: Eigene Berechnung und Darstellung.

Vertrag zwischen der Isar-Amperwerke AG (WKN 504500) und der Bayernwerk AG. Die geringsten Quotienten werden für beide Zinssätze von dem Vertrag zwischen der Erste Kulmbacher Actien Brauerei AG (WKN 700700) und der Gebr. März AG gebildet: Selbst bei Anwendung des „REXP-Zinses" von 7 % beträgt der barwertige Ausgleich nicht einmal 13 % des jeweiligen aufgezinsten Aktienkurses. Da für diesen Vertrag bereits zuvor festgestellt werden konnte, dass der Ausgleich gerade einmal 0,96% der vertraglich vorgesehenen Abfindung beträgt, wird hier einmal mehr deutlich, wie ausgeprägt offenbar das Interesse des Mehrheitsaktionärs war, die Minderheitsaktionäre zur Annahme der Abfindung zu bewegen.[894]

Das bedeutsamste Ergebnis ist jedoch, dass nicht nur der Ausgleich im Durchschnitt aller Verträge deutlich unter 100 % der jeweiligen Aktienkurse liegt, sondern dass auch der weit überwiegende Anteil der barwertigen, annahmegemäß unendlich in unveränderter Höhe fließenden Ausgleichszahlungsreihen betragsmäßig geringer ist.[895] So liegen für i = 7 % gerade einmal maximal 41,18 % der Ausgleichszahlungsbarwerte über dem jeweiligen Aktienkurs, für i = 8,5 % sogar nur noch maximal 25,49 %. Vergleicht man für i = 8,5 % den Ausgleichsbarwert mit dem Kurs, der 2 Notierungen vor dem Ereignistag beobachtet wurde, ergibt sich sogar lediglich ein Quotient von 19,61 %. Dies verdeutlicht, dass bei lediglich 20 der 102 Aktienkurszeitreihen ein Ausgleich gewährt wurde, der den unmittelbar im Vorfeld des Ereignistages beobachtbaren Aktienkurs der beherrschten Gesellschaft wertmäßig zu übertreffen vermochte.

Diese gravierende Diskrepanz zwischen barwertigem Ausgleich und vor dem Ereignistag liegenden Börsenkursen ist noch einmal in Anhang 5 veranschaulicht. Dort ist über alle Aktienkurszeitreihen aggregiert der Quotient von barwertigem Ausgleich und den jeweiligen Aktienkursen im Vorfeld des Ereignistages in Form eines Balkendiagramms abgetragen. Für alle untersuchten Aktienkurse zeigt sich deutlich, dass der arithmetische Durchschnitt der Quotienten unter 100 % liegt. Die Streuung der Quotienten ähnelt nur entfernt der Form einer Standardnormalverteilung. Von einer gleichverteilten Streuung um den (ohnehin zu geringen) Durchschnittswert kann nicht gesprochen werden. Dies zeigt sich auch bei Betrachtung der trendbereinigten Q-Q Diagramme in Anhang 5. Die aus den Quotienten gebildeten Verteilungen weisen insbesondere für i = 8,5 % eine rechtsschiefe (asymmetrische) Form mit einem Fat Tail auf. Gleichwohl kann die H0-Hypothese, die Quotienten seien normalverteilt, für alle betrachteten Börsenkurse selbst bei einem Signifikanzniveau von 10 % nicht statistisch abgelehnt werden. Die Jarque-Bera-Teststatistik

---

894 Im Gegensatz dazu konnte jedoch für den Vertrag zwischen der C. Grossmann Eisen- und Stahlwerke AG (WKN 590610) und der Grossmann Filial-Betriebs GmbH nicht (erwartungsgemäß) festgestellt werden, dass der barwertige Ausgleich den jeweiligen Börsenkurs erheblich überschreitet. War im Verhältnis zur Abfindung noch ein Quotient von 362,21 % festgestellt worden (vgl. Abschnitt 4.2.2.1), zeigte sich hier, dass der barwertige Ausgleich maximal 43,51 % des jeweiligen Aktienkurses betrug und damit offensichtlich sogar viel zu gering bemessen war.

895 Es ist ja theoretisch denkbar, dass ein geringer Anteil an Verträgen den Quotienten wegen ihres verhältnismäßig äußerst niedrigen Ausgleichs derart nach unten zieht, dass der durchschnittliche Ausgleichsbarwert zwar unter 100 % des Aktienkurses, der Anteil der Zeitreihen jedoch dennoch darüber liegt. Dies ist hier jedoch *nicht* der Fall.

$$JB_i = \frac{T}{6} * (S_i^2 + \frac{1}{4} * E_i^2)$$

liefert für alle Verteilungen Werte, die mit der Annahme einer Normalverteilung in Einklang zu bringen sind (vgl. auch Tabelle 5).[896]

7,00%						
	Durchschnitt	Median	Differenz	Schiefe S_i	Exzess E_i	JB-Testwert
KE $_{T-2}$:	84,31%	80,89%	-3,42%	0,206	2,357	2,482
KE $_{T-2,-3M}$:	88,51%	79,86%	-8,65%	0,290	2,360	3,174
KDE $_{T-2,-3M}$:	87,51%	81,11%	-6,40%	0,264	2,461	2,416
KE $_{T-2,-6M}$:	90,16%	79,50%	-10,66%	0,419	2,518	3,968
KDE $_{T-2,-6M}$:	89,31%	80,75%	-8,56%	0,295	2,439	2,812

8,50%						
	Durchschnitt	Median	Differenz	Schiefe S_i	Exzess E_i	JB-Testwert
KE $_{T-2}$:	69,19%	65,22%	-3,97%	0,203	2,359	2,449
KE $_{T-2,-3M}$:	72,38%	64,48%	-7,89%	0,285	2,352	3,170
KDE $_{T-2,-3M}$:	71,82%	65,74%	-6,08%	0,258	2,455	2,395
KE $_{T-2,-6M}$:	73,46%	63,96%	-9,50%	0,413	2,507	3,934
KDE $_{T-2,-6M}$:	73,30%	65,44%	-7,86%	0,289	2,431	2,793

Tabelle 5: Deskriptive Statistiken für die Quotienten aus barwertigem vertraglichem Ausgleich und vor dem Ereignistag liegenden Börsenkursen (Zinseffekte berücksichtigt)[897]

Für alle aus den Quotienten gebildeten Verteilungen ergeben sich leicht positive Werte für das zentrale Moment dritter Ordnung, die empirische Schiefe (S_i), und (deutlich) positive Werte für das zentrale Moment vierter Ordnung, den Exzess (E_i).[898] Zu-

---

896 Der Jarque-Bera-Test ermöglicht das Überprüfen der H0-Hypothese, dass eine Verteilung normalverteilt ist. JB_i ist Chi-Quadrat-verteilt mit 2 Freiheitsgraden. H0 wird zum Niveau (1-α) abgelehnt, wenn gilt: $JB_i > \chi_{1-\alpha,2}^2$. Vgl. grundlegend: Jarque / Bera ISR 1987, 163, 163ff., sowie Thadewald / Büning, Diskussionsbeiträge des Fachbereichs Wirtschaftswissenschaft der Freien Universität Berlin, Volkswirtschaftliche Reihe, Nr. 9 / 2004, S. 5ff.

897 Quelle: Eigene Berechnung und Darstellung.

898 Die Schiefe S_i zeigt den Grad der Asymmetrie einer Verteilung an. Sie wird aus $S_i = \left[\frac{1}{T} \sum_{t=1}^{T} (x_{it} - \overline{x_i})^3 \right] / \sigma_i^3$ berechnet, wobei t = 1...T die Anzahl der Merkmalsausprägungen (Quotienten) beschreibt, x_i den Wert des jeweiligen Quotienten, und $\overline{x_i}$ das arithmetische Mittel über alle Quotienten darstellt. σ_i bezeichnet die Standardabweichung der Quotientenausprägungen. Der Exzess E_i hingegen misst die Konzentration der Merkmalsausprägungen x_i um den Erwartungswert und an den Rändern. Er berechnet sich aus:

dem wird bei Betrachtung von Tabelle 5 ersichtlich, dass der Median stets geringer ist als das arithmetische Mittel der Quotienten. Auch hieran zeigt sich die beobachtete Rechtsschiefe der Verteilungen.

Im Ergebnis muss festgehalten werden, dass der Ausgleich nach § 304 AktG zumindest seit 1984 im Durchschnitt aller untersuchten Verträge nicht nur die Abfindung nach §305 AktG erheblich unterschreitet, sondern auch den Börsenkurs, der im Vorfeld des Tages notierte, an dem der Markt erstmalig von dem jeweiligen Vertrag in Kenntnis gesetzt wurde. Dies gilt unabhängig davon, ob man zum Vergleich einen 2-tägigen, 3- oder 6-monatigen Stichtagskurs vor dem Ereignistag heranzieht, oder 3- und 6-monatige Kursdurchschnitte bildet und zum Ausgleichsbarwert ins Verhältnis setzt. Da der Börsenkurs im Vorfeld des Ereignistages – im Gegensatz zu dem im Vorfeld des Hauptversammlungstages – aus ökonomischer Sicht eher die relevante Bezugsgröße darstellen sollte (vgl. Abschnitt 3.3.5), kann hier nur gefolgert werden, dass der vertragliche Ausgleich bei weitem nicht den aktienrechtlichen Anforderungen an die Angemessenheit seiner Höhe gerecht werden kann.

4.2.2.3 Empirische Befunde zum Verhältnis von vertraglich angebotenen Ausgleichszahlungen zu vor dem HV-Termin liegenden Börsenkursen

Nachdem gezeigt werden konnte, dass der Ausgleich im Durchschnitt aller Verträge wertmäßig nicht im Entferntesten mit den vor dem jeweiligen Ereignistag liegenden Börsenkursen gleichziehen kann, soll nun das Verhältnis zwischen dem Barwert der Ausgleichszahlungen und den Börsenkursen im Vorfeld der beschlussfassenden Hauptversammlung untersucht werden. Die Ergebnisse sind insbesondere deshalb interessant, weil seit März 2001 – wie bereits mehrfach erläutert – nach höchstrichterlicher Rechtsprechung zwingend der dreimonatige Börsenkurs vor der Hauptversammlung für die Ermittlung der Abfindung sowie des variablen Ausgleichs herangezogen werden muss.[899] Da sich der Kurs in der weit überwiegenden Anzahl der Fälle (spätestens) seit dem Ereignistag in Richtung der vertraglich angebotenen Abfindung entwickelt[900], sind im Vergleich zum vorherigen Untersuchungspunkt bedeutende Wertdifferenzen zu erwarten. Der durchschnittliche Kurseinfluss von 9,53% am Ereignistag sowie die häufig

---

$$E_i = \left[\frac{1}{T} \sum_{t=1}^{T} (x_{it} - \overline{x}_i)^4 \right] / \sigma_i^4$$
. Eine exakt normalverteilte Zufallsvariable hat mit $S_i = 0$ und $E_i = 3$ eine Jarque-Bera-Prüfstatistik von 0. JB_i fällt umso größer aus, je mehr S_i und E_i von 0 bzw. 3 abweichen, vgl. bereits: von Auer Ökonometrie 2003, S. 410f. Im vorliegenden Fall gilt für sämtliche Quotientenverteilungen $E_i < 3$ und $0 < S_i < 0,5$.

899 Dies gilt insofern auch für den festen Ausgleich, als dass dieser i.d.R. durch Verrentung der (anhand von Börsenkursen ermittelten) Abfindung ermittelt wird, vgl. Emmerich / Habersack, Konzernrecht, 2005, S. 298.

900 Vgl. die Grafiken in Anhang 4.

beobachtbaren abnormalen Kursänderungen an den darauf folgenden Tagen sind hierfür ein eindeutiges Indiz.[901]

Für Verträge, die vor dem *BGH*-Beschluss vom 12.3.2001 geschlossen wurden, ist zu erwarten, dass sich allenfalls ein zufallsbedingter Zusammenhang zwischen dem Ausgleichsbarwert und den im Vorfeld der Hauptversammlung notierten Börsenkursen ergibt.[902] Für die Verträge seit diesem Beschluss dürfte der dreimonatige Börsenkurs zwar im Regelfall die Untergrenze der Abfindung bilden. Jedoch ist nicht zwingend zu erwarten, dass dies auch für den barwertigen festen Ausgleich gilt, da der feste Ausgleich weiterhin ohne Berücksichtigung des Börsenkurses ermittelt werden darf.

Da der *BGH* bei der Kursdurchschnittsbildung einen Zeitraum von drei Monaten, der „unmittelbar *vor* der Hauptversammlung der beherrschten AG liegt, für erforderlich, aber auch [für] ausreichend [hält]"[903], sollen die Kursdurchschnitte im Vorfeld des Tages der beschlussfassenden Hauptversammlung im Folgenden wiederum maximal bis zwei Tage vor diesem Tag gebildet werden.[904] Entsprechendes gilt für den dem Beschlusstag am nächsten gelegenen Stichtagskurs (KH_{t-2}). Sofern der Tag zwei Tage vor dem Beschlusstag auf ein Wochenende oder einen Feiertag fiel, oder kein Kurs festgestellt werden konnte, wurde wie zuvor sukzessive bis zu dem Tag zurück gegangen, an dem die zweite Kursnotierung vor diesem Tag ermittelt werden konnte.

In einem zweiten Schritt war wiederum zu berücksichtigen, dass der Ausgleich erstmalig mit Ablauf des Hauptversammlungstages fällig wird, der in dem auf das Beschlussjahr folgendem Jahr liegt. Der zu diesem Tag ermittelte barwertige Ausgleich war somit auf den Tag der beschlussfassenden Hauptversammlung abzuzinsen, die Börsenkurse wiederum auf diesen Tag aufzuzinsen. Auch hier wurden die zwei für relevant befundenen Zinssätze i = 7 und i = 8,5 % herangezogen.

Wie Tabelle 6 verdeutlicht, ist der über alle Aktienkurszeitreihen gemittelte Quotient aus barwertigem Ausgleich und vor dem Tag der beschlussfassenden Hauptversammlung wiederum deutlich zu gering. Die mangelnde Berücksichtigung des durch einen Konzernvertrag begründeten Risikos für das konzernierte Unternehmen findet offensichtlich auch hier ihren Niederschlag in der niedrigen Höhe der Quotienten. Für i = 8,5 % weisen maximal 21,57 % der Aktienkurszeitreihen einen barwertigen Ausgleich auf, der mit dem Börsenkurs im Vorfeld der beschlussfassenden Hauptversammlung wertmäßig zumindest gleichziehen kann ($KDH_{t-2.-6M}$). Interessant ist, dass bei Anwen-

---

901 Dieses Argument wird noch deutlicher, wenn man sich noch einmal die über alle Verträge gemittelte Zeitspanne zwischen dem Ereignistag und dem Tag der Hauptversammlung von 83,5 Tagen ins Gedächtnis ruft. Diese Zahl schließt auch Wochenenden ein, so dass der 3-monatige Durchschnittskurs im Vorfeld der Hauptversammlung im Durchschnitt aller Verträge eine Mittelung der durch das Bekanntwerden der Konzernierungsmaßnahme am Ereignistag beeinflussten Kursentwicklung kritischerweise einschließt.

902 Dies gilt auch für die Verträge, die zwischen der BVerfG-Entscheidung vom 27.4.1999 und dem BGH-Beschluss vom 12.3.2001 geschlossen wurden, da das BVerfG keine konkreten Vorgaben bezüglich des relevanten Börsenkurses gemacht hat.

903 BGH AG 2001c, 417, 419; Klammerzusatz vom Verfasser.

904 Dies stellt zudem die Vergleichbarkeit zu den Ergebnissen des vorherigen Untersuchungsabschnittes sicher.

7,00%				
	Durchschnitt	Maximum	Minimum	Anteil > 100%
KH_{T-2}:	75,88%	134,48%	12,68%	17,65%
$KH_{T-2,-3M}$:	83,74%	187,77%	12,36%	35,29%
$KDH_{T-2,-3M}$:	78,27%	149,43%	12,76%	25,49%
$KH_{T-2,-6M}$:	87,28%	194,55%	12,15%	35,29%
$KDH_{T-2,-6M}$:	82,71%	168,23%	12,72%	34,31%

8,50%				
	Durchschnitt	Maximum	Minimum	Anteil > 100%
KH_{T-2}:	62,48%	110,74%	10,44%	4,90%
$KH_{T-2,-3M}$:	68,69%	154,06%	10,14%	15,69%
$KDH_{T-2,-3M}$:	64,45%	123,05%	10,51%	7,84%
$KH_{T-2,-6M}$:	71,34%	159,04%	9,94%	21,57%
$KDH_{T-2,-6M}$:	68,10%	138,53%	10,47%	13,73%

Tabelle 6: *Quotienten aus barwertigem vertraglichem Ausgleich und vor dem Tag der beschluss-fassenden Hauptversammlung beobachtbaren Börsenkursen (Zinseffekte berücksichtigt)*[905]

dung des vom *BGH* geforderten dreimonatigen Durchschnittskurses (*KDH$_{t-2.-3M}$*) ledig-lich 7,84 % oder 8 der den 102 Aktienkurszeitreihen zugrunde liegenden Verträge einen Ausgleich bieten, der den Anforderungen des *BGH* gerecht wird. Von den seit 2001 un-tersuchten 18 Verträgen, deren zugehörige Entschädigungsleistungen an den Vorgaben des *BGH* hätten ausgerichtet werden müssen, sieht nicht ein einziger Vertrag einen Ausgleich vor, der barwertig berechnet den dreimonatigen Durchschnittskurs im Vor-feld der Hauptversammlung überschreitet. Zinst man den Ausgleich mit 7 % ab, resul-tiert im Fall Kiekert AG (WKN 628620) immerhin ein Quotient von 100,96 % (vgl. auch Anhang 4). Im Durchschnitt dieser 18 Verträge stellt der barwertige, zu 7% abge-zinste Ausgleich gerade einmal 77,86 % des dreimonatigen Börsenkurses dar, bei Ab-zinsung mit 8,5 % sogar nur noch 64,12 %. Der minimale Quotient aus barwertigem Ausgleich und *KDH$_{t-2.-3M}$* wird seit 2001 von dem Vertrag zwischen der Maihak AG (WKN 655300) und der Sick Upa GmbH gebildet (18,82 % für i = 7 % bzw. 15,5 % für i = 8,5 %).

Ferner lässt sich aus Tabelle 6 auch die erhöhte, im Regelfall durch die bevorstehen-de Konzernierungsmaßnahme bewirkte Volatilität der Aktienkurse der konzernierten Gesellschaften ableiten. Während der Anteil der über 100 % liegenden Quotienten aus barwertigem Ausgleich und vor dem Ereignistag liegenden Börsenkursen aus Abschnitt 4.2.2.2 nur eine Spannbreite von 5,88 % (sowohl für i = 7, als auch für i = 8,5 %) auf-weisen konnte, ergibt sich für den Anteil der über 100 % liegenden Quotienten aus bar-

---

905 Quelle: Eigene Berechnung und Darstellung.

wertigem Ausgleich und den vor dem Tag der beschlussfassenden Hauptversammlung liegenden Börsenkursen eine Spannbreite von 17,64 % (i = 7 %) bzw. 16,67 % (i = 8,5 %). Diese im Vergleich zum vorherigen Untersuchungsabschnitt erhöhte Volatilität dürfte darauf zurückzuführen sein, dass zwischen dem Ereignistag und dem Tag der beschlussfassenden Hauptversammlung im Durchschnitt aller Kurszeitreihen lediglich 83,5 Tage (inkl. Wochenenden) vergehen, und die dreimonatige Kursmittelung im Vorfeld des Hauptversammlungstages somit die Marktreaktionen auf den beabsichtigten Konzernvertrag mit einbezieht. Vergleicht man die (auch in Anhang 4 für die jeweilige Kurszeitreihe angegebene) Renditevolatilität auf Tagesbasis für den jeweiligen Drei-Monatszeitraum vor dem Ereignistag ($SDH_{t-2.-3M}$) mit der Drei-Monatsvolatilität vor dem Tag der beschlussfassenden Hauptversammlung ($SDH_{t-2.-3M}$), so zeigt sich, dass die Volatilität im Durchschnitt aller konzernierten Aktiengesellschaften von 1,55 % auf 2,17 % gestiegen ist.[906] Während sich für $SDH_{t-2.-3M}$ eine Volatilitäts-Spannbreite von 5,85 % ergibt, lässt sich für $SDH_{t-2.-3M}$ eine solche von 8,32 % ermitteln. Die höchste Volatilität weist mit 8,59% für $SDH_{t-2.-3M}$ die Kurszeitreihe der Blaue Quellen AG (WKN 704200) auf.

In einem letzten Schritt soll nun wiederum untersucht werden, welche Form die Verteilungen annehmen, die sich aus den hier betrachteten Quotienten für alle Kurszeitreihen ergeben. Für den Minderheitenschutz wünschenswert wäre eine möglichst gleichmäßige Streuung um ein arithmetisches Mittel von mind. 100 % (bei 100 % ist die Forderung barwertiger Ausgleich = Börsenkurs gerade erfüllt).[907] Wie sich Anhang 6 anschaulich entnehmen lässt, liegt das arithmetische Mittel im Durchschnitt aller Kurszeitreihen unabhängig vom herangezogenen Börsenkurs unter 100 % (vgl. bereits Tabelle 6). Es wird deutlich, dass die Verteilungen der Quotienten nicht die Form einer Standardnormalverteilung annehmen. Die H0-Hypothese, die Quotienten seien normalverteilt, kann gleichwohl auch hier überwiegend nicht statistisch signifikant abgelehnt werden. In 2 Fällen allerdings lässt sich mit einer Irrtumswahrscheinlichkeit von α= 10% die Annahme einer Normalverteilung widerlegen (KH_{t-2} für i = 7 und für i= 8,5 %). Die Jarque Bera-Teststatistik liefert auf zwei Nachkommastellen gerundet 4,62 > $\chi^2_{0,95}(2) = 4,61$ bzw. 4,63 > $\chi^2_{0,95}(2) = 4,61$ für i = 8,5 %. Im vorigen Untersuchungsabschnitt konnte die H0-Hypothese hingegen in keinem Fall verworfen werden.

Im Vergleich zu den Ergebnissen des vorherigen Untersuchungsabschnitts lassen sich weitere interessante Unterschiede ausmachen. Während bei Verwendung der Börsenkurse im Vorfeld des Ereignistages noch nahezu gänzlich (leicht) rechtsschiefe (asymmetrische) Verteilungen mit einem Fat Tail beobachtet werden konnten[908], zeigt

---

906 Die Volatilität wurde für alle vorhandenen Aktienkurszeitreihen anhand der Standardabweichung der täglichen Renditen für den Zeitraum berechnet, für den auch die Kursmittelung über 3 Monate vorgenommen wurde.

907 Dass dies jedoch nicht gegeben ist, wurde schon in Tabelle 6 ersichtlich, da das arithmetische Mittel maximal 87,28 % beträgt. Interessant ist insofern, wie sich die Quotienten um diesen (zu geringen) Durchschnittswert verteilen.

908 Vgl. Abschnitt 4.2.2.2. Dies wurde auch anhand der positiven Werte für die empirische Schiefe in Tabelle 5 deutlich. Linkssteile (rechtsschiefe) Verteilungen weisen einen positiven Koeffizienten auf, vgl. Fahrmeir et al., Statistik, 2003, S. 74.

sich nun, dass die Verteilungen der Quotienten überwiegend (leicht) linksschief sind. Nicht nur lässt sich dies statistisch anhand niedrigerer, nun vorwiegend negativer Werte für die empirische Schiefe S_i belegen, sondern auch anhand des Verhältnisses von Median und arithmetischem Mittel aufzeigen. Während der Median zuvor immer kleiner als das arithmetische Mittel gewesen war (anschaulicher: links vom arithmetischen Mittel gelegen hatte), liegt er nun teilweise rechts davon oder hat sich dem arithmetischen Mittel angenähert (vgl. Tabelle 7).

7,00%						
	Durchschnitt	Median	Differenz	Schiefe S_i	Exzess E_i	JB-Testwert
KH_{T-2}:	75,88%	76,93%	1,05%	-0,398	2,327	4,624*
$KH_{T-2,-3M}$:	83,74%	80,34%	-3,40%	0,190	2,684	1,037
$KDH_{T-2,-3M}$:	78,27%	80,43%	2,16%	-0,283	2,278	3,571
$KH_{T-2,-6M}$:	87,28%	78,54%	-8,74%	0,315	2,471	2,875
$KDH_{T-2,-6M}$:	82,71%	80,66%	-2,05%	-0,094	2,246	2,568

* statistisch signifikant bei Irrtumswahrscheinlichkeit 10%

8,50%						
	Durchschnitt	Median	Differenz	Schiefe S_i	Exzess E_i	JB-Testwert
KH_{T-2}:	62,48%	62,47%	-0,01%	-0,398	2,325	4,628*
$KH_{T-2,-3M}$:	68,69%	65,00%	-3,69%	0,190	2,684	1,037
$KDH_{T-2,-3M}$:	64,45%	65,32%	0,87%	-0,283	2,278	3,576
$KH_{T-2,-6M}$:	71,34%	63,31%	-8,03%	0,315	2,471	2,873
$KDH_{T-2,-6M}$:	68,10%	65,50%	-2,60%	-0,094	2,245	2,572

* statistisch signifikant bei Irrtumswahrscheinlichkeit 10%

Tabelle 7: Deskriptive Statistiken für die Quotienten aus barwertigem vertraglichem Ausgleich und vor dem Tag der Hauptversammlung liegenden Börsenkursen (Zinseffekte berücksichtigt)[909]

Damit bleibt festzuhalten, dass es durchschnittlich nicht nur einen erheblichen Unterschied macht, welcher Zeitraum zur Durchschnittsbildung herangezogen oder welcher Stichtag gewählt wird. Es ist offensichtlich auch von entscheidender Bedeutung, ob ein Börsenkurs im Vorfeld des Ereignistages, an dem der Markt erstmalig von der bevorstehenden Konzernierungsmaßnahme in Kenntnis gesetzt wird, oder ein Kurs in zeitlicher Nähe zum Tag der beschlussfassenden Hauptversammlung verwendet wird. Sofern der feste Ausgleich durch Verrentung der anhand des Börsenkurses im Vorfeld der Hauptversammlung ermittelten Abfindung berechnet wird[910], werden außenstehende Aktionäre im Durchschnitt aller hier vorliegenden Kurszeitreihen besser gestellt, als wenn der Börsenkurs vor dem Ereignistag Anwendung findet. Dies ist darin begründet, dass der Börsenkurs der konzernierten Gesellschaften bei der Mehrheit der hier untersuchten Fälle im Anschluss an die Bekanntmachung des Vertrages ansteigt und somit im Vorfeld der beschlussfassenden Hauptversammlung meistens höher ist als vor dem

---

909 Quelle: Eigene Berechnung und Darstellung.
910 Dies ist in der Praxis üblich. Vgl. etwa Emmerich / Habersack, Konzernrecht, 2005, S. 298.

Ereignistag.[911] Der *BGH*-Beschluss i.S. DAT/Altana kam somit für die hier betrachteten Fälle durchschnittlich den außenstehenden Aktionären zugute, kann jedoch nicht darüber hinwegtäuschen, dass der Ausgleich dennoch in der weit überwiegenden Mehrheit der Fälle (zuweilen erheblich) zu gering war. Auch hier erhärtet sich wieder der Verdacht, dass dem Mehrheitsaktionär sehr daran gelegen war, die außenstehenden Aktionäre zur Annahme der Abfindung zu bewegen.

4.2.3 Analyse des im Rahmen von in Spruchverfahren erhöhten Ausgleichs

4.2.3.1 Datenbasis und Verfahrensdauer

In den folgenden drei Untersuchungsabschnitten kommt die Möglichkeit eines außenstehenden Aktionärs zum Tragen, die vertraglich angebotenen Ausgleichszahlungen gerichtlich auf ihre Angemessenheit überprüfen zu lassen. Da in den bisherigen Abschnitten festgestellt werden konnte, dass der vertragliche Ausgleich durchschnittlich bei Weitem zu gering bemessen wurde, ist es interessant zu erfahren, inwiefern außenstehende Aktionäre durch die gerichtliche Festsetzung des Ausgleichs besser gestellt werden konnten.

Wie Anhang 1 bereits zeigt, haben die außenstehenden Aktionäre in den vorliegenden Unternehmensverträgen ausgiebig von ihrem Recht Gebrauch gemacht, den vertraglich angebotenen Ausgleich auf seine Angemessenheit überprüfen zu lassen. Auf die 96 Verträge kommen – soweit ersichtlich – 90 Anträge auf Einleitung eines Spruchverfahrens (93,75 %).[912] In den übrigen 6 Fällen wurde kein Spruchverfahren eingeleitet, oder es kam vor der Bekanntmachung im Bundesanzeiger zu einer außergerichtlichen Einigung bzw. zu einem Auskaufen der Aktionäre.[913] Daraus ist gleichwohl nicht zu

---

911 Die Gründe für diesen im Durchschnitt beobachtbaren Kursanstieg können anhand des Verhältnisses von Abfindung und Börsenkurs aufgezeigt werden. Der Quotient aus Abfindung und KE_{t-2} beträgt durchschnittlich 101,67 % (bzw. 100,21 % wenn Zinseffekte berücksichtigt werden und zu 7 % verzinst wird). Für $KDE_{t-2, -3M}$ resultiert ein durchschnittlicher Quotient von 106,45 % (104,92 %). Während die Abfindung somit durchschnittlich nahezu mit dem Stichtagskurs 2 Tage vor dem Ereignistag übereinstimmt, übertrifft sie den 3-monatigen Durchschnittskurs im Vorfeld des Ereignistages. Zieht man hingegen die Kurse im Vorfeld der beschlussfassenden Hauptversammlung zum Vergleich heran, ergibt sich für KH_{t-2} lediglich ein Quotient von 91,03 % (89,72 %), und für $KDH_{t-2, -3M}$ ein solcher von 93,93 % (92,58 %). Daran zeigt sich, dass die Kurse der beherrschten Gesellschaften im Anschluss an den Ereignistag in der Regel eine positive Kursentwicklung erfahren (vgl. auch die Grafiken in Anhang 4). Auch wird ersichtlich, dass die durchschnittlich viel zu geringe Ausgleichsbemessung nicht etwa daran liegen kann, dass die Abfindung etwa häufig zu niedrig bemessen wäre. Dies ist nämlich offensichtlich nicht der Fall.

912 Das Verfahren i.S. Nordstern Allgemeine Versicherung AG wird später zu rechnerischen Zwecken in 2 Verfahren aufgeteilt, um den unterschiedlichen Entscheidungen für die Stamm- und die Vorzugsaktie Rechnung zu tragen.

913 Soweit bei der Bundesanzeiger-Recherche keine Daten übersehen wurden, kam es bei den Verträgen der Didier Werke AG, der Deutscher Eisenhandel AG, der C. Grossmann Eisen- und Stahlwerke AG, der Tucher Bräu AG, der Dortmunder Actien Brauerei AG, sowie der

schließen, dass die Aktionäre im Regelfall um die soeben für den durchschnittlichen Vertrag nachgewiesene Unangemessenheit des Ausgleichs wussten. Vielmehr ist es denkbar, dass die Verfahren häufig schon aufgrund der in Abschnitt 2.3.2 aufgezeigten Anreizproblematiken im Spruchverfahren „ins Blaue hinein" eingeleitet wurden.[914]

Von den 90 Anträgen waren – soweit ersichtlich – im Januar 2006 noch 33 Verfahren (36,67 %) anhängig; in 5 Fällen wurden die Anträge zurückgewiesen (5,55 %), 27 Spruchverfahren endeten durch gerichtlichen Beschluss (30 %) und 17 Verfahren (18,89%) durch gerichtlichen Vergleich. Im Fall der Neckarwerke Stuttgart AG wurde ein außergerichtlicher Vergleich erzielt. Antragsrücknahme erfolgte im Fall Triumph Adler AG. In 6 Fällen (6,67 %) lässt sich keine Aussage treffen, da weder Informationen bezüglich des Ausgangs des Verfahrens im Bundesanzeiger oder in der Fachpresse gefunden werden konnten, noch Anfragen bei den jeweiligen Gesellschaften und Gerichten verwertbare Erkenntnisse lieferten.[915]

Bei 19 Verträgen kam es im Anschluss an das Verfahren beim zuständigen Landgericht zu einem Beschwerdeverfahren vor dem Oberlandesgericht. Von diesen 19 Verfahren endeten 13 durch gerichtlichen Beschluss (68,42 %), weitere 5 Anträge wurden zurückgewiesen (26,31%). Das Spruchverfahren i.S. Alcatel SEL AG beim OLG Stuttgart endete durch gerichtlichen Vergleich. Soweit ersichtlich, kam es in 2 Fällen zu einem Verfahren beim Bundesgerichtshof (DAT / Altana und Philips Kommunikations Industrie AG / Allgemeine deutsche Philips Industrie GmbH), bei dem die Festsetzung der Höhe von Ausgleich und Abfindung Gegenstand des Antrags waren. Beide Verfahren endeten durch gerichtlichen Beschluss.

Anhang 7 lässt sich die Dauer der Spruchverfahren entnehmen. Bei deren Ermittlung wurde grundsätzlich sowohl für den Beginn des Verfahrens, als auch für dessen Ende auf den Tag der Bekanntmachung im Bundesanzeiger abgestellt.[916] Für die 5 Verträge, in denen das Spruchverfahren erstinstanzlich durch eine Zurückweisung der Anträge endete, ergibt sich eine durchschnittliche Verfahrensdauer von 6,29 Jahren mit einer maximalen Dauer von 12,18 Jahren im Fall Brown, Boveri & Cie. AG, Mannheim. Die durch gerichtlichen Beschluss beendeten Verfahren weisen in der ersten Instanz eine durchschnittliche Dauer von 6,06 Jahren auf.[917] Das Maximum wird dabei mit 15,25

Pegulan Werke AG (jeweils konzernierte Gesellschaft) nicht zur Einleitung eines Spruchverfahrens.

914 Erinnert sei hier insbesondere an die Unmöglichkeit, sich durch Einleitung eines Spruchverfahrens finanziell schlechter zu stellen (reformatio in peius) sowie an die für die außenstehenden Aktionäre vorteilhafte Kostenregelung nach § 306 AktG a.F.

915 Vgl. zu den Möglichkeiten und zur historischen Entwicklung der Beendigung von Spruchverfahren: Hecker Habilitation 2000, S. 284ff.

916 In den Fällen, in denen diese Informationen nicht vorlagen, musste der Verfahrensbeginn jedoch anhand des Zeitpunktes des Antrags ermittelt und / oder das Ende mit dem Beschlusstag oder dem Tag der Bekanntmachung des Verfahrensendes in der Fachpresse gleichgesetzt werden. Waren diese Informationen ebenfalls nicht verfügbar, erfolgte in Anhang 7 der Eintrag „keine Angabe möglich".

917 Dieser Durchschnitt wurde nur aus 24 Verfahren gebildet, da in den Fällen Grünzweig + Hartmann und Glasfaser AG, Henninger Bräu AG und Alcatel SEL AG das Enddatum des erstinstanzlichen Verfahrens nicht bekannt war.

Jahren durch das Spruchverfahren i.S. Hagen Batterie AG bestritten. Bildet man den Durchschnitt aus der Verfahrensdauer noch nicht abgeschlossener Spruchverfahren, so ergibt sich zum 30.1.2006 ein Wert von 6,83 Jahren mit einem Maximum von 16,73 Jahren im Fall Dahlbusch Verwaltung AG.[918] Für die durch gerichtlichen Vergleich beendeten Verfahren resultiert immerhin noch eine durchschnittliche Verfahrensdauer von 5,10 mit einem Maximum von 10,3 Jahren i.S. Braunschweigerische Kohlenbergwerke AG. Dabei wurde die Dauer für das Verfahren i.S. Hageda AG näherungsweise ermittelt und mit 9,72 Jahren veranschlagt.[919] Das Spruchverfahren i.S. Neckarwerke Stuttgart AG, bei dem ein außergerichtlicher Vergleich zur Verfahrensbeendigung führte, dauerte 2,46 Jahre. Die Rücknahme der Anträge i.S. Triumph Adler AG erfolgte 2,21 Jahre nachdem im Bundesanzeiger von der Einleitung des Verfahrens berichtet worden war.

Beendigungsgrund	Anzahl der Verfahren	Anteil	Verfahrensdauer in Jahren
Beschluss	27	30,00%	6,06
gerichtl. Vergleich	17	18,89%	5,1
außergerichtl. Vergleich	1	1,11%	2,46
Rücknahme d. Antrags	1	1,11%	2,21
Zurückweisung d. Antrags	5	5,56%	6,29
Noch nicht abgeschlossen	33	36,67%	5,29*
keine Aussage möglich	6	6,67%	k.A.

* Stand: 30.1.2006

Tabelle 8: Anzahl und Dauer der Spruchverfahren nach Beendigungsgrund in erster Instanz[920]

Zieht man zum Vergleich die Ergebnisse von *Hecker* heran[921], so zeigt sich, dass sich an der durchschnittlichen Dauer von Spruchverfahren praktisch nichts geändert hat. *Hecker* weist für die durch gerichtlichen Beschluss beendeten Verfahren in erster Instanz eine Dauer von durchschnittlich 6,15 Jahren nach. Auch für die im Vergleichswege beendeten Verfahren ergibt sich mit 5,1 Jahren zu dem von *Hecker* ermittelten Wert von 4,01 Jahren kein allzu bedeutender Unterschied. Für die durch Antragsrücknahme beendeten Verfahren weist *Hecker* einen Wert von 3,22 Jahren (bei immerhin 18 Fällen)

---

918 Hierbei wurde in 6 Fällen eine näherungsweise Ermittlung des Verfahrensbeginns vorgenommen. Diese sind in Anhang 7 mit (**) markiert. Nach § 304 Abs. 4 S. 2 AktG a.F. war der Antrag auf die Einleitung eines Spruchverfahrens innerhalb von 2 Monaten nach dem Tag einzureichen, an dem das Bestehen des Vertrages im Handelsregister als bekannt gemacht gilt (dies wiederum näherungsweise 73 Tage nach dem Tag der jeweiligen beschlussfassenden Hauptversammlung, vgl. Abschnitt 4.2.2.1). Für die drei hierunter zu subsumierenden Fälle (Aachener und Münchener Versicherung AG, Volksfürsorge Holding AG, PWA Papierwerke Waldhof-Aschaffenburg AG) wurde angenommen, dass das Verfahren exakt zwei Monate nach der Bekanntmachung eingeleitet wurde. Auf die übrigen drei Verfahren (Gilde Brauerei AG, Wedeco AG und Apcoa Parking AG) war § 4 Abs. 1 SpruchG anzuwenden. Danach ist die Frist zur Antragseinleitung um einen Monat auf drei Monate verlängert worden, so dass der Verfahrensbeginn näherungsweise auf drei Monate nach dem Tag der Bekanntmachung der Eintragung des Vertrags im Handelsregister gelegt wurde.
919 Vgl. für die näherungsweise Ermittlung des Verfahrensbeginns die vorige Fussnote.
920 Eigene Berechnung und Darstellung.
921 Vgl. Hecker Habilitation 2000, S. 309.

nach. Da hier nur das Verfahren i.S. Triumph Adler AG (nach 2,21 Jahren) durch Rücknahme der Anträge beendet wurde, lässt sich ein Vergleich kaum rechtfertigen.

Das Bild stellt sich etwas anders dar, wenn man den Betrachtungszeitraum derart eingrenzt, dass nur Verträge mit Hauptversammlungsdatum der konzernierten Gesellschaften nach dem 1.1.1993 einbezogen werden. So ergibt sich für die durch gerichtlichen Beschluss beendeten Verfahren eine durchschnittliche Dauer von nur noch 4,21, für die im Vergleichswege abgeschlossenen Verfahren eine solche von 4,0 Jahren. Es sind jedoch 28 der 33 (84,8 %) noch anhängigen Verfahren auf Unternehmensverträge zurückzuführen, die nach dem 1.1.1993 abgeschlossen wurden. Für diese ergibt sich zum 30.1.2006 bereits eine durchschnittliche Verfahrensdauer von 5,25 Jahren. Sofern im Bundesanzeiger keine Angaben bezüglich des Endes dieser Spruchverfahren übersehen wurden, zeigt sich damit in der Tendenz, dass auch für die seit 1993 abgeschlossenen Verträge keine Verkürzung der Verfahrensdauer beobachtet werden kann. Dies gilt umso mehr, als sämtliche Werte nur die Verfahrensdauer in erster Instanz betreffen. Berücksichtigt man für die Verfahren des gesamten Zeitraums, dass die Verfahren sich erheblich durch Anträge in der zweiten und dritten Instanz in die Länge ziehen können, so ergibt sich für die 13 durch gerichtlichen Beschluss des OLG bzw. des *BGH* beendeten Verfahren eine Dauer von durchschnittlich 10,83 Jahren mit einem Maximum von 14,61 Jahren im Fall DAT / Altana AG. Wie bereits in Abschnitt 2.2.4.7 ausgeführt wurde, geht mit einer langen Verfahrensdauer c.p. ein höherer Zinsgewinn für den Mehrheitsaktionär einher. Es bleibt hier abzuwarten, ob die im Rahmen des SpruchG eingeführte Förderpflicht der verfahrensbeteiligten Parteien, die vorgesehene Zurückdrängung des Amtsermittlungsgrundsatzes sowie die gesetzlich vorgegebenen Fristen (vgl. Abschnitt 2.3.3.3) dazu führen können, Spruchverfahren zeitlich zu straffen.

4.2.3.2 Empirische Befunde zum Verhältnis von vertraglich angebotenen zu gerichtlich erhöhten Ausgleichszahlungen

In einem ersten Schritt soll für diejenigen Verfahren, die durch Beschluss oder gerichtlichen Vergleich ihr Ende gefunden haben, untersucht werden, welche Änderung sich in der Höhe des Ausgleichs ergeben hat. Da für diesen Untersuchungsschritt auch die Verfahren bei den Oberlandesgerichten und beim *BGH* zu berücksichtigen sind, ergibt sich gegenüber dem vorigen Abschnitt eine leicht veränderte Stichprobe. So liegen zwar insgesamt wiederum (wie in der ersten Instanz) 27 gerichtliche Beschlüsse vor. Jedoch ergeben sich Änderungen dadurch, dass bspw. das Verfahren i.S. Alcatel SEL AG in erster Instanz zwar durch einen Beschluss des LG Stuttgart sein vorläufiges Ende gefunden hat, in zweiter Instanz jedoch das OLG Stuttgart am 25.5.2002 verglichen hat und daher nunmehr die Anzahl der durch gerichtlichen Vergleich beendeten Verfahren 18 beträgt. Dass dennoch weiterhin (scheinbar) 27 gerichtliche Beschlüsse vorliegen, liegt daran, dass das Verfahren i.S. Nordstern Allgemeine Versicherung AG zu rechnerischen Zwecken in zwei aufgeteilt wird, um den unterschiedlichen Entscheidungen für die Stamm- und die Vorzugsaktie Rechnung zu tragen.

Grundsätzlich wird somit für die folgenden Berechnungen auf die letztinstanzliche Entscheidung abgestellt. Ausnahmen bilden die Verträge Hagen Batterie AG und Nordstern Allgemeine Versicherung AG, da in beiden Fällen noch Verfahren beim Oberlandesgericht anhängig sind, die die erstinstanzliche Entscheidung noch entscheidend verändern können. Zu diesen Verfahren können Aussagen daher nur unter Vorbehalt getroffen werden, weil nicht abzusehen ist, wie die Entscheidung der zweiten (oder dritten) Instanz im Verhältnis zu der der ersten Instanz ausfällt und somit in diesen Fällen nur Aussagen über die richterliche Festsetzung der Entschädigungsleistungen in erster Instanz getroffen werden können.[922]

Die anhand von Anhang 8 über alle Verfahren gemittelte Ausgleichsaufbesserung beträgt 36,34 %, sofern man die Verfahren unberücksichtigt lässt, für die sich aufgrund des vertraglich und / oder gerichtlich festgesetzten gestaffelten Ausgleichs eine Aufbesserung nicht direkt berechnen lässt.[923] Die höchste Aufbesserung erhielten mit 375,12 % die außenstehenden Aktionäre der Bau-Verein zu Hamburg AG. Die durchschnittliche Ausgleichsaufbesserung für alle durch Vergleich beendeten Verfahren beträgt 22,85 %, für die durch gerichtlichen Beschluss beendeten Verfahren ergibt sich ein Durchschnittswert von 44,21 %. Wie sich Anhang 8 in Spalte 7 ebenfalls entnehmen lässt, wurde der gerichtliche gegenüber dem vertraglichen Ausgleich in 14 Verfahren scheinbar verringert. Diese Minderung ist jedoch in allen Fällen darauf zurückzuführen, dass von Seiten des Gerichts keine Anpassung an zwischenzeitlich erfolgte Änderungen in der Steuergesetzgebung vorgenommen wurde.[924] In den Fällen Henninger Bräu AG und

---

922 Wie gravierend die Entscheidungen der verschiedenen Instanzen voneinander abweichen können, sei beispielhaft anhand der Entscheidungen i.S. DAT / Altana aufgezeigt. Das LG Köln hatte die Entschädigungsleistungen durch Beschluss vom 16.12.1992 unverändert belassen, das OLG Düsseldorf hingegen eine Barabfindung von 1126.- DM verfügt, nachdem im Vertrag eine Abfindung von 1: 1,3 (DAT-Aktie : Altana-Aktie) angeboten worden war und die Kurse am Tag der beschlussfassenden Hauptversammlung 1120.- DM bzw. 340.- DM betragen hatten. Der BGH beschloss sogar eine Abfindung von 1: 3,45 Aktien und setzte den Ausgleich von dem 1,3-fachen der Altana Dividende auf das 3,45-fache der Altana Dividende hoch.

923 Für diese Verfahren ist in Anhang 8 in Spalte 7 „keine Aussage möglich" eingetragen. Die Aussagen über die Ausgleichsaufbesserung erfolgen unter Vernachlässigung etwaiger Zinseffekte, die sich in manchen Verträgen durch die gerichtlich verfügte Verzinsung des Ausgleichsergänzungsanspruchs ergeben.

924 Bereits durch die aufgrund des Standortsicherungsgesetzes vom 13.09.1993 erfolgte Absenkung des anrechenbaren Körperschaftsteuersatzes von 36 auf 30 % mussten die Gerichte darüber befinden, ob der Ausgleich für die Geschäftsjahre von 1994 an entsprechend höher festgesetzt werden müsse, um die Auswirkungen der Steuergesetzgebung für die außenstehenden Aktionäre einkommensneutral zu gestalten. Eine Ablehnung der Anpassung des Ausgleichs wurde häufig damit begründet, dass die Verringerung der Körperschaftsteuergutschrift lediglich die steuerliche Sphäre der Anteilseigner betreffe, nicht hingegen die für die Unternehmensbewertung allein maßgebliche Gesellschaftsebene, vgl. für Nachweise aus der Rechtsprechung: Baldamus AG 2005, 77, 81ff. Vielfach wurde eine Anpassung auch deshalb abgelehnt, weil in ihr ein Verstoß gegen das Stichtagsprinzip gesehen wurde. Seit der BGH-Entscheidung i.S. Ytong AG, die hier leider wegen der fehlenden Kursdaten nicht näher analysiert werden kann (vgl. für die Ausschlusskriterien Abschnitt 4.2.1), ist jedoch geklärt, dass bereits bei der Festsetzung des festen Ausgleichs (mögliche) zukünftige Änderungen der körperschaftsteuerlichen Ausschüttungsbelastung zu berücksichtigen sind und als Ausgleichszahlung der verteilungsfähige durchschnittliche (feste) Bruttogewinnanteil abzüglich der von dem Unternehmen hierauf zu entrichtenden Körperschaftsteuer in Höhe des jeweils

Seitz Enzinger Noll Maschinenbau AG ergibt sich sogar eine Verringerung um 36%, da der Ausgleich ungeachtet zwischenzeitlich erfolgter steuerlicher Änderungen bei 8.- bzw. bei 10,15 DM belassen wurde. Dies stellt jedoch auch insofern keinen Verstoß gegen „reformatio in peius" dar, als eine Anpassung des Ausgleichs auch dann nicht erfolgt wäre, wenn es nicht zu einem Spruchverfahren gekommen wäre.[925] Vernachlässigt man den Steuereffekt und stellt die vertraglich angebotene Bardividende den gerichtlich festgesetzten Ausgleichszahlungen gegenüber (jeweils ohne eventuelle Körperschaftsteuergutschriften), so ergibt sich eine durchschnittliche Aufbesserung von 64,95 % (siehe Spalte 6 in Anhang 8). Die höchste Aufbesserung sieht mit 419,68 % wiederum das Verfahren i.S. Bau-Verein zu Hamburg AG vor. In 8 Fällen wurde der Ausgleich auf seiner vertraglichen Höhe belassen. Wiederum 8 Verfahren führten zu einer Ausgleichserhöhung von mindestens 100 % (vgl. Abbildung 5).

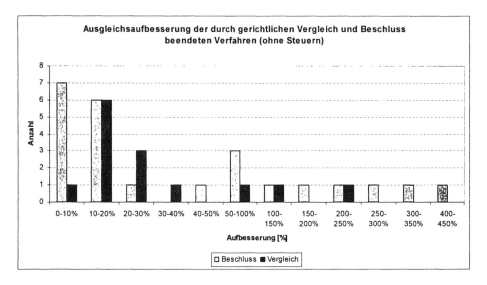

Abbildung 5: Ausgleichsaufbesserung der durch gerichtlichen Vergleich und Beschluss beendeten Verfahren (ohne Steuern)[926]

Die durch gerichtlichen Beschluss beendeten Verfahren weisen bei Vernachlässigung der steuerlichen Wirkungen eine durchschnittliche Ausgleichsaufbesserung von 76,90% auf. Für die durch gerichtlichen Vergleich beendeten Verfahren ergibt sich eine durchschnittliche Erhöhung um 44,47 %. Einer der 8 Fälle, in denen der Ausgleich nicht

---

gültigen Steuertarifs zuzusichern ist. Kritisch hierzu Baldamus AG 2005, 77, 82ff. Vgl. zur historischen Entwicklung der Frage, ob der Ausgleich bei Änderungen in der Steuergesetzgebung anzupassen ist, auch Hecker Habilitation 2000, S. 369ff.

925 Dies gilt natürlich nur dann, wenn von Seiten der herrschenden Gesellschaft keine freiwillige Anpassung des Ausgleichs aufgrund geänderter steuerlicher Rahmenbedingungen erfolgt. Es ist jedoch kein Grund dafür ersichtlich, warum dies zwingend dann erfolgen sollte, wenn kein Spruchverfahren eingeleitet wurde.

926 Eigene Berechnung und Darstellung.

erhöht wurde, wurde durch Vergleich beendet. Dabei handelte es sich um das Verfahren i.S. Kiekert AG, bei dem lediglich die Barabfindung um 10 Euro erhöht wurde.[927]

Damit zeigt sich, dass außenstehende Aktionäre im Durchschnitt mehr davon profitieren, wenn Verfahren durch Beschluss als durch gerichtlichen Vergleich beendet werden. Zwar ist die Wahrscheinlichkeit, dass der Ausgleich durch gerichtlichen Beschluss gar nicht erhöht wird, höher. Jedoch ist auch eine größere Chance gegeben, dass der Ausgleich deutlich erhöht wird. Für die gesamte Stichprobe deutet sich hier bereits an, dass der Ausgleich im Durchschnitt auch nach gerichtlichem Vergleich oder Beschluss in seiner Höhe nach wie vor unangemessen sein dürfte. Dies wird an der verstärkten Konzentration der Ausgleichsaufbesserung im 0-30 % Bereich deutlich. Da zudem in 5 Fällen die Anträge zurückgewiesen wurden, und da auch der außergerichtliche Vergleich i.S. Neckarwerke Stuttgart AG zu einer Aufbesserung von lediglich 23,11 % bzw. – 13,79 % (mit Steuern) geführt hat, ist für die nächsten Untersuchungsabschnitte ein den vorherigen Ergebnissen vergleichbares Resultat zu erwarten. Schließlich sei angemerkt, dass sich nur ein schwacher Zusammenhang zwischen der Verfahrensdauer und der Aufbesserung nachweisen lässt. Während sich für die durch Vergleich beendeten Verfahren ein empirischer Korrelationskoeffizient von $r = 0,086$ ergibt, resultiert für die durch Beschluss beendeten Verfahren immerhin noch ein Wert von 0,3 (vgl. Abbildung 6).

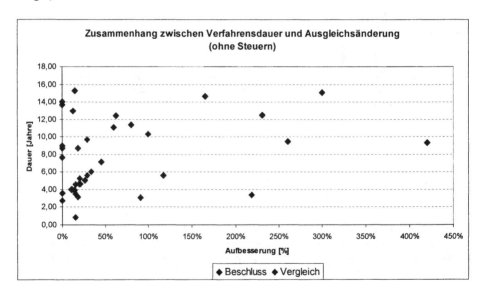

Abbildung 6: Zusammenhang zwischen Verfahrensdauer und Ausgleichsänderung (ohne Steuern)[928]

---

927 Wie im vorigen Abschnitt festgestellt werden konnte, ist der Vertrag i.S. Kiekert AG seit der Entscheidung des BGH i.S. DAT / Altana der einzige, bei dem der barwertige Ausgleich den 3-monatigen Börsenkurs im Vorfeld der Hauptversammlung übertroffen hat (allerdings nur für i= 7%).

Daran lässt sich zeigen, dass eine lange Verfahrensdauer in der Regel ungünstig für die außenstehenden Aktionäre ist. Sie können regelmäßig nicht davon ausgehen, durch eine längere Verfahrensdauer höher entschädigt zu werden, haben jedoch einen Zinsverlust, weil der Ausgleichsergänzungsbetrag gesetzlich nicht zu verzinsen ist (vgl. Abschnitt 2.2.4.7).[929]

4.2.3.3 Empirische Befunde zum Verhältnis von gerichtlich erhöhten Ausgleichszahlungen zu vor dem Ereignisdatum liegenden Börsenkursen

Im vorliegenden Untersuchungsabschnitt soll überprüft werden, in welchem Verhältnis der barwertige, im Rahmen eines Spruchverfahrens erhöhte Ausgleich zu den vor dem Ereignisdatum liegenden Börsenkursen steht. Damit kann aufgezeigt werden, inwiefern die Gerichte bei der Bestimmung der Ausgleichsbeträge in der Lage sind, die Verhältnisse zu dem im Durchschnitt mehr als 5 Jahre zurückliegenden Stichtag angemessen zu bewerten und das in den vorherigen Abschnitten aufgezeigte Missverhältnis von Börsenkursen und barwertigen Ausgleichszahlungen zu beseitigen. Zu diesem Zweck wird der gerichtlich festgesetzte Ausgleich exakt so wie der vertraglich ermittelte Ausgleich berechnet. Die vom Gericht festgesetzten Zahlungen werden somit barwertig unter der Fiktion ermittelt, dass die erste Zahlung bereits mit Ablauf des Hauptversammlungstages fällig ist, der in dem Jahr nach dem Tag der beschlussfassenden Hauptversammlung liegt und auf unbestimmte Zeit unverändert gezahlt wird.[930] Folglich wird angenommen, dass der gerichtliche Ausgleich von vornherein vertraglich vorgesehen war und

---

928 Eigene Berechnung und Darstellung.

929 Der Ausgleichsergänzungsbetrag sei als derjenige Betrag definiert, um den der gerichtlich festgesetzte den vertraglichen Ausgleich übersteigt. Seine Verzinsung wird in der Rechtsprechung häufig explizit abgelehnt, vgl. für Nachweise aus der Rechtsprechung Abschnitt 2.2.4.7. Ausnahmen von der gängigen Praxis, diesen nicht zu verzinsen, bilden hier einige durch gerichtlichen Vergleich beendeten Verfahren. Angeführt sei das Verfahren i.S. Braunschweigerische Kohlenbergwerke AG, bei dem der Ausgleichsergänzungsbetrag ab dem 1.1.1989 bis zum 31.12.1998 mit jeweils 2 % über dem Diskontsatz der Deutschen Bundesbank zu verzinsen war. Dem Vergleich i.S. Horten AG zufolge war der Ausgleichsergänzungsbetrag ab dem 1.1.1995 durch eine Einmalzahlung zzgl. 2 % Zinsen über dem Diskontsatz seit dem 16.12.1994 nachzuzahlen. Weitere Zinszahlungen sahen die Vergleiche i.S. OBAG AG, Energieversorgung Oberfranken AG, Isar-Amperwerke AG sowie Contigas Deutsche Energie AG vor.

930 Wie zuvor dient die unterstellte ewige Rente dem Zweck, den Zahlungsstrom zu bewerten. Ohne eine Annahme über die Zukunft wäre der barwertige Ausgleichsbetrag nicht zu berechnen. Dass dies c.p. zu einer überhöhten Schätzung des barwertigen Ausgleichs führt, lässt sich bereits anhand der Fälle aufzeigen, bei denen nach Vertragsschluss ein Squeeze-out nach §§ 327a ff. AktG durchgeführt wurde, Insolvenz angemeldet werden musste oder eine Kündigung des Vertrages erfolgte. Ein Squeeze-out wurde bei der Hagen Batterie AG (Hauptversammlungsbeschluss 28.1.2003), bei der Contigas Deutsche Energie-AG (Hauptversammlungsbeschluss 17.6.2005), sowie etwa bei der Quante AG (Hauptversammlungsbeschluss 29.8.2003) durchgeführt. Auch die Thuringia Versicherung AG erlag mit Wirkung vom 24.7.2002 und damit nicht mal ein Jahr nach der beschlussfassenden Hauptversammlung zum Unternehmensvertrag einem Squeeze-out. Die Brauhaus Amberg AG etwa musste knapp ein Jahr nach Verfahrensbeendigung Konkurs anmelden.

die außenstehenden Aktionäre keine anderen Zahlungen als die gerichtlich vorgesehenen erhalten haben. Dies entspricht zwar nicht der Realität, dient jedoch dem Untersuchungszweck insoweit, als unabhängig von steuerlich- und insbesondere zinsbedingten Einflüssen beurteilt werden kann, ob die Gerichte den Ausgleich so festsetzen, wie er zum Stichtag bereits vertraglich hätte festgelegt werden müssen, um dem Angemessenheitserfordernis zu genügen. Abzugrenzen von dieser Fragestellung ist somit deutlich die Frage, inwiefern Steuer- und Zinseffekte sowie etwaige Sonderzahlungen und Unregelmäßigkeiten in der zeitlichen Abfolge der Ausgleichszahlungen dazu führen, dass der barwertige Ausgleich ex post betrachtet von seinem als „fair" angesehenen Wert abweicht. Dies dürfte insbesondere dann der Fall sein, wenn das Spruchverfahren lange dauert und – wie im Gesetz – keine Verzinsung des Ausgleichsergänzungsbetrags vorgesehen ist oder keine Anpassung des Ausgleichs an Änderungen in der Steuergesetzgebung erfolgt.[931] Bei dieser hier nicht relevanten Fragestellung würde sich der barwertige Ausgleich zum Ereignistag aus drei Komponenten zusammensetzen. Die erste Komponente wäre der barwertige Ausgleichsergänzungsbetrag, der sich aus der Differenz von gerichtlich erhöhtem und vertraglich festgesetztem Ausgleich ergibt, wobei eine Verzinsung der Ausgleichserhöhung ggf. gesondert zu berücksichtigen wäre. Die zweite Komponente wäre der zum Ereignistag berechnete barwertige Betrag der annahmegemäß ewig unveränderten Rente in Form des gerichtlich erhöhten Ausgleichs ab dem auf die Bekanntmachung des Verfahrensendes folgenden Hauptversammlungstag. Die dritte und letzte Wertkomponente des barwertig erhöhten Ausgleichsanspruchs würde der auf den Ereignistag abdiskontierte Wert der bis zum Verfahrensende bereits erhaltenen Ausgleichszahlungen darstellen. Dabei wären die jeweiligen genauen Zahlungstermine und eventuelle von dem vertraglichen Ausgleich abweichende oder zusätzliche Zahlungen zu berücksichtigen. Für Ergebnisse zu dieser Fragestellung sei auf die Arbeit von *Hecker* verwiesen.[932]

Vergleicht man den barwertigen gerichtlichen und auf den Ereignistag abgezinsten Ausgleich mit den auf den Ereignistag aufgezinsten Börsenkursen, so zeigt sich bei Verwendung des REXP-Zinses von 7 %, dass der aus den 46 Verfahren (inkl. außergerichtlicher Vergleich i.S. Neckarwerke Stuttgart AG) gebildete durchschnittliche Quotient unabhängig von dem zugrunde gelegten Börsenkurs stets über 120 % liegt (vgl. auch Anhang 9). Der Quotient aus barwertigem gerichtlichen Ausgleich und dem

---

931 Als Präzedenzfall ist hier der Vertrag i.S. DAT / Altana anzuführen. Trotz der erheblichen Aufbesserung von 1,3* Altana-Dividende auf 3,45* Altana-Dividende konnte (ex post betrachtet) im Verhältnis zum Börsenkurs vor dem Ereignistag keine bedeutende Wertsteigerung erzielt werden, da die Verfahrensdauer über 14 Jahre betrug und der Ausgleichsergänzungsbetrag nicht zu verzinsen war. Berechnet man für diesen Fall die Summe der Barwerte aus den bis zum Spruchergebnis bereits erhaltenen Ausgleichszahlungen, den Ausgleichsergänzungsbeträgen, und der ab dem Spruchverfahrensergebnis annahmegemäß ewigen Rente in Form des gerichtlich bestimmten Ausgleichs, und setzt diese Summe zu den Börsenkursen im Vorfeld des Ereignistages ins Verhältnis, so ergeben sich Quotienten von lediglich maximal 45,39 % (i = 7%, KSVE t-2, -6M) bzw. 35,59 % (i = 8,5 %). Unterstellt wurde dabei, dass die erste von der Altana AG gezahlte Dividende von 11.- DM unverändert jährlich in gleicher Höhe anfällt.

932 Vgl. Hecker Habilitation 2000, S. 381ff.

198

6-monatigen Stichtagskurs vor dem Ereignistag (KSVE $_{t-2, -6M}$) bildet mit 132,94 % das Maximum der Quotienten, KSVE $_{t-2}$ hingegen das Minimum (vgl. Tabelle 9).

7,00%				
	Durchschnitt	Maximum	Minimum	Anteil > 100%
KSVE $_{T-2}$:	120,71%	324,69%	12,54%	65,22%
KSVE $_{T-2,-3M}$:	127,00%	314,73%	12,14%	67,39%
KSVDE $_{T-2,-3M}$:	125,69%	297,99%	12,44%	69,57%
KSVE $_{T-2,-6M}$:	132,94%	293,43%	11,28%	67,39%
KSVDE $_{T-2,-6M}$:	128,99%	299,00%	12,11%	69,57%

8,50%				
	Durchschnitt	Maximum	Minimum	Anteil > 100%
KSVE $_{T-2}$:	99,09%	266,08%	10,29%	34,78%
KSVE $_{T-2,-3M}$:	103,86%	257,72%	9,92%	45,65%
KSVDE $_{T-2,-3M}$:	103,17%	244,94%	10,20%	45,65%
KSVE $_{T-2,-6M}$:	108,33%	238,72%	9,18%	47,83%
KSVDE $_{T-2,-6M}$:	105,88%	245,02%	9,93%	47,83%

Tabelle 9: Quotienten aus barwertigem gerichtlichen Ausgleich und vor dem Ereignistag liegen-
den Börsenkursen (Zinseffekte berücksichtigt)[933]

Der Anteil der über 100 % liegenden Quotienten liegt zwischen 65,22 und 69,57 % und zeigt damit, dass die Mehrheit der gerichtlich festgesetzten Ausgleichszahlungen barwertig berechnet für i= 7 % bei einem annahmegemäß nicht vorhandenen Ausfallrisiko die außenstehenden Aktionäre angemessen zu entschädigen scheint. Für einen Zins von 8,5 % zeigt sich jedoch wiederum, dass das durch einen Unternehmensvertrag begründete Risiko eines Substanzentzugs selbst bei im Rahmen eines Spruchverfahrens erhöhten Ausgleichszahlungen im Durchschnitt nicht angemessen eingepreist wird. So belaufen sich die Quotienten im Durchschnitt zwar wiederum zumeist auf gut 100 %. Der Anteil der Quotienten über 100 % liegt jedoch stets unter 50%, im Fall KSVE $_{t-2}$ sogar nur bei 34,78 %. Das Maximum wird in 80 % der Quotienten durch den Vertrag der Bau-Verein zu Hamburg AG gebildet, die Minima hingegen durchweg durch den Vertrag zwischen der Erste Kulmbacher Actienbrauerei AG und der Gebrüder März AG. Wie bereits in Abschnitt 4.2.2.1 festgestellt worden war, betrug der Ausgleich in diesem Fall gerade einmal 0,96 % der vertraglich vorgesehenen Abfindung. Diese Diskrepanz wurde durch eine Heraufsetzung der Barabfindung von 406,25 DM auf 550.- DM und durch Belassung des Ausgleichs bei 2,50 DM noch verstärkt. Der im Fall Neckarwerke Stuttgart AG (WKN 675800) erzielte außergerichtliche Vergleich führte zu

---

933 Quelle: Eigene Berechnung und Darstellung.

Quotienten zwischen 101,68 und 114,20 % für einen Zins von 7 % bzw. 82,87 und 92,74 % für i = 8,5 %.

Bei Betrachtung der in Tabelle 9 angegebenen Minima und Maxima fällt die extreme Spannbreite der Quotienten auf, die sich auch in den Grafiken in Anhang 10 widerspiegelt. Während in Abschnitt 4.2.2.2 die Annahme einer Normalverteilung für die Quotienten aus vertraglichem Ausgleich und vor dem Ereignistag liegenden Börsenkursen in keinem Fall statistisch abgelehnt werden konnte, muss diese hier überwiegend, zuweilen hoch signifikant, abgelehnt werden (vgl. auch Tabelle 10).[934]

7,00%						
	Durchschnitt	Median	Differenz	Schiefe S_i	Exzess E_i	JB-Testwert
KSVE $_{T-2}$:	120,71%	80,89%	-39,82%	0,985	4,443	11,423*
KSVE $_{T-2,-3M}$:	127,00%	79,86%	-47,14%	0,727	3,741	5,102***
KSVDE $_{T-2,-3M}$:	125,69%	81,11%	-44,58%	0,805	3,772	6,11**
KSVE $_{T-2,-6M}$:	132,94%	79,50%	-53,44%	0,466	2,623	1,934
KSVDE $_{T-2,-6M}$:	128,99%	80,75%	-48,24%	0,699	3,501	4,230

* (** ; ***) statistisch signifikant bei einer Irrtumswahrscheinlichkeit von 1% (5 %; 10%)

8,50%						
	Durchschnitt	Median	Differenz	Schiefe S_i	Exzess E_i	JB-Testwert
KSVE $_{T-2}$:	99,09%	65,22%	-33,87%	0,983	4,433	11,35*
KSVE $_{T-2,-3M}$:	103,86%	64,48%	-39,38%	0,725	3,744	5,09***
KSVDE $_{T-2,-3M}$:	103,17%	65,74%	-37,43%	0,804	3,777	6,11**
KSVE $_{T-2,-6M}$:	108,33%	63,96%	-44,37%	0,462	2,615	1,917
KSVDE $_{T-2,-6M}$:	105,88%	65,44%	-40,44%	0,697	3,500	4,201

* (** ; ***) statistisch signifikant bei einer Irrtumswahrscheinlichkeit von 1% (5 %; 10%)

Tabelle 10: Deskriptive Statistiken für die Quotienten aus barwertigem gerichtlichen Ausgleich und vor dem Ereignistag liegenden Börsenkursen (Zinseffekte berücksichtigt)[935]

Die Streuung der Quotienten ähnelt nur in den Fällen KSVE $_{t-2,-6M}$ und KSVDE $_{t-2,-6M}$ (entfernt) der Form einer Standardnormalverteilung.[936] Insbesondere für i= 7 % weisen die aus den Quotienten gebildeten Verteilungen eine deutlich rechtsschiefe Form auf. Dies wird wiederum anhand des Verhältnisses von Median und arithmetischem Mittel ersichtlich. So liegt der Median für i= 7 % stets mindestens 39,82 % unter dem

---

934 Ein selection bias, der darin bestehen könnte, dass gerade die Verträge des vorliegenden Untersuchungspunktes von Vornherein stark divergierende Quotienten vorsahen, liegt hier nicht vor. Für i= 7% ergibt sich bei Betrachtung der Quotientenverteilung aus vertraglichem Ausgleich und dem drei monatigen Börsenkurs im Vorfeld des Ereignistages (KDE $_{t-2,-3M}$) für die 46 hier untersuchten Verträge eine Schiefe von 0,45, ein Exzess von 2,873 und ein nicht signifikanter Jarque Bera-Testwert von lediglich 1,582. Für die gesamte Stichprobe in Abschnitt 4.2.2.2 hatte sich im Gegenteil sogar noch ein Jarque Bera-Testwert von 2,416 ergeben.

935 Quelle: Eigene Berechnung und Darstellung.

936 KSVE $_{t-2,-6M}$ steht für den Quotienten aus dem barwertigen gerichtlichem Ausgleich und dem 6-Monatsstichtagskurs, KSVDE $_{t-2,-6M}$ hingegen für den Quotienten aus barwertigem gerichtlichen Ausgleich und dem 6-monatigen Durchschnittskurs im Vorfeld des Ereignistages.

arithmetischen Mittel, für i= 8,5 % immerhin noch mindestens 33,87 % darunter. Die extremsten Werte für die empirische Schiefe (S_i) und den Exzess (E_i) weisen die Quotienten für den Stichtagskurs im unmittelbaren Vorfeld des Ereignistages auf (KSVE $_{t-2}$). Für diese Quotienten lässt sich die H0-Hypothese, sie seien normalverteilt, auf Basis des Jarque-Bera-Tests sogar mit einem Signifikanzniveau von 1 % ablehnen.

Damit zeigt sich deutlich, dass die Gerichte bei der Festlegung angemessener Entschädigungsleistungen zwar den Ausgleich durchschnittlich so stark anheben, dass dieser barwertig mit 8,5 % berechnet mit den Börsenkursen im Vorfeld des Ereignistages gleichziehen kann. Jedoch wird auch ersichtlich, wie unterschiedlich das Ergebnis eines Spruchverfahrens ausfallen kann. So liegen die Extrema um bis zu mehr als 300 % auseinander (vgl. Tabelle 9 für i= 7 %: KSVE $_{t-2}$). Zudem kann – im Gegensatz zu den Ergebnissen aus Abschnitt 4.2.2.2 – überwiegend nicht mehr von einer gleichmäßigen Streuung der Quotienten um das arithmetische Mittel gesprochen werden. Die in Abschnitt 3.2 aufgezeigten Schwierigkeiten in der Unternehmensbewertung, die erheblichen Ermessensspielräume bei der Bestimmung angemessener Ausgleichszahlungen sowie die nach wie vor bestehende Unsicherheit bezüglich einzelner Bewertungsproblematiken findet hier offensichtlich ihren Niederschlag in stark von einander abweichenden Quotienten. Als Hauptproblematik dürfte mithin gelten, dass die Gerichte rückwirkend die Verhältnisse zum (offensichtlich im Durchschnitt weit zurückliegenden) Stichtag zugrunde zu legen haben, ohne zwischenzeitlich eingetretene Umstände zu berücksichtigen.

Vergleicht man in einem weiteren Schritt die Quotienten aus barwertigem vertraglichem Ausgleich und vor dem Ereignistag liegenden Börsenkursen mit den Quotienten aus barwertigem gerichtlichem Ausgleich und vor dem Ereignistag liegenden Börsenkursen, so ergibt sich über alle Quotienten gemittelt (naturgemäß unabhängig vom zugrunde gelegten Börsenkurs) eine durchschnittliche Aufbesserung um 63,75 % für i = 7 % und um 63,84 % für i = 8,5 %. Für die durch gerichtlichen Vergleich beendeten 18 Verfahren ergibt sich eine durchschnittliche Aufbesserung von 40,83 % (i = 7 %) bzw. 40,92 % (i = 8,5 %). Die bereits in Abschnitt 4.2.3.2 dargelegte Beobachtung, dass die durch gerichtlichen Beschluss beendeten Verfahren im Durchschnitt zu einer höheren Aufbesserung führen als die durch Vergleich beendeten Verfahren spiegelt sich auch hier bei Vergleich der barwertigen Quotienten wider. Für den REXP-Zins von 7 % ergibt sich eine Erhöhung um 80,56 %, für i = 8,5 % eine solche von 80,63 %. Dennoch weisen die durch gerichtlichen Vergleich beendeten Verfahren höhere Quotienten für den barwertigen gerichtlich festgesetzten Ausgleich auf. Für sie ergeben sich Quotienten zwischen 103,47 und 119,34 %, für die durch gerichtlichen Beschluss beendeten Verfahren lediglich solche zwischen 96,58 und 101,57 % (jeweils KSVE $_{t-2}$ bzw. KSVE $_{t-2, -6M}$ für i = 8,5 %). Dies ist darauf zurückzuführen, dass die durch Vergleich beendeten Verfahren von vornherein durchschnittlich relativ höhere Ausgleichsbarwerte aufweisen konnten.

Im Durchschnitt aller Verfahren muss abschließend festgehalten werden, dass sie nicht zu einer angemessenen Entschädigung außenstehender Aktionäre führen. Zwar werden die Beträge im Durchschnitt derart angehoben, dass sie barwertig mit 8,5 % berechnet an die von der bevorstehenden Konzernierungsmaßnahme unbeeinflussten Börsenkurse heranreichen. Jedoch gilt es hier zwei weitere entscheidende Faktoren zu beachten. Erstens dürfte auch der Zins von 8,5 % in der Regel nicht das durch einen Unternehmensvertrag für die konzernierte Gesellschaft erhöhte Risiko eines Substanzentzugs widerspiegeln. Die Verwendung eines vor dem Hintergrund der Ausführungen in Abschnitt 2.2.4.5 zu rechtfertigenden, das eingegangene Risiko kompensierenden Risikozuschlags dürfte dazu führen, dass sämtliche Quotienten durchschnittlich (weit) unter 100 % betragen und daher die durch die Gerichte festgesetzten Leistungen von vornherein zu niedrig wären. Zweitens lassen sich hier bereits eindeutige Hinweise dafür ausmachen, dass außenstehende Aktionäre insbesondere dadurch zuletzt schlechter gestellt werden, dass eine Verzinsung des Ausgleichsergänzungsbetrags gesetzlich nicht vorgesehen ist und regelmäßig keine Anpassung des Ausgleichs an Änderungen in der Steuergesetzgebung erfolgt. Eigenen Berechnungen zufolge dürften die barwertigen, aus dem zuvor beschriebenen Drei-Komponenten-Ansatz berechneten Quotienten für i = 8,5 % noch einmal durchschnittlich zwischen 20 und 22 % unter denjenigen liegen, die hier für i = 8,5 % festgestellt wurden. Damit zeigt sich deutlich, dass die Gerichte zwar im Durchschnitt relativ zutreffende Prognosen bei der Ermittlung der Verhältnisse am Tag der beschlussfassenden Hauptversammlung treffen, die Verfahrensdauer in Kombination mit der vom Gesetzgeber nicht vorgesehenen Verzinsungspflicht des Ergänzungsbetrags jedoch dazu führt, dass der Wert der Ausgleichszahlungsreihe entscheidend verwässert wird.

4.2.3.4 Empirische Befunde zum Verhältnis von gerichtlich erhöhten Ausgleichszahlungen zu vor dem HV-Termin liegenden Börsenkursen

Im letzten Schritt soll untersucht werden, inwiefern die Gerichte in der Lage sind, den Ausgleich so festzusetzen, dass er eine angemessene Verzinsung der Börsenkurse darstellt, die im Vorfeld der beschlussfassenden Hauptversammlung notierten. Wie im vorherigen Abschnitt soll somit nicht festgestellt werden, ob außenstehende Aktionäre durch die Möglichkeit der Einleitung eines Spruchverfahrens letztlich angemessen entschädigt werden. Die zins- und steuerlich bedingten Werteinflüsse wie auch zwischenzeitliche Sonderzahlungen und Unregelmäßigkeiten im zeitlichen Anfall der Ausgleichszahlungen werden daher nicht in die Berechnung einbezogen. Vielmehr wird wieder fingiert, dass der gerichtlich festgesetzte Ausgleich von vornherein zu zahlen gewesen wäre und dass dieser den außenstehenden Aktionären ewig jährlich in unveränderter Höhe zufließt. Die zum Zweck der Quotientenermittlung zu berechnenden Börsenkurse wurden wie in Abschnitt 4.2.2.3 mit actual / 360 auf den Tag der beschlussfassenden Hauptversammlung aufgezinst und an diesem Tag dem barwertigen gerichtlichem Ausgleich gegenübergestellt.

Wie sich Tabelle 11 entnehmen lässt, liegen die Quotienten aus barwertigem gerichtlichen Ausgleich und vor dem Tag der beschlussfassenden Hauptversammlung für i= 7 % bei mindestens 114,36 %, für i= 8,5 % hingegen maximal bei 102,98 %. Für den vom *BGH* geforderten dreimonatigen Durchschnittskurs im Vorfeld der beschlussfassenden Hauptversammlung zeigt sich, dass im Durchschnitt der 46 zugrunde liegenden

7,00%				
	Durchschnitt	Maximum	Minimum	Anteil > 100%
KSVH $_{T-2}$:	114,36%	307,76%	12,67%	63,04%
KSVH $_{T-2,-3M}$:	119,79%	310,74%	12,35%	73,91%
KSVDH $_{T-2,-3M}$:	116,17%	299,05%	12,75%	65,22%
KSVH $_{T-2,-6M}$:	125,94%	282,08%	12,14%	71,74%
KSVDH $_{T-2,-6M}$:	120,96%	284,33%	12,71%	67,39%

8,50%				
	Durchschnitt	Maximum	Minimum	Anteil > 100%
KSVH $_{T-2}$:	94,20%	253,43%	10,43%	23,91%
KSVH $_{T-2,-3M}$:	98,29%	254,94%	10,13%	36,96%
KSVDH $_{T-2,-3M}$:	95,68%	246,25%	10,50%	34,78%
KSVH $_{T-2,-6M}$:	102,98%	230,60%	9,93%	43,48%
KSVDH $_{T-2,-6M}$:	99,63%	234,14%	10,46%	39,13%

Tabelle 11: Quotienten aus barwertigem gerichtlichen Ausgleich und vor dem Tag der beschluss-fassenden Hauptversammlung liegenden Börsenkursen (Zinseffekte berücksichtigt)[937]

Verfahren der barwertige vom Gericht festgesetzte Ausgleich 116,17 % bzw. 95,68 % (für i = 8,5 %) des Börsenkurses beträgt. Dabei weisen für i = 8,5 % nur 34,78% oder 16 der 46 Verfahren einen barwertigen Ausgleich auf, der den dreimonatigen Durchschnittskurs übertrifft. Für KSVDH $_{t-2, -3M}$ wird das Maximum von dem Vertrag zwischen der Diskus Werke AG und der Naxos Union Schleifmittel- und Schleifmaschinenfabrik GmbH gebildet, die Minima hingegen stets – wie zuvor – durch den Vertrag zwischen der Erste Kulmbacher Actien Brauerei AG und der Gebr. März AG. Für die zeitlich nach dem *BGH*-Urteil i.S. DAT / Altana geschlossenen 4 Verträge, deren zugehörigen Spruchverfahren bereits im Januar 2006 beendet waren[938], ergibt sich gegenüber KH $_{t-2, -3M}$ eine durchschnittliche barwertige Ausgleichserhöhung von 20,23% mit einem Maximum von 51,98 % im Fall Bayerische Brau Holding AG. Für i= 8,5 % reicht der barwertige gerichtliche Ausgleichsanspruch in keinem dieser 4 Fälle an den dreimonatigen Börsenkurs im Vorfeld der beschlussfassenden Hauptversammlung heran (KSVDH $_{t-2, -3M}$ < 100 %).

Ferner zeigt sich mit einer Streuung von 298,39 % (i= 7 %) bzw. 244,81 % (i= 8,5 %) auch hier wieder die Heterogenität der gerichtlich festgesetzten Leistungen. Zudem kann man die bereits zuvor beobachtete erhöhte Volatilität der Aktienkurse der konzernierten Gesellschaften an der Spannbreite der über 100 % liegenden Quotienten

---

937 Quelle: Eigene Berechnung und Darstellung.
938 Dies waren die Verträge folgender konzernierter Gesellschaften: Bayerische Brau Holding AG (WKN 503000), Fränkisches Überlandwerk AG (WKN 577500), Kiekert AG (WKN 628620), sowie Thuringia Versicherung AG (WKN 844600).

sehen. Während für die Quotienten im Vorfeld des Ereignistages lediglich eine Spannbreite von 13,05 % vorliegt, ergibt sich hier für die Differenz aus KSVH $_{t-2, -6M}$ und KSVH $_{t-2}$ ein Wert von 19,57 % (i= 8,5 %). Im Gegensatz zu den zuvor beschriebenen (leicht) linksschiefen Verteilungen aus den aus vertraglichem Ausgleich und vor dem Tag der beschlussfassenden Hauptversammlung gebildeten Quotienten (vgl. Abschnitt 4.2.2.3) ergeben sich bei Heranziehung richterlicher Ausgleichswerte überwiegend hoch signifikante rechtsschiefe Verteilungen. Angemerkt sei, dass insbesondere auch die aus den KSVDH $_{t-2, -3M}$-Quotienten gebildete Verteilung mit 11,86 bzw. mit 11,79 (für i= 8,5 %) > $\chi^2_{0,99}(2) = 9,21$ einen Jarque Bera-Testwert aufweist, der die H0-Hypothese, es liege eine Normalverteilung vor, statistisch signifikant mit einer Irrtumswahrscheinlichkeit von 1 % verwirft. Auch der Median liegt für sämtliche Quotienten deutlich, für i= 7 % sogar bis zu 46,44 % unter dem arithmetischen Mittel. Die Unvereinbarkeit der Annahme einer Normalverteilung mit den vorliegenden Quotientenverteilungen wird auch bei Betrachtung der trendbereinigten Q-Q- Diagramme in Anhang 11 ersichtlich.

7,00%						
	Durchschnitt	Median	Differenz	Schiefe S_i	Exzess E_i	JB-Testwert
KSVH $_{T-2}$:	114,36%	80,89%	-33,47%	1,082	4,645	14,172*
KSVH $_{T-2,-3M}$:	119,79%	79,86%	-39,93%	0,944	4,856	13,432*
KSVDH $_{T-2,-3M}$:	116,17%	81,11%	-35,06%	0,974	4,545	11,856*
KSVH $_{T-2,-6M}$:	125,94%	79,50%	-46,44%	0,544	3,380	2,543
KSVDH $_{T-2,-6M}$:	120,96%	80,75%	-40,21%	0,822	4,097	7,491**

* (**) statistisch signifikant bei einer Irrtumswahrscheinlichkeit von 1% (2,5 %)

8,50%						
	Durchschnitt	Median	Differenz	Schiefe S_i	Exzess E_i	JB-Testwert
KSVH $_{T-2}$:	94,20%	65,22%	-28,98%	1,084	4,640	14,164*
KSVH $_{T-2,-3M}$:	98,29%	64,48%	-33,81%	0,943	4,852	13,391*
KSVDH $_{T-2,-3M}$:	95,68%	65,74%	-29,94%	0,973	4,538	11,791*
KSVH $_{T-2,-6M}$:	102,98%	63,96%	-39,02%	0,543	3,376	2,531
KSVDH $_{T-2,-6M}$:	99,63%	65,44%	-34,19%	0,821	4,091	7,452**

* (**) statistisch signifikant bei einer Irrtumswahrscheinlichkeit von 1% (2,5 %)

Tabelle 12: Deskriptive Statistiken für die Quotienten aus barwertigem gerichtlichen Ausgleich und vor dem Tag der beschlussfassenden Hauptversammlung liegenden Börsenkursen (Zinseffekte berücksichtigt)[939]

Damit lässt sich wiederum festhalten, dass die Gerichte im Durchschnitt aller betrachteten Verfahren mit ihren von dem Tag der beschlussfassenden Hauptversammlung ausgehenden Prognosen gar nicht so weit von dem entfernt liegen, was aus Sicht des *BGH* als angemessen anzusehen wäre. Wie sich jedoch bereits an den Verträgen der Erste Kulmbacher Actien Brauerei AG und der Diskus Werke AG zeigt, lassen sich im Einzelfall stark von dem gewünschten Spruchverfahrensergebnis abweichende Ausgleichszahlungen beobachten. Aggregiert kann man dies auch anhand der hoch signifi-

---

939 Quelle: Eigene Berechnung und Darstellung.

kanten Jarque Bera-Teststatistiken sowie an der Differenz von Median und arithmetischem Mittel aufzeigen.

Auch hier sei jedoch noch einmal daran erinnert, dass die Börsenkurse im (unmittelbaren) Vorfeld der Hauptversammlung von der bevorstehenden Konzernierungsmaßnahme im Regelfall bereits derart beeinflusst sind, dass sie nicht für eine Bemessung der Entschädigungsleistungen nach §§ 304f. AktG herangezogen werden sollten. Die aus $KSVDE_{t-2, -3M}$ und $KSVDH_{t-2, -3M}$ resultierende Differenz von 7,49 % für i= 8,5 % ist hierfür ein eindeutiges Indiz. Auch wenn Aktionäre im Durchschnitt dadurch besser gestellt werden, wenn der Ausgleich durch Verrentung der anhand des Börsenkurses im Vorfeld der Hauptversammlung (und eben nicht im Vorfeld des Ereignistages) ermittelten Abfindung berechnet wird[940], wäre eine Überprüfung des *BGH*-Beschlusses i.S. DAT/Altana überaus wünschenswert. Zudem ist auch hier nachdrücklich hinzuzufügen, dass die von den Gerichten ermittelten Werte wiederum entscheidend dadurch verwässert werden, dass gerichtlich verfügte Nachzahlungsbeträge auf den Ausgleich per Gesetz nicht zu verzinsen sind. Eigenen Berechnungen zufolge, bei denen der in Abschnitt 4.2.3.3 erwähnte Drei-Komponenten-Ansatz Anwendung fand, resultiert für den in Frage stehenden Quotienten $KSVDH_{t-2, -3M}$ für i= 8,5 % lediglich ein Durchschnittswert von 75,82 %.[941] Daran zeigt sich abschließend, dass die Gerichte bei der Ermittlung angemessener Ausgleichzahlungen noch so zutreffend und gesetzeskonform arbeiten können: So lange der Gesetzgeber nicht dafür sorgt, dass eine Verzinsung des Ausgleichserhöhungsbetrages ins AktG eingeführt wird, dürften außenstehende Aktionäre selbst nach einem Spruchverfahren regelmäßig gut damit beraten sein, sich stets abfinden zu lassen.

4.2.4 Ergebnis

Zusammenfassend lässt sich für die empirische Untersuchung festhalten, dass der Ausgleich nach § 304 AktG in den letzten 20 Jahren im Regelfall vertraglich viel zu gering bemessen wurde. Wie gezeigt werden konnte, ist dies nicht etwa darin begründet, dass die Abfindung durchschnittlich zu gering bemessen wäre.[942] Dies ist nämlich offensichtlich nicht der Fall. Vielmehr musste festgestellt werden, dass das durch einen Unternehmensvertrag für die konzernierte Gesellschaft begründete Risiko eines Substanzentzugs nicht angemessen in der vertraglich angebotenen Ausgleichzahlung reflektiert wird. Dies gilt im Durchschnitt für sämtliche als Vergleichsmaßstab herangezogenen Börsenkurse und unabhängig vom zugrunde gelegten Zinssatz, Stichtag oder Zeitraum. Dennoch lässt sich nicht sagen, dass die mit der Prüfung des Unternehmensvertrags beauftragten Wirtschaftsprüfer im Regelfall „im Nebel stochern". Zwar lassen sich auch für den vertraglichen Ausgleich Quotienten zwischen 9,19 und 168,44 % ($KE_{t-2, -6M}$ für

---

940 Vgl. zur Begründung bereits Abschnitt 4.2.2.3.

941 Dabei wurden allerdings zwischenzeitlich evt. angefallene Sonderzahlungen sowie Unregelmäßigkeiten im zeitlichen Anfall des Ausgleichs nicht berücksichtigt.

942 Wie bereits mehrfach erwähnt, wird der Ausgleich in der Praxis durch Verrentung der Abfindung ermittelt.

i= 8,5 %) bzw. 9,94 und 159,04 % (KH $_{t-2, -6M}$ für i= 8,5 %) ausmachen. Die Annahme einer Normalverteilung der aus vertraglichem Ausgleich und sämtlichen Börsenkursen gebildeten Quotientenverteilungen ließ sich auf Basis des Jarque-Bera-Tests jedoch nur für KH $_{t-2}$ mit einer Irrtumswahrscheinlichkeit von 10 % widerlegen.

Weiter wurde herausgearbeitet, dass sich die Beantragung eines Spruchverfahrens für die außenstehenden Aktionären in der Mehrzahl der Fälle durchaus lohnt. Trotz der durchschnittlichen erstinstanzlichen Verfahrensdauer von 6,06 bzw. 5,1 Jahren für die durch gerichtlichen Beschluss bzw. Vergleich beendeten Verfahren konnte festgestellt werden, dass die Gerichte scheinbar dazu in der Lage sind, die Verhältnisse zum Stichtag relativ angemessen zugrunde zu legen. Zinst man den gerichtlich festgesetzten Ausgleich barwertig ab und setzt ihn zu den jeweiligen Börsenkursen ins Verhältnis, so ergeben sich im Durchschnitt aller untersuchten Spruchverfahren sowohl für i= 7, als auch für i= 8,5 % Quotienten um die 100 %.[943] Jedoch musste im Vergleich zu der Untersuchung des vertraglichen Ausgleichs festgestellt werden, dass die auf diese Weise gebildeten Quotientenverteilungen nicht entfernt die Form einer Normalverteilung annehmen. Vielmehr sind die Verteilungen oftmals hoch signifikant rechtsschief. Aus diesem Grund kann hier nur die Schlussfolgerung gezogen werden, dass die untersuchten Spruchverfahren im Durchschnitt eher zufällig die gewünschten Ergebnisse liefern können. So lag der Anteil der über 100 % liegenden Quotienten aus gerichtlichem Ausgleich und den Börsenkursen im Vorfeld der beschlussfassenden Hauptversammlung für i = 8,5 % lediglich zwischen 23,91 und 43,48 %. Dass dennoch im arithmetischen Mittel Quotienten von knapp 100 % resultieren, ist auf die in manchen Verträgen erhebliche Ausgleichserhöhung zurückzuführen, die den Durchschnitt gerade so viel anhebt, dass sich ein arithmetisches Mittel von nahezu 100 % ergibt.

Einhergehend mit den vorherigen theoretischen Ausführungen kann vor diesem Hintergrund die Schlussfolgerung gezogen werden, dass die Entscheidungen i.S. DAT / Altana überfällig waren. Gleichwohl wurde auch hier wieder festgestellt, dass die (ohnehin nicht praktikable[944]) Regelung, es sei der dreimonatige Börsenkurs im Vorfeld der Hauptversammlung, nicht hingegen der Kurs im Vorfeld des Ereignistages heranzuziehen, zu erheblichen Verzerrungen führen kann und Manipulationsmöglichkeiten eröffnet. Zudem ist es dringend erforderlich, eine Verzinsung des Ausgleichsergänzungsanspruchs gesetzlich zu verankern. Solange auch dies nicht gegeben ist, steckt der Minderheitenschutz in Deutschland weiterhin in den Kinderschuhen.

---

943 Wie bereits mehrfach ausgeführt, dürfte auch ein Quotient von 100 % jedoch die durch einen Unternehmensvertrag begründeten Risiken noch nicht angemessen widerspiegeln.

944 Vgl. dazu Abschnitt 3.3.5.4, in dem deutlich wird, dass die Tagesordnung mit konkreten Ausgleichs- und Abfindungsangeboten mindestens einen Monat vor dem Tag der Hauptversammlung bekannt zu machen ist (§ 123 Abs. 1 i.V.m. § 124 Abs. 1 S. 1 AktG).

5. Zusammenfassung wesentlicher Ergebnisse und Ausblick

In der vorliegenden Arbeit wurde eine ökonomische Analyse des Ausgleichs nach § 304 AktG vorgenommen, der außenstehenden Aktionären alternativ zur Abfindung nach §305 AktG anzubieten ist, wenn ihre Gesellschaft einem Unternehmensvertrag nach §291 AktG unterstellt wird. Zunächst war im zweiten Abschnitt der Arbeit der im Wesentlichen im AktG verankerte regulatorische Rahmen darzustellen. Dort wurde auf die Informationsversorgung der Aktionäre eingegangen, die im Vorfeld der beschlussfassenden Hauptversammlung zu erfolgen hat. Damit soll ihnen eine Entscheidungsfindung über die Annahme von Ausgleich oder Abfindung ermöglicht, das gerichtliche Spruchverfahren von vornherein entlastet, und die Aktionäre sollen gegen eine zu niedrige Festsetzung der Entschädigungsleistungen geschützt werden. Als wesentliche Bestandteile der in den §§ 293a-g AktG verankerten Informationsversorgungspflicht konnten der Unternehmensvertragsbericht nach § 293a AktG und der Prüfungsbericht nach § 293e AktG herausgestellt werden. Zudem wurde der Umfang des in § 293g Abs.3 i.V.m. § 131 AktG verankerten Auskunftsrechts dargelegt, das den Aktionären einen umfassenden Einblick in die Vermögens-, Finanz- und Ertragslage des anderen Vertragsteils ermöglichen soll.

In den darauf folgenden Abschnitten wurde aufgezeigt, welche Folgen der Unternehmensvertrag für die Verteilung des Gewinns und für die Sicherung der Gläubiger einer Aktiengesellschaft hat. Es wurde beschrieben, wie der Jahresüberschuss im Falle nicht konzernierter Aktiengesellschaften zu verwenden ist, wobei deutlich wurde, dass das AktG dem Jahresüberschuss wesentlich die Funktion zuweist, einen eventuell entstandenen Verlust auszugleichen und die gesetzliche Rücklage hinreichend zu dotieren. Wie weiter gezeigt wurde, sehen die §§ 300ff. AktG davon abweichende Regelungen im Falle konzernierter Aktiengesellschaften vor. Es wurde verdeutlicht, dass das herrschende Unternehmen nach der lex lata nicht gehindert ist, Sonderposten mit Rücklageanteil, Rückstellungen nach § 249 HGB, sowie insbesondere vorvertraglich gebildete stille Reserven aufzulösen und ohne Gegenleistung an sich abzuführen. Zudem musste die Schlussfolgerung gezogen werden, dass die Verlustausgleichspflicht nach § 302 AktG ins Leere laufen kann, wenn man sich die übliche Vertragslaufzeit von 5 Jahren und die Kündigungsmöglichkeiten der herrschenden Gesellschaft ins Gedächtnis ruft.

Daraufhin wurde auf die aktienrechtlichen Vorgaben zum Schutz der außenstehenden Aktionäre eingegangen (Abschnitt 2.1.4). Es wurde dargelegt, welchen Einfluss die herrschende Gesellschaft durch einen Beherrschungsvertrag erhält, und inwiefern ein Gewinnabführungsvertrag dazu führt, dass das Recht der Aktionäre auf Ausschüttung einer Dividende ins Leere führt. Verdeutlicht wurde insbesondere, inwieweit die herrschende Gesellschaft durch einen Beherrschungsvertrag die Befugnis zur Erteilung von Weisungen erlangt. Als entscheidendes Ergebnis konnte festgehalten werden, dass sich zwar Grenzen der Weisungsbefugnis aus der Satzung, aus gesetzlichen Vorschriften und aus der Rechtsprechung ergeben. Die Ausübung der Weisungsbefugnis kann dennoch auch nach Ansicht des *BGH* dazu führen, dass es der konzernierten Gesellschaft nicht möglich ist, nach Beendigung des Unternehmensvertrags aus eigener Kraft fortzubestehen.

In Abschnitt 2.1.5 wurden die Änderungs-, Aufhebungs- und Kündigungsmöglichkeiten bei Unternehmensverträgen beschrieben. Dabei wurde auch auf die aus Sicht des Minderheitenschutzes als kritisch befundenen aktienrechtlichen Vorgaben zur Kündigung gem. § 297 Abs. 2 AktG und gem. §§ 304 Abs. 4, 305 Abs. 5 S. 4 AktG eingegangen. So wurde aufgezeigt, dass es keines Sonderbeschlusses der außenstehenden Aktionäre bedarf, wenn der Vorstand der herrschenden Gesellschaft ordentlich kündigt. Zudem besitzt die herrschende Gesellschaft nach §§ 304 Abs. 4, 305 Abs. 5 S. 4 AktG das Recht zur fristlosen Kündigung des Vertrages innerhalb von 2 Monaten nach Rechtskraft der Entscheidung im Spruchverfahren. Wie dargestellt wurde, eröffnet diese Kündigungsmöglichkeit der herrschenden Gesellschaft strategische Optionen, die direkt zu Lasten der außenstehenden Aktionäre gehen, da eine Verzinsung des Ausgleichsergänzungsbetrags gesetzlich nicht vorgesehen ist.

Einen weiteren wesentlichen Bestandteil des theoretischen Teils der Arbeit stellte Abschnitt 2.2 dar, in dem die Entschädigungsleistungen nach § 304f. AktG vorgestellt und diskutiert wurden. Dabei wurde das Hauptaugenmerk darauf gelegt, wie der feste Ausgleich nach § 304 Abs. 1 AktG, der variable Ausgleich nach § 304 Abs. 2 S. 2, 3 AktG, und die Abfindung nach § 305 AktG aus theoretischer Sicht zu ermitteln sind und inwiefern es wertmäßige Unterschiede zwischen diesen Entschädigungsleistungen geben könnte. Dabei wurde deutlich, dass der Ausgleich nicht als verrentete Abfindung zu berechnen oder als solche anzusehen ist. Vor dem Hintergrund, dass der Ausgleich in der Praxis i.d.R. durch Verrentung der Abfindung ermittelt wird, wurden zahlreiche Beispiele dafür angeführt, warum nicht von einer ökonomischen Gleichwertigkeit von Ausgleich und Abfindung ausgegangen werden darf. Als Hauptargumente lassen sich bei der Ermittlung des festen Ausgleichs anführen, dass das neutrale Vermögen nicht berücksichtigt wird, dass die gesetzliche Rücklage in Abzug zu bringen ist; ferner ist das Weisungsrecht nach § 308 AktG zu berücksichtigen. Es kann auch nicht davon ausgegangen werden, dass der variable Ausgleich eine wertmäßig vergleichbare Alternative zum festen Ausgleich darstellt, da der variable Ausgleich entscheidend von der Gewinnsituation und der Dividendenpolitik der herrschenden Gesellschaft beeinflusst wird. Zudem wurde dargestellt, inwiefern die Festlegung eines Nullausgleichs bei chronisch defizitären Gesellschaften sowie eine vertraglich vorgesehene Staffelung des Ausgleichs bei zu erwartenden Gewinnschwankungen in Rechtsprechung und Literatur Rückhalt finden.

In Abschnitt 2.2.5 wurden die in Literatur und Rechtsprechung diskutierten Möglichkeiten vorgestellt, die bereits empfangenen Ausgleichszahlungen auf die Abfindung anrechnen zu lassen, wenn sich ein außenstehender Aktionär nach Beendigung eines Spruchverfahrens für die Annahme der Abfindung entscheidet. Deutlich wurde dabei, dass keine der drei diskutierten Methoden, und somit auch nicht die vom *BGH* vorgesehene Anrechnungsmethode, bei der die ab dem Wirksamwerden des Vertrags angefallenen Zinsen mit den bis zum Spruchverfahrensende geleisteten Ausgleichszahlungen zu verrechnen sind, zu einer akzeptablen Lösung führt.

Ein weiterer bedeutender Bestandteil des regulatorischen Rahmens stellte Abschnitt 2.3 dar, in dem die Regelungen des SpruchG denen nach § 306 AktG a.F. gegenübergestellt wurden. Wie festgestellt werden konnte, hat das Spruchverfahren durch Erlass des SpruchG zahlreiche Änderungen erfahren. Hervorzuheben ist insbesondere, dass nunmehr nach § 4 Abs. 2 Nr. 4 SpruchG konkrete Einwendungen gegen die im Unternehmensvertrag angewandte Bewertungsmethodik zu erheben sind. Zudem wurde die Kostenregelung geändert und der Ablauf des Verfahrens selbst gestrafft. Das Recht, Anschlussanträge stellen zu können, wurde abgeschafft, Fristen für Anträge und das Erheben von Einwendungen wurden eingeführt. Nicht zuletzt wurde die Stellung der sachverständigen Prüfer gestärkt. Gleichwohl musste auch hier wieder die Schlussfolgerung gezogen werden, dass die gesetzlichen Vorgaben nicht gänzlich zufrieden stellen. So dürfte man entsprechende Fachkenntnisse, die das Formulieren konkreter Einwendungen ermöglichen, einem durchschnittlichen Aktionär nicht ohne weiteres unterstellen können. Vor diesem Hintergrund wurden auch die Ausführungen in Abschnitt 2.1.3 über die Informationsversorgungsbestandteile nach § 293a, g AktG wieder aufgegriffen und die Vorschriften des § 293g AktG analysiert, wonach der Vorstand eine Pflicht zur Erläuterung des Unternehmensvertrags hat und die Aktionäre Auskunft über alle für den Vertragsschluss wesentlichen Angelegenheiten verlangen können. Es wurde gezeigt, dass die Bereitschaft des Vorstands zur Klärung von Bewertungsfragen in der Hauptversammlung für den Minderheitenschutz von erheblicher Bedeutung sein wird. Als entscheidend wurde auch erachtet, inwiefern die Gerichte Anträge zulassen werden, in denen i.S.d. § 243 Abs. 4 S. 2 AktG unrichtige, unvollständige oder unzureichende Auskünfte zu Bewertungsfragen beanstandet werden.

Der zweite Hauptteil der Arbeit beschäftigte sich mit der Unternehmensbewertung anhand des Ertragswertverfahrens und anhand von Börsenkursen. In Abschnitt 3.2 wurden die IDW Standards HFA 2/1983, IDW S 1 und IDW ES 1 n.F. vorgestellt und wesentliche zwischen diesen bestehende Unterschiede aufgezeigt. Bedeutende durch den IDW ES 1 n.F. eingeführte Änderungen sind die Abschaffung der oftmals kritisierten Annahme einer Vollausschüttung zukünftiger Überschüsse sowie die steuerliche Gleichbehandlung von Bewertungsobjekt und Alternativrendite. Die Nettorendite der Alternativinvestition ist seit IDW ES 1 n.F. kapitalmarktorientiert mittels des Tax-CAPM abzuleiten, Annahmen über zukünftige Ausschüttungsquoten sind zu treffen. Trotz dieser begrüßenswerten Änderungen wird die Unternehmensbewertung mittels des Ertragswertverfahrens weiterhin mit Unsicherheiten behaftet sein. Wie ausgeführt wurde, sind nach wie vor plausible Annahmen über Markt-, Umwelt-, Zins- und Preisentwicklungen sowie über steuerliche und rechtliche Rahmenbedingungen zu treffen und deren Auswirkungen auf die einzelnen Geschäftsbereiche und damit auf die Unternehmensgewinne nachvollziehbar zu quantifizieren. Zudem dürfte als zweites Problemfeld weiterhin die Bestimmung eines das Kapitalanlagerisiko widerspiegelnden Kapitalisierungszinssatzes gelten. Die in Abschnitt 3.2.3.2.1 angeführten, stark voneinander abweichenden Ansichten in Literatur und Rechtsprechung bezüglich der Ermittlung des Basiszinssatzes sowie etwaiger Zu- und Abschläge sind dafür ein eindeutiges Indiz. Wie gezeigt wurde, wird die Anwendung von IDW ES 1 n.F. c.p. zu geringeren Unternehmenswerten und Entschädigungsleistungen nach §§ 304f. AktG führen.

Abschnitt 3.3 befasste sich eingehend mit der Frage, inwiefern Börsenkurse zur Bemessung angemessener Entschädigungsleistungen nach §§ 304f. AktG herangezogen werden können und sollten. Zunächst wurde ein historischer Überblick zu der Frage gegeben, warum die Rechtsprechung jahrzehntelang von einer Heranziehung von Börsenkursen im Rahmen der Unternehmensbewertung abgesehen hat. Als entscheidende gegen die Verwendung von Börsenkursen angeführte Argumente konnten mangelnde Informationseffizienz und Illiquidität von in Mehrheitsbesitz stehenden Aktien herausgearbeitet werden. Sowohl in der sich daran anschließenden Diskussion über die in der wissenschaftlichen Literatur untersuchten Liquiditätsmaße als auch anhand der Darstellung des Xetra-Liquiditätsmaßes konnte gezeigt werden, dass die Vorbehalte gegenüber der Verwendung von Börsenkursen aufgrund mangelnder Liquidität nicht pauschal zu rechtfertigen sind. Vielmehr wurde ersichtlich, dass insbesondere eine anhand des Xetra-Liquiditätsmaßes erfolgende Beurteilung der Liquidität sich als wesentlich stichhaltiger erweisen dürfte als die von Seiten der Gerichte häufig erfolgte pauschale Festlegung von Grenzen für das Handelsvolumen oder von Grenzen für das Minimum an Handelstagen in einer gegebenen Zeitspanne.

Wie weiter gezeigt werden konnte, lassen sich auch Vorbehalte gegenüber der halbstrengen Form der Informationseffizienz empirisch nicht ohne weiteres rechtfertigen. Die Ergebnisse von Ereignisstudien sowohl am US-amerikanischen als auch am deutschen Aktienmarkt sind häufig mit der Theorie effizienter Märkte vereinbar. Auch dürfte die in den letzten Jahren erfolgte Zunahme an gesetzlichen Informationspflichten kapitalmarktorientierter Unternehmen sowie die fortschreitende Technologisierung dazu führen, dass öffentliche Informationen zunehmend schneller eingepreist werden. Eine Berücksichtigung des Börsenkurses bei der Bemessung von Ausgleich und Abfindung ist vor diesem Hintergrund grundsätzlich zu begrüßen. Wie jedoch auch in Abschnitt 3.3.5 gezeigt wurde, bleibt nach wie vor problematisch, welcher Kurs für eine solche Bewertung aus ökonomischer Sicht sinnvollerweise herangezogen werden sollte. Die Entscheidung des *BGH* i.S. DAT / Altana ist in dieser Hinsicht kritisch zu sehen. Wie dargelegt wurde, kann ein auf Grundlage der dreimonatigen Frist bis zur Hauptversammlung zu bildender Börsenkurs nicht von Vorstand und Aufsichtsrat gem. § 124 Abs. 3 S. 1 AktG in der Bekanntmachung der Tagesordnung verwendet werden. Die auch später in der empirischen Studie in Abschnitt 4.2 diskutierte Alternative, dass eine Kursmittelung nur bis zu dem Tag erfolgen sollte, an dem der Markt erstmalig von der bevorstehenden Konzernierungsmaßnahme in Kenntnis gesetzt wird, ist insofern problematisch, als ein solcher Referenzkurs keinen Bezug zum Tag der beschlussfassenden Hauptversammlung aufweist. Wie für den verbleibenden Zeitraum bis zum Hauptversammlungstag verfahren werden sollte, ist ungeklärt. Der in der empirischen Studie nachgewiesene durchschnittliche Kurseinfluss von 9,53 % am Ereignistag zeigte jedoch ganz offensichtlich, dass die *BGH*-Entscheidung nicht die letzte Antwort auf diese Frage gewesen sein kann.

Im 4. Abschnitt wurden zunächst bisherige empirische Untersuchungen zum Ausgleich und zur Abfindung vorgestellt und deren wesentliche Ergebnisse präsentiert. Dabei wurde deutlich, dass außenstehende Aktionäre bis in die neunziger Jahre hinein zu offensichtlich unangemessenen Preisen aus ihren Rechten gedrängt wurden. Selbst eine Erhöhung im Rahmen eines Spruchverfahrens führte in den untersuchten Fällen nicht immer zu einer angemessenen Entschädigung. Verdeutlicht wurde in den Studien zudem, dass Gutachter die herrschenden Gesellschaften tatkräftig bei der Bemessung zu niedriger Entschädigungsleistungen unterstützt haben und dass die Entscheidungen des *BVerfG* und des *BGH* i.S. DAT / Altana überfällig waren.

Ab Abschnitt 4.2 wurde eine eigene empirische Untersuchung zur Angemessenheit des Ausgleichs nach § 304 AktG vorgenommen. Die Datenbasis umfasste sämtliche seit 1985 abgeschlossenen Unternehmensverträge nach § 291 AktG, die die Zahlung eines Ausgleichs und einer Abfindung vorsahen, deren zugehörige konzernierte Gesellschaften an der Börse notiert waren, und deren relevante Vertragskonditionen im Bundesanzeiger veröffentlicht wurden.

Hauptuntersuchungsgegenstand der empirischen Studie war die Frage, inwiefern der Ausgleich in einem angemessenen Verhältnis zu Abfindung und Börsenkurs steht. Dabei wurde auf einen außenstehenden Aktionär abgestellt, der sich unmittelbar nach Inkrafttreten des Vertrags für die Aufrechterhaltung seiner Aktionärsstellung entscheidet und infolgedessen ausgleichsberechtigt ist. Die einzelnen Untersuchungsabschnitte nahmen einen Vergleich des vertraglichen Ausgleichs mit der vertraglichen Abfindung (Abschnitt 4.2.2.1), des vertraglichen Ausgleichs mit den vor dem Ereignisdatum liegenden Börsenkursen (Abschnitt 4.2.2.2), sowie des vertraglichen Ausgleichs mit den im Vorfeld des Tages der beschlussfassenden Hauptversammlung liegenden Börsenkursen (Abschnitt 4.2.2.3) vor.

Ab Abschnitt 4.2.3.2 wurde untersucht, welche Auswirkungen es für die außenstehenden Aktionäre hat, die Höhe des Ausgleichs in einem Spruchverfahren auf seine Angemessenheit überprüfen zu lassen. Zunächst wurde ein Vergleich des vertraglichen Ausgleichs mit dem gerichtlich festgesetzten Ausgleich vorgenommen. In Abschnitt 4.2.3.3 wurde der Frage nachgegangen, ob der gerichtlich erhöhte Ausgleich eine angemessene Verzinsung der vor dem Ereignistag liegenden Börsenkurse darstellt. Der letzte Untersuchungsabschnitt betraf die Frage, ob der in Spruchverfahren erhöhte Ausgleich wertmäßig den vor dem Tag der beschlussfassenden Hauptversammlung notierenden Börsenkursen entspricht. In sämtlichen Untersuchungsabschnitten wurden, um den Anforderungen von Literatur und Rechtsprechung gerecht zu werden, sowohl die Börsenkurse eines bestimmten Stichtags als auch Durchschnittsbörsenkurse herangezogen.

Als wesentliches Ergebnis der empirischen Studie bleibt festzuhalten, dass der Ausgleich nach § 304 AktG im Durchschnitt aller seit 1985 abgeschlossenen Verträge deutlich zu gering war. Das durch einen Unternehmensvertrag für die konzernierte Gesellschaft begründete Risiko eines Substanzentzugs wird nicht angemessen in der vertraglich angebotenen Ausgleichszahlung reflektiert. Dies wurde in sämtlichen Untersuchungsabschnitten bei Betrachtung der Quotienten aus barwertigem Ausgleich und den jeweiligen Börsenkursen ersichtlich. In der Untersuchung des gerichtlich festgesetzten Ausgleichs konnte zwar festgestellt werden, dass sich die Durchführung eines Spruchverfahrens für die außenstehenden Aktionäre in der Mehrzahl der Fälle durchaus lohnt und dass die Gerichte durchschnittlich dazu in der Lage sind, die Verhältnisse zum Stichtag relativ angemessen zu ermitteln und zu bewerten. Jedoch wurde auch festgestellt, dass die aus gerichtlichem Ausgleich und den Börsenkursen gebildeten Quotientenverteilungen in keiner Weise die Form einer Normalverteilung annehmen, sondern vielmehr hoch signifikant rechtsschief sind. Die untersuchten Spruchverfahren dürften insofern eher zufällig im Durchschnitt die gewünschten Ergebnisse liefern. Auch hier kann wieder die Schlussfolgerung gezogen werden, dass der nach wie vor von erheblichen Ermessenspielräumen geprägten Ertragswertmethode mit dem Börsenkurs ein längst überfälliges Korrektiv zur Seite gestellt wurde, das erhebliches Potential zur Verbesserung des Minderheitenschutzes in Deutschland hat.

Für die Zukunft bleibt zu hoffen, dass die Entscheidung des *BGH* i.S. DAT / Altana noch einmal überprüft und korrigiert wird. Es wäre nicht nur sinnvoll, das Vorliegen einer Marktenge genau zu definieren, sondern es sollte auch der ökonomisch richtige, nicht hingegen ein durch die Ad-hoc Mitteilung beeinflusster Börsenkurs als Bemessungsgrundlage für Ausgleich und Abfindung angewandt werden und auch als Untergrenze für den barwertigen festen Ausgleich gelten. Zudem sollte über die Abschaffung des variablen Ausgleichs nachgedacht und über die Stärkung der Informationsversorgung der Antragsteller im Spruchverfahren diskutiert werden. Nicht zuletzt scheint es dringend notwendig, eine Verzinsung des Ausgleichsergänzungsanspruchs gesetzlich zu verankern. Die Euphorie, die in der wissenschaftlichen Literatur nach den Entscheidungen i.S. DAT / Altana bemerkbar wurde, sollte vor dem Hintergrund der in dieser Arbeit aufgezeigten Befunde einer deutlich nüchterneren Beurteilung Platz machen.

Anhang

Anhang 1: Relevante Unternehmensverträge im Untersuchungszeitraum 1984 - 2005

Beherrschte Gesellschaft	Herrschende Gesellschaft	Fundstelle	Eintragung HR	Datum HV	Vertrags-art	Ausgleichs-art	Ausgleich vor persönlicher Einkommensteuer	Art d. Abfindung	Abfindung Höhe	SSV
Pagulus-Werke AG ("Tarkett Pagulus AG")	Baug GmbH	BA 1.6.8.5, S. 5664	28.03.1985	10.07.1983	OV	fest	13,28 DM / 50.-DM - Stammaktie 14,84 DM / 50.-DM Vorzugsaktie	Ber	210.-DM / 50.-DM - Stammaktie 220.-DM / 50.-DM Vorzugsaktie	
Mech. Baumwoll-Spannerei & Weberei Bayreuth AG *	Daun & Cie AG	BA 6 8 8.5, S. 8992	06.08.1985	18.09.1985	OV	fest	18,75%	Ber	250 % des Nennwertes	ja
Koepp AG	Deutsche Vita Polymere GmbH	BA 25.10.85, S. 13036	23.10.1985	06.12.1985	OBV	fest	5,47 DM	Ber	55.-DM	ja
Brown, Boveri & Cie AG Mannheim	Brown, Boveri & Cie Baden	BA 4.2.86, S. 1290	31.01.1986	12.03.1986	BV	fest	37,50%	Ber	230.-DM	ja
Breuhaus Amberg AG (Insel-ipo AG?)	Erste Kulmbacher Actien-Brauerei	BA 11.4.86, S. 4465	22.04.1985	23.03.1986	OBV	fest	13,63%	Ber	700 % des Nennwertes	ja
Tucher Bräu AG (Tisia AG für Beteiligungen?)	Erste Kulmbacher Actien Brauerei	BA 11.4.86, S. 4467	11.04.1986	22.05.1986	OBV	fest	9,38%	Ber	450 % des Nennwertes	
Gerlenzweig + Hartmann und Glasfaser AG	Compagnie de Saint-Gobain	BA 16.5.86, S. 6029	16.05.1986	23.06.1986	OBV	fest	10,04 DM	Ber	160.-DM	ja
Ffettmer Bräu AG *	Gustav und Grete Schickedanz Holding KG	BA 20.6.86, S. 7618	20.06.1986	31.07.1986	OBV	fest	13,63%	Ber	780%	ja
Diskus-Werke AG	Nexos Union Schleifmittel und Schleifmaschinenfabrik	BA 2.7.86, S. 8363	02.07.1986	14.08.1986	OBV	fest	3,13 DM	Ber	50.-DM	ja
Osram-Werke AG	Wintershall Beteiligungs GmbH	BA 3.10.86, S. 13909	03.10.1986	13.11.1986	OBV	fest	23,44 DM	Ber	360.-DM	ja
Triumph-Adler AG	Ing. C. Olivetti & C., Sp. A	BA 1.8.87, S. 9944	30.07.1987	11.09.1987	BV	fest	3,13 DM	Ber	50.-DM	ja
Hoffmann's Stärke Fabriken ("Reckitt & Colman Deutschland AG")	Reckitt GmbH ("Reckitt & Colman Holding GmbH")	BA 7.11.87, S. 14840	05.11.1987	18.12.1987	OBV	fest	10,04 DM	Ber	190.-DM	ja
Aluminiumwerk Unna AG	Alusteam-Wildflang Metallwerk und Beteiligungsgesellschaft mbH ("Amag Alusteam Extrusion AG")	BA 16.1.88, S. 347	14.01.1988	23.02.1988	OBV	fest	26,50 DM	Ber	280.-DM	ja
Hansestische Hochseefischerei AG *	Dr. August Oetker KG	BA 27.2.88, S. 836	27.02.1988	31.03.1988	OBV	fest	4.-DM	Ber	120.-DM	ja
Henninger Bräu AG ("Actien AG")	Erste Kulmbacher Actien Brauerei	BA 30.3.88, S. 1511	30.03.1988	16.05.1988	OBV	fest	17,5 DM	Ber	550.-UM	ja
Schubert & Salzer Maschinenfabrik AG ("Rieter Spinnereimaschinen AG")	Rieter Deutschland GmbH & Co. OHG	BA 9.4.88, S. 1669	07.04.1988	20.05.1988	BV	fest	13,63%	Ber	280%	ja
AEG AG (WKN 550000, Börse: EDF)	Daimler Benz AG (WKN 550000, Börse: EDF)	BA 10.5.88, S. 2072f	18.04.1988	24.06.1988	variabel	100% der Daimler Dividende	Abfindung in Aktien	AEG Daimler 5:1	ja
DAT AG (WKN 760080, Börse: EDF)	Altana AG (WKN 760080, Börse: EDF)	BA 23.5.88, S. 2294	23.05.1988	03.07.1988	OBV	variabel	1,3 Faches der Altana Dividende	Abfindung in Aktien	1 DAT Aktie : 1,3 Altana Aktien	ja
Metra Deutschland AG	Metra S.A.	BA 10.6.88, S. 2492	10.06.1988	21.07.1988	BV	fest	17,19 DM	Ber	220.-DM / 50.-DM Aktie zzgl. 6% Zinsen ab 11. des Jahres, ab dem Bestehen d. V. aus HR eingetragen wurde	ja
Preussen Elektra AG	Preussen Elektra AG	BA 16.9.88, S. 4190	16.09.1988	28.10.1988	OBV	fest	17,97 DM	Ber	200.-DM	ja
Braunschweigische Kohlenbergwerke AG	Püllington GmbH	BA 24.1.89, S. 414	22.12.1988	07.03.1989	OBV	fest	42,99 DM / 50.-DM Stammaktie 8,5 - DM / 50.-DM Vorzugsaktie	Ber	571.-DM / Stammaktie 1131.-DM / Vorzugsaktie	?
Flachglas AG	Püllington GmbH	BA 24.1.89, S. 414	22.12.1988	08.03.1989	OBV	fest	49,77 DM	Ber	577.-DM	ja

Beherrschte Gesellschaft	Herrschende Gesellschaft	Fundstelle	Eintragung r=0	Datum HV	Vertrags-art	Ausgleichs-art	Ausgleich vor persönlicher Einkommenssteuer	Art d. Abfindung	Abfindung Höhe	SSV
Hofbräuhaus Wolters AG	Oldie Brauerei AG	BA 18.2.89, S 849	16.02.1989	31.03.1989	GV	fest	21,88 DM	Bar	450.- DM	ja
Deutsche Texaco AG ("RWE DEA AG")	RWE Mineralöl- und Chemie Beteiligungsgesellschaft mbH ("RWE AG")	BA 28.4.89, S 2173f	05.04.1989	03.06.1989	GBV	fest	25.- DM	Bar	310.- DM	ja
Bankverein Bremen AG ("KBC Bank Deutschland AG")	Kreditbank N V	BA 11.5.89, S 2326	02.03.1989	15.06.1989	BV	fest	18,75%	Bar	360%	ja
Rheinisch-Westfälische Kalkwerke AG	Readymix AG für Beteiligungen	BA 18.5.89, S 2447	08.03.1989	28.06.1989	GBV	fest	31,25 DM	Bar	400.- DM	ja
Hagen Batterie AG	Manos Verwaltungsgesellschaft mbH	BA 19.5.89, S 2464	19.03.1989	30.06.1989	GBV	fest	10,94 DM	Bar	200.- DM	ja
Philips Kommunikations Industrie AG	Allgemeine deutsche Philips Industrie GmbH	BA 19.5.89, S 2468	18.03.1989	29.06.1989	GBV	fest	30,47 DM	Bar	500.- DM	ja
Kali Chemie AG	Solvay Dt. GmbH	BA 25.11.89, S 5465	20.11.1989	05.01.1990	GBV	fest	33,91 DM	Bar	550.- DM	ja
Seitz Enzinger Noll Maschinenbau AG (SEN)	Klöckner Mercator Maschinenbau GmbH	BA 1.2.90, S 573	01.02.1990	16.03.1990	GBV	fest	13,86 DM	Bar	176.- DM	ja
Erste Kulmbacher Actien-brauerei AG	Gebr. März AG	BA 22.3.90, S 1465	22.03.1990	25.06.1990	GBV	fest	3,91 DM	Bar	406,25 DM	ja
Ikon AG	Oy Abloy Security Ltd	BA 5.4.90, S 1764	05.04.1990	11.05.1990	GBV	fest	15,65%	Bar	182,5 DM	ja
AEG Kabel AG ("Kabel Rheydt AG")	AEG AG	BA 21.4.90, S 2161	11.04.1990	13.06.1990	GBV	fest	34.- DM	Bar	500.- DM	ja
Schwäbische Zellstoff AG ("Säppi Stockstadt AG")	Hannoversche Papierfabriken Alfeld-Gronau AG	BA 8.5.90, S 2467	10.04.1990	27.06.1990	GBV	fest	3,91 DM	Bar	150.- DM	ja
Bau-Verein zu Hamburg AG	Wünsche AG (779810, Börse: EDF)	BA 19.6.90, S 3099	19.06.1990	31.07.1990	GBV	fest	140,61 DM	Abfindung in Aktien	Bau-Verein Aktien: Wünsche AG Aktien 1:22	ja
Bavaria St. Pauli Brauerei AG	Gebr. März AG	BA 6.7.90, S 3483	06.07.1990	14.08.1990	GBV	fest	23,44 DM	Bar	425.- DM	ja
Westerwald AG für Silikatindustrie *	Oberland Glas AG	BA 31.10.90, S 5767	31.10.1990	07.12.1990	GBV	fest	203,12 DM / 1000.- DM Aktie 101,56 DM / 500.- DM Aktie	Bar	2500.- DM / 1000.- DM Aktie 1250.- DM / 500.- DM Aktie	
Vereinigte Filzfabriken AG	Filzfabrik Fulda GmbH ("Wirth Fulda GmbH")	BA 31.10.90, S 5768f	31.10.1990	17.12.1990	GBV	fest	17,19%	Bar	400%	ja
C. Grossmann Eisen- und Stahlwerke AG	Grossmann Flüssl-Betriebs GmbH	BA 18.3.91, S 3313	16.03.1991	27.06.1991	BV	fest	6,25%	Bar	25%	ja
DIBAG Doblinger Industriebau-Glasmanufactur AG	Doblinger Industriebeteiligungs-KG	BA 6.7.91, S 4454	04.07.1991	13.08.1991	GBV	fest	17,19%	Bar	325%	ja
HAAG GF AG	Jacobs Suchard GmbH	BA 3.8.91, S 5185	01.08.1991	12.09.1991	GBV	fest	20,47 DM	Bar	400.- DM	ja
Feldmühle Nobel AG ("FPB Holding AG")	Stora Beteiligungen GmbH	BA 17.9.91, S 6589	10.09.1991	31.10.1991	GBV	fest	46,88 DM	Bar	483.- DM	ja
Gladbacher Aktienbaugesellschaft AG *	Württembergische Cattunmanufactur AG	BA 21.9.91, S 6589	21.09.1991	30.10.1991	GBV	fest	500.- DM	Bar	23.737,27 DM	
Doornkat AG ("Nordag AG")	I.B Berentzen GmbH & Co	BA 31.1.92, S 553	30.01.1992	11.03.1992	BV	fest	12,50%	Bar	230%	ja

215

Beherrschte Gesellschaft	Herrschende Gesellschaft	Fundstelle	Eintragung r=0	Datum HV	Vertrags-art	Ausgleichs-art	Ausgleich ver persönlicher Einkommensteuer	Art d. Abfindung	Abfindung Höhe	SSV
Ytong AG ("Xella Porenbeton AG") *	Ytong GmbH	BA 30.4.92, S 3719	30.04.1992	10.06.1992	GBV	frei	13,34 DM	Bar	1230.- DM	ja
DEAO (Deutscher Eisenhandel AG)	L.Possehl & Co mbH	BA 27.6.92, S 5180	29.05.1992	06.08.1992	OV	frei	18,75 DM	Bar	550.- DM	ja
Papierfabrik Weissenstein AG	Gebrüder Buhl Papierfabriken GmbH	BA 17.7.92, S 5714	17.07.1992	31.08.1992	GBV	frei	13,28 DM	Bar	150.- DM	ja
Königsbacher Brauerei AG *	Karlsberg Brauerei KG Weber	BA 6.11.92, S 8609	24.09.1992	17.12.1992	BV	frei	65,63 DM / 1400.- DM Aktie 32,81 / 700.- DM Aktie	Bar	2240.- DM / 1400.- DM Aktie 1120.- / 700.- DM Aktie	ja
Sanierungs- und Gewerbe-bau AG *	Ormson/Stadt Hamstetten A/3	BA 7.11.92, S 8633	07.11.1992	14.12.1992	GBV	frei	10,94 DM	Bar	190.- DM	ja
Info AG	Transpac S.A.	BA 20.2.93, S 1329	18.02.1993	15.04.1993	BV	frei	7,14 DM	Bar	240.- DM	ja
Deutsche Effekten- und Wechselbeteiligungsgesellschaft (DEWB AG)	Hermann Voith Beteiligungen GmbH (HVB GmbH)	BA 8.4.93, S 3488	08.04.1993	28.01.1993	GBV	frei	68,57 DM	Bar	1400.- DM	ja
Grundstücksösingesellschaft Am Potsdamer Platz *	Terreno Grundstücksverwaltungs GmbH	BA 9.6.93, S 5249	09.06.1993	16.07.1993	GBV	frei	122,51 DM	Bar	2305.- DM	ja
Hertel AG *	Kronstadt Inc	BA 19.10.93, S 9692f	05.10.1993	06.12.1993	GBV	frei	12,14 DM / Stammaktie 14,14 DM / Vorzugsaktie	Bar	128.- DM / 50.- DM Stamm- oder Vorzugsaktie	ja
KHS Maschinen und Anlagenbau AG *	Klöckner Mercator Maschinenbau GmbH	BA 5.11.93, S 9887	17.09.1993	16.12.1993	GBV	frei	14,5 DM	Bar	176.- DM	ja
Duewag AG *	Siemens Schienenfahrzeug Gruppe GmbH & Co KG	BA 14.4.94, S 4020f	15.02.1994	20.03.1994	GBV	frei	31,5 DM	Bar	381,50 DM / 50.- DM Aktie 763.- DM / 100.- DM Aktie 7630.- DM / 1000.- DM Aktie	ja
Nordstern Allgemeine Versicherungs-AG	Colonia Konzern AG	BA 23.4.94, S 4453	01.03.1994	15.06.1994	BV	frei	162,1 % (Stammaktien) 1,65 % (Vorzugsaktien)	Bar	2630 % des Neunwertes der Stamm-sowie der Vorzugsaktie	ja
Regnans AG ("CRM Holding AG") *	Debels GmbH & Co. KG	BA 11.5.94, S 5067f	11.05.1994	22.06.1994	GBV	frei	2,86 DM	Bar	110.- DM	ja
Hageda AG	M & H Medien und Handel Beteiligungs- und Immobilien-verwaltungsgesellschaft mbH	BA 13.7.94, S 7151	13.07.1994	26.08.1994	GBV	frei	2,857 % für die ersten 2 Jahre dann 5,714 %	Bar	150.- DM	ja
Hortex AG	Kaufhof Warenhaus AG & Co KG	BA 29.10.94, S 11152	27.10.1994	08.12.1994	GBV	frei	12,86 DM	Bar	200.- DM	ja
SABO Maschinenfabrik AG ("Euraq Holding AG") *	Deere & Company	BA 3.2.95, S 1026	02.02.1995	21.03.1995	GBV	frei	32,86 DM	Bar	430.- DM	ja
Tempelhofer Feld AG für Grundstücksverwertung	Certa Immobilienverwaltung und Handels-gesellschaft mbH & Co Lurgnerschaften oHG	BA 4.7.95, S 7182	04.07.1995	17.08.1995	GBV	frei	628,57 DM / 1000.- DM Aktie 62,86 DM / 100.- DM Aktie	Bar	26000.- DM / 1000.- DM Aktie 2600.- DM / 100.- DM Aktie	ja
Agrippina Versicherung AG *	Zürich Beteiligungs-AG (Zürich-Agrippina Beteiligungs-AG)	BA 21.7.95, S 7986	21.07.1995	23.08.1995	BV	frei	k.A.	Bar	1150 % des Neunwertes je vollentgezahlter Aktie bzw 1100 % des Neunwertes je zu 50% eingezahlter Aktie	ja
Frankona Rückversicherungs-AG	Hohnstaufen LER Vermögens-verwaltung GmbH	BA 8.11.95, S 11578	03.11.1995	14.12.1995	GBV	frei	29,43 DM	Bar	424.- DM	ja
Gebrüder Stoevesandt AG *	Gerresheimer Glas AG	BA 18.4.96, S 4628	18.04.1996	04.06.1996	GBV	frei	13,36 DM / 50.- DM Aktie 271,14 DM / 1000.- DM Aktie	Bar	210.- DM / 50.- DM Aktie 4200.- DM / 1000.- DM Aktie	ja
Alcatel SEL AG	Alcatel Deutschland GmbH	BA 23.5.96, S 5849	31.10.1995	03.07.1996	BV	frei	13,14 DM	Bar	240.- DM / 50.- DM Aktie entsprechendes für höhere Neunwerte	ja

Beherrschte Gesellschaft	Herrschende Gesellschaft	Fundstelle	Eintragung r=0	Datum HV	Vertrags-art	Ausgleichs-art	Ausgleich vor persönlicher Einkommensteuer	Art d. Abfindung	Abfindung Höhe	SSV
Cretus AG ("Cretus GmbH")	Forboro Eckardt GmbH	BA 13.6.96, S. 6600	29.03.1996	26.07.1996	OBV	fest	22,64 DM	Bar	315.- DM	ja
Ostmühle Hamburg AG	ADM Beteiligungsgesellschaft mbH	BA 19.7.96, S. 8188	08.07.1996	28.08.1996	OBV	fest	14,57 DM	Bar	210.- DM	ja
R. Stock AG *	Gottlieb Oehring KG	BA 20.8.96, S. 9448	20.08.1996	30.09.1996	BV	fest	31,43 DM	Bar	500.- DM	ja
Alcatel Kabel Beteiligungen AG ("Alcatel Deutschland GmbH") *	Alcatel Deutschland GmbH	BA 9.11.96, S. 11963	19.07.1996	20.12.1996	BV	fest	14,29 DM	Bar	175.- DM	ja
AlliedSignal Chemical Holding *	AlliedSignal Deutschland GmbH	BA 15.11.96, S.12089f	28.10.1996	20.12.1996	OBV	fest	237,14 DM	Bar	2300.- DM	ja
Deutsche Amtsversicherung AG *	CKAG Colonia Konzern AG ("Axa Colonia")	BA 30.4.97, S.5492f	16.04.1997	10.06.1997	OBV	fest	83,71%	Bar	1120 % des Nennwertes der Stammaktien (56.- DM bis 5.- DM Aktien)	ja
Hamburg-Mannheimer Sachversicherungs-AG *	Hamburg-Mannheimer Versicherungs-AG	BA 31.5.97, S. 6548f	31.05.1997	22.07.1997	BV	fest	28,57 DM	Bar	1200.- DM	
Aachener und Münchener Lebensversicherung AG	Aachener und Münchener Beteiligungs-AG (840002, Börse EDP)	BA 15.7.97, S. 8696	23.03.1997	29.08.1997	BV	variabel	50 % des Betrags, der auf eine Aktie mit demselben Nennbetrag (50.- DM) einer AMB Aktie entfällt	Abfindung in Aktien	41 Aktien mit Nennbetrag von 50.- DM der AML – 203 Inhaberaktien der AMB mit Nb 5.- DM und bare Zuzahlung von 0,03 DM	ja
Aachener und Münchener Versicherung AG	Aachener und Münchener Beteiligungs-AG (840002)	BA 15.7.97, S. 8696f	23.03.1997	29.08.1997	BV	variabel	35 % des Betrags, der auf eine Aktie mit demselben Nennbetrag (50.- DM) einer AMB Aktie entfällt	Abfindung in Aktien	29 Aktien mit Nennbetrag von 50.- DM der AMV – 101 Inhaberaktien der AMB mit Nb 5.- DM und bare Zuzahlung von 0,08 DM	ja
Central Krankenversicherung AG *	Aachener und Münchener Beteiligungs-AG (840002)	BA 15.7.97, S. 8698	23.03.1997	29.08.1997	BV	variabel	75 % des Betrags, der auf eine Aktie mit demselben Nennbetrag (50.- DM) einer AMB Aktie entfällt	Abfindung in Aktien	37 Aktien mit Nennbetrag von 50.- DM der Central KV AG – 272 Inhaberaktien der AMB mit Nb 5.- DM und bare Zuzahlung von 0,08 DM	ja
Volksfürsorge Holding AG	Aachener und Münchener Beteiligungs-AG (840002)	BA 15.7.97, S. 8699	23.03.1997	29.08.1997	BV	variabel	45 % des Betrags, der auf eine Aktie mit demselben Nennbetrag (50.- DM) einer AMB Aktie entfällt	Abfindung in Aktien	47 Aktien mit Nennbetrag von 50.- DM der Volksfürsorge AG – 203 Inhaberaktien der AMB mit Nb 5.- DM und bare Zuzahlung von 0,21 DM	ja
Didier-Werke AG	Veitsch-Radex AG	BA 29.9.97, S.11441	27.08.1997	17.10.1997	BV	fest	6,86 DM	Bar	120.- DM	ja
PWA Papierwerke Waldhof-Aschaffenburg AG ("SCA Hygiene Products AG")	SCA Group Holding GmbH	BA 5.9.97, S.11625	14.08.1997	17.10.1997	BV	fest	24,29 DM	Bar	281.- DM	ja
Oppermann Versand AG	Hoch AG (600173, Börse EDP)	BA 10.01.1998, S. 269	29.11.1997	23.02.1998	BV	variabel	120 % des Betrags, der auf eine Hoch AG Inhaber Stammaktie im Nennwert von 5.- DM entfällt	Abfindung in Aktien	6 Oppermann 50.- DM Aktien – 7 Inhaber-Vorzugsaktien der Hoch AG mit NW 5.-DM + bare Zuzahlung 74,11 DM je 6 Aktien	ja
Contigas Deutsche Energie-AG	Bayernwerk AG ("E.ON Energie AG")	BA 10.9.98, S.13530	07.07.1998	23.10.1998	OBV	fest	7,26 DM	Bar	109,70 DM	ja
Fratec AG	OPS Holding Germany GmbH	BA 21.11.99, S. 791	21.01.1999	01.03.1999	OBV	fest	2,93 DM	Bar	40,36 DM	ja
Schumag AG	Deutsche Babcock Beteiligungs GmbH	BA 22.12.99, S. 828	27.09.1998	03.03.1999	BV	fest	4,03 DM	Bar	42,39 DM	ja
OBAG AG	Bayernwerk AG ("E.ON Energie AG")	BA 12.2.99, S.1874	07.07.1998	24.03.1999	OBV	fest	19,21 Euro	Bar	208,60 Euro	ja

217

Beherrschte Gesellschaft	Herrschende Gesellschaft	Fundstelle	Ereignistag t=0	Datum HV	Vertrags-art	Ausgleichs-art	Ausgleich var. persönlicher Einkommensteuer	Art d. Abfindung	Abfindung Höhe	SSV
Energieversorgung Oberfranken AG	Bayernwerk AG ("E.ON Energie AG")	BA 20.2.99, S.2209	07.07.1998	29.03.1999	GBV	fest	13,09 Euro	Bar	247,40 Euro	ja
Rütgers AG	RB Verwaltungsgesellschaft für die Beteiligung an der Rütgerswerke mbH	BA 13.4.99, S.6161	23.03.1999	26.03.1999	GBV	fest	37,14 DM	Bar	500,22 DM / 50.- DM Aktie	ja
Isar-Amperwerke AG ("E.ON Bayern AG")	Bayernwerk AG ("E.ON Energie AG")	BA 23.4.99, S.6900f	07.07.1998	02.06.1999	GBV	fest	45,13 Euro (1,8 Euro nach Aktiensplit 1:25)	Bar	691,10 Euro / 50.- DM Aktie (bzw. 27,64 Euro nach Aktiensplit 1:25)	ja
O.& K. Orenstein & Koppel AG	New Holland N.V.	BA 20.5.99, S.8022	03.03.1999	28.06.1999	BV	fest	0,71 DM	Bar	26,77 DM	ja
Th. Goldschmidt AG ("Goldschmidt AG")	VIAG Chemie Holding AG ("Degussa AG")	BA 5.6.99, S.8741ff	02.06.1999	13.07.1999	GBV	fest	38,63 Euro	Bar	642,20 Euro	ja
GEA AG	Metallgesellschaft AG (660200, Börse EDP) ("mg technologies AG")	BA 7.7.99, S.10903	20.03.1999	18.08.1999	GBV	variabel	100% der Metallgesellschaft Dividende	Abfindung in Aktien	3 Stammaktien GEA = 5 Stammaktien Metallgesellschaft; 2 Vorzugsaktien GEA = 3 Stammaktien Metallgesellschaft	ja
Allianza Versicherungs-AG	AXA Colonia Konzern AG	BA 31.7.99, S.12748	07.07.1999	10.09.1999	BV	fest	97,83 DM / Stammaktie 99,29 DM / Vorzugsaktie	Bar	1275.- DM je Stamm- oder Vorzugsaktie	ja
Felten & Guilleaume AG	Möller Holding GmbH & Co. KG	BA 13.11.99, S.18809	11.11.1999	22.12.1999	GBV	fest	13,06 DM (6,67 Euro)	Bar	300.- DM (153,39 Euro)	ja
Veredag AG	Deutsche Gumma GmbH	BA 30.3.2000, S.5670f	02.03.2000	10.05.2000	GBV	fest	3,79 DM (1,94 Euro)	Bar	39.- DM (19,94 Euro)	ja
AXA Colonia Versicherung AG *	AXA Colonia Konzern AG	BA 31.3.2000, S.5798	31.03.2000	17.05.2000	GBV	fest	11,57 DM / Stammaktie 11,73 DM / Vorzugsaktie	Bar	151.- DM je Stamm- oder Vorzugsaktie	ja
Allweiler AG	Constralion Verwaltungs GmbH & Co	BA 5.5.2000, S.8421	13.04.2000	14.06.2000	GBV	fest	50.- DM / Stammaktie 51,42 DM / Vorzugsaktie	Bar	949.- DM (485,22 Euro) je Stammaktie 698.- DM (356,88 Euro) je Vorzugsaktie	ja
Neckarwerke Stuttgart AG	Energie Baden-Württemberg AG	BA 3.6.2000, S.10348	16.02.2000	28.07.2000	BV	fest	38,01 DM	Bar	661,44 DM	ja
Gerresheimer Glas AG	Diagentua Sechzehnte Vermögensverwaltungs GmbH & Co KG ("Glass Holdings GmbH & Co.KG")	BA 5.8.2000, S.15641	07.07.2000	31.08.2000	GBV		1,2 Euro	Bar	14,75 Euro	ja
Quante AG	Erste Süße Verwaltungs GmbH	BA 29.7.2000, S.13030	27.07.2000	08.09.2000	GBV	fest	1,41 Euro je neunzwerdioser Vorzugsaktie (2000) 1,36 Euro je neunzwerdioser Stammaktie (2000) 1,53 Euro je neunzwerdioser Vorzugsaktie (2001.) 1,47 Euro je neunzwerdioser Stammaktie (2001.)	Bar	19,00 Euro	ja
H. Meinecke AG ("Invensys Metering Systems AG")	Polbus Meter Group AG	BA 20.10.2000, S.20810	20.10.2000	01.12.2000	GBV	fest	90,43 Euro	Bar	1230.- Euro	ja

Beherrschte Gesellschaft	Herrschende Gesellschaft	Fundstelle	Ereignistag (r=0)	Datum HV	Vertrags-art	Ausgleichs-art	Ausgleich vor persönlicher Einkommensteuer	Art d. Abfindung	Abfindung Höhe	SSV
Otavi Minen AG ("Otavi Minerals GmbH")	S&B Minerals Beteiligungs GmbH	BA 9.11.2000, S.21595	14.08.2000	20.12.2000	GBV	fest	6,91 Euro	Bar	89,24 Euro	ja
Bayerische Brau Holding AG	Schörghuber-Stiftung & Co Holding KG	BA 23.2.2001, S.2929	23.02.2001	04.04.2001	GBV	fest	119,73 DM (≈61,22 Euro)	Bar	4296.- DM / 90.- DM Aktie (≈2196,51 Euro)	ja
Mabak AG	Sick Ups GmbH	BA 6.4.2001, S.6294	22.08.2000	15.05.2001	GBV	fest	1,28 Euro	Bar	51,13 Euro	ja
Friedrichs Überlandwerk AG	N.Ergie AG	BA 19.4.2001, S.7140	09.04.2001	29.05.2001	GBV	fest	8,80 Euro / Stamm-Stückaktie 1,50 Euro / Vorzugs-Stückaktie	Bar	165.- Euro / Stamm-Stückaktie 10950.- Euro / Vorzugs-Stückaktie	ja
Stowe Woodward AG *	Stowe Woodward Forschungs- und Entwicklungs GmbH	BA 10.5.2001, S.9204f	10.05.2001	19.06.2001	GBV	fest	167,76 Euro	Bar	3408,67 Euro (6667,17 DM)	ja
Konrad Hornschuch AG	Konrad Hornschuch Beteiligungs GmbH	BA 23.5.2001, S.10313	23.05.2001	04.07.2001	GBV	fest	4,80 Euro	Bar	80.- Euro	ja
BVA Bayerische Warenhandelsgesellschaft der Verbraucher AG ("...GmbH") *	EDEKA Handelsgesellschaft Nordbayern-Sachsen-Thüringen mbH	BA 30.5.2001, S.10614	30.05.2001	25.07.2001	GV	fest	15.- Euro	Bar	500.- Euro	ja
Blaue Quellen Mineral- und Heilbrunnen AG ("Nestlé Waters Dt. AG")	Nestlé Unternehmungen Deutschland GmbH	BA 1.6.2001, S.10936	11.05.2001	05.07.2001	GV	fest	79,10 DM (40,44 Euro)	Bar	1470,37 DM (751,79 Euro)	ja
Mannesmann AG ("Vodafone AG")	Vodafone Dt. GmbH	BA 13.7.2001, S.14407	11.06.2001	22.08.2001	GBV	fest	11,77 Euro	Bar	206,53 Euro	ja
BHF-Bank AG	BHF Holding GmbH	BA 5.10.2001, S.21323	28.09.2001	15.11.2001	GBV	fest	2,73 Euro	Bar	48.- Euro	ja
EnBW Ostwürttemberg DonauRies AG *	EnBW Regional AG	BA 25.10.2001, S.22409f.	23.10.2001	03.12.2001	GBV	fest	2,50.- Euro	Bar	46.- Euro	ja
Thuringia Versicherung AG ("Generali Versicherung AG")	AM EPIC GmbH	BA 30.10.2001, S.22596	17.10.2001	12.12.2001	GV	fest	21,70 Euro	Bar	323.- Euro	ja
Agiss AG *	DGI Immobilien-Verwaltungs-gesellschaft mbH	BA 1.3.2002, S.3686	01.03.2002	10.04.2002	GV	fest	0,88 Euro	Bar	27.- Euro	ja
Kiekert AG	Kiekert Holding GmbH	BA 16.3.2002, S.4989	07.03.2002	25.04.2002	GBV	fest	3,98 Euro	Bar	64,45 Euro	ja
FAG Kugelfischer Georg Schäfer AG	INA Vermögensverwaltungs-gesellschaft mbH	BA 24.4.2002, S.8902f	11.09.2001	06.06.2002	BV	fest	0,79 Euro	Bar	12.- Euro	ja
Dortmunder Actien Brauerei AG	Binding-Brauerei AG ("Radeberger Gruppe AG")	BA 1.6.2002, S.11828f	09.05.2002	20.06.2002	GBV	fest	0,43 Euro	Bar	6,08 Euro	ja
Gardena Holding AG	Flora Verwaltungs GmbH	BA 3.8.2002, S.18234	03.08.2002	12.09.2002	GBV	fest	1,72 Euro	Bar	26.- Euro	ja
Edscha AG	EdC zu Beteiligungs GmbH & Co KG	BA 11.4.2003, S.7390f.	28.03.2003	23.05.2003	GBV	fest	2,24 Euro	Bar	32,50 Euro	ja
Gilde Brauerei AG	Brauergilde Hannover AG	BA 12.9.03, S.20668	12.09.2003	23.10.2003	GBV	fest	56,46 Euro	Bar	1171,34 Euro	ja
Gelsenwasser AG	Wasser und Gas Westfalen GmbH	BA 19.2.04, S.2924	18.02.2004	02.04.2004	GV	fest	17,74 Euro	Bar	333,14 Euro	ja

219

Beherrschte Gesellschaft	Herrschende Gesellschaft	Fundstelle	Ereignistag t=0	Datum HV	Vertrags- art	Ausgleichs- art	Ausgleich wer persönlicher Einkommensteuer	Art d. Abfindung	Abfindung Höhe	SSV
Bahnhofplatz Gesellschaft Stuttgart AG *	LEG Landesentwicklungsgesellschaft	BA 22.5.04, S.10915f	22.05.2004	03.07.2004	GBV	fest	18,10 Euro	Bar	390,- Euro	ja
Industriehof AG *	LEG Landesentwicklungsgesellschaft	BA 22.5.04, S.10917	22.05.2004	07.07.2004	GBV	fest	10,36 Euro	Bar	225,- Euro	ja
Schlossgartenbau AG	LEG Landesentwicklungsgesellschaft	BA 22.5.04, S.10923	11.05.2004	02.07.2004	GBV	fest	20,04 Euro	Bar	445,- Euro	ja
Wedeco AG	ITT Industries German Holding GmbH	BA 21.7.04, S.15588	12.07.2004	30.08.2004	BV	fest	1,- Euro	Bar	18,- Euro	ja
Apcoa Parking AG	Parking Holdings GmbH München	BA 04.11.2004	04.11.2004	13.12.2004	GBV	fest	6,98 Euro	Bar	EUR 147,50	ja
Heanch Industrie AG *	Littlefuse Holding GmbH	BA 24.3.05, S.4557	23.12.2004	12.05.2005	BV	fest	1,73 Euro	Bar	24,69 Euro	ja

*: KURSDATEN NICHT VERFÜGBAR / UNGEEIGNET

Anhang 2: Vergleich von vertraglichem Ausgleich und vertraglicher Abfindung (OHNE Zinsen)

Beherrschte Gesellschaft	Datum HV	Ausgleich vor vertraglicher Einkommensteuer	Vertraglich zugesicherte Abfindung	Ausgleich : Abfindung	Barwert ewiger Ausgleich (i=7 %): Abfindung	Barwert ewiger Ausgleich (i=8,5 %): Abfindung	Umlaufrendite von Anleihen d. öff. Hand	Barwert ewiger Ausgleich (i=var.): Abfindung
Pegulan-Werke AG ("Tarkett Pegulan AG")	10.07.1985	13,28 DM / 50 - DM Stammaktie	210.- DM	6,32%	90,34%	74,40%	6,70%	94,39%
Pegulan-Werke AG ("Tarkett Pegulan AG")	10.07.1985	14,84 DM / 50 - DM Vorzugsaktie	220.- DM	6,75%	96,36%	79,36%	6,70%	100,68%
Kopp AG	06.12.1985	5,47 DM	55.- DM	9,95%	142,08%	117,01%	6,50%	153,01%
Brown, Boveri & Cie. AG, Mannheim	12.03.1986	37,50%	250.- DM	7,50%	107,14%	88,24%	5,90%	127,12%
Braubaus Amberg AG ("net.ipo AG")	23.03.1986	15,63%	700 % des Nennwertes	2,23%	31,90%	26,27%	5,80%	38,30%
Tucher Bräu AG ("Inko AG für Beteiligungen")	22.05.1986	9,38%	450 % des Nennwertes	2,08%	29,78%	24,52%	5,80%	33,94%
Gruneberg + Hartmann und Glasfaser AG	25.06.1986	10,94 DM	160.- DM	6,84%	97,68%	80,44%	5,90%	115,89%
Didux Werke AG	14.08.1986	3,13 DM	50.- DM	6,26%	89,43%	73,65%	5,70%	109,82%
Oueno Werke AG	13.11.1986	23,44 DM	360.- DM	6,51%	93,02%	76,60%	6,10%	100,74%
Triumph-Adler AG	11.09.1987	3,13 DM	50.- DM	6,26%	89,43%	73,65%	6,20%	100,97%
Hoffmann's Stärke Fabriken ("Reckitt & Colman Deutschland AG")	18.12.1987	10,94 DM	190.- DM	5,76%	82,26%	67,74%	6,00%	95,96%
Alumunwerk Unna AG	21.02.1988	26,56 DM	280.- DM	9,49%	135,51%	111,60%	5,80%	163,55%
Henninger Bräu AG ("Actris AG")	16.03.1988	12,5 DM	530.- DM	2,27%	32,47%	26,74%	6,10%	37,26%
Schubert & Salzer Maschinenfabrik AG ("Rieter Spinnereimaschinen AG")	20.05.1988	15,63%	280%	5,58%	79,72%	65,65%	6,10%	91,48%
AEG AG *	24.06.1988	100% der Daimler Dividende	AEG Daimler 51	14,47%	206,68%	170,21%	6,10%	237,17%
DAT AG *	05.07.1988	1,3 faches der Altana Dividende	10:13 1 DAT Aktie, 1,3 Altana Aktien	5,06%	72,22%	59,47%	6,40%	78,99%
Nestlé Deutschland AG	21.07.1988	17,19 DM	250 - DM / 50.- DM Aktie zzgl. 6% Zinsen ab 1.1. des Jahres, ab dem Bestehen d V ins HR eingetragen wurde	6,84%	97,77%	80,32%	6,40%	106,94%
Braunschweigsche Kohlenbergwerke AG	28.10.1988	17,97 DM	200.- DM	8,99%	128,36%	105,71%	6,20%	144,92%
Dahlbusch Verwaltungs AG	07.03.1989	42,89 DM / 50.- DM Stammaktie	571.- DM	7,51%	107,31%	88,37%	6,90%	108,86%
Dahlbusch Verwaltungs AG	07.03.1989	85.- DM / 50.- DM Vorzugsaktie	1131.- DM	7,52%	107,36%	88,42%	6,90%	108,92%
Flachglas AG	08.03.1989	49,77 DM	577.- DM	8,63%	123,22%	101,48%	6,90%	123,01%
Hoffenshaus Wolters AG	31.03.1989	21,88 DM	450.- DM	4,86%	69,46%	57,20%	6,90%	70,47%
Deutsche Texaco AG	08.06.1989	25.- DM	310.- DM	8,06%	115,21%	94,88%	6,90%	116,88%
Bankverein Bremen AG ("KBC Bank Deutschland AG")	13.06.1989	18,75%	360%	5,21%	74,40%	61,27%	6,90%	75,48%
Rheinisch-Westfälische Kalkwerke AG	28.06.1989	31,25 DM	400.- DM	7,81%	111,61%	91,91%	6,90%	113,22%
Hagen Batterie AG	30.06.1989	10,94 DM	200.- DM	5,47%	78,14%	64,33%	6,90%	79,22%
Philips Kommunikations Industrie AG	29.06.1989	30,47 DM	500.- DM	6,09%	87,06%	71,69%	6,90%	88,32%
Kali Chemie AG	03.01.1990	33,91 DM	550.- DM	6,17%	88,08%	72,53%	7,90%	78,04%
Seitz Enzinger Noll Maschinenbau AG (SEN)	16.03.1990	15,86 DM	176.- DM	9,01%	128,73%	106,02%	8,90%	101,25%

221

Beherrschte Gesellschaft	Datum HV	Ausgleich versus persönlicher Einkommensteuer	Vertraglich zugesicherte Abfindung	Ausgleich : Abfindung	Barwert ewiger Ausgleich (i=7 %) : Abfindung	Barwert ewiger Ausgleich (i=8,5 %) : Abfindung	Umlaufrendite von Anleihen d. öff. Hand	Barwert ewiger Ausgleich (i=max.) : Abfindung
Erste Kulmbacher Actien-brauerei AG	25.06.1990	3,91 DM	406,25 DM	0,96%	13,73%	11,32%	9,00%	10,69%
Ikon AG	11.03.1990	15,63%	182,5 DM	4,28%	61,17%	50,38%	8,90%	48,11%
AEG Kabel AG ("Kabel Rheydt AG")	13.06.1990	34.- DM	500.- DM	6,80%	97,14%	80,00%	9,00%	73,56%
Schwäbische Zellstoff AG ("Seppi Ehingen AG")	27.06.1990	3,91 DM	150.- DM	2,61%	37,24%	30,67%	9,00%	28,96%
Bau-Verein zu Hamburg AG	31.07.1990	140,63 DM	Bau-Verein Aktien :Wünsche AG Aktien 1:22 (100.- DM Nennwert)	2,58%	36,82%	30,32%	9,00%	28,64%
Bayern St. Paul Brauerei AG	14.08.1990	23,44 DM	425.- DM	5,52%	78,79%	64,89%	9,00%	61,28%
Vereinigte Filzfabriken AG	17.12.1990	17,19%	400%	4,30%	61,39%	50,56%	9,00%	47,75%
C. Grossmann Eisen- und Stahlwerke AG	27.06.1991	6,25%	25%	25,00%	357,14%	294,12%	8,50%	294,12%
DIBAG Doblinger Industriebau-Glasmanufactur AG	13.08.1991	17,19%	525%	3,27%	46,78%	38,53%	8,80%	37,21%
HAG GF AG	12.09.1991	20,47 DM	400.- DM	5,12%	73,11%	60,21%	8,70%	58,82%
Feldmühle Nobel AG ("FPB Holding AG")	31.10.1991	46,88 DM	485.- DM	9,67%	138,09%	113,72%	8,60%	112,40%
Doornkaat AG ("Nordag AG")	11.03.1992	12,50%	230%	5,43%	77,64%	63,94%	8,10%	67,10%
DEAG (Deutscher Eisenhandel AG)	06.08.1992	18,75 DM	550.- DM	3,41%	48,70%	40,11%	8,40%	40,58%
Papierfabrik Weissenstein AG	31.08.1992	13,28 DM	150.- DM	8,85%	126,48%	104,16%	8,40%	105,40%
Jado AG	15.04.1993	7,14 DM	240.- DM	2,98%	42,50%	35,00%	6,50%	45,77%
Deutsche Effecten- und Wechselbeteiligungsgesellschaft (DEWB AG)	28.03.1993	68,57 DM	1400.- DM	4,90%	69,97%	57,62%	6,60%	74,21%
Durawag AG	20.05.1994	31,5 DM	381,5 DM	8,26%	117,96%	97,14%	6,40%	125,01%
Nordstern Allgemeine Versicherungs-AG	15.06.1994	162,1 % (Stammaktien)	2630%	6,16%	83,01%	72,51%	6,90%	89,33%
Nordstern Allgemeine Versicherungs-AG	15.06.1994	165 % (Vorzugsaktien)	131,5%	6,27%	89,63%	73,81%	6,90%	90,92%
Hagda AG	26.08.1994	2,857 % für die ersten 2 Jahre, dann 3,714 %	150.- DM	keine Angabe möglich	51,22%	41,73%	6,90%	51,96%
Horten AG	08.12.1994	12,86 DM	200.- DM	6,43%	91,86%	75,65%	6,90%	93,19%
SABO Maschinenfabrik AG ("Eurig Holding AG")	21.03.1995	32,86 DM	450.- DM	7,30%	104,32%	85,91%	7,10%	102,83%
Tempelhofer Feld AG für Grundstücksverwertung	17.08.1995	62,85 DM / 100.- DM Aktie	2600.- DM	2,42%	34,54%	28,44%	6,40%	37,78%
Frankona Rückversicherungs-AG	14.12.1995	29,43 DM	424.- DM	6,94%	99,16%	81,66%	5,60%	123,95%
Alcatel SEL AG	05.07.1996	15,14 DM	240.- DM	6,31%	90,12%	74,22%	6,00%	105,14%
Gestra AG ("Gestra GmbH")	26.07.1996	22,64 DM	315.- DM	7,19%	102,68%	84,56%	6,00%	119,79%
Hemüble Hamburg AG	28.08.1996	14,57 DM	210.- DM	6,94%	99,12%	81,62%	5,70%	121,72%
Aachener und Münchener Lebensversicherung AG *	29.08.1997	50 % des Bezugs, der auf eine Aktie mit demselben Nennbetrag (50.- DM) der AML.- Aktie entfällt	41 Aktien mit Nennbetrag von 50.- DM der AML.- 203 Inhaberaktien der AMB mit Nr. 5.- DM und bare Zuzahlung von 0,03 DM	1,51%	21,63%	17,81%	5,70%	26,56%

Beherrschte Gesellschaft	Datum HV	Ausgleich vor persönlicher Einkommensteuer	Vertraglich zugesicherte Abfindung	Ausgleich : Abfindung	Barwert ewiger Ausgleich (i=7 %): Abfindung	Barwert ewiger Ausgleich (i=5,5 %): Abfindung	Umlaufrendite von Anleihen d. öff. Hand	Barwert ewiger Ausgleich (i=max): Abfindung
Aachener und Münchener Versicherung AG*	29.08.1997	31 % des Betrags, der auf eine Aktie mit demselben Nennbetrag (50.- DM) einer AMB Aktie entfällt	29 Aktien mit Nennbetrag von 50.- DM der AMV = 101 Inhaberaktien der AMB mit Nb 5.- DM und bare Zuzahlung von 0,08 DM	1,51%	21,52%	17,72%	5,70%	26,43%
Volksfürsorge Holding AG *	29.08.1997	45 % des Betrags, der auf eine Aktie mit demselben Nennbetrag (50.- DM) einer AMB Aktie entfällt	47 Aktien mit Nennbetrag von 50.- DM der Volksfürsorge AG = 203 Inhaberaktien der AMB mit Nb 5.- DM und bare Zuzahlung von 0,01 DM	1,56%	22,31%	18,37%	5,70%	27,40%
Didier-Werke AG	17.10.1997	6,86 DM	120.- DM	5,72%	81,67%	67,25%	5,30%	107,86%
PWA Papierwerke Waldhof-Aschaffenburg AG ("SCA Hygiene Products AG")	17.10.1997	24,29 DM	281.- DM	8,64%	123,49%	101,70%	5,30%	163,10%
Oppermann Versand AG	23.02.1998	120 % des Betrags, der auf eine Hoch AG Inhaber Stammaktie im Nennwert von 5.- DM entfällt	6 Oppermann 50.- DM Aktien = 7 Inhaber Vorzugsaktien der Hoch AG mit NW 5.- DM + bare Zuzahlung 74,11 DM je 6 Aktien	3,16%	45,20%	37,23%	4,70%	67,32%
Contigas Deutsche Energie-AG	22.10.1998	7,26 DM	109,70 DM	6,62%	94,54%	77,86%	4,00%	165,45%
Fristec AG	01.03.1999	2,93 DM	40,36 DM	7,27%	103,82%	85,50%	3,80%	191,23%
Schunag AG	03.03.1999	4,03 DM	42,39 DM	9,51%	135,80%	111,84%	3,80%	230,16%
OBAG AG	24.03.1999	19,21 Euro	288,60 Euro	6,66%	95,09%	78,31%	3,80%	175,17%
Energieversorgung Oberfranken AG	29.03.1999	15,09 Euro	247,40 Euro	6,10%	87,13%	71,76%	3,80%	160,51%
Rütgers AG	26.05.1999	37,14 DM	500,22 DM	7,43%	106,13%	87,40%	3,70%	200,79%
Isar-Amperwerke AG ("E.ON Bayern AG")	02.06.1999	45,13 Euro	691,1 Euro	6,53%	93,29%	76,83%	4,10%	159,27%
O & K Orenstein & Koppel AG	28.06.1999	0,71 DM	26,77 DM	2,65%	37,89%	31,20%	4,10%	64,69%
Th. Goldschmidt AG ("Goldschmidt AG")	15.07.1999	38,63 Euro	642,20 Euro	6,02%	85,93%	70,77%	4,40%	136,71%
GEA AG *	18.08.1999	100% der Metallgesellschaft Dividende	3 Stammaktien GEA = 5 Stammaktien Metallgesellschaft, 2 Vorzugsaktien GEA = 3 Stammaktien Metallgesellschaft	1,00%	14,34%	11,81%	4,70%	21,33%
GEA AG **	18.08.1999	100% der Metallgesellschaft Dividende	3 Stammaktien GEA = 5 Stammaktien Metallgesellschaft, 2 Vorzugsaktien GEA = 3 Stammaktien Metallgesellschaft	keine Angabe möglich	keine Angabe möglich	k.A. (Vorzugsdaten fehlen)	4,70%	keine Angabe möglich
Allianz Versicherungs-AG	10.09.1999	50 Euro	651,9 Euro	7,67%	109,57%	90,23%	4,80%	159,79%
Allianz Versicherungs-AG	10.09.1999	50,75 Euro	651,9 Euro	7,78%	111,21%	91,59%	4,80%	162,19%
Felten & Guilleaume AG	22.12.1999	6,67 Euro	153,39 Euro	4,35%	62,12%	51,16%	5,00%	86,97%
Verseidag AG	10.05.2000	1,04 Euro	19,04 Euro	9,73%	138,99%	114,46%	5,40%	180,17%
Allweiler AG	14.06.2000	25,56 Euro	483,22 Euro	5,27%	75,29%	61,97%	4,80%	101,30%
Allweiler AG	14.06.2000	26,29 Euro	336,88 Euro	7,37%	105,24%	86,67%	5,20%	141,67%
Neckarwerke Stuttgart AG	28.07.2000	19,43 Euro	338,2 Euro	5,75%	82,07%	67,59%	5,30%	108,40%
Gerresheimer Glas AG	31.08.2000	1,2 Euro	14,75 Euro	8,14%	116,22%	95,71%	5,30%	153,50%
Quante AG	08.09.2000	1,41 Euro je nennwertloser Vorzugsaktie (2000), 1,53 Euro je nennwertloser Vorzugsaktie (2001)	19 Euro	keine Angabe möglich	114,93%	94,74%	5,40%	148,90%
H. Meinecke AG ("Invensys Metering Systems AG")	01.12.2000	90,43 Euro	12,50 Euro	7,23%	103,33%	83,11%	5,00%	144,69%

Beherrschte Gesellschaft	Datum HV	Ausgleich vor persönlicher Einkommensteuer	Vertraglich zugesicherte Abfindung	Ausgleich : Abfindung	Barwert ewiger Ausgleich (i=7 %) : Abfindung	Barwert ewiger Ausgleich (i=5,5 %) : Abfindung	Umlaufrendite von Anleihen d. öff. Hand	Barwert ewiger Ausgleich (i=max.) : Abfindung
Oton Mineral AG ("Oton Mineral GmbH")	20.12.2000	6,91 Euro	89,24 Euro	7,74%	110,62%	91,10%	5,00%	154,86%
Bayerische Brau Holding AG	04.04.2001	61,22 Euro	2196,51 Euro	2,79%	39,82%	32,79%	4,80%	58,07%
Maihak AG	15.05.2001	1,28 Euro	51,13 Euro	2,50%	33,76%	29,45%	5,00%	50,07%
Fränkisches Überlandwerk AG	29.05.2001	8,8 Euro	165 Euro	5,33%	76,19%	62,73%	5,00%	106,67%
Konrad Hornschuch AG	04.07.2001	4,80 Euro	80 Euro	6,00%	85,71%	70,59%	4,90%	122,45%
Blaue Quellen Mineral- und Heilbrunnen AG ("Nestlé Waters Dt. AG")	03.07.2001	40,44 Euro	751,79 Euro	5,38%	76,83%	63,28%	4,90%	109,78%
Mannesmann AG ("Vodafone AG")	22.08.2001	11,77 Euro	206,53 Euro	5,70%	81,41%	67,03%	4,70%	121,25%
BHF-Bank AG	15.11.2001	2,73 Euro	48.- Euro	5,73%	81,83%	67,40%	4,30%	133,24%
Thüringia Versicherung AG ("Generali Versicherung AG")	12.12.2001	21,70 Euro	323.- Euro	6,72%	95,98%	79,04%	4,60%	146,03%
Kiekert AG	23.04.2002	3,98 Euro	64,45 Euro	6,18%	88,22%	72,65%	5,00%	123,51%
FAG Kugelfischer Georg Schäfer AG	06.06.2002	0,79 Euro	12.- Euro	6,58%	94,03%	77,45%	4,90%	134,35%
Dortmunder Actien Brauerei AG	20.06.2002	0,43 Euro	6,08 Euro	7,07%	101,03%	83,20%	4,90%	144,33%
Gardena Holding AG	12.09.2002	1,72 Euro	26.- Euro	6,62%	94,51%	77,83%	4,20%	157,51%
Edscha AG	23.03.2003	2,24 Euro	32,50 Euro	6,89%	98,46%	81,09%	3,50%	196,92%
Olde Brauerei AG	23.10.2003	56,46 Euro	1171,34 Euro	4,82%	68,86%	56,71%	3,90%	123,59%
Gelsenwasser AG	02.04.2004	17,74 Euro	353,14 Euro	5,02%	71,76%	59,10%	3,80%	132,20%
Schlossgartenbau AG	02.07.2004	20,04 Euro	445.- Euro	4,50%	64,33%	52,98%	3,90%	115,47%
Wedeco AG	30.08.2004	1.- Euro	18.- Euro	5,56%	79,37%	65,36%	3,80%	146,20%
Apcoa Parking AG	13.12.2004	6,98 Euro	147,50 Euro	4,73%	67,60%	55,67%	3,30%	143,40%

Formel für Ausgleich / Abfindung im Fall AEG AG: (12*23/16)/(6&8/5) , die annahmegemäß unendlich gleich bleibende Dividende betrug 12 DM, die Multiplikation mit 23/16 ist steuerlich bedingt, vgl. Abschnitt 4.2.1; 6&8 stellt den Kurs der herrschenden Gesellschaft dar

Formel für Ausgleich / Abfindung im Fall DAT AG: (11*23/16*1,3)/(1,3*3,0); es gelten die gleichen Ausführungen wie im Fall AEG AG

Formel für Ausgleich / Abfindung im Fall Aachener und Münchener Versicherung AG: (0,35*10/7*1,3)/((10,1/29)*(10,1/29)+0,08); 17.- DM stellt wiederum die Dividende der herrschenden Gesellschaft dar, die annahmegemäß unendlich lange gleich bleibt

Die Berechnungen für die Für Aachener und Münchener Lebensversicherung AG sowie Volksfürsorge Holding AG sind entsprechend

Im Fall Oppermann Versand AG wurde von der herrschenden Gesellschaft im auf das Beschlussjahr folgenden Jahr eine Dividende von 1,8 DM gezahlt und es fand ein Börsenkurs von 730.- DM der herrschenden Gesellschaft Anwendung

Der Quotient aus Ausgleich und Abfindung im Fall OBA AG wurde wie folgt berechnet: (1*0,25*10/7)/((5/5)*(21,35))

** OBA AG Vorzugsaktien: Daten der Vorzugsaktien der herrschenden Gesellschaft (Metallgesellschaft AG) nicht verfügbar

Anhang 3: Vergleich von vertraglichem Ausgleich und vertraglicher Abfindung (MIT Zinsen)

Beherrschte Gesellschaft	Datum HV	Eintragung im Handelsreg.	Bekanntmachung der Eintragung	Abstand Eintragung und Bekanntmachung	Abstand HV und Bekanntmachung	Ausgleich zur periodischer Einkommensströme	kurzfristiger Ausgleich zum heutigen HV-Termin	Vertraglich vereinbarte Abfindung	Abfindung abgezinst auf HV-Termin (7%)	Ausgleich : Abfindung	Barwert ewiger Ausgleich (=7 %) abgezinst: Abfindung abgezinst	Diskontierzins var. Ausgleich u. Aktien d. HV-Rend	Barwert ewiger Ausgleich (=var.) abgezinst: Abfindung abgezinst
Pegulan-Werke AG ("Tafurt Pegulan AG")	10.07.1985	nicht bekannt	nicht bekannt		73**	13,28 DM / 50.- DM Stammaktie	189,71	210.- DM	207,06	6,32%	91,62%	6,70%	93,57%
Pegulan-Werke AG ("Tafurt Pegulan AG")	10.07.1985	nicht bekannt	nicht bekannt		73**	14,84 DM / 50.- DM Vorzugsaktie	212,02	220.- DM	216,92	6,75%	97,73%	6,70%	102,11%
Kropp AG	06.12.1985	nicht bekannt	nicht bekannt		73**	5,47 DM	78,14	55.- DM	54,33	9,95%	144,09%	6,50%	155,18%
Berens, Berven & Co. AG, Metallbau	12.03.1986	24.03.1996	nicht bekannt		36,00	37,57%	267,86	250.- DM	248,36	7,50%	107,89%	5,90%	128,01%
Binabau Ambing AG	23.03.1986	30.05.1996	nicht bekannt	24*	31,00	15,67%	223,29	700 % des Nennwertes	695,81	2,23%	32,09%	3,80%	38,77%
Tuchen Brau AG ("obin AG für Braugurgogate")	22.05.1986	nicht bekannt	nicht bekannt	24*	73**	9,28%	134,00	450 % des Nennwertes	442,70	2,08%	30,20%	3,80%	36,45%
Ostenrieg + Hackmann und Obschäten AG	23.06.1986	24.07.1986	nicht bekannt	24*	33,00	10,94 DM	136,29	160.- DM	138,37	6,84%	98,69%	3,90%	117,08%
Dürkopp Werke AG	14.08.1986	02.10.1996	nicht bekannt	24*	73,00	3,13 DM	44,71	50.- DM	90,30	6,26%	90,70%	3,70%	111,38%
Nanto Werke AG	13.11.1986	21.11.1986	nicht bekannt	24*	32,00	23,44 DM	334,86	960.- DM	357,77	6,51%	93,99%	4,10%	107,40%
Traungh Adler AG	11.09.1987	23.11.1987	nicht bekannt	24*	97,00	3,13 DM	44,71	50.- DM	49,07	6,26%	91,17%	6,20%	102,07%
Hoffmann? Stahlt Fabriken ("Pichelt & Goben Deutschland AG")	18.12.1987	24.12.1987	nicht bekannt	24*	30,00	10,94 DM	136,29	190.- DM	188,90	5,76%	82,16%	6,00%	96,57%
Allorumenunte Union AG	23.03.1988	19.04.1988	nicht bekannt	28,00	34,00	26,36 DM	379,43	280.- DM	277,09	9,49%	136,97%	3,80%	145,50%
Hemmager Brau AG ("Acidea AG")	16.03.1988	30.05.1988	nicht bekannt	29,00	43,00	12,1 DM	178,37	550.- DM	545,44	2,27%	32,74%	3,10%	37,37%
Schubert & Salzer Maschinenfabrik AG ("Saster Spinnereimaschinen AG")	20.03.1988	01.05.1988	nicht bekannt	24*	36,00	13,67%	111,61	280%	139,03	5,58%	80,38%	6,10%	92,12%
ABD AG	24.06.1988	nicht bekannt	nicht bekannt		73**	100% der Daimler Dividende	267,86	ABD:Daimler 5:1 10:13	127,79	14,47%	209,61%	6,10%	240,54%
DAT AG	03.07.1988	nicht bekannt	24.08.1988		30,00	1,3 faches der Altoxx Dividende	319,20	1 DAT Aktie : 1,2 Altera Aktien	437,74	5,06%	72,92%	6,40%	79,75%
Nividi Deutschland AG	21.07.1988	28.01.1989	nicht bekannt	24*	215,00	17,10 DM	243,57	200.- DM	241,09	6,84%	101,86%	6,40%	111,41%
Braunschweigersche Kohlenbergwerks AG	28.10.1988	unbekannt	14.12.1988		47,00	17,97 DM	226,71	571.- DM	198,19	8,99%	129,53%	6,20%	146,24%
Dahlbusch Verwaltungs AG	07.03.1989	nicht bekannt	nicht bekannt		73**	42,99 DM / 50.- DM Stammaktie	612,71	571.- DM	545,01	7,51%	108,87%	6,90%	130,41%
Dahlbusch Verwaltungs AG	07.03.1989	nicht bekannt	nicht bekannt		73**	83.- DM / 50.- DM Vorzugsaktie	1216,49	1131.- DM	1131,17	7,52%	108,89%	6,90%	110,47%
Phönix AG	08.03.1989	10.03.1989	17.03.1989	7,00	9,00	49,77 DM	711,00	577.- DM	571,99	8,63%	123,44%	6,90%	123,73%
Hoffmankeux Wehrex AG	31.03.1989	23.05.1989	nicht bekannt	24*	77,00	21,88 DM	312,77	430.- DM	443,36	4,86%	70,50%	6,90%	71,27%
Deutsche Texaco AG ("PWK DEA")	08.06.1989	21.06.1989	nicht bekannt	24*	37,00	23.- DM	337,14	310.- DM	307,79	8,05%	116,04%	6,90%	117,72%
Brauhaus Bremen AG ("IOPC Bank Deutschland AG")	15.06.1989	08.08.1989	nicht bekannt	24*	78,00	18,75%	133,93	360%	177,31	5,21%	71,53%	6,90%	76,67%
Rheinwerk-Westfälischer Kalkwerks AG	28.06.1989	nicht bekannt	nicht bekannt		73**	31,21 DM	446,43	450.- DM	394,40	7,81%	113,19%	6,90%	114,83%
Hagen Batterie AG	30.06.1989	nicht bekannt	nicht bekannt		73**	10,94 DM	136,29	200.- DM	197,30	5,47%	79,23%	6,90%	80,40%
Philips Kommunikations Industrie AG	29.06.1989	03.07.1989	29.07.1989	26,00	90,00	30,47 DM	435,29	500.- DM	497,10	6,05%	87,56%	6,90%	83,83%
Kali Chemie AG	02.01.1990	11.01.1990	nicht bekannt	24*	30,00	73,01 DM	484,00	550.- DM	546,81	6,17%	88,50%	7,90%	78,50%
Steinz Esslinger Nett Maschinenbau AG (SEN)	16.03.1990	20.03.1990	nicht bekannt	24*	28,00	15,86 DM	226,57	176.- DM	173,03	9,01%	129,43%	8,90%	101,80%
Eanta Kaleikscher Aktienbrauerei AG	25.06.1990	02.10.1990	nicht bekannt	57,00	99,00	3,91 DM	55,86	408,33 DM	398,58	0,96%	14,01%	9,00%	10,00%
Iron AG	11.03.1990	05.04.1991	nicht bekannt	23,00	334,00	13,67%	111,64	182,3 DM	170,73	4,29%	65,38%	8,90%	51,43%
ABD Kabel AG ("Kabel Rheydt AG")	13.06.1990	nicht bekannt	nicht bekannt		73**	34.- DM	483,71	300.- DM	493,00	6,80%	98,52%	9,00%	76,63%

225

Eine vollständige, zeichengenaue Transkription dieser um 90° gedrehten, sehr kleinteiligen Tabelle ist nur eingeschränkt möglich. Nachstehend die bestmögliche Wiedergabe der erkennbaren Werte.

Beherrschte Gesellschaft	Datum HV	Eintragung im Handelsreg.	Bekanntmachung der Eintragung	Abstand Eintragung und Bekanntmachung	Abstand HV und Bekanntmachung	Ausgleich verpersönlicher Dukatennennwert	barwertiger Ausgleich zum heutigen HV-Termin	Vergleich zugerichtete Abfindung	Abfindung abgezinst auf HV-Termin (7%)	Ausgleich : Abfindung	Barwert ewiger Ausgleich (=7%) abgezinst: Abfindung abgezinst	Dukatenrendite von Anteilen d. HV-Stand	Barwert ewiger Ausgleich (=7%) abgezinst: Abfindung abgezinst
Schwäbische Zellstoff AG ("Sappi Ehingen AG")	27.06.1990	03.07.1990	04.08.1990	32,00	38,00	3,91 DM	53,86	130,- DM	148,90	2,81%	37,51%	9,00%	29,18%
Bau Verein zu Hamburg AG	31.07.1990	18.04.1991	14.05.1991	26,00	287,00	140,63 DM	2009,00	Bau Verein Aktien (Wünsche AG Aktien) 1:22 (100,-DM Nennwert)	5107,62	2,58%	38,88%	9,00%	30,24%
Barmen St. Pauli Brauerei AG	14.08.1990	nicht bekannt	nicht bekannt		73**	23,44 DM	334,86	423,- DM	419,05	5,52%	79,91%	9,00%	62,15%
Vereinigte Fabrikation AG	17.12.1990	16.01.1991	13.02.1991	28,00	38,00	17,19%	245,57	400%	393,54	4,30%	62,09%	9,00%	48,29%
C. Oestmann Eisen- und Stahlwerk AG	27.06.1991	nicht bekannt	nicht bekannt		73**	6,23%	44,64	23%	12,33	25,00%	362,21%	8,30%	298,39%
DEBAG Dehlinger Industrieanlage-Chassismanufaktur AG	13.08.1991	nicht bekannt	20.02.1992		191,00	17,19%	245,57	523%	306,20	3,27%	48,51%	8,80%	38,39%
HAG GF AG	12.09.1991	17.09.1991	nicht bekannt	24*	29,00	20,47 DM	292,43	400,- DM	397,76	5,12%	73,32%	8,70%	59,15%
Felsenfabr Möbel AG ("FPB Holding AG")	31.10.1991	14.11.1991	nicht bekannt	24*	38,00	46,88 DM	669,71	485,- DM	481,44	9,67%	139,11%	8,60%	113,23%
Doornkaat AG (Abfüllung AG?)	11.03.1992	26.03.1992	04.04.1992	9,00	24,00	12,50%	178,57	230%	228,97	5,43%	78,00%	8,10%	67,41%
DEAG (Deutscher Eisenhandel AG)	06.08.1992	nicht bekannt	nicht bekannt		73**	18,73 DM	267,86	330,- DM	342,30	3,41%	49,39%	8,47%	41,16%
Papierfabrik Weissenstein AG	31.08.1992	10.09.1992	nicht bekannt	24*	34,00	13,28 DM	189,71	130,- DM	149,01	8,85%	127,21%	8,47%	106,09%
Info AG	13.04.1993	nicht bekannt	nicht bekannt		73**	7,14 DM	102,00	240,- DM	236,64	2,98%	43,10%	6,50%	46,42%
Deutsche Effecten- und Wechselbeteiligungsgesellschaft (DEWB) AG	28.03.1993	08.09.1993	02.10.1993	24,00	127,00	68,37 DM	979,37	1400,- DM	1366,26	4,90%	71,70%	6,60%	76,50%
Duewag AG	20.03.1994	nicht bekannt	nicht bekannt	24*	73**	31,3 DM	430,00	381,5 DM	374,18	8,25%	119,62%	6,47%	130,85%
Nordstern Allgemeine Versicherung AG	15.06.1994	27.07.1994	nicht bekannt	24*	66,00	162,1 % (Stammaktien)	2315,71	2650%	2596,68	6,15%	89,18%	6,90%	90,47%
Nordstern Allgemeine Versicherung AG	15.06.1994	27.07.1994	nicht bekannt	24*	66,00	165 % (Vorzugsaktien)	1178,57	1315%	1298,34	6,27%	90,78%	6,90%	92,00%
Hageda AG	26.08.1994	nicht bekannt	nicht bekannt		73**	387 % für die ersten 2 Jahre, dann 5,714 %	76,46	130,- DM	147,90	keine Angabe möglich	51,70%	6,00%	32,40%
Horten AG	08.12.1994	16.12.1994	nicht bekannt	24*	32,00	12,86 DM	183,71	200,- DM	198,76	6,43%	92,43%	5,50%	93,77%
SABO Maschinenfabrik AG ("Clareng Holding AG")	21.03.1995	24.05.1995	nicht bekannt	24*	88,00	32,86 DM	469,43	430,- DM	442,43	7,30%	106,10%	7,10%	104,61%
Tempelhofer Feld AG für Grundstücksverwertung	17.08.1995	nicht bekannt	nicht bekannt		73**	62,86 DM / 100,- DM Aktie	898,00	2600,- DM	2563,61	2,42%	35,03%	6,47%	38,31%
Fraukens Rückversicherungs-AG	14.12.1995	03.12.1996	07.01.1997	33,00	390,00	29,43 DM	420,43	424,- DM	394,11	6,94%	106,68%	5,60%	133,33%
Aktiva SEL AG	03.07.1996	20.08.1996	nicht bekannt	24*	70,00	15,14 DM	216,29	240,- DM	236,78	6,31%	91,35%	6,00%	106,57%
Gerex AG ("Clarex GmbH")	26.07.1996	26.09.1996	23.10.1996	27,00	89,00	22,64 DM	323,43	315,- DM	309,64	7,19%	104,43%	5,90%	121,86%
Ostmühle Hamburg AG	28.08.1996	27.12.1996	nicht bekannt	24*	145,00	14,57 DM	208,14	210,- DM	204,24	6,94%	100,91%	5,70%	125,15%
Aachener und Münchener Lebensversicherung AG	29.08.1997	nicht bekannt	nicht bekannt		73**	30 % des Betrags, der auf neue Aktien mit demselben Nennbetrag (30,- DM) rever. AMB Aktie entfällt	173,47	41 Aktien mit Nennbetrag von 30,- DM der AML + 203 Inhaberaktien der AMB mit Nb. 5,- DM und kein Zuzahlung von 0,01 DM	790,90	1,51%	21,95%	3,70%	26,64%
Aachener und Münchener Versicherung AG	29.08.1997	nicht bekannt	nicht bekannt		73**	35 % des Betrags, der auf neue Aktien mit demselben Nennbetrag (30,- DM) rever. AMB Aktie entfällt	121,43	39 Aktien mit Nennbetrag von 30,- DM der AMV + 101 Inhaberaktien der AMB mit Nb. 5,- DM und kein Zuzahlung von 0,08 DM	556,39	1,51%	21,82%	3,70%	26,80%
Volksfürsorge Holding AG	29.08.1997	nicht bekannt	27.09.1997		29,00	45 % des Betrags, der auf neue Aktien mit demselben Nennbetrag (30,- DM) rever. AMB Aktie entfällt	136,12	47 Aktien mit Nennbetrag von 30,- DM der Volksfürsorge AG + 203 Inhaberaktien der AMB mit Nb. 5,- DM und kein Zuzahlung von 0,01 DM	693,79	1,56%	22,44%	3,70%	27,36%

226

Betroffene Gesellschaft	Datum HV	Eintragung im Handelsreg.	Bekanntmachung der Eintragung	Abstand Eintragung und Bekanntmachung	Abstand HV und Bekanntmachung	Ausgleich vor persönlicher Einkommensteuer	barwertiger Ausgleich zum heutigen HV-Termin	Verrechnete zugesicherte Abfindung	Abfindung abgezinst auf HV-Termin (%%)	Ausgleich : Abfindung	Barwert voriger Ausgleich (x7 %%) abgezinst: Abfindung abgezinst	Unbedenkliche aus Ansichten 4. HV-Hand	Barwert voriger Ausgleich (>zwz.) abgezinst: Abfindung abgezinst
Didier-Werke AG	17.10.1997	nicht bekannt	nicht bekannt	73++	6,86 DM	99,00	130 : DM	118,22	5,72%	82,87%	5,20%	109,39%
PWA Papierwerke Waldhof-Aschaffenburg AG ("DICA Hygiene Products AG")	17.10.1997	30.10.1997	nicht bekannt	24*	37,00	24,20 DM	347,00	281 : DM	278,99	8,64%	124,38%	5,30%	164,77%
Oppenheim Versand AG	23.02.1998	17.03.1998	nicht bekannt	24*	46,00	—	44,08	—	96,65	3,16%	43,61%	4,70%	67,97%
Contigas Deutsche Energie AG	23.10.1998	01.12.1998	nicht bekannt	24*	63,00	7,28 DM	102,71	109,70 DM	109,37	6,62%	95,70%	4,05%	167,48%
Frantar AG	01.03.1999	12.03.1999	nicht bekannt	24*	13,00	2,93 DM	21,40	42,50 DM	20,50	7,27%	104,37%	3,80%	192,57%
Schuma AG	03.03.1999	05.03.1999	nicht bekannt	24*	26,00	4,03 DM	29,63	42,50 DM	31,36	9,51%	134,49%	3,80%	231,45%
OBAG AG	24.03.1999	11.05.1999	nicht bekannt	100,00	100,00	19,21 Euro	274,43	288,80 Euro	282,93	6,66%	96,99%	3,80%	178,67%
Energieversorgung Oberfranken AG	29.03.1999	27.05.1999	nicht bekannt	24*	83,00	13,09 Euro	213,57	247,40 Euro	243,47	6,10%	88,34%	3,80%	163,10%
Rütgers AG	26.03.1999	22.06.1999	nicht bekannt	24*	31,00	37,14 DM	271,43	300,22 DM	233,24	7,43%	107,18%	2,70%	202,78%
Isar-Amperwerke AG ("E.ON Bayern AG")	02.06.1999	07.07.1999	nicht bekannt	24*	99,00	43,13 Euro	644,71	691,1 Euro	683,24	6,53%	94,36%	4,10%	161,10%
O & K Orenstein & Koppel AG ("Orenstein & AG")	28.06.1999	16.08.1999	11.09.1999	26,00	73,00	0,71 DM	10,14	26,77 DM	26,39	2,65%	38,44%	4,10%	63,67%
Th. Goldschmidt AG ("Goldschmidt AG")	13.07.1999	17.01.1999	nicht bekannt	24*	57,00	28,63 Euro	551,86	642,30 Euro	631,16	6,07%	86,88%	4,4%	138,27%
GEA AG	18.08.1999	15.09.1999	nicht bekannt	24*	52,00	100% des Metallgesellschaft Dividende	5,10	3 Summationen GEA + 3 Summationen Metallgesellschaft, 2 Vorsagsitzen GEA + 3 Summationen Metallgesellschaft	55,23	1,00%	14,48%	4,70%	21,37%
GEA AG	18.08.1999	15.09.1973	nicht bekannt	24*	57,00	100% des Metallgesellschaft Dividende	5,10	3 Summationen GEA + 3 Summationen Metallgesellschaft, 2 Vorsagsitzen GEA + 3 Summationen Metallgesellschaft	—	k.A. (Vorsagsdaten fehlen)	k.A. (Vorsagsdaten fehlen)	k.A. (Vorsagsdaten fehlen)	k.A. (Vorsagsdaten fehlen)
Allweiler Ferneltenergie AG	20.09.1999	nicht bekannt	12.10.1999	32,00	32,00	93 Euro	714,29	63,9 Euro	647,87	7,87%	110,23%	4,80%	60,78%
Allweiler Ferneltenergie AG	10.09.1999	nicht bekannt	12.10.1999	32,00	32,00	90,71 Euro	725,00	63,9 Euro	647,87	7,78%	111,91%	4,80%	163,20%
Fäber & Guillaume AG	22.12.1999	nicht bekannt	05.02.2000	43,00	43,00	6,67 Euro	93,29	133,90 Euro	133,04	4,95%	62,68%	5,00%	87,72%
Verzinkag AG	10.03.2000	18.05.2000	nicht bekannt	24,00	72,00	1,94 Euro	27,71	19,94 Euro	19,82	9,73%	139,33%	5,40%	181,20%
Allweiler AG	14.06.2000	nicht bekannt	nicht bekannt	73++	73++	25,58 Euro	365,14	479,63 Euro	479,43	5,27%	76,32%	5,20%	102,14%
Allweiler AG	14.06.2000	nicht bekannt	22.06.2001	77++	77++	26,39 Euro	377,57	338,1 Euro	331,19	7,77%	104,38%	5,30%	143,68%
Moksenwerke Stuttgart AG	28.07.2000	16.03.2001	24.03.2001	9,00	239,00	19,43 Euro	277,57	338,2 Euro	322,18	5,75%	83,80%	5,30%	113,44%
Grevenheim Ohr AG	31.08.2000	21.09.2000	nicht bekannt	24*	43,00	1,2 Euro	17,14	14,93 Euro	14,63	8,14%	117,24%	5,20%	134,14%
Quante AG	08.09.2000	06.10.2000	nicht bekannt	24*	52,00	1,41 Euro je netzwerkloser Vorsagsitzen (2003), 1,53 Euro je netzwerkloser Vorsagsitzen (2001...)	21,74	19 : Euro	18,81	7,23%	113,60%	3,47%	141,27%
H. Meinecke AG ("Invensys Metering Systems AG")	01.12.2000	12.03.2001	nicht bekannt	24*	123,00	90,43 Euro	129,86	1230 : Euro	1220,34	7,23%	103,86%	5,02%	148,20%
Osen Müteer AG ("Osen Müteer GmbH")	20.12.2000	14.02.2001	nicht bekannt	24*	36,00	6,91 Euro	98,71	89,24 Euro	88,28	7,74%	111,82%	5,02%	156,59%
Bayerische Brau Holding AG	04.04.2001	31.05.2001	nicht bekannt	24*	81,00	61,22 Euro	874,57	2196,51 Euro	2162,43	2,79%	40,44%	4,80%	38,98%
Mahsa AG	13.03.2001	04.07.2001	nicht bekannt	24*	74,00	1,28 Euro	18,29	31,13 Euro	30,40	2,50%	36,28%	5,02%	30,79%
Friedrichscher Oberlandwerk AG	29.03.2001	01.09.2001	nicht bekannt	21,00	83,00	8,8 Euro	125,71	163 Euro	162,22	5,33%	77,45%	5,02%	108,47%
Konrad Hornschuch AG	04.07.2001	19.09.2001	nicht bekannt	24*	100,00	4,80 Euro	68,57	80 Euro	78,46	6,03%	87,45%	4,90%	124,15%
Bhnu Quelle Mensi und Helbronnen AG ("Mensi Weser Or AG")	05.07.2001	28.08.2001	nicht bekannt	24*	78,00	40,44 Euro	577,71	731,79 Euro	742,56	5,38%	78,01%	4,90%	111,44%
Messerstaten AG ("Valadora AG")	22.08.2001	20.09.2001	nicht bekannt	24*	33,00	11,77 Euro	168,14	206,53 Euro	204,42	5,70%	82,23%	4,70%	122,50%
BHF Bank AG	13.11.2001	04.12.2001	nicht bekannt	24*	43,00	2,75 Euro	39,29	48 : Euro	47,60	5,73%	82,13%	4,30%	134,15%
Thuringia Versicherung AG ("General Versicherung AG")	12.12.2001	24.01.2002	nicht bekannt	24*	67,00	21,70 Euro	310,00	323 : Euro	318,83	6,72%	97,23%	4,62%	147,93%
Kolsen AG	21.04.2002	06.05.2002	nicht bekannt	24*	33,00	3,98 Euro	56,86	64,40 Euro	64,00	6,18%	88,82%	5,02%	124,15%

227

Beherrschte Gesellschaft	Datum HV	Eintragung im Handelsreg.	Bekanntmachung der Eintragung	Abstand Eintragung und Bekanntmachung	Abstand HV und Bekanntmachung	Ausgleich vor periodischer Einkommensteuer	barwertiger Ausgleich zum heutigen HV Termin	Vergleich angesicherte Abfindung	Abfindung abgezinst auf HV Termin (7%)	Ausgleich : Abfindung	Barwert ewiger Ausgleich (p=7%) abgezinst: Abfindung abgezinst	Umlaufrendite von Anleihen d. BR-Bund	Barwert ewiger Ausgleich (=min.) abgezinst: Abfindung abgezinst
FAO Kepplfischer													
Georg Schäfer AG	06.08.2002	10.06.2002	nicht bekannt	24*	28,00	0,79 Euro	11,29	12,- Euro	11,94	6,59%	94,56%	4,90%	135,59%
Dortmunder Actien Brauerei AG	20.09.2002	16.09.2002	16.10.2002	30,00	118,00	0,43 Euro	6,14	6,08 Euro	5,94	7,07%	100,33%	4,90%	147,63%
Gardena Holding AG	12.09.2002	31.10.2002	nicht bekannt	72**	72**	1,72 Euro	24,57	26,- Euro	23,64	6,62%	93,83%	4,20%	159,74%
Edscha AG	23.05.2003	04.06.2003	nicht bekannt	24*	96,00	2,24 Euro	32,00	32,50 Euro	32,27	6,89%	99,19%	3,50%	198,30%
Oldo Brauen AG	23.10.2003	nicht bekannt	nicht bekannt		73**	56,46 Euro	806,57	1171,34 Euro	1154,93	4,82%	69,84%	3,50%	132,53%
Gelsenwasser AG	02.04.2004	08.04.2004	nicht bekannt	24*	30,00	17,74 Euro	253,43	353,14 Euro	351,09	5,02%	72,18%	3,80%	132,97%
Erbbingerfindus AG	02.07.2004	15.07.2004	23.07.2004	8,00	21,00	20,04 Euro	286,29	445,- Euro	445,19	4,50%	64,60%	3,90%	115,94%
Wedero AG	10.18.2004	nicht bekannt	nicht bekannt		73**	1,- Euro	14,29	18,- Euro	17,71	5,56%	80,69%	3,80%	148,07%
Apcoa Parking AG	13.12.2004	03.01.2005	nicht bekannt	24*	43,00	6,98 Euro	99,71	147,30 Euro	148,22	4,73%	68,19%	3,20%	146,59%

* Es ergeben näherungsweise 24 Tage zwischen Eintragung und Bekanntmachung (ermittelt aus den Verträgen, für die diese Daten vorlagen).
** Damit ergeben sich durchschnittlich zwischen HV-Tag und dem Tag der Bekanntmachung 73 Tage, diese wurden auf alle Verträge angewendet, bei denen weder der Tag der Eintragung, noch das Datum der Bekanntmachung der Eintragung bekannt war.
Vgl. zur Berechnungsweise auch die Ausführungen in Abschnitt 4.2.2.)

228

Anhang 4: Vergleich von vertraglichem Ausgleich und Börsenkursen

	WKN: 500050			
Hagen Batterie AG	7%	8,50%	7%	8,50%

barwertiger Ausgleich abgezinst:		155,02	127,44		
Ereignistag:	19.05.1989	aufgezinste, bereinigte Kurse		Ausgleich / Kurs	
KE $_{T-2}$:	202,00	202,08	202,10	76,71%	63,06%
Kurseinfluss:	0,00%				
E $_{T-2,-3M}$:	17.02.1989				
KE $_{T-2,-3M}$:	199,50	203,03	203,79	76,35%	62,54%
KDE $_{T-2,-3M}$:	205,59	205,67	205,69	75,37%	61,96%
E $_{T-2,-6M}$:	17.11.1988				
KE $_{T-2,-6M}$:	153,00	158,44	159,61	97,84%	79,85%
KDE $_{T-2,-6M}$:	194,50	194,58	194,59	79,67%	65,49%
		- - - - -	- - - - -		

barwertiger Ausgleich abgezinst:		156,29	128,71		
HV-Termin:	30.06.1989	aufgezinste, bereinigte Kurse		Ausgleich / Kurs	
KH $_{T-2}$:	204,00	204,08	204,10	76,58%	63,06%
Kurseinfluss:	-0,49%				
H $_{T-2,-3M}$:	28.03.1989				
KH $_{T-2,-3M}$:	210,00	213,84	214,66	73,09%	59,96%
KDH $_{T-2,-3M}$:	202,11	202,19	202,20	77,30%	63,65%
H $_{T-2,-6M}$:	28.12.1988				
KH $_{T-2,-6M}$:	200,00	207,16	208,69	75,44%	61,67%
KDH $_{T-2,-6M}$:	202,33	202,41	202,43	77,21%	63,58%
		- - - - -	- - - - -		

Volatilität

SDE $_{T-2,-3M}$:   2,09%

SDH $_{T-2,-3M}$:   1,46%

WKN: 500050

WKN: 503000				
Bayerische Brau Holding AG	7%	8,50%	7%	8,50%

barwertiger Ausgleich abgezinst:	867,82	713,50		
Ereignistag:	23.02.2001	aufgezinste, bereinigte Kurse		Ausgleich / Kurs
KE_{T-2}:	2350,00	2350,91	2351,11	36,91%	30,35%
Kurseinfluss:	-4,26%				
$E_{T-2,-3M}$:	21.11.2000				
$KE_{T-2,-3M}$:	1500,00	1527,42	1533,29	56,82%	46,53%
$KDE_{T-2,-3M}$:	1657,28	1657,92	1658,06	52,34%	43,03%
$E_{T-2,-6M}$:	21.08.2000				
$KE_{T-2,-6M}$:	1560,00	1616,42	1628,51	53,69%	43,81%
$KDE_{T-2,-6M}$:	1554,89	1555,49	1555,62	55,79%	45,87%
	- - - - -	- - - - -			

barwertiger Ausgleich abgezinst:	874,57	720,24		
HV-Termin:	04.04.2001	aufgezinste, bereinigte Kurse		Ausgleich / Kurs
KH_{T-2}:	2350,00	2350,91	2351,11	37,20%	30,63%
Kurseinfluss:	2,13%				
$H_{T-2,-3M}$:	02.01.2001				
$KH_{T-2,-3M}$:	1510,00	1537,01	1542,80	56,90%	46,68%
$KDH_{T-2,-3M}$:	2010,76	2011,55	2011,71	43,48%	35,80%
$H_{T-2,-6M}$:	02.10.2000				
$KH_{T-2,-6M}$:	1400,00	1450,09	1460,82	60,31%	49,30%
$KDH_{T-2,-6M}$:	1740,83	1741,50	1741,65	50,22%	41,35%
	- - - - -	- - - - -			

Volatilität

$SDE_{T-2,-3M}$:   1,98%

$SDH_{T-2,-3M}$:   2,63%

WKN: 503000

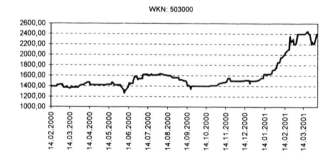

WKN: 503490				
Allweiler AG (Stammaktien)	7%	8,50%	7%	8,50%

barwertiger Ausgleich abgezinst:	360,79	296,37		
Ereignistag:	13.04.2000	aufgezinste, bereinigte Kurse		Ausgleich / Kurs	
KE $_{T-2}$:	278,00	278,11	278,13	129,73%	106,56%
Kurseinfluss:	30,22%				
E $_{T-2,-3M}$:	11.01.2000				
KE $_{T-2,-3M}$:	270,00	274,88	275,93	131,25%	107,41%
KDE $_{T-2,-3M}$:	277,82	277,92	277,95	129,82%	106,63%
E $_{T-2,-6M}$:	11.10.1999				
KE $_{T-2,-6M}$:	270,00	279,71	281,79	128,99%	105,17%
KDE $_{T-2,-6M}$:	280,76	280,86	280,89	128,46%	105,51%
		+ + + + +	+ + + + +		

barwertiger Ausgleich abgezinst:	365,14	300,71		
HV-Termin:	14.06.2000	aufgezinste, bereinigte Kurse		Ausgleich / Kurs	
KH $_{T-2}$:	477,00	477,19	477,23	76,52%	63,01%
Kurseinfluss:	0,65%				
H $_{T-2,-3M}$:	12.03.2000				
KH $_{T-2,-3M}$:	277,00	282,06	283,15	129,45%	106,20%
KDH $_{T-2,-3M}$:	389,64	389,79	389,82	93,68%	77,14%
H $_{T-2,-6M}$:	12.12.1999				
KH $_{T-2,-6M}$:	284,00	294,22	296,41	124,11%	101,45%
KDH $_{T-2,-6M}$:	335,60	335,73	335,76	108,76%	89,56%
		- + - + +	- + - + -		

Volatilität

SDE $_{T-2,-3M}$: 0,93%

SDH $_{T-2,-3M}$: 4,88%

WKN: 503490

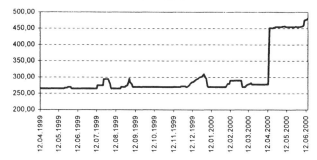

WKN: 503493				
Allweiler AG (Vorzugsaktien)	7%	8,50%	7%	8,50%

barwertiger Ausgleich abgezinst:		371,10	304,83		
Ereignistag:	13.04.2000	aufgezinste, bereinigte Kurse		Ausgleich / Kurs	
KE $_{T-2}$:	200,00	200,08	200,09	185,48%	152,34%
Kurseinfluss:	41,00%				
E $_{T-2,-3M}$:	11.01.2000				
KE $_{T-2,-3M}$:	200,00	203,62	204,39	182,25%	149,14%
KDE $_{T-2,-3M}$:	200,00	200,08	200,09	185,48%	152,34%
E $_{T-2,-6M}$:	11.10.1999				
KE $_{T-2,-6M}$:	200,00	207,19	208,74	179,11%	146,04%
KDE $_{T-2,-6M}$:	200,00	200,08	200,09	185,48%	152,34%
		+ + + + +	+ + + + +		

barwertiger Ausgleich abgezinst:		375,57	309,29		
HV-Termin:	14.06.2000	aufgezinste, bereinigte Kurse		Ausgleich / Kurs	
KH $_{T-2}$:	345,00	345,13	345,16	108,82%	89,61%
Kurseinfluss:	0,00%				
H $_{T-2,-3M}$:	12.03.2000				
KH $_{T-2,-3M}$:	200,00	203,66	204,44	184,42%	151,29%
KDH $_{T-2,-3M}$:	288,15	288,26	288,28	130,29%	107,29%
H $_{T-2,-6M}$:	12.12.1999				
KH $_{T-2,-6M}$:	200,00	207,19	208,74	181,27%	148,17%
KDH $_{T-2,-6M}$:	244,07	244,17	244,19	153,82%	126,66%
		+ + + + +	- + + + +		

Volatilität

SDE $_{T-2,-3M}$:	0,00%
SDH $_{T-2,-3M}$:	5,60%

WKN: 503493

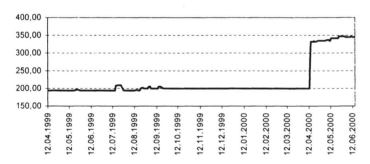

WKN: 503800				
AEG AG	7%	8,50%	7%	8,50%

barwertiger Ausgleich abgezinst:	264,41	217,15		
Ereignistag:	18.04.1988	aufgezinste, bereinigte Kurse		Ausgleich / Kurs
KE $_{T-2}$:	236,00	236,18	236,22	111,95%	91,93%
Kurseinfluss:	-11,95%				
E $_{T-2,-3M}$:	14.01.1988				
KE $_{T-2,-3M}$:	179,00	182,31	183,02	145,04%	118,65%
KDE $_{T-2,-3M}$:	216,98	217,15	217,18	121,77%	99,99%
E $_{T-2,-6M}$:	14.10.1987				
KE $_{T-2,-6M}$:	319,70	331,32	333,82	79,80%	65,05%
KDE $_{T-2,-6M}$:	222,30	222,47	222,51	118,85%	97,59%

+ + + - +   - + - - -

barwertiger Ausgleich abgezinst:	267,86	220,59		
HV-Termin:	24.06.1988	aufgezinste, bereinigte Kurse		Ausgleich / Kurs
KH $_{T-2}$:	205,20	205,28	205,30	130,48%	107,45%
Kurseinfluss:	-1,95%				
H $_{T-2,-3M}$:	22.03.1988				
KH $_{T-2,-3M}$:	248,00	252,53	253,50	106,07%	87,02%
KDH $_{T-2,-3M}$:	217,55	217,63	217,65	123,08%	101,35%
H $_{T-2,-6M}$:	22.12.1987				
KH $_{T-2,-6M}$:	213,80	221,49	223,14	120,93%	98,86%
KDH $_{T-2,-6M}$:	212,34	212,42	212,44	126,10%	103,84%

+ + + + +   + - + - +

Volatilität

SDE $_{T-2,-3M}$: 2,82%

SDH $_{T-2,-3M}$: 2,08%

WKN: 503800

WKN: 504500				
Isar-Amperwerke AG	7%	8,50%	7%	8,50%

barwertiger Ausgleich abgezinst:	605,84	492,56		
Ereignistag:	07.07.1998	aufgezinste, bereinigte Kurse		Ausgleich / Kurs
KE_{T-2}:	385,92	386,08	386,11	156,92%	127,57%
Kurseinfluss:	1,31%			
$E_{T-2,-3M}$:	05.04.1998			
$KE_{T-2,-3M}$:	307,78	313,35	314,54	193,34%	156,60%
$KDE_{T-2,-3M}$:	322,88	323,01	323,03	187,56%	152,48%
$E_{T-2,-6M}$:	05.01.1998			
$KE_{T-2,-6M}$:	284,70	294,83	297,00	205,49%	165,85%
$KDE_{T-2,-6M}$:	308,67	308,80	308,82	196,19%	159,50%
		+ + + + +	+ + + + +	

barwertiger Ausgleich abgezinst:	644,71	530,94		
HV-Termin:	02.06.1999	aufgezinste, bereinigte Kurse		Ausgleich / Kurs
KH_{T-2}:	692,50	692,77	692,83	93,06%	76,63%
Kurseinfluss:	0,07%			
$H_{T-2,-3M}$:	28.02.1999			
$KH_{T-2,-3M}$:	497,00	506,08	508,03	127,39%	104,51%
$KDH_{T-2,-3M}$:	596,75	596,98	597,03	108,00%	88,93%
$H_{T-2,-6M}$:	30.11.1998			
$KH_{T-2,-6M}$:	483,17	500,46	504,16	128,82%	105,31%
$KDH_{T-2,-6M}$:	541,60	541,81	541,86	118,99%	97,99%
		- + + + +	- + - + -	

Volatilität

$SDE_{T-2,-3M}$: 1,74%

$SDH_{T-2,-3M}$: 3,81%

WKN: 504500

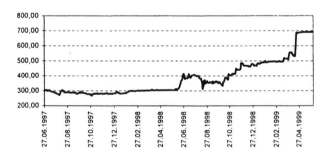

234

WKN: 505550				
Apcoa Parking AG	7%	8,50%	7%	8,50%

barwertiger Ausgleich abgezinst:		98,96	81,37		
Ereignistag:	04.11.2004	aufgezinste, bereinigte Kurse		Ausgleich / Kurs	
KE $_{T-2}$:	146,00	146,06	146,07	67,76%	55,71%
Kurseinfluss:	2,73%				
E $_{T-2,-3M}$:	02.08.2004				
KE $_{T-2,-3M}$:	138,50	141,03	141,57	70,17%	57,47%
KDE $_{T-2,-3M}$:	138,28	138,33	138,34	71,54%	58,82%
E $_{T-2,-6M}$:	02.05.2004				
KE $_{T-2,-6M}$:	137,00	141,95	143,02	69,71%	56,89%
KDE $_{T-2,-6M}$:	137,72	137,78	137,79	71,83%	59,05%
		- - - - -	- - - - -		

barwertiger Ausgleich abgezinst:		99,71	82,12		
HV-Termin:	13.12.2004	aufgezinste, bereinigte Kurse		Ausgleich / Kurs	
KH $_{T-2}$:	149,00	149,06	149,07	66,90%	55,09%
Kurseinfluss:	1,34%				
H $_{T-2,-3M}$:	11.09.2004				
KH $_{T-2,-3M}$:	131,00	133,37	133,88	74,77%	61,34%
KDH $_{T-2,-3M}$:	142,57	142,62	142,63	69,92%	57,57%
H $_{T-2,-6M}$:	11.06.2004				
KH $_{T-2,-6M}$:	135,50	140,37	141,42	71,03%	58,07%
KDH $_{T-2,-6M}$:	140,31	140,36	140,37	71,04%	58,50%
		- - - - -	- - - - -		

Volatilität

SDE $_{T-2,-3M}$:   2,13%

SDH $_{T-2,-3M}$:   2,35%

WKN: 505550

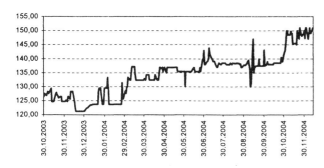

WKN: 514180				
Wedeco AG	7%	8,50%	7%	8,50%

barwertiger Ausgleich abgezinst:		14,15	11,63		
Ereignistag:	12.07.2004	aufgezinste, bereinigte Kurse		Ausgleich / Kurs	
KE $_{T-2}$:	18,04	18,05	18,06	78,38%	64,41%
Kurseinfluss:	1,44%				
E $_{T-2,-3M}$:	08.04.2004				
KE $_{T-2,-3M}$:	18,00	18,33	18,40	77,19%	63,19%
KDE $_{T-2,-3M}$:	18,04	18,06	18,06	78,37%	64,40%
E $_{T-2,-6M}$:	08.01.2004				
KE $_{T-2,-6M}$:	17,93	18,58	18,72	76,17%	62,14%
KDE $_{T-2,-6M}$:	17,89	17,91	17,91	79,02%	64,93%

- - - - -   - - - - -

barwertiger Ausgleich abgezinst:		14,29	11,76		
HV-Termin:	30.08.2004	aufgezinste, bereinigte Kurse		Ausgleich / Kurs	
KH $_{T-2}$:	18,52	18,53	18,54	77,08%	63,46%
Kurseinfluss:	1,51%				
H $_{T-2,-3M}$:	26.05.2004				
KH $_{T-2,-3M}$:	18,05	18,39	18,46	77,69%	63,73%
KDH $_{T-2,-3M}$:	18,27	18,28	18,29	78,13%	64,34%
H $_{T-2,-6M}$:	26.02.2004				
KH $_{T-2,-6M}$:	17,40	18,03	18,16	79,24%	64,77%
KDH $_{T-2,-6M}$:	18,08	18,10	18,10	78,94%	65,00%

- - - - -   - - - - -

Volatilität

SDE $_{T-2,-3M}$:   0,43%

SDH $_{T-2,-3M}$:   0,33%

WKN: 514180

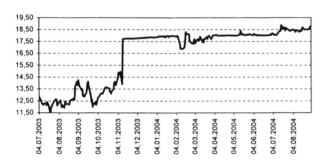

236

	WKN: 517900			
Bau-Verein zu Hamburg AG	7%	8,50%	7%	8,50%

barwertiger Ausgleich abgezinst:		1992,73	1638,22		
Ereignistag:	19.06.1990	aufgezinste, bereinigte Kurse		Ausgleich / Kurs	
KE $_{T-2}$:	4100,00	4103,19	4103,87	48,57%	39,92%
Kurseinfluss:	0,00%				
E $_{T-2,-3M}$:	15.03.1990				
KE $_{T-2,-3M}$:	3230,00	3290,29	3303,21	60,56%	49,59%
KDE $_{T-2,-3M}$:	3472,37	3475,07	3475,65	57,34%	47,13%
E $_{T-2,-6M}$:	15.12.1989				
KE $_{T-2,-6M}$:	3640,00	3771,65	3799,86	52,83%	43,11%
KDE $_{T-2,-6M}$:	3510,71	3513,44	3514,03	56,72%	46,62%

- - - - -   - - - - -

barwertiger Ausgleich abgezinst:		2009,00	1654,47		
HV-Termin:	31.07.1990	aufgezinste, bereinigte Kurse		Ausgleich / Kurs	
KH $_{T-2}$:	4800,00	4801,87	4802,27	41,84%	34,45%
Kurseinfluss:	0,00%				
H $_{T-2,-3M}$:	29.04.1990				
KH $_{T-2,-3M}$:	3300,00	3359,68	3372,46	59,80%	49,06%
KDH $_{T-2,-3M}$:	3971,44	3972,98	3973,31	50,57%	41,64%
H $_{T-2,-6M}$:	29.01.1990				
KH $_{T-2,-6M}$:	3600,00	3728,10	3755,55	53,89%	44,05%
KDH $_{T-2,-6M}$:	3670,34	3671,76	3672,07	54,71%	45,06%

- - - - -   - - - - -

Volatilität

SDE $_{T-2,-3M}$:   1,60%

SDH $_{T-2,-3M}$:   1,63%

WKN: 517900

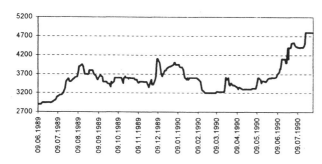

WKN: 518100				
Bavaria St. Pauli Brauerei AG	7%	8,50%	7%	8,50%

barwertiger Ausgleich abgezinst:		332,34	273,25		
Ereignistag:	06.07.1990	aufgezinste, bereinigte Kurse		Ausgleich / Kurs	
KE $_{T-2}$:	710,00	710,28	710,34	46,79%	38,47%
Kurseinfluss:	4,23%				
E $_{T-2,-3M}$:	04.04.1990				
KE $_{T-2,-3M}$:	918,00	934,60	938,16	35,56%	29,13%
KDE $_{T-2,-3M}$:	828,11	828,43	828,50	40,12%	32,98%
E $_{T-2,-6M}$:	04.01.1990				
KE $_{T-2,-6M}$:	987,00	1022,12	1029,65	32,51%	26,54%
KDE $_{T-2,-6M}$:	891,99	892,33	892,41	37,24%	30,62%

- - - - -   - - - - -

barwertiger Ausgleich abgezinst:		334,86	275,76		
HV-Termin:	14.08.1990	aufgezinste, bereinigte Kurse		Ausgleich / Kurs	
KH $_{T-2}$:	590,00	590,23	590,28	56,73%	46,72%
Kurseinfluss:	1,69%				
H $_{T-2,-3M}$:	12.05.1990				
KH $_{T-2,-3M}$:	865,00	880,81	884,20	38,02%	31,19%
KDH $_{T-2,-3M}$:	716,38	716,66	716,72	46,72%	38,48%
H $_{T-2,-6M}$:	12.02.1990				
KH $_{T-2,-6M}$:	935,00	968,27	975,40	34,58%	28,27%
KDH $_{T-2,-6M}$:	815,08	815,40	815,47	41,07%	33,82%

- - - - -   - - - - -

Volatilität

SDE $_{T-2,-3M}$:   1,42%

SDH $_{T-2,-3M}$:   2,19%

WKN: 518100

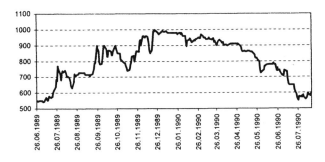

WKN: 518600				
Energieversorgung Oberfr. AG	7%	8,50%	7%	8,50%

barwertiger Ausgleich abgezinst:	205,01	167,08		
Ereignistag:	07.07.1998	aufgezinste, bereinigte Kurse	Ausgleich / Kurs	
KE_{T-2}:	222,41	222,50	222,52	92,14%	75,08%
Kurseinfluss:	6,90%			
$E_{T-2,-3M}$:	05.04.1998			
$KE_{T-2,-3M}$:	209,56	213,35	214,16	96,09%	78,01%
$KDE_{T-2,-3M}$:	212,41	212,49	212,51	96,48%	78,62%
$E_{T-2,-6M}$:	05.01.1998			
$KE_{T-2,-6M}$:	204,63	211,91	213,47	96,74%	78,27%
$KDE_{T-2,-6M}$:	208,94	209,03	209,04	98,08%	79,92%
	- - - - -	- - - - -		

barwertiger Ausgleich abgezinst:	215,57	177,53		
HV-Termin:	29.03.1999	aufgezinste, bereinigte Kurse	Ausgleich / Kurs	
KH_{T-2}:	249,10	249,20	249,22	86,51%	71,23%
Kurseinfluss:	0,00%			
$H_{T-2,-3M}$:	27.12.1998			
$KH_{T-2,-3M}$:	252,07	256,58	257,54	84,02%	68,93%
$KDH_{T-2,-3M}$:	250,48	250,58	250,60	86,03%	70,84%
$H_{T-2,-6M}$:	27.09.1998			
$KH_{T-2,-6M}$:	253,09	262,10	264,03	82,25%	67,24%
$KDH_{T-2,-6M}$:	250,90	251,00	251,02	85,89%	70,72%
	- - - - -	- - - - -		

Volatilität

$SDE_{T-2,-3M}$: 0,89%

$SDH_{T-2,-3M}$: 0,92%

WKN: 518600

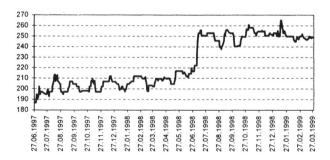

WKN: 521300				
Dahlbusch AG (Stammaktie)	7%	8,50%	7%	8,50%

barwertiger Ausgleich abgezinst:		603,91	495,81		
Ereignistag:	22.12.1988	aufgezinste, bereinigte Kurse		Ausgleich / Kurs	
KE $_{T-2}$:	486,00	486,19	486,23	124,21%	101,97%
Kurseinfluss:	17,49%				
E $_{T-2,-3M}$:	20.09.1988				
KE $_{T-2,-3M}$:	449,21	457,33	459,07	132,05%	108,00%
KDE $_{T-2,-3M}$:	455,38	455,56	455,60	132,56%	108,83%
E $_{T-2,-6M}$:	20.06.1988				
KE $_{T-2,-6M}$:	474,06	491,11	494,77	122,97%	100,21%
KDE $_{T-2,-6M}$:	452,40	452,57	452,61	133,44%	109,54%
		+ + + + +	+ + + + +		

barwertiger Ausgleich abgezinst:		612,71	504,59		
HV-Termin:	07.03.1989	aufgezinste, bereinigte Kurse		Ausgleich / Kurs	
KH $_{T-2}$:	577,00	577,22	577,27	106,15%	87,41%
Kurseinfluss:	1,39%				
H $_{T-2,-3M}$:	05.12.1988				
KH $_{T-2,-3M}$:	480,00	488,59	490,43	125,41%	102,89%
KDH $_{T-2,-3M}$:	554,33	554,54	554,59	110,49%	90,98%
H $_{T-2,-6M}$:	05.09.1988				
KH $_{T-2,-6M}$:	422,45	437,48	440,70	140,06%	114,50%
KDH $_{T-2,-6M}$:	500,07	500,26	500,30	122,48%	100,86%
		+ + + + +	- + - + +		

Volatilität
SDE $_{T-2,-3M}$: 1,26%
SDH $_{T-2,-3M}$: 2,24%

WKN: 521300

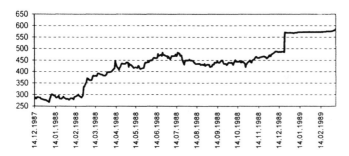

WKN: 521303				
Dahlbusch AG (Vorzugsaktie)	7%	8,50%	7%	8,50%

barwertiger Ausgleich abgezinst:	1196,83	982,60		
Ereignistag:	22.12.1988	aufgezinste, bereinigte Kurse		Ausgleich / Kurs
KE $_{T-2}$:	830,00	830,32	830,39	144,14%	118,33%
Kurseinfluss:	36,39%				
E $_{T-2,-3M}$:	20.09.1988				
KE $_{T-2,-3M}$:	670,78	682,91	685,51	175,25%	143,34%
KDE $_{T-2,-3M}$:	724,02	724,30	724,36	165,24%	135,65%
E $_{T-2,-6M}$:	20.06.1988				
KE $_{T-2,-6M}$:	718,02	743,85	749,39	160,90%	131,12%
KDE $_{T-2,-6M}$:	711,65	711,92	711,98	168,11%	138,01%
		+ + + + +	+ + + + +		

barwertiger Ausgleich abgezinst:	1214,29	1000,00		
HV-Termin:	07.03.1989	aufgezinste, bereinigte Kurse		Ausgleich / Kurs
KH $_{T-2}$:	1136,00	1136,44	1136,54	106,85%	87,99%
Kurseinfluss:	0,00%				
H $_{T-2,-3M}$:	05.12.1988				
KH $_{T-2,-3M}$:	810,00	824,49	827,60	147,28%	120,83%
KDH $_{T-2,-3M}$:	1068,10	1068,52	1068,61	113,64%	93,58%
H $_{T-2,-6M}$:	05.09.1988				
KH $_{T-2,-6M}$:	656,61	679,98	684,98	178,58%	145,99%
KDH $_{T-2,-6M}$:	880,55	880,89	880,97	137,85%	113,51%
		+ + + + +	- + - + +		

Volatilität
SDE $_{T-2,-3M}$: 1,49%
SDH $_{T-2,-3M}$: 4,20%

WKN: 521303

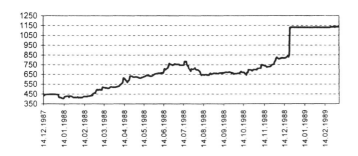

WKN: 525000				
Brauhaus Amberg AG	7%	8,50%	7%	8,50%

barwertiger Ausgleich abgezinst:	207,32	168,16		
Ereignistag:	22.04.1985	aufgezinste, bereinigte Kurse	Ausgleich / Kurs	
KE $_{T-2}$:	851,28	851,94	852,08	24,34%	19,74%
Kurseinfluss:	-1,16%			
E $_{T-2,-3M}$:	18.01.1985			
KE $_{T-2,-3M}$:	722,60	735,80	738,63	28,18%	22,77%
KDE $_{T-2,-3M}$:	787,54	788,16	788,29	26,30%	21,33%
E $_{T-2,-6M}$:	18.10.1984			
KE $_{T-2,-6M}$:	742,39	769,24	775,00	26,95%	21,70%
KDE $_{T-2,-6M}$:	757,39	757,98	758,11	27,35%	22,18%

- - - - -   - - - - -

barwertiger Ausgleich abgezinst:	223,29	183,88		
HV-Termin:	23.05.1986	aufgezinste, bereinigte Kurse	Ausgleich / Kurs	
KH $_{T-2}$:	820,00	820,32	820,39	27,22%	22,41%
Kurseinfluss:	1,22%			
H $_{T-2,-3M}$:	21.02.1986			
KH $_{T-2,-3M}$:	720,00	732,74	735,47	30,47%	25,00%
KDH $_{T-2,-3M}$:	736,30	736,58	736,64	30,31%	24,96%
H $_{T-2,-6M}$:	21.11.1985			
KH $_{T-2,-6M}$:	720,00	745,62	751,11	29,95%	24,48%
KDH $_{T-2,-6M}$:	724,40	724,69	724,75	30,81%	25,37%

- - - - -   - - - - -

Volatilität

SDE $_{T-2,-3M}$:	0,76%
SDH $_{T-2,-3M}$:	0,92%

WKN: 525000

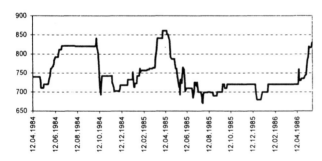

242

WKN: 525100				
Tucher Bräu AG	7%	8,50%	7%	8,50%

barwertiger Ausgleich abgezinst:	132,94	109,29		
Ereignistag:	11.04.1986	aufgezinste, bereinigte Kurse	Ausgleich / Kurs	
KE $_{T-2}$:	534,00	534,21	534,25	24,89%	20,46%
Kurseinfluss:	0,00%				
E $_{T-2,-3M}$:	09.01.1986				
KE $_{T-2,-3M}$:	290,00	295,19	296,30	45,04%	36,89%
KDE $_{T-2,-3M}$:	527,26	527,47	527,51	25,20%	20,72%
E $_{T-2,-6M}$:	09.10.1985				
KE $_{T-2,-6M}$:	410,00	424,67	427,81	31,30%	25,55%
KDE $_{T-2,-6M}$:	408,49	408,65	408,68	32,53%	26,74%

- - - - -   - - - - -

barwertiger Ausgleich abgezinst:	134,00	110,35		
HV-Termin:	22.05.1986	aufgezinste, bereinigte Kurse	Ausgleich / Kurs	
KH $_{T-2}$:	362,00	362,14	362,17	37,00%	30,47%
Kurseinfluss:	-17,13%				
H $_{T-2,-3M}$:	20.02.1986				
KH $_{T-2,-3M}$:	620,00	630,97	633,32	21,24%	17,42%
KDH $_{T-2,-3M}$:	512,88	513,07	513,12	26,12%	21,51%
H $_{T-2,-6M}$:	20.11.1985				
KH $_{T-2,-6M}$:	284,00	294,11	296,27	45,56%	37,25%
KDH $_{T-2,-6M}$:	446,30	446,47	446,51	30,01%	24,71%

- - - - -   - - - - -

Volatilität

SDE $_{T-2,-3M}$:   5,85%

SDH $_{T-2,-3M}$:   3,28%

WKN: 525100

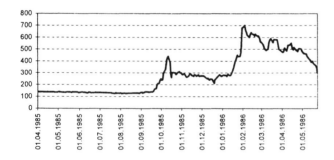

WKN: 525700				
Braunschw. Kohlenbergw. AG	7%	8,50%	7%	8,50%

barwertiger Ausgleich abgezinst:		254,63	209,34		
Ereignistag:	16.09.1988	aufgezinste, bereinigte Kurse		Ausgleich / Kurs	
KE $_{T-2}$:	280,00	280,11	280,13	90,91%	74,73%
Kurseinfluss:	0,00%				
E $_{T-2,-3M}$:	14.06.1988				
KE $_{T-2,-3M}$:	283,00	288,17	289,28	88,36%	72,36%
KDE $_{T-2,-3M}$:	294,73	294,84	294,87	86,36%	70,99%
E $_{T-2,-6M}$:	14.03.1988				
KE $_{T-2,-6M}$:	323,00	334,68	337,19	76,08%	62,08%
KDE $_{T-2,-6M}$:	296,52	296,64	296,66	85,84%	70,56%

- - - - -　　- - - - -

barwertiger Ausgleich abgezinst:		256,71	211,41		
HV-Termin:	28.10.1988	aufgezinste, bereinigte Kurse		Ausgleich / Kurs	
KH $_{T-2}$:	235,00	235,09	235,11	109,20%	89,92%
Kurseinfluss:	0,00%				
H $_{T-2,-3M}$:	26.07.1988				
KH $_{T-2,-3M}$:	309,00	314,65	315,86	81,59%	66,93%
KDH $_{T-2,-3M}$:	271,87	271,97	271,99	94,39%	77,73%
H $_{T-2,-6M}$:	26.04.1988				
KH $_{T-2,-6M}$:	294,00	304,58	306,84	84,29%	68,90%
KDH $_{T-2,-6M}$:	281,26	281,37	281,40	91,24%	75,13%

+ - - - -　　- - - - -

Volatilität

SDE $_{T-2,-3M}$:	0,83%
SDH $_{T-2,-3M}$:	2,52%

WKN: 525700

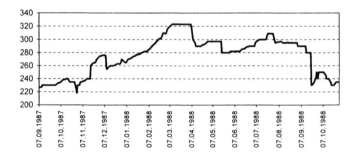

244

WKN: 529100				
Brown, Boveri & Cie AG	7%	8,50%	7%	8,50%

barwertiger Ausgleich abgezinst:		265,79	218,52		
Ereignistag:	31.01.1986	aufgezinste, bereinigte Kurse		Ausgleich / Kurs	
KE $_{T-2}$:	241,50	241,59	241,61	110,02%	90,44%
Kurseinfluss:	5,59%				
E $_{T-2,-3M}$:	29.10.1985				
KE $_{T-2,-3M}$:	283,00	288,17	289,28	92,23%	75,54%
KDE $_{T-2,-3M}$:	287,47	287,59	287,61	92,42%	75,98%
E $_{T-2,-6M}$:	29.07.1985				
KE $_{T-2,-6M}$:	230,00	238,32	240,10	111,53%	91,01%
KDE $_{T-2,-6M}$:	272,94	273,04	273,07	97,34%	80,03%
		+ - - + -	- - - - -		

barwertiger Ausgleich abgezinst:		267,86	220,59		
HV-Termin:	12.03.1986	aufgezinste, bereinigte Kurse		Ausgleich / Kurs	
KH $_{T-2}$:	269,50	269,60	269,63	99,35%	81,81%
Kurseinfluss:	3,53%				
H $_{T-2,-3M}$:	10.12.1985				
KH $_{T-2,-3M}$:	298,50	303,84	304,98	88,16%	72,33%
KDH $_{T-2,-3M}$:	273,05	273,16	273,18	98,06%	80,75%
H $_{T-2,-6M}$:	10.09.1985				
KH $_{T-2,-6M}$:	266,20	275,67	277,70	97,17%	79,43%
KDH $_{T-2,-6M}$:	278,93	279,04	279,06	95,99%	79,05%
		- - - - -	- - - - -		

Volatilität

SDE $_{T-2,-3M}$:   2,05%

SDH $_{T-2,-3M}$:   2,02%

WKN: 529100

245

WKN: 550400				
Contigas Deutsche Energie-AG	7%	8,50%	7%	8,50%

barwertiger Ausgleich abgezinst:	101,58	83,29		
Ereignistag:	07.07.1998	aufgezinste, bereinigte Kurse		Ausgleich / Kurs
KE $_{T-2}$:	70,50	70,55	70,57	143,97%	118,03%
Kurseinfluss:	4,98%				
E $_{T-2,-3M}$:	03.04.1998				
KE $_{T-2,-3M}$:	62,52	63,67	63,92	159,53%	130,30%
KDE $_{T-2,-3M}$:	62,79	62,84	62,85	161,66%	132,52%
E $_{T-2,-6M}$:	03.01.1998				
KE $_{T-2,-6M}$:	58,12	60,21	60,66	168,70%	137,30%
KDE $_{T-2,-6M}$:	62,37	62,42	62,43	162,74%	133,41%
		+ + + + +	+ + + + +		

barwertiger Ausgleich abgezinst:	103,71	85,41		
HV-Termin:	23.10.1998	aufgezinste, bereinigte Kurse		Ausgleich / Kurs
KH $_{T-2}$:	108,10	108,14	108,15	95,91%	78,97%
Kurseinfluss:	0,37%				
H $_{T-2,-3M}$:	21.07.1998				
KH $_{T-2,-3M}$:	89,50	91,14	91,49	113,80%	93,36%
KDH $_{T-2,-3M}$:	97,82	97,86	97,87	105,99%	87,27%
H $_{T-2,-6M}$:	21.04.1998				
KH $_{T-2,-6M}$:	62,08	64,31	64,79	161,27%	131,83%
KDH $_{T-2,-6M}$:	82,99	83,03	83,03	124,92%	102,86%
		- + + + +	- - - + +		

Volatilität

SDE $_{T-2,-3M}$:	1,20%
SDH $_{T-2,-3M}$:	3,54%

WKN: 550400

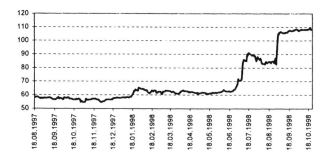

246

	WKN: 550600			
DAT AG	7%	8,50%	7%	8,50%

barwertiger Ausgleich abgezinst:		316,67	260,35		
Ereignistag:	25.05.1988	aufgezinste, bereinigte Kurse		Ausgleich / Kurs	
KE $_{T-2}$:	1130,00	1130,44	1130,53	28,01%	23,03%
Kurseinfluss:	0,00%				
E $_{T-2,-3M}$:	23.02.1988				
KE $_{T-2,-3M}$:	1150,00	1170,57	1174,98	27,05%	22,16%
KDE $_{T-2,-3M}$:	1095,61	1096,03	1096,12	28,89%	23,75%
E $_{T-2,-6M}$:	23.11.1987				
KE $_{T-2,-6M}$:	880,00	911,48	918,23	34,74%	28,35%
KDE $_{T-2,-6M}$:	1058,69	1059,10	1059,19	29,90%	24,58%

- - - - -   - - - - -

barwertiger Ausgleich abgezinst:		319,20	262,87		
HV-Termin:	05.07.1988	aufgezinste, bereinigte Kurse		Ausgleich / Kurs	
KH $_{T-2}$:	1150,00	1150,45	1150,54	27,75%	22,85%
Kurseinfluss:	-2,61%				
H $_{T-2,-3M}$:	03.04.1988				
KH $_{T-2,-3M}$:	1080,00	1099,53	1103,72	29,03%	23,82%
KDH $_{T-2,-3M}$:	1135,19	1135,64	1135,73	28,11%	23,15%
H $_{T-2,-6M}$:	03.01.1988				
KH $_{T-2,-6M}$:	1050,00	1087,57	1095,62	29,35%	23,99%
KDH $_{T-2,-6M}$:	1097,43	1097,86	1097,95	29,07%	23,94%

- - - - -   - - - - -

Volatilität

SDE $_{T-2,-3M}$: 1,95%

SDH $_{T-2,-3M}$: 1,58%

WKN: 550600

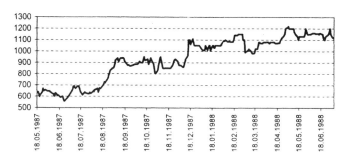

WKN: 550800				
Deutscher Eisenhandel AG	7%	8,50%	7%	8,50%

barwertiger Ausgleich abgezinst:		264,31	217,05		
Ereignistag:	29.05.1992	aufgezinste, bereinigte Kurse		Ausgleich / Kurs	
KE_{T-2}:	910,00	910,53	910,64	29,03%	23,83%
Kurseinfluss:	-1,10%				
$E_{T-2,-3M}$:	26.02.1992				
$KE_{T-2,-3M}$:	955,00	972,27	975,97	27,18%	22,24%
$KDE_{T-2,-3M}$:	929,77	930,32	930,43	28,41%	23,33%
$E_{T-2,-6M}$:	26.11.1991				
$KE_{T-2,-6M}$:	1050,00	1087,77	1095,86	24,30%	19,81%
$KDE_{T-2,-6M}$:	956,86	957,42	957,54	27,61%	22,67%

- - - - - - - - - -

barwertiger Ausgleich abgezinst:		267,86	220,59		
HV-Termin:	06.08.1992	aufgezinste, bereinigte Kurse		Ausgleich / Kurs	
KH_{T-2}:	680,00	680,26	680,32	39,38%	32,42%
Kurseinfluss:	-5,88%				
$H_{T-2,-3M}$:	04.05.1992				
$KH_{T-2,-3M}$:	920,00	936,82	940,42	28,59%	23,46%
$KDH_{T-2,-3M}$:	736,26	736,54	736,61	36,37%	29,95%
$H_{T-2,-6M}$:	04.02.1992				
$KH_{T-2,-6M}$:	980,00	1015,06	1022,58	26,39%	21,57%
$KDH_{T-2,-6M}$:	837,91	838,24	838,31	31,95%	26,31%

- - - - - - - - - -

Volatilität

$SDE_{T-2,-3M}$:	0,31%
$SDH_{T-2,-3M}$:	2,46%

WKN: 550800

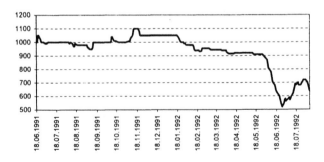

WKN: 550900				
Deutsche Texaco AG	7%	8,50%	7%	8,50%

	barwertiger Ausgleich abgezinst:	352,75	289,74		
Ereignistag:	05.04.1989	aufgezinste, bereinigte Kurse		Ausgleich / Kurs	
KE $_{T-2}$:	430,00	430,17	430,20	82,00%	67,35%
Kurseinfluss:	-9,53%				
E $_{T-2,-3M}$:	03.01.1989				
KE $_{T-2,-3M}$:	266,00	270,76	271,78	130,28%	106,61%
KDE $_{T-2,-3M}$:	359,89	360,03	360,06	97,98%	80,47%
E $_{T-2,-6M}$:	03.10.1988				
KE $_{T-2,-6M}$:	258,00	267,23	269,21	132,00%	107,63%
KDE $_{T-2,-6M}$:	310,87	310,99	311,01	113,43%	93,16%
		- + - + +		- + - + -	

	barwertiger Ausgleich abgezinst:	357,14	294,12		
HV-Termin:	08.06.1989	aufgezinste, bereinigte Kurse		Ausgleich / Kurs	
KH $_{T-2}$:	360,00	360,14	360,17	99,17%	81,66%
Kurseinfluss:	2,78%				
H $_{T-2,-3M}$:	06.03.1989				
KH $_{T-2,-3M}$:	384,50	391,53	393,03	91,22%	74,83%
KDH $_{T-2,-3M}$:	385,80	385,95	385,99	92,53%	76,20%
H $_{T-2,-6M}$:	06.12.1988				
KH $_{T-2,-6M}$:	259,00	268,27	270,25	133,13%	108,83%
KDH $_{T-2,-6M}$:	348,32	348,45	348,48	102,49%	84,40%
		- - - + +		- - - + -	

Volatilität

SDE $_{T-2,-3M}$:   2,20%

SDH $_{T-2,-3M}$:   2,36%

WKN: 550900

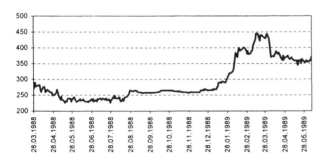

WKN: 553700				
Didier Werke AG	7%	8,50%	7%	8,50%

barwertiger Ausgleich abgezinst:	97,04	79,75		
Ereignistag:	27.08.1997	aufgezinste, bereinigte Kurse	Ausgleich / Kurs	
KE $_{T-2}$:	151,00	151,06	151,07	64,24%	52,79%
Kurseinfluss:	-13,25%				
E $_{T-2,-3M}$:	25.05.1997				
KE $_{T-2,-3M}$:	136,00	138,49	139,02	70,07%	57,36%
KDE $_{T-2,-3M}$:	144,08	144,13	144,15	67,32%	55,32%
E $_{T-2,-6M}$:	25.02.1997				
KE $_{T-2,-6M}$:	136,08	140,93	141,96	68,86%	56,17%
KDE $_{T-2,-6M}$:	138,19	138,25	138,26	70,19%	57,68%
	- - - - -	- - - - -			

barwertiger Ausgleich abgezinst:	98,00	80,71		
HV-Termin:	17.10.1997	aufgezinste, bereinigte Kurse	Ausgleich / Kurs	
KH $_{T-2}$:	127,00	127,05	127,06	77,14%	63,52%
Kurseinfluss:	-0,31%				
H $_{T-2,-3M}$:	15.07.1997				
KH $_{T-2,-3M}$:	152,00	154,78	155,37	63,32%	51,94%
KDH $_{T-2,-3M}$:	140,26	140,31	140,32	69,84%	57,51%
H $_{T-2,-6M}$:	15.04.1997				
KH $_{T-2,-6M}$:	132,36	137,13	138,15	71,47%	58,42%
KDH $_{T-2,-6M}$:	138,49	138,54	138,55	70,74%	58,25%
	- - - - -	- - - - -			

Volatilität

SDE $_{T-2,-3M}$: 2,07%

SDH $_{T-2,-3M}$: 2,74%

WKN: 553700

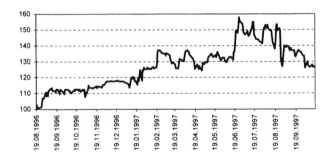

WKN: 553860				
Diskus Werke AG	7%	8,50%	7%	8,50%

barwertiger Ausgleich abgezinst:		44,34	36,45		
Ereignistag:	02.07.1986	aufgezinste, bereinigte Kurse		Ausgleich / Kurs	
KE $_{T-2}$:	62,00	62,02	62,03	71,49%	58,77%
Kurseinfluss:	0,00%				
E $_{T-2,-3M}$:	30.03.1986				
KE $_{T-2,-3M}$:	69,00	70,26	70,53	63,11%	51,68%
KDE $_{T-2,-3M}$:	64,31	64,33	64,34	68,93%	56,66%
E $_{T-2,-6M}$:	30.12.1985				
KE $_{T-2,-6M}$:	70,00	72,50	73,04	61,16%	49,91%
KDE $_{T-2,-6M}$:	64,93	64,95	64,96	68,27%	56,12%
		- - - - -	- - - - -		

barwertiger Ausgleich abgezinst:		44,71	36,82		
HV-Termin:	14.08.1986	aufgezinste, bereinigte Kurse		Ausgleich / Kurs	
KH $_{T-2}$:	58,00	58,02	58,03	77,06%	63,46%
Kurseinfluss:	0,00%				
H $_{T-2,-3M}$:	12.05.1986				
KH $_{T-2,-3M}$:	65,00	66,19	66,44	67,56%	55,42%
KDH $_{T-2,-3M}$:	59,69	59,71	59,72	74,88%	61,66%
H $_{T-2,-6M}$:	12.02.1986				
KH $_{T-2,-6M}$:	69,00	71,46	71,98	62,58%	51,16%
KDH $_{T-2,-6M}$:	62,78	62,81	62,81	71,19%	58,63%
		- - - - -	- - - - -		

Volatilität

SDE $_{T-2,-3M}$:   1,54%

SDH $_{T-2,-3M}$:   2,93%

WKN: 553860

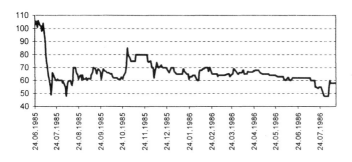

	WKN: 554603			
Doornkat AG	7%	8,50%	7%	8,50%

barwertiger Ausgleich abgezinst:		177,16	145,65		
Ereignistag:	30.01.1992	aufgezinste, bereinigte Kurse		Ausgleich / Kurs	
KE $_{T-2}$:	316,00	316,18	316,22	56,03%	46,06%
Kurseinfluss:	-11,39%				
E $_{T-2,-3M}$:	27.10.1991				
KE $_{T-2,-3M}$:	240,00	244,43	245,38	72,48%	59,36%
KDE $_{T-2,-3M}$:	255,90	256,05	256,08	69,19%	56,88%
E $_{T-2,-6M}$:	27.07.1991				
KE $_{T-2,-6M}$:	169,32	175,47	176,79	100,96%	82,38%
KDE $_{T-2,-6M}$:	243,67	243,81	243,84	72,66%	59,73%

- - - + -   - - - - -

barwertiger Ausgleich abgezinst:		178,57	147,06		
HV-Termin:	11.03.1992	aufgezinste, bereinigte Kurse		Ausgleich / Kurs	
KH $_{T-2}$:	305,00	305,12	305,14	58,53%	48,19%
Kurseinfluss:	0,00%				
H $_{T-2,-3M}$:	09.12.1991				
KH $_{T-2,-3M}$:	255,00	259,61	260,60	68,78%	56,43%
KDH $_{T-2,-3M}$:	273,12	273,22	273,25	65,36%	53,82%
H $_{T-2,-6M}$:	09.09.1991				
KH $_{T-2,-6M}$:	272,00	281,73	283,82	63,38%	51,81%
KDH $_{T-2,-6M}$:	259,50	259,60	259,63	68,79%	56,64%

- - - - -   - - - - -

Volatilität

SDE $_{T-2,-3M}$:	1,63%
SDH $_{T-2,-3M}$:	2,33%

WKN: 554603

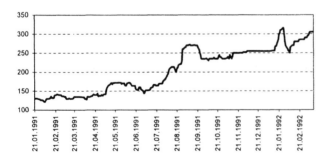

WKN: 554800				
Dortmunder Actien Brauerei AG	7%	8,50%	7%	8,50%

barwertiger Ausgleich abgezinst:		6,09	5,01		
Ereignistag:	09.05.2002	aufgezinste, bereinigte Kurse		Ausgleich / Kurs	
KE $_{T-2}$:	6,85	6,85	6,85	88,92%	73,09%
Kurseinfluss:	9,49%				
E $_{T-2,-3M}$:	07.02.2002				
KE $_{T-2,-3M}$:	6,00	6,11	6,13	99,79%	81,73%
KDE $_{T-2,-3M}$:	6,11	6,11	6,11	99,73%	81,98%
E $_{T-2,-6M}$:	07.11.2001				
KE $_{T-2,-6M}$:	4,80	4,97	5,01	122,58%	100,03%
KDE $_{T-2,-6M}$:	5,85	5,86	5,86	104,05%	85,54%
		- - - + +	- - - + -		

barwertiger Ausgleich abgezinst:		6,14	5,06		
HV-Termin:	20.06.2002	aufgezinste, bereinigte Kurse		Ausgleich / Kurs	
KH $_{T-2}$:	6,70	6,70	6,70	91,65%	75,47%
Kurseinfluss:	-4,48%				
H $_{T-2,-3M}$:	18.03.2002				
KH $_{T-2,-3M}$:	6,00	6,11	6,13	100,54%	82,48%
KDH $_{T-2,-3M}$:	6,68	6,68	6,68	91,97%	75,73%
H $_{T-2,-6M}$:	18.12.2001				
KH $_{T-2,-6M}$:	6,10	6,32	6,37	97,22%	79,48%
KDH $_{T-2,-6M}$:	6,32	6,32	6,32	97,21%	80,05%
		- + - - -	- - - - -		

Volatilität

SDE $_{T-2,-3M}$: 1,55%

SDH $_{T-2,-3M}$: 1,88%

WKN: 554800

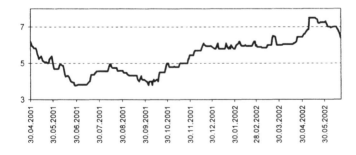

	WKN: 558800			
Flachglas AG	7%	8,50%	7%	8,50%

barwertiger Ausgleich abgezinst:		700,65	575,21		
Ereignistag:	22.12.1988	aufgezinste, bereinigte Kurse		Ausgleich / Kurs	
KE $_{T-2}$:	497,00	497,19	497,23	140,92%	115,68%
Kurseinfluss:	16,70%				
E $_{T-2,-3M}$:	20.09.1988				
KE $_{T-2,-3M}$:	455,69	463,93	465,69	151,03%	123,52%
KDE $_{T-2,-3M}$:	460,53	460,71	460,75	152,08%	124,84%
E $_{T-2,-6M}$:	20.06.1988				
KE $_{T-2,-6M}$:	425,31	440,61	443,88	159,02%	129,59%
KDE $_{T-2,-6M}$:	450,23	450,41	450,45	155,56%	127,70%
		+ + + + +	+ + + + +		

barwertiger Ausgleich abgezinst:		711,00	585,53		
HV-Termin:	08.03.1989	aufgezinste, bereinigte Kurse		Ausgleich / Kurs	
KH $_{T-2}$:	605,50	605,74	605,79	117,38%	96,66%
Kurseinfluss:	0,00%				
H $_{T-2,-3M}$:	06.12.1988				
KH $_{T-2,-3M}$:	486,50	495,20	497,07	143,58%	117,80%
KDH $_{T-2,-3M}$:	565,98	566,20	566,25	125,57%	103,41%
H $_{T-2,-6M}$:	06.09.1988				
KH $_{T-2,-6M}$:	450,94	466,98	470,42	152,25%	124,47%
KDH $_{T-2,-6M}$:	509,43	509,62	509,67	139,51%	114,88%
		+ + + + +	- + + + +		

Volatilität

SDE $_{T-2,-3M}$: 1,43%

SDH $_{T-2,-3M}$: 2,15%

WKN: 558800

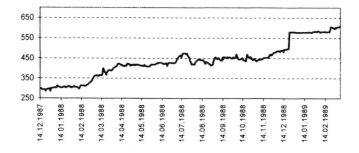

	WKN: 563300			
Edscha AG	7%	8,50%	7%	8,50%

barwertiger Ausgleich abgezinst:		31,66	26,01		
Ereignistag:	28.03.2003	aufgezinste, bereinigte Kurse		Ausgleich / Kurs	
KE $_{T-2}$:	38,48	38,49	38,50	82,23%	67,56%
Kurseinfluss:	-13,85%				
E $_{T-2,-3M}$:	26.12.2002				
KE $_{T-2,-3M}$:	26,39	26,86	26,96	117,84%	96,46%
KDE $_{T-2,-3M}$:	30,81	30,82	30,82	102,72%	84,39%
E $_{T-2,-6M}$:	26.09.2002				
KE $_{T-2,-6M}$:	24,50	25,37	25,56	124,77%	101,76%
KDE $_{T-2,-6M}$:	27,83	27,84	27,84	113,70%	93,41%
		- + + + +	- - - + -		

barwertiger Ausgleich abgezinst:		32,00	26,35		
HV-Termin:	23.05.2003	aufgezinste, bereinigte Kurse		Ausgleich / Kurs	
KH $_{T-2}$:	34,11	34,12	34,13	93,78%	77,22%
Kurseinfluss:	4,08%				
H $_{T-2,-3M}$:	21.02.2003				
KH $_{T-2,-3M}$:	35,00	35,62	35,75	89,84%	73,71%
KDH $_{T-2,-3M}$:	34,55	34,57	34,57	92,58%	76,23%
H $_{T-2,-6M}$:	21.11.2002				
KH $_{T-2,-6M}$:	26,18	27,11	27,31	118,03%	96,49%
KDH $_{T-2,-6M}$:	30,97	30,99	30,99	103,28%	85,04%
		- - - + +	- - - - -		

Volatilität

SDE $_{T-2,-3M}$: 2,21%

SDH $_{T-2,-3M}$: 2,71%

WKN: 563300

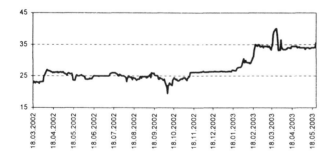

WKN: 567800				
OBAG AG	7%	8,50%	7%	8,50%

barwertiger Ausgleich abgezinst:		261,22	212,93		
Ereignistag:	07.07.1998	aufgezinste, bereinigte Kurse		Ausgleich / Kurs	
KE $_{T-2}$:	247,98	248,07	248,09	105,30%	85,83%
Kurseinfluss:	7,22%				
E $_{T-2,-3M}$:	05.04.1998				
KE $_{T-2,-3M}$:	240,06	244,40	245,33	106,88%	86,79%
KDE $_{T-2,-3M}$:	245,64	245,74	245,76	106,30%	86,64%
E $_{T-2,-6M}$:	05.01.1998				
KE $_{T-2,-6M}$:	232,63	240,91	242,68	108,43%	87,74%
KDE $_{T-2,-6M}$:	239,47	239,57	239,59	109,04%	88,87%
		+ + + + +	- - - - -		

barwertiger Ausgleich abgezinst:		274,43	226,00		
HV-Termin:	24.03.1999	aufgezinste, bereinigte Kurse		Ausgleich / Kurs	
KH $_{T-2}$:	290,00	290,11	290,14	94,59%	77,89%
Kurseinfluss:	0,41%				
H $_{T-2,-3M}$:	22.12.1998				
KH $_{T-2,-3M}$:	304,73	310,18	311,35	88,47%	72,59%
KDH $_{T-2,-3M}$:	295,15	295,26	295,29	92,94%	76,54%
H $_{T-2,-6M}$:	22.09.1998				
KH $_{T-2,-6M}$:	296,55	307,10	309,36	89,36%	73,05%
KDH $_{T-2,-6M}$:	297,03	297,14	297,17	92,36%	76,05%
		- - - - -	- - - - -		

Volatilität

SDE $_{T-2,-3M}$:   1,08%

SDH $_{T-2,-3M}$:   0,57%

WKN: 567800

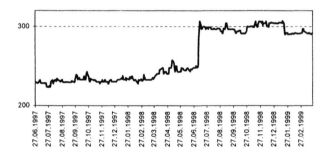

	WKN: 568400				
Seitz Enzinger Noll AG		7%	8,50%	7%	8,50%

	barwertiger Ausgleich abgezinst:	224,69	184,71		
Ereignistag:	01.02.1990	aufgezinste, bereinigte Kurse		Ausgleich / Kurs	
KE $_{T-2}$:	187,00	187,07	187,09	120,11%	98,73%
Kurseinfluss:	3,21%				
E $_{T-2,-3M}$:	30.10.1989				
KE $_{T-2,-3M}$:	190,00	193,47	194,22	116,14%	95,11%
KDE $_{T-2,-3M}$:	187,37	187,44	187,46	119,87%	98,54%
E $_{T-2,-6M}$:	30.07.1989				
KE $_{T-2,-6M}$:	180,00	186,51	187,91	120,47%	98,30%
KDE $_{T-2,-6M}$:	188,66	188,73	188,75	119,05%	97,86%
		+ + + + +	- - - - -		

	barwertiger Ausgleich abgezinst:	226,57	186,59		
HV-Termin:	16.03.1990	aufgezinste, bereinigte Kurse		Ausgleich / Kurs	
KH $_{T-2}$:	214,50	214,58	214,60	105,59%	86,95%
Kurseinfluss:	0,00%				
H $_{T-2,-3M}$:	14.12.1989				
KH $_{T-2,-3M}$:	184,50	187,80	188,51	120,64%	98,98%
KDH $_{T-2,-3M}$:	195,83	195,91	195,92	115,65%	95,24%
H $_{T-2,-6M}$:	14.09.1989				
KH $_{T-2,-6M}$:	185,00	191,58	192,99	118,26%	96,68%
KDH $_{T-2,-6M}$:	194,12	194,19	194,21	116,67%	96,08%
		+ + + + +	- - - - -		

Volatilität

SDE $_{T-2,-3M}$: 1,84%

SDH $_{T-2,-3M}$: 1,73%

WKN: 568400

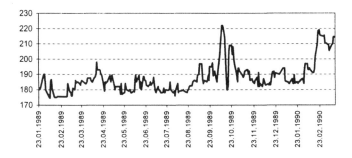

257

WKN: 575470				
FAG Kugelfischer AG	7%	8,50%	7%	8,50%

barwertiger Ausgleich abgezinst:	10,73	8,74		
Ereignistag:	11.09.2001	aufgezinste, bereinigte Kurse		Ausgleich / Kurs
KE $_{T-2}$:	7,25	7,25	7,25	147,90%	120,51%
Kurseinfluss:	42,07%				
E $_{T-2,-3M}$:	09.06.2001				
KE $_{T-2,-3M}$:	8,14	8,29	8,32	129,41%	105,05%
KDE $_{T-2,-3M}$:	7,60	7,60	7,60	141,16%	115,02%
E $_{T-2,-6M}$:	09.03.2001				
KE $_{T-2,-6M}$:	8,28	8,58	8,64	125,03%	101,13%
KDE $_{T-2,-6M}$:	7,66	7,66	7,66	140,07%	114,13%
		+ + + + +	+ + + + +		

barwertiger Ausgleich abgezinst:	11,29	9,29		
HV-Termin:	06.06.2002	aufgezinste, bereinigte Kurse		Ausgleich / Kurs
KH $_{T-2}$:	12,50	12,50	12,51	90,25%	74,32%
Kurseinfluss:	0,00%				
H $_{T-2,-3M}$:	04.03.2002				
KH $_{T-2,-3M}$:	13,22	13,46	13,51	83,84%	68,78%
KDH $_{T-2,-3M}$:	13,10	13,11	13,11	86,09%	70,89%
H $_{T-2,-6M}$:	04.12.2001				
KH $_{T-2,-6M}$:	12,00	12,43	12,52	90,80%	74,23%
KDH $_{T-2,-6M}$:	13,03	13,04	13,04	86,56%	71,28%
		- - - - -	- - - - -		

Volatilität
SDE $_{T-2,-3M}$: 1,60%
SDH $_{T-2,-3M}$: 1,30%

WKN: 575470

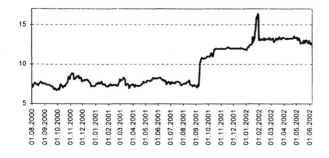

WKN: 576690				
Felten & Guilleaume AG	7%	8,50%	7%	8,50%

barwertiger Ausgleich abgezinst:		94,53	77,72		
Ereignistag:	11.11.1999	aufgezinste, bereinigte Kurse		Ausgleich / Kurs	
KE $_{T-2}$:	151,00	151,06	151,07	62,58%	51,44%
Kurseinfluss:	0,00%				
E $_{T-2,-3M}$:	09.08.1999				
KE $_{T-2,-3M}$:	147,77	150,47	151,05	62,82%	51,45%
KDE $_{T-2,-3M}$:	149,79	149,85	149,86	63,09%	51,86%
E $_{T-2,-6M}$:	09.05.1999				
KE $_{T-2,-6M}$:	146,78	152,09	153,23	62,16%	50,72%
KDE $_{T-2,-6M}$:	148,59	148,65	148,67	63,59%	52,28%
		- - - - -	- - - - -		

barwertiger Ausgleich abgezinst:		95,29	78,47		
HV-Termin:	22.12.1999	aufgezinste, bereinigte Kurse		Ausgleich / Kurs	
KH $_{T-2}$:	153,00	153,06	153,07	62,25%	51,26%
Kurseinfluss:	0,00%				
H $_{T-2,-3M}$:	20.09.1999				
KH $_{T-2,-3M}$:	150,00	152,71	153,29	62,40%	51,19%
KDH $_{T-2,-3M}$:	151,73	151,79	151,80	62,77%	51,69%
H $_{T-2,-6M}$:	20.06.1999				
KH $_{T-2,-6M}$:	147,77	153,09	154,23	62,24%	50,88%
KDH $_{T-2,-6M}$:	149,82	149,87	149,89	63,58%	52,35%
		- - - - -	- - - - -		

Volatilität
SDE $_{T-2,-3M}$:   0,81%
SDH $_{T-2,-3M}$:   0,50%

WKN: 576690

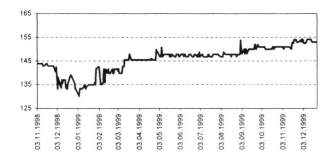

WKN: 576700				
Philips Kommunikations AG	7%	8,50%	7%	8,50%

barwertiger Ausgleich abgezinst:	431,76	354,95		
Ereignistag: 18.05.1989	aufgezinste, bereinigte Kurse		Ausgleich / Kurs	
KE $_{T-2}$: 693,00	693,27	693,33	62,28%	51,20%
Kurseinfluss: -13,42%				
E $_{T-2,-3M}$: 16.02.1989				
KE $_{T-2,-3M}$: 667,00	678,80	681,33	63,61%	52,10%
KDE $_{T-2,-3M}$: 688,90	689,17	689,22	62,65%	51,50%
E $_{T-2,-6M}$: 16.11.1988				
KE $_{T-2,-6M}$: 612,50	634,29	638,97	68,07%	55,55%
KDE $_{T-2,-6M}$: 662,79	663,05	663,11	65,12%	53,53%

- - - - -   - - - - -

barwertiger Ausgleich abgezinst:	435,29	358,47		
HV-Termin: 29.06.1989	aufgezinste, bereinigte Kurse		Ausgleich / Kurs	
KH $_{T-2}$: 563,00	563,22	563,27	77,29%	63,64%
Kurseinfluss: 0,36%				
H $_{T-2,-3M}$: 27.03.1989				
KH $_{T-2,-3M}$: 692,00	704,65	707,36	61,77%	50,68%
KDH $_{T-2,-3M}$: 645,00	645,25	645,30	67,46%	55,55%
H $_{T-2,-6M}$: 27.12.1988				
KH $_{T-2,-6M}$: 609,00	630,79	635,46	69,01%	56,41%
KDH $_{T-2,-6M}$: 653,14	653,40	653,45	66,62%	54,86%

- - - - -   - - - - -

Volatilität
SDE $_{T-2,-3M}$: 0,86%
SDH $_{T-2,-3M}$: 2,10%

WKN: 576700

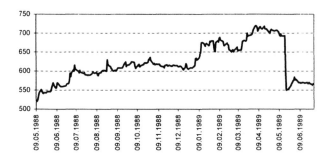

WKN: 577230				
Feldmühle Nobel AG	7,0%	8,50%	7%	8,50%

	barwertiger Ausgleich abgezinst:	663,14	544,97		
Ereignistag:	10.09.1991	aufgezinste, bereinigte Kurse		Ausgleich / Kurs	
KE $_{T-2}$:	485,00	485,47	485,57	136,60%	112,23%
Kurseinfluss:	7,22%				
E $_{T-2,-3M}$:	05.06.1991				
KE $_{T-2,-3M}$:	442,68	451,03	452,82	147,03%	120,35%
KDE $_{T-2,-3M}$:	481,13	481,60	481,70	137,70%	113,13%
E $_{T-2,-6M}$:	05.03.1991				
KE $_{T-2,-6M}$:	433,05	448,97	452,38	147,70%	120,47%
KDE $_{T-2,-6M}$:	459,94	460,39	460,49	144,04%	118,35%
		+ + + + +	+ + + + +		

	barwertiger Ausgleich abgezinst:	669,71	551,53		
HV-Termin:	31.10.1991	aufgezinste, bereinigte Kurse		Ausgleich / Kurs	
KH $_{T-2}$:	514,80	515,00	515,04	130,04%	107,08%
Kurseinfluss:	0,04%				
H $_{T-2,-3M}$:	29.07.1991				
KH $_{T-2,-3M}$:	485,00	493,86	495,76	135,61%	111,25%
KDH $_{T-2,-3M}$:	501,95	502,15	502,19	133,37%	109,83%
H $_{T-2,-6M}$:	29.04.1991				
KH $_{T-2,-6M}$:	433,05	448,63	451,97	149,28%	122,03%
KDH $_{T-2,-6M}$:	482,13	482,32	482,36	138,85%	114,34%
		+ + + + +	+ + + + +		

Volatilität

SDE $_{T-2,-3M}$:   1,07%

SDH $_{T-2,-3M}$:   1,40%

WKN: 577230

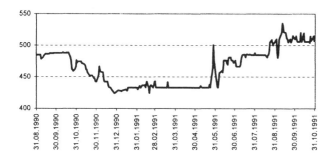

261

WKN: 577500				
Fränkisches Überlandwerk AG	7%	8,50%	7%	8,50%

barwertiger Ausgleich abgezinst:	124,50	102,32		
Ereignistag:	09.04.2001	aufgezinste, bereinigte Kurse		Ausgleich / Kurs
KE $_{T-2}$:	136,00	136,05	136,06	91,51%	75,20%
Kurseinfluss:	22,79%				
E $_{T-2,-3M}$:	05.01.2001				
KE $_{T-2,-3M}$:	147,50	150,20	150,77	82,89%	67,86%
KDE $_{T-2,-3M}$:	141,71	141,77	141,78	87,82%	72,17%
E $_{T-2,-6M}$:	05.10.2000				
KE $_{T-2,-6M}$:	130,00	134,70	135,71	92,43%	75,40%
KDE $_{T-2,-6M}$:	137,25	137,36	137,38	90,64%	74,48%

- - - - -   - - - - -

barwertiger Ausgleich abgezinst:	125,71	103,53		
HV-Termin:	29.05.2001	aufgezinste, bereinigte Kurse		Ausgleich / Kurs
KH $_{T-2}$:	171,00	171,07	171,08	73,49%	60,51%
Kurseinfluss:	0,00%				
H $_{T-2,-3M}$:	27.02.2001				
KH $_{T-2,-3M}$:	140,05	142,53	143,06	88,20%	72,37%
KDH $_{T-2,-3M}$:	155,71	155,77	155,79	80,70%	66,46%
H $_{T-2,-6M}$:	27.11.2000				
KH $_{T-2,-6M}$:	130,00	134,63	135,62	93,38%	76,34%
KDH $_{T-2,-6M}$:	147,92	147,98	147,99	84,95%	69,95%

- - - - -   - - - - -

Volatilität
SDE $_{T-2,-3M}$:   0,86%
SDH $_{T-2,-3M}$:   2,94%

WKN: 577500

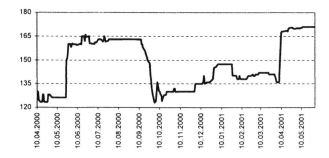

262

WKN: 578850				
Friatec AG	7%	8,50%	7%	8,50%

barwertiger Ausgleich abgezinst:	21,27	17,49		
Ereignistag:	21.01.1999	aufgezinste, bereinigte Kurse		Ausgleich / Kurs
KE_{T-2}:	27,00	27,01	27,01	78,74%	64,73%
Kurseinfluss:	-5,56%				
$E_{T-2,-3M}$:	19.10.1998				
$KE_{T-2,-3M}$:	25,05	25,51	25,61	83,37%	68,28%
$KDE_{T-2,-3M}$:	25,71	25,72	25,72	82,69%	67,99%
$E_{T-2,-6M}$:	19.07.1998				
$KE_{T-2,-6M}$:	27,71	28,71	28,92	74,08%	60,45%
$KDE_{T-2,-6M}$:	25,86	25,87	25,87	82,22%	67,60%
	- - - - -	- - - - -			

barwertiger Ausgleich abgezinst:	21,43	17,65		
HV-Termin:	01.03.1999	aufgezinste, bereinigte Kurse		Ausgleich / Kurs
KH_{T-2}:	21,80	21,82	21,82	98,22%	80,87%
Kurseinfluss:	0,00%				
$H_{T-2,-3M}$:	27.11.1998				
$KH_{T-2,-3M}$:	25,05	25,51	25,61	84,00%	68,91%
$KDH_{T-2,-3M}$:	24,17	24,19	24,19	88,58%	72,94%
$H_{T-2,-6M}$:	27.08.1998				
$KH_{T-2,-6M}$:	26,56	27,52	27,72	77,88%	63,66%
$KDH_{T-2,-6M}$:	25,02	25,04	25,05	85,57%	70,46%
	- - - - -	- - - - -			

Volatilität

$SDE_{T-2,-3M}$: 1,83%

$SDH_{T-2,-3M}$: 2,36%

WKN: 578850

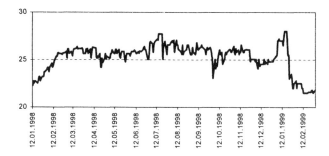

263

WKN: 585203				
Gardena Holding AG	7%	8,50%	7%	8,50%

barwertiger Ausgleich abgezinst:		24,38	20,05		
Ereignistag:	03.08.2002	aufgezinste, bereinigte Kurse		Ausgleich / Kurs	
KE $_{T-2}$:	26,50	26,51	26,51	91,97%	75,61%
Kurseinfluss:	0,00%				
E $_{T-2,-3M}$:	02.05.2002				
KE $_{T-2,-3M}$:	25,59	26,05	26,15	93,59%	76,65%
KDE $_{T-2,-3M}$:	25,84	25,85	25,86	94,31%	77,53%
E $_{T-2,-6M}$:	01.02.2002				
KE $_{T-2,-6M}$:	24,76	25,64	25,83	95,10%	77,62%
KDE $_{T-2,-6M}$:	25,74	25,75	25,75	94,68%	77,84%

- - - - -   - - - - -

barwertiger Ausgleich abgezinst:		24,57	20,24		
HV-Termin:	12.09.2002	aufgezinste, bereinigte Kurse		Ausgleich / Kurs	
KH $_{T-2}$:	26,50	26,51	26,51	92,69%	76,32%
Kurseinfluss:	-1,28%				
H $_{T-2,-3M}$:	10.06.2002				
KH $_{T-2,-3M}$:	25,98	26,45	26,56	92,88%	76,20%
KDH $_{T-2,-3M}$:	26,11	26,12	26,12	94,08%	77,47%
H $_{T-2,-6M}$:	11.03.2002				
KH $_{T-2,-6M}$:	26,02	26,96	27,16	91,16%	74,52%
KDH $_{T-2,-6M}$:	25,94	25,95	25,95	94,69%	77,97%

- - - - -   - - - - -

Volatilität
SDE $_{T-2,-3M}$:   1,11%
SDH $_{T-2,-3M}$:   1,16%

WKN: 585203

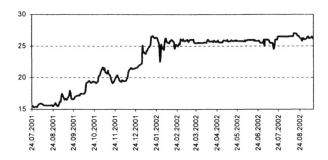

WKN: 585700				
GEA AG	7%	8,50%	7%	8,50%

	barwertiger Ausgleich abgezinst:	5,01	4,11		
Ereignistag:	20.05.1999	aufgezinste, bereinigte Kurse		Ausgleich / Kurs	
KE $_{T-2}$:	24,30	24,31	24,31	20,63%	16,92%
Kurseinfluss:	2,88%				
E $_{T-2,-3M}$:	18.02.1999				
KE $_{T-2,-3M}$:	21,30	21,68	21,76	23,13%	18,91%
KDE $_{T-2,-3M}$:	22,29	22,30	22,30	22,48%	18,45%
E $_{T-2,-6M}$:	18.11.1998				
KE $_{T-2,-6M}$:	24,39	25,26	25,44	19,85%	16,17%
KDE $_{T-2,-6M}$:	22,46	22,47	22,47	22,32%	18,31%
		- - - - -	- - - - -		

	barwertiger Ausgleich abgezinst:	5,10	4,20		
HV-Termin:	18.08.1999	aufgezinste, bereinigte Kurse		Ausgleich / Kurs	
KH $_{T-2}$:	35,50	35,51	35,52	14,37%	11,83%
Kurseinfluss:	-1,13%				
H $_{T-2,-3M}$:	16.05.1999				
KH $_{T-2,-3M}$:	24,50	24,95	25,04	20,45%	16,78%
KDH $_{T-2,-3M}$:	30,28	30,30	30,30	16,84%	13,87%
H $_{T-2,-6M}$:	16.02.1999				
KH $_{T-2,-6M}$:	22,20	22,99	23,16	22,19%	18,14%
KDH $_{T-2,-6M}$:	26,39	26,40	26,41	19,32%	15,91%
		- - - - -	- - - - -		

Volatilität

SDE $_{T-2,-3M}$:	2,55%
SDH $_{T-2,-3M}$:	2,69%

WKN: 585700

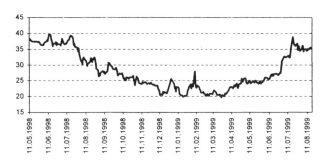

WKN: 585703				
GEA AG	7%	8,50%	7%	8,50%

barwertiger Ausgleich abgezinst:	5,01	4,11		
Ereignistag:	20.05.1999	aufgezinste, bereinigte Kurse		Ausgleich / Kurs
KE $_{T-2}$:	22,80	22,81	22,81	21,98%	18,04%
Kurseinfluss:	3,29%				
E $_{T-2,-3M}$:	18.02.1999				
KE $_{T-2,-3M}$:	19,70	20,05	20,12	25,01%	20,45%
KDE $_{T-2,-3M}$:	20,35	20,35	20,36	24,63%	20,21%
E $_{T-2,-6M}$:	18.11.1998				
KE $_{T-2,-6M}$:	21,27	22,03	22,19	22,76%	18,54%
KDE $_{T-2,-6M}$:	20,09	20,10	20,10	24,95%	20,47%

- - - - - - - - - -

barwertiger Ausgleich abgezinst:	5,10	4,20		
HV-Termin:	18.08.1999	aufgezinste, bereinigte Kurse		Ausgleich / Kurs
KH $_{T-2}$:	32,00	32,01	32,02	15,94%	13,12%
Kurseinfluss:	-0,16%				
H $_{T-2,-3M}$:	16.05.1999				
KH $_{T-2,-3M}$:	22,70	23,11	23,20	22,07%	18,11%
KDH $_{T-2,-3M}$:	27,56	27,57	27,58	18,50%	15,24%
H $_{T-2,-6M}$:	16.02.1999				
KH $_{T-2,-6M}$:	19,20	19,88	20,03	25,66%	20,98%
KDH $_{T-2,-6M}$:	24,03	24,04	24,04	21,22%	17,48%

- - - - - - - - - -

Volatilität
SDE $_{T-2,-3M}$: 2,27%
SDH $_{T-2,-3M}$: 2,50%

WKN: 585703

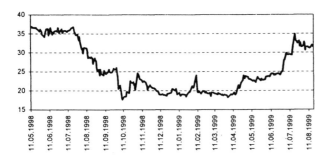

266

WKN: 587300				
Gerresheimer Glas AG	7%	8,50%	7%	8,50%

barwertiger Ausgleich abgezinst:	16,96	13,94		
Ereignistag:	07.07.2000	aufgezinste, bereinigte Kurse		Ausgleich / Kurs	
KE $_{T-2}$:	14,90	14,91	14,91	113,79%	93,49%
Kurseinfluss:	-1,34%				
E $_{T-2,-3M}$:	05.04.2000				
KE $_{T-2,-3M}$:	13,58	13,82	13,88	122,69%	100,43%
KDE $_{T-2,-3M}$:	13,74	13,74	13,74	123,41%	101,40%
E $_{T-2,-6M}$:	05.01.2000				
KE $_{T-2,-6M}$:	13,34	13,82	13,92	122,75%	100,12%
KDE $_{T-2,-6M}$:	14,21	14,21	14,21	119,36%	98,06%
		+ + + + +	- + + + -		

barwertiger Ausgleich abgezinst:	17,14	14,12		
HV-Termin:	31.08.2000	aufgezinste, bereinigte Kurse		Ausgleich / Kurs	
KH $_{T-2}$:	14,70	14,71	14,71	116,57%	95,99%
Kurseinfluss:	0,34%				
H $_{T-2,-3M}$:	29.05.2000				
KH $_{T-2,-3M}$:	14,58	14,85	14,90	115,47%	94,73%
KDH $_{T-2,-3M}$:	14,78	14,78	14,79	115,96%	95,49%
H $_{T-2,-6M}$:	29.02.2000				
KH $_{T-2,-6M}$:	13,82	14,31	14,42	119,78%	97,92%
KDH $_{T-2,-6M}$:	14,19	14,20	14,20	120,72%	99,41%
		+ + + + +	- - - - -		

Volatilität

SDE $_{T-2,-3M}$: 3,71%

SDH $_{T-2,-3M}$: 1,08%

WKN: 587300

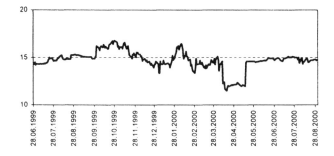

WKN: 587570				
Gestra AG	7%	8,50%	7%	8,50%

barwertiger Ausgleich abgezinst:		316,11	259,07		
Ereignistag:	29.03.1996	aufgezinste, bereinigte Kurse		Ausgleich / Kurs	
KE $_{T-2}$:	211,00	211,08	211,10	149,76%	122,73%
Kurseinfluss:	54,03%				
E $_{T-2,-3M}$:	27.12.1995				
KE $_{T-2,-3M}$:	235,00	239,25	240,16	132,13%	107,88%
KDE $_{T-2,-3M}$:	236,94	237,03	237,05	133,36%	109,29%
E $_{T-2,-6M}$:	27.09.1995				
KE $_{T-2,-6M}$:	225,50	233,57	235,30	135,34%	110,11%
KDE $_{T-2,-6M}$:	229,13	229,22	229,24	137,91%	113,01%
		+ + + + +	+ + + + +		

barwertiger Ausgleich abgezinst:		323,43	266,35		
HV-Termin:	26.07.1996	aufgezinste, bereinigte Kurse		Ausgleich / Kurs	
KH $_{T-2}$:	316,00	316,12	316,15	102,31%	84,25%
Kurseinfluss:	0,00%				
H $_{T-2,-3M}$:	24.04.1996				
KH $_{T-2,-3M}$:	316,00	321,71	322,94	100,53%	82,48%
KDH $_{T-2,-3M}$:	316,60	316,73	316,75	102,12%	84,09%
H $_{T-2,-6M}$:	24.01.1996				
KH $_{T-2,-6M}$:	240,00	248,59	250,43	130,11%	106,36%
KDH $_{T-2,-6M}$:	286,47	286,58	286,60	112,86%	92,93%
		+ + + + +	- - - + -		

Volatilität

SDE $_{T-2,-3M}$:   1,25%

SDH $_{T-2,-3M}$:   0,27%

WKN: 587570

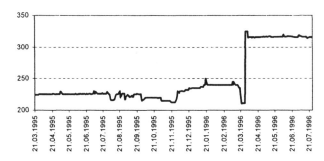

WKN: 588400				
DIBAG Doblinger Industriebau AG	7%	8,50%	7%	8,50%

barwertiger Ausgleich abgezinst:		243,68	200,34		
Ereignistag:	04.07.1991	aufgezinste, bereinigte Kurse		Ausgleich / Kurs	
KE $_{T-2}$:	510,00	510,20	510,24	47,76%	39,26%
Kurseinfluss:	3,92%				
E $_{T-2,-3M}$:	02.04.1991				
KE $_{T-2,-3M}$:	480,00	488,68	490,54	49,86%	40,84%
KDE $_{T-2,-3M}$:	495,82	496,02	496,06	49,13%	40,39%
E $_{T-2,-6M}$:	02.01.1991				
KE $_{T-2,-6M}$:	440,00	455,66	459,01	53,48%	43,65%
KDE $_{T-2,-6M}$:	471,46	471,64	471,68	51,67%	42,47%

- - - - -   - - - - -

barwertiger Ausgleich abgezinst:		245,57	202,24		
HV-Termin:	13.08.1991	aufgezinste, bereinigte Kurse		Ausgleich / Kurs	
KH $_{T-2}$:	530,00	530,21	530,25	46,32%	38,14%
Kurseinfluss:	-2,83%				
H $_{T-2,-3M}$:	11.05.1991				
KH $_{T-2,-3M}$:	495,00	504,05	505,99	48,72%	39,97%
KDH $_{T-2,-3M}$:	517,92	518,12	518,17	47,40%	39,03%
H $_{T-2,-6M}$:	11.02.1991				
KH $_{T-2,-6M}$:	440,00	455,66	459,01	53,89%	44,06%
KDH $_{T-2,-6M}$:	496,99	497,19	497,23	49,39%	40,67%

- - - - -   - - - - -

Volatilität

SDE $_{T-2,-3M}$:　　1,20%

SDH $_{T-2,-3M}$:　　1,09%

WKN: 588400

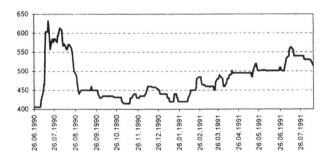

269

WKN: 589300				
Th. Goldschmidt AG	7%	8,50%	7%	8,50%

		barwertiger Ausgleich abgezinst:	547,28	449,90		
Ereignistag:	04.06.1999		aufgezinste, bereinigte Kurse		Ausgleich / Kurs	
KE $_{T-2}$:	530,00		530,31	530,38	103,20%	84,83%
Kurseinfluss:	14,36%					
E $_{T-2,-3M}$:	01.03.1999					
KE $_{T-2,-3M}$:	465,00		473,59	475,43	115,56%	94,63%
KDE $_{T-2,-3M}$:	500,27		500,56	500,62	109,33%	89,87%
E $_{T-2,-6M}$:	01.12.1998					
KE $_{T-2,-6M}$:	352,79		365,48	368,20	149,74%	122,19%
KDE $_{T-2,-6M}$:	453,51		453,77	453,83	120,61%	99,13%
			+ + + + +		- - - + -	

		barwertiger Ausgleich abgezinst:	551,86	454,47		
HV-Termin:	15.07.1999		aufgezinste, bereinigte Kurse		Ausgleich / Kurs	
KH $_{T-2}$:	610,00		610,24	610,29	90,43%	74,47%
Kurseinfluss:	4,92%					
H $_{T-2,-3M}$:	13.04.1999					
KH $_{T-2,-3M}$:	520,00		529,40	531,42	104,24%	85,52%
KDH $_{T-2,-3M}$:	561,41		561,63	561,68	98,26%	80,91%
H $_{T-2,-6M}$:	13.01.1999					
KH $_{T-2,-6M}$:	408,00		422,52	425,63	130,61%	106,78%
KDH $_{T-2,-6M}$:	507,61		507,81	507,85	108,67%	89,49%
			- + - + +		- - - + -	

Volatilität

SDE $_{T-2,-3M}$: 1,25%

SDH $_{T-2,-3M}$: 1,99%

WKN: 589300

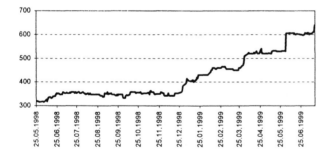

WKN: 590610				
C. Grossmann AG	7%	8,50%	7%	8,50%

barwertiger Ausgleich abgezinst:	44,28	36,40		
Ereignistag:	16.05.1991	aufgezinste, bereinigte Kurse		Ausgleich / Kurs
KE $_{T-2}$:	115,00	115,04	115,05	38,49%	31,64%
Kurseinfluss:	-2,61%				
E $_{T-2,-3M}$:	14.02.1991				
KE $_{T-2,-3M}$:	100,00	101,77	102,15	43,51%	35,64%
KDE $_{T-2,-3M}$:	105,27	105,31	105,32	42,05%	34,57%
E $_{T-2,-6M}$:	14.11.1990				
KE $_{T-2,-6M}$:	114,54	118,61	119,49	37,33%	30,47%
KDE $_{T-2,-6M}$:	106,28	106,32	106,33	41,65%	34,24%

- - - - -   - - - - -

barwertiger Ausgleich abgezinst:	44,64	36,76		
HV-Termin:	27.06.1991	aufgezinste, bereinigte Kurse		Ausgleich / Kurs
KH $_{T-2}$:	107,00	107,04	107,05	41,71%	34,34%
Kurseinfluss:	0,00%				
H $_{T-2,-3M}$:	25.03.1991				
KH $_{T-2,-3M}$:	101,00	102,85	103,24	43,41%	35,61%
KDH $_{T-2,-3M}$:	110,82	110,87	110,88	40,27%	33,16%
H $_{T-2,-6M}$:	25.12.1990				
KH $_{T-2,-6M}$:	110,72	114,68	115,53	38,93%	31,82%
KDH $_{T-2,-6M}$:	105,90	105,95	105,95	42,14%	34,70%

- - - - -   - - - - -

Volatilität

SDE $_{T-2,-3M}$: 1,79%

SDH $_{T-2,-3M}$: 1,76%

WKN: 590610

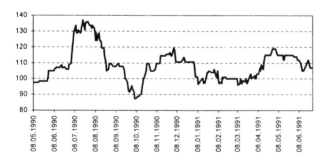

271

WKN: 590670				
Grünzweig + Hartmann AG	7%	8,50%	7%	8,50%

barwertiger Ausgleich abgezinst:	155,08	127,50		
Ereignistag:	16.05.1986	aufgezinste, bereinigte Kurse		Ausgleich / Kurs
KE $_{T-2}$:	160,20	160,26	160,28	96,77%	79,55%
Kurseinfluss:	0,00%			
E $_{T-2,-3M}$:	14.02.1986			
KE $_{T-2,-3M}$:	133,90	136,27	136,78	113,80%	93,22%
KDE $_{T-2,-3M}$:	141,97	142,03	142,04	109,19%	89,76%
E $_{T-2,-6M}$:	14.11.1985			
KE $_{T-2,-6M}$:	114,00	118,06	118,93	131,36%	107,21%
KDE $_{T-2,-6M}$:	132,25	132,30	132,31	117,22%	96,36%

- + + + +   - - - + -

barwertiger Ausgleich abgezinst:	156,29	128,71		
HV-Termin:	25.06.1986	aufgezinste, bereinigte Kurse		Ausgleich / Kurs
KH $_{T-2}$:	163,40	163,46	163,48	95,61%	78,73%
Kurseinfluss:	0,00%			
H $_{T-2,-3M}$:	23.03.1986			
KH $_{T-2,-3M}$:	128,50	130,85	131,35	119,44%	97,99%
KDH $_{T-2,-3M}$:	154,61	154,67	154,69	101,04%	83,20%
H $_{T-2,-6M}$:	23.12.1985			
KH $_{T-2,-6M}$:	125,00	129,47	130,43	120,71%	98,68%
KDH $_{T-2,-6M}$:	140,31	140,37	140,38	111,34%	91,69%

- + + + +   - - - - -

Volatilität

SDE $_{T-2,-3M}$:   2,82%

SDH $_{T-2,-3M}$:   2,43%

WKN: 590670

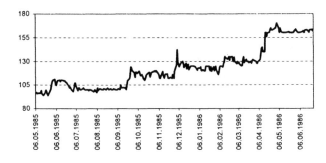

272

WKN: 591600				
Guano Werke AG	7%	8,50%	7%	8,50%

barwertiger Ausgleich abgezinst:		332,21	273,12		
Ereignistag:	03.10.1986	aufgezinste, bereinigte Kurse		Ausgleich / Kurs	
KE $_{T-2}$:	410,00	410,16	410,19	81,00%	66,58%
Kurseinfluss:	2,44%				
E $_{T-2,-3M}$:	01.07.1986				
KE $_{T-2,-3M}$:	430,00	437,86	439,54	75,87%	62,14%
KDE $_{T-2,-3M}$:	417,61	417,77	417,81	79,52%	65,37%
E $_{T-2,-6M}$:	01.04.1986				
KE $_{T-2,-6M}$:	427,36	442,73	446,02	75,04%	61,23%
KDE $_{T-2,-6M}$:	422,15	422,31	422,35	78,66%	64,67%

- - - - -   - - - - -

barwertiger Ausgleich abgezinst:		334,86	275,76		
HV-Termin:	13.11.1986	aufgezinste, bereinigte Kurse		Ausgleich / Kurs	
KH $_{T-2}$:	420,00	420,16	420,20	79,70%	65,63%
Kurseinfluss:	0,00%				
H $_{T-2,-3M}$:	11.08.1986				
KH $_{T-2,-3M}$:	410,00	417,49	419,10	80,21%	65,80%
KDH $_{T-2,-3M}$:	418,17	418,33	418,37	80,05%	65,91%
H $_{T-2,-6M}$:	12.05.1986				
KH $_{T-2,-6M}$:	422,50	437,70	440,96	76,50%	62,54%
KDH $_{T-2,-6M}$:	421,90	422,06	422,10	79,34%	65,33%

- - - - -   - - - - -

Volatilität

SDE $_{T-2,-3M}$:   0,50%

SDH $_{T-2,-3M}$:   0,63%

WKN: 591600

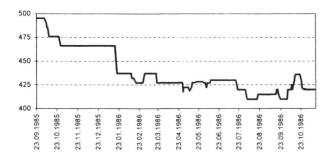

WKN: 600500				
Hageda AG	7%	8,50%	7%	8,50%

barwertiger Ausgleich abgezinst:		75,81	61,52		
Ereignistag:	13.07.1994	aufgezinste, bereinigte Kurse		Ausgleich / Kurs	
KE $_{T-2}$:	219,00	219,09	219,10	34,61%	28,08%
Kurseinfluss:	-0,91%				
E $_{T-2,-3M}$:	11.04.1994				
KE $_{T-2,-3M}$:	230,00	234,16	235,05	32,38%	26,17%
KDE $_{T-2,-3M}$:	217,11	217,20	217,21	34,91%	28,32%
E $_{T-2,-6M}$:	11.01.1994				
KE $_{T-2,-6M}$:	223,00	230,94	232,64	32,83%	26,45%
KDE $_{T-2,-6M}$:	220,12	220,21	220,23	34,43%	27,94%

- - - - -   - - - - -

barwertiger Ausgleich abgezinst:		76,46	62,16		
HV-Termin:	26.08.1994	aufgezinste, bereinigte Kurse		Ausgleich / Kurs	
KH $_{T-2}$:	155,00	155,06	155,07	49,31%	40,09%
Kurseinfluss:	0,00%				
H $_{T-2,-3M}$:	24.05.1994				
KH $_{T-2,-3M}$:	210,00	213,84	214,66	35,76%	28,96%
KDH $_{T-2,-3M}$:	203,71	203,79	203,81	37,52%	30,50%
H $_{T-2,-6M}$:	24.02.1994				
KH $_{T-2,-6M}$:	225,00	233,01	234,72	32,82%	26,48%
KDH $_{T-2,-6M}$:	213,42	213,50	213,52	35,81%	29,11%

- - - - -   - - - - -

Volatilität
SDE $_{T-2,-3M}$: 0,62%
SDH $_{T-2,-3M}$: 1,40%

WKN: 600500

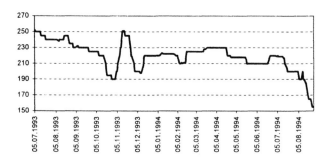

HAG GF AG	WKN: 600560				
		7%	8,50%	7%	8,50%

barwertiger Ausgleich abgezinst:		290,06	238,46		
Ereignistag:	01.08.1991	aufgezinste, bereinigte Kurse		Ausgleich / Kurs	
KE $_{T-2}$:	310,00	310,12	310,15	93,53%	76,89%
Kurseinfluss:	20,25%				
E $_{T-2,-3M}$:	30.04.1991				
KE $_{T-2,-3M}$:	289,38	294,61	295,73	98,46%	80,63%
KDE $_{T-2,-3M}$:	293,21	293,33	293,35	98,89%	81,29%
E $_{T-2,-6M}$:	30.01.1991				
KE $_{T-2,-6M}$:	251,43	260,37	262,29	111,40%	90,91%
KDE $_{T-2,-6M}$:	289,43	289,54	289,56	100,18%	82,35%

- - - + +   - - - - -

barwertiger Ausgleich abgezinst:		292,43	240,82		
HV-Termin:	12.09.1991	aufgezinste, bereinigte Kurse		Ausgleich / Kurs	
KH $_{T-2}$:	399,00	399,16	399,19	73,26%	60,33%
Kurseinfluss:	0,00%				
H $_{T-2,-3M}$:	10.06.1991				
KH $_{T-2,-3M}$:	275,15	280,18	281,25	104,37%	85,63%
KDH $_{T-2,-3M}$:	338,69	338,82	338,85	86,31%	71,07%
H $_{T-2,-6M}$:	11.03.1991				
KH $_{T-2,-6M}$:	313,10	324,36	326,77	90,16%	73,70%
KDH $_{T-2,-6M}$:	318,66	318,78	318,81	91,73%	75,54%

- + - - -   - - - - -

Volatilität

SDE $_{T-2,-3M}$:   1,83%

SDH $_{T-2,-3M}$:   2,96%

WKN: 600560

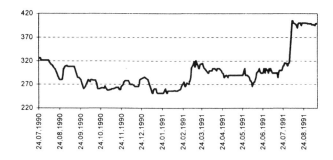

WKN: 607480				
Hofbrauhaus Wolters AG	7%	8,50%	7%	8,50%

barwertiger Ausgleich abgezinst:		309,98	254,82		
Ereignistag:	16.02.1989	aufgezinste, bereinigte Kurse		Ausgleich / Kurs	
KE $_{T-2}$:	660,00	660,26	660,31	46,95%	38,59%
Kurseinfluss:	0,00%				
E $_{T-2,-3M}$:	14.11.1988				
KE $_{T-2,-3M}$:	600,00	610,97	613,32	50,74%	41,55%
KDE $_{T-2,-3M}$:	617,72	617,96	618,01	50,16%	41,23%
E $_{T-2,-6M}$:	14.08.1988				
KE $_{T-2,-6M}$:	600,00	621,70	626,35	49,86%	40,68%
KDE $_{T-2,-6M}$:	610,26	610,50	610,55	50,77%	41,74%
		- - - - -	- - - - -		

barwertiger Ausgleich abgezinst:		312,57	257,41		
HV-Termin:	31.03.1989	aufgezinste, bereinigte Kurse		Ausgleich / Kurs	
KH $_{T-2}$:	605,00	605,24	605,29	51,64%	42,53%
Kurseinfluss:	0,00%				
H $_{T-2,-3M}$:	29.12.1988				
KH $_{T-2,-3M}$:	605,00	615,82	618,14	50,76%	41,64%
KDH $_{T-2,-3M}$:	624,54	624,78	624,83	50,03%	41,20%
H $_{T-2,-6M}$:	29.09.1988				
KH $_{T-2,-6M}$:	603,00	624,46	629,05	50,05%	40,92%
KDH $_{T-2,-6M}$:	614,00	614,24	614,29	50,89%	41,90%
		- - - - -	- - - - -		

Volatilität

SDE $_{T-2,-3M}$:	0,63%
SDH $_{T-2,-3M}$:	0,98%

WKN: 607480

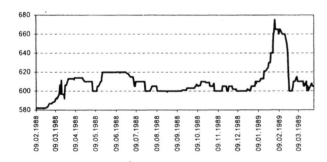

WKN: 607600				
Hoffmann's Stärke Fabriken	7%	8,50%	7%	8,50%

barwertiger Ausgleich abgezinst:	154,99	127,41		
Ereignistag:	05.11.1987	aufgezinste, bereinigte Kurse	Ausgleich / Kurs	
KE $_{T-2}$:	286,00	286,11	286,14	54,17%	44,53%
Kurseinfluss:	-5,59%				
E $_{T-2,-3M}$:	03.08.1987				
KE $_{T-2,-3M}$:	278,20	283,28	284,37	54,71%	44,80%
KDE $_{T-2,-3M}$:	312,93	313,05	313,08	49,51%	40,70%
E $_{T-2,-6M}$:	03.05.1987				
KE $_{T-2,-6M}$:	251,65	260,75	262,70	59,44%	48,50%
KDE $_{T-2,-6M}$:	288,46	288,57	288,60	53,71%	44,15%
		- - - - -	- - - - -		

barwertiger Ausgleich abgezinst:	156,29	128,71		
HV-Termin:	18.12.1987	aufgezinste, bereinigte Kurse	Ausgleich / Kurs	
KH $_{T-2}$:	206,00	206,08	206,10	75,84%	62,45%
Kurseinfluss:	-1,94%				
H $_{T-2,-3M}$:	16.09.1987				
KH $_{T-2,-3M}$:	320,00	325,79	327,03	47,97%	39,36%
KDH $_{T-2,-3M}$:	272,56	272,67	272,69	57,32%	47,20%
H $_{T-2,-6M}$:	16.06.1987				
KH $_{T-2,-6M}$:	251,65	260,70	262,64	59,95%	49,00%
KDH $_{T-2,-6M}$:	279,81	279,92	279,94	55,83%	45,98%
		- - - - -	- - - - -		

Volatilität

SDE $_{T-2,-3M}$: 1,65%

SDH $_{T-2,-3M}$: 3,74%

WKN: 607600

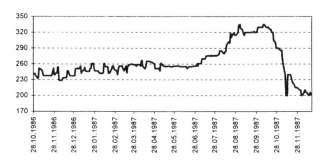

WKN: 608370				
Horten AG	7%	8,50%	7%	8,50%

		barwertiger Ausgleich abgezinst:	182,23	149,81		
Ereignistag:	27.10.1994	aufgezinste, bereinigte Kurse		Ausgleich / Kurs	
KE $_{T-2}$:	206,00	206,08	206,10	88,42%	72,69%
Kurseinfluss:	0,00%				
E $_{T-2,-3M}$:	25.07.1994				
KE $_{T-2,-3M}$:	224,00	228,09	228,97	79,89%	65,43%
KDE $_{T-2,-3M}$:	214,83	214,92	214,93	84,79%	69,70%
E $_{T-2,-6M}$:	25.04.1994				
KE $_{T-2,-6M}$:	239,39	248,00	249,84	73,48%	59,96%
KDE $_{T-2,-6M}$:	219,33	219,41	219,43	83,05%	68,27%
		- - - - -	- - - - -		

		barwertiger Ausgleich abgezinst:	183,71	151,29		
HV-Termin:	08.12.1994	aufgezinste, bereinigte Kurse		Ausgleich / Kurs	
KH $_{T-2}$:	205,60	205,68	205,70	89,32%	73,55%
Kurseinfluss:	0,24%				
H $_{T-2,-3M}$:	06.09.1994				
KH $_{T-2,-3M}$:	216,00	219,91	220,74	83,54%	68,54%
KDH $_{T-2,-3M}$:	210,32	210,40	210,42	87,32%	71,90%
H $_{T-2,-6M}$:	06.06.1994				
KH $_{T-2,-6M}$:	222,08	230,07	231,78	79,85%	65,27%
KDH $_{T-2,-6M}$:	213,09	213,17	213,19	86,18%	70,97%
		- - - - -	- - - - -		

Volatilität

SDE $_{T-2,-3M}$:   0,91%

SDH $_{T-2,-3M}$:   0,76%

WKN: 608370

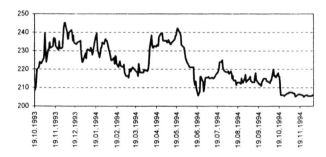

278

WKN: 608390				
Konrad Hornschuch AG	7%	8,50%	7%	8,50%

barwertiger Ausgleich abgezinst:	68,02	55,92		
Ereignistag: 23.05.2001	aufgezinste, bereinigte Kurse		Ausgleich / Kurs	
KE $_{T-2}$: 78,00	78,03	78,04	87,17%	71,65%
Kurseinfluss: 0,00%				
E $_{T-2,-3M}$: 21.02.2001				
KE $_{T-2,-3M}$: 79,99	81,41	81,71	83,55%	68,43%
KDE $_{T-2,-3M}$: 78,56	78,59	78,59	86,55%	71,15%
E $_{T-2,-6M}$: 21.11.2000				
KE $_{T-2,-6M}$: 84,00	86,99	87,63	78,19%	63,81%
KDE $_{T-2,-6M}$: 79,20	79,23	79,24	85,84%	70,57%
- - - - -	- - - - -			

barwertiger Ausgleich abgezinst:	68,57	56,47		
HV-Termin: 04.07.2001	aufgezinste, bereinigte Kurse		Ausgleich / Kurs	
KH $_{T-2}$: 78,00	78,03	78,04	87,88%	72,36%
Kurseinfluss: 2,83%				
H $_{T-2,-3M}$: 02.04.2001				
KH $_{T-2,-3M}$: 78,00	79,41	79,71	86,35%	70,84%
KDH $_{T-2,-3M}$: 78,21	78,24	78,24	87,65%	72,17%
H $_{T-2,-6M}$: 02.01.2001				
KH $_{T-2,-6M}$: 80,00	82,85	83,46	82,77%	67,66%
KDH $_{T-2,-6M}$: 78,67	78,70	78,71	87,12%	71,74%
- - - - -	- - - - -			

Volatilität

SDE $_{T-2,-3M}$: 0,23%

SDH $_{T-2,-3M}$: 0,58%

WKN: 608390

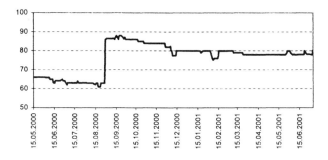

279

WKN: 610700				
Henninger Bräu AG	7%	8,50%	7%	8,50%

barwertiger Ausgleich abgezinst:		176,95	145,44		
Ereignistag:	30.03.1988	aufgezinste, bereinigte Kurse		Ausgleich / Kurs	
KE $_{T-2}$:	565,00	565,22	565,27	31,31%	25,73%
Kurseinfluss:	0,00%				
E $_{T-2,-3M}$:	28.12.1987				
KE $_{T-2,-3M}$:	520,00	529,40	531,42	33,43%	27,37%
KDE $_{T-2,-3M}$:	535,54	535,74	535,79	33,03%	27,15%
E $_{T-2,-6M}$:	28.09.1987				
KE $_{T-2,-6M}$:	289,80	300,17	302,39	58,95%	48,10%
KDE $_{T-2,-6M}$:	464,07	464,25	464,29	38,12%	31,33%

- - - - - · - - - - -

barwertiger Ausgleich abgezinst:		178,57	147,06		
HV-Termin:	16.05.1988	aufgezinste, bereinigte Kurse		Ausgleich / Kurs	
KH $_{T-2}$:	542,00	542,53	542,64	32,91%	27,10%
Kurseinfluss:	0,00%				
H $_{T-2,-3M}$:	11.02.1988				
KH $_{T-2,-3M}$:	520,00	529,61	531,66	33,72%	27,66%
KDH $_{T-2,-3M}$:	550,15	550,68	550,80	32,43%	26,70%
H $_{T-2,-6M}$:	11.11.1987				
KH $_{T-2,-6M}$:	380,00	393,82	396,78	45,34%	37,06%
KDH $_{T-2,-6M}$:	529,07	529,59	529,70	33,72%	27,76%

- - - - - - - - - -

Volatilität

SDE $_{T-2,-3M}$: 1,36%

SDH $_{T-2,-3M}$: 1,08%

WKN: 610700

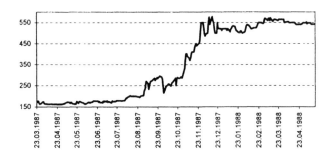

WKN: 620590				
Info AG	7%	8,50%	7%	8,50%

barwertiger Ausgleich abgezinst:		100,90	82,90		
Ereignistag:	18.02.1993	aufgezinste, bereinigte Kurse		Ausgleich / Kurs	
KE $_{T-2}$:	235,00	235,09	235,11	42,92%	35,26%
Kurseinfluss:	17,02%				
E $_{T-2,-3M}$:	16.11.1992				
KE $_{T-2,-3M}$:	240,00	244,39	245,33	41,29%	33,79%
KDE $_{T-2,-3M}$:	225,99	226,08	226,10	44,63%	36,67%
E $_{T-2,-6M}$:	16.08.1992				
KE $_{T-2,-6M}$:	260,00	269,40	271,42	37,45%	30,54%
KDE $_{T-2,-6M}$:	238,70	238,79	238,81	42,25%	34,71%

barwertiger Ausgleich abgezinst:		102,00	84,00		
HV-Termin:	15.04.1993	aufgezinste, bereinigte Kurse		Ausgleich / Kurs	
KH $_{T-2}$:	270,00	270,11	270,13	37,76%	31,10%
Kurseinfluss:	-3,70%				
H $_{T-2,-3M}$:	13.01.1993				
KH $_{T-2,-3M}$:	240,00	244,29	245,21	41,75%	34,26%
KDH $_{T-2,-3M}$:	257,89	257,99	258,02	39,54%	32,56%
H $_{T-2,-6M}$:	13.10.1992				
KH $_{T-2,-6M}$:	265,00	274,48	276,51	37,16%	30,38%
KDH $_{T-2,-6M}$:	247,97	248,06	248,08	41,12%	33,86%

Volatilität

SDE $_{T-2,-3M}$:   1,91%

SDH $_{T-2,-3M}$:   2,78%

WKN: 620590

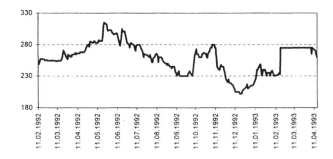

281

WKN: 628620				
Kiekert AG	7%	8,50%	7%	8,50%

barwertiger Ausgleich abgezinst:	56,32	46,29		
Ereignistag:	07.03.2002	aufgezinste, bereinigte Kurse	Ausgleich / Kurs	
KE $_{T-2}$:	52,00	52,02	52,02	108,27%	88,97%
Kurseinfluss:	23,08%				
E $_{T-2,-3M}$:	05.12.2001				
KE $_{T-2,-3M}$:	37,01	37,67	37,81	149,50%	122,41%
KDE $_{T-2,-3M}$:	44,09	44,11	44,11	127,69%	104,94%
E $_{T-2,-6M}$:	05.09.2001				
KE $_{T-2,-6M}$:	43,50	45,05	45,38	125,02%	102,00%
KDE $_{T-2,-6M}$:	41,75	41,76	41,77	134,85%	110,82%

+ + + + +   - + + + +

barwertiger Ausgleich abgezinst:	56,86	46,82		
HV-Termin:	25.04.2002	aufgezinste, bereinigte Kurse	Ausgleich / Kurs	
KH $_{T-2}$:	64,60	64,63	64,63	87,98%	72,45%
Kurseinfluss:	-0,08%				
H $_{T-2,-3M}$:	23.01.2002				
KH $_{T-2,-3M}$:	47,05	47,89	48,07	118,72%	97,40%
KDH $_{T-2,-3M}$:	56,30	56,32	56,32	100,96%	83,14%
H $_{T-2,-6M}$:	23.10.2001				
KH $_{T-2,-6M}$:	40,40	41,85	42,16	135,87%	111,07%
KDH $_{T-2,-6M}$:	48,05	48,07	48,07	118,28%	97,40%

- + + + +   - - - + -

Volatilität

SDE $_{T-2,-3M}$: 1,57%

SDH $_{T-2,-3M}$: 2,82%

WKN: 628620

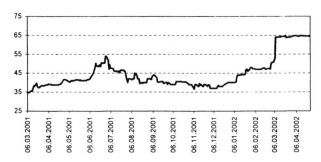

WKN: 630280				
Koepp AG	7%	8,50%	7%	8,50%

barwertiger Ausgleich abgezinst:		77,51	63,72		
Ereignistag:	25.10.1985	aufgezinste, bereinigte Kurse		Ausgleich / Kurs	
KE $_{T-2}$:	195,00	195,08	195,09	39,73%	32,66%
Kurseinfluss:	0,00%				
E $_{T-2,-3M}$:	23.07.1985				
KE $_{T-2,-3M}$:	225,00	229,11	229,99	33,83%	27,71%
KDE $_{T-2,-3M}$:	199,72	199,80	199,82	38,79%	31,89%
E $_{T-2,-6M}$:	23.04.1985				
KE $_{T-2,-6M}$:	254,16	263,30	265,26	29,44%	24,02%
KDE $_{T-2,-6M}$:	223,59	223,67	223,69	34,65%	28,49%
		- - - - -	- - - - -		

barwertiger Ausgleich abgezinst:		78,14	64,35		
HV-Termin:	06.12.1985	aufgezinste, bereinigte Kurse		Ausgleich / Kurs	
KH $_{T-2}$:	170,00	170,07	170,08	45,95%	37,84%
Kurseinfluss:	0,00%				
H $_{T-2,-3M}$:	04.09.1985				
KH $_{T-2,-3M}$:	200,00	203,62	204,39	38,38%	31,49%
KDH $_{T-2,-3M}$:	190,22	190,29	190,31	41,07%	33,82%
H $_{T-2,-6M}$:	04.06.1985				
KH $_{T-2,-6M}$:	288,38	298,75	300,97	26,16%	21,38%
KDH $_{T-2,-6M}$:	206,81	206,89	206,90	37,77%	31,10%
		- - - - -	- - - - -		

Volatilität

SDE $_{T-2,-3M}$:   2,17%

SDH $_{T-2,-3M}$:   1,73%

WKN: 630280

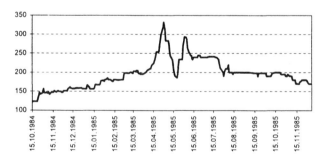

WKN: 634800				
AEG Kabel AG	7%	8,50%	7%	8,50%

barwertiger Ausgleich abgezinst:		479,84	394,14		
Ereignistag:	11.04.1990	aufgezinste, bereinigte Kurse		Ausgleich / Kurs	
KE $_{T-2}$:	428,00	428,17	428,20	112,07%	92,04%
Kurseinfluss:	16,82%				
E $_{T-2,-3M}$:	09.01.1990				
KE $_{T-2,-3M}$:	380,00	386,80	388,25	124,05%	101,52%
KDE $_{T-2,-3M}$:	402,06	402,22	402,25	119,30%	97,98%
E $_{T-2,-6M}$:	09.10.1989				
KE $_{T-2,-6M}$:	390,00	403,95	406,94	118,79%	96,85%
KDE $_{T-2,-6M}$:	389,30	389,45	389,48	123,21%	101,20%
		+ + + + +	- + - - +		

barwertiger Ausgleich abgezinst:		485,71	400,00		
HV-Termin:	13.06.1990	aufgezinste, bereinigte Kurse		Ausgleich / Kurs	
KH $_{T-2}$:	522,00	522,20	522,25	93,01%	76,59%
Kurseinfluss:	0,00%				
H $_{T-2,-3M}$:	11.03.1990				
KH $_{T-2,-3M}$:	400,00	407,31	408,88	119,25%	97,83%
KDH $_{T-2,-3M}$:	483,53	483,71	483,75	100,41%	82,69%
H $_{T-2,-6M}$:	11.12.1989				
KH $_{T-2,-6M}$:	385,00	398,77	401,73	121,80%	99,57%
KDH $_{T-2,-6M}$:	437,24	437,41	437,45	111,04%	91,44%
		- + + + +	- - - - -		

Volatilität

SDE $_{T-2,-3M}$:   0,90%

SDH $_{T-2,-3M}$:   2,24%

WKN: 634800

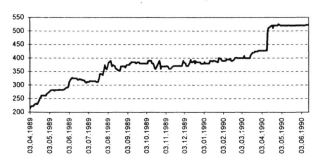

WKN: 635000				
Kali Chemie AG	7%	8,50%	7%	8,50%

barwertiger Ausgleich abgezinst:		480,13	394,65		
Ereignistag:	20.11.1989	aufgezinste, bereinigte Kurse		Ausgleich / Kurs	
KE $_{T-2}$:	650,00	650,51	650,61	73,81%	60,66%
Kurseinfluss:	-10,00%				
E $_{T-2,-3M}$:	16.08.1989				
KE $_{T-2,-3M}$:	500,00	509,33	511,33	94,27%	77,18%
KDE $_{T-2,-3M}$:	582,40	582,86	582,95	82,38%	67,70%
E $_{T-2,-6M}$:	16.05.1989				
KE $_{T-2,-6M}$:	515,22	534,05	538,09	89,90%	73,34%
KDE $_{T-2,-6M}$:	547,78	548,21	548,30	87,58%	71,98%
		- - - - -	- - - - -		

barwertiger Ausgleich abgezinst:		484,43	398,94		
HV-Termin:	05.01.1990	aufgezinste, bereinigte Kurse		Ausgleich / Kurs	
KH $_{T-2}$:	560,50	560,72	560,76	86,39%	71,14%
Kurseinfluss:	3,48%				
H $_{T-2,-3M}$:	03.10.1989				
KH $_{T-2,-3M}$:	556,00	566,16	568,34	85,56%	70,19%
KDH $_{T-2,-3M}$:	605,65	605,88	605,93	79,95%	65,84%
H $_{T-2,-6M}$:	03.07.1989				
KH $_{T-2,-6M}$:	511,00	529,48	533,44	91,49%	74,79%
KDH $_{T-2,-6M}$:	560,29	560,51	560,56	86,43%	71,17%
		- - - - -	- - - - -		

Volatilität

SDE $_{T-2,-3M}$:   2,62%

SDH $_{T-2,-3M}$:   2,84%

WKN: 635000

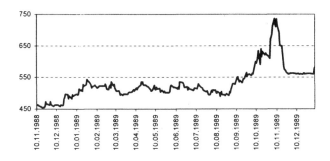

WKN: 648500				
Gilde Brauerei AG	7%	8,50%	7%	8,50%

barwertiger Ausgleich abgezinst:	800,19	657,87		
Ereignistag:	12.09.2003	aufgezinste, bereinigte Kurse		Ausgleich / Kurs
KE $_{T-2}$:	1075,00	1075,42	1075,51	74,41%	61,17%
Kurseinfluss:	7,16%				
E $_{T-2,-3M}$:	10.06.2003				
KE $_{T-2,-3M}$:	1132,03	1152,72	1157,16	69,42%	56,85%
KDE $_{T-2,-3M}$:	1122,19	1122,63	1122,72	71,28%	58.60%
E $_{T-2,-6M}$:	10.03.2003				
KE $_{T-2,-6M}$:	1131,75	1172,69	1181,46	68,24%	55,68%
KDE $_{T-2,-6M}$:	1127,02	1127,46	1127,55	70,97%	58,34%
	- - - - -	- - - - -		

barwertiger Ausgleich abgezinst:	806,57	664,24		
HV-Termin:	23.10.2003	aufgezinste, bereinigte Kurse		Ausgleich / Kurs
KH $_{T-2}$:	1230,00	1230,48	1230,58	65,55%	53,98%
Kurseinfluss:	0,89%				
H $_{T-2,-3M}$:	21.07.2003				
KH $_{T-2,-3M}$:	1148,00	1168,98	1173,48	69,00%	56,60%
KDH $_{T-2,-3M}$:	1142,49	1142,94	1143,03	70,57%	58,11%
H $_{T-2,-6M}$:	21.04.2003				
KH $_{T-2,-6M}$:	1132,25	1172,98	1181,70	68,76%	56,21%
KDH $_{T-2,-6M}$:	1139,52	1139,96	1140,05	70,75%	58,26%
	- - - - -	- - - - -		

Volatilität

SDE $_{T-2,-3M}$: 0,63%

SDH $_{T-2,-3M}$: 1,13%

WKN: 648500

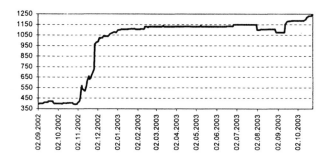

WKN: 655300				
Maihak AG	7%	8,50%	7%	8,50%

barwertiger Ausgleich abgezinst:		17,39	14,17		
Ereignistag:	22.08.2000	aufgezinste, bereinigte Kurse		Ausgleich / Kurs	
KE_{T-2}:	90,00	90,04	90,04	19,31%	15,74%
Kurseinfluss:	0,00%				
$E_{T-2,-3M}$:	20.05.2000				
$KE_{T-2,-3M}$:	120,00	122,19	122,66	14,23%	11,55%
$KDE_{T-2,-3M}$:	103,36	103,40	103,41	16,81%	13,70%
$E_{T-2,-6M}$:	20.02.2000				
$KE_{T-2,-6M}$:	134,10	138,90	139,93	12,52%	10,13%
$KDE_{T-2,-6M}$:	115,90	115,95	115,96	15,00%	12,22%
		- - - - -	- - - - -		

barwertiger Ausgleich abgezinst:		18,29	15,06		
HV-Termin:	15.05.2001	aufgezinste, bereinigte Kurse		Ausgleich / Kurs	
KH_{T-2}:	93,00	93,04	93,04	19,65%	16,18%
Kurseinfluss:	-1,61%				
$H_{T-2,-3M}$:	13.02.2001				
$KH_{T-2,-3M}$:	93,00	94,65	95,00	19,32%	15,85%
$KDH_{T-2,-3M}$:	97,13	97,17	97,17	18,82%	15,50%
$H_{T-2,-6M}$:	13.11.2000				
$KH_{T-2,-6M}$:	115,00	119,09	119,97	15,35%	12,55%
$KDH_{T-2,-6M}$:	100,01	100,05	100,06	18,28%	15,05%
		- - - - -	- - - - -		

Volatilität

$SDE_{T-2,-3M}$: 0,57%

$SDH_{T-2,-3M}$: 1,41%

WKN: 655300

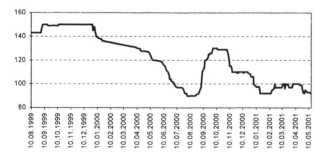

287

WKN: 656030				
Mannesmann AG	7%	8,50%	7%	8,50%

barwertiger Ausgleich abgezinst:		165,82	136,16		
Ereignistag:	11.06.2001	aufgezinste, bereinigte Kurse		Ausgleich / Kurs	
KE $_{T-2}$:	131,00	131,10	131,12	126,48%	103,84%
Kurseinfluss:	54,81%				
E $_{T-2,-3M}$:	07.03.2001				
KE $_{T-2,-3M}$:	91,00	92,70	93,06	178,88%	146,31%
KDE $_{T-2,-3M}$:	115,82	115,91	115,93	143,07%	117,45%
E $_{T-2,-6M}$:	07.12.2000				
KE $_{T-2,-6M}$:	87,00	90,15	90,82	183,95%	149,92%
KDE $_{T-2,-6M}$:	103,51	103,59	103,61	160,08%	131,42%

+ + + + + + + + + +

barwertiger Ausgleich abgezinst:		168,14	138,47		
HV-Termin:	22.08.2001	aufgezinste, bereinigte Kurse		Ausgleich / Kurs	
KH $_{T-2}$:	206,00	206,08	206,10	81,59%	67,19%
Kurseinfluss:	0,10%				
H $_{T-2,-3M}$:	20.05.2001				
KH $_{T-2,-3M}$:	124,00	126,27	126,75	133,17%	109,25%
KDH $_{T-2,-3M}$:	186,45	186,52	186,53	90,15%	74,23%
H $_{T-2,-6M}$:	20.02.2001				
KH $_{T-2,-6M}$:	92,00	95,27	95,98	176,48%	144,28%
KDH $_{T-2,-6M}$:	149,22	149,28	149,29	112,64%	92,75%

- + - + + - + - + -

Volatilität
SDE $_{T-2,-3M}$: 2,49%
SDH $_{T-2,-3M}$: 6,34%

WKN: 656030

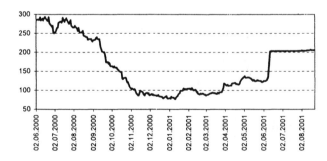

288

WKN: 659600				
H. Meinecke AG	7%	8,50%	7%	8,50%

	barwertiger Ausgleich abgezinst:	1281,39	1053,44		
Ereignistag:	20.10.2000	aufgezinste, bereinigte Kurse		Ausgleich / Kurs	
KE $_{T-2}$:	1180,00	1180,46	1180,56	108,55%	89,23%
Kurseinfluss:	0,00%				
E $_{T-2,-3M}$:	18.07.2000				
KE $_{T-2,-3M}$:	1120,00	1140,47	1144,86	112,36%	92,01%
KDE $_{T-2,-3M}$:	1128,76	1129,20	1129,29	113,48%	93,28%
E $_{T-2,-6M}$:	18.04.2000				
KE $_{T-2,-6M}$:	1090,71	1129,94	1138,35	113,40%	92,54%
KDE $_{T-2,-6M}$:	1113,89	1114,33	1114,42	114,99%	94,53%

+ + + + +   - - - - -

	barwertiger Ausgleich abgezinst:	1291,86	1063,88		
HV-Termin:	01.12.2000	aufgezinste, bereinigte Kurse		Ausgleich / Kurs	
KH $_{T-2}$:	1300,00	1300,51	1300,61	99,33%	81,80%
Kurseinfluss:	0,77%				
H $_{T-2,-3M}$:	29.08.2000				
KH $_{T-2,-3M}$:	1107,00	1127,23	1131,57	114,60%	94,02%
KDH $_{T-2,-3M}$:	1196,85	1197,31	1197,41	107,90%	88,85%
H $_{T-2,-6M}$:	29.05.2000				
KH $_{T-2,-6M}$:	1090,71	1130,16	1138,61	114,31%	93,44%
KDH $_{T-2,-6M}$:	1151,78	1152,23	1152,32	112,12%	92,32%

- + + + +   - - - - -

Volatilität

SDE $_{T-2,-3M}$:   0,55%

SDH $_{T-2,-3M}$:   1,32%

WKN: 659600

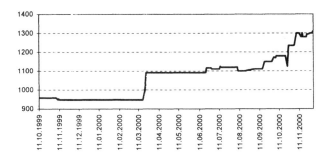

WKN: 660160				
Aluminiumwerk Unna AG	7%	8,50%	7%	8,50%

	barwertiger Ausgleich abgezinst:	376,36	309,40		
Ereignistag:	14.01.1988	aufgezinste, bereinigte Kurse		Ausgleich / Kurs	
KE_{T-2}:	245,00	245,10	245,12	153,55%	126,23%
Kurseinfluss:	-2,04%				
$E_{T-2,-3M}$:	12.10.1987				
$KE_{T-2,-3M}$:	225,00	229,11	229,99	164,27%	134,53%
$KDE_{T-2,-3M}$:	230,10	230,19	230,21	163,50%	134,40%
$E_{T-2,-6M}$:	12.07.1987				
$KE_{T-2,-6M}$:	202,00	209,31	210,87	179,81%	146,73%
$KDE_{T-2,-6M}$:	222,04	222,13	222,14	169,43%	139,28%
		+ + + + +	+ + + + +		

	barwertiger Ausgleich abgezinst:	379,43	312,47		
HV-Termin:	25.02.1988	aufgezinste, bereinigte Kurse		Ausgleich / Kurs	
KH_{T-2}:	285,00	285,11	285,13	133,08%	109,59%
Kurseinfluss:	0,00%				
$H_{T-2,-3M}$:	23.11.1987				
$KH_{T-2,-3M}$:	220,00	224,02	224,88	169,37%	138,95%
$KDH_{T-2,-3M}$:	256,91	257,01	257,03	147,63%	121,57%
$H_{T-2,-6M}$:	23.08.1987				
$KH_{T-2,-6M}$:	210,00	217,60	219,22	174,37%	142,54%
$KDH_{T-2,-6M}$:	236,78	236,87	236,89	160,18%	131,90%
		+ + + + +	+ + + + +		

Volatilität

$SDE_{T-2,-3M}$: 2,69%

$SDH_{T-2,-3M}$: 2,87%

WKN: 660160

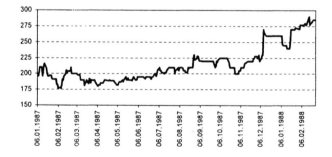

290

WKN: 661900				
Alcatel SEL AG	7%	8,50%	7%	8,50%

barwertiger Ausgleich abgezinst:	206,34	168,26		
Ereignistag:	31.10.1995	aufgezinste, bereinigte Kurse		Ausgleich / Kurs
KE $_{T-2}$:	240,00	240,09	240,11	85,94%	70,08%
Kurseinfluss:	4,17%				
E $_{T-2,-3M}$:	29.07.1995				
KE $_{T-2,-3M}$:	273,00	277,99	279,06	74,22%	60,30%
KDE $_{T-2,-3M}$:	259,58	259,68	259,71	79,46%	64,79%
E $_{T-2,-6M}$:	29.04.1995				
KE $_{T-2,-6M}$:	271,00	280,75	282,84	73,49%	59,49%
KDE $_{T-2,-6M}$:	267,28	267,38	267,41	77,17%	62,92%

- - - - -   - - - - -

barwertiger Ausgleich abgezinst:	216,29	178,12		
HV-Termin:	05.07.1996	aufgezinste, bereinigte Kurse		Ausgleich / Kurs
KH $_{T-2}$:	236,00	236,09	236,11	91,61%	75,44%
Kurseinfluss:	1,69%				
H $_{T-2,-3M}$:	03.04.1996				
KH $_{T-2,-3M}$:	206,00	209,73	210,52	103,13%	84,61%
KDH $_{T-2,-3M}$:	218,55	218,64	218,66	98,92%	81,46%
H $_{T-2,-6M}$:	03.01.1996				
KH $_{T-2,-6M}$:	250,00	258,94	260,86	83,53%	68,28%
KDH $_{T-2,-6M}$:	223,10	223,18	223,20	96,91%	79,80%

- + - - -   - - - - -

Volatilität

SDE $_{T-2,-3M}$:   1,77%

SDH $_{T-2,-3M}$:   5,56%

WKN: 661900

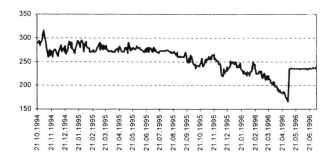

WKN: 675800				
Neckarwerke Stuttgart AG	7%	8,50%	7%	8,50%

barwertiger Ausgleich abgezinst:	269,04	220,12		
Ereignistag:	16.02.2000	aufgezinste, bereinigte Kurse	Ausgleich / Kurs	
KE_{T-2}:	308,00	308,12	308,15	87,32%	71,43%
Kurseinfluss:	0,00%				
$E_{T-2,-3M}$:	14.11.1999				
$KE_{T-2,-3M}$:	320,00	325,85	327,10	82,57%	67,29%
$KDE_{T-2,-3M}$:	305,87	305,99	306,01	87,93%	71,93%
$E_{T-2,-6M}$:	14.08.1999				
$KE_{T-2,-6M}$:	280,00	290,13	292,30	92,73%	75,31%
$KDE_{T-2,-6M}$:	293,26	293,38	293,40	91,71%	75,02%

- - - - -   - - - - -

barwertiger Ausgleich abgezinst:	277,57	228,59		
HV-Termin:	28.07.2000	aufgezinste, bereinigte Kurse	Ausgleich / Kurs	
KH_{T-2}:	334,13	334,26	334,29	83,04%	68,38%
Kurseinfluss:	0,32%				
$H_{T-2,-3M}$:	26.04.2000				
$KH_{T-2,-3M}$:	319,50	325,28	326,52	85,33%	70,01%
$KDH_{T-2,-3M}$:	331,08	331,21	331,24	83,80%	69,01%
$H_{T-2,-6M}$:	26.01.2000				
$KH_{T-2,-6M}$:	308,00	319,02	321,38	87,01%	71,13%
$KDH_{T-2,-6M}$:	319,81	319,94	319,97	86,76%	71,44%

- - - - -   - - - - -

Volatilität
$SDE_{T-2,-3M}$:   1,24%
$SDH_{T-2,-3M}$:   1,39%

WKN: 675800

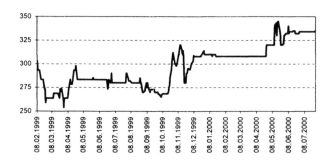

	WKN: 675920			
Nestlé Deutschland AG	7%	8,50%	7%	8,50%

barwertiger Ausgleich abgezinst:		243,63	200,30		
Ereignistag:	10.06.1988	aufgezinste, bereinigte Kurse		Ausgleich / Kurs	
KE $_{T-2}$:	295,00	295,11	295,14	82,55%	67,87%
Kurseinfluss:	0,00%				
E $_{T-2,-3M}$:	08.03.1988				
KE $_{T-2,-3M}$:	300,00	305,48	306,66	79,75%	65,32%
KDE $_{T-2,-3M}$:	292,34	292,46	292,48	83,30%	68,48%
E $_{T-2,-6M}$:	08.12.1987				
KE $_{T-2,-6M}$:	280,00	290,07	292,23	83,99%	68,54%
KDE $_{T-2,-6M}$:	290,34	290,45	290,48	83,88%	68,95%

- - - - -   - - - - -

barwertiger Ausgleich abgezinst:		245,57	202,24		
HV-Termin:	21.07.1988	aufgezinste, bereinigte Kurse		Ausgleich / Kurs	
KH $_{T-2}$:	303,00	303,12	303,14	81,02%	66,71%
Kurseinfluss:	5,61%				
H $_{T-2,-3M}$:	19.04.1988				
KH $_{T-2,-3M}$:	290,00	295,24	296,37	83,18%	68,24%
KDH $_{T-2,-3M}$:	294,81	294,93	294,95	83,27%	68,57%
H $_{T-2,-6M}$:	19.01.1988				
KH $_{T-2,-6M}$:	279,00	288,98	291,12	84,98%	69,47%
KDH $_{T-2,-6M}$:	295,67	295,78	295,81	83,02%	68,37%

- - - - -   - - - - -

Volatilität

SDE $_{T-2,-3M}$: 0,77%

SDH $_{T-2,-3M}$: 1,46%

WKN: 675920

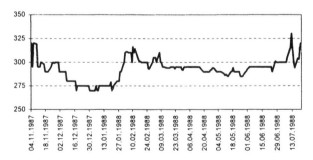

293

WKN: 686470				
Oppermann Versand AG	7%	8,50%	7%	8,50%

barwertiger Ausgleich abgezinst:		43,36	35,58		
Ereignistag:	29.11.1997	aufgezinste, bereinigte Kurse		Ausgleich / Kurs	
KE $_{T-2}$:	160,00	160,06	160,08	27,09%	22,23%
Kurseinfluss:	-0,31%				
E $_{T-2,-3M}$:	27.08.1997				
KE $_{T-2,-3M}$:	141,10	143,68	144,23	30,18%	24,67%
KDE $_{T-2,-3M}$:	139,66	139,72	139,73	31,03%	25,46%
E $_{T-2,-6M}$:	27.05.1997				
KE $_{T-2,-6M}$:	134,00	138,85	139,88	31,23%	25,44%
KDE $_{T-2,-6M}$:	135,60	135,66	135,67	31,96%	26,23%

- - - - -   - - - - -

barwertiger Ausgleich abgezinst:		44,08	36,30		
HV-Termin:	23.02.1998	aufgezinste, bereinigte Kurse		Ausgleich / Kurs	
KH $_{T-2}$:	189,00	189,15	189,18	23,31%	19,19%
Kurseinfluss:	-4,76%				
H $_{T-2,-3M}$:	19.11.1997				
KH $_{T-2,-3M}$:	156,00	158,91	159,54	27,74%	22,76%
KDH $_{T-2,-3M}$:	187,25	187,40	187,43	23,52%	19,37%
H $_{T-2,-6M}$:	19.08.1997				
KH $_{T-2,-6M}$:	145,00	150,30	151,44	29,33%	23,97%
KDH $_{T-2,-6M}$:	161,88	162,01	162,03	27,21%	22,40%

- - - - -   - - - - -

Volatilität

SDE $_{T-2,-3M}$:	2,92%
SDH $_{T-2,-3M}$:	1,17%

WKN: 686470

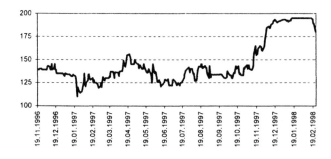

	WKN: 686500			
O & K Orenstein & Koppel AG	7%	8,50%	7%	8,50%

barwertiger Ausgleich abgezinst:	10,04	8,25		
Ereignistag:	05.05.1999	aufgezinste, bereinigte Kurse	Ausgleich / Kurs	
KE $_{T-2}$:	17,50	17,51	17,51	57,33%	47,11%
Kurseinfluss:	-5,71%			
E $_{T-2,-3M}$:	03.02.1999			
KE $_{T-2,-3M}$:	11,40	11,60	11,64	86,52%	70,83%
KDE $_{T-2,-3M}$:	11,53	11,53	11,54	87,02%	71,50%
E $_{T-2,-6M}$:	03.11.1998			
KE $_{T-2,-6M}$:	17,37	17,99	18,12	55,79%	45,51%
KDE $_{T-2,-6M}$:	14,12	14,12	14,13	71,07%	58,39%

- - - - -   - - - - -

barwertiger Ausgleich abgezinst:	10,14	8,35		
HV-Termin:	28.06.1999	aufgezinste, bereinigte Kurse	Ausgleich / Kurs	
KH $_{T-2}$:	15,05	15,06	15,06	67,34%	55,45%
Kurseinfluss:	1,99%			
H $_{T-2,-3M}$:	24.03.1999			
KH $_{T-2,-3M}$:	10,00	10,19	10,23	99,57%	81,68%
KDH $_{T-2,-3M}$:	12,75	12,76	12,77	79,46%	65,43%
H $_{T-2,-6M}$:	24.12.1998			
KH $_{T-2,-6M}$:	17,38	18,01	18,15	56,31%	46,03%
KDH $_{T-2,-6M}$:	12,89	12,90	12,90	78,63%	64,75%

- - - - -   - - - - -

Volatilität

SDE $_{T-2,-3M}$: 4,52%

SDH $_{T-2,-3M}$: 4,64%

WKN: 686500

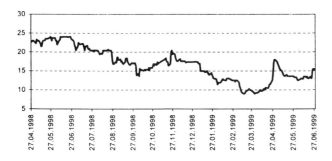

WKN: 687300				
Otavi Minen AG	7%	8,50%	7%	8,50%

barwertiger Ausgleich abgezinst:		96,32	78,91		
Ereignistag:	14.08.2000	aufgezinste, bereinigte Kurse		Ausgleich / Kurs	
KE $_{T-2}$:	74,60	74,66	74,67	129,01%	105,68%
Kurseinfluss:	30,70%				
E $_{T-2,-3M}$:	10.05.2000				
KE $_{T-2,-3M}$:	69,17	70,46	70,74	136,69%	111,55%
KDE $_{T-2,-3M}$:	74,05	74,11	74,12	129,97%	106,46%
E $_{T-2,-6M}$:	10.02.2000				
KE $_{T-2,-6M}$:	83,01	86,01	86,65	111,98%	91,06%
KDE $_{T-2,-6M}$:	72,63	72,69	72,70	132,51%	108,54%
		+ + + + +	+ + + - +		

barwertiger Ausgleich abgezinst:		98,71	81,29		
HV-Termin:	20.12.2000	aufgezinste, bereinigte Kurse		Ausgleich / Kurs	
KH $_{T-2}$:	105,00	105,04	105,05	93,98%	77,39%
Kurseinfluss:	-0,95%				
H $_{T-2,-3M}$:	18.09.2000				
KH $_{T-2,-3M}$:	101,11	102,94	103,33	95,90%	78,67%
KDH $_{T-2,-3M}$:	102,80	102,84	102,84	95,99%	79,05%
H $_{T-2,-6M}$:	18.06.2000				
KH $_{T-2,-6M}$:	78,40	81,22	81,82	121,55%	99,36%
KDH $_{T-2,-6M}$:	93,57	93,60	93,61	105,46%	86,84%
		- - - + +	- - - - -		

Volatilität

SDE $_{T-2,-3M}$: 2,45%

SDH $_{T-2,-3M}$: 0,96%

WKN: 687300

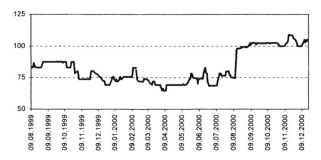

WKN: 688950				
Papierfabrik Weissenstein AG	7%	8,50%	7%	8,50%

barwertiger Ausgleich abgezinst:	188,07	154,59		
Ereignistag:	17.07.1992	aufgezinste, bereinigte Kurse	Ausgleich / Kurs	
KE $_{T-2}$:	144,00	144,06	144,07	130,55%	107,31%
Kurseinfluss:	0,00%				
E $_{T-2,-3M}$:	15.04.1992				
KE $_{T-2,-3M}$:	143,00	145,59	146,14	129,18%	105,78%
KDE $_{T-2,-3M}$:	143,51	143,57	143,58	131,00%	107,67%
E $_{T-2,-6M}$:	15.01.1992				
KE $_{T-2,-6M}$:	145,00	150,19	151,30	125,22%	102,18%
KDE $_{T-2,-6M}$:	144,20	144,25	144,26	130,37%	107,16%
		+ + + + +	+ + + + +		

barwertiger Ausgleich abgezinst:	189,71	156,24		
HV-Termin:	31.08.1992	aufgezinste, bereinigte Kurse	Ausgleich / Kurs	
KH $_{T-2}$:	150,00	150,12	150,14	126,38%	104,06%
Kurseinfluss:	0,00%				
H $_{T-2,-3M}$:	27.05.1992				
KH $_{T-2,-3M}$:	144,00	146,69	147,26	129,33%	106,09%
KDH $_{T-2,-3M}$:	146,86	146,98	147,00	129,08%	106,28%
H $_{T-2,-6M}$:	27.02.1992				
KH $_{T-2,-6M}$:	144,00	149,21	150,32	127,15%	103,93%
KDH $_{T-2,-6M}$:	145,50	145,61	145,63	130,29%	107,28%
		+ + + + +	+ + + + +		

Volatilität

SDE $_{T-2,-3M}$: 0,66%

SDH $_{T-2,-3M}$: 1,17%

WKN: 688950

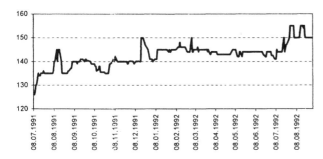

WKN: 688980				
PWA Papierwerke AG	7%	8,50%	7%	8,50%

barwertiger Ausgleich abgezinst:		342,73	281,51		
Ereignistag:	14.08.1997	aufgezinste, bereinigte Kurse		Ausgleich / Kurs	
KE $_{T-2}$:	307,00	307,12	307,14	111,60%	91,65%
Kurseinfluss:	7,75%				
E $_{T-2,-3M}$:	12.05.1997				
KE $_{T-2,-3M}$:	290,85	296,17	297,31	115,72%	94,69%
KDE $_{T-2,-3M}$:	303,26	303,38	303,40	112,97%	92,78%
E $_{T-2,-6M}$:	12.02.1997				
KE $_{T-2,-6M}$:	233,17	241,47	243,24	141,94%	115,73%
KDE $_{T-2,-6M}$:	282,32	282,43	282,45	121,35%	99,67%
		+ + + + +	- - - + -		

barwertiger Ausgleich abgezinst:		347,00	285,76		
HV-Termin:	17.10.1997	aufgezinste, bereinigte Kurse		Ausgleich / Kurs	
KH $_{T-2}$:	334,00	334,13	334,16	103,85%	85,52%
Kurseinfluss:	-0,15%				
H $_{T-2,-3M}$:	15.07.1997				
KH $_{T-2,-3M}$:	319,00	324,83	326,08	106,82%	87,64%
KDH $_{T-2,-3M}$:	322,87	323,00	323,03	107,43%	88,46%
H $_{T-2,-6M}$:	15.04.1997				
KH $_{T-2,-6M}$:	276,31	286,25	288,38	121,22%	99,09%
KDH $_{T-2,-6M}$:	309,71	309,83	309,85	112,00%	92,23%
		+ + + + +	- - - - -		

Volatilität

SDE $_{T-2,-3M}$: 1,76%

SDH $_{T-2,-3M}$: 1,40%

WKN: 688980

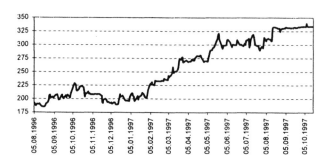

WKN: 690460				
Pegulan-Werke AG (Stammaktie)	7%	8,50%	7%	8,50%

barwertiger Ausgleich abgezinst:		188,14	154,67		
Ereignistag:	28.05.1985	aufgezinste, bereinigte Kurse		Ausgleich / Kurs	
KE_{T-2}:	203,00	203,20	203,24	92,59%	76,10%
Kurseinfluss:	3,94%				
$E_{T-2,-3M}$:	23.02.1985				
$KE_{T-2,-3M}$:	198,00	201,62	202,39	93,32%	76,42%
$KDE_{T-2,-3M}$:	200,57	200,77	200,81	93,71%	77,02%
$E_{T-2,-6M}$:	23.11.1984				
$KE_{T-2,-6M}$:	192,50	199,46	200,95	94,32%	76,97%
$KDE_{T-2,-6M}$:	200,12	200,31	200,36	93,92%	77,20%
		- - - - -	- - - - -		

barwertiger Ausgleich abgezinst:		189,71	156,24		
HV-Termin:	10.07.1985	aufgezinste, bereinigte Kurse		Ausgleich / Kurs	
KH_{T-2}:	210,00	210,08	210,10	90,31%	74,36%
Kurseinfluss:	-0,48%				
$H_{T-2,-3M}$:	08.04.1985				
$KH_{T-2,-3M}$:	200,00	203,62	204,39	93,17%	76,44%
$KDH_{T-2,-3M}$:	205,71	205,79	205,80	92,19%	75,91%
$H_{T-2,-6M}$:	08.01.1985				
$KH_{T-2,-6M}$:	207,00	214,37	215,94	88,50%	72,35%
$KDH_{T-2,-6M}$:	201,99	202,07	202,08	93,89%	77,31%
		- - - - -	- - - - -		

Volatilität

$SDE_{T-2,-3M}$:   1,15%

$SDH_{T-2,-3M}$:   1,35%

WKN: 690460

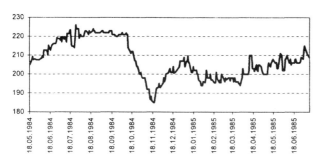

WKN: 690463				
Pegulan-Werke AG (Vorzugsaktie)	7%	8,50%	7%	8,50%

barwertiger Ausgleich abgezinst:		210,24	172,83		
Ereignistag:	28.05.1985	aufgezinste, bereinigte Kurse		Ausgleich / Kurs	
KE $_{T-2}$:	211,00	211,21	211,25	99,54%	81,82%
Kurseinfluss:	4,74%				
E $_{T-2,-3M}$:	23.02.1985				
KE $_{T-2,-3M}$:	204,00	207,73	208,53	101,21%	82,88%
KDE $_{T-2,-3M}$:	203,59	203,78	203,83	103,17%	84,79%
E $_{T-2,-6M}$:	23.11.1984				
KE $_{T-2,-6M}$:	192,50	199,46	200,95	105,40%	86,01%
KDE $_{T-2,-6M}$:	204,20	204,40	204,45	102,86%	84,54%

- + + + +   - - - - -

barwertiger Ausgleich abgezinst:		212,00	174,59		
HV-Termin:	10.07.1985	aufgezinste, bereinigte Kurse		Ausgleich / Kurs	
KH $_{T-2}$:	221,00	221,09	221,10	95,89%	78,96%
Kurseinfluss:	0,23%				
H $_{T-2,-3M}$:	08.04.1985				
KH $_{T-2,-3M}$:	200,00	203,62	204,39	104,12%	85,42%
KDH $_{T-2,-3M}$:	213,78	213,86	213,88	99,13%	81,63%
H $_{T-2,-6M}$:	08.01.1985				
KH $_{T-2,-6M}$:	222,00	229,90	231,59	92,21%	75,39%
KDH $_{T-2,-6M}$:	207,17	207,25	207,27	102,29%	84,23%

- + - - +   - - - - -

Volatilität
SDE $_{T-2,-3M}$:   1,37%
SDH $_{T-2,-3M}$:   1,50%

WKN: 690463

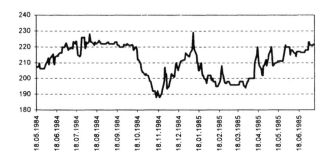

	WKN: 697563			
Quante AG	7%	8,50%	7%	8,50%

barwertiger Ausgleich abgezinst:		21,56	17,71		
Ereignistag:	17.06.2000	aufgezinste, bereinigte Kurse		Ausgleich / Kurs	
KE $_{T-2}$:	15,90	15,90	15,90	135,61%	111,36%
Kurseinfluss:	0,00%				
E $_{T-2,-3M}$:	15.03.2000				
KE $_{T-2,-3M}$:	15,10	15,38	15,44	140,24%	114,73%
KDE $_{T-2,-3M}$:	15,16	15,16	15,17	142,21%	116,77%
E $_{T-2,-6M}$:	15.12.1999				
KE $_{T-2,-6M}$:	10,53	10,91	10,99	197,66%	161,13%
KDE $_{T-2,-6M}$:	14,35	14,36	14,36	150,22%	123,35%
		+ + + + +	+ + + + +		

barwertiger Ausgleich abgezinst:		21,74	17,89		
HV-Termin:	08.09.2000	aufgezinste, bereinigte Kurse		Ausgleich / Kurs	
KH $_{T-2}$:	19,05	19,06	19,06	114,10%	93,86%
Kurseinfluss:	0,26%				
H $_{T-2,-3M}$:	06.06.2000				
KH $_{T-2,-3M}$:	16,69	17,00	17,06	127,94%	104,85%
KDH $_{T-2,-3M}$:	18,07	18,07	18,08	120,31%	98,97%
H $_{T-2,-6M}$:	06.03.2000				
KH $_{T-2,-6M}$:	15,20	15,75	15,87	138,06%	112,74%
KDH $_{T-2,-6M}$:	16,65	16,65	16,65	130,58%	107,42%
		+ + + + +	- + - + +		

Volatilität
SDE $_{T-2,-3M}$: 2,03%
SDH $_{T-2,-3M}$: 2,28%

WKN: 697563

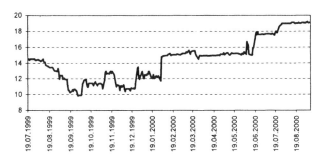

WKN: 700700				
Erste Kulmbacher Actienbr. AG	7%	8,50%	7%	8,50%

barwertiger Ausgleich abgezinst:		54,84	44,99		
Ereignistag:	22.03.1990	aufgezinste, bereinigte Kurse		Ausgleich / Kurs	
KE $_{T-2}$:	436,60	436,77	436,81	12,56%	10,30%
Kurseinfluss:	1,58%				
E $_{T-2,-3M}$:	20.12.1989				
KE $_{T-2,-3M}$:	443,50	451,44	453,14	12,15%	9,93%
KDE $_{T-2,-3M}$:	440,32	440,49	440,53	12,45%	10,21%
E $_{T-2,-6M}$:	20.09.1989				
KE $_{T-2,-6M}$:	469,13	485,82	489,40	11,29%	9,19%
KDE $_{T-2,-6M}$:	452,37	452,54	452,58	12,12%	9,94%

- - - - -   - - - - -

barwertiger Ausgleich abgezinst:		55,86	46,00		
HV-Termin:	25.06.1990	aufgezinste, bereinigte Kurse		Ausgleich / Kurs	
KH $_{T-2}$:	440,00	440,34	440,42	12,68%	10,44%
Kurseinfluss:	0,00%				
H $_{T-2,-3M}$:	21.03.1990				
KH $_{T-2,-3M}$:	443,50	451,78	453,56	12,36%	10,14%
KDH $_{T-2,-3M}$:	437,40	437,74	437,81	12,76%	10,51%
H $_{T-2,-6M}$:	21.12.1989				
KH $_{T-2,-6M}$:	443,50	459,54	462,98	12,15%	9,94%
KDH $_{T-2,-6M}$:	438,76	439,10	439,18	12,72%	10,47%

- - - - -   - - - - -

Volatilität

SDE $_{T-2,-3M}$: 1,01%

SDH $_{T-2,-3M}$: 1,25%

WKN: 700700

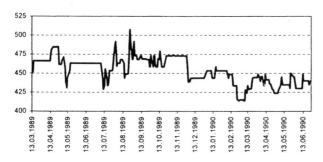

302

Rheinisch-Westfälische Kalkw. AG	WKN: 704000			
	7%	8,50%	7%	8,50%

barwertiger Ausgleich abgezinst:	442,04	363,27		
Ereignistag:	08.05.1989	aufgezinste, bereinigte Kurse		Ausgleich / Kurs
KE $_{T-2}$:	440,00	440,34	440,42	100,39%	82,48%
Kurseinfluss:	6,82%				
E $_{T-2,-3M}$:	04.02.1989				
KE $_{T-2,-3M}$:	450,00	458,14	459,88	96,49%	78,99%
KDE $_{T-2,-3M}$:	448,45	448,80	448,87	98,50%	80,93%
E $_{T-2,-6M}$:	03.11.1988				
KE $_{T-2,-6M}$:	418,00	433,12	436,36	102,06%	83,25%
KDE $_{T-2,-6M}$:	428,95	429,37	429,46	102,95%	84,59%
		+ - - + +	- - - - -		

barwertiger Ausgleich abgezinst:	446,43	367,65		
HV-Termin:	28.06.1989	aufgezinste, bereinigte Kurse		Ausgleich / Kurs
KH $_{T-2}$:	468,00	468,18	468,22	95,35%	78,52%
Kurseinfluss:	0,45%				
H $_{T-2,-3M}$:	26.03.1989				
KH $_{T-2,-3M}$:	439,00	447,02	448,74	99,87%	81,93%
KDH $_{T-2,-3M}$:	464,92	465,10	465,14	95,99%	79,04%
H $_{T-2,-6M}$:	26.12.1988				
KH $_{T-2,-6M}$:	370,00	383,24	386,07	116,49%	95,23%
KDH $_{T-2,-6M}$:	454,51	454,69	454,73	98,18%	80,85%
		- - - + -	- - - - -		

Volatilität

SDE $_{T-2,-3M}$: 1,02%

SDH $_{T-2,-3M}$: 1,44%

WKN: 704000

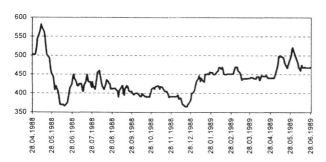

WKN: 704200				
Blaue Quellen AG	7%	8,50%	7%	8,50%

barwertiger Ausgleich abgezinst:		571,60	469,67		
Ereignistag:	11.05.2001	aufgezinste, bereinigte Kurse		Ausgleich / Kurs	
KE $_{T-2}$:	412,00	412,16	412,19	138,68%	113,94%
Kurseinfluss:	75,03%				
E $_{T-2,-3M}$:	09.02.2001				
KE $_{T-2,-3M}$:	420,00	427,43	429,02	133,73%	109,47%
KDE $_{T-2,-3M}$:	423,91	424,08	424,12	134,79%	110,74%
E $_{T-2,-6M}$:	09.11.2000				
KE $_{T-2,-6M}$:	469,50	486,21	489,79	117,56%	95,89%
KDE $_{T-2,-6M}$:	431,75	431,92	431,95	132,34%	108,73%
		+ + + + +	+ + + - +		

barwertiger Ausgleich abgezinst:		577,71	475,76		
HV-Termin:	05.07.2001	aufgezinste, bereinigte Kurse		Ausgleich / Kurs	
KH $_{T-2}$:	768,90	769,20	769,26	75,11%	61,85%
Kurseinfluss:	0,14%				
H $_{T-2,-3M}$:	03.04.2001				
KH $_{T-2,-3M}$:	420,00	427,60	429,22	135,11%	110,84%
KDH $_{T-2,-3M}$:	615,67	615,91	615,96	93,80%	77,24%
H $_{T-2,-6M}$:	03.01.2001				
KH $_{T-2,-6M}$:	449,99	466,00	469,43	123,97%	101,35%
KDH $_{T-2,-6M}$:	520,20	520,41	520,45	111,01%	91,41%
		- + - + +	- + - + -		

Volatilität

SDE $_{T-2,-3M}$: 1,25%

SDH $_{T-2,-3M}$: 8,59%

WKN: 704200

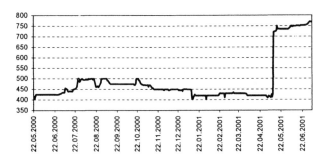

304

WKN: 707200				
Rütgers AG	7%	8,50%	7%	8,50%

barwertiger Ausgleich abgezinst:		268,09	220,20			
Ereignistag:	23.03.1999	aufgezinste, bereinigte Kurse		Ausgleich / Kurs		
KE $_{T-2}$:	159,80	159,86	159,88	167,70%	137,73%	
Kurseinfluss:	65,52%					
E $_{T-2,-3M}$:	21.12.1998					
KE $_{T-2,-3M}$:	150,83	153,53	154,11	174,62%	142,89%	
KDE $_{T-2,-3M}$:	145,38	145,44	145,45	184,33%	151,39%	
E $_{T-2,-6M}$:	21.09.1998					
KE $_{T-2,-6M}$:	125,32	129,78	130,73	206,58%	168,44%	
KDE $_{T-2,-6M}$:	138,59	138,64	138,65	193,37%	158,82%	
		+ + + + +	+ + + + +			

barwertiger Ausgleich abgezinst:		271,43	223,53			
HV-Termin:	26.05.1999	aufgezinste, bereinigte Kurse		Ausgleich / Kurs		
KH $_{T-2}$:	281,55	281,66	281,68	96,37%	79,35%	
Kurseinfluss:	-0,20%					
H $_{T-2,-3M}$:	24.02.1999					
KH $_{T-2,-3M}$:	154,00	156,72	157,31	173,19%	142,10%	
KDH $_{T-2,-3M}$:	232,93	233,02	233,04	116,48%	95,92%	
H $_{T-2,-6M}$:	24.11.1998					
KH $_{T-2,-6M}$:	134,73	139,52	140,55	194,55%	159,04%	
KDH $_{T-2,-6M}$:	189,08	189,16	189,17	143,50%	118,16%	
		- + + + +	- + - + +			

Volatilität

SDE $_{T-2,-3M}$: 2,07%

SDH $_{T-2,-3M}$: 8,58%

WKN: 707200

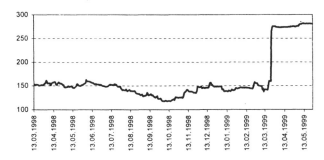

WKN: 715160				
SABO Maschinenfabrik AG	7%	8,50%	7%	8,50%

barwertiger Ausgleich abgezinst:	465,18	382,35		
Ereignistag:	02.02.1995	aufgezinste, bereinigte Kurse	Ausgleich / Kurs	
KE_{T-2}:	511,00	511,20	511,24	91,00%	74,79%
Kurseinfluss:	1,51%			
$E_{T-2,-3M}$:	31.10.1994			
$KE_{T-2,-3M}$:	520,00	529,50	531,54	87,85%	71,93%
$KDE_{T-2,-3M}$:	502,20	502,40	502,44	92,59%	76,10%
$E_{T-2,-6M}$:	31.07.1994			
$KE_{T-2,-6M}$:	525,00	543,99	548,06	85,51%	69,76%
$KDE_{T-2,-6M}$:	504,05	504,25	504,29	92,25%	75,82%
		- - - - -	- - - - -	

barwertiger Ausgleich abgezinst:	469,43	386,59		
HV-Termin:	21.03.1995	aufgezinste, bereinigte Kurse	Ausgleich / Kurs	
KH_{T-2}:	535,00	535,21	535,25	87,71%	72,23%
Kurseinfluss:	-0,37%			
$H_{T-2,-3M}$:	19.12.1994			
$KH_{T-2,-3M}$:	490,00	498,77	500,64	94,12%	77,22%
$KDH_{T-2,-3M}$:	509,75	509,95	509,99	92,05%	75,80%
$H_{T-2,-6M}$:	19.09.1994			
$KH_{T-2,-6M}$:	498,00	515,72	519,52	91,02%	74,41%
$KDH_{T-2,-6M}$:	504,15	504,35	504,39	93,08%	76,65%
		- - - - -	- - - - -	

Volatilität

$SDE_{T-2,-3M}$: 0,88%

$SDH_{T-2,-3M}$: 0,81%

WKN: 715160

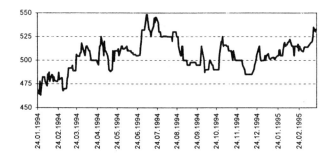

Schubert & Salzer AG	WKN: 720800				
		7%	8,50%	7%	8,50%

barwertiger Ausgleich abgezinst:		110,68	90,99		
Ereignistag:	07.04.1988	aufgezinste, bereinigte Kurse		Ausgleich / Kurs	
KE_{T-2}:	170,00	170,07	170,08	65,08%	53,50%
Kurseinfluss:	2,94%				
$E_{T-2,-3M}$:	05.01.1988				
$KE_{T-2,-3M}$:	165,00	167,98	168,62	65,89%	53,96%
$KDE_{T-2,-3M}$:	163,47	163,53	163,55	67,68%	55,63%
$E_{T-2,-6M}$:	05.10.1987				
$KE_{T-2,-6M}$:	209,90	217,45	219,07	50,90%	41,53%
$KDE_{T-2,-6M}$:	169,44	169,50	169,52	65,30%	53,67%

- - - - -   - - - - -

barwertiger Ausgleich abgezinst:		111,61	91,91		
HV-Termin:	20.05.1988	aufgezinste, bereinigte Kurse		Ausgleich / Kurs	
KH_{T-2}:	160,00	160,06	160,08	69,73%	57,42%
Kurseinfluss:	0,00%				
$H_{T-2,-3M}$:	18.02.1988				
$KH_{T-2,-3M}$:	156,00	158,79	159,39	70,29%	57,67%
$KDH_{T-2,-3M}$:	166,24	166,30	166,32	67,11%	55,26%
$H_{T-2,-6M}$:	18.11.1987				
$KH_{T-2,-6M}$:	150,00	155,37	156,52	71,83%	58,72%
$KDH_{T-2,-6M}$:	164,46	164,52	164,53	67,84%	55,86%

- - - - -   - - - - -

Volatilität

$SDE_{T-2,-3M}$: 2,80%

$SDH_{T-2,-3M}$: 3,00%

WKN: 720800

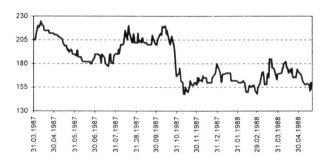

WKN: 721670				
Schumag AG	7%	8,50%	7%	8,50%

barwertiger Ausgleich abgezinst:	28,56	23,37		
Ereignistag:	27.09.1998	aufgezinste, bereinigte Kurse		Ausgleich / Kurs
KE $_{T-2}$:	19,43	19,44	19,44	146,89%	120,19%
Kurseinfluss:	-6,58%				
E $_{T-2,-3M}$:	24.06.1998				
KE $_{T-2,-3M}$:	28,38	28,90	29,01	98,81%	80,55%
KDE $_{T-2,-3M}$:	- 24,35	24,36	24,36	117,23%	95,92%
E $_{T-2,-6M}$:	24.03.1998				
KE $_{T-2,-6M}$:	24,80	25,70	25,89	111,12%	90,25%
KDE $_{T-2,-6M}$:	25,39	25,40	25,41	112,41%	91,98%
		+ - + + +	+ - - - -		

barwertiger Ausgleich abgezinst:	29,43	24,24		
HV-Termin:	03.03.1999	aufgezinste, bereinigte Kurse		Ausgleich / Kurs
KH $_{T-2}$:	25,00	25,01	25,01	117,67%	96,90%
Kurseinfluss:	-0,80%				
H $_{T-2,-3M}$:	01.12.1998				
KH $_{T-2,-3M}$:	21,47	21,86	21,94	134,63%	110,46%
KDH $_{T-2,-3M}$:	22,47	22,48	22,48	130,90%	107,79%
H $_{T-2,-6M}$:	01.09.1998				
KH $_{T-2,-6M}$:	21,73	22,50	22,67	130,78%	106,91%
KDH $_{T-2,-6M}$:	21,85	21,86	21,86	134,61%	110,85%
		+ + + + +	- + + + +		

Volatilität

SDE $_{T-2,-3M}$: 2,05%

SDH $_{T-2,-3M}$: 2,05%

WKN: 721670

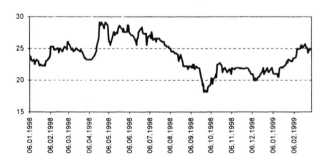

WKN: 721870				
Schwäbische Zellstoff AG	7%	8,50%	7%	8,50%

barwertiger Ausgleich abgezinst:	55,02	45,17		
Ereignistag:	10.04.1990	aufgezinste, bereinigte Kurse	Ausgleich / Kurs	
KE $_{T-2}$:	207,00	207,08	207,10	26,57%	21,81%
Kurseinfluss:	2,42%				
E $_{T-2,-3M}$:	08.01.1990				
KE $_{T-2,-3M}$:	172,90	175,99	176,66	31,26%	25,57%
KDE $_{T-2,-3M}$:	184,20	184,27	184,28	29,86%	24,51%
E $_{T-2,-6M}$:	08.10.1989				
KE $_{T-2,-6M}$:	190,00	196,80	198,25	27,96%	22,78%
KDE $_{T-2,-6M}$:	183,17	183,24	183,26	30,03%	24,65%

- - - - -   - - - - -

barwertiger Ausgleich abgezinst:	55,86	46,00		
HV-Termin:	27.06.1990	aufgezinste, bereinigte Kurse	Ausgleich / Kurs	
KH $_{T-2}$:	247,00	247,10	247,12	22,61%	18,61%
Kurseinfluss:	1,21%				
H $_{T-2,-3M}$:	25.03.1990				
KH $_{T-2,-3M}$:	190,50	193,98	194,73	28,80%	23,62%
KDH $_{T-2,-3M}$:	225,16	225,25	225,26	24,80%	20,42%
H $_{T-2,-6M}$:	25.12.1989				
KH $_{T-2,-6M}$:	178,00	184,37	185,73	30,30%	24,77%
KDH $_{T-2,-6M}$:	202,48	202,56	202,57	27,58%	22,71%

- - - - -   - - - - -

Volatilität

SDE $_{T-2,-3M}$: 2,47%

SDH $_{T-2,-3M}$: 1,31%

WKN: 721870

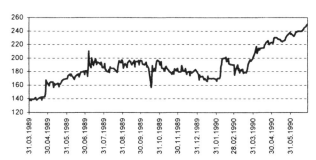

WKN: 726900				
Oelmühle Hamburg AG	7%	8,50%	7%	8,50%

barwertiger Ausgleich abgezinst:		206,10	169,37		
Ereignistag:	08.07.1996	aufgezinste, bereinigte Kurse		Ausgleich / Kurs	
KE $_{T-2}$:	177,00	177,14	177,17	116,35%	95,60%
Kurseinfluss:	19,77%				
E $_{T-2,-3M}$:	04.04.1996				
KE $_{T-2,-3M}$:	184,00	187,40	188,13	109,98%	90,03%
KDE $_{T-2,-3M}$:	176,87	177,00	177,03	116,44%	95,67%
E $_{T-2,-6M}$:	04.01.1996				
KE $_{T-2,-6M}$:	194,00	201,02	202,52	102,53%	83,63%
KDE $_{T-2,-6M}$:	180,77	180,91	180,94	113,92%	93,61%
		+ + + + +	- - - - -		

barwertiger Ausgleich abgezinst:		208,14	171,41		
HV-Termin:	28.08.1996	aufgezinste, bereinigte Kurse		Ausgleich / Kurs	
KH $_{T-2}$:	222,00	222,09	222,10	93,72%	77,18%
Kurseinfluss:	0,00%				
H $_{T-2,-3M}$:	26.05.1996				
KH $_{T-2,-3M}$:	175,00	178,20	178,88	116,80%	95,82%
KDH $_{T-2,-3M}$:	201,05	201,13	201,14	103,49%	85,22%
H $_{T-2,-6M}$:	26.02.1996				
KH $_{T-2,-6M}$:	181,00	187,48	188,86	111,02%	90,76%
KDH $_{T-2,-6M}$:	190,08	190,15	190,17	109,46%	90,14%
		- + + + +	- - - - -		

Volatilität

SDE $_{T-2,-3M}$ 1,53%

SDH $_{T-2,-3M}$:   2,56%

WKN: 726900

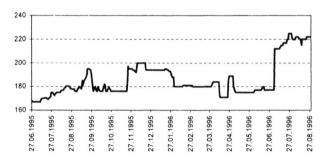

310

WKN: 730600				
Schlossgartenbau AG	7%	8,50%	7%	8,50%

barwertiger Ausgleich abgezinst:	283,42	232,91		
Ereignistag:	11.05.2004	aufgezinste, bereinigte Kurse		Ausgleich / Kurs
KE $_{T-2}$:	660,00	660,26	660,31	42,93%	35,27%
Kurseinfluss:	-9,24%				
E $_{T-2,-3M}$:	09.02.2004				
KE $_{T-2,-3M}$:	556,00	565,95	568,08	50,08%	41,00%
KDE $_{T-2,-3M}$:	600,14	600,38	600,43	47,21%	38,79%
E $_{T-2,-6M}$:	09.11.2003				
KE $_{T-2,-6M}$:	530,00	548,96	553,03	51,63%	42,11%
KDE $_{T-2,-6M}$:	571,36	571,58	571,63	49,59%	40,74%

- - - - -   - - - - -

barwertiger Ausgleich abgezinst:	286,29	235,76		
HV-Termin:	02.07.2004	aufgezinste, bereinigte Kurse		Ausgleich / Kurs
KH $_{T-2}$:	563,00	563,22	563,27	50,83%	41,86%
Kurseinfluss:	-3,20%				
H $_{T-2,-3M}$:	30.03.2004				
KH $_{T-2,-3M}$:	620,00	631,33	633,76	45,35%	37,20%
KDH $_{T-2,-3M}$:	602,82	603,05	603,10	47,47%	39,09%
H $_{T-2,-6M}$:	30.12.2003				
KH $_{T-2,-6M}$:	540,00	559,43	563,59	51,17%	41,83%
KDH $_{T-2,-6M}$:	578,01	578,23	578,28	49,51%	40,77%

- - - - -   - - - - -

Volatilität

SDE $_{T-2,-3M}$:   2,28%

SDH $_{T-2,-3M}$:   3,27%

WKN: 730600

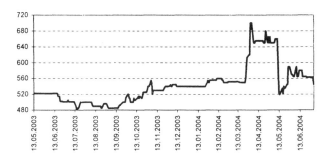

WKN: 745800				
Tempelhofer Feld AG	7%	8,50%	7%	8,50%

barwertiger Ausgleich abgezinst:		890,38	731,93		
Ereignistag:	04.07.1995	aufgezinste, bereinigte Kurse		Ausgleich / Kurs	
KE $_{T-2}$:	2650,00	2651,03	2651,25	33,59%	27,61%
Kurseinfluss:	1,89%				
E $_{T-2,-3M}$:	02.04.1995				
KE $_{T-2,-3M}$:	2450,00	2494,30	2503,80	35,70%	29,23%
KDE $_{T-2,-3M}$:	2395,89	2396,82	2397,02	37,15%	30,53%
E $_{T-2,-6M}$:	02.01.1995				
KE $_{T-2,-6M}$:	2480,00	2568,25	2587,16	34,67%	28,29%
KDE $_{T-2,-6M}$:	2451,71	2452,66	2452,86	36,30%	29,84%

- - - - -   - - - - -

barwertiger Ausgleich abgezinst:		898,00	739,53		
HV-Termin:	17.08.1995	aufgezinste, bereinigte Kurse		Ausgleich / Kurs	
KH $_{T-2}$:	2920,00	2921,14	2921,38	30,74%	25,31%
Kurseinfluss:	0,00%				
H $_{T-2,-3M}$:	15.05.1995				
KH $_{T-2,-3M}$:	2335,00	2377,68	2386,82	37,77%	30,98%
KDH $_{T-2,-3M}$:	2664,77	2665,81	2666,03	33,69%	27,74%
H $_{T-2,-6M}$:	15.02.1995				
KH $_{T-2,-6M}$:	2580,00	2671,81	2691,48	33,61%	27,48%
KDH $_{T-2,-6M}$:	2548,88	2549,87	2550,08	35,22%	29,00%

- - - - -   - - - - -

Volatilität
SDE $_{T-2,-3M}$:   0,71%
SDH $_{T-2,-3M}$:   1,14%

WKN: 745800

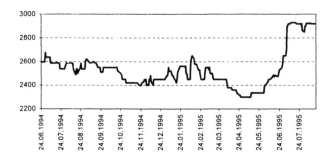

WKN: 749500				
Triumph-Adler AG	7%	8,50%	7%	8,50%

barwertiger Ausgleich abgezinst:		44,34	36,45		
Ereignistag:	30.07.1987	aufgezinste, bereinigte Kurse		Ausgleich / Kurs	
KE $_{T-2}$:	276,00	276,11	276,13	16,06%	13,20%
Kurseinfluss:	-6,52%				
E $_{T-2,-3M}$:	28.04.1987				
KE $_{T-2,-3M}$:	229,00	233,14	234,03	19,02%	15,58%
KDE $_{T-2,-3M}$:	245,31	245,41	245,43	18,07%	14,85%
E $_{T-2,-6M}$:	28.01.1987				
KE $_{T-2,-6M}$:	250,00	258,90	260,80	17,13%	13,98%
KDE $_{T-2,-6M}$:	233,95	234,04	234,06	18,95%	15,57%

- - - - -   - - - - -

barwertiger Ausgleich abgezinst:		44,71	36,82		
HV-Termin:	11.09.1987	aufgezinste, bereinigte Kurse		Ausgleich / Kurs	
KH $_{T-2}$:	200,00	200,08	200,09	22,35%	18,40%
Kurseinfluss:	-2,50%				
H $_{T-2,-3M}$:	09.06.1987				
KH $_{T-2,-3M}$:	254,00	258,64	259,64	17,29%	14,18%
KDH $_{T-2,-3M}$:	241,54	241,64	241,66	18,50%	15,24%
H $_{T-2,-6M}$:	09.03.1987				
KH $_{T-2,-6M}$:	220,00	227,96	229,66	19,62%	16,03%
KDH $_{T-2,-6M}$:	232,29	232,38	232,40	19,24%	15,84%

- - - - -   - - - - -

Volatilität

SDE $_{T-2,-3M}$:   2,72%

SDH $_{T-2,-3M}$:   3,25%

WKN: 749500

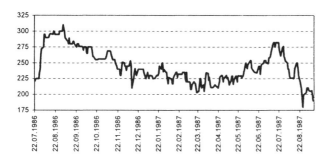

313

WKN: 761700				
Vereinigte Filzfabriken AG	7%	8,50%	7%	8,50%

barwertiger Ausgleich abgezinst:		243,35	200,02		
Ereignistag:	31.10.1990	aufgezinste, bereinigte Kurse		Ausgleich / Kurs	
KE $_{T-2}$:	385,00	385,15	385,18	63,18%	51,93%
Kurseinfluss:	0,00%				
E $_{T-2,-3M}$:	29.07.1990				
KE $_{T-2,-3M}$:	400,17	407,48	409,05	59,72%	48,90%
KDE $_{T-2,-3M}$:	386,12	386,27	386,30	63,00%	51,78%
E $_{T-2,-6M}$:	29.04.1990				
KE $_{T-2,-6M}$:	385,53	399,39	402,37	60,93%	49,71%
KDE $_{T-2,-6M}$:	390,10	390,25	390,28	62,36%	51,25%
		- - - - -	- - - - -		

barwertiger Ausgleich abgezinst:		245,57	202,24		
HV-Termin:	17.12.1990	aufgezinste, bereinigte Kurse		Ausgleich / Kurs	
KH $_{T-2}$:	405,00	405,32	405,38	60,59%	49,89%
Kurseinfluss:	0,00%				
H $_{T-2,-3M}$:	13.09.1990				
KH $_{T-2,-3M}$:	386,00	393,13	394,66	62,47%	51,24%
KDH $_{T-2,-3M}$:	392,95	393,26	393,32	62,45%	51,42%
H $_{T-2,-6M}$:	13.06.1990				
KH $_{T-2,-6M}$:	385,53	399,54	402,55	61,46%	50,24%
KDH $_{T-2,-6M}$:	389,91	390,21	390,28	62,93%	51,82%
		- - - - -	- - - - -		

Volatilität

SDE $_{T-2,-3M}$: 0,62%

SDH $_{T-2,-3M}$: 0,51%

WKN: 761700

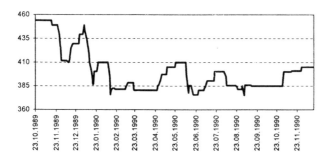

WKN: 764400				
Verseidag AG	7%	8,50%	7%	8,50%

	barwertiger Ausgleich abgezinst:	27,35	22,46		
Ereignistag:	02.03.2000	aufgezinste, bereinigte Kurse		Ausgleich / Kurs	
KE_{T-2}:	14,50	14,51	14,51	188,53%	154,81%
Kurseinfluss:	35,86%				
$E_{T-2,-3M}$:	29.11.1999				
$KE_{T-2,-3M}$:	14,55	14,82	14,87	184,58%	151,00%
$KDE_{T-2,-3M}$:	14,50	14,50	14,50	188,58%	154,85%
$E_{T-2,-6M}$:	29.08.1999				
$KE_{T-2,-6M}$:	15,00	15,54	15,66	175,95%	143,42%
$KDE_{T-2,-6M}$:	14,53	14,53	14,53	188,20%	154,53%
		+ + + + +	+ + + + +		

	barwertiger Ausgleich abgezinst:	27,71	22,82		
HV-Termin:	10.05.2000	aufgezinste, bereinigte Kurse		Ausgleich / Kurs	
KH_{T-2}:	20,60	20,61	20,61	134,48%	110,74%
Kurseinfluss:	0,00%				
$H_{T-2,-3M}$:	08.02.2000				
$KH_{T-2,-3M}$:	14,50	14,76	14,81	187,77%	154,06%
$KDH_{T-2,-3M}$:	18,54	18,55	18,55	149,43%	123,05%
$H_{T-2,-6M}$:	08.11.1999				
$KH_{T-2,-6M}$:	14,50	15,02	15,13	184,53%	150,85%
$KDH_{T-2,-6M}$:	16,47	16,47	16,48	168,23%	138,53%
		+ + + + +	+ + + + +		

Volatilität

$SDE_{T-2,-3M}$:   0,90%

$SDH_{T-2,-3M}$:   4,68%

WKN: 764400

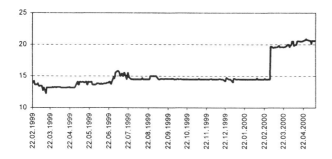

WKN: 775100				
Duewag AG	7%	8,50%	7%	8,50%

barwertiger Ausgleich abgezinst: 441,92 362,54

Ereignistag:	15.02.1994	aufgezinste, bereinigte Kurse		Ausgleich / Kurs	
KE $_{T-2}$:	550,00	550,53	550,65	80,27%	65,84%
Kurseinfluss:	-6,36%				
E $_{T-2,-3M}$:	10.11.1993				
KE $_{T-2,-3M}$:	600,00	611,32	613,74	72,29%	59,07%
KDE $_{T-2,-3M}$:	573,53	574,09	574,21	76,98%	63,14%
E $_{T-2,-6M}$:	10.08.1993				
KE $_{T-2,-6M}$:	560,00	580,58	584,99	76,12%	61,97%
KDE $_{T-2,-6M}$:	581,93	582,50	582,62	75,87%	62,23%

- - - - - - - - - -

barwertiger Ausgleich abgezinst: 450,00 370,59

HV-Termin:	20.05.1994	aufgezinste, bereinigte Kurse		Ausgleich / Kurs	
KH $_{T-2}$:	505,00	505,20	505,24	89,07%	73,35%
Kurseinfluss:	0,00%				
H $_{T-2,-3M}$:	18.02.1994				
KH $_{T-2,-3M}$:	495,00	503,76	505,64	89,33%	73,29%
KDH $_{T-2,-3M}$:	525,57	525,78	525,82	85,59%	70,48%
H $_{T-2,-6M}$:	18.11.1993				
KH $_{T-2,-6M}$:	575,00	595,46	599,84	75,57%	61,78%
KDH $_{T-2,-6M}$:	547,27	547,48	547,52	82,19%	67,68%

- - - - - - - - - -

Volatilität

SDE $_{T-2,-3M}$: 0,95%

SDH $_{T-2,-3M}$: 1,17%

WKN: 775100

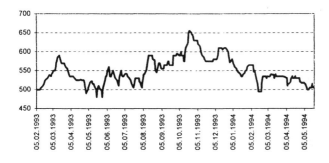

WKN: 776000				
Gelsenwasser AG	7%	8,50%	7%	8,50%

barwertiger Ausgleich abgezinst:		251,04	206,32		
Ereignistag:	13.02.2004	aufgezinste, bereinigte Kurse		Ausgleich / Kurs	
KE $_{T-2}$:	325,01	325,14	325,16	77,21%	63,45%
Kurseinfluss:	12,30%				
E $_{T-2,-3M}$:	11.11.2003				
KE $_{T-2,-3M}$:	351,70	358,13	359,51	70,10%	57,39%
KDE $_{T-2,-3M}$:	328,28	328,40	328,43	76,44%	62,82%
E $_{T-2,-6M}$:	11.08.2003				
KE $_{T-2,-6M}$:	345,50	358,00	360,67	70,12%	57,20%
KDE $_{T-2,-6M}$:	339,30	339,43	339,46	73,96%	60,78%
		- - - - -	- - - - -		

barwertiger Ausgleich abgezinst:		253,43	208,71		
HV-Termin:	02.04.2004	aufgezinste, bereinigte Kurse		Ausgleich / Kurs	
KH $_{T-2}$:	376,00	376,15	376,18	67,38%	55,48%
Kurseinfluss:	1,06%				
H $_{T-2,-3M}$:	31.12.2003				
KH $_{T-2,-3M}$:	307,50	313,06	314,25	80,95%	66,41%
KDH $_{T-2,-3M}$:	343,99	344,12	344,15	73,65%	60,64%
H $_{T-2,-6M}$:	30.09.2003				
KH $_{T-2,-6M}$:	350,10	362,69	365,39	69,87%	57,12%
KDH $_{T-2,-6M}$:	345,46	345,60	345,63	73,33%	60,39%
		- - - - -	- - - - -		

Volatilität

SDE $_{T-2,-3M}$: 1,57%

SDH $_{T-2,-3M}$: 1,98%

WKN: 776000

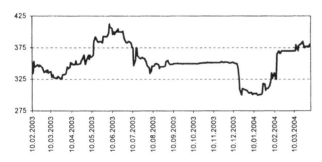

WKN: 787200				
Ikon AG	7%	8,50%	7%	8,50%

barwertiger Ausgleich abgezinst:		110,87	91,17		
Ereignistag:	05.04.1990	aufgezinste, bereinigte Kurse		Ausgleich / Kurs	
KE $_{T-2}$:	389,00	389,15	389,18	28,49%	23,42%
Kurseinfluss:	1,03%				
E $_{T-2,-3M}$:	03.01.1990				
KE $_{T-2,-3M}$:	385,00	391,89	393,36	28,29%	23,18%
KDE $_{T-2,-3M}$:	375,38	375,53	375,56	29,52%	24,27%
E $_{T-2,-6M}$:	03.10.1989				
KE $_{T-2,-6M}$:	370,00	383,24	386,07	28,93%	23,61%
KDE $_{T-2,-6M}$:	373,91	374,05	374,09	29,64%	24,37%

- - - - -   - - - - -

barwertiger Ausgleich abgezinst:		111,64	91,94		
HV-Termin:	11.05.1990	aufgezinste, bereinigte Kurse		Ausgleich / Kurs	
KH $_{T-2}$:	385,00	385,15	385,18	28,99%	23,87%
Kurseinfluss:	1,30%				
H $_{T-2,-3M}$:	09.02.1990				
KH $_{T-2,-3M}$:	380,00	386,72	388,16	28,87%	23,69%
KDH $_{T-2,-3M}$:	379,28	379,43	379,46	29,42%	24,23%
H $_{T-2,-6M}$:	09.11.1989				
KH $_{T-2,-6M}$:	366,00	379,02	381,81	29,46%	24,08%
KDH $_{T-2,-6M}$:	375,70	375,84	375,87	29,70%	24,46%

- - - - -   - - - - -

Volatilität

SDE $_{T-2,-3M}$:   2,13%

SDH $_{T-2,-3M}$:   1,76%

WKN: 787200

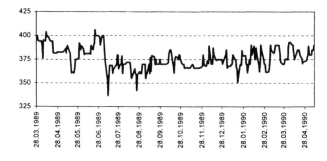

318

WKN: 801600				
Bankverein Bremen AG	7%	8,50%	7%	8,50%

barwertiger Ausgleich abgezinst:	132,79	109,16		
Ereignistag:	02.05.1989	aufgezinste, bereinigte Kurse	Ausgleich / Kurs	
KE $_{T-2}$:	216,00	216,21	216,26	61,42%	50,48%
Kurseinfluss:	-16,67%				
E $_{T-2,-3M}$:	27.01.1989				
KE $_{T-2,-3M}$:	202,00	205,73	206,53	64,55%	52,85%
KDE $_{T-2,-3M}$:	214,44	214,65	214,70	61,86%	50,84%
E $_{T-2,-6M}$:	27.10.1988				
KE $_{T-2,-6M}$:	170,00	176,18	177,51	75,37%	61,50%
KDE $_{T-2,-6M}$:	199,24	199,43	199,47	66,59%	54,72%
	- - - - -	- - - - -		

barwertiger Ausgleich abgezinst:	133,93	110,29		
HV-Termin:	15.06.1989	aufgezinste, bereinigte Kurse	Ausgleich / Kurs	
KH $_{T-2}$:	198,00	198,08	198,09	67,61%	55,68%
Kurseinfluss:	3,03%				
H $_{T-2,-3M}$:	13.03.1989				
KH $_{T-2,-3M}$:	215,00	218,93	219,77	61,17%	50,19%
KDH $_{T-2,-3M}$:	207,43	207,51	207,52	64,54%	53,15%
H $_{T-2,-6M}$:	13.12.1988				
KH $_{T-2,-6M}$:	180,00	186,44	187,82	71,83%	58,72%
KDH $_{T-2,-6M}$:	204,40	204,47	204,49	65,50%	53,94%
	- - - - -	- - - - -		

Volatilität

SDE $_{T-2,-3M}$:   1,06%

SDH $_{T-2,-3M}$:   2,58%

WKN: 801600

WKN: 802500				
BHF-Bank AG	7%	8,50%	7%	8,50%

barwertiger Ausgleich abgezinst:		38,92	31,99		
Ereignistag:	28.09.2001	aufgezinste, bereinigte Kurse		Ausgleich / Kurs	
KE $_{T-2}$:	43,10	43,12	43,12	90,27%	74,19%
Kurseinfluss:	9,30%				
E $_{T-2,-3M}$:	26.06.2001				
KE $_{T-2,-3M}$:	45,30	46,13	46,31	84,38%	69,09%
KDE $_{T-2,-3M}$:	45,52	45,53	45,54	85,48%	70,25%
E $_{T-2,-6M}$:	26.03.2001				
KE $_{T-2,-6M}$:	44,40	46,00	46,35	84,61%	69,02%
KDE $_{T-2,-6M}$:	45,14	45,15	45,16	86,20%	70,84%

- - - - -   - - - - -

barwertiger Ausgleich abgezinst:		39,29	32,35		
HV-Termin:	15.11.2001	aufgezinste, bereinigte Kurse		Ausgleich / Kurs	
KH $_{T-2}$:	48,55	48,57	48,57	80,89%	66,61%
Kurseinfluss:	-0,10%				
H $_{T-2,-3M}$:	13.08.2001				
KH $_{T-2,-3M}$:	45,54	46,37	46,55	84,72%	69,50%
KDH $_{T-2,-3M}$:	46,47	46,49	46,49	84,50%	69,59%
H $_{T-2,-6M}$:	13.05.2001				
KH $_{T-2,-6M}$:	45,25	46,89	47,24	83,79%	68,49%
KDH $_{T-2,-6M}$:	45,93	45,95	45,95	85,51%	70,41%

- - - - -   - - - - -

Volatilität
SDE $_{T-2,-3M}$: 1,20%
SDH $_{T-2,-3M}$: 1,54%

WKN: 802500

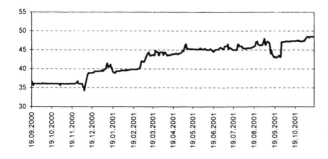

WKN: 804100				
Deutsche Eff. und Wechselb. AG	7%	8,50%	7%	8,50%

barwertiger Ausgleich abgezinst:	970,14	797,29		
Ereignistag:	08.04.1993	aufgezinste, bereinigte Kurse	Ausgleich / Kurs	
KE_{T-2}:	1280,00	1280,50	1280,60	75,76%	62,26%
Kurseinfluss:	10,55%				
$E_{T-2,-3M}$:	06.01.1993				
$KE_{T-2,-3M}$:	951,00	968,01	971,66	100,22%	82,05%
$KDE_{T-2,-3M}$:	1104,81	1105,24	1105,33	87,78%	72,13%
$E_{T-2,-6M}$:	06.10.1992				
$KE_{T-2,-6M}$:	1220,00	1263,65	1273,00	76,77%	62,63%
$KDE_{T-2,-6M}$:	1119,90	1120,33	1120,43	86,59%	71,16%

- + - - -   - - - - -

barwertiger Ausgleich abgezinst:	979,57	806,71		
HV-Termin:	28.05.1993	aufgezinste, bereinigte Kurse	Ausgleich / Kurs	
KH_{T-2}:	1445,00	1445,56	1445,68	67,76%	55,80%
Kurseinfluss:	-0,35%				
$H_{T-2,-3M}$:	26.02.1993				
$KH_{T-2,-3M}$:	1090,00	1109,29	1113,42	88,31%	72,45%
$KDH_{T-2,-3M}$:	1335,48	1336,00	1336,11	73,32%	60,38%
$H_{T-2,-6M}$:	26.11.1992				
$KH_{T-2,-6M}$:	1167,00	1208,53	1217,42	81,06%	66,26%
$KDH_{T-2,-6M}$:	1192,19	1192,65	1192,75	82,13%	67,63%

- - - - -   - - - - -

Volatilität

$SDE_{T-2,-3M}$:   1,99%

$SDH_{T-2,-3M}$:   1,77%

WKN: 804100

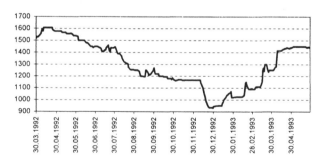

WKN: 840450				
Volksfürsorge Holding AG	7%	8,50%	7%	8,50%

barwertiger Ausgleich abgezinst:	153,20	125,66		
Ereignistag:	23.05.1997	aufgezinste, bereinigte Kurse		Ausgleich / Kurs
KE $_{T-2}$:	536,71	536,92	536,96	28,53%	23,40%
Kurseinfluss:	6,12%				
E $_{T-2,-3M}$:	21.02.1997				
KE $_{T-2,-3M}$:	545,02	554,66	556,73	27,62%	22,57%
KDE $_{T-2,-3M}$:	533,63	533,84	533,89	28,70%	23,54%
E $_{T-2,-6M}$:	21.11.1996				
KE $_{T-2,-6M}$:	419,24	434,16	437,36	35,29%	28,73%
KDE $_{T-2,-6M}$:	478,82	479,01	479,05	31,98%	26,23%

- - - - -   - - - - -

barwertiger Ausgleich abgezinst:	156,12	128,57		
HV-Termin:	29.08.1997	aufgezinste, bereinigte Kurse		Ausgleich / Kurs
KH $_{T-2}$:	670,00	670,26	670,32	23,29%	19,18%
Kurseinfluss:	-1,49%				
H $_{T-2,-3M}$:	27.05.1997				
KH $_{T-2,-3M}$:	573,49	583,98	586,22	26,73%	21,93%
KDH $_{T-2,-3M}$:	674,57	674,83	674,88	23,14%	19,05%
H $_{T-2,-6M}$:	27.02.1997				
KH $_{T-2,-6M}$:	547,39	566,87	571,04	27,54%	22,52%
KDH $_{T-2,-6M}$:	609,47	609,71	609,76	25,61%	21,09%

- - - - -   - - - - -

Volatilität

SDE $_{T-2,-3M}$:   0,81%

SDH $_{T-2,-3M}$:   1,91%

WKN: 840450

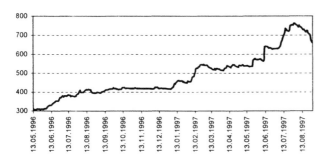

WKN: 841080				
Aachener und M. Vers. AG	7%	8,50%	7%	8,50%

barwertiger Ausgleich abgezinst:		119,16	97,74		
Ereignistag:	23.05.1997	aufgezinste, bereinigte Kurse		Ausgleich / Kurs	
KE $_{T-2}$:	441,46	441,63	441,67	26,98%	22,13%
Kurseinfluss:	6,23%				
E $_{T-2,-3M}$:	21.02.1997				
KE $_{T-2,-3M}$:	375,97	382,62	384,05	31,14%	25,45%
KDE $_{T-2,-3M}$:	399,87	400,02	400,06	29,79%	24,43%
E $_{T-2,-6M}$:	21.11.1996				
KE $_{T-2,-6M}$:	340,39	352,50	355,10	33,80%	27,52%
KDE $_{T-2,-6M}$:	373,99	374,13	374,17	31,85%	26,12%

- - - - -   - - - - -

barwertiger Ausgleich abgezinst:		121,43	100,00		
HV-Termin:	29.08.1997	aufgezinste, bereinigte Kurse		Ausgleich / Kurs	
KH $_{T-2}$:	550,00	550,21	550,26	22,07%	18,17%
Kurseinfluss:	-8,18%				
H $_{T-2,-3M}$:	27.05.1997				
KH $_{T-2,-3M}$:	481,08	489,87	491,75	24,79%	20,34%
KDH $_{T-2,-3M}$:	546,48	546,69	546,74	22,21%	18,29%
H $_{T-2,-6M}$:	27.02.1997				
KH $_{T-2,-6M}$:	394,56	408,60	411,61	29,72%	24,29%
KDH $_{T-2,-6M}$:	480,03	480,22	480,26	25,29%	20,82%

- - - - -   - - - - -

Volatilität

SDE $_{T-2,-3M}$: 1,40%

SDH $_{T-2,-3M}$: 1,96%

WKN: 841080

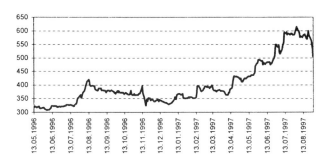

	WKN: 841700			
Frankona Rückversicherungs-AG	7%	8,50%	7%	8,50%

barwertiger Ausgleich abgezinst:		417,10	342,92		
Ereignistag:	03.11.1995	aufgezinste, bereinigte Kurse		Ausgleich / Kurs	
KE $_{T-2}$:	395,00	395,15	395,19	105,55%	86,77%
Kurseinfluss:	3,80%				
E $_{T-2,-3M}$:	01.08.1995				
KE $_{T-2,-3M}$:	365,00	371,67	373,10	112,22%	91,91%
KDE $_{T-2,-3M}$:	381,97	382,12	382,15	109,16%	89,73%
E $_{T-2,-6M}$:	01.05.1995				
KE $_{T-2,-6M}$:	361,00	374,06	376,85	111,51%	90,99%
KDE $_{T-2,-6M}$:	372,00	372,14	372,18	112,08%	92,14%
		+ + + + +	- - - - -		

barwertiger Ausgleich abgezinst:		420,43	346,24		
HV-Termin:	14.12.1995	aufgezinste, bereinigte Kurse		Ausgleich / Kurs	
KH $_{T-2}$:	436,00	436,17	436,21	96,39%	79,37%
Kurseinfluss:	0,46%				
H $_{T-2,-3M}$:	12.09.1995				
KH $_{T-2,-3M}$:	380,00	386,87	388,34	108,67%	89,16%
KDH $_{T-2,-3M}$:	403,14	403,30	403,33	104,25%	85,84%
H $_{T-2,-6M}$:	12.06.1995				
KH $_{T-2,-6M}$:	360,00	372,95	375,73	112,73%	92,15%
KDH $_{T-2,-6M}$:	386,55	386,70	386,73	108,72%	89,53%
		- + + + +	- - - - -		

Volatilität

SDE $_{T-2,-3M}$: 1,03%

SDH $_{T-2,-3M}$: 1,24%

WKN: 841700

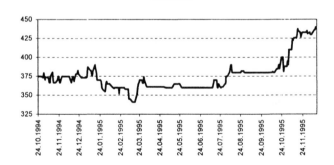

WKN: 843300				
Nordstern Allgemeine Vers.-AG	7%	8,50%	7%	8,50%
(Stammaktien)				
barwertiger Ausgleich abgezinst:	2268,95	1860,49		
Ereignistag:	01.03.1994	aufgezinste, bereinigte Kurse		Ausgleich / Kurs
KE_{T-2}:	2070,00	2070,81	2070,98	109,57%	89,84%
Kurseinfluss:	2,42%				
$E_{T-2,-3M}$:	27.11.1993				
$KE_{T-2,-3M}$:	2050,00	2087,47	2095,50	108,69%	88,79%
$KDE_{T-2,-3M}$:	2031,23	2032,02	2032,19	111,66%	91,55%
$E_{T-2,-6M}$:	27.08.1993				
$KE_{T-2,-6M}$:	1790,00	1854,74	1868,61	122,33%	99,57%
$KDE_{T-2,-6M}$:	1943,65	1944,40	1944,56	116,69%	95,68%

+ + + + +   - - - - -

barwertiger Ausgleich abgezinst:	2315,71	1907,06		
HV-Termin:	15.06.1994	aufgezinste, bereinigte Kurse		Ausgleich / Kurs
KH_{T-2}:	2705,00	2706,05	2706,28	85,58%	70,47%
Kurseinfluss:	0,00%				
$H_{T-2,-3M}$:	13.03.1994				
$KH_{T-2,-3M}$:	2350,00	2392,95	2402,16	96,77%	79,39%
$KDH_{T-2,-3M}$:	2609,62	2610,64	2610,86	88,70%	73,04%
$H_{T-2,-6M}$:	13.12.1993				
$KH_{T-2,-6M}$:	2055,00	2128,52	2144,28	108,79%	88,94%
$KDH_{T-2,-6M}$:	2328,97	2329,87	2330,07	99,39%	81,85%

- - - + -   - - - - -

Volatilität

$SDE_{T-2,-3M}$:   1,05%

$SDH_{T-2,-3M}$:   0,90%

WKN: 843300

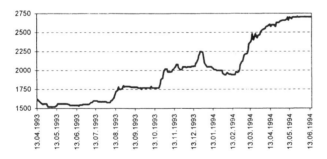

WKN: 843303				
Nordstern Allgemeine Vers.-AG	7%	8,50%	7%	8,50%
(Vorzugsaktien)				
barwertiger Ausgleich abgezinst:	1154,77	946,89		
Ereignistag: 01.03.1994	aufgezinste, bereinigte Kurse		Ausgleich / Kurs	
KE $_{T-2}$: 905,00	905,70	905,85	127,50%	104,53%
Kurseinfluss: 2,21%				
E $_{T-2,-3M}$: 25.11.1993				
KE $_{T-2,-3M}$: 790,00	804,75	807,91	143,49%	117,20%
KDE $_{T-2,-3M}$: 854,91	855,57	855,72	134,97%	110,65%
E $_{T-2,-6M}$: 25.08.1993				
KE $_{T-2,-6M}$: 700,00	725,59	731,07	159,15%	129,52%
KDE $_{T-2,-6M}$: 798,50	799,12	799,25	144,51%	118,47%
	+ + + + +	+ + + + +		

barwertiger Ausgleich abgezinst:	1178,57	970,59		
HV-Termin: 15.06.1994	aufgezinste, bereinigte Kurse		Ausgleich / Kurs	
KH $_{T-2}$: 1370,00	1370,53	1370,65	85,99%	70,81%
Kurseinfluss: -0,73%				
H $_{T-2,-3M}$: 13.03.1994				
KH $_{T-2,-3M}$: 1120,00	1140,47	1144,86	103,34%	84,78%
KDH $_{T-2,-3M}$: 1283,54	1284,04	1284,15	91,79%	75,58%
H $_{T-2,-6M}$: 13.12.1993				
KH $_{T-2,-6M}$: 870,00	901,13	907,80	130,79%	106,92%
KDH $_{T-2,-6M}$: 1084,26	1084,68	1084,77	108,66%	89,47%
	- + - + +	- - - + -		

Volatilität

SDE $_{T-2,-3M}$: 1,26%

SDH $_{T-2,-3M}$: 1,58%

WKN: 843303

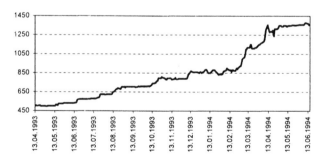

326

WKN: 844600				
Thuringia Versicherung AG	7%	8,50%	7%	8,50%

barwertiger Ausgleich abgezinst:		306,66	251,96		
Ereignistag:	17.10.2001	aufgezinste, bereinigte Kurse		Ausgleich / Kurs	
KE $_{T-2}$:	310,00	310,12	310,15	98,88%	81,24%
Kurseinfluss:	3,23%				
E $_{T-2,-3M}$:	15.07.2001				
KE $_{T-2,-3M}$:	310,00	315,67	316,88	97,15%	79,51%
KDE $_{T-2,-3M}$:	300,07	300,18	300,21	102,16%	83,93%
E $_{T-2,-6M}$:	15.04.2001				
KE $_{T-2,-6M}$:	295,00	305,61	307,89	100,34%	81,84%
KDE $_{T-2,-6M}$:	300,66	300,78	300,80	101,96%	83,76%
		- - + + +	- - - - -		

barwertiger Ausgleich abgezinst:		310,00	255,29		
HV-Termin:	12.12.2001	aufgezinste, bereinigte Kurse		Ausgleich / Kurs	
KH $_{T-2}$:	335,50	335,63	335,66	92,36%	76,06%
Kurseinfluss:	0,00%				
H $_{T-2,-3M}$:	10.09.2001				
KH $_{T-2,-3M}$:	298,00	303,39	304,54	102,18%	83,83%
KDH $_{T-2,-3M}$:	319,45	319,58	319,60	97,00%	79,88%
H $_{T-2,-6M}$:	10.06.2001				
KH $_{T-2,-6M}$:	290,00	300,43	302,67	103,18%	84,35%
KDH $_{T-2,-6M}$:	311,03	311,15	311,18	99,63%	82,04%
		- + - + -	- - - - -		

Volatilität

SDE $_{T-2,-3M}$: 1,36%

SDH $_{T-2,-3M}$: 1,25%

WKN: 844600

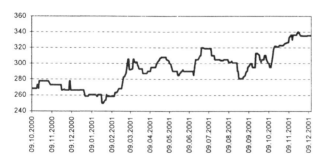

WKN: 845392				
Aachener und M. LV AG	7%	8,50%	7%	8,50%

barwertiger Ausgleich abgezinst:	170,23	139,63		
Ereignistag:	23.05.1997	aufgezinste, bereinigte Kurse	Ausgleich / Kurs	
KE $_{T-2}$:	805,04	805,35	805,42	21,14%	17,34%
Kurseinfluss:	-2,86%			
E $_{T-2,-3M}$:	21.02.1997			
KE $_{T-2,-3M}$:	765,05	778,59	781,49	21,86%	17,87%
KDE $_{T-2,-3M}$:	756,13	756,42	756,49	22,50%	18,46%
E $_{T-2,-6M}$:	21.11.1996			
KE $_{T-2,-6M}$:	630,04	652,46	657,27	26,09%	21,24%
KDE $_{T-2,-6M}$:	699,39	699,67	699,72	24,33%	19,95%

- - - - -   - - - - -

barwertiger Ausgleich abgezinst:	173,47	142,86		
HV-Termin:	29.08.1997	aufgezinste, bereinigte Kurse	Ausgleich / Kurs	
KH $_{T-2}$:	785,00	785,31	785,37	22,09%	18,19%
Kurseinfluss:	-1,27%			
H $_{T-2,-3M}$:	27.05.1997			
KH $_{T-2,-3M}$:	809,64	824,43	827,60	21,04%	17,26%
KDH $_{T-2,-3M}$:	785,56	785,86	785,93	22,07%	18,18%
H $_{T-2,-6M}$:	27.02.1997			
KH $_{T-2,-6M}$:	773,15	800,66	806,56	21,67%	17,71%
KDH $_{T-2,-6M}$:	772,62	772,92	772,98	22,44%	18,48%

- - - - -   - - - - -

Volatilität
SDE $_{T-2,-3M}$: 1,41%
SDH $_{T-2,-3M}$: 1,58%

WKN: 845392

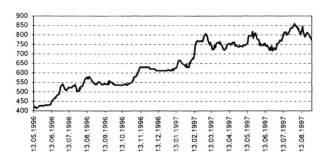

WKN: 845700				
Albingia Versicherungs-AG	7%	8,50%	7%	8,50%
(Stammaktien)				

	barwertiger Ausgleich abgezinst:	705,37	579,34		
Ereignistag:	07.07.1999	aufgezinste, bereinigte Kurse		Ausgleich / Kurs	
KE $_{T-2}$:	700,00	700,27	700,33	100,73%	82,72%
Kurseinfluss:	-1,43%				
E $_{T-2,-3M}$:	05.04.1999				
KE $_{T-2,-3M}$:	677,21	689,45	692,08	102,31%	83,71%
KDE $_{T-2,-3M}$:	680,48	680,74	680,80	103,62%	85,10%
E $_{T-2,-6M}$:	05.01.1999				
KE $_{T-2,-6M}$:	703,04	728,05	733,41	96,88%	78,99%
KDE $_{T-2,-6M}$:	689,66	689,93	689,99	102,24%	83,96%
		+ + + - +	- - - - -		

	barwertiger Ausgleich abgezinst:	714,29	588,24		
HV-Termin:	10.09.1999	aufgezinste, bereinigte Kurse		Ausgleich / Kurs	
KH $_{T-2}$:	680,00	680,26	680,32	105,00%	86,46%
Kurseinfluss:	0,00%				
H $_{T-2,-3M}$:	08.06.1999				
KH $_{T-2,-3M}$:	696,83	709,57	712,30	100,66%	82,58%
KDH $_{T-2,-3M}$:	687,04	687,31	687,37	103,92%	85,58%
H $_{T-2,-6M}$:	08.03.1999				
KH $_{T-2,-6M}$:	716,46	742,38	747,93	96,22%	78,65%
KDH $_{T-2,-6M}$:	684,92	685,18	685,24	104,25%	85,84%
		+ + + - +	- - - - -		

Volatilität

SDE $_{T-2,-3M}$:   0,49%

SDH $_{T-2,-3M}$:   0,65%

WKN: 845700

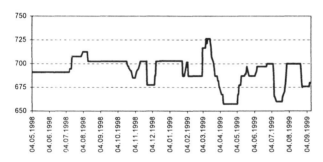

WKN: 845703				
Albingia Versicherungs-AG	7%	8,50%	7%	8,50%
(Vorzugsaktien)				
barwertiger Ausgleich abgezinst:	702,07	574,28		
Ereignistag:	07.07.1999	aufgezinste, bereinigte Kurse		Ausgleich / Kurs
KE $_{T-2}$:	600,00	600,23	600,28	116,97%	95,67%
Kurseinfluss:	5,83%				
E $_{T-2,-3M}$:	05.04.1999				
KE $_{T-2,-3M}$:	537,27	546,99	549,07	128,35%	104,59%
KDE $_{T-2,-3M}$:	548,11	548,33	548,37	128,04%	104,72%
E $_{T-2,-6M}$:	05.01.1999				
KE $_{T-2,-6M}$:	404,42	418,81	421,89	167,63%	136,12%
KDE $_{T-2,-6M}$:	512,11	512,31	512,36	137,04%	112,09%
		+ + + + +	- + + + +		

barwertiger Ausgleich abgezinst:	725,00	597,06		
HV-Termin:	10.09.1999	aufgezinste, bereinigte Kurse		Ausgleich / Kurs
KH $_{T-2}$:	651,00	651,25	651,31	111,32%	91,67%
Kurseinfluss:	1,38%				
H $_{T-2,-3M}$:	08.06.1999				
KH $_{T-2,-3M}$:	567,55	577,93	580,15	125,45%	102,91%
KDH $_{T-2,-3M}$:	621,63	621,87	621,93	116,58%	96,00%
H $_{T-2,-6M}$:	08.03.1999				
KH $_{T-2,-6M}$:	526,53	545,57	549,65	132,89%	108,63%
KDH $_{T-2,-6M}$:	580,17	580,40	580,45	124,91%	102,86%
		+ + + + +	- + - + +		

Volatilität

SDE $_{T-2,-3M}$: 1,31%

SDH $_{T-2,-3M}$: 0,86%

WKN: 845703

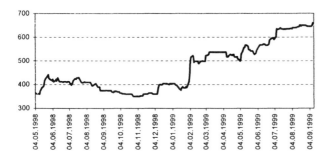

330

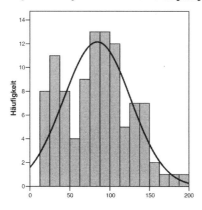

Vergleich von Ausgleich und Börsenkurs vor Ereignistag (i=7%, KE t-2)

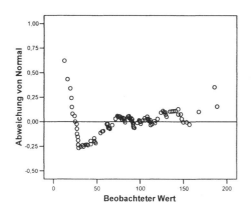

Trendbereinigtes Q-Q-Diagramm (i=7%, KE t-2)

Vergleich von Ausgleich und Börsenkurs vor Ereignistag

Deskriptive Statistiken	i= 7 %, KE t-2
Arithmetisches Mittel	84,31%
Standardabweichung	41,63%
Minimum	12,56%
Maximum	188,53%
Range	175,97%
Schiefe (Skewness)	0,206
Exzess (Kurtosis)	2,357
Jarque Bera	2,482

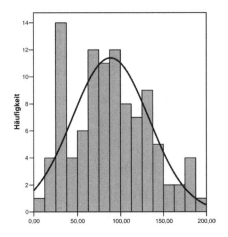

Vergleich von Ausgleich und Börsenkurs vor Ereignistag (i=7%, KE t-2,-3M)

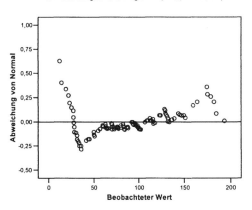

Trendbereinigtes Q-Q-Diagramm (i=7%, KE t-2,-3M)

Vergleich von Ausgleich und Börsenkurs vor Ereignistag

Deskriptive Statistiken	i= 7 %, KE t-2, -3M
Arithmetisches Mittel	88,51%
Standardabweichung	44,43%
Minimum	12,15%
Maximum	193,34%
Range	181,19%
Schiefe (Skewness)	0,290
Exzess (Kurtosis)	2,360
Jarque Bera	3,174

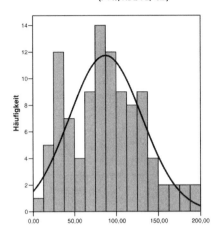

Vergleich von Ausgleich und Börsenkurs vor Ereignistag
(i=7%, KDE t-2, -3M)

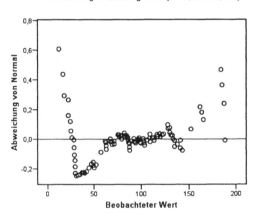

Trendbereinigtes Q-Q-Diagramm (i= 7%, KDE t-2, -3M)

Vergleich von Ausgleich und Börsenkurs vor Ereignistag	
Deskriptive Statistiken	i= 7 %, KDE t-2, -3M
Arithmetisches Mittel	87,51%
Standardabweichung	43,17%
Minimum	12,45%
Maximum	188,58%
Range	176,13%
Schiefe (Skewness)	0,264
Exzess (Kurtosis)	2,461
Jarque Bera	2,416

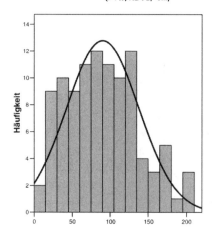

Vergleich von Ausgleich und Börsenkurs vor Ereignistag (i=7%, KE t-2, -6M)

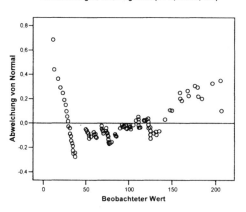

Trendbereinigtes Q-Q-Diagramm (i=7%, KE t-2, -6M)

Vergleich von Ausgleich und Börsenkurs vor Ereignistag	
Deskriptive Statistiken	i= 7 %, KE t-2, -6M
Arithmetisches Mittel	90,16%
Standardabweichung	47,51%
Minimum	11,29%
Maximum	206,58%
Range	195,29%
Schiefe (Skewness)	0,419
Exzess (Kurtosis)	2,518
Jarque Bera	3,968

334

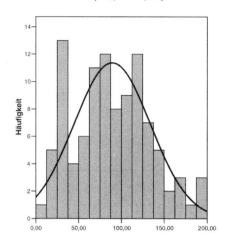

Vergleich von Ausgleich und Börsenkurs vor Ereignistag
(i=7%, KDE t-2, -6M)

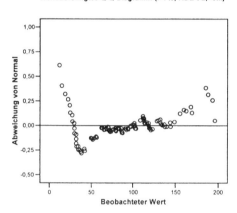

Trendbereinigtes Q-Q-Diagramm (i=7%, KDE t-2, -6M)

Vergleich von Ausgleich und Börsenkurs vor Ereignistag	
Deskriptive Statistiken	i= 7 %, KDE t-2, -6M
Arithmetisches Mittel	89,31%
Standardabweichung	44,54%
Minimum	12,12%
Maximum	196,19%
Range	184,07%
Schiefe (Skewness)	0,295
Exzess (Kurtosis)	2,439
Jarque Bera	2,812

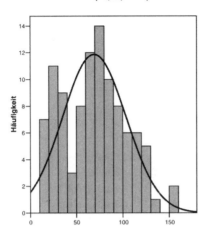

Vergleich von Ausgleich und Börsenkurs vor Ereignistag
(i=8,5%, KE t-2)

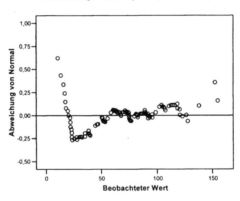

Trendbereinigtes Q-Q-Diagramm (i=8,5%, KE t-2)

Vergleich von Ausgleich und Börsenkurs vor Ereignistag	
Deskriptive Statistiken	i= 8,5 %, KE t-2
Arithmetisches Mittel	69,19%
Standardabweichung	34,13%
Minimum	10,30%
Maximum	154,81%
Range	144,51%
Schiefe (Skewness)	0,203
Exzess (Kurtosis)	2,359
Jarque Bera	2,449

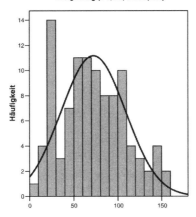

Vergleich von Ausgleich und Börsenkurs vor
Ereignistag (i=8,5%, KE t-2,-3M)

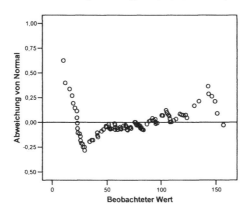

Trendbereinigtes Q-Q-Diagramm (i=8,5%, KE t-2,-3M)

Deskriptive Statistiken	i= 8,5 %, KE t-2, -3M
Arithmetisches Mittel	72,38%
Standardabweichung	36,30%
Minimum	9,93%
Maximum	156,60%
Range	146,67%
Schiefe (Skewness)	0,285
Exzess (Kurtosis)	2,352
Jarque Bera	3,170

**Vergleich von Ausgleich und Börsenkurs vor
Ereignistag (i=8,5%, KDE t-2,-3M)**

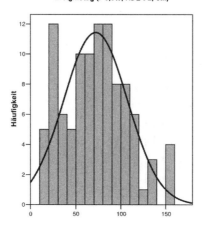

Trendbereinigtes Q-Q-Diagramm (i=8,5%, KDE t-2,-3M)

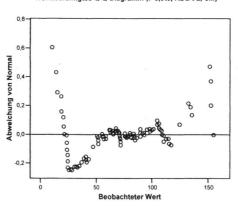

Vergleich von Ausgleich und Börsenkurs vor Ereignistag	
Deskriptive Statistiken	i= 8,5 %, KDE t-2, -3M
Arithmetisches Mittel	71,82%
Standardabweichung	35,40%
Minimum	10,21%
Maximum	154,85%
Range	144,64%
Schiefe (Skewness)	0,258
Exzess (Kurtosis)	2,455
Jarque Bera	2,395

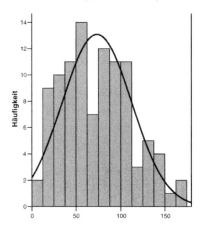

Vergleich von Ausgleich und Börsenkurs vor
Ereignistag (i=8,5%, KE t-2,-6M)

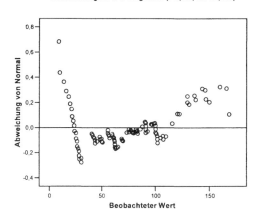

Trendbereinigtes Q-Q-Diagramm (i=8,5%, KE t-2,-6M)

Vergleich von Ausgleich und Börsenkurs vor Ereignistag	
Deskriptive Statistiken	i= 8,5 %, KET-2, -6M
Arithmetisches Mittel	73,46%
Standardabweichung	38,67%
Minimum	9,19%
Maximum	168,44%
Range	159,25%
Schiefe (Skewness)	0,413
Exzess (Kurtosis)	2,507
Jarque Bera	3,934

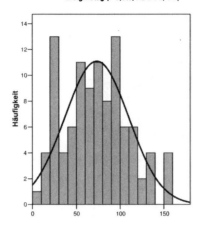

Vergleich von Ausgleich und Börsenkurs vor
Ereignistag (i=8,5%, KDE t-2,-6M)

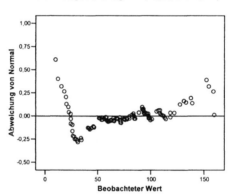

Trendbereinigtes Q-Q-Diagramm (i=8,5%, KDE t-2, -6M)

+Vergleich von Ausgleich und Börsenkurs vor Ereignistag	
Deskriptive Statistiken	i= 8,5 %, KDE t-2, -6M
Arithmetisches Mittel	73,30%
Standardabweichung	36,51%
Minimum	9,94%
Maximum	159,50%
Range	149,56%
Schiefe (Skewness)	0,289
Exzess (Kurtosis)	2,431
Jarque Bera	2,793

Anhang 6:
Verteilung der Quotienten aus vertraglichem Ausgleich und den vor dem Tag der
beschlussfassenden Hauptversammlung beobachtbaren Börsenkursen

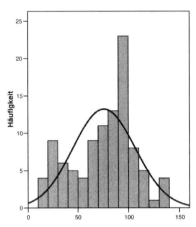

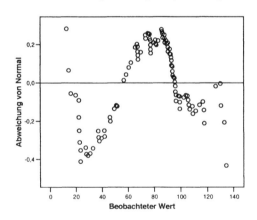

Vergleich von Ausgleich und Börsenkurs vor HV-Tag	
Deskriptive Statistiken	i= 7 %, KH t-2
Arithmetisches Mittel	75,86%
Standardabweichung	30,60%
Minimum	12,68%
Maximum	134,48%
Range	121,80%
Schiefe (Skewness)	-0,398
Exzess (Kurtosis)	2,327
Jarque Bera	4,624

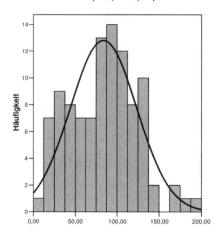

Vergleich von Ausgleich und Börsenkurs vor HV-Tag
(i=7%, KH t-2,-3M)

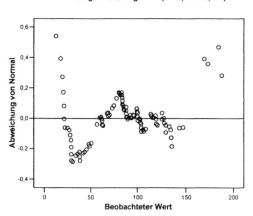

Trendbereinigtes Q-Q-Diagramm (i=7%, KH t-2,-3M)

Vergleich von Ausgleich und Börsenkurs vor HV-Tag	
Deskriptive Statistiken	i= 7 %, KH t-2, -3M
Arithmetisches Mittel	83,74%
Standardabweichung	39,53%
Minimum	12,36%
Maximum	187,77%
Range	175,41%
Schiefe (Skewness)	0,190
Exzess (Kurtosis)	2,684
Jarque Bera	1,037

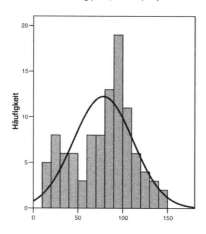

Vergleich von Ausgleich und Börsenkurs vor HV-Tag (i=7%, KDH t-2,-3M)

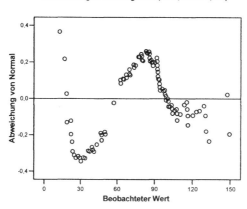

Trendbereinigtes Q-Q-Diagramm (i=7%, KDH t-2,-3M)

Vergleich von Ausgleich und Börsenkurs vor HV-Tag	
Deskriptive Statistiken	i= 7 %, KDH t-2, -3M
Arithmetisches Mittel	78,27%
Standardabweichung	33,06%
Minimum	12,76%
Maximum	149,43%
Range	136,67%
Schiefe (Skewness)	-0,283
Exzess (Kurtosis)	2,278
Jarque Bera	3,571

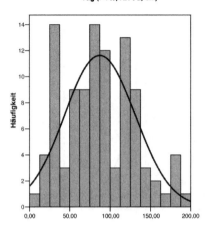

Vergleich von Ausgleich und Börsenkurs vor HV-Tag (i=7%, KH t-2,-6M)

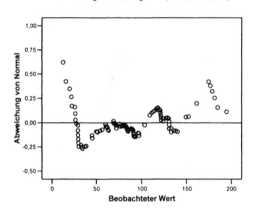

Trendbereinigtes Q-Q-Diagramm (i=7%, KH t-2,-6M)

Vergleich von Ausgleich und Börsenkurs vor HV-Tag	
Deskriptive Statistiken	i= 7 %, KH t-2, -6M
Arithmetisches Mittel	87,28%
Standardabweichung	43,55%
Minimum	12,15%
Maximum	194,55%
Range	182,40%
Schiefe (Skewness)	0,315
Exzess (Kurtosis)	2,471
Jarque Bera	2,875

Vergleich von Ausgleich und Börsenkurs vor HV-Tag (i=7%, KDH t-2,-6M)

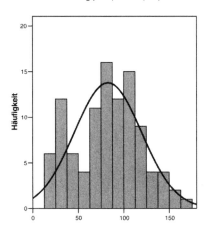

Trendbereinigtes Q-Q-Diagramm (i=7%, KDH t-2, -6M)

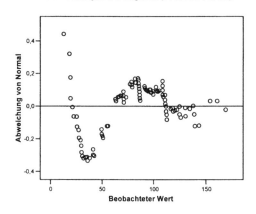

Vergleich von Ausgleich und Börsenkurs vor HV-Tag	
Deskriptive Statistiken	i= 7 %, KDH t-2, -6M
Arithmetisches Mittel	82,71%
Standardabweichung	36,75%
Minimum	12,72%
Maximum	168,23%
Range	155,51%
Schiefe (Skewness)	-0,094
Exzess (Kurtosis)	2,246
Jarque Bera	2,568

Vergleich von Ausgleich und Börsenkurs vor HV-Tag (i=8,5%, KH t-2)

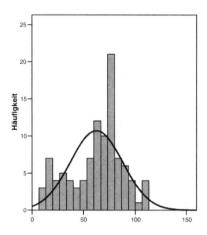

Trendbereinigtes Q-Q-Diagramm (i=8,5%, KH t-2)

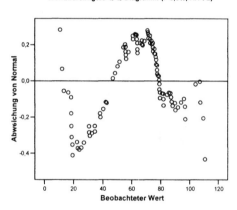

Vergleich von Ausgleich und Börsenkurs vor HV-Tag

Deskriptive Statistiken	i= 8,5 %, KH t-2
Arithmetisches Mittel	62,48%
Standardabweichung	25,20%
Minimum	10,44%
Maximum	110,74%
Range	100,30%
Schiefe (Skewness)	-0,398
Exzess (Kurtosis)	2,325
Jarque Bera	4,628

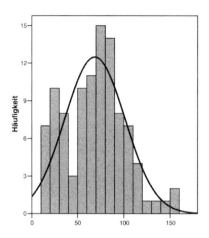

Vergleich von Ausgleich und Börsenkurs vor
Ereignistag (i=8,5%, KH t-2,-3M)

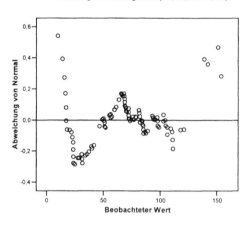

Trendbereinigtes Q-Q-Diagramm (i=8,5%, KH t-2,-3M)

Vergleich von Ausgleich und Börsenkurs vor HV-Tag	
Deskriptive Statistiken	i= 8,5 %, KH t-2, -3M
Arithmetisches Mittel	68,69%
Standardabweichung	32,43%
Minimum	10,14%
Maximum	154,06%
Range	143,92%
Schiefe (Skewness)	0,190
Exzess (Kurtosis)	2,684
Jarque Bera	1,037

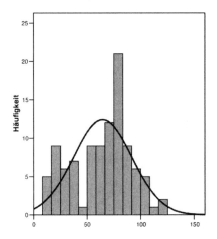

Vergleich von Ausgleich und Börsenkurs vor HV-Tag (i=8,5%, KDH t-2,-3M)

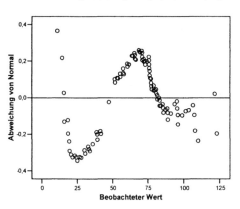

Trendbereinigtes Q-Q-Diagramm (i=8,5%, KDH t-2,-3M)

Vergleich von Ausgleich und Börsenkurs vor HV-Tag	
Deskriptive Statistiken	i= 8,5 %, KDH t-2, -3M
Arithmetisches Mittel	64,45%
Standardabweichung	27,23%
Minimum	10,51%
Maximum	123,05%
Range	112,54%
Schiefe (Skewness)	-0,283
Exzess (Kurtosis)	2,278
Jarque Bera	3,576

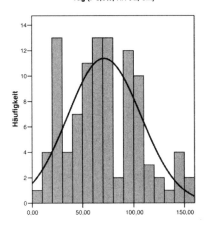

Vergleich von Ausgleich und Börsenkurs vor HV-Tag (i=8,5%, KH t-2,-6M)

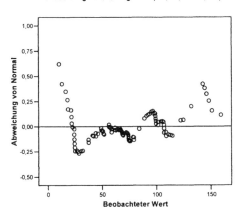

Trendbereinigtes Q-Q-Diagramm (i=8,5%, KH t-2,-6M)

Vergleich von Ausgleich und Börsenkurs vor HV-Tag	
Deskriptive Statistiken	i= 8,5 %, KH t-2, -6M
Arithmetisches Mittel	71,34%
Standardabweichung	35,60%
Minimum	9,94%
Maximum	159,04%
Range	149,10%
Schiefe (Skewness)	0,315
Exzess (Kurtosis)	2,471
Jarque Bera	2,873

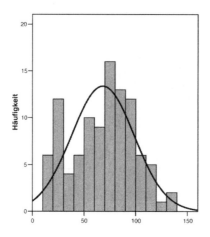

Vergleich von Ausgleich und Börsenkurs vor HV-Tag (i=8,5%, KDH t-2,-6M)

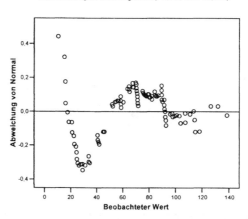

Trendbereinigtes Q-Q-Diagramm (i=8,5%, KDH t-2,-6M)

Vergleich von Ausgleich und Börsenkurs vor HV-Tag

Deskriptive Statistiken	i= 8,5 %, KDH t-2, -6M
Arithmetisches Mittel	68,10%
Standardabweichung	30,26%
Minimum	10,47%
Maximum	138,53%
Range	128,06%
Schiefe (Skewness)	-0,094
Exzess (Kurtosis)	2,245
Jarque Bera	2,572

Anhang 7: Dauer und Art der Beendigung der Spruchverfahren

Beherrschte Gesellschaft	Datum HV	SSV	SSV erstmalig erwähnt	Verfahrensdauer (1. Instanz)	Art der Beendigung (1. Instanz)	Verfahrensdauer (1. + 2. Instanz)	Art der Beendigung (2. Instanz)	Verfahrensdauer (1. - 3. Instanz)	Art der Beendigung (3. Instanz)
Pegulan-Werke AG ("Tarkett Pegulan AG")	10.07.1995	nein							
Koepp AG	06.12.1995	ja	13.10.1989	keine Aussage möglich	keine Aussage möglich				
Brown, Boveri & Cie AG, Mannheim	12.03.1986	ja	30.04.1986	12,18	Zurückgewiesen				
Brauhaus Amberg AG ("nel.ipo AG")	23.05.1986	ja	19.09.1996	2,51	Beschluss	8,7	Beschluss		
Tucher Bräu AG ("Inka AG für Beteiligungen")	22.05.1986	nein							
Grünzweig + Hartmann und Glasfaser AG	25.06.1986	ja	02.12.1985	keine Aussage möglich	Beschluss	8,27	Beschluss		
Diskus Werke AG	14.08.1986	ja	23.08.1986	15,03	Beschluss				
Guano Werke AG	13.11.1986	ja	13.12.1986	6,65	Zurückgewiesen	11,5	Zurückgewiesen		
Triumph-Adler AG	11.09.1987	ja	09.04.1998	2,21	Rücknahme der Anträge				
Hoffmann's Stärke Fabriken ("Reckitt & Colman Deutschland AG")	18.12.1987	ja	19.02.1988	8,06	Beschluss	11,84	Beschluss		
Aluminiumwerk Unna AG	25.02.1988	ja	23.08.1988	3,16	Vergleich				
Henninger Bräu AG ("Actris AG")	16.05.1988	ja	06.05.1989	keine Aussage möglich	Beschluss	13,69	Beschluss		
Schubert & Salzer Maschinenfabrik AG ("Rieter Spinnereimaschinen AG")	20.05.1988	ja	28.02.1989	12,43	Beschluss				
AEG AG	24.06.1988	ja	11.07.1989	16,56*	noch nicht abgeschlossen				
DAT AG	05.07.1988	ja	09.12.1988	4,02	Beschluss	5,77	Beschluss	14,61	Beschluss
Nestlé Deutschland AG	21.07.1988	ja	31.08.1990	5,30	Beschluss	11,04	Beschluss		
Braunschweigerische Kohlenbergwerke AG	28.10.1988	ja	22.04.1989	10,30	Vergleich				
Dahlbusch Verwaltungs AG	07.03.1989	ja	11.05.1989	16,73*	noch nicht abgeschlossen				
Flachglas AG	08.03.1989	ja	14.12.1989	16,14*	noch nicht abgeschlossen				
Hofbrauhaus Wolters AG	31.03.1989	ja	22.09.1989	8,08	Beschluss	9	Zurückgewiesen		
Deutsche Texaco AG ("RWE-DEA AG")	08.06.1989	ja	07.10.1989	4,36	Beschluss	12,98	Beschluss		
Bankverein Bremen AG ("CKBC Bank Deutschland AG")	15.06.1989	ja	12.01.1990	7,13	Beschluss				
Rheinisch-Westfälische Kalkwerke AG	29.06.1989	ja	06.03.1990	4,56	Vergleich				
Hagen Batterie AG	30.06.1989	ja	20.02.1990	15,25	Beschluss				
Philips Kommunikations Industrie AG	29.06.1989	ja	17.03.1990	10,14	Beschluss	11,88	Beschluss	13,219	Beschluss

Beherrschte Gesellschaft	Datum HV	SSV	SSV erstmalig erwähnt	Verfahrensdauer (1. Instanz)	Art der Beendigung (1. Instanz)	Verfahrensdauer (1. + 2. Instanz)	Art der Beendigung (2. Instanz)	Verfahrensdauer (1. - 3. Instanz)	Art der Beendigung (3. Instanz)
Kali Chemie AG	05.01.1990	ja	03.04.1990	9,70	Vergleich				
Seitz Enzinger Noll Maschinenbau AG (SEN)	16.03.1990	ja	29.04.1990	4,41	Beschluss	4,41	Zurückgewiesen		
Erste Kulmbacher Actien-brauerei AG	25.06.1990	ja	26.04.1991	3,04	Beschluss	7,63	Beschluss		
Ikon AG	11.05.1990	ja	28.09.1991	8,68	Beschluss				
AEG Kabel AG ("Kabel Rheydt AG")	13.06.1990	ja	15.12.1990	15,13*	noch nicht abgeschlossen				
Schwäbische Zellstoff AG ("Sappi Ehingen AG")	27.06.1990	ja	11.09.1990	2,13	Beschluss	9,44	Zurückgewiesen		
Bau-Verein zu Hamburg AG	31.07.1990	ja	07.06.1991	4,05	Beschluss	9,32	Beschluss		
Bavaria St. Pauli Brauerei AG	14.08.1990	ja	12.10.1990	3,50	Beschluss	11,32	Beschluss		
Vereinigte Filzfabriken AG	17.12.1990	ja	25.06.1991	2,01	Beschluss	12,5	Beschluss		
C. Grossmann Eisen- und Stahlwerke AG	27.06.1991	nein							
DIBAG Doblinger Industriebau-Glasmanufactur AG	13.08.1991	ja	13.08.1992	3,36	Vergleich				
HAG GF AG	12.09.1991	ja	26.10.1993	8,55	Zurückgewiesen				
Feldmühle Nobel AG ("FPB Holding AG")	31.10.1991	ja	03.04.1992	13,83*	noch nicht abgeschlossen				
Doornkat AG ("Nordag AG")	11.03.1992	ja	27.06.1992	3,08	Vergleich				
DEAG (Deutscher Eisenhandel AG)	06.08.1992	nein							
Papierfabrik Weissenstein AG	31.08.1992	ja	09.03.1993	2,96	Zurückgewiesen	4,68	Zurückgewiesen		
Info AG	15.04.1993	ja	01.07.1993	1,74	Zurückgewiesen				
Deutsche Effecten- und Wechselbeteiligungs-gesellschaft (DEWB AG)	28.05.1993	ja	22.03.1994	11,87*	noch nicht abgeschlossen				
Duewag AG	20.05.1994	ja	03.08.1995	10,5*	noch nicht abgeschlossen				
Nordstern Allgemeine Versicherungs-AG	15.06.1994	ja	02.09.1994	3,98	Beschluss				
Hagela AG	26.08.1994	ja	20.04.1995	9,72**	Vergleich				
Horten AG	08.12.1994	ja		6,05	Vergleich				
SABO Maschinenfabrik AG ("Eurag Holding AG")	21.03.1995	ja	29.08.1995	3,58	Beschluss				
Tempelhofer Feld AG für Grundstücksverwertung	17.08.1995	ja	11.04.1996	9,81*	noch nicht abgeschlossen				
Frankona Rückversicherungs-AG	14.12.1995	ja	21.02.1997	5,01	Beschluss				
Alcatel SEL AG	05.07.1996	ja	17.10.1996	keine Aussage möglich	Beschluss	5,61	Vergleich		
Gestra AG ("Gestra GmbH")	26.07.1996	ja	13.12.1996	5,19	Beschluss	5,63	Beschluss		

Beherrschte Gesellschaft	Datum HV	SSV	SSV erstmalig erwähnt	Verfahrensdauer (1. Instanz)	Art der Beendigung (1. Instanz)	Verfahrensdauer (1. + 2. Instanz)	Art der Beendigung (2. Instanz)	Verfahrensdauer (1. - 3. Instanz)	Art der Beendigung (3. Instanz)
Oelmühle Hamburg AG	28.08.1996	ja	27.08.1997	8,43*	noch nicht abgeschlossen				
Aachener und Münchener Lebensversicherung AG	29.08.1997	ja	17.12.1997	8,12*	noch nicht abgeschlossen				
Aachener und Münchener Versicherung AG	29.08.1997	ja		8,07**	noch nicht abgeschlossen				
Volksfürsorge Holding AG	29.08.1997	ja		8,18**	noch nicht abgeschlossen				
Didier-Werke AG	17.10.1997	nein							
PWA Papierwerke Waldhof-Aschaffenburg AG ("SCA Hygiene Products AG")	17.10.1997	ja		8,03**	noch nicht abgeschlossen				
Oppermann Versand AG	23.02.1998	ja	27.01.1999	keine Aussage möglich	keine Aussage möglich				
Contigas Deutsche Energie-AG	23.10.1998	ja	26.01.1999	5,25	Vergleich				
Fratec AG	01.03.1999	ja	28.05.1999	6,66*	noch nicht abgeschlossen				
Schumag AG	03.03.1999	ja	11.06.1999	6,64*	noch nicht abgeschlossen				
OBAG AG	24.03.1999	ja	07.09.1999	4,64	Vergleich				
Energieversorgung Oberfranken AG	29.03.1999	ja	08.09.1999	4,64	Vergleich				
Rütgers AG	26.05.1999	ja	22.01.2000	6,02*	noch nicht abgeschlossen				
Isar-Amperwerke AG ("E.ON Bayern AG")	02.06.1999	ja	01.10.1999	4,58	Vergleich				
O & K Orenstein & Koppel AG	28.06.1999	ja	09.12.1999	3,58	Beschluss				
Th. Goldschmidt AG ("Goldschmidt AG")	15.07.1999	ja	22.03.2000	3,47	Vergleich				
GEA AG	18.08.1999	ja	10.12.1999	6,14*	noch nicht abgeschlossen				
Albingia Versicherungs-AG	10.09.1999	ja	16.03.2000	5,88*	noch nicht abgeschlossen				
Felten & Guilleaume AG	22.12.1999	ja	13.04.2000	keine Aussage möglich	keine Aussage möglich				
Verseidag AG	10.05.2000	ja	10.10.2000	keine Aussage möglich	keine Aussage möglich				
Allweiler AG	14.06.2000	ja	13.01.2001	5,05*	noch nicht abgeschlossen				
Neckarwerke Stuttgart AG	28.07.2000	ja	26.05.2001	2,46	außergerichtlicher Vergleich				
Gerresheimer Glas AG	31.08.2000	ja	11.07.2001	4,56*	noch nicht abgeschlossen				
Quante AG	08.09.2000	ja	04.09.2001	1,48	Vergleich				
H. Meinecke AG ("Invensys Metering Systems AG")	01.12.2000	ja	07.08.2001	keine Aussage möglich	keine Aussage möglich				
Olav Minerals GmbH ("Olav Minen AG")	20.12.2000	ja	19.11.2002	3,2*	noch nicht abgeschlossen				
Bayerische Brau Holding AG	04.04.2001	ja	18.08.2001	0,85	Vergleich				
Maihak AG	15.05.2001	ja	28.02.2002	keine Aussage möglich	keine Aussage möglich				
Fränkisches Überlandwerk AG	29.05.2001	ja	23.11.2001	3,93	Beschluss				
Konrad Hornschuch AG	04.07.2001	ja	05.01.2002	4,07*	noch nicht abgeschlossen				
Blaue Quellen Mineral- und Heilbrunnen AG ("Nestlé Waters Dt. AG")	05.07.2001	ja	21.03.2002	3,86*	noch nicht abgeschlossen				

Beherrschte Gesellschaft	Datum HV	SSV	SSV erstmalig erwähnt	Verfahrensdauer (1. Instanz)	Art der Beendigung (1. Instanz)	Verfahrensdauer (1. + 2. Instanz)	Art der Beendigung (2. Instanz)	Verfahrensdauer (1. - 3. Instanz)	Art der Beendigung (3. Instanz)
Mannesmann AG ("Vodafone AG")	22.06.2001	ja	24.01.2002	4,02*	noch nicht abgeschlossen				
BHF-Bank AG	15.11.2001	ja	03.05.2002	3,75*	noch nicht abgeschlossen				
Thuringia Versicherung AG ("Generali Versicherung AG")	12.12.2001	ja	30.07.2002	0,87	Vergleich				
Kiekert AG	25.04.2002	ja	05.10.2002	2,76	Vergleich				
FAG Kugelfischer Georg Schäfer AG	06.06.2002	ja	14.09.2002	3,36*	noch nicht abgeschlossen				
Dortmunder Actien Brauerei AG	20.06.2002	nein							
Gardena Holding AG	12.09.2002	ja	05.02.2003	2,96*	noch nicht abgeschlossen				
Edscha AG	23.05.2003	ja	08.10.2003	2,31*	noch nicht abgeschlossen				
Gilde Brauerei AG	23.10.2003	ja	Auskunft beim Unternehmen	1,83**	noch nicht abgeschlossen				
Gelsenwasser AG	02.04.2004	ja	12.10.2004	1,3*	noch nicht abgeschlossen				
Schlossgartenbau AG	02.07.2004	ja	20.04.2005	0,78*	noch nicht abgeschlossen				
Wedeco AG	30.08.2004	ja	Auskunft beim Unternehmen	0,97**	noch nicht abgeschlossen				
Apcoa Parking AG	13.12.2004	ja	Auskunft beim Unternehmen	0,68**	noch nicht abgeschlossen				

* Dauer am 30.1.2006
** Näherungsweise ermittelt, vgl. die Ausführungen in Abschnitt 4.2.3.1

Anhang 8: Gerichtliche Entscheidung und Ausgleichsänderung im Spruchverfahren

Beherrschte Gesellschaft	SV erstmalig erwähnt	Letzte Instanz, Aktenzeichen	vertraglicher Ausgleich	gerichtlicher Ausgleich	Änderung (ohne Steuern)	Änderung (mit Steuern)	Art der Beendigung (letzte Instanz)	Fundstelle Beendigung (letzte Instanz)	ewige Rente erhöhter Ausgleich am Tag der HV (i~7%) MIT STEUERN	abgezinst auf Ereignistag	ewige Rente erhöhter Ausgleich am Tag der HV (i~8,5%) MIT STEUERN	abgezinst auf Ereignistag
Koepp AG	BA 13.10.89, S. 4567	?	3,50 DM				keine Aussage möglich					
Brown, Boveri & Cie AG, Mannheim	BA 30.4.86, S 5375	LG Mannheim, AktZ 24 O 113, 132,134,135/86	24%	/	/	/	Zurückgewiesen	BA 1.7.98, S 9141				
Bauhaus Amberg AG ("net-gpo AG")	BA 19.9.96, S 13371	BayObLG, AktZ 3 Z BR 67/89	10%	10%	0%	-8,57%	Beschluss	BA 18.7.95, S 7793f	223,21 DM	207,26 DM	183,02 DM	168,11 DM
Grünzweig + Hartmann und Glasfaser AG	BA 2.12.1986, S 16098	OLG Zweibrücken, AktZ 3 W 133, 145/92	7.- DM	ab 1994 9,06 DM vorher 8,30 DM	keine Aussage möglich	keine Aussage möglich	Beschluss	BA 9.5.95, S 5190	185,26 DM	183,84 DM	152,57 DM	151,15 DM
Diskus Werke AG	BA 23.8.1986, S 11731	LG Frankfurt am Main, AktZ 3.03 O 36/87	2.- DM	8.- DM	300%	155,59%	Beschluss	BA 30.8.2001, S 18960	178,57 DM	177,09 DM	147,06 DM	145,58 DM
Guano Werke AG	BA 13.12.86, S 17214	OLG Düsseldorf	15.- DM	/	/	/	Zurückgewiesen	BA 9.6.98, S 7880				
Triumph-Adler AG	BA 9.4.88, S 1669f	LG Nürnberg-Fürth, AktZ HKO 7544/87	2.- DM	/	/	/	Rücknahme der Anträge	BA 23.6.90, S 3230				
Hoffmann's Stärke Fabriken ("Reckitt & Colman Deutschland AG")	BA 19.2.88, S 708	OLG Düsseldorf, AktZ 19 W 1/95 Akt	7.- DM	1988 21,83 DM 1989 26,99 DM 1990 21,65 DM 1991 21,06 DM ab 1992 jährlich 20,30 DM	17,55%	17,65%	Beschluss	BA 21.12.99, S 20455	469,71 DM	465,82 DM	389,27 DM	385,36 DM
Aluminiumwerk Unna AG	BA 23.8.88, S 11547	LG Dortmund, AktZ 18 AktE 12/69	17.- DM	ab 1.7.88 20.- DM p.a. (+St.) d.h. für Zeitraum 1.7.88 - 31.12.90 Nachzahlung von 3.- DM p.a. für 1988 zeitanteilig, zzgl Steuer	17,55%	17,65%	Vergleich	BA 19.10.91, S 7172	446,43 DM	442,81 DM	367,65 DM	364,04 DM
Henninger Bräu AG ("Aktms AG")	BA 6.5.89, S 2250	OLG Frankfurt am Main, AktZ 20 W 434/93	8.- DM	8.- DM	0%	-36,00%	Beschluss		178,57 DM	176,95 DM	147,06 DM	145,44 DM
Schubert & Salzer Maschinenfabrik AG ("Rieter Spinnereimaschinen AG")	BA 28.2.89, S 1006	LG München I, AktZ 17 HKO 13734/88	5.- DM	16,20%	6,2%	3,68%	Beschluss	BA 2.8.01, S 16523	180,8 DM	179,3 DM	148,9 DM	147,4 DM
AEG A/c	BA 11.7.89, S 3387	LG Frankfurt am Main, AktZ 3/30 11/69	100% der Daimler Dividende				noch nicht angeschlossen					
DAT AG	BA 9.12.98, S 5170	BGH	1,3 * Altana Dividende	3,45 * Altana Dividende	165,38%	165,38%	Beschluss	BA 17.7.03, S 15574	847,1 DM	840,4 DM	697,61 DM	690,92 DM

355

Beherrschte Gesellschaft	SV erstmalig erwähnt	Letzte Instanz, Aktenzeichen	vertraglicher Ausgleich	gerichtlicher Ausgleich	Änderung (ohne Steuern)	Änderung (mit Steuern)	Art der Beendigung (letzte Instanz)	Fundstelle Beendigung (letzte Instanz)	ewige Rente erhöhter Ausgleich am Tag der HV (i=7%) MIT STEUERN	abgezinst auf Ereignistag	ewige Rente erhöhter Ausgleich am Tag der HV (i=8,5%) MIT STEUERN	abgezinst auf Ereignistag
Nestlé Deutschland AG	BA 31.8.90, S 4511	OLG Frankfurt am Main, AktZ. 20 W 4/95	11.- DM	17,50 DM	59,82%	2,27%	Beschluss	BA 12.9.2001, S 19700	392,41 DM	389,31 DM	323,16 DM	320,06 DM
Braunschweigische Kohlenbergwerke AG	BA 22.4.89, S 2105	LG Hannover, AktZ. 26 AktE 1/89	11,50 DM	23.- DM	100,00%	82,84%	Vergleich	BA 7.8.99, S 13213	513,39 DM	509,23 DM	422,79 DM	418,64 DM
Dahlbusch Verwaltungs AG	BA 11.5.89, S 2332	LG Dortmund, AktZ. 18 AktE 2/89	27,45 DM / 90.- DM Stammaktie 54,40 DM / 50.- DM Vorzugsaktie				noch nicht abgeschlossen					
Flachglas AG	BA 14.12.89, S 5719	LG Nürnberg-Fürth, AktZ. 1 HK O 257/489	31,85 DM				noch nicht abgeschlossen					
Hofbrauhaus Wolters AG	BA 22.9.89, S 4473	OLG Celle	14.- DM	14.- DM	0%	-8,59%	Beschluss	BA 19.9.98, S 14025	312,5 DM	309,91 DM	257,35 DM	254,77 DM
Deutsche Texaco AG ("RWE DEA AG")	BA 7.10.89, S 4795	Hans. OLG Hamburg, AktZ. 11 W 14/94	16.- DM	18.- DM	12,50%	-28,00%	Beschluss	BA 26.9.2002, S 22667	401,79 DM	396,85 DM	330,88 DM	325,96 DM
Bankverein Bremen AG ("KBC Bank Deutschland AG")	BA 12.1.90, S 186	LG Bremen, AktZ. 15-0-534/ 536/576 u. 597/89	6.- DM	8,73 DM	45,50%	33,03%	Beschluss	BA 28.2.97, S 2261	194,87 DM	193,21 DM	160,48 DM	158,83 DM
Rheinisch-Westfälische Kalkwerke AG	BA 6.3.90, S 1093	LG Düsseldorf, AktZ. 34 AktE 5/89	20.- DM	23.- DM	15,00%	5,14%	Vergleich	BA 24.9.94, S 10342	513,39 DM	508,35 DM	422,79 DM	417,76 DM
Hagen Batterie AG	BA 20.2.90, S 881	LG Dortmund, AktZ. 18 AktE 13/89	7.- DM	8.- Euro	14,29%	43,02%	Beschluss	bei Gericht angefordert	349,26 DM	346,43 DM	287,62 DM	284,8 DM
Philips Kommunikations Industrie AG	BA 17.3.90, S 1348	BGH	19,50 DM	19,80 DM vom 29.6.1999 - 31.12.93, 21,70 DM ab 1.1.94	keine Aussage möglich	keine Aussage möglich	Die AG, 7.2000	S 629	441,96 DM	438,36 DM	363,97 DM	360,4 DM
Kali Chemie AG	BA 3.4.90, S 1699	LG Hannover, AktZ. 26 AktE 1/90	21,7	29.- DM ab 1999, für die Jahre zuvor einmalig 30.- DM	29,03%	17,95%	Vergleich	BA 11.12.99, S 19872	625.- DM	619,46 DM	514,71 DM	509,18 DM
Seitz Enzinger Noll Maschinenbau AG (SEN)	BA 26.4.90, S 2361	OLG Karlsruhe	10,15 DM	10,15 DM	0,00%	36,00%	Beschluss	05.05.2004	226,56 DM	224,88 DM	186,58 DM	184,71 DM
Erste Kulmbacher Actien-brauerei AG	BA 26.4.91, S 2962	BayObLG, AktZ. 3 Z BR 159/94	2,50 DM	2,50 DM	0,00%	-8,59%	Beschluss	BA 11.12.98, S 17190	55,8 DM	54,79 DM	45,96 DM	44,95 DM
Ikon AG	BA 28.9.91, S 6925	LG Berlin, AktZ. KfH 97-97 AktF 4/91	5.- DM	11,80 DM	18,00%	7,89%	Beschluss	BA 30.5.2000, S 10109	131,7 DM	130,78 DM	108,46 DM	107,45 DM
AEG Kabel AG ("Kabel Rheydt AG")	BA 15.12.90, S 6619	LG Düsseldorf, AktZ. 34 AktE 2/90	21,76 DM				noch nicht abgeschlossen					
Schwäbische Zellstoff AG ("Sappi Ewigen AG")	BA 11.9.90, S 4679	OLG Stuttgart, 4 W 56/93, 4 W 15/98	2,5	9.- DM	260,00%	229,63%	Beschluss	16.02.2000	200,89 DM	197,89 DM	165,44 DM	162,45 DM
Rau Verein zu Hamburg AG	BA 7.6.91, S 3791	Hans. OLG Hamburg, AktZ. 11 W 36/95	90.- DM	467,71 DM	419,68%	375,12%	Beschluss	27.09.2000	10499,86 DM	10395,89 DM	8697,61 DM	8513,19 DM
Havana St. Pauli Brauerei AG	BA 12.10.90, S 5375	Hans. OLG Hamburg, AktZ. 11 W 25/94	15.- DM	27.- DM	80,00%	15,19%	Beschluss	BA 2.2.2002, S 1945	622,63 DM	598,14 DM	496,32 DM	491,79 DM
Vereinigte Filzfabriken AG	BA 25.6.91, S 4156	OLG Stuttgart, 4 W 34/93	11%	36,4 DM	230,91%	111,75%	Beschluss	BA 23.12.2003, S 26996	812,5 DM	805,14 DM	669,12 DM	661,77 DM

Beherrschte Gesellschaft	SV erstmalig erwähnt	Letzte Instanz, Aktenzeichen	vertraglicher Ausgleich	gerichtlicher Ausgleich	Änderung (ohne Steuern)	Änderung (mit Steuern)	Art der Beendigung (letzte Instanz)	Fundstelle Beendigung (letzte Instanz)	ewige Rente erhöhter Ausgleich am Tag der HV MIT STEUERN (i=7%)	abgezinst auf Ereignistag	ewige Rente erhöhter Ausgleich am Tag der HV MIT STEUERN (i=8,5%)	abgezinst auf Ereignistag
DIBAG Doblinger Industriebau-Glasmanufactur AG	BA 13.8.92, S 6805	LG München I AktZ 5 HKO 17700/91	11%	35%	218,18%	190,87%	Vergleich	BA 21.12.95, S 12768	781,25 DM	775,22 DM	643,38 DM	637,36 DM
HAG GF AG	BA 26.10.93, S 9717	LG Bremen AktZ 14-O-717/91	13,10 DM	/	/		Zurückgewiesen noch nicht abgeschlossen	BA 11.5.2002, S 10234				
Feldmühle Nobel AG ("FPB Holding AG")	BA 3.4.92, S 2900	LG Düsseldorf, AktZ 24 AktE E 1091	30,- DM				noch nicht abgeschlossen					
Doornkat AG ("Nordag AG")	BA 27.6.92, S 5181	LG Hannover, AktZ 26 AktE 8/92	8%	15,30%	91,25%	74,96%	Vergleich	BA 27.7.95, S 8217	341,51 DM	308,82 DM	281,25 DM	278,55 DM
Paperfabrik Weissenstein AG	BA 9.3.93, S 2002	OLG Karlsruhe, AktZ 15 W 8/96	8,50 DM	/	/		Zurückgewiesen	BA 11.11.97, S 13571				
Info AG	BA 17.93, S 8022	LG Hamburg, AktZ 414 O 72/93	5,- DM	/	/		Zurückgewiesen	Die AG, 1995, R171				
Deutsche Effecten- und Wechselbeteiligungsgesellschaft	BA 22.3.94, S 2363	LG Frankfurt am Main, AktZ 3/3 O 082/93	48,- DM				noch nicht abgeschlossen					
Durewag AG	BA 3.8.95, S 8613	LG Düsseldorf, AktZ 31 O 90/95	22,05 DM				noch nicht abgeschlossen					
Nordstern Allgemeine Versicherungs-AG	BA 2.9.94, S 9706	OLG Düsseldorf	113,5% des Nennwertes der ersten 2 Jahre, dann 4%	125,61% des Nennwertes der Stammaktien 127,62% des Nennwertes der Vorzugsaktien	10,67 bzw 10,49%	10,67 bzw 10,49%	Beschluss*	bei Gericht angefordert	2563,47 DM bzw 1302,24 DM	2611,70 bzw 1275,946 DM	2111,09 bzw 1072,44 DM	2059,56 bzw 1046,25 DM
Hageda AG	keine Aussage möglich	LG Köln	2% pro 50,- DM Aktie für die ersten 2 Jahre, dann 4%	konstant 2,- DM und nicht gestaffelt	keine Aussage möglich	keine Aussage möglich	Vergleich	BA 24.9.04, S 21016f	81,63 DM	80,94 DM	67,22 DM	66,53 DM
Hoffen AG	BA 20.4.95, S 4568	LG Düsseldorf AktZ 31 AktE 9/94	9,- DM	12,- DM	33,33%	-6,69%	Vergleich	BA 5.5.01, S 8831	244,9 DM	242,91 DM	201,68 DM	199,7 DM
SABO Maschinenfabrik AG ("Eurag Holding AG")	BA 29.8.95, S 9647	LG Mannheim, AktZ 23 AktE 1/95	23,- DM	23,- DM	0,00%	0,00%	Beschluss	Die AG, 2000, S 95	469,39 DM	465,14 DM	386,55 DM	382,31 DM
Tempelhofer Feld AG für Grundstücksverwertung	BA 11.4.96, S 4325	LG Berlin, AktZ 97 O 250/95	440,- DM / 1000,- DM Aktie 44,- DM / 100,- DM Aktie				noch nicht abgeschlossen					
Frankona Rückversicherungs-AG	BA 21.2.97, S 1816	LG München I, AktZ 5 HKO 108/0/96	20,60 DM	25,93 DM	25,87%	-11,89%	Beschluss	Die AG, 2002, S 563	529,18 DM	525,- DM	435,8 DM	431,62 DM
Alcatel SEL AG	BA 17.10.96, S 11512	OLG Stuttgart, AktZ 20 W 1/02	10,60 DM	13,63 DM	28,58%	-9,97%	Vergleich	BA 25.5.2002, S 11459	278,16 DM	266,37 DM	229,08 DM	216,4 DM
Gestra AG ("Gestra GmbH")	BA 13.12.96, S 12903	LG Bremen, AktZ 2 W 21/2002	15,95 DM	34,36 DM (24,05 DM netto)	116,78%	51,77%	Beschluss	BA 31.7.2002, S 17908	701,22 DM	686,37 DM	577,48 DM	561,7 DM
Oelmühle Hamburg AG	BA 27.8.97, S 11071	LG Hamburg, AktZ 414 O 26/97	10,20 DM				noch nicht abgeschlossen					

Beharrlichte Gesellschaft	SV erstmalig erwähnt	Letzte Instanz, Aktenzeichen	vertraglicher Ausgleich	gerichtlicher Ausgleich	Änderung (ohne Steuern)	Änderung (mit Steuern)	Art der Beendigung (letzte Instanz)	Fundstelle Beendigung (letzte Instanz)	ewige Rente erhöhter Ausgleich am Tag der HV (i=7%) MIT STEUERN	abgezinst auf Ereignistag	ewige Rente erhöhter Ausgleich am Tag der HV (i=9,5%) MIT STEUERN	abgezinst auf Ereignistag
Aachener und Münchener Lebensversicherung AG	BA 17.12.97. S 14869	LG Köln	50 % des Betrags, der auf eine Aktie mit demselben Nennbetrag (50,- DM) einer AMB Aktie entfällt									
Aachener und Münchener Versicherung AG	keine Aussage möglich	LG Düsseldorf	35 % des Betrags, der auf eine Aktie mit demselben Nennbetrag (50,- DM) einer AMB Aktie entfällt									
Volksfürsorge Holding AG	keine Aussage möglich		45 % des Betrags, der auf eine Aktie mit demselben Nennbetrag (50,- DM) einer AMB Aktie entfällt									
PWA Papierwerke Waldhof-Aschaffenburg AG ("SCA Hygiene Products AG")	keine Aussage möglich		17,- DM									
Oppermann Versand AG	BA 27.1.99. S 1039	LG Kiel. AktZ 14 O 97/98	120 % des Betrags, der auf eine Hach AG Inhaber Stammaktie im Nennwert von 5,- DM entfällt									
Contigas Deutsche Energie-AG	BA 26.1.99. S 961	LG München I, AktZ 5 HK O 20890/98	5,08 DM	3,11 Euro	19,74%	-16,22%	Vergleich	BA 27.4.2004, S 922bff	124,14 Euro	121,58 Euro	102,23 Euro	99,69 Euro
Friatec AG	BA 28.5.99. S 8434	LG Mannheim. AktZ 24 AktE 2/99 und 24 AktE 3/99	2,05 DM				noch nicht abgeschlossen					
Schumag AG	BA 11.6.99. S 9111	LG Köln, AktZ 91 O 56/99 (nun 82 O 151/03)	2,06 Euro (brutto)				noch nicht abgeschlossen					
OBAG AG	BA 7.9.99. S 15419	LG Nürnberg-Fürth, AktZ 1 HK O 4955/99	13,45 DM	1,60 Euro (nach Aktiensplit 1:10)	18,96%	-16,71%	Vergleich	BA 27.4.2004, S 922bff	326,53 Euro	310,82 Euro	268,91 Euro	253,35 Euro
Energieversorgung Oberfranken AG	BA 9.9.99. S 15469	LG Nürnberg-Fürth, AktZ 1 HK O 4400/99	10,56 DM	1,27 Euro (nach Aktiensplit 1:10)	20,27%	-15,84%	Vergleich	BA 27.4.2004, S 922bff	259,18 Euro	246,48 Euro	213,45 Euro	200,88 Euro
Rütgers AG	BA 22.1.2000 S 1012	LG Dortmund, AktZ 20 AktE 13/03	13,3 Euro		keine Aussage möglich	keine Aussage möglich	noch nicht abgeschlossen					
Isar-Amperwerke AG ("E.ON Bayern AG")	BA 1.10.99. S 16928	LG München I AktZ 5 HK O 14804/99	31,59 Euro / 50,- DM Aktie (1,26 Euro nach Aktiensplit 1:25)	Ausgleich von 1999-2000 1,50 Euro (nach Aktiensplit 1:25); ab 2001 1,52 Euro			Vergleich	BA 27.4.2004, S 9230f	765,3 Euro	719,16 Euro	630,26 Euro	584,69 Euro

Beherrschte Gesellschaft	SV erstmalig erwähnt	Letzte Instanz, Aktenzeichen	vertraglicher Ausgleich	gerichtlicher Ausgleich	Änderung (ohne Steuern)	Änderung (mit Steuern)	Art der Beendigung (letzte Instanz)	Fundstelle Beendigung (letzte Instanz)	ewige Rente erhöhter Ausgleich am Tag der HV (i~7%) MIT STEUERN	abgezinst auf Ereignistag	ewige Rente erhöhter Ausgleich am Tag der HV (i~8,5%) MIT STEUERN	abgezinst auf Ereignistag
O. & K. Orenstein & Koppel AG	BA 9.12.99, S 19776, aber schon am 17.9.99 beantragt	LG Berlin, AktZ 102 O 199.99	0,50 DM	0,50 DM	0,00%	-29,58%	Beschluss	bei Gericht angefordert	10,2 Euro	10,1 Euro	8,4 Euro	8,3 Euro
Th. Goldschmidt AG (*Goldschmidt AG*)	BA 22.3.2000, S 4791	LG Dortmund, AktZ 20 AktE 20.99	27,04 Euro	31,2 Euro	15,38%	19,23%	Vergleich	BA 10.9.2003, S 20501	636,73 Euro	631,46 Euro	524,37 Euro	519,1 Euro
GEA AG	BA 10.12.99, S 19821	LG Dortmund, AktZ 20 AktE 33.99	100% der Metallgesellschaft Dividende				noch nicht abgeschlossen					
Alhngia Versicherungs-AG	BA 16.3.2000, S 4096	LG Hamburg, AktZ 414 O 131.99	35,- Euro / Stammaktie 36,5 Euro / Vorzugsaktie				noch nicht abgeschlossen					
Felten & Guilleaume AG	BA 13.4.2000, S 6845	LG Köln	9,14 DM (4,67 Euro)				keine Aussage möglich					
Versedag AG	BA 10.10.2000, S 20147	LG Düsseldorf, AktZ 40 O 106.00	2,66 DM (1,36 Euro)				keine Aussage möglich					
Allweiler AG	BA 13.1.2001, S 532	LG Mannheim	35,- DM (17,90 Euro) je Stammaktie 36,- DM (18,41 Euro) je Vorzugsaktie				keine Aussage möglich					
Neckarwerke Stuttgart AG	BA 26.5.2001, S 10464	LG Stuttgart	13,60 Euro	16,75 Euro			außergerichtlicher Vergleich	BA 11.11.03, S 24003	341,83 Euro	331,34 Euro	281,51 Euro	271,08 Euro
Gerresheimer Glas AG	BA 11.7.2001, S 14134	LG Düsseldorf, AktZ 40 O 17.00	0,84 Euro				noch nicht abgeschlossen					
Quante AG	BA 04.09.2001, S 19236	LG Düsseldorf, AktZ 40 O 175.00	0,99 Euro je nennwertloser Vorzugsaktie (2000) 1,07 Euro je nennwertloser Stammaktie (2000) 1,03 Euro je nennwertloser Vorzugsaktie (2001) 1,03 Euro je nennwertloser Stammaktie (2001)	1,44 Euro je Vorzugsaktie (2000), 1,52 Euro für die folgenden Jahre	keine Aussage möglich	keine Aussage möglich	Vergleich	28.2.03, Quelle internet justiz.nrw.de	29,39 Euro	29,92 Euro	24,2 Euro	23,74 Euro
H. Meinecke AG (*Invensys Metering Systems AG*)	BA 7.8.2001, S 16817	LG Hannover, AktZ 26 AktE 206/A.01	63,30 Euro (1.4.2000 - 31.3.2001) 90,42 Euro für die folgenden Jahre				keine Aussage möglich					
Otavi Minen AG (*Otaw Minerals GmbH*)	BA 19.11.2002, S 25293	LG Frankfurt am Main, AktZ 3/8 O 54/01	4,84 Euro				noch nicht abgeschlossen					

359

Beherrschte Gesellschaft	SV erstmalig erwähnt	Letzte Instanz, Aktenzeichen	vertraglicher Ausgleich	gerichtlicher Ausgleich	Änderung (ohne Steuern)	Änderung (mit Steuern)	Art der Beendigung (letzte Instanz)	Fundstelle Beendigung (letzte Instanz)	ewige Rente erhöhter Ausgleich am Tag der HV (i=7%) MIT STEUERN	abgezinst auf Ereignistag	ewige Rente erhöhter Ausgleich am Tag der HV (i=6,5%) MIT STEUERN	abgezinst auf Ereignistag
Bayerische Brau Holding AG	BA 18.8.2001, S 10357	LG München I, AktZ 5 HK O 10391/01	119,73 DM (=61,22 Euro)	93,04 Euro ab 1.1.01, nach 31.12.01 109,32 Euro	keine Aussage möglich	keine Aussage möglich	Vergleich	BA 26.6.2002, S 13908	1329,14 Euro	1318,98 Euro	1094,59 Euro	1084,35 Euro
Mahak AG	BA 26.2.2002, S 3663	LG Hamburg, AktZ 414 O 99/01	1,28 Euro				keine Aussage möglich					
Fränkisches Überlandwerk AG	BA 23.11.2001, S 23945	LG Nürnberg-Fürth, AktZ 1 HKO 6402/01	8,90 Euro / Stamm-Stückaktie 1,50 Euro / Vorzugs-Stückaktie	10,01 Euro	13,75%	13,75%	Beschluss	bei Gericht angefordert	143.- Euro	141,62 Euro	117,75 Euro	116,39 Euro
Konrad Hornschuch AG	BA 5.1.2002, S 120	LG Stuttgart, AktZ 32 AktE 29/01 KfH	4,80 Euro				noch nicht abgeschlossen					
Blaue Quellen Mineral- und Heilbrunnen AG ("Nestlé Waters Dt. AG")	BA 21.3.2002, S 5495	LG Koblenz, AktZ 1 HO 163/01	79,10 DM (40,44 Euro)				noch nicht abgeschlossen					
Mannesmann AG ("Vodafone AG")	BA 24.1.2002, S 1201	LG Düsseldorf, AktZ 40 O 165/01	11,77 Euro				noch nicht abgeschlossen					
BHF Bank AG	BA 3.5.2002, S 9716	LG Frankfurt am Main, AktZ 3-8 O 176/01	2,75 Euro				noch nicht abgeschlossen					
Thuringa Versicherung AG ("Generali Versicherung AG")	BA 30.7.2002, S 17770	LG München I, AktZ 5 HKO 5022/02	21,70 Euro	Ausgleich wird für 2001 auf 25.- Euro erhöht	15,21%	15,21%	Vergleich	BA 11.6.03, S 12639f	357,14 Euro	353,3 Euro	294,12 Euro	290,28 Euro
Kerkrt AG	BA 5.10.2002, S 23394	LG Düsseldorf, AktZ 40 O 121/02	3,98 Euro	3,98 Euro	0,00%	0,00%	Vergleich	BA 9.7.05, S 10333	56,86 Euro	56,32 Euro	46,82 Euro	46,29 Euro
FAG Kugelfischer Georg Schäfer AG	BA 14.9.2002, S 21912	LG Nürnberg-Fürth, AktZ 1 HK O 562/02	0,79 Euro				noch nicht abgeschlossen					
Gardena Holding AG	BA 5.2.03, S 2058	LG Stuttgart, AktZ 34 AktE 27/003 KfH	1,72 Euro				noch nicht abgeschlossen					
Edscha AG	BA 8.10.2003, S 22469	LG Düsseldorf, 40 O 173/03 AktE	2,24 Euro				noch nicht abgeschlossen					
Gilde Brauerei AG	keine Aussage möglich	LG Hannover, AktZ 26 AktE 29/04	56,46 Euro				noch nicht abgeschlossen					
Gelsenwasser AG	BA 12.10.04, S 21828	LG Dortmund	17,74 Euro				noch nicht abgeschlossen					
Schlossgartenbau AG	BA 20.1.05, S 6451		20,04 Euro				noch nicht abgeschlossen					
Wedeco AG	Auskunft beim Unternehmen		1,12 Euro (brutto) / 1.- Euro (netto)				noch nicht abgeschlossen					
Apcoa Parking AG	Auskunft beim Unternehmen		7,71 Euro (brutto) / 6,98 Euro (netto)				noch nicht abgeschlossen					

* Das Verfahren i. S. Nordstern Allgemeine Versicherung AG wurde in der Arbeit zu rechnerischen Zwecken in 2 Verfahren aufgeteilt

Anhang 9: Vergleich von gerichtlichem Ausgleich und Börsenkursen

	WKN: 500050			
Hagen Batterie AG	7%	8,50%	7%	8,50%

barwertiger gerichtl. Ausgleich abgezinst:	346,43	284,80		
Ereignistag:	19.05.1989	aufgezinste, bereinigte Kurse		Ausgleich / Kurs
KSVE $_{T-2}$:	202,00	202,08	202,10	171,43%	140,92%
Kurseinfluss:	0,00%				
E $_{T-2,-3M}$:	17.02.1989				
KSVE $_{T-2,-3M}$:	199,50	203,03	203,79	170,63%	139,75%
KSVDE $_{T-2,-3M}$:	205,59	205,67	205,69	168,44%	138,46%
E $_{T-2,-6M}$:	17.11.1988				
KSVE $_{T-2,-6M}$ ·	153,00	158,44	159,61	218,64%	178,43%
KSVDE $_{T-2,-6M}$:	194,50	194,58	194,59	178,04%	146,36%
		+ + + + +	+ + + + +		

barwertiger gerichtl. Ausgleich abgezinst:	349,26	287,62		
HV-Termin:	30.06.1989	aufgezinste, bereinigte Kurse		Ausgleich / Kurs
KSVH $_{T-2}$:	204,00	204,08	204,10	171,14%	140,92%
Kurseinfluss:	-0,49%				
H $_{T-2,-3M}$:	28.03.1989				
KSVH $_{T-2,-3M}$:	210,00	213,84	214,66	163,33%	133,99%
KSVDH $_{T-2,-3M}$:	202,11	202,19	202,20	172,74%	142,24%
H $_{T-2,-6M}$:	28.12.1988				
KSVH $_{T-2,-6M}$:	200,00	207,16	208,69	168,60%	137,82%
KSVDH $_{T-2,-6M}$:	202,33	202,41	202,43	172,55%	142,09%
		+ + + + +	+ + + + +		

	WKN: 503000			
Bayerische Brau Holding AG	7%	8,50%	7%	8,50%

barwertiger gerichtl. Ausgleich abgezinst:	1318,88	1084,35		
Ereignistag:	23.02.2001	aufgezinste, bereinigte Kurse		Ausgleich / Kurs
KSVE $_{T-2}$:	2350,00	2350,91	2351,11	56,10%	46,12%
Kurseinfluss:	-4,26%				
E $_{T-2,-3M}$:	21.11.2000				
KSVE $_{T-2,-3M}$:	1500,00	1527,42	1533,29	86,35%	70,72%
KSVDE $_{T-2,-3M}$:	1657,28	1657,92	1658,06	79,55%	65,40%
E $_{T-2,-6M}$:	21.08.2000				
KSVE $_{T-2,-6M}$:	1560,00	1616,42	1628,51	81,59%	66,59%
KSVDE $_{T-2,-6M}$:	1554,89	1555,49	1555,62	84,79%	69,71%
		- - - - -	- - - - -		

barwertiger gerichtl. Ausgleich abgezinst:	1329,14	1094,59		
HV-Termin:	04.04.2001	aufgezinste, bereinigte Kurse		Ausgleich / Kurs
KSVH $_{T-2}$:	2350,00	2350,91	2351,11	56,54%	46,56%
Kurseinfluss:	2,13%				
H $_{T-2,-3M}$:	02.01.2001				
KSVH $_{T-2,-3M}$:	1510,00	1537,01	1542,80	86,48%	70,95%
KSVDH $_{T-2,-3M}$ ·	2010,76	2011,55	2011,71	66,08%	54,41%
H $_{T-2,-6M}$:	02.10.2000				
KSVH $_{T-2,-6M}$:	1400,00	1450,09	1460,82	91,66%	74,93%
KSVDH $_{T-2,-6M}$ ·	1740,83	1741,50	1741,65	76,32%	62,85%
		- - - - -	- - - - -		

Isar-Amperwerke AG	WKN: 504500			
	7%	8,50%	7%	8,50%

barwertiger gerichtl. Ausgleich abgezinst:	719,16	584,69		
Ereignistag:	07.07.1998	aufgezinste, bereinigte Kurse	Ausgleich / Kurs	
KSVE $_{T-2}$:	385,92	386,08	386,11	186,27%	151,43%
Kurseinfluss:	1,31%				
E $_{T-2,-3M}$:	05.04.1998				
KSVE $_{T-2,-3M}$:	307,78	313,35	314,54	229,51%	185,89%
KSVDE $_{T-2,-3M}$:	322,88	323,01	323,03	222,65%	181,00%
E $_{T-2,-6M}$:	05.01.1998				
KSVE $_{T-2,-6M}$:	284,70	294,83	297,00	243,93%	196,87%
KSVDE $_{T-2,-6M}$:	308,67	308,80	308,82	232,89%	189,33%
		+ + + + +	+ + + + +		

barwertiger gerichtl. Ausgleich abgezinst:	765,31	630,25		
HV-Termin:	02.06.1999	aufgezinste, bereinigte Kurse	Ausgleich / Kurs	
KSVH $_{T-2}$:	692,50	692,77	692,83	110,47%	90,97%
Kurseinfluss:	0,07%				
H $_{T-2,-3M}$:	28.02.1999				
KSVH $_{T-2,-3M}$:	497,00	506,08	508,03	151,22%	124,06%
KSVDH $_{T-2,-3M}$:	596,75	596,98	597,03	128,20%	105,56%
H $_{T-2,-6M}$:	30.11.1998				
KSVH $_{T-2,-6M}$:	483,17	500,46	504,16	152,92%	125,01%
KSVDH $_{T-2,-6M}$:	541,60	541,81	541,86	141,25%	116,31%
		+ + + + +	- + + + +		

Bau-Verein zu Hamburg AG	WKN: 517900			
	7%	8,50%	7%	8,50%

barwertiger gerichtl. Ausgleich abgezinst:	10355,39	8513,19		
Ereignistag:	19.06.1990	aufgezinste, bereinigte Kurse	Ausgleich / Kurs	
KSVE $_{T-2}$:	4100,00	4103,19	4103,87	252,37%	207,44%
Kurseinfluss:	0,00%				
E $_{T-2,-3M}$:	15.03.1990				
KSVE $_{T-2,-3M}$:	3230,00	3290,29	3303,21	314,73%	257,72%
KSVDE $_{T-2,-3M}$:	3472,37	3475,07	3475,65	297,99%	244,94%
E $_{T-2,-6M}$:	15.12.1989				
KSVE $_{T-2,-6M}$:	3640,00	3771,65	3799,86	274,56%	224,04%
KSVDE $_{T-2,-6M}$:	3510,71	3513,44	3514,03	294,74%	242,26%
		+ + + + +	+ + + + +		

barwertiger gerichtl. Ausgleich abgezinst:	10439,96	8597,61		
HV-Termin:	31.07.1990	aufgezinste, bereinigte Kurse	Ausgleich / Kurs	
KSVH $_{T-2}$:	4800,00	4801,87	4802,27	217,41%	179,03%
Kurseinfluss:	0,00%				
H $_{T-2,-3M}$:	29.04.1990				
KSVH $_{T-2,-3M}$:	3300,00	3359,68	3372,46	310,74%	254,94%
KSVDH $_{T-2,-3M}$:	3971,44	3972,98	3973,31	262,77%	216,38%
H $_{T-2,-6M}$:	29.01.1990				
KSVH $_{T-2,-6M}$:	3600,00	3728,10	3755,55	280,03%	228,93%
KSVDH $_{T-2,-6M}$:	3670,34	3671,76	3672,07	284,33%	234,14%
		+ + + + +	+ + + + +		

WKN: 518100				
Bavaria St. Pauli Brauerei AG	7%	8,50%	7%	8,50%

barwertiger gerichtl. Ausgleich abgezinst: 598,14 491,79

Ereignistag:	06.07.1990	aufgezinste, bereinigte Kurse		Ausgleich / Kurs	
KSVE $_{T-2}$:	710,00	710,28	710,34	84,21%	69,23%
Kurseinfluss:	4,23%				
E $_{T-2,-3M}$:	04.04.1990				
KSVE $_{T-2,-3M}$:	918,00	934,60	938,16	64,00%	52,42%
KSVDE $_{T-2,-3M}$:	828,11	828,43	828,50	72,20%	59,36%
E $_{T-2,-6M}$:	04.01.1990				
KSVE $_{T-2,-6M}$:	987,00	1022,12	1029,65	58,52%	47,76%
KSVDE $_{T-2,-6M}$:	891,99	892,33	892,41	67,03%	55,11%

- - - - -   - - - - -

barwertiger gerichtl. Ausgleich abgezinst: 602,68 496,32

HV-Termin:	14.08.1990	aufgezinste, bereinigte Kurse		Ausgleich / Kurs	
KSVH $_{T-2}$:	590,00	590,23	590,28	102,11%	84,08%
Kurseinfluss:	1,69%				
H $_{T-2,-3M}$:	12.05.1990				
KSVH $_{T-2,-3M}$:	865,00	880,81	884,20	68,42%	56,13%
KSVDH $_{T-2,-3M}$:	716,38	716,66	716,72	84,10%	69,25%
H $_{T-2,-6M}$:	12.02.1990				
KSVH $_{T-2,-6M}$:	935,00	968,27	975,40	62,24%	50,88%
KSVDH $_{T-2,-6M}$:	815,08	815,40	815,47	73,91%	60,86%

+ - - - -   - - - - -

WKN: 518600				
Energieversorgung Oberfr. AG	7%	8,50%	7%	8,50%

barwertiger gerichtl. Ausgleich abgezinst: 246,48 200,88

Ereignistag:	07.07.1998	aufgezinste, bereinigte Kurse		Ausgleich / Kurs	
KSVE $_{T-2}$:	222,41	222,50	222,52	110,78%	90,27%
Kurseinfluss:	6,90%				
E $_{T-2,-3M}$:	05.04.1998				
KSVE $_{T-2,-3M}$:	209,56	213,35	214,16	115,53%	93,80%
KSVDE $_{T-2,-3M}$:	212,41	212,49	212,51	116,00%	94,53%
E $_{T-2,-6M}$:	05.01.1998				
KSVE $_{T-2,-6M}$:	204,63	211,91	213,47	116,32%	94,10%
KSVDE $_{T-2,-6M}$:	208,94	209,03	209,04	117,92%	96,09%

+ + + + +   - - - - -

barwertiger gerichtl. Ausgleich abgezinst: 259,18 213,45

HV-Termin:	29.03.1999	aufgezinste, bereinigte Kurse		Ausgleich / Kurs	
KSVH $_{T-2}$:	249,10	249,20	249,22	104,01%	85,65%
Kurseinfluss:	0,00%				
H $_{T-2,-3M}$:	27.12.1998				
KSVH $_{T-2,-3M}$:	252,07	256,58	257,54	101,02%	82,88%
KSVDH $_{T-2,-3M}$:	250,48	250,58	250,60	103,43%	85,17%
H $_{T-2,-6M}$:	27.09.1998				
KSVH $_{T-2,-6M}$:	253,09	262,10	264,03	98,89%	80,84%
KSVDH $_{T-2,-6M}$:	250,90	251,00	251,02	103,26%	85,03%

+ + + - +   - - - - -

WKN: 525000				
Brauhaus Amberg AG	7%	8,50%	7%	8,50%

barwertiger gerichtl. Ausgleich abgezinst:		207,26	168,11		
Ereignistag:	22.04.1985	aufgezinste, bereinigte Kurse		Ausgleich / Kurs	
KSVE $_{T-2}$:	851,28	851,94	852,08	24,33%	19,73%
Kurseinfluss:	-1,16%				
E $_{T-2,-3M}$:	18.01.1985				
KSVE $_{T-2,-3M}$:	722,60	735,80	738,63	28,17%	22,76%
KSVDE $_{T-2,-3M}$:	787,54	788,16	788,29	26,30%	21,33%
E $_{T-2,-6M}$:	18.10.1984				
KSVE $_{T-2,-6M}$:	742,39	769,24	775,00	26,94%	21,69%
KSVDE $_{T-2,-6M}$:	757,39	757,98	758,11	27,34%	22,17%
		- - - - -	- - - - -		

barwertiger gerichtl. Ausgleich abgezinst:		223,21	183,82		
HV-Termin:	23.05.1986	aufgezinste, bereinigte Kurse		Ausgleich / Kurs	
KSVH $_{T-2}$:	820,00	820,32	820,39	27,21%	22,41%
Kurseinfluss:	1,22%				
H $_{T-2,-3M}$:	21.02.1986				
KSVH $_{T-2,-3M}$:	720,00	732,74	735,47	30,46%	24,99%
KSVDH $_{T-2,-3M}$:	736,30	736,58	736,64	30,30%	24,95%
H $_{T-2,-6M}$:	21.11.1985				
KSVH $_{T-2,-6M}$:	720,00	745,62	751,11	29,94%	24,47%
KSVDH $_{T-2,-6M}$:	724,40	724,69	724,75	30,80%	25,36%
		- - - - -	- - - - -		

WKN: 525700				
Braunschw. Kohlenbergw. AG	7%	8,50%	7%	8,50%

barwertiger gerichtl. Ausgleich abgezinst:		509,23	418,64		
Ereignistag:	16.09.1988	aufgezinste, bereinigte Kurse		Ausgleich / Kurs	
KSVE $_{T-2}$:	280,00	280,11	280,13	181,80%	149,44%
Kurseinfluss:	0,00%				
E $_{T-2,-3M}$:	14.06.1988				
KSVE $_{T-2,-3M}$:	283,00	288,17	289,28	176,71%	144,72%
KSVDE $_{T-2,-3M}$:	294,73	294,84	294,87	172,71%	141,98%
E $_{T-2,-6M}$:	14.03.1988				
KSVE $_{T-2,-6M}$:	323,00	334,68	337,19	152,15%	124,16%
KSVDE $_{T-2,-6M}$:	296,52	296,64	296,66	171,67%	141,12%
		+ + + + +	+ + + + +		

barwertiger gerichtl. Ausgleich abgezinst:		513,39	422,79		
HV-Termin:	28.10.1988	aufgezinste, bereinigte Kurse		Ausgleich / Kurs	
KSVH $_{T-2}$:	235,00	235,09	235,11	218,38%	179,83%
Kurseinfluss:	0,00%				
H $_{T-2,-3M}$:	26.07.1988				
KSVH $_{T-2,-3M}$:	309,00	314,65	315,86	163,16%	133,86%
KSVDH $_{T-2,-3M}$:	271,87	271,97	271,99	188,77%	155,44%
H $_{T-2,-6M}$:	26.04.1988				
KSVH $_{T-2,-6M}$:	294,00	304,58	306,84	166,56%	137,79%
KSVDH $_{T-2,-6M}$:	281,26	281,37	281,40	182,46%	150,25%
		+ + + + +	+ + + + +		

WKN: 550400				
Contigas Deutsche Energie-AG	7%	8,50%	7%	8,50%

barwertiger gerichtl. Ausgleich abgezinst:	121,58	99,69		
Ereignistag:	07.07.1998	aufgezinste, bereinigte Kurse	Ausgleich / Kurs	
KSVE $_{T-2}$:	70,50	70,55	70,57	172,32%	141,27%
Kurseinfluss:	4,98%			
E $_{T-2,-3M}$:	03.04.1998			
KSVE $_{T-2,-3M}$:	62,52	63,67	63,92	190,95%	155,95%
KSVDE $_{T-2,-3M}$:	62,79	62,84	62,85	193,49%	158,62%
E $_{T-2,-6M}$:	03.01.1998			
KSVE $_{T-2,-6M}$:	58,12	60,21	60,66	201,92%	164,33%
KSVDE $_{T-2,-6M}$:	62,37	62,42	62,43	194,78%	159,68%
		+ + + + +	+ + + + +	

barwertiger gerichtl. Ausgleich abgezinst:	124,14	102,23		
HV-Termin:	23.10.1998	aufgezinste, bereinigte Kurse	Ausgleich / Kurs	
KSVH $_{T-2}$:	108,10	108,14	108,15	114,79%	94,52%
Kurseinfluss:	0,37%			
H $_{T-2,-3M}$:	21.07.1998			
KSVH $_{T-2,-3M}$:	89,50	91,14	91,49	136,21%	111,74%
KSVDH $_{T-2,-3M}$:	97,82	97,86	97,87	126,85%	104,46%
H $_{T-2,-6M}$:	21.04.1998			
KSVH $_{T-2-6M}$:	62,08	64,31	64,79	193,02%	157,78%
KSVDH $_{T-2,-6M}$:	82,99	83,03	83,03	149,51%	123,12%
		+ + + + +	- + + + +	

WKN: 550600				
DAT AG	7%	8,50%	7%	8,50%

barwertiger gerichtl. Ausgleich abgezinst:	840,40	690,92		
Ereignistag:	25.05.1988	aufgezinste, bereinigte Kurse	Ausgleich / Kurs	
KSVE $_{T-2}$:	1130,00	1130,44	1130,53	74,34%	61,11%
Kurseinfluss:	0,00%			
E $_{T-2,-3M}$:	23.02.1988			
KSVE $_{T-2,-3M}$:	1150.00	1170,57	1174,98	71,79%	58,80%
KSVDE $_{T-2,-3M}$:	1095,61	1096,03	1096,12	76,68%	63,03%
E $_{T-2,-6M}$:	23.11.1987			
KSVE $_{T-2,-6M}$:	880,00	911,48	918,23	92,20%	75,24%
KSVDE $_{T-2,-6M}$:	1058,69	1059,10	1059,19	79,35%	65,23%
		- - - - -	- - - - -	

barwertiger gerichtl. Ausgleich abgezinst:	847,10	697,61		
HV-Termin:	05.07.1988	aufgezinste, bereinigte Kurse	Ausgleich / Kurs	
KSVH $_{T-2}$:	1150,00	1150,45	1150,54	73,63%	60,63%
Kurseinfluss:	-2,61%			
H $_{T-2,-3M}$:	03.04.1988			
KSVH $_{T-2,-3M}$:	1080,00	1099,53	1103,72	77,04%	63,21%
KSVDH $_{T-2,-3M}$:	1135,19	1135,64	1135,73	74,59%	61,42%
H $_{T-2,-6M}$:	03.01.1988			
KSVH $_{T-2,-6M}$:	1050,00	1087,57	1095,62	77,89%	63,67%
KSVDH $_{T-2,-6M}$:	1097,43	1097,86	1097,95	77,16%	63,54%
		- - - - -	- - - - -	

	WKN: 550900			
Deutsche Texaco AG	7%	8,50%	7%	8,50%

barwertiger gerichtl. Ausgleich abgezinst:		396,85	325,96		
Ereignistag:	05.04.1989	aufgezinste, bereinigte Kurse		Ausgleich / Kurs	
KSVE $_{T-2}$:	430,00	430,17	430,20	92,25%	75,77%
Kurseinfluss:	-9,53%				
E $_{T-2,-3M}$:	03.01.1989				
KSVE $_{T-2,-3M}$:	266,00	270,76	271,78	146,57%	119,93%
KSVDE $_{T-2,-3M}$:	359,89	360,03	360,06	110,23%	90,53%
E $_{T-2,-6M}$:	03.10.1988				
KSVE $_{T-2,-6M}$:	258,00	267,23	269,21	148,50%	121,08%
KSVDE $_{T-2,-6M}$:	310,87	310,99	311,01	127,61%	104,80%
		- + + + +	- + - + +		

barwertiger gerichtl. Ausgleich abgezinst:		401,79	330,88		
HV-Termin:	08.06.1989	aufgezinste, bereinigte Kurse		Ausgleich / Kurs	
KSVH $_{T-2}$:	360,00	360,14	360,17	111,56%	91,87%
Kurseinfluss:	2,78%				
H $_{T-2,-3M}$:	06.03.1989				
KSVH $_{T-2,-3M}$:	384,50	391,53	393,03	102,62%	84,19%
KSVDH $_{T-2,-3M}$:	385,80	385,95	385,99	104,10%	85,72%
H $_{T-2,-6M}$:	06.12.1988				
KSVH $_{T-2,-6M}$:	259,00	268,27	270,25	149,77%	122,43%
KSVDH $_{T-2,-6M}$:	348,32	348,45	348,48	115,31%	94,95%
		+ + + + +	- - - + -		

	WKN: 553860			
Diskus Werke AG	7%	8,50%	7%	8,50%

barwertiger gerichtl. Ausgleich abgezinst:		177,09	145,58		
Ereignistag:	02.07.1986	aufgezinste, bereinigte Kurse		Ausgleich / Kurs	
KSVE $_{T-2}$:	62,00	62,02	62,03	285,52%	234,70%
Kurseinfluss.	0,00%				
E $_{T-2,-3M}$:	30.03.1986				
KSVE $_{T-2,-3M}$:	69,00	70,26	70,53	252,05%	206,41%
KSVDE $_{T-2,-3M}$ -	64,31	64,33	64,34	275,26%	226,27%
E $_{T-2,-6M}$:	30.12.1985				
KSVE $_{T-2,-6M}$:	70,00	72,50	73,04	244,25%	199,31%
KSVDE $_{T-2,-6M}$:	64,93	64,95	64,96	272,65%	224,12%
		+ + + + +	+ + + + +		

barwertiger gerichtl. Ausgleich abgezinst:		178,57	147,06		
HV-Termin:	14.08.1986	aufgezinste, bereinigte Kurse		Ausgleich / Kurs	
KSVH $_{T-2}$:	58,00	58,02	58,03	307,76%	253,43%
Kurseinfluss:	0,00%				
H $_{T-2,-3M}$:	12.05.1986				
KSVH $_{T-2,-3M}$:	65,00	66,19	66,44	269,79%	221,33%
KSVDH $_{T-2,-3M}$:	59,69	59,71	59,72	299,05%	246,25%
H $_{T-2,-6M}$:	12.02.1986				
KSVH $_{T-2,-6M}$:	69,00	71,46	71,98	249,91%	204,30%
KSVDH $_{T-2,-6M}$:	62,78	62,81	62,81	284,32%	234,13%
		+ + + + +	+ + + + +		

366

	WKN: 554603			
Doornkat AG	7%	8,50%	7%	8,50%

		aufgezinste, bereinigte Kurse		Ausgleich / Kurs	
barwertiger gerichtl. Ausgleich abgezinst:		338,82	278,55		
Ereignistag:	30.01.1992				
KSVE $_{T-2}$:	316,00	316,18	316,22	107,16%	88,09%
Kurseinfluss:	-11,39%				
E $_{T-2,-3M}$:	27.10.1991				
KSVE $_{T-2,-3M}$:	240,00	244,43	245,38	138,61%	113,52%
KSVDE $_{T-2,-3M}$:	255,90	256,05	256,08	132,32%	108,78%
E $_{T-2,-6M}$:	27.07.1991				
KSVE $_{T-2,-6M}$:	169,32	175,47	176,79	193,09%	157,56%
KSVDE $_{T-2,-6M}$:	243,67	243,81	243,84	138,97%	114,24%
		+ + + + +	- + + + +		

		aufgezinste, bereinigte Kurse		Ausgleich / Kurs	
barwertiger gerichtl. Ausgleich abgezinst:		341,52	281,25		
HV-Termin:	11.03.1992				
KSVH $_{T-2}$:	305,00	305,12	305,14	111,93%	92,17%
Kurseinfluss:	0,00%				
H $_{T-2,-3M}$:	09.12.1991				
KSVH $_{T-2,-3M}$:	255,00	259,61	260,60	131,55%	107,92%
KSVDH $_{T-2,-3M}$:	273,12	273,22	273,25	125,00%	102,93%
H $_{T-2,-6M}$:	09.09.1991				
KSVH $_{T-2,-6M}$:	272,00	281,73	283,82	121,22%	99,10%
KSVDH $_{T-2,-6M}$:	259,50	259,60	259,63	131,55%	108,33%
		+ + + + +	- + + - +		

	WKN: 567800			
OBAG AG	7%	8,50%	7%	8,50%

		aufgezinste, bereinigte Kurse		Ausgleich / Kurs	
barwertiger gerichtl. Ausgleich abgezinst:		310,82	253,35		
Ereignistag:	07.07.1998				
KSVE $_{T-2}$:	247,98	248,07	248,09	125,29%	102,12%
Kurseinfluss:	7,22%				
E $_{T-2,-3M}$:	05.04.1998				
KSVE $_{T-2,-3M}$:	240,06	244,40	245,33	127,18%	103,27%
KSVDE $_{T-2,-3M}$:	245,64	245,74	245,76	126,48%	103,09%
E $_{T-2,-6M}$:	05.01.1998				
KSVE $_{T-2,-6M}$:	232,63	240,91	242,68	129,02%	104,40%
KSVDE $_{T-2,-6M}$:	239,47	239,57	239.59	129,74%	105,75%
		+ + + + +	+ + + + +		

		aufgezinste, bereinigte Kurse		Ausgleich / Kurs	
barwertiger gerichtl. Ausgleich abgezinst:		326,53	268,91		
HV-Termin:	24.03.1999				
KSVH $_{T-2}$:	290,00	290,11	290,14	112,55%	92,68%
Kurseinfluss:	0,41%				
H $_{T-2,-3M}$:	22.12.1998				
KSVH $_{T-2,-3M}$:	304,73	310,18	311,35	105,27%	86,37%
KSVDH $_{T-2,-3M}$:	295,15	295,26	295,29	110,59%	91,07%
H $_{T-2,-6M}$:	22.09.1998				
KSVH $_{T-2,-6M}$:	296,55	307,10	309,36	106,33%	86,92%
KSVDH $_{T-2,-6M}$:	297,03	297,14	297,17	109,89%	90,49%
		+ + + + +	- - - - -		

	WKN: 568400			
Seitz Enzinger Noll AG	7%	8,50%	7%	8,50%

barwertiger gerichtl. Ausgleich abgezinst:		224,68	184,71		
Ereignistag:	01.02.1990	aufgezinste, bereinigte Kurse		Ausgleich / Kurs	
KSVE $_{T-2}$:	187,00	187,07	187,09	120,11%	98,73%
Kurseinfluss:	3,21%				
E $_{T-2,-3M}$:	30.10.1989				
KSVE $_{T-2,-3M}$:	190,00	193,47	194,22	116,13%	95,10%
KSVDE $_{T-2,-3M}$:	187,37	187,44	187,46	119,87%	98,53%
E $_{T-2,-6M}$:	30.07.1989				
KSVE $_{T-2,-6M}$:	180,00	186,51	187,91	120,47%	98,30%
KSVDE $_{T-2,-6M}$:	188,66	188,73	188,75	119,05%	97,86%
		+ + + + +	- - - - -		

barwertiger gerichtl. Ausgleich abgezinst:		226,56	186,58		
HV-Termin:	16.03.1990	aufgezinste, bereinigte Kurse		Ausgleich / Kurs	
KSVH $_{T-2}$:	214,50	214,58	214,60	105,58%	86,94%
Kurseinfluss:	0,00%				
H $_{T-2,-3M}$:	14.12.1989				
KSVH $_{T-2,-3M}$:	184,50	187,80	188,51	120,64%	98,98%
KSVDH $_{T-2,-3M}$:	195,83	195,91	195,92	115,65%	95,23%
H $_{T-2,-6M}$:	14.09.1989				
KSVH $_{T-2,-6M}$:	185,00	191,58	192,99	118,26%	96,68%
KSVDH $_{T-2,-6M}$:	194,12	194,19	194,21	116,67%	96,07%
		+ + + + +	- - - - -		

	WKN: 576700			
Philips Kommunikations AG	7%	8,50%	7%	8,50%

barwertiger gerichtl. Ausgleich abgezinst:		438,38	360,40		
Ereignistag:	18.05.1989	aufgezinste, bereinigte Kurse		Ausgleich / Kurs	
KSVE $_{T-2}$:	693,00	693,27	693,33	63,23%	51,98%
Kurseinfluss:	-13,42%				
E $_{T-2,-3M}$:	16.02.1989				
KSVE $_{T-2,-3M}$:	667,00	678,80	681,33	64,58%	52,90%
KSVDE $_{T-2,-3M}$:	688,90	689,17	689,22	63,61%	52,29%
E $_{T-2,-6M}$:	16.11.1988				
KSVE $_{T-2,-6M}$:	612,50	634,29	638,97	69,11%	56,40%
KSVDE $_{T-2,-6M}$:	662,79	663,05	663,11	66,12%	54,35%
		- - - - -	- - - - -		

barwertiger gerichtl. Ausgleich abgezinst:		441,96	363,97		
HV-Termin:	29.06.1989	aufgezinste, bereinigte Kurse		Ausgleich / Kurs	
KSVH $_{T-2}$:	563,00	563,22	563,27	78,47%	64,62%
Kurseinfluss:	0,36%				
H $_{T-2,-3M}$:	27.03.1989				
KSVH $_{T-2,-3M}$:	692,00	704,65	707,36	62,72%	51,45%
KSVDH $_{T-2,-3M}$:	645,00	645,25	645,30	68,49%	56,40%
H $_{T-2,-6M}$:	27.12.1988				
KSVH $_{T-2,-6M}$:	609,00	630,79	635,46	70,07%	57,28%
KSVDH $_{T-2,-6M}$:	653,14	653,40	653,45	67,64%	55,70%
		- - - - -	- - - - -		

Fränkisches Überlandwerk AG	WKN: 577500			
	7%	8,50%	7%	8,50%

barwertiger gerichtl. Ausgleich abgezinst:	141,62	116,39		
Ereignistag:	09.04.2001	aufgezinste, bereinigte Kurse	Ausgleich / Kurs	
KSVE $_{T-2}$:	136,00	136,05	136,06	104,09%	85,54%
Kurseinfluss:	22,79%			
E $_{T-2,-3M}$:	05.01.2001			
KSVE $_{T-2,-3M}$:	147,50	150,20	150,77	94,29%	77,20%
KSVDE $_{T-2,-3M}$:	141,71	141,77	141,78	99,90%	82,09%
E $_{T-2,-6M}$:	05.10.2000			
KSVE $_{T-2,-6M}$:	130,00	134,70	135,71	105,14%	85,76%
KSVDE $_{T-2,-6M}$:	137,25	137,36	137,38	103,10%	84,72%
		+ - - + +	- - - - -		

barwertiger gerichtl. Ausgleich abgezinst:	143,00	117,76		
HV-Termin:	29.05.2001	aufgezinste, bereinigte Kurse	Ausgleich / Kurs	
KSVH $_{T-2}$:	171,00	171,07	171,08	83,59%	68,84%
Kurseinfluss:	0,00%			
H $_{T-2,-3M}$:	27.02.2001			
KSVH $_{T-2,-3M}$:	140,05	142,53	143,06	100,33%	82,32%
KSVDH $_{T-2,-3M}$:	155,71	155,77	155,79	91,80%	75,59%
H $_{T-2,-6M}$:	27.11.2000			
KSVH $_{T-2,-6M}$:	130,00	134,63	135,62	106,22%	86,84%
KSVDH $_{T-2,-6M}$:	147,92	147,98	147,99	96,63%	79,57%
		- + - + -	- - - - -		

Gestra AG	WKN: 587570			
	7%	8,50%	7%	8,50%

barwertiger gerichtl. Ausgleich abgezinst:	685,37	561,70		
Ereignistag:	29.03.1996	aufgezinste, bereinigte Kurse	Ausgleich / Kurs	
KSVE $_{T-2}$:	211,00	211,08	211,10	324,69%	266,08%
Kurseinfluss:	54,03%			
E $_{T-2,-3M}$:	27.12.1995			
KSVE $_{T-2,-3M}$:	235,00	239,25	240,16	286,46%	233,88%
KSVDE $_{T-2,-3M}$:	236,94	237,03	237,05	289,15%	236,95%
E $_{T-2,-6M}$:	27.09.1995			
KSVE $_{T-2,-6M}$:	225,50	233,57	235,30	293,43%	238,72%
KSVDE $_{T-2,-6M}$:	229,13	229,22	229,24	299,00%	245,02%
		+ + + + +	+ + + + +		

barwertiger gerichtl. Ausgleich abgezinst:	701,22	577,48		
HV-Termin:	26.07.1996	aufgezinste, bereinigte Kurse	Ausgleich / Kurs	
KSVH $_{T-2}$:	316,00	316,12	316,15	221,82%	182,66%
Kurseinfluss:	0,00%			
H $_{T-2,-3M}$:	24.04.1996			
KSVH $_{T-2,-3M}$:	316,00	321,71	322,94	217,96%	178,82%
KSVDH $_{T-2,-3M}$:	316,60	316,73	316,75	221,40%	182,31%
H $_{T-2,-6M}$:	24.01.1996			
KSVH $_{T-2,-6M}$:	240,00	248,59	250,43	282,08%	230,60%
KSVDH $_{T-2,-6M}$:	286,47	286,58	286,60	244,69%	201,49%
		+ + + + +	+ + + + +		

WKN: 588400				
DIBAG Doblinger Industriebau AG	7%	8,50%	7%	8,50%

barwertiger gerichtl. Ausgleich abgezinst:	775,22	637,36		
Ereignistag:	04.07.1991	aufgezinste, bereinigte Kurse		Ausgleich / Kurs
KSVE $_{T-2}$:	510,00	510,20	510,24	151,94%	124,91%
Kurseinfluss:	3,92%				
E $_{T-2,-3M}$:	02.04.1991				
KSVE $_{T-2,-3M}$:	480,00	488,68	490,54	158,64%	129,93%
KSVDE $_{T-2,-3M}$:	495,82	496,02	496,06	156,29%	128,49%
E $_{T-2,-6M}$:	02.01.1991				
KSVE $_{T-2,-6M}$:	440,00	455,66	459,01	170,13%	138,86%
KSVDE $_{T-2,-6M}$:	471,46	471,64	471,68	164,37%	135,13%
		+ + + + +	+ + + + +		

barwertiger gerichtl. Ausgleich abgezinst:	781,25	643,38		
HV-Termin:	13.08.1991	aufgezinste, bereinigte Kurse		Ausgleich / Kurs
KSVH $_{T-2}$:	530,00	530,21	530,25	147,35%	121,34%
Kurseinfluss:	-2,83%				
H $_{T-2,-3M}$:	11.05.1991				
KSVH $_{T-2,-3M}$:	495,00	504,05	505,99	155,00%	127,15%
KSVDH $_{T-2,-3M}$:	517,92	518,12	518,17	150,78%	124,16%
H $_{T-2,-6M}$:	11.02.1991				
KSVH $_{T-2,-6M}$:	440,00	455,66	459,01	171,46%	140,17%
KSVDH $_{T-2,-6M}$:	496,99	497,19	497,23	157,13%	129,39%
		+ + + + +	+ + + + +		

WKN: 589300				
Th. Goldschmidt AG	7%	8,50%	7%	8,50%

barwertiger gerichtl. Ausgleich abgezinst:	631,46	519,10		
Ereignistag:	04.06.1999	aufgezinste, bereinigte Kurse		Ausgleich / Kurs
KSVE $_{T-2}$:	530,00	530,31	530,38	119,07%	97,87%
Kurseinfluss:	14,36%				
E $_{T-2,-3M}$:	01.03.1999				
KSVE $_{T-2,-3M}$:	465,00	473,59	475,43	133,33%	109,19%
KSVDE $_{T-2,-3M}$:	500,27	500,56	500,62	126,15%	103,69%
E $_{T-2,-6M}$:	01.12.1998				
KSVE $_{T-2,-6M}$:	352,79	365,48	368,20	172,77%	140,98%
KSVDE $_{T-2,-6M}$:	453,51	453,77	453,83	139,16%	114,38%
		+ + + + +	- + + + +		

barwertiger gerichtl. Ausgleich abgezinst:	636,73	524,37		
HV-Termin:	15.07.1999	aufgezinste, bereinigte Kurse		Ausgleich / Kurs
KSVH $_{T-2}$:	610,00	610,24	610,29	104,34%	85,92%
Kurseinfluss:	4,92%				
H $_{T-2,-3M}$:	13.04.1999				
KSVH $_{T-2,-3M}$:	520,00	529,40	531,42	120,27%	98,67%
KSVDH $_{T-2,-3M}$:	561,41	561,63	561,68	113,37%	93,36%
H $_{T-2,-6M}$:	13.01.1999				
KSVH $_{T-2,-6M}$:	408,00	422,52	425,63	150,70%	123,20%
KSVDH $_{T-2,-6M}$:	507,61	507,81	507,85	125,39%	103,25%
		+ + + + +	- - - + +		

370

WKN: 590670				
Grünzweig + Hartmann AG	7%	8,50%	7%	8,50%

barwertiger gerichtl. Ausgleich abgezinst:	183,84	151,15		
Ereignistag:	16.05.1986	aufgezinste, bereinigte Kurse		Ausgleich / Kurs
KSVE $_{T-2}$:	160,20	160,26	160,28	114,71%	94,30%
Kurseinfluss:	0,00%				
E $_{T-2,-3M}$:	14.02.1986				
KSVE $_{T-2,-3M}$:	133,90	136,27	136,78	134,91%	110,51%
KSVDE $_{T-2,-3M}$:	141,97	142,03	142,04	129,44%	106,41%
E $_{T-2,-6M}$:	14.11.1985				
KSVE $_{T-2,-6M}$:	114,00	118,06	118,93	155,72%	127,09%
KSVDE $_{T-2,-6M}$:	132,25	132,30	132,31	138,95%	114,23%
		+ + + + +	- + + + +		

barwertiger gerichtl. Ausgleich abgezinst:	185,27	152,57		
HV-Termin:	25.06.1986	aufgezinste, bereinigte Kurse		Ausgleich / Kurs
KSVH $_{T-2}$:	163,40	163,46	163,48	113,34%	93,33%
Kurseinfluss:	0,00%				
H $_{T-2,-3M}$:	23.03.1986				
KSVH $_{T-2,-3M}$:	128,50	130,85	131,35	141,59%	116,16%
KSVDH $_{T-2,-3M}$:	154,61	154,67	154,69	119,78%	98,63%
H $_{T-2,-6M}$:	23.12.1985				
KSVH $_{T-2,-6M}$:	125,00	129,47	130,43	143,09%	116,98%
KSVDH $_{T-2,-6M}$:	140,31	140,37	140,38	131,99%	108,69%
		+ + + + +	- + - + +		

WKN: 600500				
Hageda AG	7%	8,50%	7%	8,50%

barwertiger gerichtl. Ausgleich abgezinst:	80,94	66,53		
Ereignistag:	13.07.1994	aufgezinste, bereinigte Kurse		Ausgleich / Kurs
KSVE $_{T-2}$:	219,00	219,09	219,10	36,94%	30,37%
Kurseinfluss:	-0,91%				
E $_{T-2,-3M}$:	11.04.1994				
KSVE $_{T-2,-3M}$:	230,00	234,16	235,05	34,56%	28,31%
KSVDE $_{T-2,-3M}$:	217,11	217,20	217,21	37,26%	30,63%
E $_{T-2,-6M}$:	11.01.1994				
KSVE $_{T-2,-6M}$:	223,00	230,94	232,64	35,05%	28,60%
KSVDE $_{T-2,-6M}$:	220,12	220,21	220,23	36,75%	30,21%
		- - - - -	- - - - -		

barwertiger gerichtl. Ausgleich abgezinst:	81,63	67,22		
HV-Termin:	26.08.1994	aufgezinste, bereinigte Kurse		Ausgleich / Kurs
KSVH $_{T-2}$:	155,00	155,06	155,07	52,64%	43,35%
Kurseinfluss:	0,00%				
H $_{T-2,-3M}$:	24.05.1994				
KSVH $_{T-2,-3M}$:	210,00	213,84	214,66	38,17%	31,32%
KSVDH $_{T-2,-3M}$:	203,71	203,79	203,81	40,05%	32,98%
H $_{T-2,-6M}$:	24.02.1994				
KSVH $_{T-2,-6M}$:	225,00	233,01	234,72	35,03%	28 64%
KSVDH $_{T-2,-6M}$:	213,42	213,50	213,52	38,23%	31,48%
		- - - - -	- - - - -		

WKN: 607480				
Hofbrauhaus Wolters AG	7%	8,50%	7%	8,50%

barwertiger gerichtl. Ausgleich abgezinst:		309,91	254,77		
Ereignistag:	16.02.1989	aufgezinste, bereinigte Kurse		Ausgleich / Kurs	
KSVE $_{T-2}$:	660,00	660,26	660,31	46,94%	38,58%
Kurseinfluss:	0,00%				
E $_{T-2,-3M}$:	14.11.1988				
KSVE $_{T-2,-3M}$:	600,00	610,97	613,32	50,72%	41,54%
KSVDE $_{T-2,-3M}$:	617,72	617,96	618,01	50,15%	41,22%
E $_{T-2,-6M}$:	14.08.1988				
KSVE $_{T-2,-6M}$:	600,00	621,70	626,35	49,85%	40,67%
KSVDE $_{T-2,-6M}$:	610,26	610,50	610,55	50,76%	41,73%
		- - - - -	- - - - -		

barwertiger gerichtl. Ausgleich abgezinst:		312,50	257,35		
HV-Termin:	31.03.1989	aufgezinste, bereinigte Kurse		Ausgleich / Kurs	
KSVH $_{T-2}$:	605,00	605,24	605,29	51,63%	42,52%
Kurseinfluss:	0,00%				
H $_{T-2,-3M}$:	29.12.1988				
KSVH $_{T-2,-3M}$:	605,00	615,82	618,14	50,75%	41,63%
KSVDH $_{T-2,-3M}$:	624,54	624,78	624,83	50,02%	41,19%
H $_{T-2,-6M}$:	29.09.1988				
KSVH $_{T-2,-6M}$:	603,00	624,46	629,05	50,04%	40,91%
KSVDH $_{T-2,-6M}$:	614,00	614,24	614,29	50,88%	41,89%
		- - - - -	- - - - -		

WKN: 607600				
Hoffmann's Stärke Fabriken	7%	8,50%	7%	8,50%

barwertiger gerichtl. Ausgleich abgezinst:		465,82	385,36		
Ereignistag:	05.11.1987	aufgezinste, bereinigte Kurse		Ausgleich / Kurs	
KSVE $_{T-2}$:	286,00	286,11	286,14	162,81%	134,68%
Kurseinfluss:	-5,59%				
E $_{T-2,-3M}$:	03.08.1987				
KSVE $_{T-2,-3M}$:	278,20	283,28	284,37	164,43%	135,51%
KSVDE $_{T-2,-3M}$:	312,93	313,05	313,08	148,80%	123,09%
E $_{T-2,-6M}$:	03.05.1987				
KSVE $_{T-2,-6M}$ ·	251,65	260,75	262,70	178,65%	146,69%
KSVDE $_{T-2,-6M}$:	288,46	288,57	288,60	161,42%	133,53%
		+ + + + +	+ + + + +		

barwertiger gerichtl. Ausgleich abgezinst:		469,71	389,27		
HV-Termin:	18.12.1987	aufgezinste, bereinigte Kurse		Ausgleich / Kurs	
KSVH $_{T-2}$:	206,00	206,08	206,10	227,93%	188,88%
Kurseinfluss:	-1,94%				
H $_{T-2,-3M}$:	16.09.1987				
KSVH $_{T-2,-3M}$:	320,00	325,79	327,03	144,18%	119,03%
KSVDH $_{T-2,-3M}$:	272,56	272,67	272,69	172,26%	142,75%
H $_{T-2,-6M}$:	16.06.1987				
KSVH $_{T-2,-6M}$ ·	251,65	260,70	262,64	180,17%	148,22%
KSVDH $_{T-2,-6M}$ ·	279,81	279,92	279,94	167,80%	139,05%
		+ + + + +	+ + + + +		

WKN: 608370				
Horten AG	7%	8,50%	7%	8,50%

barwertiger gerichtl. Ausgleich abgezinst: 242,91   199,70

Ereignistag:	27.10.1994	aufgezinste, bereinigte Kurse		Ausgleich / Kurs	
KSVE $_{T-2}$:	206,00	206,08	206,10	117,87%	96,90%
Kurseinfluss:	0,00%				
E $_{T-2,-3M}$:	25.07.1994				
KSVE $_{T-2,-3M}$:	224,00	228,09	228,97	106,50%	87,22%
KSVDE $_{T-2,-3M}$:	214,83	214,92	214,93	113,03%	92,91%
E $_{T-2,-6M}$:	25.04.1994				
KSVE $_{T-2,-6M}$:	239,39	248,00	249,84	97,95%	79,93%
KSVDE $_{T-2,-6M}$:	219,33	219,41	219,43	110,71%	91,01%
		+ + + - +	- - - - -		

barwertiger gerichtl. Ausgleich abgezinst: 244,90   201,68

HV-Termin:	08.12.1994	aufgezinste, bereinigte Kurse		Ausgleich / Kurs	
KSVH $_{T-2}$:	205,60	205,68	205,70	119,07%	98,05%
Kurseinfluss:	0,24%				
H $_{T-2,-3M}$:	06.09.1994				
KSVH $_{T-2,-3M}$:	216,00	219,91	220,74	111,36%	91,36%
KSVDH $_{T-2,-3M}$:	210,32	210,40	210,42	116,40%	95,85%
H $_{T-2,-6M}$:	06.06.1994				
KSVH $_{T-2,-6M}$:	222,08	230,07	231,78	106,45%	87,01%
KSVDH $_{T-2,-6M}$:	213,09	213,17	213,19	114,88%	94,60%
		+ + + + +	- - - - -		

WKN: 610700				
Henninger Bräu AG	7%	8,50%	7%	8,50%

barwertiger gerichtl. Ausgleich abgezinst: 176,95   145,44

Ereignistag:	30.03.1988	aufgezinste, bereinigte Kurse		Ausgleich / Kurs	
KSVE $_{T-2}$:	565,00	565,22	565,27	31,31%	25,73%
Kurseinfluss:	0,00%				
E $_{T-2,-3M}$:	28.12.1987				
KSVE $_{T-2,-3M}$:	520,00	529,40	531,42	33,43%	27,37%
KSVDE $_{T-2,-3M}$:	535,54	535,74	535,79	33,03%	27,15%
E $_{T-2,-6M}$:	28.09.1987				
KSVE $_{T-2,-6M}$:	289,80	300,17	302,39	58,95%	48,10%
KSVDE $_{T-2,-6M}$:	464,07	464,25	464,29	38,12%	31,33%
		- - - - -	- - - - -		

barwertiger gerichtl. Ausgleich abgezinst: 178,57   147,06

HV-Termin:	16.05.1988	aufgezinste, bereinigte Kurse		Ausgleich / Kurs	
KSVH $_{T-2}$:	542,00	542,53	542,64	32,91%	27,10%
Kurseinfluss:	0,00%				
H $_{T-2,-3M}$:	11.02.1988				
KSVH $_{T-2,-3M}$:	520,00	529,61	531,66	33,72%	27,66%
KSVDH $_{T-2,-3M}$:	550,15	550,68	550,80	32,43%	26,70%
H $_{T-2,-6M}$:	11.11.1987				
KSVH $_{T-2,-6M}$:	380,00	393,82	396,78	45,34%	37,06%
KSVDH $_{T-2,-6M}$:	529,07	529,59	529,70	33,72%	27,76%
		- - - - -	- - - - -		

WKN: 628620				
Kiekert AG	7%	8,50%	7%	8,50%

barwertiger gerichtl. Ausgleich abgezinst:		56,32	46,29		
Ereignistag:	07.03.2002	aufgezinste, bereinigte Kurse		Ausgleich / Kurs	
KSVE $_{T-2}$:	52,00	52,02	52,02	108,27%	88,97%
Kurseinfluss:	23,08%				
E $_{T-2,-3M}$:	05.12.2001				
KSVE $_{T-2,-3M}$:	37,01	37,67	37,81	149,50%	122,41%
KSVDE $_{T-2,-3M}$:	44,09	44,11	44,11	127,69%	104,94%
E $_{T-2,-6M}$:	05.09.2001				
KSVE $_{T-2,-6M}$:	43,50	45,05	45,38	125,02%	102,00%
KSVDE $_{T-2,-6M}$:	41,75	41,76	41,77	134,85%	110,82%
		+ + + + +	- + + + +		

barwertiger gerichtl. Ausgleich abgezinst:		56,86	46,82		
HV-Termin:	25.04.2002	aufgezinste, bereinigte Kurse		Ausgleich / Kurs	
KSVH $_{T-2}$:	64,60	64,63	64,63	87,98%	72,45%
Kurseinfluss:	-0,08%				
H $_{T-2,-3M}$:	23.01.2002				
KSVH $_{T-2,-3M}$:	47,05	47,89	48,07	118,72%	97,40%
KSVDH $_{T-2,-3M}$:	56,30	56,32	56,32	100,96%	83,14%
H $_{T-2,-6M}$:	23.10.2001				
KSVH $_{T-2,-6M}$:	40,40	41,85	42,16	135,87%	111,07%
KSVDH $_{T-2,-6M}$:	48,05	48,07	48,07	118,28%	97,40%
		- + + + +	- - - + -		

WKN: 635000				
Kali Chemie AG	7%	8,50%	7%	8,50%

barwertiger gerichtl. Ausgleich abgezinst:		619,46	509,18		
Ereignistag:	20.11.1989	aufgezinste, bereinigte Kurse		Ausgleich / Kurs	
KSVE $_{T-2}$:	650,00	650,51	650,61	95,23%	78,26%
Kurseinfluss:	-10,00%				
E $_{T-2,-3M}$:	16.08.1989				
KSVE $_{T-2,-3M}$:	500,00	509,33	511,33	121,62%	99,58%
KSVDE $_{T-2,-3M}$:	582,40	582,86	582,95	106,28%	87,34%
E $_{T-2,-6M}$:	16.05.1989				
KSVE $_{T-2,-6M}$:	515,22	534,05	538,09	115,99%	94,63%
KSVDE $_{T-2,-6M}$:	547,78	548,21	548,30	113,00%	92,86%
		- + + + +	- - - - -		

barwertiger gerichtl. Ausgleich abgezinst:		625,00	514,71		
HV-Termin:	05.01.1990	aufgezinste, bereinigte Kurse		Ausgleich / Kurs	
KSVH $_{T-2}$:	560,50	560,72	560,76	111,46%	91,79%
Kurseinfluss:	3,48%				
H $_{T-2,-3M}$:	03.10.1989				
KSVH $_{T-2,-3M}$:	556,00	566,16	568,34	110,39%	90,56%
KSVDH $_{T-2,-3M}$:	605,65	605,88	605,93	103,16%	84,94%
H $_{T-2,-6M}$:	03.07.1989				
KSVH $_{T-2,-6M}$:	511,00	529,48	533,44	118,04%	96,49%
KSVDH $_{T-2,-6M}$:	560,29	560,51	560,56	111,51%	91,82%
		+ + + + +	- - - - -		

WKN: 660160				
Aluminiumwerk Unna AG	7%	8,50%	7%	8,50%

barwertiger gerichtl. Ausgleich abgezinst:		442,81	364,04		
Ereignistag:	14.01.1988	aufgezinste, bereinigte Kurse		Ausgleich / Kurs	
KSVE $_{T-2}$:	245,00	245,10	245,12	180,67%	148,52%
Kurseinfluss:	-2,04%				
E $_{T-2,-3M}$:	12.10.1987				
KSVE $_{T-2,-3M}$:	225,00	229,11	229,99	193,27%	158,28%
KSVDE $_{T-2,-3M}$:	230,10	230,19	230,21	192,37%	158,14%
E $_{T-2,-6M}$:	12.07.1987				
KSVE $_{T-2,-6M}$:	202,00	209,31	210,87	211,56%	172,63%
KSVDE $_{T-2,-6M}$:	222,04	222,13	222,14	199,35%	163,87%
		+ + + + +	+ + + + +		

barwertiger gerichtl. Ausgleich abgezinst:		446,43	367,65		
HV-Termin:	25.02.1988	aufgezinste, bereinigte Kurse		Ausgleich / Kurs	
KSVH $_{T-2}$:	285,00	285,11	285,13	156,58%	128,94%
Kurseinfluss:	0,00%				
H $_{T-2,-3M}$:	23.11.1987				
KSVH $_{T-2,-3M}$:	220,00	224,02	224,88	199,28%	163,48%
KSVDH $_{T-2,-3M}$:	256,91	257,01	257,03	173,70%	143,04%
H $_{T-2,-6M}$:	23.08.1987				
KSVH $_{T-2,-6M}$:	210,00	217,60	219,22	205,16%	167,70%
KSVDH $_{T-2,-6M}$:	236,78	236,87	236,89	188,47%	155,20%
		+ + + + +	+ + + + +		

WKN: 661900				
Alcatel SEL AG	7%	8,50%	7%	8,50%

barwertiger gerichtl. Ausgleich abgezinst:		265,37	216,40		
Ereignistag:	31.10.1995	aufgezinste, bereinigte Kurse		Ausgleich / Kurs	
KSVE $_{T-2}$:	240,00	240,09	240,11	110,53%	90,13%
Kurseinfluss:	4,17%				
E $_{T-2,-3M}$:	29.07.1995				
KSVE $_{T-2,-3M}$:	273,00	277,99	279,06	95,46%	77,55%
KSVDE $_{T-2,-3M}$:	259,58	259,68	259,71	102,19%	83,33%
E $_{T-2,-6M}$:	29.04.1995				
KSVE $_{T-2,-6M}$:	271,00	280,75	282,84	94,52%	76,51%
KSVDE $_{T-2,-6M}$:	267,28	267,38	267,41	99,25%	80,93%
		+ - + - -	- - - - -		

barwertiger gerichtl. Ausgleich abgezinst:		278,16	229,08		
HV-Termin:	05.07.1996	aufgezinste, bereinigte Kurse		Ausgleich / Kurs	
KSVH $_{T-2}$:	236,00	236,09	236,11	117,82%	97,02%
Kurseinfluss:	1,69%				
H $_{T-2,-3M}$:	03.04.1996				
KSVH $_{T-2,-3M}$:	206,00	209,73	210,52	132,63%	108,81%
KSVDH $_{T-2,-3M}$:	218,55	218,64	218,66	127,23%	104,77%
H $_{T-2,-6M}$:	03.01.1996				
KSVH $_{T-2,-6M}$:	250,00	258,94	260,86	107,42%	87,82%
KSVDH $_{T-2,-6M}$:	223,10	223,18	223,20	124,63%	102,63%
		+ + + + +	- + + - +		

WKN: 675800				
Neckarwerke Stuttgart AG	7%	8,50%	7%	8,50%

barwertiger gerichtl. Ausgleich abgezinst:	331,34	271,08		
Ereignistag:	16.02.2000	aufgezinste, bereinigte Kurse		Ausgleich / Kurs
KSVE $_{T-2}$:	308,00	308,12	308,15	107,53%	87,97%
Kurseinfluss:	0,00%			
E $_{T-2,-3M}$:	14.11.1999			
KSVE $_{T-2,-3M}$:	320,00	325,85	327,10	101,68%	82,87%
KSVDE $_{T-2,-3M}$:	305,87	305,99	306,01	108,28%	88,58%
E $_{T-2,-6M}$:	14.08.1999			
KSVE $_{T-2,-6M}$:	280,00	290,13	292,30	114,20%	92,74%
KSVDE $_{T-2,-6M}$:	293,26	293,38	293,40	112,94%	92,39%

+ + + + +   - - - - -

barwertiger gerichtl. Ausgleich abgezinst:	341,84	281,51		
HV-Termin:	28.07.2000	aufgezinste, bereinigte Kurse		Ausgleich / Kurs
KSVH $_{T-2}$:	334,13	334,26	334,29	102,27%	84,21%
Kurseinfluss:	0,32%			
H $_{T-2,-3M}$:	26.04.2000			
KSVH $_{T-2,-3M}$:	319,50	325,28	326,52	105,09%	86,22%
KSVDH $_{T-2,-3M}$:	331,08	331,21	331,24	103,21%	84,99%
H $_{T-2,-6M}$:	26.01.2000			
KSVH $_{T-2,-6M}$:	308,00	319,02	321,38	107,15%	87,59%
KSVDH $_{T-2,-6M}$:	319,81	319,94	319,97	106,84%	87,98%

+ + + + +   - - - - -

WKN: 675920				
Nestlé Deutschland AG	7%	8,50%	7%	8,50%

barwertiger gerichtl. Ausgleich abgezinst:	389,31	320,06		
Ereignistag:	10.06.1988	aufgezinste, bereinigte Kurse		Ausgleich / Kurs
KSVE $_{T-2}$:	295,00	295,11	295,14	131,92%	108,44%
Kurseinfluss:	0,00%			
E $_{T-2,-3M}$:	08.03.1988			
KSVE $_{T-2,-3M}$:	300,00	305,48	306,66	127,44%	104,37%
KSVDE $_{T-2,-3M}$:	292,34	292,46	292,48	133,12%	109,43%
E $_{T-2,-6M}$:	08.12.1987			
KSVE $_{T-2,-6M}$:	280,00	290,07	292,23	134,21%	109,52%
KSVDE $_{T-2,-6M}$:	290,34	290,45	290,48	134,04%	110,19%

+ + + + +   + + + + +

barwertiger gerichtl. Ausgleich abgezinst:	392,41	323,16		
HV-Termin:	21.07.1988	aufgezinste, bereinigte Kurse		Ausgleich / Kurs
KSVH $_{T-2}$:	303,00	303,12	303,14	129,46%	106,60%
Kurseinfluss:	5,61%			
H $_{T-2,-3M}$:	19.04.1988			
KSVH $_{T-2,-3M}$:	290,00	295,24	296,37	132,91%	109,04%
KSVDH $_{T-2,-3M}$:	294,81	294,93	294,95	133,05%	109,56%
H $_{T-2,-6M}$:	19.01.1988			
KSVH $_{T-2,-6M}$:	279,00	288,98	291,12	135,79%	111,01%
KSVDH $_{T-2,-6M}$:	295,67	295,78	295,81	132,67%	109,25%

+ + + + +   + + + + +

	WKN: 686500			
O & K Orenstein & Koppel AG	7%	8,50%	7%	8,50%

barwertiger gerichtl. Ausgleich abgezinst:	10,10	8,30		
Ereignistag:	05.05.1999	aufgezinste, bereinigte Kurse	Ausgleich / Kurs	
KSVE $_{T-2}$:	17,50	17,51	17,51	57,68%	47,39%
Kurseinfluss:	-5,71%				
E $_{T-2,-3M}$:	03.02.1999				
KSVE $_{T-2,-3M}$:	11,40	11,60	11,64	87,04%	71,25%
KSVDE $_{T-2,-3M}$:	11,53	11,53	11,54	87,55%	71,93%
E $_{T-2,-6M}$:	03.11.1998				
KSVE $_{T-2,-6M}$:	17,37	17,99	18,12	56,13%	45,78%
KSVDE $_{T-2,-6M}$:	14,12	14,12	14,13	71,49%	58,74%

- - - - -   - - - - -

barwertiger gerichtl. Ausgleich abgezinst:	10,20	8,40		
HV-Termin:	28.06.1999	aufgezinste, bereinigte Kurse	Ausgleich / Kurs	
KSVH $_{T-2}$:	15,05	15,06	15,06	67,75%	55,78%
Kurseinfluss:	1,99%				
H $_{T-2,-3M}$:	24.03.1999				
KSVH $_{T-2,-3M}$:	10,00	10,19	10,23	100,17%	82,17%
KSVDH $_{T-2,-3M}$:	12,75	12,76	12,77	79,94%	65,82%
H $_{T-2,-6M}$:	24.12.1998				
KSVH $_{T-2,-6M}$:	17,38	18,01	18,15	56,65%	46,31%
KSVDH $_{T-2,-6M}$:	12,89	12,90	12,90	79,11%	65,14%

- + - - -   - - - - -

	WKN: 697563			
Quante AG	7%	8,50%	7%	8,50%

barwertiger gerichtl. Ausgleich abgezinst:	28,92	23,74		
Ereignistag:	17.06.2000	aufgezinste, bereinigte Kurse	Ausgleich / Kurs	
KSVE $_{T-2}$:	15,90	15,90	15,90	181,87%	149,25%
Kurseinfluss:	0,00%				
E $_{T-2,-3M}$:	15.03.2000				
KSVE $_{T-2,-3M}$:	15,10	15,38	15,44	188,08%	153,77%
KSVDE $_{T-2,-3M}$:	15,16	15,16	15,17	190,72%	156,51%
E $_{T-2,-6M}$:	15.12.1999				
KSVE $_{T-2,-6M}$:	10,53	10,91	10,99	265,09%	215,96%
KSVDE $_{T-2,-6M}$:	14,35	14,36	14,36	201,46%	165,33%

+ + + + +   + + + + +

barwertiger gerichtl. Ausgleich abgezinst:	29,39	24,20		
HV-Termin:	08.09.2000	aufgezinste, bereinigte Kurse	Ausgleich / Kurs	
KSVH $_{T-2}$:	19,05	19,06	19,06	154,21%	126,98%
Kurseinfluss:	0,26%				
H $_{T-2,-3M}$:	06.06.2000				
KSVH $_{T-2,-3M}$:	16,69	17,00	17,06	172,91%	141,85%
KSVDH $_{T-2,-3M}$:	18,07	18,07	18,08	162,60%	133,89%
H $_{T-2,-6M}$:	06.03.2000				
KSVH $_{T-2,-6M}$:	15,20	15,75	15,87	186,59%	152,52%
KSVDH $_{T-2,-6M}$:	16,65	16,65	16,65	176,48%	145,32%

+ + + + +   + + + + +

377

WKN: 700700				
Erste Kulmbacher Actienbr. AG	7%	8,50%	7%	8,50%

barwertiger gerichtl. Ausgleich abgezinst:	54,79	44,95		
Ereignistag:	22.03.1990	aufgezinste, bereinigte Kurse	Ausgleich / Kurs	
KSVE $_{T-2}$:	436,60	436,77	436,81	12,54%	10,29%
Kurseinfluss:	1,58%			

E $_{T-2,-3M}$:	20.12.1989			
KSVE $_{T-2,-3M}$:	443,50	451,44	453,14	12,14%	9,92%
KSVDE $_{T-2,-3M}$:	440,32	440,49	440,53	12,44%	10,20%

E $_{T-2,-6M}$:	20.09.1989			
KSVE $_{T-2,-6M}$:	469,13	485,82	489,40	11,28%	9,18%
KSVDE $_{T-2,-6M}$:	452,37	452,54	452,58	12,11%	9,93%

- - - - -   - - - - -

barwertiger gerichtl. Ausgleich abgezinst:	55,80	45,96		
HV-Termin:	25.06.1990	aufgezinste, bereinigte Kurse	Ausgleich / Kurs	
KSVH $_{T-2}$:	440,00	440,34	440,42	12,67%	10,43%
Kurseinfluss:	0,00%			

H $_{T-2,-3M}$:	21.03.1990			
KSVH $_{T-2,-3M}$:	443,50	451,78	453,56	12,35%	10,13%
KSVDH $_{T-2,-3M}$:	437,40	437,74	437,81	12,75%	10,50%

H $_{T-2,-6M}$:	21.12.1989			
KSVH $_{T-2,-6M}$:	443,50	459,54	462,98	12,14%	9,93%
KSVDH $_{T-2,-6M}$:	438,76	439,10	439,18	12,71%	10,46%

- - - - -   - - - - -

WKN: 704000				
Rheinisch-Westfälische Kalkw. AG	7%	8,50%	7%	8,50%

barwertiger gerichtl. Ausgleich abgezinst:	508,35	417,76		
Ereignistag:	08.05.1989	aufgezinste, bereinigte Kurse	Ausgleich / Kurs	
KSVE $_{T-2}$:	440,00	440,34	440,42	115,44%	94,86%
Kurseinfluss:	6,82%			

E $_{T-2,-3M}$:	04.02.1989			
KSVE $_{T-2,-3M}$:	450,00	458,14	459,88	110,96%	90,84%
KSVDE $_{T-2,-3M}$:	448,45	448,80	448,87	113,27%	93,07%

E $_{T-2,-6M}$:	03.11.1988			
KSVE $_{T-2,-6M}$:	418,00	433,12	436,36	117,37%	95,74%
KSVDE $_{T-2,-6M}$:	428,95	429,37	429,46	118,40%	97,28%

+ + + + +   - - - - -

barwertiger gerichtl. Ausgleich abgezinst:	513,39	422,79		
HV-Termin:	28.06.1989	aufgezinste, bereinigte Kurse	Ausgleich / Kurs	
KSVH $_{T-2}$:	468,00	468,18	468,22	109,66%	90,30%
Kurseinfluss:	0,45%			

H $_{T-2,-3M}$:	26.03.1989			
KSVH $_{T-2,-3M}$:	439,00	447,02	448,74	114,85%	94,22%
KSVDH $_{T-2,-3M}$:	464,92	465,10	465,14	110,38%	90,90%

H $_{T-2,-6M}$:	26.12.1988			
KSVH $_{T-2,-6M}$:	370,00	383,24	386,07	133,96%	109,51%
KSVDH $_{T-2,-6M}$:	454,51	454,69	454,73	112,91%	92,98%

+ + + + +   - - - + -

SABO Maschinenfabrik AG	WKN: 715160			
	7%	8,50%	7%	8,50%

barwertiger gerichtl. Ausgleich abgezinst:		465,14	382,31		
Ereignistag:	02.02.1995	aufgezinste, bereinigte Kurse		Ausgleich / Kurs	
KSVE $_{T-2}$:	511,00	511,20	511,24	90,99%	74,78%
Kurseinfluss:	1,51%				
E $_{T-2,-3M}$:	31.10.1994				
KSVE $_{T-2,-3M}$:	520,00	529,50	531,54	87,84%	71,93%
KSVDE $_{T-2,-3M}$:	502,20	502,40	502,44	92,58%	76,09%
E $_{T-2,-6M}$:	31.07.1994				
KSVE $_{T-2,-6M}$:	525,00	543,99	548,06	85,51%	69,76%
KSVDE $_{T-2,-6M}$:	504,05	504,25	504,29	92,24%	75,81%
		- - - - -	- - - - -		

barwertiger gerichtl. Ausgleich abgezinst:		469,39	386,55		
HV-Termin:	21.03.1995	aufgezinste, bereinigte Kurse		Ausgleich / Kurs	
KSVH $_{T-2}$:	535,00	535,21	535,25	87,70%	72,22%
Kurseinfluss:	-0,37%				
H $_{T-2,-3M}$:	19.12.1994				
KSVH $_{T-2,-3M}$:	490,00	498,77	500,64	94,11%	77,21%
KSVDH $_{T-2,-3M}$:	509,75	509,95	509,99	92,05%	75,80%
H $_{T-2,-6M}$:	19.09.1994				
KSVH $_{T-2,-6M}$:	498,00	515,72	519,52	91,02%	74,41%
KSVDH $_{T-2,-6M}$:	504,15	504,35	504,39	93,07%	76,64%
		- - - - -	- - - - -		

Schubert & Salzer AG	WKN: 720800			
	7%	8,50%	7%	8,50%

barwertiger gerichtl. Ausgleich abgezinst:		179,30	147,40		
Ereignistag:	07.04.1988	aufgezinste, bereinigte Kurse		Ausgleich / Kurs	
KSVE $_{T-2}$:	170,00	170,07	170,08	105,43%	86,67%
Kurseinfluss:	2,94%				
E $_{T-2,-3M}$:	05.01.1988				
KSVE $_{T-2,-3M}$:	165,00	167,98	168,62	106,74%	87,41%
KSVDE $_{T-2,-3M}$:	163,47	163,53	163,55	109,64%	90,13%
E $_{T-2,-6M}$:	05.10.1987				
KSVE $_{T-2,-6M}$:	209,90	217,45	219,07	82,46%	67,29%
KSVDE $_{T-2,-6M}$:	169,44	169,50	169,52	105,78%	86,95%
		+ + + - +	- - - - -		

barwertiger gerichtl. Ausgleich abgezinst:		180,80	148,90		
HV-Termin:	20.05.1988	aufgezinste, bereinigte Kurse		Ausgleich / Kurs	
KSVH $_{T-2}$:	160,00	160,06	160,08	112,96%	93,02%
Kurseinfluss:	0,00%				
H $_{T-2,-3M}$:	18.02.1988				
KSVH $_{T-2,-3M}$:	156,00	158,79	159,39	113,86%	93,42%
KSVDH $_{T-2,-3M}$:	166,24	166,30	166,32	108,72%	89,53%
H $_{T-2,-6M}$:	18.11.1987				
KSVH $_{T-2,-6M}$:	150,00	155,37	156,52	116,37%	95,13%
KSVDH $_{T-2,-6M}$:	164,46	164,52	164,53	109,90%	90,50%
		+ + + + +	- - - - -		

Schwäbische Zellstoff AG	WKN: 721870			
	7%	8,50%	7%	8,50%

barwertiger gerichtl. Ausgleich abgezinst:		197,89	162,45		
Ereignistag:	10.04.1990	aufgezinste, bereinigte Kurse		Ausgleich / Kurs	
KSVE $_{T-2}$:	207,00	207,08	207,10	95,56%	78,44%
Kurseinfluss:	2,42%				
E $_{T-2,-3M}$:	08.01.1990				
KSVE $_{T-2,-3M}$:	172,90	175,99	176,66	112,44%	91,96%
KSVDE $_{T-2,-3M}$:	184,20	184,27	184,28	107,39%	88,15%
E $_{T-2,-6M}$:	08.10.1989				
KSVE $_{T-2,-6M}$:	190,00	196,80	198,25	100,56%	81,94%
KSVDE $_{T-2,-6M}$:	183,17	183,24	183,26	108,00%	88,65%
		- + + + +	- - - - -		

barwertiger gerichtl. Ausgleich abgezinst:		200,89	165,44		
HV-Termin:	27.06.1990	aufgezinste, bereinigte Kurse		Ausgleich / Kurs	
KSVH $_{T-2}$:	247,00	247,10	247,12	81,30%	66,95%
Kurseinfluss:	1,21%				
H $_{T-2,-3M}$:	25.03.1990				
KSVH $_{T-2,-3M}$:	190,50	193,98	194,73	103,56%	84,96%
KSVDH $_{T-2,-3M}$:	225,16	225,25	225,26	89,19%	73,44%
H $_{T-2,-6M}$:	25.12.1989				
KSVH $_{T-2,-6M}$:	178,00	184,37	185,73	108,96%	89,07%
KSVDH $_{T-2,-6M}$:	202,48	202,56	202,57	99,18%	81,67%
		- + - + -	- - - - -		

Vereinigte Filzfabriken AG	WKN: 761700			
	7%	8,50%	7%	8,50%

barwertiger gerichtl. Ausgleich abgezinst:		805,14	661,77		
Ereignistag:	31.10.1990	aufgezinste, bereinigte Kurse		Ausgleich / Kurs	
KSVE $_{T-2}$:	385,00	385,15	385,18	209.05%	171,81%
Kurseinfluss:	0,00%				
E $_{T-2,-3M}$:	29.07.1990				
KSVE $_{T-2,-3M}$:	400,17	407,48	409,05	197,59%	161,78%
KSVDE $_{T-2,-3M}$:	386,12	386,27	386,30	208,44%	171,31%
E $_{T-2,-6M}$:	29.04.1990				
KSVE $_{T-2,-6M}$:	385,53	399,39	402,37	201,59%	164,47%
KSVDE $_{T-2,-6M}$:	390,10	390,25	390,28	206,31%	169,56%
		+ + + + +	+ + + + +		

barwertiger gerichtl. Ausgleich abgezinst:		812,50	669,12		
HV-Termin:	17.12.1990	aufgezinste, bereinigte Kurse		Ausgleich / Kurs	
KSVH $_{T-2}$:	405,00	405,32	405,38	200,46%	165,06%
Kurseinfluss:	0,00%				
H $_{T-2,-3M}$:	13.09.1990				
KSVH $_{T-2,-3M}$:	386,00	393,13	394,66	206,67%	169,54%
KSVDH $_{T-2,-3M}$:	392,95	393,26	393,32	206,61%	170,12%
H $_{T-2,-6M}$:	13.06.1990				
KSVH $_{T-2,-6M}$:	385,53	399,54	402,55	203,36%	166,22%
KSVDH $_{T-2,-6M}$:	389,91	390,21	390,28	208,22%	171,45%
		+ + + + +	+ + + + +		

380

Ikon AG	WKN: 787200			
	7%	8,50%	7%	8,50%

barwertiger gerichtl. Ausgleich abgezinst:	130,78	107,54		
Ereignistag:	05.04.1990	aufgezinste, bereinigte Kurse		Ausgleich / Kurs
KSVE $_{T-2}$:	389,00	389,15	389,18	33,61%	27,63%
Kurseinfluss:	1,03%				
E $_{T-2,-3M}$:	03.01.1990				
KSVE $_{T-2,-3M}$:	385,00	391,89	393,36	33,37%	27,34%
KSVDE $_{T-2,-3M}$:	375,38	375,53	375,56	34,83%	28,63%
E $_{T-2,-6M}$:	03.10.1989				
KSVE $_{T-2,-6M}$:	370,00	383,24	386,07	34,13%	27,86%
KSVDE $_{T-2,-6M}$:	373,91	374,05	374,09	34,96%	28,75%

- - - - -   - - - - -

barwertiger gerichtl. Ausgleich abgezinst:	131,70	108,46		
HV-Termin:	11.05.1990	aufgezinste, bereinigte Kurse		Ausgleich / Kurs
KSVH $_{T-2}$:	385,00	385,15	385,18	34,19%	28,16%
Kurseinfluss:	1,30%				
H $_{T-2,-3M}$:	09.02.1990				
KSVH $_{T-2,-3M}$:	380,00	386,72	388,16	34,05%	27,94%
KSVDH $_{T-2,-3M}$:	379,28	379,43	379,46	34,71%	28,58%
H $_{T-2,-6M}$:	09.11.1989				
KSVH $_{T-2,-6M}$:	366,00	379,02	381,81	34,75%	28,41%
KSVDH $_{T-2,-6M}$:	375,70	375,84	375,87	35,04%	28,85%

- - - - -   - - - - -

Bankverein Bremen AG	WKN: 801600			
	7%	8,50%	7%	8,50%

barwertiger gerichtl. Ausgleich abgezinst:	193,21	158,83		
Ereignistag:	02.05.1989	aufgezinste, bereinigte Kurse		Ausgleich / Kurs
KSVE $_{T-2}$:	216,00	216,21	216,26	89,36%	73,44%
Kurseinfluss:	-16,67%				
E $_{T-2,-3M}$:	27.01.1989				
KSVE $_{T-2,-3M}$:	202,00	205,73	206,53	93,92%	76,90%
KSVDE $_{T-2,-3M}$:	214,44	214,65	214,70	90,01%	73,98%
E $_{T-2,-6M}$:	27.10.1988				
KSVE $_{T-2,-6M}$:	170,00	176,18	177,51	109,67%	89,48%
KSVDE $_{T-2,-6M}$:	199,24	199,43	199,47	96,88%	79,62%

- - - + -   - - - - -

barwertiger gerichtl. Ausgleich abgezinst:	194,87	160,48		
HV-Termin:	15.06.1989	aufgezinste, bereinigte Kurse		Ausgleich / Kurs
KSVH $_{T-2}$:	198,00	198,08	198,09	98,38%	81,01%
Kurseinfluss:	3,03%				
H $_{T-2,-3M}$:	13.03.1989				
KSVH $_{T-2,-3M}$:	215,00	218,93	219,77	89,01%	73,02%
KSVDH $_{T-2,-3M}$:	207,43	207,51	207,52	93,91%	77,33%
H $_{T-2,-6M}$:	13.12.1988				
KSVH $_{T-2,-6M}$:	180,00	186,44	187,82	104,52%	85,44%
KSVDH $_{T-2,-6M}$:	204,40	204,47	204,49	95,30%	78,48%

- - - + -   - - - - -

WKN: 841700

Frankona Rückversicherungs-AG	7%	8,50%	7%	8,50%

barwertiger gerichtl. Ausgleich abgezinst: 525,00 431,62

Ereignistag:	03.11.1995	aufgezinste, bereinigte Kurse		Ausgleich / Kurs	
KSVE $_{T-2}$:	395,00	395,15	395,19	132,86%	109,22%
Kurseinfluss:	3,80%				
E $_{T-2,-3M}$:	01.08.1995				
KSVE $_{T-2,-3M}$:	365,00	371,67	373,10	141,25%	115,68%
KSVDE $_{T-2,-3M}$:	381,97	382,12	382,15	137,39%	112,95%
E $_{T-2,-6M}$:	01.05.1995				
KSVE $_{T-2,-6M}$:	361,00	374,06	376,85	140,35%	114,53%
KSVDE $_{T-2,-6M}$:	372,00	372,14	372,18	141,07%	115,97%
		+ + + + +	+ + + + +		

barwertiger gerichtl. Ausgleich abgezinst: 529,18 435,80

HV-Termin:	14.12.1995	aufgezinste, bereinigte Kurse		Ausgleich / Kurs	
KSVH $_{T-2}$:	436,00	436,17	436,21	121,33%	99,91%
Kurseinfluss:	0,46%				
H $_{T-2,-3M}$:	12.09.1995				
KSVH $_{T-2,-3M}$:	380,00	386,87	388,34	136,79%	112,22%
KSVDH $_{T-2,-3M}$:	403,14	403,30	403,33	131,21%	108,05%
H $_{T-2,-6M}$:	12.06.1995				
KSVH $_{T-2,-6M}$:	360,00	372,95	375,73	141,89%	115,99%
KSVDH $_{T-2,-6M}$:	386,55	386,70	386,73	136,85%	112,69%
		+ + + + +	- + + + +		

WKN: 843300

Nordstern Allgemeine Vers.-AG	7%	8,50%	7%	8,50%

(Stammaktien)

barwertiger gerichtl. Ausgleich abgezinst: 2511,70 2059,55

Ereignistag:	01.03.1994	aufgezinste, bereinigte Kurse		Ausgleich / Kurs	
KSVE $_{T-2}$:	2070,00	2070,81	2070,98	121,29%	99,45%
Kurseinfluss:	2,42%				
E $_{T-2,-3M}$:	27.11.1993				
KSVE $_{T-2,-3M}$:	2050,00	2087,47	2095,50	120,32%	98,28%
KSVDE $_{T-2,-3M}$:	2031,23	2032,02	2032,19	123,61%	101,35%
E $_{T-2,-6M}$:	27.08.1993				
KSVE $_{T-2,-6M}$:	1790,00	1854,74	1868,61	135,42%	110,22%
KSVDE $_{T-2,-6M}$:	1943,65	1944,40	1944,56	129,18%	105,91%
		+ + + + +	- - + + +		

barwertiger gerichtl. Ausgleich abgezinst: 2563,47 2111,09

HV-Termin:	15.06.1994	aufgezinste, bereinigte Kurse		Ausgleich / Kurs	
KSVH $_{T-2}$:	2705,00	2706,05	2706,28	94,73%	78,01%
Kurseinfluss:	0,00%				
H $_{T-2,-3M}$:	13.03.1994				
KSVH $_{T-2,-3M}$:	2350,00	2392,95	2402,16	107,13%	87,88%
KSVDH $_{T-2,-3M}$:	2609,62	2610,64	2610,86	98,19%	80,86%
H $_{T-2,-6M}$:	13.12.1993				
KSVH $_{T-2,-6M}$:	2055,00	2128,52	2144,28	120,43%	98,45%
KSVDH $_{T-2,-6M}$:	2328,97	2329,87	2330,07	110,03%	90,60%
		- + - + +	- - - - -		

WKN: 843303

Nordstern Allgemeine Vers.-AG		7%	8,50%	7%	8,50%
(Vorzugsaktien)					
barwertiger gerichtl. Ausgleich abgezinst:		1275,95	1046,25		
Ereignistag:	01.03.1994	aufgezinste, bereinigte Kurse		Ausgleich / Kurs	
KSVE $_{T-2}$:	905,00	905,70	905,85	140,88%	115,50%
Kurseinfluss:	2,21%				
E $_{T-2,-3M}$:	25.11.1993				
KSVE $_{T-2,-3M}$:	790,00	804,75	807,91	158,55%	129,50%
KSVDE $_{T-2,-3M}$:	854,91	855,57	855,72	149,13%	122,27%
E $_{T-2,-6M}$:	25.08.1993				
KSVE $_{T-2,-6M}$:	700,00	725,59	731,07	175,85%	143,11%
KSVDE $_{T-2,-6M}$:	798,50	799,12	799,25	159,67%	130,90%
		+ + + + +	+ + + + +		
barwertiger gerichtl. Ausgleich abgezinst:		1302,24	1072,44		
HV-Termin:	15.06.1994	aufgezinste, bereinigte Kurse		Ausgleich / Kurs	
KSVH $_{T-2}$:	1370,00	1370,53	1370,65	95,02%	78,24%
Kurseinfluss:	-0,73%				
H $_{T-2,-3M}$:	13.03.1994				
KSVH $_{T-2,-3M}$:	1120,00	1140,47	1144,86	114,18%	93,67%
KSVDH $_{T-2,-3M}$:	1283,54	1284,04	1284,15	101,42%	83,51%
H $_{T-2,-6M}$:	13.12.1993				
KSVH $_{T-2,-6M}$:	870,00	901,13	907,80	144,51%	118,14%
KSVDH $_{T-2,-6M}$:	1084,26	1084,68	1084,77	120,06%	98,86%
		- + + + +	- - - + -		

WKN: 844600

Thuringia Versicherung AG		7%	8,50%	7%	8,50%
barwertiger gerichtl. Ausgleich abgezinst:		353,30	290,28		
Ereignistag:	17.10.2001	aufgezinste, bereinigte Kurse		Ausgleich / Kurs	
KSVE $_{T-2}$:	310,00	310.12	310,15	113,92%	93,59%
Kurseinfluss:	3,23%				
E $_{T-2,-3M}$:	15.07.2001				
KSVE $_{T-2,-3M}$:	310,00	315,67	316,88	111,92%	91,61%
KSVDE $_{T-2,-3M}$:	300,07	300,18	300,21	117,69%	96,69%
E $_{T-2,-6M}$:	15.04.2001				
KSVE $_{T-2,-6M}$:	295,00	305,61	307,89	115,60%	94,28%
KSVDE $_{T-2,-6M}$:	300,66	300,78	300,80	117,46%	96,50%
		+ + + + +	- - - - -		
barwertiger gerichtl. Ausgleich abgezinst:		357,14	294,12		
HV-Termin:	12.12.2001	aufgezinste, bereinigte Kurse		Ausgleich / Kurs	
KSVH $_{T-2}$:	335,50	335,63	335,66	106,41%	87,62%
Kurseinfluss:	0,00%				
H $_{T-2,-3M}$:	10.09.2001				
KSVH $_{T-2,-3M}$:	298,00	303,39	304,54	117,72%	96,58%
KSVDH $_{T-2,-3M}$:	319,45	319,58	319,60	111,75%	92,03%
H $_{T-2,-6M}$:	10.06.2001				
KSVH $_{T-2,-6M}$:	290,00	300,43	302,67	118,88%	97,18%
KSVDH $_{T-2,-6M}$:	311,03	311,15	311,18	114,78%	94,52%
		+ + + + +	- - - - -		

383

Anhang 10:
Verteilung der Quotienten aus gerichtlichem Ausgleich und den Börsenkursen im Vorfeld des Ereignistages

i= 7 %, KSVE t-2

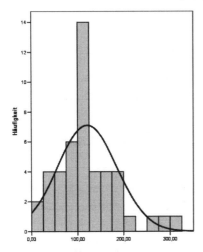
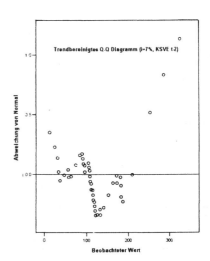

Vergleich von Ausgleich und Börsenkurs vor Ereignistag	
Deskriptive Statistiken	i= 7 %, KSVE t-2
Arithmetisches Mittel	120,71%
Standardabweichung	63,80%
Minimum	12,54%
Maximum	324,69%
Range	312,15%
Schiefe (Skewness)	0,985
Exzess (Kurtosis)	4,443
Jarque Bera	11,423

i= 7%, KSVE t-2, -3M

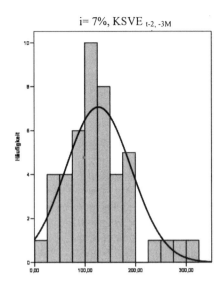

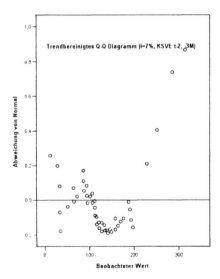

Vergleich von Ausgleich und Börsenkurs vor Ereignistag	
Deskriptive Statistiken	i= 7 %, KSVE t-2, 3M
Arithmetisches Mittel	127,00%
Standardabweichung	64,15%
Minimum	12,14%
Maximum	314,73%
Range	302,59%
Schiefe (Skewness)	0,727
Exzess (Kurtosis)	3,741
Jarque Bera	5,102

i= 7%, KSVDE t-2, -3M

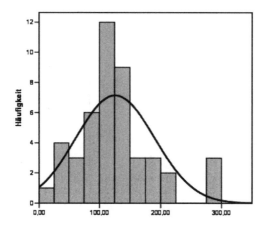

Trendbereinigtes Q-Q Diagramm (i=7%, KSVDE t-2, -3M)

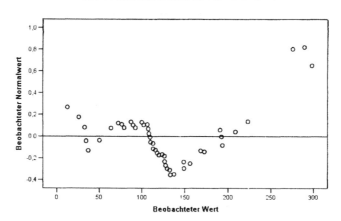

Deskriptive Statistiken	i= 7 %, KSVDE t-2, -3M
Arithmetisches Mittel	125,69%
Standardabweichung	63,59%
Minimum	12,44%
Maximum	297,99%
Range	285,55%
Schiefe (Skewness)	0,805
Exzess (Kurtosis)	3,772
Jarque Bera	6,110

i= 7%, KSVE $_{t-2, -6M}$

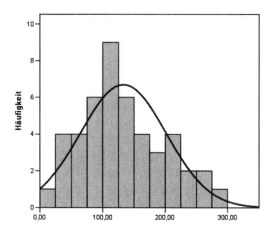

Trendbereinigtes Q-Q Diagramm (i=7%, KSVE t-2, -6M)

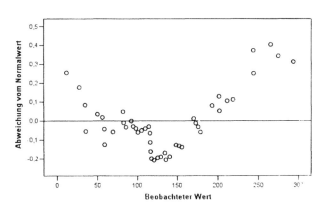

Vergleich von Ausgleich und Börsenkurs vor Ereignistag

Deskriptive Statistiken	i= 7 %, KSVE t-2, -6M
Arithmetisches Mittel	132,94%
Standardabweichung	67,86%
Minimum	11,28%
Maximum	293,43%
Range	282,15%
Schiefe (Skewness)	0,466
Exzess (Kurtosis)	2,623
Jarque Bera	1,934

387

i= 7%, KSVDE t-2, -6M

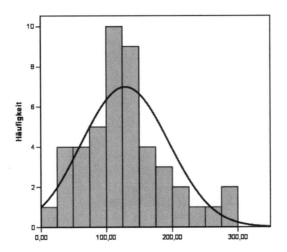

Trendbereinigtes Q-Q Diagramm (i=7%, KSVDE t-2, -6M)

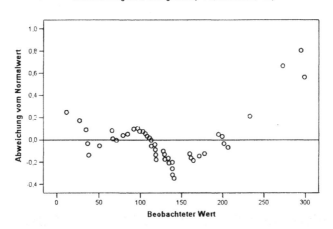

Deskriptive Statistiken	i= 7 %, KSVDE t-2, -6M
Arithmetisches Mittel	128,99%
Standardabweichung	64,90%
Minimum	12,11%
Maximum	299,00%
Range	286,89%
Schiefe (Skewness)	0,699
Exzess (Kurtosis)	3,501
Jarque Bera	4,230

i= 8,5%, KSVE t-2

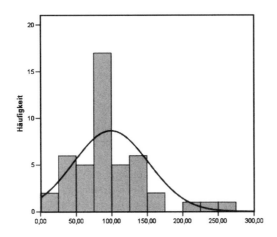

Trendbereinigtes Q-Q Diagramm (i=8,5%, KSVE t-2)

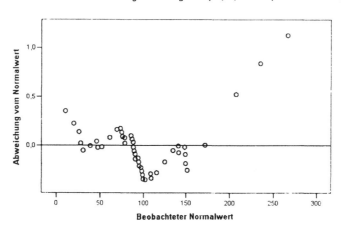

Vergleich von Ausgleich und Börsenkurs vor Ereignistag	
Deskriptive Statistiken	i= 8,5 %, KSVE t-2
Arithmetisches Mittel	99,09%
Standardabweichung	52,36%
Minimum	10,29%
Maximum	266,08%
Range	255,79%
Schiefe (Skewness)	0,983
Exzess (Kurtosis)	4,433
Jarque Bera	11,349

i= 8,5 %, KSVE $_{t-2, -3M}$

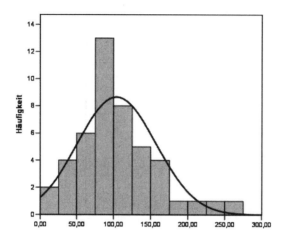

Trendbereinigtes Q-Q Diagramm (i=8,5%, KSVE t-2, -3M)

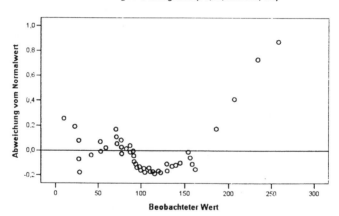

Deskriptive Statistiken	i= 8,5 %, KSVE t-2, -3M
Arithmetisches Mittel	103,86%
Standardabweichung	52,44%
Minimum	9,92%
Maximum	257,72%
Range	247,80%
Schiefe (Skewness)	0,725
Exzess (Kurtosis)	3,744
Jarque Bera	5,089

i= 8,5 %, KSVDE $_{t-2, -3M}$

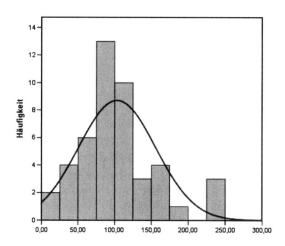

Trendbereinigtes Q-Q Diagramm (i=8,5%, KSVDE t-2, -3M)

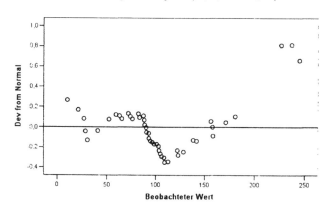

Deskriptive Statistiken	i= 8,5 %, KSVDE t-2, -3M
Arithmetisches Mittel	103,17%
Standardabweichung	52,17%
Minimum	10,20%
Maximum	244,94%
Range	234,74%
Schiefe (Skewness)	0,804
Exzess (Kurtosis)	3,777
Jarque Bera	6,112

$i = 8,5\%$, KSVE $_{t-2, -6M}$

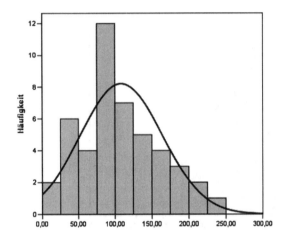

Trendbereinigtes Q-Q Diagramm (i=8,5%, KSVE t-2, -6M)

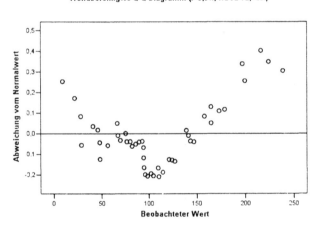

Deskriptive Statistiken	i= 8,5 %, KSVE t-2, -6M
Arithmetisches Mittel	108,33%
Standardabweichung	55,27%
Minimum	9,18%
Maximum	238,72%
Range	229,54%
Schiefe (Skewness)	0,462
Exzess (Kurtosis)	2,615
Jarque Bera	1,917

i= 8,5%, KSVDE $_{t-2, -6M}$

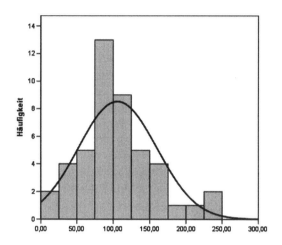

Trendbereinigtes Q-Q Diagramm (i=8,5%, KSVDE t-2, -6M)

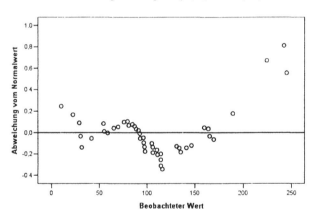

Deskriptive Statistiken	i= 8,5 %, KSVDE t-2, -6M
Arithmetisches Mittel	105,88%
Standardabweichung	53,25%
Minimum	9,93%
Maximum	245,02%
Range	235,09%
Schiefe (Skewness)	0,697
Exzess (Kurtosis)	3,500
Jarque Bera	4,201

Anhang 11:
Verteilung der Quotienten aus gerichtlichem Ausgleich und den vor dem Tag der beschlussfassenden Hauptversammlung beobachtbaren Börsenkursen

i= 7%, KSVH $_{t-2}$

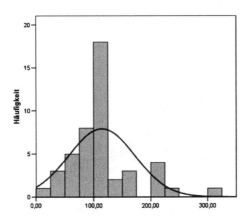

Trendbereinigtes Q-Q Diagramm (i= 7%, KSVH t-2)

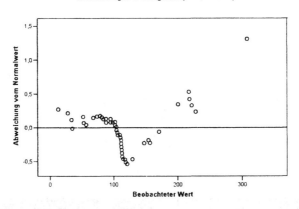

Vergleich von Ausgleich und Börsenkurs vor HV-Tag	
Deskriptive Statistiken	i= 7 %, KSVH t-2
Arithmetisches Mittel	114,36%
Standardabweichung	57,31%
Minimum	12,67%
Maximum	307,76%
Range	295,09%
Schiefe (Skewness)	1,082
Exzess (Kurtosis)	4,645
Jarque Bera	14,172

i= 7 %, KSVH t-2, -3M

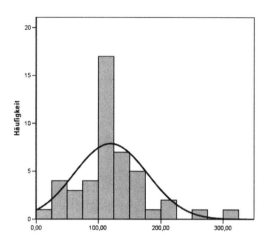

Trendbereinigtes Q-Q Diagramm (i= 7%, KSVH t-2, -3M)

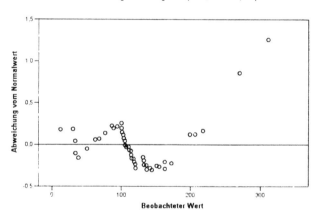

Vergleich von Ausgleich und Börsenkurs vor HV-Tag

Deskriptive Statistiken	i= 7 %, KSVH t-2, -3M
Arithmetisches Mittel	119,79%
Standardabweichung	57,50%
Minimum	12,35%
Maximum	310,74%
Range	298,39%
Schiefe (Skewness)	0,944
Exzess (Kurtosis)	4,856
Jarque Bera	13,432

i= 7 %, KSVDH $_{t-2, -3M}$

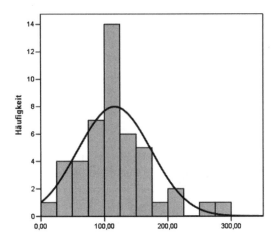

Trendbereinigtes Q-Q Diagramm (i= 7%, KSVDH t-2, -3M)

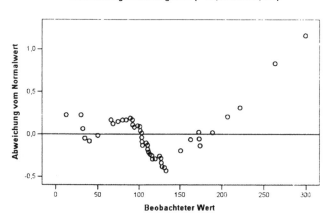

Beobachteter Wert

Vergleich von Ausgleich und Börsenkurs vor HV-Tag	
Deskriptive Statistiken	i= 7 %, KSVDH t-2, -3M
Arithmetisches Mittel	116,17%
Standardabweichung	56,75%
Minimum	12,75%
Maximum	299,05%
Range	286,30%
Schiefe (Skewness)	0,974
Exzess (Kurtosis)	4,545
Jarque Bera	11,856

i= 7 %, KSVH $_{t-2, -6M}$

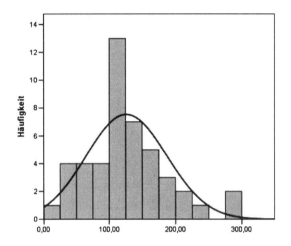

Trendbereinigtes Q-Q Diagramm (i= 7%, KSVH t-2, -6M)

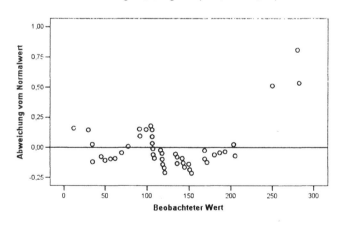

Vergleich von Ausgleich und Börsenkurs vor HV-Tag

Deskriptive Statistiken	i= 7 %, KSVH t-2, -6M
Arithmetisches Mittel	125,94%
Standardabweichung	60,25%
Minimum	12,14%
Maximum	282,08%
Range	269,94%
Schiefe (Skewness)	0,544
Exzess (Kurtosis)	3,380
Jarque Bera	2,543

i= 7 %, KSVDH t-2, -6M

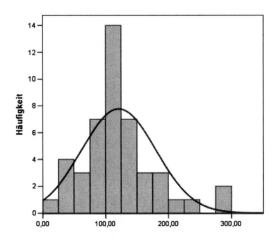

Trendbereinigtes Q-Q Diagramm (i= 7%, KSVDH t-2, -6M)

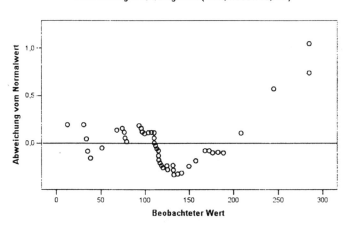

Beobachteter Wert

Vergleich von Ausgleich und Börsenkurs vor HV-Tag

Deskriptive Statistiken	i= 7 %, KSVDH t-2, -6M
Arithmetisches Mittel	120,96%
Standardabweichung	58,37%
Minimum	12,71%
Maximum	284,33%
Range	271,62%
Schiefe (Skewness)	0,822
Exzess (Kurtosis)	4,097
Jarque Bera	7,491

$$i = 8,5\ \%,\ KSVH_{t-2}$$

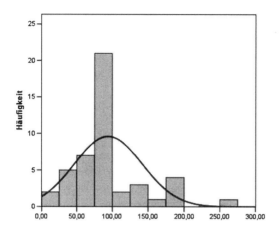

Trendbereinigtes Q-Q Diagramm (i= 8,5%, KSVH t-2)

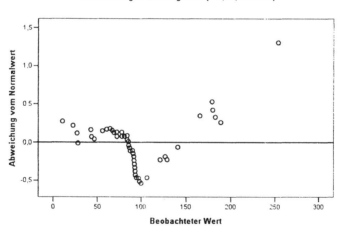

Vergleich von Ausgleich und Börsenkurs vor HV-Tag	
Deskriptive Statistiken	i= 7 %, KSVH t-2
Arithmetisches Mittel	94,20%
Standardabweichung	47,24%
Minimum	10,43%
Maximum	253,43%
Range	243,00%
Schiefe (Skewness)	1,084
Exzess (Kurtosis)	4,640
Jarque Bera	14,164

i= 8,5 %, KSVH t-2, -3M

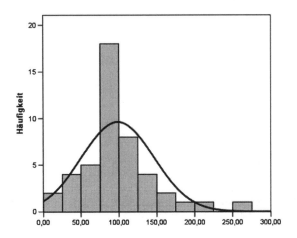

Trendbereinigtes Q-Q Diagramm (i= 8,5%, KSVH t-2, -3M)

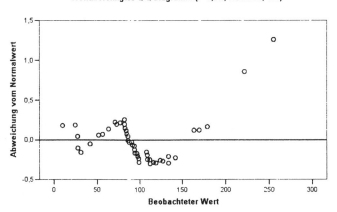

Vergleich von Ausgleich und Börsenkurs vor HV-Tag	
Deskriptive Statistiken	i= 8,5 %, KSVH t-2, -3M
Arithmetisches Mittel	98,29%
Standardabweichung	47,18%
Minimum	10,13%
Maximum	254,94%
Range	244,81%
Schiefe (Skewness)	0,943
Exzess (Kurtosis)	4,852
Jarque Bera	13,391

i= 8,5 %, KSVDH $_{t-2, -3M}$

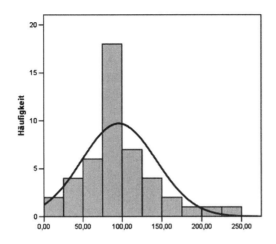

Trendbereinigtes Q-Q Diagramm (i= 8,5%, KSVDH t-2, -3M)

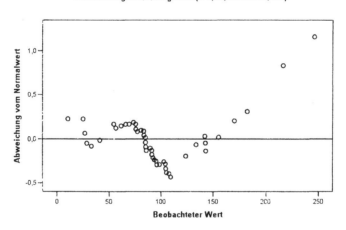

Vergleich von Ausgleich und Börsenkurs vor HV-Tag	
Deskriptive Statistiken	i= 8,5 %, KSVDH t-2, -3M
Arithmetisches Mittel	95,68%
Standardabweichung	46,75%
Minimum	10,50%
Maximum	246,25%
Range	235,75%
Schiefe (Skewness)	0,973
Exzess (Kurtosis)	4,538
Jarque Bera	11,791

401

i= 8,5 %, KSVH t-2, -6M

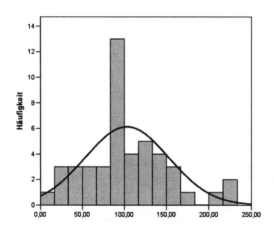

Trendbereinigtes Q-Q Diagramm (i= 8,5%, KSVH t-2, -6M)

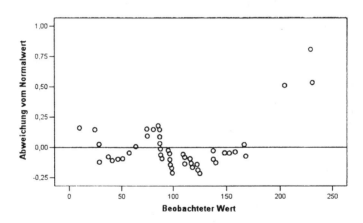

Vergleich von Ausgleich und Börsenkurs vor HV-Tag	
Deskriptive Statistiken	i= 8,5 %, KSVH t-2, -6M
Arithmetisches Mittel	102,98%
Standardabweichung	49,27%
Minimum	9,93%
Maximum	230,60%
Range	220,67%
Schiefe (Skewness)	0,543
Exzess (Kurtosis)	3,376
Jarque Bera	2,531

i= 8,5 %, KSVDH $_{t-2, -6M}$

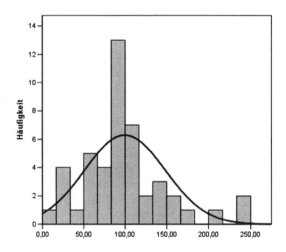

Trendbereinigtes Q-Q Diagramm (i= 8,5%, KSVDH t-2, -6M)

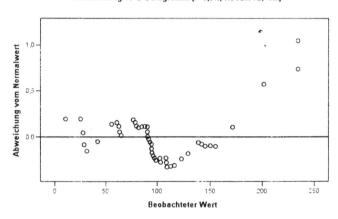

Vergleich von Ausgleich und Börsenkurs vor HV-Tag

Deskriptive Statistiken	i= 8,5 %, KSVDH t-2, -6M
Arithmetisches Mittel	99,63%
Standardabweichung	48,09%
Minimum	10,46%
Maximum	234,14%
Range	223,68%
Schiefe (Skewness)	0,821
Exzess (Kurtosis)	4,091
Jarque Bera	7,452

Literatur– und Entscheidungsverzeichnis

Aha, Chr. (1997): „Aktuelle Aspekte der Unternehmensbewertung im Spruchstellenverfahren – Zugleich Anmerkungen zu der Paulaner-Entscheidung des BayObLG"; in: Die Aktiengesellschaft, 1997, S. 26 – 36 (zitiert: Aha AG 1997).

Albrecht, P. (2001): „Die Kapitalanlage der Lebensversicherer unter Performance- und Risikoaspekten: Update und Versuch eines Ausblicks"; in: Versicherungswirtschaft, 2001, S.1542 – 1546 (zitiert: Albrecht VW 2001).

Albrecht, P. (2005): „Die Kapitalanlageperformance der Lebensversicherer 1985 – 2004 – Risiko-/Performanceprofile und risikobereinigte Performancekennzahlen"; in: Versicherungswirtschaft, 2005, S. 1370 – 1374 (zitiert: Albrecht VW 2005).

Altmeppen, H. (2000), Münchener Kommentar zum Aktiengesetz, Kropff, B. / Semler, J. (Hrsg.), Band 8, §§ 291 – 303, 308 – 310 AktG, 2. Auflage, München (zitiert: Altmeppen in Kropff / Semler Münchener Komm AktG 2000).

Asquith, P. (1983): „Merger Bids, Uncertainty, and Stockholder Returns"; in: Journal of Financial Economics, 11, 1983, S. 51 – 83 (zitiert: Asquith JoFE 1983).

Auer, L. von (2003): Ökonometrie, 2. Auflage, 2003 (zitiert: Auer Ökonometrie 2003).

Baldamus, E.-A. (2005): „Der Einfluss der Körperschaftsteuer auf den sog. festen Ausgleich nach § 304 Abs. 2 Satz 1 AktG – zugleich Anmerkung zu BGH v. 21.7.2003 – II ZB 17/01 – Ytong, AG 2003, 627"; in: Die Aktiengesellschaft, 2005, S. 77 – 86 (zitiert: Baldamus AG 2005).

Ballwieser, W. (2002): „Der Kalkulationszinsfuß in der Unternehmensbewertung: Komponenten und Ermittlungsprobleme"; in: Die Wirtschaftsprüfung, 2002, S. 736 – 743 (zitiert: Ballwieser Wp 2002).

Ballwieser, W. (2003): „Zum risikolosen Zins für die Unternehmensbewertung"; in: Richter, F. / Schüler, A. / Schwetzler, B. (Hrsg.), Kapitalgeberansprüche, Marktwertorientierung und Unternehmenswert, Festschrift für Jochen Drukarczyk zum 65. Geburtstag, München 2003, S. 19 – 35 (zitiert: Ballwieser in FS Drukarczyk 2003).

Ballwieser, W. (2004): Unternehmensbewertung – Prozeß, Methoden und Probleme, Stuttgart 2004 (zitiert: Ballwieser Unternehmensbewertung 2004).

Bassewitz, G. Graf von / Krüger, P. (2005): „Schwierige Abwehr von Squeeze-out-Spekulationen"; in: Börsen-Zeitung, 23. Februar 2005, S. 17 (zitiert: Bassewitz / Krüger BZ 2005).

Baums, T. (2001): Bericht der Regierungskommission Corporate Governance – Unternehmensführung, Unternehmenskontrolle, Modernisierung des Aktienrechts, Köln 2001 (zitiert: Baums, Bericht der Regierungskommission Corporate Governance 2001).

BayObLG (1973): „AktG § 306 Abs. 4 – Beschluss vom 16.5.1973 – 2 Z 15/73 und 17/73"; in: Die Aktiengesellschaft, 1973, S. 280 – 282 (zitiert: BayObLG AG 1973).

BayObLG (1974): „AktG §§ 131, 132, 293 Abs. 4 – Das Auskunftsrecht des Aktionärs nach §293 Abs. 4 AktG steht grundsätzlich auch dem Inhaber einer einzigen Aktie zu; dieser braucht sich nicht mit der Beurteilung des herrschenden Unternehmens durch den Vorstand zu begnügen – Beschluss vom 8.5.1974 – 2 Z 73/73"; in: Die Aktiengesellschaft, 1974, S. 224 – 226 (zitiert: BayObLG AG 1974).

BayObLG (1991): „Rechtsstellung des gemeinsamen Vertreters der außenstehenden Aktionäre – Beschluss vom 20.6.1991 – BReg. 3 Z 36/91"; in: Die Aktiengesellschaft, 1991, S. 356 – 358 (zitiert: BayObLG AG 1991).

BayObLG (1995): „Bemessung von Abfindung und Ausgleich: §§ 304, 305 AktG – Beschluss vom 31.5.1995 – 3 Z BR 67/89"; in: Die Aktiengesellschaft, 1995, S. 509 – 512 (zitiert: BayObLG AG 1995).

BayObLG (1996a): „Zur Berechnung der Barabfindung: § 305 AktG; § 22 FGG; „Paulaner" – Beschluss vom 19.10.1995 – 3 Z BR 17/90"; in: Die Aktiengesellschaft, 1996, S. 127 – 131 (zitiert: BayObLG AG 1996a).

BayObLG (1996b): „Zur Unternehmensbewertung im aktienrechtlichen Spruchstellenverfahren – Beschluss vom 11.12.1995 – 3 Z BR 36/91"; in: Die Aktiengesellschaft, 1996, S. 176 – 180 (zitiert: BayObLG AG 1996b).

BayObLG (1999): „Bedeutung des Börsenkurses für die Unternehmensbewertung: §§ 304, 305, 306 AktG; „EKU/März" – Beschluss vom 29.9.1998 – 3 Z BR 159/94"; in: Die Aktiengesellschaft, 1999, S. 43 – 46 (zitiert: BayObLG AG 1999).

BayObLG (2002a): „Berechnung von Abfindung und Ausgleich – § 304 AktG; § 305 AktG; "Rieter Ingolstadt Spinnereimaschinenbau AG I" – Beschluss vom 11.07.2001 – 3 Z BR 172/99"; in: Die Aktiengesellschaft, 2002, S. 388 – 390 (zitiert: BayObLG AG 2002a).

BayObLG (2002b): „Berechnung von Abfindung und Ausgleich – § 304 AktG; § 305 AktG; "Rieter Ingolstadt Spinnereimaschinenbau AG II" – Beschluss vom 11.07.2001 – 3 Z BR 153/00"; in: Die Aktiengesellschaft, 2002, S. 390 – 392 (zitiert: BayObLG AG 2002b).

BayObLG (2002c): „Bemessung von Abfindung und Ausgleich; AktG §§ 304-306; "Ytong" – Beschluss vom 11.9.2001 – 3Z BR 101/99", in: Die Aktiengesellschaft, 2002, S. 392 – 394 (zitiert: BayObLG AG 2002c).

BayObLG (2003): „Verschmelzungswertrelation im Umwandlungsrecht; § 15 UmwG; § 308 UmwG; § 312 UmwG; § 304 AktG; § 305 AktG; § 306 AktG; – Beschluss vom 18.12.2002 – 3Z BR 116/00"; in: Die Aktiengesellschaft, 2003, S. 569 – 573 (zitiert: BayObLG AG 2003).

BayObLG (2004): „Kostentragung im Spruchverfahren; § 306 a.F. AktG; § 13a FGG – Beschluss vom 22.10.2003 – 3Z BR 211/03"; in: Die Aktiengesellschaft, 2004, S. 99 – 100 (zitiert: BayObLG AG 2004).

Behnke, T. (1999): „Anmerkung zu BVerfG, Beschluss vom 27.4.99"; in: Neue Zeitschrift für Gesellschaftsrecht, 1999, S. 931 – 934 (zitiert: Behnke NZG 1999).

Beiker, H. (1993): „Überrenditen und Risiken kleiner Aktiengesellschaften – eine theoretische und empirische Analyse des deutschen Kapitalmarktes von 1966 – 1989"; Reihe: Finanzierung, Steuern, Wirtschaftsprüfung, Band 20, Köln; zugl.: Universität Münster, Diss., 1993 (zitiert: Beiker Dissertation 1993).

Berger, A. / Ruppert, D. (1976): „Wird durch das Körperschaftsteuerreformgesetz eine Anpassung der Ausgleichszahlungen nach § 304 AktG notwendig?"; in: Betriebs-Berater, 1976, 31. Jahrgang, S. 1265 – 1266 (zitiert: Berger / Ruppert BB 1976)

Beyer, S. / Gaar, A. (2005): „Neufassung des IDW S 1 – Grundsätze zur Durchführung von Unternehmensbewertungen"; in: Finanz-Betrieb 4/2005, S. 240 – 251 (zitiert: Beyer / Gaar FB 2005).

Beyerle, K. (1977): „Erfahrungen mit dem Spruchstellenverfahren nach § 306 AktG – Übersicht über ausgewählte abgeschlossene und laufende Verfahren"; in: Zeitschrift für Gesellschaftsrecht, 1977, S. 650 – 661 (zitiert: Beyerle ZGR 1977).

Beyerle, K. (1978): „Notwendige Änderungen im Verfahren der Freiwilligen Gerichtsbarkeit nach § 306 AktG"; in: Der Betriebs-Berater, Nr. 16 vom 10.6.1978, S. 784 – 791 (zitiert: Beyerle BB 1978).

Beyerle, K. (1980): „Zur Regelabfindung im Konzernrecht gemäß § 305 Abs. 2 Nr. 1 AktG"; in: Die Aktiengesellschaft, 1980, S. 317 – 326 (zitiert: Beyerle AG 1980).

BGH (1967), Urteil vom 30.3.1967 – II ZR 141/64, in: Die Aktiengesellschaft, 1967, S. 264 (zitiert: BGH AG 1967).

BGH (1978), Urteil vom 13.03.1978 – II ZR 142/76; in: Wertpapier-Mitteilungen, Zeitschrift für Wirtschafts- und Bankrecht, 1978, S. 401 – 406 (zitiert: BGH WM 1978).

BGH (1984): „Zur Frage der Unwirksamkeit einer gesellschaftsvertraglichen Buchwertklausel über die Abfindung eines kündigenden Gesellschafters – II ZR 256/83, Frankfurt – Urteil vom 24. September 1984"; in: Wertpapier-Mitteilungen, Zeitschrift für Wirtschafts- und Bankrecht, 1984, S. 1506 – 1507 (zitiert: BGH WM 1984).

BGH (1993): „Beherrschungsvertrag und Sonderkündigungsrecht der Aktiengesellschaft – Urteil vom 5.4.1993 – II ZR 238/91 (München)"; in: Neue Juristische Wochenschrift, 1993, S. 1976 – 1983 (zitiert: BGH NJW 1993).

BGH (1995): „Auskunftsrecht der Aktionäre bei Beschlussfassung über einen Beherrschungsvertrag: §§ 131, 293 AktG; § 253 HGB; „SSI II" – Urteil vom 19.6.1995 – II ZR 58/94"; in: Die Aktiengesellschaft, 1995, S. 462 – 464 (zitiert: BGH AG 1995).

BGH (1997): „AktG §§ 305, 306 – Abfindungsanspruch der außenstehenden Aktionäre auch bei Beendigung des Unternehmensvertrages während des Spruchstellenverfahrens („Guano AG") – Beschluss vom 20.5.1997 – II ZB 9/96"; in: Zeitschrift für Wirtschaftsrecht 1997, S. 1193 – 1195 (zitiert: *BGH* ZIP 1997).

BGH (1998a): „Beitritt zu einem Unternehmensvertrag; § 293 AktG; § 295 AktG; § 304 AktG; §305 AktG; "Asea Brown Boveri AG" – Beschluss vom 4.3.1998 – II ZB 5/97"; in: Die Aktiengesellschaft, 1998, S. 286 – 288 (zitiert: BGH AG 1998a).

BGH (1998b): „GmbHG § 11 – Vermögensansatz in der Vorbelastungsbilanz einer Vor-GmbH nach Ertragswert bei Geschäftätigkeit eines Unternehmens – Urteil vom 9.11.1998 – II ZR 190/97 (KG)"; in: Zeitschrift für Wirtschaftsrecht, 1998, S. 2151 – 2152 (zitiert: BGH ZIP 1998b).

BGH (1999): „Beendigung des Unternehmensvertrages während des Spruchstellenverfahrens; §291 AktG; § 293 AktG; § 304-306 AktG; § 14 GG; "Tarkett/Pegulan" – Beschluss vom 27.01.1999 – 1 BvR 1638/94"; in: Die Aktiengesellschaft, 1999, S. 217 – 218 (zitiert: BGH AG 1999).

BGH (2000): „Fälligkeit des Ausgleichsanspruchs; § 302 AktG – Urteil vom 11.10.1999 – II ZR 120/98"; in: Die Aktiengesellschaft, 2000, S. 129 – 130 (zitiert: BGH AG 2000).

BGH (2001a): „Anfechtungsausschluß bei Verletzung des Auskunftsrechts im Umwandlungsrecht; § 207 UmwG; § 210 UmwG; § 212 UmwG; § 305 UmwG; § 131 AktG; §305 AktG; – Urteil vom 18.12.2000 – II ZR 1/99"; in: Die Aktiengesellschaft, 2001, S. 301 – 303 (zitiert: BGH AG 2001a).

BGH (2001b): „Klageausschluß bei Informationsmängeln in der Umwandlung: UmwG §§ 207, 210, 212, 305; AktG §§ 305, 306, 131 – Urteil vom 29.1.2001 – II ZR 368/98"; in: Die Aktiengesellschaft, 2001, S. 263 – 266 (zitiert: BGH AG 2001b).

BGH (2001c): „Festsetzung von Ausgleich und Abfindung unter Berücksichtigung des Börsenkurses; § 14 GG; § 304 AktG; § 305 AktG; "DAT/Altana IV" – Beschluss vom 12.3.2001 – II ZB 15/00"; in: Die Aktiengesellschaft, 2001, S. 417 – 421 (zitiert: BGH AG 2001c).

BGH (2003a): „Anrechnung des Ausgleichs nur auf Abfindungszinsen; § 304 AktG; §305 AktG – Urteil vom 16.9.2002 – II ZR 284/01"; in: Die Aktiengesellschaft, 2003, S. 40 – 42 (zitiert: BGH AG 2003a).

BGH (2003b): „Berechnung des Ausgleichs auf die Abfindung; § 304 AktG; § 305 AktG; § 27 KStG 1977/1993 – Urteil vom 2.6.2003 – II ZR 85/02"; in: Die Aktiengesellschaft, 2003, S. 629 – 631 (zitiert: BGH AG 2003b).

BGH (2003c): „Berechnung von Abfindung und Ausgleich; § 304; § 305 AktG; „Ytong AG" – Beschluss vom 21.7.2003 – II ZB 17/01"; in: Die Aktiengesellschaft, 2003, S. 627 – 629 (zitiert: BGH AG 2003c).

BGH (2005): „Verlustausgleich, Darlegungslast, AktG § 302 – Urteil vom 14.2.2005 – II ZR 361/02"; in: Die Aktiengesellschaft, 2005, S. 397 – 398 (zitiert: BGH AG 2005).

BHF-Bank AG (2001): Gemeinsamer Bericht des Vorstands der BHF-Bank AG, Frankfurt am Main und Berlin, und der Geschäftsführung der BHF Holding GmbH, Frankfurt am Main, über den Gewinnabführungsvertrag zwischen der BHF-Bank AG, Frankfurt am Main und Berlin, und der BHF Holding GmbH, Frankfurt am Main, vom 28.9.2001 (zitiert: BHF-Bank AG Unternehmensvertragsbericht 2001).

Bilda, K. (2000), Münchener Kommentar zum Aktiengesetz, Kropff, B. / Semler, J. (Hrsg.), Band 8, §§ 278 – 328, 2. Auflage, München, S. 579 – 687 (zitiert: Bilda in Kropff / Semler Münchener Komm AktG 2000).

Bittner, C. (2001): „Struktur und Qualität des deutschen Aktienmarktes – eine empirische Untersuchung des kontinuierlichen Handels in Xetra und an der Frankfurter Wertpapierbörse"; Universität Karlsruhe, Diss., 2001 (zitiert: Bittner Dissertation 2001).

Black, F. (1986): „Noise"; in: The Journal of Finance, vol. 41, 1986, S. 529 – 543 (zitiert: Black JoF 1986)

Böcking, H.-J. (2003): „Zur Bedeutung des Börsenkurses für die angemessene Barabfindung"; in: Richter, F. / Schüler, A. / Schwetzler, B. (Hrsg.), Kapitalgeberansprüche, Marktwertorientierung und Unternehmenswert, Festschrift für Jochen Drukarczyk zum 65. Geburtstag, München 2003, S. 59 – 91 (zitiert: Böcking in FS Drukarczyk 2003).

Böcking, H.-J. / Nowak, K. (2000): „Die Bedeutung des Börsenkurses bei Unternehmensbewertungen"; in: Finanz-Betrieb 1/2000, S. 17 – 24 (zitiert: Böcking / Nowak FB 2000).

Böhmer, E. / Löffler, Y. (1999): „Kursrelevante Ereignisse bei Unternehmensübernahmen: Eine empirische Analyse des deutschen Kapitalmarktes"; in: Zeitschrift für betriebswirtschaftliche Forschung, S. 299 – 324 (zitiert: Böhmer / Löffler ZfbF 1999).

Böhmer, E. (1998): „Who controls Germany? An exploratory analysis"; Arbeitspapier Nr. 71, Humboldt Universität Berlin, 15. Oktober 1998, http://www.jura.uni-frankfurt.de/ifawz1/baums/Bilder_und_Daten/Arbeitspapiere/paper71.pdf, Zugriff am 06.05.05 (zitiert: Böhmer, Who controls Germany ? An explanatory analysis, Arbeitspapier Nr. 71, Humboldt Universität Berlin, 1998).

Brauksiepe, J. (1971): „Ausgleichsansprüche außenstehender Aktionäre von Verlustgesellschaften; in: Der Betriebs-Berater, Heft 3 vom 30. Januar 1971, S. 109 – 110 (zitiert: Brauksiepe BB 1971).

Bromann, O. / Schiereck, D. / Weber, M. (1997): „Reichtum durch (anti-) zyklische Handelsstrategien am deutschen Aktienmarkt ?"; in: Zeitschrift für betriebswirtschaftliche Forschung, 7/8/1997, S. 605 – 616 (zitiert: Bromann et al. ZfbF 1997).

Brunner, A. (1996): „Meßkonzepte zur Liquidität von Wertpapiermärkten"; Beiträge zur Theorie der Finanzmärkte, Nr. 13, Oktober 1996, Frankfurt am Main (zitiert: Brunner BTF 1996).

BT-Drucksache 11/2677: Siebentes Hauptgutachten der Monopolkommission 1986/1987, 19.7.1988; 11. Wahlperiode 1987, Drucksachen 367 (2671-2740) (zitiert: Siebentes Hauptgutachten Monopolkommission BT-Drucks. 11/2677).

BT-Drucksache 15/371: Entwurf eines Gesetzes zur Neuordnung des gesellschaftsrechtlichen Spruchverfahrens (Spruchverfahrensneuordnungsgesetz), 15. Wahlperiode 2003, Drucksachen 717 (281 – 410) (zitiert: RegBegr. BT-Drucks. 15/371).

Bundesanstalt für Finanzdienstleistungsaufsicht (2004): „Jahresbericht der Bundesanstalt für Finanzdienstleistungsaufsicht 2003, Teil A"; http://www.bafin.de/cgi-bin/bafin.pl?sprache=0&verz=06_Presse_amp_Publikationen*03_P$u$blikationen*0 1_Jahresberichte*95_Ja$h$resbericht_2003&nofr=1&site=0&filter=&ntick=0, Zugriff am 16.12.2004 (zitiert: BaFin Jahresbericht 2003).

Bundesaufsichtsamt für den Wertpapierhandel (1998): „Insiderhandelsverbote und Ad hoc-Publizität nach dem Werpapierhandelsgesetz"; 2. Auflage, http://www.bafin.de/ cgi-bin/bafin.pl?sprache=0&verz=06_Presse_amp_Publikationen*03_P$u$blikati onen*03_Broschxfcren&nofr=1&site=0&filter=&ntick=0, Zugriff am 16.12.2004 (zitiert: BAWe Insiderhandelsverbote und Ad hoc-Publizität 1998).

Bungert, H. (1995a): „Unternehmensvertragsbericht und Unternehmensvertragsprüfung gemäß §§ 293a ff. AktG (Teil I)"; in: Der Betrieb, Heft 27/28 vom 14.7.1995, S. 1384 – 1392 (zitiert: Bungert DB 1995a).

Bungert, H. (1995b): „Unternehmensvertragsbericht und Unternehmensvertragsprüfung gemäß §§ 293a ff. AktG (Teil II)"; in: Der Betrieb, Heft 29 vom 21.7.1995, S. 1449 – 1456 (zitiert: Bungert DB 1995b).

Bungert, H. (2001): „DAT/Altana: Der *BGH* gibt der Praxis Rätsel auf"; in: Betriebs-Berater, 56. Jg., Heft 23 vom 7.6.2001, S. 1163 – 1166 (zitiert: Bungert BB 2001).

Bungert, H. / Eckert, J. (2000): „Unternehmensbewertung nach Börsenwert: Zivilgerichtliche Umsetzung der BVerfG-Rechtsprechung"; in: Betriebs-Berater, 55. Jg., Heft 37 vom 14.9.2000, S. 1845 – 1849 (zitiert: Bungert / Eckert BB 2000).

Bungert, H. / Mennicke, P. (2003): „BB-Gesetzgebungsreport: Das Spruchverfahrensneuordnungsgesetz", in: Betriebs-Berater, 58. Jg., Heft 39 vom 24.9.2003, S. 2021 – 2031 (zitiert: Bungert / Mennicke BB 2003).

Busch, T. (1993): „Der Zinsanspruch des Aktionärs bei unangemessenen Bar-Kompensationsansprüchen gem. §§ 304 Abs. 3 S. 3, 305 Abs. 5, S. 2 AktG"; in: Die Aktiengesellschaft, 1993, S. 1 – 12 (zitiert: Busch AG 1993).

Busse von Colbe, W. (2000): „Der Vernunft eine Gasse: Abfindung von Minderheitsaktionären nicht unter dem Börsenkurs ihrer Aktien"; in: Schneider, U. H. / Hommelhoff, P. / Schmidt, K. / Timm, W. / Grunewald, B. / Drygala, T. (Hrsg.), Deutsches und europäisches Gesellschafts-, Konzern-, und Kapitalmarktrecht, Festschrift für Marcus Lutter zum 70. Geburtstag, Köln 2000, S. 1053 – 1067 (zitiert: Busse von Colbe in FS Lutter 2000).

Büchel, H. (2003): „Neuordnung des Spruchverfahrens"; in: Neue Zeitschrift für Gesellschaftsrecht, 2003, S. 793 – 840 (zitiert: Büchel NZG 2003).

Bühner, R. (1990): „Reaktionen des Aktienmarkts auf Unternehmenszusammenschlüsse – Eine empirische Untersuchung"; in: Zeitschrift für betriebswirtschaftliche Forschung, 4/1990, S. 295 – 316 (zitiert: Bühner ZfbF 1990).

BVerfG (1999): „GG Art. 14; AktG §§ 291, 293, 304, 305, 308, 320b – Börsenkurs grundsätzliche Untergrenze für die Abfindung ausscheidender Aktionäre („DAT/Altana") – Beschluss vom 27.4.1999 – 1 BvR 1613/94"; in: Zeitschrift für Wirtschaftsrecht, 1999, S. 1436 – 1444 (zitiert: BVerfG ZIP 1999).

BVerfG (2000): „Berechnung des „Gewinnanteils" bei sog. variablen Ausgleich für außenstehende Aktionäre („Hartmann & Braun") – Beschluss vom 8.9.1999 – 1 BvR 301/89"; in: Die Aktiengesellschaft, 2000, S. 40 – 42 (zitiert: BVerfG AG 2000).

Cahn, A. (2000): „Zur Anwendbarkeit der §§ 311 ff. AktG im mehrstufigen Vertragskonzern"; in: Betriebs-Berater, 55. Jg., Heft 30 vom 27.7.2000, S. 1477 – 1483 (zitiert: Cahn BB 2000).

Conrad, J. / Kaul, G. (1988): „Time-Variation in Expected Returns"; in: Journal of Business, 1988, vol. 61, no. 4, S. 409 – 425 (zitiert: Conrad / Kaul JoB 1988).

Copeland, T. E. / Galai, D. (1983): „Information Effects on the Bid-Ask-Spread"; in: The Journal of Finance, vol. 38, 1983, Nr. 5, S. 1457 – 1469 (zitiert: Copeland / Galai JoF 1983).

DeBondt, W. F. M. / Thaler, R. H. (1985): „Does the stock market overreact ? "; in: The journal of Finance, vol. 40, 1985, S. 793 – 805 (zitiert: DeBondt / Thaler JoF 1985).

DeBondt, W. F. M. / Thaler, R. H. (1987): „Further Evidence On Investor Overreaction and Stock Market Seasonality"; in: The journal of finance, vol. 42, 1987, S. 557 – 581 (zitiert: DeBondt / Thaler JoF 1987).

Demsetz, H. (1968): „The Cost of Transacting"; in: Quarterly Journal of Economics, Nr. 82, 1968, S. 33 – 53 (zitiert: Demsetz QJE 1968).

Deutsche Börse AG (2002): „Neusegmentierung des Aktienmarkts und Designated Sponsors";http://www1.deutsche-boerse.com/INTERNET/EXCHANGE/zpd.nsf/KI R+Web+Publikationen/HAMN-5G5G8G/$FILE/ss_DesignatedSponsors_D.pdf?Op enElement, Zugriff am 05.11.2004 (zitiert: Deutsche Börse AG, Designated Sponsors 2002).

Deutsche Börse AG (2003a): „Designated Sponsor Guide – Version 5.0"; http://deut sche-boerse.com/dbag/dispatch/de/binary/gdb_content_pool/imported_files/public_ files/10_downloads/31_trading_member/30_Market_Making/20_Stocks/10_Designa ted_Sponsors/DS_Formulare/Designated_Sponsor_Guide_d_Nov2003.pdf, Zugriff am 05.11.2004 (zitiert: Deutsche Börse AG, Designated Sponsor Guide 2003a).

Deutsche Börse AG (2003b): „Designated Sponsors im Aktienmarkt"; http://deutsche-boerse.com/dbag/dispatch/de/binary/gdb_content_pool/imported_files/public_files/ 10_downloads/33_going_being_public/10_products/020_designated_sponsors/spe cial_designated_sponsors_15_8_03.pdf, Zugriff am 05.11.2004 (zitiert: Deutsche Börse AG, Designated Sponsors im Aktienmarkt 2003b).

Deutsche Börse AG (2004a): „Xetra Release 7.1 – Marktmodell Aktien"; http://deut sche-boerse.com/dbag/dispatch/de/binary/gdb_content_pool/imported_files/public_ files/10_downloads/31_trading_member/10_Products_and_Functionalities/20_Stocks /50_Xetra_Market_Model/Marktmodell_Aktien_R7.pdf, Zugriff am 05.11.2004 (zit-iert: Deutsche Börse AG, Xetra Release 7.1 2004a).

Deutsche Börse AG (2004b): „Leitfaden zu den REX-Indizes", Version 3.9, November 2004; http://deutsche-boerse.com/dbag/dispatch/de/kir/gdb_navigation/information_ services/30_Indices_Index_Licensing/60_Guidelines_Short_Information?category ID=4, Zugriff am 14.11.2005 (zitiert: Deutsche Börse AG, Leitfaden REX-Indizes 2004b).

Deutscher Anwaltverein (2002): „DAV: Stellungnahme des Deutschen Anwaltvereins zum Referentenentwurf eines Spruchverfahrensneuordnungsgesetzes"; in: Neue Zeitschrift für Gesellschaftsrecht, 2002, S. 119 – 124 (zitiert: Deutscher Anwaltver-ein NZG 2002).

Diekgräf, R. (1990): „Sonderzahlungen an opponierende Kleinaktionäre im Rahmen von Anfechtungs- und Spruchstellenverfahren unter besonderer Berücksichtigung der Frage einer Zahlungsbefugnis der betroffenen AG"; Hamburger Beiträge zum Handels, Schiffahrts- und Wirtschaftsrecht, Band 18, zugl.: Universität Hamburg, Diss., 1990 (zitiert: Diekgräf Dissertation 1990).

Dielmann, H. J. / König, A. (1984): „Der Anspruch ausscheidender Minderheitsaktionä-re auf angemessene Abfindung"; in: Die Aktiengesellschaft, 1984, S. 57 – 66 (zi-tiert: Dielmann / König AG 1984).

Dörfler, W. / Gahler, W. / Unterstraßer, S. / Wirichs, R. (1994): „Probleme bei der Wertermittlung von Abfindungsangeboten – Ergebnisse einer empirischen Untersu-chung"; in: Betriebs-Berater, 1994, Heft 3, S. 156 – 162 (zitiert: Dörfler et al. BB 1994).

Drukarczyk, J. (1973): „Zum Problem der angemessenen Barabfindung bei zwangswei-se ausscheidenden Anteilseignern"; in: Die Aktiengesellschaft, 1973, S. 357 – 365 (zitiert: Drukarczyk AG 1973).

Drukarczyk, J. (1993): Theorie und Politik der Finanzierung, 2. Auflage, München 1993 (zitiert: Drukarczyk, Theorie und Politik der Finanzierung, 1993).

Drukarczyk, J. (2003): Unternehmensbewertung, 4. Auflage, München 2003 (zitiert: Drukarczyk, Unternehmensbewertung, 2003).

Emmerich, V. / Sonnenschein, J. / Habersack, M. (2001): Konzernrecht, 7. Auflage, München 2001 (zitiert: Emmerich et al., Konzernrecht, 2001).

Emmerich, V. / Habersack, M. (2005): Konzernrecht, 8. Auflage, München 2005 (zitiert: Emmerich / Habersack, Konzernrecht, 2005).

Erning, M. (1993): „Die Rücklagenbildung im Aktienkonzern – Zur Kompetenzverteilung zwischen Verwaltung und Hauptversammlung einer Konzernobergesellschaft"; Universität Münster, Diss., 1993 (zitiert: Erning Dissertation 1993).

Fahrmeir, L. / Künstler, R. / Pigeot, I. / Tutz, G. (2003): Statistik, 4. Auflage, 2003 (zitiert: Fahrmeir et al., Statistik, 2003).

Fama, E. F. (1970): „Efficient Capital Markets: A Review of Theory and Empirical Work"; in: The Journal of Finance, vol. 25, S. 383 – 417 (zitiert: Fama JoF 1970).

Fama, E. F. (1991): „Efficient Capital Markets: II"; in: The Journal of Finance, vol. 46, 1991, S. 1575 – 1617 (zitiert: Fama JoF 1991).

Fama, E. F. (1998): „Market efficiency, long-term returns, and behavioural finance"; in: Journal of Financial Economics, vol. 49, 1998, S. 283 – 306 (zitiert: Fama JoF 1998).

Fama, E. F. / Fisher, L. / Jensen, M. C. / Roll, R. (1969): „The adjustment of stock prices to new information"; in: International Economic Review, vol. 10, No. 1, 1969, S. 1 – 21 (zitiert: Fama et al. IER 1969).

Fama, E. F. / French, K. R. (1986): „Common factors in the serial correlation of stock returns"; working paper, graduate school of business, university of chicago, paper 30, October 1986, abrufbar im Internet unter: http://repositories.cdlib.org/cgi/view content.cgi?article=1203&context=anderson/fin, Zugriff am 03.04.2004 (zitiert: Fama / French working paper 1986).

Fama, E. F. / French, K. R. (1988): „Permanent and temporary components of stock prices"; in: The journal of political economy, vol. 96, 1988, S. 246 – 273 (zitiert: Fama / French JPE 1988).

Forst, H. (1994): „Zur Bemessung der Sicherung außenstehender Aktionäre gemäß §§304, 305 AktG unter besonderer Berücksichtigung von Reinvestitionsrate und angemessener Abschreibung"; in: Die Aktiengesellschaft, 1994, S. 321 – 324 (zitiert: Forst AG 1994).

Frantzmann, H. – J. (1987): „Der Montagseffekt am deutschen Aktienmarkt"; in: Zeitschrift für Betriebswirtschaft, 1987, S. 611 – 635 (zitiert: Frantzmann ZfB 1987).

Garbade, K. D. / Silber, W. L. (1979): „Structural Organization of Secondary Markets: Clearing Frequency, Dealer Activity and Liquidity Risk"; in: Journal of Finance, Nr. 34, 1979, S. 577 – 593 (zitiert: Garbade / Silber JoF 1979).

Gebhardt, G. / Daske, H. (2005): „Kapitalmarktorientierte Bestimmung von risikofreien Zinssätzen für die Unternehmensbewertung"; in: Die Wirtschaftsprüfung, Heft 12/2005, S. 649 – 655 (zitiert: Gebhardt / Daske WP 2005).

Gebhardt, G. / Entrup, U. / Heiden, S. (1994): „Kapitalmarktreaktionen auf Kapitaler-höhungen aus Gesellschaftsmitteln"; in: Zeitschrift für Bankrecht und Bankwirt-schaft, 1994, S. 308 – 332 (zitiert: Gebhardt et al. ZBB 1994).

Gerke, W. / Garz, H. / Oerke, M. (1995): „Die Bewertung von Unternehmensübernah-men auf dem deutschen Aktienmarkt"; in: Zeitschrift für betriebswirtschaftliche Forschung, 9/1995, S. 805 – 820 (zitiert: Gerke et al. ZfbF 1995).

Geßler, E. / Hefermehl, W. / Eckardt, U. / Kropff, B. (1976), „Aktiengesetz", Band VI, München, 1976 (zitiert: Geßler et al. Aktiengesetz 1976).

Gomber, P. / Schweickert, U. (2002): „Der Market Impact: Liquiditätsmaß im elektroni-schen Wertpapierhandel", Deutsche Börse AG, Xetra Research, http://deutsche-boerse.com/dbag/dispatch/de/binary/gdb_content_pool/imported_files/public_files/ 10_downloads/31_trading_member/10_Products_and_Functionalities/40_Xetra_Fun ds/30_Xetra_Liquidity_Measure/liq_wph.pdf, Zugriff am 26.10.2004 (zitiert: Gom-ber / Schweickert, Der Market Impact: Liquiditätsmaß im elektronischen Wertpa-pierhandel, Deutsche Börse AG, Xetra Research, 2002).

Götz, H. N. (1996): „Entschädigung von Aktionären abseits der Kapitalmarktbewer-tung?"; in: Der Betrieb, Nr. 5 vom 2.2.1996, S. 259 – 265 (zitiert: Götz DB 1996).

Grossman, S. J. / Stiglitz, J. E. (1980): „On the Impossibility of Informationally Effi-cient Markets"; in: The American Economic Review, Vol. 70, Nr. 3, 1980, S. 393 – 408 (zitiert: Grossman / Stiglitz AER 1980).

Grossman, S. J. / Stiglitz, J. E. (1982): „On the Impossibility of Informationally Effi-cient Markets: Reply"; in: The American Economic Review, Vol. 72, Nr. 4, 1982, S. 875 (zitiert: Grossman / Stiglitz AER 1982).

Großfeld, B. (2000): „Börsenkurs und Unternehmenswert", in: Betriebs-Berater, 55. Jg., Heft 6 vom 10.2.2000, S. 261 – 266 (zitiert: Großfeld BB 2000).

Großfeld, B. (2002), Unternehmens- und Anteilsbewertung im Gesellschaftsrecht, 4. Aufl., Köln 2002 (zitiert: Großfeld, Unternehmens- und Anteilsbewertung im Ge-sellschaftsrecht, 2002).

Grunewald, B. (2002): „Die neue Squeeze-out Regelung"; in: Zeitschrift für Wirt-schaftsrecht, 2002, S. 18 – 22 (zitiert: Grunewald ZIP 2002).

Gude, Chr. (2004): „Strukturänderung und Unternehmensbewertung zum Börsenkurs"; Rechtsfragen der Handelsgesellschaften, Band 118; zugl.: Universität Hamburg, Diss., 2002, 2003 (zitiert: Gude Dissertation 2004).

Hans. OLG Hamburg (1980): „Zur Festsetzung von Abfindung und Ausgleich bei ei-nem Unternehmen mit dauerhaft negativen Ertragsaussichten: §§ 304 und 305 AktG; Fall der Hamburger Verkehrsbetriebe – Beschluss vom 18.8.1979 – 11 W 2/79"; in: Die Aktiengesellschaft, 1980, S. 163 – 165 (zitiert: Hans. OLG Hamburg AG 1980).

Hans. OLG Hamburg (2001): „Berechnung von Abfindung und Ausgleich: AktG §§304, 305, 306; „Bauverein zu Hamburg AG/Wünsche AG" – Beschluss vom 3.8.2000 – 11 W 36/95"; in: Die Aktiengesellschaft, 2001, S. 479 – 482 (zitiert: Hans. OLG Hamburg AG 2001).

Harris, L. (1990): „Statistical Properties of the Roll Serial Covariance Bid/Ask Spread Estimator"; in: The Journal of Finance, vol. 14, No. 2, 1990, S. 579 – 590 (zitiert: Harris JoF 1990).

Hasbrouck, J. / Schwartz, R. A. (1988): „Liquidity and execution costs in equity markets – How to define, measure, and compare them"; in: The Journal of Portfolio Management Nr. 14, 1988, S. 10 – 16 (zitiert: Hasbrouck / Schwartz JPM 1988).

Hecker, R. (2000): „Regulierung von Unternehmensübernahmen und Konzernrecht – Teil 1: Empirische Analyse des aktienrechtlichen Minderheitenschutzes im Vertragskonzern"; neue betriebswirtschaftliche Forschung, Band 269, Wiesbaden 2000, zugl.: Habil.-Schr., Universität Würzburg, 1999 (zitiert: Hecker Habilitation 2000).

Hecker, R. / Wenger, E. (1995): „Der Schutz von Minderheiten im Vertragskonzern – Ein Betriebsunfall des Aktienrechts"; in: Zeitschrift für Bankrecht und Bankwirtschaft, 7. Jahrgang, 1995, S. 321 – 341 (zitiert: Hecker / Wenger ZBB 1995).

Heidel, Th. (2003): „Aktienrecht – Aktiengesetz, Gesellschaftsrecht, Kapitalmarktrecht, Steuerrecht, Europarecht"; Anwaltkommentar, Deutscher Anwalt Verlag, 1. Auflage, Bonn (zitiert: Heidel Anwaltkommentar 2003).

Heidenhain, M. / Meister, B. W. (Hrsg.), Münchener Vertragshandbuch, Band 1. Gesellschaftsrecht, 5. Auflage, München 2000 (zitiert: Heidenhain / Meister, Münchener Vertragshandbuch Gesellschaftsrecht Bd. 1).

Hennrichs, J. (2000): „Unternehmensbewertung und persönliche Ertragsteuern aus aktienrechtlicher Sicht"; in: Zeitschrift für das gesamte Handelsrecht und Wirtschaftsrecht, Nr. 164, 2000, S. 453 – 478 (zitiert: Hennrichs ZHR 2000).

Henze, H. (2000): „Die Berücksichtigung des Börsenkurses bei der Bemessung von Abfindung und variablem Ausgleich im Unternehmensvertragsrecht"; in: Schneider, U. H. / Hommelhoff, P. / Schmidt, K. / Timm, W. / Grunewald, B. / Drygala, T. (Hrsg.), Deutsches und europäisches Gesellschafts-, Konzern-, und Kapitalmarktrecht, Festschrift für Marcus Lutter zum 70. Geburtstag, Köln 2000, S. 1101 – 1111 (zitiert: Henze in FS Lutter 2000).

Hiemstra, C. / Jones, J.D. (1994): „Testing for linear and nonlinear granger causality in the stock price-volume relation"; in: The Journal of Finance, vol. 49, No. 5, 1994, S.1639 – 1664 (zitiert: Hiemstra / Jones JoF 1994).

Hirte, H. (2003): „Informationsmängel und Spruchverfahren – Anmerkung zu den Urteilen des *BGH* vom 18.12.2000 – II ZR 1/99 (MEZ) und vom 29.1.2001 – II ZR 368/98 – (Aqua Butzke-Werke)"; in: Zeitschrift für das gesamte Handelsrecht und Wirtschaftsrecht, 2003, S. 8 – 34 (zitiert: Hirte ZHR 2003).

Holzer, E. (2001): „Informationseffizienz des deutschen und österreichischen Kapitalmarktes – eine empirische Untersuchung"; Wien 2001 (zitiert: Holzer Informationseffizienz 2001).

Hommel, M. / Braun, I. (2002): „Marktorientierte Unternehmensbewertung – der Börsenkurs auf dem Prüfstand"; in: Betriebs-Berater, 57. Jahrgang, 2002, Beilage 6, S.10 – 17 (zitiert: Hommel / Braun BB 2002).

Hötzel, O. / Beckmann, K. (2000): „Einfluss der Unternehmenssteuerreform 2001 auf die Unternehmensbewertung"; in: Die Wirtschaftsprüfung, Heft 15/2000, S. 696 – 701 (zitiert: Hötzel / Beckmann WP 2000).

Hüffer, U., Aktiengesetz, Kommentar, 6. Auflage, München 2004 (zitiert: Hüffer AktG).

Hüffer, U. / Schmidt-Assmann, E. / Weber, M. (2005): „Anteilseigentum, Unternehmenswert und Börsenkurs"; in: Fleischer, H. / Goette, W. / Huber, H.-P. / Reichert, J. (Hrsg.), Schriftenreihe Kapitalgesellschafts-, Kapitalmarkt- und Kartellrecht, Band 5, München 2005 (zitiert: Hüffer et al., Anteilseigentum, Unternehmenswert und Börsenkurs, 2005).

Hüttemann, R. (2001): „Börsenkurs und Unternehmensbewertung"; in: Zeitschrift für Unternehmens- und Gesellschaftsrecht, 2001, S. 454 – 478 (zitiert: Hüttemann ZGR 2001).

Institut der Wirtschaftsprüfer (1983): „Aus der Facharbeit des IdW – Stellungnahme HFA 2/1983: Grundsätze zur Durchführung von Unternehmensbewertungen"; in: Die Wirtschaftsprüfung, Heft 15/16, 1983, S. 468 – 480 (zitiert: IdW HFA 2/1983 WP 1983).

Institut der Wirtschaftsprüfer (2000): „IDW Standard: Grundsätze zur Durchführung von Unternehmensbewertungen (IDW S 1)"; in: Die Wirtschaftsprüfung, Heft 17/2000, S. 825 – 842 (zitiert: IDW S1 WP 2000).

Institut der Wirtschaftsprüfer (2005a): „Entwurf einer Neufassung des IDW Standards: Grundsätze zur Durchführung von Unternehmensbewertungen (IDW ES 1 n.F.)"; in: Die Wirtschaftsprüfung, Heft 1-2/2005, S. 28 – 46 (zitiert: IDW ES 1 n.F. WP 2005).

Institut der Wirtschaftsprüfer (2005b): „Neue Grundsätze des IDW zur Unternehmensbewertung"; Presseinformation 1/05, 11. Januar 2005 (zitiert: IDW Presseinformation 1/05).

Institut der Wirtschaftsprüfer (2005c): 84. Sitzung des AKU, Fachnachrichten IDW, Nr. 1-2/2005, S. 70 – 71 (zitiert: IDW 84. Sitzung des AKU 2005).

Jarque, C. M. / Bera, A. K. (1987): "A Test for Normality of Observations and Regression Residuals"; in: International Statistical Review, vol. 55, 2, 1987, S. 163 – 172 (zitiert: Jarque / Bera ISR 1987).

Jung, A. (1999): "Berichterstattung und Prüfung bei Unternehmensverträgen und Eingliederungen"; Reihe: Steuer, Wirtschaft und Recht, Band 163, Köln; zugl.: Universität Kiel, Diss., 1999 (zitiert: Jung Dissertation 1999).

Jungmann, C. (2002): „Die Anrechnung von erhaltenen Ausgleichszahlungen auf den Abfindungsanspruch nach § 305 AktG – Die unbefriedigende Gesetzeslage und Vorschläge zur Reform", in: Betriebs-Berater, 57. Jg., Heft 31 vom 31.7.2002, S. 1549 – 1555 (zitiert: Jungmann BB 2002).

Kaserer, Chr. / Knoll, L. (2002): „Kumulation von Ausgleich und Verzinsung bei Unternehmensverträgen – unbilliger Vorteil der außenstehenden Aktionäre ?"; in: Betriebs-Berater, 57. Jg., Heft 38 vom 18.9.2002, S. 1955 – 1961 (zitiert: Kaserer / Knoll BB 2002).

Keim, D.B. / Madhavan, A. (1996): „The Upstairs Market for Large-Block Transactions: Analysis and Measurement of Price Effects"; in: The Review of Financial Studies, Spring 1996, vol. 9, S. 1 – 36 (zitiert: Keim / Madhavan RFS 1996).

Kempf, A. (1998a): „Was messen Liquiditätsmaße ?"; in: Die Betriebswirtschaft, Nr. 3/1998, S. 299 – 311, (zitiert: Kempf BW 1998a).

Kempf, A. (1998b): „Umsatz und Geld-Brief-Spanne"; in: Zeitschrift für Bankrecht und –wirtschaft, 1998, S. 100 – 108 (zitiert: Kempf ZBB 1998b).

Kempf, A. (1999): „Wertpapierliquidität und Wertpapierpreise", Wiesbaden 1999, zugl.: Habil.-Schr., Universität Mannheim, 1999 (zitiert: Kempf Habilitation 1999).

Kempf, A. / Korn, O. (1999): „Market Depth and Order Size"; in: Journal of Financial Markets, 2, 1999, S. 29 – 48 (zitiert: Kempf / Korn JFM 1999).

Knoll, L. / Deininger, C. (2004): „Der Basiszins der Unternehmensbewertung zwischen theoretisch Wünschenswertem und praktisch Machbarem"; in: Zeitschrift für Bankrecht und Bankwirtschaft, 2004, S. 371 – 381 (zitiert: Knoll / Deininger ZBB 2004).

Knoll, L. / Wenger, E. (2005): „Unternehmensbewertung: Ist noch weniger noch objektiver?"; in: Wirtschaftswissenschaftliches Studium, Zeitschrift für Ausbildung und Hochschulkontakt, 34. Jahrgang, Heft 5, Mai 2005, S. 241, 257 (zitiert: Knoll / Wenger WiSt 2005).

Koppensteiner, H.-G. (2004): Kölner Kommentar zum Aktiengesetz, Band 6, §§ 15-22 AktG, §§291-328 AktG, 3. Auflage, Köln, Berlin, München 2004 (zitiert: Koppensteiner Kölner Komm AktG 2004).

Krämer, W. (1999): „Kointegration von Aktienkursen"; in: Zeitschrift für betriebswirtschaftliche Forschung, Nr. 10/1999, S. 915 – 936 (zitiert: Krämer ZfbF 1999).

Krämer, W. (2001): „Kapitalmarkteffizienz"; in: Gerke, W. / Steiner, M. (Hrsg.), Handwörterbuch des Bank- und Finanzwesens, 3., völlig überarbeitete und erweiterte Auflage, Stuttgart 2001, Sp. 1267 – 1274 (zitiert: Krämer in Gerke / Steiner: HWB des Bank- und Finanzwesens 2001).

Krog, M. (2000): „Marktorientierung und gesellschaftsrechtliche Unternehmensbewertung – Aktienkurse als Determinante von Abfindungen und Umtauschverhältnissen", Wiesbaden 2000, zugl.: Diss., Schriftenreihe der European Business School, Band 23 (zitiert: Krog Dissertation 2000).

Kropff, B.: Aktiengesetz, 1965 (zitiert: Kropff Aktiengesetz 1965).

Kühnberger, M. / Schmidt, Th. (1999): „Der Konzernabschluss als Ausschüttungsbemessungsgrundlage – Eine theoretische Analyse und empirische Bestandsaufnahme zur Ausschüttungspolitik deutscher Aktienkonzerne"; in: Zeitschrift für Betriebswirtschaft, 69. Jahrgang, Heft 11, 1999, S. 1263 – 1291 (zitiert: Kühnberger / Schmidt ZfB 1999).

Kußmaul, H. (2001): „Die Ersetzung des körperschaftsteuerlichen Vollanrechnungsverfahrens durch das sog. Halbeinkünfteverfahren im Rahmen eines Steuersenkungsgesetzes"; Arbeitspapiere zur Existenzgründung, Band 11, Saarbrücken 2001 (zitiert: Kußmaul Arbeitspapier zum Halbeinkünfteverfahren 2001).

Laitenberger, J. / Tschöpel, A. (2003): „Vollausschüttung und Halbeinkünfteverfahren"; in: Die Wirtschaftsprüfung, Heft 24/2003, S. 1357 – 1367 (zitiert: Laitenberger / Tschöpel WP 2003).

Land, V. H. / Hennings, F. (2005): „Aktuelle Probleme von Spruchverfahren nach gesellschaftsrechtlichen Strukturmaßnahmen"; in: Die Aktiengesellschaft, 2005, S. 380 – 387 (zitiert: Land / Hennings AG 2005).

Lamb, J. / Schluck-Amend, A. (2003): „Die Neuregelung des Spruchverfahrens durch das Spruchverfahrensneuordnungsgesetz"; in: Der Betrieb, Heft 23 vom 6.6.2003, S. 1259 – 1264 (zitiert: Lamb / Schluck-Amend DB 2003).

Lamla, M. (1997): Grundsätze ordnungsmäßiger Umwandlungsprüfung, Wiesbaden 1997, zugl.: Oestrich-Winkel, European Business School, Diss., 1997 (zitiert: Lamla Dissertation 1997).

Lassak, G. (1991): „Liquidität am deutschen Rentenmarkt – eine empirische Untersuchung"; in: Zeitschrift für Betriebswirtschaft, 61. Jahrgang, Heft 1, 1991, S. 75 – 86 (zitiert: Lassak ZfB 1991).

LG Berlin (1996): „Zur Anfechtbarkeit eines Eingliederungsbeschlusses: §§ 17, 124, 305, 320, 320b AktG; „Brau und Brunnen AG, Berlin" – Urteil vom 13.11.1995 – 99 O 126/95"; in: Die Aktiengesellschaft, 1996, S. 230 – 233 (zitiert: LG Berlin AG 1996).

LG Berlin (2000): „Berechnung von Abfindung und Ausgleich; § 297 AktG; § 304 AktG; § 305 AktG; § 306 AktG; „Aluminiumwerk Unna AG" – Beschluss vom 22.9.1999 – 97 AktE 4/91"; in: Die Aktiengesellschaft, 2000, S. 284 – 287 (zitiert: LG Berlin AG 2000).

LG Bremen (2003): „Unternehmensbewertung, § 304 AktG; § 305 AktG; „Gestra/Foxboro" – Beschluss vom 18.02.2002 – 13 O 458/96"; in: Die Aktiengesellschaft, 2003, S. 214 – 216 (zitiert: LG Bremen AG 2003).

LG Dortmund (1995): „Kostentragung im Spruchstellenverfahren; § 306 AktG – Beschluss vom 05.07.1995 – 20 AktE 1/95"; in: Die Aktiengesellschaft, 1995, S. 468 (zitiert: LG Dortmund AG 1995).

LG Dortmund (1996): „Berechnung von Abfindung und Ausgleich; § 304 AktG; § 305 AktG; "Hoffmann's Stärkefabriken AG" – Beschluss vom 14.02.1996 – 20 AktE 3/94"; in: Die Aktiengesellschaft, 1996, S. 278 – 281 (zitiert: LG Dortmund AG 1996).

LG Dortmund (2001): „AktG § 320b; AktG a.F. § 320; GG Art. 14 – Dreimonatiger Referenzzeitraum für Ermittlung der angemessenen Abfindung ausgeschiedener Aktionäre („SNI") – Beschluss vom 18.11.2000 – 20 AktE 8/94"; in: Zeitschrift für Wirtschaftsrecht, 2001, S. 739 – 744 (zitiert: LG Dortmund ZIP 2001).

LG Essen (1999): „Zum notwendigen Inhalt des Verschmelzungsberichts: §§ 131, 243 AktG; §§8, 14, 62, 64 UmwG; „Thyssen/Krupp" – Urteil vom 8.2.1999 – 44 O 249/98"; in: Die Aktiengesellschaft, 1999, S. 329 – 333 (zitiert: LG Essen AG 1999).

LG Frankfurt (1983): „Zur Ermittlung von Abfindung und Ausgleich nach den §§ 304 ff. AktG; „Fall der Gutehoffnungshütte AG / Roland Druckmaschinen AG" – Beschluss vom 8.12.1982 – 3/3 AktE 104/79"; in: Die Aktiengesellschaft, 1983, S. 136 – 139 (zitiert: LG Frankfurt AG 1983).

LG Frankfurt (1996): „Berechnung von Abfindung und Ausgleich; § 304 AktG; § 105 AktG; "Nestlé Deutschland AG" – Beschluss vom 19.12.1995 – 3-03 O 162/88"; in: Die Aktiengesellschaft, 1996, S. 187 – 190 (zitiert: LG Frankfurt AG 1996).

LG Hamburg (1995): „Berechnung von Abfindung und Ausgleich; § 304 AktG; § 305 AktG; § 30 KostO; "Wünsche AG/Bauverein zu Hamburg AG" – Beschluss vom

23.06.1995 – 414 O 54/91"; in: Die Aktiengesellschaft, 1995, S. 517 – 518 (zitiert: LG Hamburg AG 1995).

LG Hannover (1979): „Zur Ermittlung von Ausgleich und Abfindung nach den §§ 304 und 305 AktG: „Fall der Alsen-Breitenburg AG/Hannover AG" – Beschluss vom 6.2.1979 – 26/22 Akt. E. 2/72"; in: Die Aktiengesellschaft, 1979, S. 234 – 235 (zitiert: LG Hannover AG 1979).

LG Köln (1993): „Beherrschungs- und Gewinnabführungsvertrag: Ermittlung der nach §305 Abs. 3 S. 1 AktG maßgeblichen Verschmelzungswertrelation bei Gewährung von Aktien der herrschenden Gesellschaft als Abfindung – Beschluss vom 16.12.1992 – 91 O 204/88"; in: Der Betrieb, Heft 4 vom 29.1.1993, S. 217 – 218 (zitiert: LG Köln DB 1993).

LG München I (1990): „Berechnung von Abfindung und Ausgleich: §§ 304 bis 306 AktG; „Paulaner AG" – Beschluss vom 25.1.1990 – 17 HK O 17002/82"; in: Die Aktiengesellschaft, 1990, S. 404 – 407 (zitiert: LG München I AG 1990).

LG München I (1998): „Barabfindung außenstehender Aktionäre bei Beherrschungs- und Gewinnabführungsvertrag: Berechnung des angemessenen Risikozuschlags – Beschluss vom 3.12.1998 – 5 HKO 14889/92"; in: Der Betrieb, Heft 13 vom 2.4.1999, S. 684 – 685 (zitiert: LG München I DB 1998).

LG München I (1999): „Auskunftsrecht im Konzern: §§ 131, 308 AktG; „Vereinte Versicherungs AG" – Beschluss vom 4.9.1997 – 5 HKO 14614/96"; in: Die Aktiengesellschaft, 1999, S. 138 – 139 (zitiert: LG München I AG 1999).

LG München I (2000): „UmwG § 305; GG Art. 14 – Keine Maßgeblichkeit des Börsenkurses für Umtauschverhältnis bei Höherwertigkeit des Unternehmens auf Grund Berechnung nach Ertragswertmethode"; in: Zeitschrift für Wirtschaftsrecht, 2000, S. 1055 – 1057 (zitiert: LG München I ZIP 2000).

LG München I (2002): „Bewertung eines Rückversicherungsunternehmens im Spruchstellenverfahren: AktG §§ 304, 306; „Frankona Rückversicherungs AG" – Beschluss vom 25.2.2002 – 5 HKO 1080/96"; in: Die Aktiengesellschaft, 2002, S. 563 – 567 (zitiert: LG München I AG 2002).

LG Nürnberg / Fürth (1995): „Anfechtbarkeit und Zustimmung zu einem Beherrschungsvertrag; §123 AktG; § 124 AktG; § 293 AktG; §§ 306ff. AktG; „Hertel AG" – Urteil vom 14.07.1994 – 1 HK O 1/94"; in: Die Aktiengesellschaft, 1995, S. 141 – 142 (zitiert: LG Nürnberg / Fürth AG 1995).

LG Nürnberg / Fürth (2000): „Berechnung von Abfindung und Ausgleich: §§ 304, 305 AktG; „Philips" – Beschluss vom 22.4.1999 – 1 HK 6730/89"; in: Die Aktiengesellschaft, 2000, S. 89 – 91 (zitiert: LG Nürnberg / Fürth AG 2000).

Liebscher, Th. (1996): „Einschränkung der Verzinslichkeit des Abfindungsanspruchs dissentierender Gesellschafter gemäß §§ 30 Abs. 1 S. 2, 208 UmwG; § 305 Abs. 3 S. 3, 1. Hs. AktG"; in: Die Aktiengesellschaft, 1996, S. 455 – 461 (zitiert: Liebscher AG 1996).

Loistl, O. (1996): „Computergestütztes Wertpapiermanagement", 5. Auflage, München, Wien, 1996 (zitiert: Loistl, Computergestütztes Wertpapiermanagement, 1996).

Löffler, G. (1999): „Die Verarbeitung von Gewinnprognosen am deutschen Aktienmarkt"; in: Schmalenbachs Zeitschrift für betriebswirtschaftliche Forschung, Bd. 51 (1999), 2, S. 128 – 147 (zitiert: Löffler ZfbF 1999).

Lutter, M. / Drygala, T. (1995): „Wie fest ist der feste Ausgleich nach § 304 Abs. 2 S. 1 AktG?"; in: Die Aktiengesellschaft, 1995, S. 49 – 57 (zitiert: Lutter / Drygala AG 1995).

Luttermann, C. (1999): „Zum Börsenkurs als gesellschaftsrechtliche Bewertungsgrundlage", in: Zeitschrift für Wirtschaftsrecht, 1999, S. 45 – 52 (zitiert: Luttermann ZIP 1999).

Luttermann, C. (2001): „Der "durchschnittliche" Börsenkurs bei Barabfindung von Aktionären und Verschmelzungswertrelation"; in: Zeitschrift für Wirtschaftsrecht, 2001, S. 869 – 872 (zitiert: Luttermann ZIP 2001).

Martens, K.-P. (1988): „Die Vergleichs- und Abfindungsbefugnis des Vorstands gegenüber opponierenden Aktionären"; in: Die Aktiengesellschaft, 1988, S. 118 – 126 (zitiert: Martens AG 1988).

Maul, K.-H. (2002): „Zur Verrechnung von Ausgleichszahlungen und Zinsen auf Abfindungen bei Spruchstellenverfahren"; in: Der Betrieb, Nr. 27/28 vom 12.7.2002, S. 1423 – 1426 (zitiert: Maul DB 2002).

Maul, K.-H. (2003): „Unternehmens- und Anteilsbewertung in Spruchstellenverfahren"; in: Richter, F. / Schüler, A. / Schwetzler, B. (Hrsg.), Kapitalgeberansprüche, Marktwertorientierung und Unternehmenswert, Festschrift für Jochen Drukarczyk zum 65. Geburtstag, München 2003, S. 255 – 287 (zitiert: Maul in FS Drukarczyk 2003).

Märkle, R. / Gottstein, S. / Seibold, W. / Stegmüller, H. (1977): Das Anrechnungsverfahren nach dem Körperschaftsteuerreformgesetz 1977, Stuttgart 1977 (zitiert: Märkle et al., Das Anrechnungsverfahren nach dem Körperschaftsteuerreformgesetz 1977).

Meilicke, W. (1974): „Die Berechnung der Ausgleichszahlung nach § 304 II 1 AktG"; in: Der Betrieb, Heft 9 vom 1.3.1974, S. 417 – 422 (zitiert: Meilicke DB 1974).

Meilicke, W. (1999): „Zum Verhältnis von Ausgleichs- und Abfindungsansprüchen nach §§ 304, 305 AktG"; in: Die Aktiengesellschaft, 1999, S. 103 – 108 (zitiert: Meilicke AG 1999).

Meilicke, W. / Heidel, T. (2001), Anmerkung zu *BGH*-Beschluss vom 12.3.2001 – II ZB 15/00; in: Der Betrieb, Heft 18 vom 4.5.2001, S. 973 – 975 (zitiert: Meilicke / Heidel DB 2001).

Meilicke, W. / Heidel, T. (2003): „Das neue Spruchverfahren in der gerichtlichen Praxis"; in: Der Betrieb, Heft 42 vom 17.10.2003, S. 2267 – 2275 (zitiert: Meilicke / Heidel DB 2003).

Moxter, A. (1983): Grundsätze ordnungsmäßiger Unternehmensbewertung, 2. Auflage, Wiesbaden 1983 (zitiert: Moxter GoU 1983).

Möller, H. P. (1985): „Die Informationseffizienz des deutschen Aktienmarktes – eine Zusammenfassung und Analyse bisheriger Untersuchungen"; in: Zeitschrift für betriebswirtschaftliche Forschung, 6 / 1985, S. 500 – 518 (zitiert: Möller ZfbF 1985).

Möller, H. P. / Hüfner, B. (2001): „Empirische Kapitalmarktforschung"; in: Gerke, W. / Steiner, M. (Hrsg.), Handwörterbuch des Bank- und Finanzwesens, 3., völlig überarbeitete und erweiterte Auflage, Stuttgart 2001, Sp. 1275 – 1293 (zitiert: Möller / Hüfner in Gerke / Steiner HWB des Bank- und Finanzwesens 2001).

Müller, H.-P. (1987): „Zur Gewinn- und Verlustermittlung bei aktienrechtlichen Gewinnabführungsverträgen"; in: Havermann, H. (Hrsg.), Bilanz- und Konzernrecht, Festschrift für Reinhard Goerdeler, IDW Verlag Düsseldorf, S. 375 – 396 (zitiert: Müller in FS Goerdeler 1987).

Müller, R. M. (1999): „Orderbuchstatistik: Mehr Transparenz im Wertpapierhandel"; in: Die Bank 2/99, S. 138 – 139 (zitiert: Müller Die Bank 1999).

Naschke, M. (2003): „Der Börsenkurs als Abfindungsgrundlage"; Europäische Hochschulschriften, Band 3653, Frankfurt am Main; zugl.: Universität Münster, Diss., 2003 (zitiert: Naschke Dissertation 2003).

Neye (2003): „Das neue Spruchverfahrensrecht – Einführung – Erläuterung – Materialien"; Bundesanzeiger, ausgegeben am Donnerstag, den 14. August 2003, Jahrgang 55, Nummer 150a (zitiert: Neye Spruchverfahrensrecht 2003).

Oehler, A. / Häcker, M. (2003): „Kurseinfluss mittlerer und großer Transaktionen am deutschen Aktienmarkt"; Fundstelle: http://www.uni-bamberg.de/sowi/finanz/for schung/bafifo/bafifo20.pdf, Zugriff am 18.11.04 (zitiert: Oehler / Häcker, Kurseinfluss von Transaktionen, 2003).

Oesterhelweg, O. / Schiereck, D. (1993): „Meßkonzepte für die Liquidität von Finanzmärkten"; in: Die Bank 7/93, S. 390 – 397 (zitiert: Oesterhelweg / Schiereck, Die Bank 1993).

OLG Celle (1979): „Barabfindung der außenstehenden Aktionäre bei Abschluß eines auf 5 Jahre befristeten Gewinnabführungsvertrages, Urteil vom 4.4.1979 – 9 Wx 2/77"; in: Der Betrieb, Nr. 21 vom 25.5.1979, S. 1031 – 1033 (zitiert: OLG Celle DB 1979).

OLG Celle (1981): „Zur Berechnung des Ausgleichs nach § 304 AktG – Beschluss vom 1.7.1980 – 9 Wx 9/79"; in: Die Aktiengesellschaft, 1981, S. 234 – 235 (zitiert: OLG Celle AG 1981).

OLG Celle (1999): „Berechnung von Abfindung und Ausgleich: §§ 304, 305 AktG; Wolters AG/ Gilde AG"; in: Die Aktiengesellschaft, 1999, S. 128 – 131 (zitiert: OLG Celle AG 1999).

OLG Düsseldorf (1984): Beschluss vom 17. Februar 1984 – 19 W 1/81; in: Wertpapier-Mitteilungen, Zeitschrift für Wirtschafts- und Bankrecht, 1984, S. 732 – 740 (zitiert: OLG Düsseldorf WM 1984).

OLG Düsseldorf (1990a): „Berechnung von Abfindung und Ausgleich: §§ 304, 305 AktG – Beschluss vom 11.1.1990 – 19 W 6/86", in: Die Aktiengesellschaft, 1990, S. 397 – 407 (zitiert: OLG Düsseldorf AG 1990a).

OLG Düsseldorf (1990b): „Abfindung und Ausgleich bei Verschmelzung der beteiligten Gesellschaften: §§ 304, 305, 306, 308, 346 AktG; „DAB / Hansa" – Beschluss vom 7.6.1990 – 19 W 13/86"; in: Die Aktiengesellschaft, 1990, S. 490 – 494 (zitiert: OLG Düsseldorf AG 1990b).

OLG Düsseldorf (1992): „Ausgleichs-/ Abfindungsverfahren für außenstehende Aktionäre bei Unternehmensverträgen innerhalb eines mehrstufigen Konzerns – Beschluss vom 12.2.1992, 19 W 3/91"; in: Der Betrieb, Heft 20 vom 15.5.1992, S.1034 – 1039 (zitiert: OLG Düsseldorf DB 1992).

OLG Düsseldorf (1995a): „Bemessung von Abfindung und Ausgleich: §§ 304, 305 AktG – Beschluss vom 2.8.1994 – 19 W 1/93 AktE", in: Die Aktiengesellschaft, 1995, S. 85 – 88 (zitiert: OLG Düsseldorf AG 1995a).

OLG Düsseldorf (1995b): „Fristlose Kündigung eines Beherrschungs- und Gewinnabführungsvertrages; § 297 AktG; § 298 AktG; § 54 GmbHG – Beschluss vom 19.08.1994 – 3 Wx 178/94"; in: Die Aktiengesellschaft, 1995, S. 137 – 139 (zitiert: OLG Düsseldorf AG 1995b).

OLG Düsseldorf (1996): „Kostentragung im Spruchstellenverfahren; § 306 AktG – Beschluss vom 29.09.1995 – 19 W 4/95 AktE"; in: Die Aktiengesellschaft, 1996, S. 88 (zitiert: OLG Düsseldorf AG 1996).

OLG Düsseldorf (1999a): „Unternehmensbewertung bei dauernder Ertraglosigkeit; §304-306 AktG; "Guano AG" – Beschluss vom 02.04.1998 – 19 W 3/93 AktE"; in: Die Aktiengesellschaft, 1999, S. 89 – 92 (zitiert: OLG Düsseldorf AG 1999a).

OLG Düsseldorf (1999b): „Zur Bemessung der Abfindung; § 304-306 AktG; § 305 ff. UmwG; "Lippe-Weser-Zucker AG"- Beschluss vom 22.01.1999 – 19 W 5/96 AktE"; in: Die Aktiengesellschaft, 1999, S. 321 – 325 (zitiert: OLG Düsseldorf AG 1999b).

OLG Düsseldorf (2000a): „Berechnung des Ausgleichs – § 304 AktG – „Hoffmann's Stärke Fabriken" – 19 W 1/96 AktE, Beschluss vom 19.10.1999"; in: Die Aktiengesellschaft, 2000, S. 323 – 326 (zitiert: OLG Düsseldorf AG 2000a).

OLG Düsseldorf (2000b): „Relevanz der Börsenwerte bei der Unternehmensbewertung – „DAT/Altana" – 19 W 1/93 AktE, Beschluss vom 25.5.2000"; in: Betriebs-Berater, 55. Jg., Heft 38, 21.9.2000, S. 1905 – 1909 (zitiert: OLG Düsseldorf BB 2000b).

OLG Düsseldorf (2002): „Unternehmensbewertung; § 293b AktG; § 239e AktG; § 305 AktG; §306 AktG; § 15 UmwG; § 312 UmwG; § 12 FGG; § 30 KostO; "Kaufhof/Metro" – Beschluss vom 20.11.2001 – 19 W 2/00 AktE"; in: Die Aktiengesellschaft, 2002, S. 398 – 403 (zitiert: OLG Düsseldorf AG 2002).

OLG Düsseldorf (2003): „Ermittlung des Börsenwerts eines Unternehmens – SNI – Beschluss vom 31.1.2003 – 19 W 9/00 AktE"; in: Neue Zeitschrift für Gesellschaftsrecht, 2003, S. 588 – 599 (zitiert: OLG Düsseldorf NZG 2003).

OLG Düsseldorf (2004): „Berechnung der angemessenen Abfindung; § 15 AktG; § 17 AktG; §305 AktG; § 320b AktG; § 30 KostenO – "Krupp Stahl/Hoesch-Krupp" Beschluss vom 15.01.2004 – I-19 W 5/03 AktE"; in: Die Aktiengesellschaft, 2004, S.212 – 215 (zitiert: OLG Düsseldorf AG 2004).

OLG Frankfurt (1990): „AktG §§ 304 Abs. 2 und 3, 305 Abs. 2 Nr. 1, 306, 344 Abs. 2 – Variabler Ausgleich in gleicher Höhe für Stamm- und Vorzugsaktien der abhängigen Gesellschaft bei herrschenden Unternehmen ohne Vorzugsaktien – Beschluss vom 24.1.1989 – 20 W 477/86"; in: Zeitschrift für Wirtschaftsrecht, 1990, S. 588 – 592 (zitiert: OLG Frankfurt ZIP 1990).

OLG Frankfurt (2002): „Festsetzung von Abfindung und Ausgleich; § 304-306 AktG; "Nestlé AG" – Beschluss vom 30.07.2001 – 20 W 4/96"; in: Die Aktiengesellschaft, 2002, S. 404 – 406 (zitiert: OLG Frankfurt AG 2002).

OLG Frankfurt (2003): „Bemessung von Abfindung und Ausgleich; § 304 AktG; § 305 AktG; §306 AktG – "Henninger Bräu/Erste Kulmbacher"; "Henninger Bräu/Gebr. März AG" – Beschluss vom 09.01.2003 – 20 W 434/93 und 20 W 425/93"; in: Die Aktiengesellschaft, 2003, S. 581 – 583 (zitiert: OLG Frankfurt AG 2003).

OLG Hamburg (2002a): „Berechnung von Ausgleich und Abfindung; § 304-306 AktG; "Bavaria und St. Pauli/März" – Beschluss vom 31.07.2001 – 11 W 29/94"; in: Die Aktiengesellschaft, 2002, S. 406 – 409 (zitiert: OLG Hamburg AG 2002a).

OLG Hamburg (2002b): „Anrechnung des Ausgleichs auf die Abfindung; § 304 AktG; § 305 AktG; "Philips I" – Urteil vom 29.01.2002 – 11 U 37/01"; in: Die Aktiengesellschaft, 2002, S. 409 – 413 (zitiert: OLG Hamburg AG 2002b).

OLG Hamburg (2003): „Berechnung von Abfindung und Ausgleich; § 304 AktG; § 305 AktG; §306 AktG; "Deutsche Texaco/RWE-DEA AG für Mineralöl und Chemie" – Beschluss vom 07.08.2002 – 11 W 14/94"; in: Die Aktiengesellschaft, 2003, S. 583 – 585 (zitiert: OLG Hamburg AG 2003).

OLG Hamm (1963): „UmwG §§ 12, 30 ff. – Zur Festsetzung der angemessenen Abfindung an die ausscheidenden Aktionäre eines Bergbau-Unternehmens – Beschluss vom 23.1.1963 – 8 AR 1/60"; in: Die Aktiengesellschaft, 1963, S. 218 – 224 (zitiert: OLG Hamm AG 1963).

OLG Hamm (2002): „Anrechnung des Ausgleichs auf die Abfindung; § 304 AktG; §305 AktG; "Rütgerswerke" – Urt. vom 17.09.2001 – 8 U 11/01"; in: Die Aktiengesellschaft, 2002, S. 413 – 414 (zitiert: OLG Hamm AG 2002).

OLG Karlsruhe (1995): Erledigung des Spruchstellenverfahrens bei Verschmelzung der abhängigen Gesellschaft mit einer anderen; § 304 ff. AktG; § 340 AktG; § 346 AktG; §352 a AktG; "SEN/KHS"- Beschluss vom 29.08.1994 – 15 W 19/94", in: Die Aktiengesellschaft, 1995, S. 139 – 141 (zitiert: OLG Karlsruhe AG 1995).

OLG Karlsruhe (1998a): „Berechnung des Ausgleichs; § 304 AktG; § 306 AktG; "SEN/Klöckner" – Beschluss vom 13.06.1997 – 15 W 1/97"; in: Die Aktiengesellschaft, 1998, S. 96 – 98 (zitiert: OLG Karlsruhe AG 1998a).

OLG Karlsruhe (1998b): „Ermittlung der Verschmelzungswertrelation; § 306 AktG; §340 b AktG; § 352 c AktG; § 13 a FGG; § 30 KostO; "SEN/KHS" – Beschluss vom 04.02.1998 – 15 W 25/97"; in: Die Aktiengesellschaft, 1998, S. 288 – 289 (zitiert: OLG Karlsruhe AG 1998b).

OLG Nürnberg (1996): „Zum Begriff der außenstehenden Aktionäre: §§ 17, 136, 296, 304 AktG; „Tucherbräu AG" – Urteil vom 17.1.1996 – 12 Unternehmen 2801/91"; in: Die Aktiengesellschaft, 1996, S. 228 – 229 (zitiert: OLG Nürnberg AG 1996).

OLG Stuttgart (2000): „Zur Unternehmensbewertung bei den §§ 304, 305 AktG; § 304 AKtG; §305 AKtG; "Schwaben Zell/Hannover Papier" – Beschluss vom 4.2.2000 – 4 W 15/98", in: Die Aktiengesellschaft, 2000, S. 428 – 432 (zitiert: OLG Stuttgart AG 2000).

OLG Stuttgart (2001): „Kosten im Spruchstellenverfahren; § 306 AktG; § 320b AktG; § 13a FGG; § 30 KostenO; "Thüga/WEAG" – Beschluss vom 11.07.2000 – 8 W 468/97"; in: Die Aktiengesellschaft, 2001, S. 314 – 315 (zitiert: OLG Stuttgart AG 2001).

OLG Zweibrücken (1994): „Wegfall des Abfindungsanspruchs bei Aufhebung des Unternehmensvertrages; § 305 AktG; § 306 AktG – Beschluss vom 02.08.1994 – 3 W 76/94"; in: Die Aktiengesellschaft, 1994, S. 563 – 564 (zitiert: OLG Zweibrücken AG 1994).

OLG Zweibrücken (1995): „Berechnung von Abfindung und Ausgleich; § 304 ff. AktG; "Saint Gobain/Grünzweig + Hartmann" – Beschluss vom 9.3.1995 – 3 W 133 u. 145/92"; in: Die Aktiengesellschaft, 1995, S. 421 – 424 (zitiert: OLG Zweibrücken AG 1995).

OLG Zweibrücken (2004): „Keine Fortsetzung eines Spruchstellenverfahrens bei Nichtigerklärung der Zustimmungsbeschlüsse zu dem Beherrschungs- und Gewinnabführungsvertrag aufgrund einer Anfechtungsklage – Beschluss vom 2.3.2004 – 3 W 167/03"; in: Der Betrieb, Heft 12 vom 19.3.2004, S. 642 – 645 (zitiert: OLG Zweibrücken DB 2004).

Peemöller, V. / Beckmann, Chr. / Meitner, M. (2005): „Einsatz eines Nachsteuer-CAPM bei der Bestimmung objektivierter Unternehmenswerte – eine kritische Analyse des IDW ES 1 n.F."; in: Betriebs-Berater, 60 Jahrgang, Heft 2 vom 10. Januar 2005, S.90 – 96 (zitiert: Peemöller et al. BB 2005).

Perridon, L. / Steiner, M. (2004): Finanzwirtschaft der Unternehmung, 13. Auflage, München 2004 (zitiert: Perridon / Steiner, Finanzwirtschaft der Unternehmung, 2004).

Pieper, U. / Schiereck, D. / Weber, M. (1993): „Die Kaufempfehlungen des Effecten-Spiegel – Eine empirische Untersuchung im Lichte der Effizienzthese des Kapitalmarktes"; in: Zeitschrift für betriebswirtschaftliche Forschung, Nr. 6/1993, S.487 – 505 (zitiert: Pieper et al. ZfbF 1993).

Pierdzioch, Chr. (2003): „Kurzfristorientierung und Informationseffizienz von Finanzmärkten"; in: Wirtschaftswissenschaftliches Studium, 2003, vol. 32, S. 407 – 409 (zitiert: Pierdzioch WiSt 2003).

Piltz, D. J. (1994): „Die Unternehmensbewertung in der Rechtsprechung"; 3. Auflage, Düsseldorf (zitiert: Piltz, Unternehmensbewertung in der Rechtsprechung, 1994).

Piltz, D. J. (2001): „Unternehmensbewertung und Börsenkurs im aktienrechtlichen Spruchstellenverfahren – zugleich Besprechung der Entscheidung BVerfGE 100, 289"; in: Zeitschrift für Gesellschaftsrecht, 2001, S. 185 – 213 (zitiert: Piltz ZGR 2001).

Puszkajler, K. P. (2003): „Diagnose und Therapie von aktienrechtlichen Spruchverfahren – Einige Anmerkungen aus der richterlichen Praxis zum geplanten Spruchverfahrensneuordnungsgesetz"; in: Zeitschrift für Wirtschaftsrecht, 2003, S.518 – 522 (zitiert: Puszkajler ZIP 2003).

Reinganum, M. R. (1992): „A revival of the small-firm effect – far from being dead"; in: The journal of portfolio management, vol. 18, No. 3, 1992, S. 55 – 62 (zitiert: Reinganum JPM 1992).

Riegger, B. / Kramer, A. (1994): „Sind Ausgleichszahlungen an außenstehende Aktionäre wegen der Senkung der Körperschaftsteuerausschüttungsbelastung zu erhöhen ?"; in: Der Betrieb, 1994, 47. Jahrgang, S. 565 – 567 (zitiert: Riegger / Kramer DB 1994).

Rodloff, F. (1999): „Börsenkurs statt Unternehmensbewertung – Zur Ermittlung der Abfindung in Spruchstellenverfahren"; in: Der Betrieb, Heft 22 vom 4.6.1999, S. 1149 – 1153 (zitiert: Rodloff DB 1999).

Roll, R. (1983): „Vas ist das ? – The turn-of-the-year effect and the return premia of small firms"; in: Journal of Portfolio Management, vol. 9, No. 2, 1983, S. 18 – 28 (zitiert: Roll JPM 1983).

Roll, R. (1984): „A simple implicit measure of the effective bid-ask spread in an efficient market"; in: The Journal of Finance, vol. 39, No. 4, 1984, S. 1127 – 1139 (zitiert: Roll JoF 1984).

Rudolph, B. / Röhrl, H. (1997): „Grundfragen der Börsenorganisation aus ökonomischer Sicht"; in: Hopt, K.J. / Rudolph, B. / Baum, H. (Hrsg.), Börsenreform – Eine ökonomische, rechtsvergleichende und rechtspolitische Untersuchung, Stuttgart 1997, S. 143 – 285 (zitiert: Rudolph / Röhrl in Hopt et al., Börsenreform, 1997).

Ruhnke, K. (2002): „Bedeutung des Börsenkurses bei Unternehmensbewertungen"; in: Heintzen, M. / Kruschwitz, L. (Hrsg.), Unternehmen bewerten – Ringvorlesung der Fachbereiche Rechts- und Wirtschaftswissenschaft der Freien Universität Berlin im Sommersemester 2002, Betriebswirtschaftliche Schriften Heft 155, Berlin (zitiert: Ruhnke in Heintzen / Kruschwitz, Unternehmen bewerten, 2002).

Röder, K. (1999): „Kurswirkungen von Meldungen deutscher Aktiengesellschaften"; in: Bomsdorf, E. / Kösters, W. / Matthes, W. (Hrsg), Reihe Quantitative Ökonomie, Band 98, Köln, 1999; zugl.: Habil.-Schr., Universität Augsburg, 1999 (zitiert: Röder Habilitation 1999).

Sauer, A. (1991): „Die Karlsruher Kapitalmarktdatenbank – Die Bereinigung von Aktienkursen – Ein kurzer Überblick über Konzept und praktische Umsetzung"; Institut für Entscheidungstheorie und Unternehmensforschung, Universität Karlsruhe (zitiert: Sauer, Die Karlsruher Kapitalmarktdatenbank, 1991).

Schiereck, D. (1996): „Börsenplatzentscheidungen institutioneller Investoren beim Handel deutscher Aktien"; in: Zeitschrift für Betriebswirtschaft, 66. Jahrgang, Heft 9, 1996, S.1057 – 1079 (zitiert: Schiereck ZfB 1996).

Schiereck, D. / Weber, M. (1995): „Zyklische und antizyklische Handelsstrategien am deutschen Aktienmarkt"; in: Zeitschrift für betriebswirtschaftliche Forschung, 1 / 1995, S.3 – 24 (zitiert: Schiereck / Weber ZfbF 1995).

Schmidt, R. / Wulff, S. (1993): „Zur Entdeckung von Insider-Aktivitäten am deutschen Aktienmarkt"; in: Zeitschrift für Bankrecht und Bankwirtschaft, 1993, S. 57 – 68 (zitiert: Schmidt / Wulff ZBB 1993).

Schremper, R. (2002): „Informationseffizienz des Kapitalmarkts"; in: Wirtschaftswissenschaftliches Studium, 2002, vol. 31, Heft 12, S. 687 – 692 (zitiert: Schremper WiSt 2002).

Schultze, W. (2003): „Methoden der Unternehmensbewertung – Gemeinsamkeiten, Unterschiede, Perspektiven"; 2. erweiterte und überarbeitete Auflage, Düsseldorf, 2003 (zitiert: Schultze, Methoden der Unternehmensbewertung, 2003).

Schwark, E. (2000): „Anlegerschutz in der Publikums-AG – ein Paradigmenwechsel?"; in: Schneider, U. H. / Hommelhoff, P. / Schmidt, K. / Timm, W. / Grunewald, B. / Drygala, T. (Hrsg.), Deutsches und europäisches Gesellschafts-, Konzern-, und Kapitalmarktrecht, Festschrift für Marcus Lutter zum 70. Geburtstag, Köln 2000, S.1529 – 1550 (zitiert: Schwark in FS Lutter 2000).

Schwenn, D. (1998): „Der Ausgleichs- und Abfindungsanspruch der außenstehenden Aktionäre im Unternehmensvertrag bei Eintritt neuer Umstände"; Europäische Hochschulschriften, Reihe 2, Frankfurt am Main, zugl.: Universität Bonn, Diss., 1998 (zitiert: Schwenn Dissertation 1998).

Schwetzler, B. (2005): „Halbeinkünfteverfahren und Ausschüttungsäquivalenz – die „Übertypisierung" der Ertragswertbestimmung"; in: Die Wirtschaftsprüfung, Heft 11/2005, S.601 – 617 (zitiert: Schwetzler WP 2005).

Seetzen, U. (1994): „Die Bestimmung des Verschmelzungswertverhältnisses im Spruchstellenverfahren"; in: Wertpapier-Mitteilungen, Zeitschrift für Wirtschafts- und Bankrecht, 1994, S. 45 – 51 (zitiert: Seetzen WM 1994).

Siepe, G. (2002): Wirtschaftsprüfer-Handbuch 2002, Band II, Institut der Wirtschaftsprüfer (Hrsg.), 12. Auflage, Düsseldorf 2002, Abschnitt A, S. 1 – 149 (zitiert: Siepe WP-Handbuch 2002).

Sina, P. (1991): „Grenzen des Konzern- und Weisungsrechts nach § 308 AktG"; in: Die Aktiengesellschaft, 1991, S. 1 – 10 (zitiert: Sina AG 1991).

Stehle, R. (2004): „Die Festlegung der Risikoprämie von Aktien im Rahmen der Schätzung des Wertes von börsennotierten Kapitalgesellschaften"; in: Die Wirtschaftsprüfung, Heft 17/2004, S.906 – 927 (zitiert: Stehle WP 2004).

Steinhauer, C. (1999): „Der Börsenpreis als Bewertungsgrundlage für den Abfindungsanspruch von Aktionären – Finanztheoretischer Hintergrund einer möglichen Trendwende in der gesellschaftsrechtlichen Praxis", in: Die Aktiengesellschaft, 1999, S. 299 – 308 (zitiert: Steinhauer AG 1999).

Stimpel, W. (1998): „Zum Verhältnis von Ausgleichs- und Barabfindungsansprüchen nach §§304, 305 AktG"; in: Die Aktiengesellschaft, 1998, S. 259 – 264 (zitiert: Stimpel AG 1998).

Strauch, J. (2002): „Der Einfluß der Ertragssteuern des Anteilseigners auf den Ertragswert bei Unternehmensbewertungen nach IDW S 1 – uniform wachsende Ausschüttungen und Analyse realer Ausschüttungsstrukturen in Verschmelzungsberichten"; Arbeitspapier Nr. 3-1, Juli 2002, Westfälische Wilhelms-Universität Münster, Lehrstuhl für Betriebswirtschaftslehre, insb. Controlling, Prof. Dr. Wolfgang Berens, http://www.wiwi.uni-muenster.de/imperia/md/content/bwl_controlling/_v/lscap_03.pdf, Zugriff am 31.05.2005 (zitiert: Strauch, Arbeitspapier zu IDW S 1, 2002).

Summers, L. H. (1986): „Does the Stock Market Rationally Reflect Fundamental Values?"; in: The Journal of Finance, vol. 41, No. 3, 1986, S. 591 – 601 (zitiert: Summers JoF 1986).

Thadewald, Th. / Büning, H. (2004): "Jarque-Bera Test and its Competitors for Testing Normality – A Power Comparison"; Diskussionsbeiträge des Fachbereichs Wirtschaftswissenschaft der Freien Universität Berlin, Volkswirtschaftliche Reihe, Nr. 9 / 2004 (zitiert: Thadewald / Büning, Diskussionsbeiträge des Fachbereichs Wirtschaftswissenschaft der Freien Universität Berlin, Volkswirtschaftliche Reihe, Nr. 9 / 2004).

Theissen, E. (1998): „Organisationsformen des Wertpapierhandels: Eine vergleichende Analyse von Gesamtkursermittlung, kontinuierlicher Auktion und Market-Maker-System", Beiträge zur betriebswirtschaftlichen Forschung Nr. 85, Wiesbaden 1998, zugl.: Universität Frankfurt am Main, Diss., 1997 (zitiert: Theissen Dissertation 1998).

Theissen, E. (1999): „Liquiditätsmessung auf experimentellen Aktienmärkten"; in: Kredit und Kapital, Heft 2/1999, S. 225 – 264 (zitiert: Theissen KuK 1999).

Ullrich, V. (2003): „Abfindung und Börsenkurs – Möglichkeiten zur Bemessung aktienrechtlicher Abfindungs- und Ausgleichsansprüche (§§ 304, 305, 320b AktG) nach dem Börsenkurs"; Europäische Hochschulschriften, Band 3653, Frankfurt am Main; zugl.: Universität Augsburg, Diss., 2002 (zitiert: Ullrich Dissertation 2002/2003).

Van Venrooy, G. J. (1981): „Probleme der Gläubigersicherung nach § 303 AktG"; in: Betriebs-Berater, 36. Jahrgang, Heft 17 vom 20.6.1981, , S. 1003 – 1006 (zitiert: Van Venrooy BB 1981).

Vetter, E. (1999): „Bemessung von Abfindung und Ausgleich: §§ 304, 305, 320b AktG; „DAT/Altana" – Anmerkung zum Beschluss des BVerfG vom 27.4.1999"; in: Die Aktiengesellschaft, 1999, S. 566 – 572 (zitiert: Vetter AG 1999).

Vetter, E. (2000): „Die Entschädigung der Minderheitsaktionäre im Vertragskonzern erneut vor dem Bundesverfassungsgericht – Anmerkung zu BVerfG, Beschl. v. 8.9.1999 – 1 BvR 301/89, ZIP 1999, 1804 (Hartmann & Braun AG)"; in: Zeitschrift für Wirtschaftsrecht, 2000, S. 561 – 568 (zitiert: Vetter ZIP 2000).

Vetter, E. (2001): „Börsenkurs und Unternehmensbewertung – Anmerkung zum Beschluss des *BGH* vom 12.3.2001, DB 2001, S. 969 – (DAT/Altana) –"; in: Der Betrieb, Heft 25 vom 22.6.2001, S. 1347 – 1353 (zitiert: Vetter DB 2001).

Vetter, E. (2002a): „Die Verzinsung der Barabfindung nach § 305 Abs. 3 Satz 3 AktG und die Ausgleichszahlung nach § 304 AktG"; in: Die Aktiengesellschaft, 2002, S. 383 – 388 (zitiert: Vetter AG 2002a).

Vetter, E. (2002b): „Abfindungswertbezogene Informationsmängel und Rechtsschutz"; in: Wank, Rolf / Hirte, Heribert / Frey, Kaspar / Fleischer, Holger / Thüsing, Gregor (Hrsg.), Festschrift für Herbert Wiedemann, Verlag C.H. Beck München 2002, S. 1323 – 1347 (zitiert: Vetter in FS Wiedemann 2002b).

Volhard, R. (2004): „Gesetz über das gesellschaftsrechtliche Spruchverfahren (Spruchverfahrensgesetz – SpruchG)"; in: Münchener Kommentar zum Aktiengesetz, Kropff, B./ Semler, J. (Hrsg.), Band 9/1, §§ 327a – 327f AktG, WpÜG, SpruchG (zitiert: Volhard in Kropff / Semler Münchener Komm AktG 2004).

Wagner, W. / Jonas, M. / Ballwieser, W. / Tschöpel, A. (2004): „Weiterentwicklung der Grundsätze zur Durchführung von Unternehmensbewertungen (IDW S 1)"; in: Die Wirtschaftsprüfung, Heft 17/ 2004, S. 889 – 898 (zitiert: Wagner et al. WP 2004).

Wallmeier, M. (2001): „Renditeanomalien"; in: Gerke, W. / Steiner, M. (Hrsg.), Handwörterbuch des Bank- und Finanzwesens, 3., völlig überarbeitete und erweiterte Auflage, Stuttgart 2001, Sp. 1793 – 1804 (zitiert: Wallmeier in Gerke / Steiner, HWB des Bank- und Finanzwesens 2001).

Wasmann, D. (2004): „Anforderungen an die Zulässigkeit eines Antrags nach dem SpruchG"; in: Wertpapier-Mitteilungen, Zeitschrift für Wirtschafts- und Bankrecht, 2004, S. 819 – 825 (zitiert: Wasmann WM 2004).

Wasmann, D. / Gayk, Th. (2005): „SEEG und IDW ES 1 n.F.: Neues im Spruchverfahren"; in: Betriebs-Berater, 60. Jahrgang, Heft 18., 2. Mai 2005, S. 955 – 957 (zitiert: Wasmann / Gayk BB 2005).

Weber, M. (2000): „Kursmanipulationen am Wertpapiermarkt"; in: Neue Zeitschrift für Gesellschaftsrecht, 2000, S. 113 – 129 (zitiert: Weber NZG 2000).

Weber, M. (2004): „Börsenkursbestimmung aus ökonomischer Perspektive"; in: Zeitschrift für Unternehmens- und Gesellschaftsrecht, 2004, S. 280 – 300 (zitiert: Weber ZGR 2004)

Weber, M. / Wüstemann, J. (2004): „Bedeutung des Börsenkurses im Rahmen der Unternehmensbewertung", Ergebnispapier zum Symposium vom 29.1.2004, Sonderforschungsbereich 504, No. 04-25, Universität Mannheim, (zitiert: Weber / Wüstemann, Ergebnispapier zum Symposium vom 29.1.2004, Sonderforschungsbereich 504, No. 04-25, Universität Mannheim).

Wenger, E. (2003): „Der unerwünscht niedrige Basiszins als Störfaktor bei der Ausbootung von Minderheiten"; in: Richter, F. / Schüler, A. / Schwetzler, B. (Hrsg.), Kapitalgeberansprüche, Marktwertorientierung und Unternehmenswert, Festschrift für Jochen Drukarczyk zum 65. Geburtstag, München 2003, S. 475 – 495 (zitiert: Wenger in FS Drukarczyk 2003).

Wenger, E. / Hecker, R. / Knoesel, J. (1997): „Abfindungsregeln und Minderheitenschutz bei börsennotierten Kapitalgesellschaften"; in: Gahlen, B. / Hesse, H. / Ramser, H. J. (Hrsg), Schriftenreihe des wirtschaftswissenschaftlichen Seminars Ottobeuren, Bd. 26, Finanzmärkte, Tübingen 1997 (zitiert: Wenger et al. in: Gahlen et al., Schriftenreihe des wirtschaftswissenschaftlichen Seminars Ottobeuren, Bd. 26, Finanzmärkte, Tübingen 1997).

Wenger, E. / Kaserer, Chr. / Hecker, R. (2001): „Konzernbildung und Ausschluss von Minderheiten im neuen Übernahmerecht: Eine verpasste Chance für einen marktorientierten Minderheitenschutz"; in: Zeitschrift für Bankrecht und Bankwirtschaft, 2001, S. 316 – 334 (zitiert: Wenger et al. ZBB 2001).

Wiese, J. (2004): „Unternehmensbewertung mit dem Nach-Steuer-CAPM ?"; Working Paper, Universität München, 10. Juni 2004, http://www.rwp.bwl.uni-muenchen.de/download/Paper_Steuern160204.pdf, Zugriff am 03.06.2005 (zitiert: Wiese, Unternehmensbewertung mit dem Nach-Steuer-CAPM ?, Working Paper, Universität München, 2004).

Wiese, J. (2005): „Wachstum und Ausschüttungsannahmen im Halbeinkünfteverfahren"; in: Die Wirtschaftsprüfung, Heft 11/2005, S. 617 – 623 (zitiert: Wiese WP 2005).

Wilken, O. (1999), Anmerkung zu BVerfG-Beschluss vom 27.4.99 – 1 BvR 1613/94, in: Zeitschrift für Wirtschaftsrecht, 1999, S. 1443 – 1444 (zitiert: Wilken ZIP 1999).

Wilm, D. (2000a): „Abfindung zum Börsenkurs – Konsequenzen der Entscheidung des BVerfG"; in: Neue Zeitschrift für Gesellschaftsrecht, 2000, S. 234 – 240 (zitiert: Wilm NZG 2000a).

Wilm, D. (2000b): „Nochmals: Abfindung zum Börsenkurs – Kommentar zu OLG Düsseldorf, NZG 2000, 1075"; in: Neue Zeitschrift für Gesellschaftsrecht, 2000, S.1070 – 1073 (zitiert: Wilm NZG 2000b).

Zarowin, P. (1989): „Does the Stock Market Overreact to Corporate Earnings Information?"; in: The Journal of Finance, vol. 44, No. 5, 1989, S. 1385 – 1399 (zitiert: Zarowin JoF 1989).